U0576672

文獻通考

第十四册

四裔

〔宋〕馬端臨 著

上海師範大學古籍研究所
華東師範大學古籍研究所 點校

中華書局

可美〔五〕；而鄙風弊俗，或亦有之。緬惟古之中華，多類今之夷狄。有居處巢穴焉，上古中華亦穴居野處，後代聖人易之以宮室。今室韋國及黔中羈縻東諸夷及附國〔六〕，皆巢居穴處。諸夷狄處巢穴者非少，略舉一二。有葬無封樹焉，上古中華之葬，衣之以薪，葬中野，不封不樹，後代聖王易之以棺槨。今靺鞨國父母死，棄之中野以哺貂；流求國死無棺槨，草裹屍以親土而葬，上不起墳。諸夷狄殯葬，或以火焚，或棄水中。潭、衡州人曰：蜑取死者骨〔七〕，小函子盛置山岩石間。大抵習俗既殊，其法各異，不可遍舉矣。有手團食焉，殷周之時，中華人尚以手團食，故禮記云：「共飯不澤手」，蓋弊俗漸改仍未盡耳。今五嶺以南民庶皆手團食。有祭立尸焉，三代以前，中華人祭必立尸，自秦漢則廢。案後魏文成帝拓跋濬時，高允獻書云：祭尸久廢，今風俗父母亡歿，取其狀貌類者以爲尸而祭焉，宴好如夫妻，事之如父母，敗損風化，黷亂情禮。又周隋蠻夷傳，巴梁間風俗，每春秋祭祀，鄉里有美鬚面人，迭迎爲尸以祭之。今郴、道州人〔八〕，每祭祀，迎同姓丈夫婦人伴神以享，亦爲尸之遺法。聊陳一二，不能遍舉。夏商以前，臣不諱君名，子不諱父名，自有周方諱耳。今夷狄則皆無諱。如此之類甚衆，不可殫論。其地偏，其氣梗，不生聖哲，莫革舊風，誥訓之所不可〔九〕，禮義之所不及，外而不內，疏而不戚，來則禦之，去則備之，前代達識之士亦已言之詳矣。歷代觀兵黷武，討伐戎夷，爰自嬴秦，禍患代有。始皇恃百勝之兵威，既平六國，終以事胡爲弊。漢武資文景之積蓄，務恢封略，天下危若綴旒；王莽獲元始之全實，志滅匈奴，海內遂至潰叛。隋煬帝承開皇之殷盛，三駕遼左，萬姓怨苦而亡。夫持盈固難，知足非易，唯後漢光武，深達理源。建武三十年人康俗阜，臧宮、馬武請殄匈奴，帝報曰：「捨近而圖遠，勞而無功；捨遠而謀近，逸而有終。務廣地者荒，務廣德者强。有其有者安，貪人有者殘。」自是諸將莫敢復言兵事。於戲！持盈知足，豈特治身之本，亦乃治國之要道歟〔一〇〕。宋文元嘉中，比西漢文景，分命諸將，經略河南，致拓跋瓜步之師，因而國蹙身弑。陳宣令主，江湖乂安〔一一〕，呂梁二十萬卒，悉爲周師所虜，由是力殫財竭，旋爲隋氏削平。是皆昧持盈〔一二〕，不能知足故也。我國家開元、天寶之際，宇内謐如，邊將邀寵，競圖勳伐。西陲青海之戍，東北天門之師，磧西怛邏之戰，雲南渡瀘之役，没於異域數十萬人。天寶中哥舒翰克吐蕃青海，青海中有島，置二萬人戍之。旋爲吐蕃所攻，翰不能救而全没。安禄山討奚、契丹於天門嶺，十萬衆盡没〔一三〕。高仙芝伐石國，於怛邏斯川，七萬衆盡没。楊國忠討蠻閤羅鳳，十餘萬衆全没。向無幽寇内侮，天下四征未息，離潰之勢其可量邪！前事之元龜，足爲殷鑒者矣。

東夷總序

東夷白虎通云：「夷者蹲也，言無禮儀。」或云：「夷者抵也，言仁而好生，萬物抵地而出，故天性柔順，易以道御。」有九種，曰畎夷、方夷、黄夷、白夷、赤夷、玄夷、風夷、陽夷、于夷〔一四〕，率皆土著，遲略切。喜許利切。飲酒〔一五〕、歌舞，或冠弁衣錦，器用俎豆，所謂中國失禮，求之四夷者也。凡蠻、夷、戎、狄，總名四夷者〔一六〕，猶公、侯、伯、子、男，皆號諸侯。昔堯命羲仲宅嵎夷，曰暘谷，蓋日之所出也。夏后氏太康失德，夷人始叛，其後至后發即位〔一七〕，賓於王門，獻其樂舞。桀爲暴虐，諸夷内侵〔一八〕。商湯革命，伐而定之。至於仲丁，藍夷作寇。自是或服或叛，三百餘年。武乙衰弊，東夷寖盛，遂分遷淮、岱，漸居中土。周初封商太師國於朝鮮。太師爲周陳洪範。其地，今安東府之東，悉爲東夷所據。時管、蔡畔周，乃招誘淮夷作亂，周公征定之。其後徐夷僭號，穆王命楚滅之。徐偃王也。至楚靈王會申，亦來同盟。後越遷瑯琊，遂陵暴諸夏，侵滅小國。

秦并天下，其淮、泗夷皆散爲人户。其朝鮮歷千餘年，至漢高帝時滅。武帝元狩中開其地，置樂浪等郡。至後漢末，爲公孫康所有。魏晉又得其地。其三韓之地在海島之上，朝鮮之東南百濟、新羅，魏晉以後分三韓地〔一九〕。新羅又在百濟之東南，倭又在東南，倭，烏和反。隔越大海。夫餘在高麗之北，挹婁之南。其倭及夫餘自後漢，百濟、新羅自魏，歷代並朝貢中國不絶。而百濟，唐顯慶中蘇定方滅之。高麗本朝鮮地，漢武置縣，屬樂浪郡，時甚微弱。後漢以後，累代皆受中國封爵，所都平壤城，則故朝鮮國王險城也。後魏、周、齊漸强盛。隋文帝時寇盜遼西，漢王諒帥兵討之，至遼水遭癘疫而返。煬帝三度親征：初度遼水敗績；再行，次遼水，會楊玄感反，奔退；又往，將達涿郡，屬天下賊起及饑饉，旋師。貞觀中，太宗又親征，度遼，破之。高宗總章初，英國公李勣遂滅其國。

古之肅慎，宜即魏時挹婁，自周初貢楛矢、石砮，楛，音户。至魏常道鄉公末，東晉元帝初及石季龍時始皆獻之。後魏以後曰勿吉國，今則曰靺鞨焉。

大抵東夷書文並同華夏。其閩越之地，秦平天下以爲郡，及秦亂，其帥又自稱王於故地。武帝元封初，楊僕滅其國，遷其人於江淮，虚其地。自後雖人庶復集，遂爲郡縣矣。

范曄論曰：「王制云：『東方曰夷。』夷者，抵也，言仁而好生，萬物抵地而出。事見風俗通。故天性柔順，易以道御，至有君子、不死之國焉。」山海經曰：「君子國衣冠帶劍〔二〇〕，食獸，使二文虎在傍。」外國圖曰：「去瑯琊三萬里。」山海經曰：「不死人在交脛東，其國人黑色，壽不死。」並在東方。昔箕子違衰殷之運〔二一〕，避地朝鮮。始其國俗未有聞也，及施八條之約，使人知禁，遂乃邑無淫盜，門不夜扃，扃，關也。回頑薄之俗，就寬略之法，行數百千年，故東夷通以柔謹爲風，異乎三方者。苟政之所暢，則道義存焉。仲尼懷憤，以爲九夷可居。或疑其陋。子曰：「君子居之，何陋之有。」亦徒有以焉爾。其後遂通接商賈，漸交上國。而燕人衛滿擾雜其風，擾，亂也。於是從而澆異焉。老子曰：「法令滋彰，盜賊多有。」若箕子之省簡文條而用信義，其得聖賢作法之原矣！

朝鮮

朝鮮，晉張華曰：朝鮮有泉水、洌水、汕水〔二二〕，三水合爲洌水，疑樂浪、朝鮮取名於此也。昔武王封殷太師箕子於其地，箕子教以禮義、田蠶，又制八條之教，前書曰：其法，相殺者，以當時償殺；相傷者以穀償；相盜者，男没入爲其家奴，女子爲婢，欲自贖者，人五十萬。音義曰：「八條不具見也。」其人終不相盜，無門户之閉，婦人貞信，飲食以籩豆。其後四十餘代，至戰國時，朝鮮侯亦僭稱王〔二三〕。始全燕時嘗略屬焉，爲置吏，築障塞。秦滅燕，屬遼東外徼。秦遼東郡，唐安東府之東地。及秦亂，燕、齊、趙人往避地者數萬口。漢興，爲其遠難守，復修遼東故塞，至浿水爲界。浿，旁拜反。屬燕王盧綰反，入匈奴。燕人衛滿亡命〔二四〕，聚黨千餘人，魋杜回反。結蠻夷服而東走出塞，度浿水，擊破朝鮮王準，居秦故空地上下障。

魏略曰：昔箕子之後，朝鮮侯見周衰，燕自尊爲王，欲東略地，朝鮮侯亦自稱爲王，欲興兵遂擊燕以尊周室，其大夫禮諫之，乃止。使禮西說燕，燕止之不攻。後子孫稍驕虐，燕乃遣將秦開攻其西方，取地二千餘里，至滿番汗爲界〔二五〕，朝鮮遂弱。及秦并天下，使蒙恬築長城到遼東。時朝鮮王否立，畏秦襲之，略服屬秦，不肯朝會。否死，其子準立〔二六〕。二十餘年而陳、項起，天下亂，燕、齊、趙民愁苦，稍稍亡往準，準乃置之於西方。及漢以盧綰爲燕王，朝鮮與燕界於浿水。及綰反，入匈奴，燕人衛滿亡命，爲胡服，東渡浿水，詣準降，説準求居西界，收中國亡命爲朝鮮藩屏〔二七〕，準信寵之，拜爲博士，賜以圭，封之百里，令守西邊。滿誘亡黨，衆稍多，乃詐遣人告準，言漢兵十道至，求入宿衛，遂還攻準。準與滿戰〔二八〕，不敵也。

後稍役屬真番、朝鮮諸夷及故燕、齊亡命者王之，都王險。在浿水之東。會孝惠、高后時，天下初定，遼東太守即約滿爲外臣，保塞外，以故滿得兵威財物，侵降其旁小邑，真番、臨屯皆來服屬，地方數千里。

傳子至孫右渠，所誘漢亡人滋多。初，漢約朝鮮蠻夷君長，欲入見天子，勿得禁止，以聞。右渠既未嘗入見〔二九〕，真番、辰國謂辰韓也。欲上書見天子〔三〇〕，又雍閼弗通。元封二年，漢使涉何譙諭右渠，終不肯奉詔，使裨王長送何至浿水，何刺殺之，歸報曰：「殺朝鮮將。」上爲其名美，弗詰，拜何遼東東部都尉。朝鮮怨何〔三一〕，發兵攻襲〔三二〕，殺之。漢遣樓船將軍楊僕從齊浮渤海，兵五萬，左將軍荀彘出遼東，誅右渠。右渠發兵距險〔三三〕。漢兵不利，天子爲兩將未有功，乃使衛山因兵威往諭右渠。右渠見使者頓首謝：「願降，恐將詐殺臣，今見信節，請服降。」遣太子入謝，獻馬五千匹，及饋軍糧。人衆萬餘持兵，方渡浿水。使者與左將軍疑其爲變，謂太子已服降，宜令人毋持兵〔三四〕。太子亦疑使者、左將軍詐之，遂不度浿水，復引歸。山報，天子誅山，會兵圍之。右渠堅城守，數月未能下。朝鮮王乃私約降樓船。兩將不相得，兵久不決，左將軍執樓船併其軍，因急擊，朝鮮王不肯降。元封三年夏，尼谿相參乃使人殺王右渠來降，遂定朝鮮爲真番、臨屯、樂浪、玄菟四郡。後悉爲東夷之地。昭帝時，罷臨屯、真番，以并樂浪、玄菟。

自内屬以後，風俗稍薄，法禁亦浸多，至於六十餘條。

濊音穢

濊亦朝鮮之地，南與辰韓，北與高句麗、沃沮接，東窮大海，西至樂浪。漢武帝元朔元年，濊君南閭等畔朝鮮，率二十八萬口詣遼東内屬，帝以其地爲蒼海郡，數年乃罷。至元封三年，滅朝鮮，分置四郡，昭帝時，并二郡入樂浪、玄菟，復徙玄菟居句麗。自單單大嶺以東〔三五〕，沃沮、濊貊并屬樂浪。後以境土廣遠，復分嶺東七縣，置樂浪東部都尉。光武建武六年，省都尉官，遂棄嶺東地，悉封其渠帥爲縣侯，皆歲時朝賀。

無大君長，自漢以來，其官有侯、邑君、三老，統主下户。其耆舊自謂與高麗同種，言語法俗大抵相類。其人性謹願，少嗜慾，有廉耻〔三六〕。男女衣皆著曲領，男子繫銀花，廣數寸，以爲飾。其俗重山川，山川各有部分，不得輒相干涉。同姓不婚。多所忌諱。疾病死亡即棄舊宅，更作新居。知種麻，養蠶，作綿布〔三七〕。曉候星宿〔三八〕，先知年歲豐約。不以珠玉爲寶。常用十月祭天，晝夜飲酒歌舞，名曰「舞天」。又祭虎以爲神。其邑落有侵犯者，輒相罰，責生口牛馬，名之爲「責禍」。少寇盜。作矛長三丈，或數人共持之，能步戰。樂浪檀弓出其地。又多文豹。有果下馬，高三尺，乘之可於果樹下行也。其海出班魚〔三九〕，漢時常獻之。魏齊王正始六年，不耐濊侯等舉邑降，四時詣樂浪、帶方二郡朝謁。並今東夷之地。有軍征賦調，如中華人焉。

馬韓

韓有三種：一曰馬韓，後漢時通焉，二曰辰韓，三曰弁辰。馬韓在西，有五十四國，其北與樂浪，南與倭接。辰韓在東，十有二國，其北與濊貊接。弁辰在辰韓之南〔四〇〕，亦十有二國，其南亦與倭接。凡七十八國，百濟是其一焉。大者萬餘户，小者數千家，各在山海間，地合方四千餘里，東西以海爲限，皆古之辰國也。馬韓最大，共立其種爲辰王，都目支國，盡王三韓之地。其諸王先皆是馬韓種人焉。

馬韓人知田蠶，作緜布。出大栗如梨，有長尾鷄，尾長五尺。邑落雜居，亦無城郭，作土室形如冢，開户在上。不知跪拜，無長幼男女之别。不貴金寶錦罽，不知騎乘牛馬，唯重瓔珠〔四一〕，以綴衣爲飾，及縣頸垂耳。大率皆魁頭露紒，魁頭猶科頭也，謂以髪縈繞成科結也。紒音計。布袍草履。其人壯勇，少年有築室作力者，輒以繩貫脊皮，縋以大木，嚾呼爲健。常以五月田竟祭鬼神〔四二〕，晝夜酒會，群聚歌舞，舞輒數十人相隨，蹋地爲節。十月農功畢，亦復如之。諸國邑各以一人主祭天神，號爲「天君」，又立蘇塗，魏志曰：諸國各有别邑〔四三〕，爲蘇塗，諸亡逃至其中，皆不還之。蘇塗之義，有似浮屠。建大木以縣鈴鼓，事鬼神。

其南界近倭，亦有文身者。其國各有帥，大者自名爲「臣智」，其次爲「邑借」，散在山海間，無城郭。有愛襄國〔四四〕、牟水國、桑外國、小石索國、大石索國、優休牟涿國、臣濆沽國、伯齊國〔四五〕、速盧不斯國、日華國、古誕者國、古離國、怒藍國、月支國、治離牟盧國〔四六〕、素謂乾國、古爰國、莫盧國、卑離國、占離卑國、占𡡉國〔四七〕、支侵國、狗盧國、卑彌國、監奚卑離國、古蒲國、致利鞠國、冉路國、兒林國、駟盧國、内卑離國、感奚國、萬盧國、辟卑離國、舊斯烏旦國〔四八〕、一離國、不彌國、友半國〔四九〕、狗素國、樓盧國〔五〇〕、牟盧卑離國、臣蘇塗國、莫盧國、古臘國、臨素半國、臣雲新國、如來卑離國、楚山塗卑離國、一難國、狗奚國、不雲國、不斯濆邪國、爰池國、乾馬國、楚離國，凡五十餘國。大國萬餘家，小國數千家，總十餘萬户。辰王治月支國，臣智或加優呼臣雲遣支報安邪踧支濆臣離兒不例拘邪秦支廉之號。其官有魏率善、邑君、歸義侯、中郎將、都尉、伯長〔五一〕。

初，朝鮮王準既爲衛滿所攻奪，將其左右官人走入海〔五二〕，攻馬韓破之，自立爲韓王。魏略曰：其子及親留在國者〔五三〕，因冒姓韓氏。準王海中，不與朝鮮相往來。其後絶滅，今韓人猶有奉其祭祀者。準既滅，馬韓人復自立爲辰王。建武二十年，韓人廉斯人蘇馬諟等詣樂浪貢獻，光武封蘇馬諟爲漢廉斯邑君，使屬樂浪郡，四時朝謁。靈帝末，韓、濊並盛，郡縣不能制，百姓苦亂，多流亡入韓者。獻帝建安中，公孫康分屯有、有鹽縣屯有、有鹽並漢遼東屬郡，唐並爲東夷地。以南荒地爲帶方郡，遣公孫模、張敞等收集遺民，興兵伐韓、濊，舊民稍出，是後倭、韓遂屬帶方。魏景初中，明帝密遣帶方太守劉昕、樂浪太守鮮于嗣越海定二郡，諸韓國臣智加賜邑君印綬，其次爲邑長。其俗好衣幘，下户詣郡朝謁，皆假衣幘，自服印綬衣幘千有餘人。部從事吴林以樂浪本統韓國，分割辰韓八國以與樂浪。晉武帝太康元年、二年，其王頻遣使入貢方物。七年、八年、十年，又頻至。太熙元年，詣東夷校尉何龕上獻。咸寧三年復來。明年又請内附，其王來朝，自後無聞三韓，蓋爲百濟、新羅所吞併。

又有州胡，在馬韓之西海中大島上，其人差短小，言語不與韓同，皆髡頭如鮮卑，但衣韋衣，有上無下，略如裸勢。養牛豕，乘船往來〔五四〕，貨市韓中。

辰韓

辰韓，耆老自言秦之亡人，避苦役來適韓國，馬韓割其東界地與之。有城栅。其言語有類秦人，由是或謂之爲秦韓。其王常用馬韓人作之，世世相係襲。辰韓不得自立爲王，明其爲流移之人故也。其名國爲邦，弓爲弧，賊爲寇，行酒爲行觴，相呼皆爲徒。諸小邑各有渠帥，大者名臣智，次有險側〔五五〕，次有樊穢〔五六〕，次有殺奚，次有邑借，皆其官名。土地肥美，宜五穀。知蠶桑，作縑布，乘駕牛馬。嫁娶以禮。其俗男女有別。以大鳥羽送死，其意欲使死者飛揚。國出鐵，馬韓、濊、倭皆從取之〔五七〕。諸市買皆用鐵，如中國用錢，又以供給二郡。俗喜歌舞、飲酒、鼓琴瑟。其瑟形似筑，彈之亦有音曲。兒生便以石厭其頭，欲其匾〔五八〕。故辰韓人皆匾頭。匾音補典反。男女近倭，亦文身，便步戰，兵仗與馬韓同。其俗，行者相逢，皆住讓路。晉武帝太康中三來朝貢。

弁辰

弁辰與辰韓雜居，亦有城郭。衣服居處與辰韓同，言語風俗相似，祠祭鬼神有異〔五九〕。施竈皆在户西。其人形皆長大，美髮，衣服潔清。而刑法嚴峻。其國近倭，故頗有文身者。

夫餘

夫餘國，在玄菟北千里，南與高句麗、東與挹婁、西與鮮卑接。北有弱水。地方二千里。本濊地也。初，北夷索離國王出行，索或作橐，音度洛反。其侍兒於後姙身，姙音人鴆反。王還，欲殺之。侍兒曰：「前見天上有氣，大如鷄子，來降我，因以有身。」王囚之，後遂生男。王令置於豕牢，牢，圈者。豕以口氣噓之，不死。復徙於馬蘭，蘭即欄也。馬亦如之。王以爲神，乃聽母收養，名曰東明。東明長而善射，王忌其猛，復欲殺之。東明奔走，南至掩㴲水〔六〇〕，今高麗中有蓋斯水，疑此水是也。以弓擊水，魚鱉皆聚浮水上，東明乘之得度，因至夫餘而王之焉。

於東夷之域，最爲平敞〔六一〕，土宜五穀。出名馬、赤玉、貂豽，豽似豹，無前足，音奴八反。大珠如酸棗。以員柵爲城，有宮室、倉庫、牢獄。其人麤大彊勇而謹厚，不爲寇鈔。以弓矢刀矛爲兵。以六畜名官，有馬加、牛加、狗加，其邑落皆主屬諸加。食飲用俎豆，會同拜爵洗爵，揖讓升降。以臘月祭天，大會連日，飲酒歌舞，名曰「迎鼓」。是時斷刑獄，解囚徒。有軍事亦祭天殺牛，以蹏占其吉凶。魏志曰：牛蹏解者爲凶，合者爲吉。行人無晝夜，好歌吟，音聲不絕。其俗用刑嚴急，被誅者皆没其家人爲奴婢，盜一責十二。男女淫皆殺之，尤治惡妒婦，既殺，復尸於山上。兄死妻嫂。死則有槨無棺。殺人殉葬，多者以百數。其王葬用玉匣，漢時常豫以玉匣付玄菟郡，王死則迎取以葬焉。

建武中，東夷諸國皆來獻見。二十五年，夫餘王遣使奉貢，光武厚答報之，於是使命歲通。至安帝永初五年，夫餘王始將步騎七八千人寇鈔樂浪，殺傷吏民，後復歸附。永寧元年，乃遣嗣子尉仇台詣闕貢獻，天子賜尉仇台印綬金綵。順帝永和元年，其王來朝京師，帝作黄門鼓吹、角抵戲以遣之。桓帝延熹四年，遣使朝賀貢獻。永康元年，王夫台將二萬餘人寇玄菟，玄菟太守公孫域擊破之，斬首千餘級。至靈帝熹平三年，復奉章貢獻。夫餘本屬玄菟，獻帝時，其王求屬遼東云。

漢末，公孫度雄張海東，威服外夷，夫餘王尉仇台更屬遼東。時句麗、鮮卑彊，度以夫餘在二虜之間，妻以宗女。尉仇台死，簡位居立，無適子，有孽子麻余。位居死，諸加共立麻余。牛加兄子名位居，爲大使，輕財善施，國人附之，歲歲遣使詣京師貢獻。魏正始中，幽州刺史毌丘儉討句麗〔六二〕，遣玄菟太守王頎詣夫餘〔六三〕。位居遣大加郊迎〔六四〕，供軍糧。季父牛加有二心，位居殺季父父子，籍没財物，遣使薄斂送官。舊夫餘俗，水旱不調，五穀不熟，輒歸咎於王，或言當易，或言當殺。麻余死，其子依慮年六歲，立以爲王。晉太康六年，爲慕容廆所襲破，依慮自殺，子弟走保沃沮。夫餘庫有玉璧、珪、瓚數代之物，傳世以爲寶，耆老言先代所賜也。魏略曰〔六五〕：「其國殷富，自先世以來，未嘗破壞〔六六〕。」武帝以何龕爲護東夷校尉。明年，夫餘後王依羅遣使詣龕，求率見人還復舊國。龕遣督護賈沉以兵送之〔六七〕，廆又要之於路，沉與戰破之。依羅乃得復國。爾後每爲廆掠其種人，賣於中國，帝又以官物贖還，禁市夫餘之口。自後無聞。

倭即日本

倭在韓及帶方郡東南大海中，依山島爲居，去樂浪郡境及帶方郡並一萬二千里。凡百餘國。自漢武帝滅朝鮮，使驛通於漢者三十許國，國主稱王，世世傳統。其大倭王居邪馬臺國。按：今名邪摩堆〔六八〕，音之訛也。樂浪徼去其國萬二千里，去其西北界拘邪韓國七千餘里。其地大較在會稽東冶之東，與朱崖、儋耳相近，故其法俗多同。土宜禾稻，麻紵、蠶桑，知織績爲縑布。出白珠、青玉。其山有丹土。氣温暖，冬夏生菜茹。無牛馬虎豹羊鵲。「鵲」或作「鷄」。其兵有矛、楯、木弓，竹矢或以骨爲鏃。男子皆黥面文身，以其文左右大小别尊卑之差。其男衣皆横幅結束相連。女人被髮屈紒，衣如單被，貫頭而著之，並以丹朱坋身，說文曰：「坋，塵也〔六九〕。」音蒲頓反。如中國之用粉也。有城栅屋室。父母兄弟異處，唯會同男女無别。飲食以手而用籩豆。俗皆徒跣，以蹲踞爲恭敬。人性嗜酒。多壽考，至百餘歲者甚衆。國多女子，大人皆有四五妻，其餘或兩或三，女人不淫不妒。又俗不竊盜，少争訟。犯法者没其妻子，重者滅其門族。其死停喪十餘日，家人哭泣，不進酒食，而等類就歌舞爲樂。灼骨以卜，用決吉凶。行來度海，令一人不櫛沐，不食肉，不近婦人，名曰「持衰」。若在塗吉利，則顧以財物。如病疾遭害，以爲持衰不謹，便共殺之。

建武中元二年，倭奴國奉貢朝賀，使人自稱大夫，倭國之極南界也。光武賜以印綬。安帝永初元年，倭國王帥升等獻生口百六十人，願請見。桓、靈間，倭國大亂，更相攻殺，歷年無主。有一女子名曰卑彌呼，年長不嫁，事鬼神道，能以妖惑衆，於是共立爲王。侍婢千人，少有見者。唯有男子一人給飲食，傳辭語。居處宫室樓觀城栅，皆持兵守衛。法俗嚴峻。自女王國東度海千餘里至拘奴國，雖皆倭種，而不屬女王。自女王國南四千餘里至侏儒國，人長三四尺。自朱儒東南行船一年，至裸國、黑齒國，使驛所傳，極於此矣。

會稽海外有東鯷人。鯷音達奚反，分爲二十餘國。又有夷洲及澶洲〔七〇〕。傳言秦始皇遣方士徐福將童男女數千人入海，事見史記。求蓬萊神仙不得，徐福畏誅不敢還，遂止此洲，世世相承，有數萬家。人民時至會稽市。會稽東冶縣人有入海行遭風，流移至澶洲者。所在絶遠，不可往來。南史：「倭西南海有海人，身黑眼白，裸而醜，其肉美。行者或射而食之。文身國在倭東北七千里，人體有文如獸，其額上有三文，文直者貴，文小者賤。土俗歡樂，物豐而賤。行客不賫粮。有屋宇，無城郭，國王所居，飾以金銀珍麗，遶屋爲塹，廣一丈，實以水銀，雨則流於水銀之上。市用珍寶。犯罪輕者鞭杖，死罪則置猛獸食之，有枉則獸避而不食，經宿則赦之。大漢國在文身國東五千餘里，無兵戈，不攻戰，風俗並與文身國同而言語異。倭國有獸如牛，名曰『山鼠』。又有大蛇，吞此獸，蛇皮堅不可斫，其上有孔，乍開乍閉，時或有光，射中之，蛇則死矣。」

魏志曰：從帶方郡至倭，循海岸水行，歷韓國，乍南乍東，到其北岸狗邪韓國，七千餘里，始度一海千餘里至對馬國〔七一〕。其大官曰卑狗，副曰卑奴母離。所居絶島，方可四百餘里，土地山險，多深林，道路如禽鹿徑〔七二〕。有千餘户，無良田，食海物自活，乘船南北市糴。又南渡一海千餘里，名曰瀚海，至一大國，官亦曰卑狗，副曰卑奴母離。方可三百里，多竹木叢林，有三千許家，差有田地，耕田猶不足食，亦南北市糴。又渡一海，千餘里至末盧國，有四千餘户，濱山海居，草木茂盛，行不見前人。

好捕魚鰒〔七三〕，水無深淺，皆沉没取之。東南陸行五百里，到尹都國〔七四〕，官曰爾支，副曰泄謨觚、柄渠觚。有千餘户，世有王，皆統屬女王國，郡使往來常所駐。東南至奴國百里，官曰兕馬觚，副曰卑奴母離，有二萬餘户。東行至不彌國百里，官曰多模，副曰卑奴母離，有千餘家。南至投馬國，水行二十日，官曰彌彌，副曰彌彌那利，可五萬餘户。南至邪馬臺國〔七五〕，女王之所都，水行十日，陸行一月。官有伊支馬，次曰彌馬升，次曰彌馬獲支，次曰奴佳鞮，可七萬餘户。自女王國以北，其户數道里可得略載，其餘旁國遠絶，不可得詳。次有斯馬國〔七六〕，次有巳百支國〔七七〕，次有伊邪國，次有都支國〔七八〕，次有彌奴國，次有好古都國，次有不呼國，次有姐奴國，次有對蘇國，次有蘇奴國，次有呼邑國，次有華奴蘇奴國，次有鬼國，次有爲吾國，次有鬼奴國，次有邪馬國，次有躬臣國，次有巴利國，次有支惟國，次有烏奴國，次有奴國，此女王境界所盡。其南有狗奴國〔七九〕，男子爲王，其官有狗古智卑狗，不屬女王。自郡至女王國萬二千餘里。

魏景初二年，既平公孫氏，倭女王遣大夫難升米等詣郡，求詣天子朝獻，太守送詣都，乃以金印紫綬封爲親魏倭王，難升米等並拜中郎〔八〇〕、校尉，假銀印青綬，勞賜優渥。正始元年，太守弓遵遣使奉詔書印綬，并齎詔賜金、帛、錦罽、刀、鏡、綵物，倭王因使上表答謝恩詔〔八一〕。其四年，復遣使上獻生口、方物。八年，太守王頎到官。倭女王卑彌呼與狗奴國男王卑彌弓呼素不和〔八二〕，遣使詣郡説相攻擊狀。遣塞曹掾史張政等齎詔告諭之〔八三〕。卑彌呼死，更立男王，國中不服，更相誅殺，復立卑彌呼宗女壹與，年十三爲王，國中遂定。壹與遣使送政等還，因獻男女生口，貢白珠、青大句珠、異文雜錦。

晉武帝太始初，遣使重譯入貢。安帝時，倭王讚遣使入朝貢。宋武帝永初二年，詔曰：「倭讚遠誠宜甄，可賜除授。」文帝元嘉二年，讚又遣使奉表獻方物。讚死，弟珍立，遣使貢獻，自稱使持節、都督倭百濟新羅任那秦韓慕韓六國諸軍事、安東大將軍、倭國王〔八四〕，表求除正。詔除安東將軍、倭國王。珍又求除正倭洧等十三人平西、征虜、冠軍、輔國將軍等號〔八五〕，詔並聽之。二十年，倭國王濟遣使奉獻，復以爲安東將軍、倭國王。二十八年，加使持節、都督倭新羅任那加羅秦韓慕韓六國諸軍事，安東將軍如故；并除所上二十三人職。濟死，世子興遣使貢獻。孝武大明六年，詔授興安東將軍、倭國王。興死，弟武立，自稱使持節、都督倭百濟新羅任那加羅秦韓慕韓七國諸軍事、安東大將軍、倭國王。順帝昇明二年，遣使上表言：「自昔祖禰〔八六〕，躬擐甲胄，跋涉山川，不遑寧處。東征毛人五十五國，西服衆夷六十六國，陵平海北九十五國。王道融泰，廓土遐畿，累葉朝宗，不愆於歲。道逕百濟，裝飾船舫，而句麗無道，圖欲見吞。臣亡考濟方欲大舉，奄喪父兄，使垂成之功，不獲一簣。今欲練兵申父兄之志，竊自假開府儀同三司，其餘咸各假授，以勸忠節。」詔除武使持節、都督倭新羅任那加羅秦韓慕韓六國諸軍、鎮東大將軍〔八七〕。梁武帝即位，進武號征東大將軍。

陳平，至隋開皇二十年，倭王姓阿每，字多利思比孤，號阿輩鷄彌，遣使詣闕。上令所司訪其風俗。使者言：倭王以天爲兄，以日爲弟，天明時出聽政，跏趺坐，日出便停理務，云委我弟。文帝曰：「此大無義理。」於是訓令改之。王妻號鷄彌〔八八〕，後宮有女六七百人〔八九〕。名太子謂利歌彌多弗利。無城郭。內官有十二等：一曰大德，次小德，次大仁，次小仁，次大義，次小義，次大禮，次小禮，次大智，次小智，次大信，次小信，員無定數。有軍尼一百二十人，猶中國牧宰。八十户置一伊尼翼，如今里長也。十伊尼翼屬一軍尼。其服飾，男子衣裙襦，其袖微小，履如屨形〔九〇〕，漆其上，繫之脚。人庶多跣足。不得用金銀爲飾。故時衣横幅，結束相連而無縫。頭亦無冠，但垂髮於兩耳上。至隋，其王始制冠，以錦綵爲之，以金銀鏤花爲飾。婦人束髮於後，亦衣裙襦，裳皆有襈。櫼竹聚以爲梳，編草爲薦，雜皮爲表，緣以文皮。有弓、矢、刀、矟、弩、穳、斧，漆皮爲甲，骨爲矢鏑。雖有兵，無征戰。其王朝會，必陳設儀仗，奏其國樂〔九一〕。户可十萬。

俗殺人强盗及姦皆死，盗者計贓酬物，無財者没身爲奴。自餘輕重，或流或杖。每訊冤獄，不承引者，以木壓膝，或張强弓，以絃鋸其項。或置小石於沸湯中，令所競者探之，云理曲者即手爛。或置蛇甕中，令取之，云曲者即螫手。人頗恬静，罕爭訟，少盗賊。樂有五絃、琴、笛。男女多黥臂黥面文身，没水捕魚。無文字，唯刻木結繩。敬佛法，於百濟求得佛經，始有文字。知卜筮，尤信巫覡。每至正月一日，必射戲飲酒，其餘節略與華同。好棊博、握槊、樗蒲之戲。氣候温暖，草木冬青，土地膏腴，水多陸少。以小環掛鸕鷀項，令入水捕魚，日得百餘頭。俗無盤俎，藉以槲葉〔九二〕，食用手餔之。性質直，有雅風。女多男少，婚嫁不取同姓，男女相悦者即爲婚。婦入夫家，必先跨火，乃與夫相見。婦人不淫妒。死者斂以棺槨，親賓就屍歌舞，妻子兄弟以白布制服。貴人三年殯，庶人卜日而瘞。及葬，置屍船上，陸地牽之，或以小輿。有阿蘇山，其石無故火起接天者，俗以爲異，因行禱祭。有如意寶珠，其色青，大如鷄卵，夜則有光，云魚眼睛也。新羅、百濟皆以倭爲大國，多珍物，並仰之，恒通使往來。

大業三年，其王多利思比孤遣朝貢。使者曰：「聞海西菩薩天子重興佛法，故遣朝拜，兼沙門數十人來學佛法。」國書曰「日出處天子致書日没處天子無恙」云云。帝覽不悦，謂鴻臚卿曰：「夷書有無禮者，勿復以聞。」明年，上遣文林郎裴世清使倭國。度百濟，行至竹島，南望耽羅國，經都斯麻國，迥在大海中。又東至一支國，又至竹斯國，又東至秦王國，其人同於華夏，以爲夷洲，疑不能明也。又經十餘國，達於海岸。自竹斯國以東，皆附庸於倭。倭王遣小德阿輩臺〔九三〕，從數百人，設儀仗，鳴鼓角來迎。後十日，又遣大禮哥多毗〔九四〕，從二百餘騎郊勞。既至彼都，其王與世清來貢方物〔九五〕。此後遂絶。

唐太宗貞觀五年，遣使入朝，帝矜其遠，詔有司無拘歲貢，遣新州刺史高仁表往諭，與王争禮不平，不肯宣詔而還。久之，更附新羅使者上書。永徽初，其王孝德即位，改元白雉，獻琥珀、碼碯。時新羅爲高麗、百濟所暴，高宗賜璽書，令出兵援新羅。未幾孝德死，子天豐財立。死，子天智立。明年，使者與蝦蛦人偕朝。蝦蛦人亦居海島中，其使者鬚長四尺許，珥箭於首，令人戴瓠立數百步，射無不中者。天智死，子天武立〔九六〕。死，子總持立〔九七〕。咸亨元年，遣使賀平高麗。後稍習夏音，惡倭名，更號日本。使者自言，國近日所出，以爲名。或云日本乃小國，爲倭所併，故冒其號。使者不以情，故疑焉。又妄誇其國都方數千里，南、西盡海，東、北限大山，其外即毛人云。

長安元年〔九八〕，其王文武立，改元曰大寶，遣朝臣真人粟田貢方物。朝臣真人者，猶唐尚書也。冠進德冠，頂有華蘤四披，紫袍帛帶。真人好學，能屬文，進止有容。武后宴之麟德殿，授司膳卿，還之。文武死，子阿用立。死，子聖武立，改元曰白龜。開元初，粟田復朝，請從諸儒授經，詔四門助教趙玄默即鴻臚寺爲師，獻大幅巾爲贄，悉賞物貨書以歸。其副朝臣仲滿慕華不肯去，易姓名曰朝衡，歷左補闕，儀王友，多所該識，久乃還。聖武死，女孝明立〔九九〕，改元曰天平勝寶。天寶十二載，朝衡復入朝，上元中，擢左散騎常侍、安南都護。新羅梗海道，更繇明、越州朝貢。孝明死，大炊立。死，以聖武女高野姬爲王。死，白壁立〔一〇〇〕。建中元年，使者真人興能獻方物。真人，蓋因官而氏者。興能善書，其帋似繭而澤〔一〇一〕，人莫識。貞元末，其王曰桓武，遣使者朝。其學子橘免勢、浮屠空海願留肄業，歷二十餘年，使者高階真人來請免勢等俱還，詔可。次諾樂立，次嵯峨，次淳和〔一〇二〕，次仁明。仁明直開成四年，復入貢。次文德，次清和，次陽成，次光孝，直光啟元年。其東海嶼中又有邪古、波邪、多尼三小王，北距新羅，西北百濟，西南直越州，有絲絮、怪珍云。

宋雍熙元年，日本國僧奝然與其徒五人浮海而至〔一〇三〕，獻銅器十餘事，并本國職員令〔一〇四〕、年代紀各一卷〔一〇五〕。奝然衣綠，自云姓藤原氏，父爲真連。真連，其國五品官也。奝然善隸書，而不通華言，問其風土，但書以對。上召見，存撫甚厚，賜紫衣。上聞其國王一姓傳繼，臣下皆世官，因謂宰相曰：「此島夷耳，乃世祚遐遠，其臣亦繼襲不絶，蓋古之道也。中國唐季寓縣分割，梁、周五代享歷尤促，大臣世胄，鮮能嗣續，可嘆也。」其國多中國典籍，奝然之來，復得孝經一卷，越王孝經新義第十五一卷，皆金縷紅羅縹，水晶爲軸。孝經即鄭氏註者。越王乃唐太宗子越王貞，新義者，記室參軍任希古等撰也。奝然又求印本大藏經，詔給之。二年〔一〇六〕，隨台州寧海縣商人船歸其國。後數年遣弟子奉表來謝，又別啓貢佛經及方物。

奝然書曰：「國中有五經書及佛經、白居易集七十卷，並得自中國。土宜五穀而少麥。交易用銅錢，文曰『乾文大寶』〔一〇七〕。畜有水牛、驢〔一〇八〕、羊，多犀、象。産絲蠶，多織絹，薄緻可愛。樂有中國、高麗二部。四時寒暑，大類中國。國之東境接海島，夷人所居，身面皆有毛。東奥州産黄金，西別島出白銀，以爲貢賦。國王以王爲姓，傳襲至今王六十四世，文武僚吏皆世官。」

其年代紀所記云：初主號天御中主。次曰天村雲尊〔一〇九〕，其後皆以「尊」爲號。次天八重雲尊，次天彌聞尊〔一一〇〕，次天忍尊，次瞻波尊〔一一一〕，次萬魂尊，次利利魂尊〔一一二〕，次國狹槌尊，次角龔魂尊，次津舟尊〔一一三〕，次面垂見尊〔一一四〕，次國常立尊，次天鑑尊，次天萬尊，次沫名杵尊〔一一五〕，次伊奘諾尊〔一一六〕；次素戔烏尊，次天照大神尊〔一一七〕，次正哉吾勝速日天押穗耳尊〔一一八〕，次天彦尊，次炎尊，次彦瀲尊，以上凡二十三世〔一一九〕，並都於筑紫日向宮〔一二〇〕。

彦瀲第四子號神武天皇，自筑紫宮入居大和州橿原宮〔一二一〕，即位元年甲寅，當周僖王時。次綏靖天皇，次安寧天皇，次懿德天皇，次孝昭天皇，次孝安天皇，次孝靈天皇，次孝元天皇，次開化天皇，次崇神天皇，次垂仁天皇，次景行天皇，次成務天皇〔一二二〕。次仲哀天皇，國人言今爲鎮國香椎大神。次神功天皇，開化天皇之曾孫女，又謂之息長足姬天皇〔一二三〕，國人言今爲太奈良姬大神。次應神天皇，甲辰歲〔一二四〕，始於百濟得中國文字，今號八蕃菩薩〔一二五〕，有大臣號紀武内，年三百七歲。次仁德天皇，次履中天皇，次反正天皇，次允恭天皇，次安康天皇，次雄略天皇，次清寧天皇〔一二六〕，次顯宗天皇，次仁賢天皇，次武烈天皇，次繼體天皇，次安閑天皇〔一二七〕，次宣化天皇，次天國排開廣庭天皇，亦名欽明天皇〔一二八〕，壬申歲始傳佛法於百濟國，當此土梁承聖元年〔一二九〕。次敏達天皇〔一三〇〕。次用明天皇〔一三一〕，有子曰聖德太子，年三歲，聞十人語，同時解之，七歲悟佛法於菩提寺，講聖鬘經，天雨曼陀羅華。當此隋開皇中，遣使泛海至中國，求法華經。

次崇峻天皇。次推古天皇，欽明天皇之女也〔一三二〕。次舒明天皇，次皇極天皇。次孝德天皇〔一三三〕，白雉四年，律師道照求法至中國〔一三四〕，從三藏僧玄奘受經、律、論〔一三五〕，當此永徽四年也。次天豐財重日足姬天皇，令僧智通等入唐求大乘法相教，當此顯慶三年也。次天智天皇，次天武天皇，次持統天皇〔一三六〕。次文武天皇，大寶三年，當此長安元年，遣粟田真人入唐求書籍，律師道慈求經〔一三七〕。次阿閉天皇，次皈依天皇〔一三八〕。次聖武天皇，寶龜元年〔一三九〕，遣僧正玄昉入朝，當此開元四年也。次孝明天皇〔一四〇〕，聖武天皇之女也〔一四一〕，天平勝寶四年，當此天寶中，遣使及僧入唐求内外經教及傳戒。次大炊天皇。次高野姬天皇〔一四二〕，聖武天皇之女也。次白壁天皇〔一四三〕，二十四年〔一四四〕，遣二僧靈仙、行賀入唐，禮五臺山學佛法。次桓武天皇〔一四五〕，遣騰元葛野與空海大師及延歷寺僧澄入唐，詣天台山傳智者止觀義，當元和元年也〔一四六〕。次諸樂天皇，次嵯峨天皇，次淳和天皇。次仁明天皇，當此開成、會昌中，遣僧入唐，禮五臺。次文德天皇，當此大中年間〔一四七〕。次清和天皇，次陽成天皇〔一四八〕。次光孝天皇，遣僧宗睿入唐傳教，當此光啓元年也。次仁和天皇，當此梁龍德中，遣僧寬建等入朝。次醍醐天皇，次天慶天皇。次村上天皇〔一四九〕，當此周廣順年也。次冷泉天皇，今爲太上天皇。次守平天皇，即今王也。凡六十四世。

畿内有山城、大和〔一五〇〕、河内、和泉、攝津凡五州，共統五十三郡。東海道有伊賀、伊勢、志摩、尾張〔一五一〕、參河〔一五二〕、遠江、駿河、伊豆、甲斐〔一五三〕、相模、武藏、安房、上總、常陸凡十四州，共統百一十六郡〔一五四〕。東山道有近江、美濃、飛驒、信濃、上野、下野、陸奥、出羽凡八州，共統百二十二郡。北陸道有若狹、越前、加賀、能登、越中、越後、佐渡凡七州，共統三十郡。山陰道有丹波、丹後、但馬〔一五五〕、因幡、伯耆、出雲、石見、隱伎凡八州，共統五十二郡。山陽道有播麼〔一五六〕、美作、備前、備中〔一五七〕、備後、安藝、周防、長門凡八州，共統六十九郡。南海道有紀伊〔一五八〕、淡路、阿波、讃耆〔一五九〕、伊豫、土佐凡六州，共統四十八郡。西海道有筑前、筑後、豐前、豐後、肥前〔一六〇〕、肥後、日向、大隅、薩摩凡九州，共統九十三郡。又有壹伎〔一六一〕、對馬、多褹，凡三島，各統二郡。是謂五畿、七道、三島〔一六二〕，凡三千七百七十二都〔一六三〕，四百一十四驛，八十八萬三千三百二十九課丁。課丁之外，不可詳見。皆奝然所記云。

按隋開皇，唐永徽、長安、天寶、元和、開成，史稱遣使來貢，與此所記皆同。大中、光啓、龍德及周廣順中，皆嘗遣僧至中國，唐書、五代史失其傳。唐咸亨中及開元二十三年、大曆十二年、建中元年，皆來朝貢，其記不載。

咸平五年，建州海賈周世昌遭風飄至日本，凡七年得還，與其國人滕木吉至，上皆召見之。世昌以國人唱和詩來上，其詞雕刻膚淺無取。後賜裝錢遣還。景德元年，其國僧寂照八人來朝，寂照不曉華言，而識文字，繕寫甚妙，凡問答並以筆札。詔號圓通大師，賜紫方袍。天聖四年，明州言日本國太宰府遣人貢方物〔一六四〕，而不持本國表，詔却之。其後亦未通朝貢，南賈時有傳其物貨至中國者。

熙寧五年，有僧誠尋至台州，止天台國清寺，願留。州以聞，詔使赴闕。誠尋獻銀香爐、木槵子、白琉璃、五香、水精、紫檀、琥珀所飾念珠，及青色織物綾。神宗以其遠人而有戒業，處之開寶寺，盡賜同來僧紫方袍。是後連貢方物，而來者皆僧也。元豐元年，使通事僧仲回來，賜號慕化懷德大師。明州又言得其國太宰府牒，因使人孫忠還，遣仲回等貢色段二百疋、水銀五千兩，州以孫忠乃泛海商客，而貢禮與諸國異，請自移牒報，而答其物直，付仲回東歸。從之。

乾道五年，附明州綱首進貢方物。淳熙二年〔一一六五〕，其國人泛海遭風飄至明州，無口食，詔給之。又有百人行丐於市至臨安，詔守臣支給津，遣往明州養贍，候有便船發回本國。十年，七十三人飄至秀州華亭。紹熙四年〔一一六〇〕，飄至泰州。詔見行貨物免抽買，船隻物件盡數給還，仍給常平米賑恤。慶元六年至平江。嘉泰二年至定海縣，詔並支給錢米養贍，候風便津發回國。

按：倭人自後漢始通中國，史稱從帶方至倭國，循海水行，歷朝鮮國乍南乍東，渡三海，歷七國，凡一萬二千里，然後至其國都。又言去樂浪郡境及帶方郡並一萬二千里，在會稽東，與儋耳相近，其地去遼東甚遠，而去閩、浙甚邇。其初通中國也，實自遼東而來，故其迂回如此。至六朝及宋，則多從南道浮海入貢及通互市之類，而不自北方。則以遼東非中國土地故也。三朝志，雍熙中，僧奝然入貢，歸國後，奉表來謝。叙其來則曰：「望落日而西行，十萬里之波濤難盡；顧信風而東別，數千重之山岳易過。」何其遠也！叙其歸則曰：「季夏解台州之纜，孟秋達本國之郊。」又何其近也。而繼之曰：「爰逮明春，初到舊邑，緇素欣待，侯伯慕迎。」然則其國境雖去浙東甚近，而其國都則又必半年而後達歟。

校勘記

〔一〕其七家　「七」原作「土」，據北宋本通典卷一八五邊防一改。

〔二〕生人大賚　「賚」原作「寶」，據北宋本通典卷一八五邊防一改。

〔三〕失義而後禮　「禮」原作「亂」，據通典卷一八五邊防一改。

〔四〕美往昔敦淳務以激勵勉其慕向也　「務以激勵勉其慕向」八字原脱，據元本、慎本、馮本及通典卷一八五邊防一補。

〔五〕信固可美　「信」上原衍「固」字，據通典卷一八五邊防一删。

〔六〕今室韋國及黔中羈縻東諸夷及附國　「室」原作「家」，據元本、慎本、馮本及通典卷一八五邊防一改。

〔七〕潭衡州人曰蜑取死者骨　「曰」字原脱，據北宋本通典卷一八五邊防一補；「人」原在「蜑」下，據同書乙。

〔八〕今郴道州人　「郴」原作「都」，據北宋本通典卷一八五邊防一改。按唐置郴州、道州，見通典卷一八三州郡一三。

〔九〕詁訓之所不可　「詁訓」二字原倒，據通典卷一八五邊防一乙正。

〔一〇〕亦乃治國之要道歟　「道」字原脱，據通典卷一八五邊防一補。

〔一一〕江湖乂安　「湖乂」原作「明入」，據北宋本通典卷一八五邊防一改，北宋本通典「湖」原作「胡」，今訂正。

〔一二〕是皆昧持盈　「皆」原作「昏」，據通典卷一八五邊防一改。

〔一三〕十萬衆盡没　「盡」字原脱，據通典卷一八五邊防一補。

〔一四〕于夷　原作「千夷」，據後漢書卷八五東夷傳改。

〔一五〕喜許利切飲酒　「喜」原作「嘉」，據元本、慎本、馮本及通典卷一八五邊防一改。

〔一六〕總名四夷者　「四」原作「曰」，據通典卷一八五邊防一改。

〔一七〕其後至后發即位　「至」原作「知」，據通典卷一八五邊防一改。

〔一八〕諸夷内侵　「夷」原作「侯」，據通典卷一八五邊防一改。

〔一九〕魏晉以後分三韓地　「三」，北宋本通典卷一八五邊防一作「王」。

〔二〇〕君子國衣冠帶劍　「國」字原脱，據後漢書卷八五東夷傳注引山海經補。

〔二一〕昔箕子違衰殷之運　「違」原作「逢」，據後漢書卷八五東夷傳改。

〔二二〕朝鮮有泉水洌水汕水　「有」原作「者」，據通典卷一八五邊防一改。

〔二三〕朝鮮侯亦僭稱王　「侯」原作「準」，據北宋本通典卷一八五邊防一改。

〔二四〕燕人衛滿亡命　「人」原作「王」，據元本、慎本、馮本及通典卷一八五邊防一改。

〔二五〕至滿番汗爲界　「滿番汗」原作「滿潘汙」，據三國志卷三〇東夷傳注引魏略改。

〔二六〕其子準立　「其」原作「箕」，據元本、慎本、馮本及三國志卷三〇東夷傳注引魏略改。

〔二七〕收中國亡命爲朝鮮藩屏　「收」原作「故」，據三國志卷三〇東夷傳注引魏略改。

〔二八〕準與滿戰　「準」字原脱，據三國志卷三〇東夷傳注引魏略補。

〔二九〕右渠既未嘗入見　「見」字原脱，據漢書卷九五朝鮮傳補。

〔三〇〕真番辰國謂辰韓也欲上書見天子　「謂辰韓也」四字原係漢書卷九五朝鮮傳師古注，此處誤闌入正文，今改爲小字注文。

〔三一〕朝鮮怨何　「何」字原脱，據漢書卷九五朝鮮傳補。

〔三二〕發兵攻襲　「攻襲」二字原倒，據漢書卷九五朝鮮傳乙正。

〔三三〕右渠發兵距險　「右渠」二字原脱，據漢書卷九五朝鮮傳補。

〔三四〕宜令人毋持兵　「毋」原作「每」，據元本、慎本、馮本及漢書卷九五朝鮮傳改。

〔三五〕自單單大嶺以東　上「單」字原脱，據後漢書卷八五東夷傳補。

〔三六〕有廉耻　「廉」字原脱，據通典卷一八五邊防一補。

〔三七〕作綿布　「作」字原脱，據後漢書卷八五東夷傳補。

〔三八〕曉候星宿　「候」原作「侯」，據元本、慎本、馮本及後漢書卷八五東夷傳改。

〔三九〕其海出班魚　「魚」下原衍「皮」字，據後漢書卷八五東夷傳删。

〔四〇〕弁辰在辰韓之南　「南」原作「内」，據通典卷一八五邊防一改。

〔四一〕唯重瓔珠　「瓔」原作「纓」，據後漢書卷八五東夷傳、通典卷一八五邊防一改。

〔四二〕常以五月田竟祭鬼神　「田竟」二字原脱，據後漢書卷八五東夷傳補。

〔四三〕諸國各有别邑　「各」原作「名」，據三國志卷三〇東夷傳改。

〔四四〕有愛襄國　「愛襄國」，三國志卷三〇東夷傳作「爰襄國」。

〔四五〕伯齊國　三國志卷三〇東夷傳作「伯濟國」。

〔四六〕治離牟盧國　「治」，三國志卷三〇東夷傳作「咨」。

〔四七〕占釁國　三國志卷三〇東夷傳作「臣釁國」。

〔四八〕舊斯烏旦國　三國志卷三〇東夷傳作「臼斯烏旦國」。

〔四九〕友半國　三國志卷三〇東夷傳作「支半國」。

〔五〇〕樓盧國　三國志卷三〇東夷傳作「捷盧國」。

〔五一〕伯長　「長」下原衍「侯」字，據三國志卷三〇東夷傳删。

〔五二〕將其左右官人走入海　「官」，三國志卷三〇東夷傳作「宫」。

〔五三〕其子及親留在國者　「及」原作「友」，據三國志卷三〇東夷傳注引魏略改。

〔五四〕乘船往來　「往」字原脱，據三國志卷三〇東夷傳、通典卷一八五邊防一補。

〔五五〕次有險側　「險」，後漢書卷八五東夷傳、太平御覽卷七八〇四夷部一作「儉」。

〔五六〕次有樊穢　「穢」，後漢書卷八五東夷傳作「秖」，太平御覽卷七八〇四夷部一作「祇」。

〔五七〕馬韓濊倭皆從取之　「馬」字原脱，據後漢書卷八五東夷傳補。「取」，同書作「市」。三國志卷三〇東夷傳、太平寰宇記卷一七二下四夷一東夷一作「韓濊倭皆從取之」。

〔五八〕欲其匾　「匾」，後漢書卷八五東夷傳、通典卷一八五邊防一均作「扁」。

〔五九〕亦有城郭衣服居處與辰韓同言語風俗相似祠祭鬼神有異　後漢書卷八五東夷傳、太平御覽卷七八〇四夷部一作「城郭衣服皆同言語風俗有異」。

〔六〇〕南至掩㴲水　「掩㴲水」原作「掩淲水」，據後漢書卷八五東夷傳、通典卷一八五邊防一、太平御覽卷七八一四夷部二改。

〔六一〕最爲平敞 「最」原作「叢」，據元本、慎本、馮本、局本及後漢書卷八五東夷傳改。

〔六二〕幽州刺史毌丘儉討句麗 「毌丘儉」原作「毋邱儉」，據三國志卷三〇東夷傳、通典卷一八五邊防一改。下同。

〔六三〕遣玄菟太守王頎詣夫餘 「王頎」原作「王須」，據三國志卷三〇東夷傳、通典卷一八五邊防一改。

〔六四〕位居遣大加郊迎 「大」原作「犬」，據元本、慎本、馮本、局本及三國志卷三〇東夷傳、通典卷一八五邊防一改。

〔六五〕魏略曰 「略」原作「田」，據元本、慎本、馮本及三國志卷三〇東夷傳注引魏略改。

〔六六〕未嘗破壞 「壞」原作「壤」，據三國志卷三〇東夷傳改。

〔六七〕龕遣督護賈沉以兵送之 「賈沉」，晉書卷九七四夷傳作「賈沈」，下句「沉與戰破之」之「沉」亦作「沈」。

〔六八〕按今名邪摩堆 「邪摩堆」原作「邪摩維」，據後漢書卷八五東夷傳惠棟集解説及通典卷一八五邊防一改。

〔六九〕坋塵也 「坋」原作「切」，據後漢書卷八五東夷傳注引説文改。

〔七〇〕又有夷洲及澶洲 二「洲」字原皆作「州」，據後漢書卷八五東夷傳改。下文「遂止此洲」、「澶洲」同此。

〔七一〕到其北岸狗邪韓國七千餘里始度一海千餘里至對馬國 「狗」原作「拘」，「始度一海千餘里」原缺，「馬」原作「海」，據三國志卷三〇東夷傳改補。

〔七二〕道路如禽鹿徑 「徑」原作「逕」，據三國志卷三〇東夷傳改。

〔七三〕好捕魚鰒 「魚鰒」二字原倒，據元本、慎本、馮本及三國志卷三〇東夷傳乙正。

〔七四〕到尹都國 「尹」，三國志卷三〇東夷傳作「伊」。

〔七五〕南至邪馬臺國 「臺」原作「一」，據後漢書卷八五東夷傳改。

〔七六〕次有斯馬國 「馬」原作「焉」，據三國志卷三〇東夷傳改。

〔七七〕次有巳百支國　「巳」，三國志卷三〇東夷傳作「已」。

〔七八〕次有都支國　「都」原作「郡」，據三國志卷三〇東夷傳改。

〔七九〕其南有狗奴國　「狗」原作「拘」，據三國志卷三〇東夷傳改。

〔八〇〕難升米等並拜中郎　「難升」二字原倒，據元本、慎本、馮本及三國志卷三〇東夷傳乙正。

〔八一〕倭王因使上表答謝恩詔　「因」原作「國」，「恩詔」二字原倒，據三國志卷三〇東夷傳改乙。

〔八二〕倭女王卑彌呼與狗奴國男王卑彌弓呼素不和　後「呼」字原作「平」，據三國志卷三〇東夷傳改。

〔八三〕遣塞曹掾史張政等齎詔告諭之　「曹」原作「晉」，據三國志卷三〇東夷傳改。

〔八四〕自稱使持節都督倭百濟新羅任那秦韓慕韓六國諸軍事安東大將軍倭國王　「秦」原作「奉」，據下文及南史卷七九夷貊傳下改。

〔八五〕珍又求除正倭洧等十三人平西征虜冠軍輔國將軍等號　「洧」，南史卷七九夷貊傳下同，宋書卷九七夷蠻傳作「隋」。「冠」原作「寇」，據同上宋書改。

〔八六〕自昔祖禰　「禰」原作「彌」，據宋書卷九七夷蠻傳改。

〔八七〕鎮東大將軍　「鎮東」，宋書卷九七夷蠻傳作「安東」。

〔八八〕王妻號鷄彌　「號」原作「姓」，據隋書卷八一東夷傳改。

〔八九〕後宮有女六七百人　「後宮」原作「没官」，據隋書卷八一東夷傳改。

〔九〇〕履如屨形　「履」原作「屨」，據隋書卷八一東夷傳改。

〔九一〕奏其國樂　「奏」字原脱，據隋書卷八一東夷傳補。

〔九二〕藉以槲葉　「槲」，隋書卷八一東夷傳作「檞」。

〔九三〕倭王遣小德阿輩臺　「阿」原作「何」，據隋書卷八一東夷傳、通典卷一八五邊防一改。

〔九四〕又遣大禮哥多毗　「哥」原作「奇」，據隋書卷八一東夷傳、通典卷一八五邊防一改。北宋本通典「哥」作「歌」。

〔九五〕其王與世清來貢方物　通典卷一八五邊防一作「其王與清相見，設宴享以遣。復令使者隨清來貢方物」，隋書卷八一東夷傳略同，此處疑有脱文。

〔九六〕子天武立　「天武」原作「天父」，據新唐書卷二二〇東夷傳改。

〔九七〕子總持立　「總持」原作「總符」，據新唐書卷二二〇東夷傳改。據日本書紀卷三〇繼天武而立者爲持統天皇。

〔九八〕長安元年　新唐書卷二二〇東夷傳同。「元年」，通典卷一八五邊防一作「二年」，舊唐書卷一九九上東夷傳、唐會要卷一〇〇日本國作「三年」。

〔九九〕女孝明立　據日本史籍水鏡，「孝明」當爲「孝謙」。

〔一〇〇〕白壁立　「白壁」原作「白璧」，據新唐書卷二二〇東夷傳改。

〔一〇一〕其帋似繭而澤　「繭」原作「璽」，據新唐書卷二二〇東夷傳改。

〔一〇二〕次淳和　「淳和」原作「浮和」，據本卷下文奝然年代記「次淳和天皇」改。

〔一〇三〕日本國僧奝然與其徒五人浮海而至　「日」字原脱，據宋史卷四九一外國傳七補。

〔一〇四〕並本國職員令　「令」原作「今」，據日成尋參天台山五臺山記引楊文公談苑及日本國志卷五改。

〔一〇五〕年代紀各一卷　宋史卷四九一外國傳七，「年」上有「王」字。

〔一〇六〕二年　「二」上原衍「元」字，據元本、慎本及宋史卷四九一外國傳七删。

〔一〇七〕乾文大寶　按日本村上天皇天德二年（西元九五八年）三月鑄造「乾元大寶」，此處「文」字疑爲「元」字之誤。

〔一〇八〕畜有水牛驢　「驢」原作「驅」，據宋史卷四九一外國傳七改。

〔一〇九〕次曰天村雲尊　「村」原作「材」，據宋史卷四九一外國傳七改。

〔一一〇〕次天彌聞尊　五字原脱，據宋史卷四九一外國傳七補。

〔一一一〕次瞻波尊　「瞻」原作「膽」，據宋史卷四九一外國傳七改。

〔一一二〕次利利魂尊　下「利」字原作「刹」，據宋史卷四九一外國傳七改。

〔一一三〕次津舟尊　宋史卷四九一外國傳七作「次汲津丹尊」。

〔一一四〕次面垂見尊　「垂」原作「重」，據宋史卷四九一外國傳七改。

〔一一五〕次沫名杵尊　「沫」原作「珠」，據宋史卷四九一外國傳七改。

〔一一六〕次伊奘諾尊　「奘諾」原作「壯大」，據宋史卷四九一外國傳七改。

〔一一七〕次天照大神尊　「大」原作「火」，據宋史卷四九一外國傳七改。

〔一一八〕次正哉吾勝速日天押穗耳尊　「速」原作「連」，據宋史卷四九一外國傳七改。又據日本書紀卷二神代下，「押」作「忍」。

〔一一九〕以上凡二十三世　「二」字原脱，據宋史卷四九一外國傳七補。

〔一二〇〕並都於筑紫日向宮　「向」上原衍「尚」字，據宋史卷四九一外國傳七删。

〔一二一〕自筑紫宮入居大和州橿原宮　「入居大」原作「大居入」，「橿」原作「彊」，據宋史卷四九一外國傳七改。

〔一二二〕次成務天皇　「成」原作「城」，據宋史卷四九一外國傳七改。

〔一二三〕又謂之息長足姬天皇　據日本書紀卷九，「息」作「氣」。

〔一二四〕甲辰歲　三字原脱，據宋史卷四九一外國傳七補。

〔一二五〕今號八蕃菩薩　「蕃」原作「番」，據宋史卷四九一外國傳七改。

〔一二六〕次清寧天皇　五字原脱，據宋史卷四九一外國傳七補。

〔一二七〕次安閑天皇　「閑」，宋史卷四九一外國傳七作「開」，日本書紀卷一八作「閑」，通考不誤。

〔一二八〕亦名欽明天皇　「欽」原作「銘」，據宋史卷四九一外國傳七改。

〔一二九〕當此土梁承聖元年　「土」字原脱，據宋史卷四九一外國傳七補。

〔一三〇〕次敏達天皇　「敏達」原作「達海」，據宋史卷四九一外國傳七改。

〔一三一〕次用明天皇　「明」原作「名天」，據宋史卷四九一外國傳七改。

〔一三二〕欽明天皇之女也　「欽」原作「歛」，據宋史卷四九一外國傳七改。

〔一三三〕次孝德天皇　「孝」原作「考」，據宋史卷四九一外國傳七改。

〔一三四〕律師道照求法至中國　「求」原作「佛」，據宋史卷四九一外國傳七改。

〔一三五〕從三藏僧玄奘受經律論　「藏」原作「歲」，「玄奘受」原作「元重授」，據宋史卷四九一外國傳七改。

〔一三六〕次持統天皇　「統」原作「總」，據日本書紀卷三〇改。

〔一三七〕律師道慈求經　「經」下原衍「律」字，據宋史卷四九一外國傳七删。

〔一三八〕次皈依天皇　「皈依」原作「販」，據宋史卷四九一外國傳七改。

〔一三九〕寶龜元年　「元年」，宋史卷四九一外國傳七作「二年」。

〔一四〇〕次孝明天皇　據日本史籍水鏡，「孝明」當爲「孝謙」。

〔一四一〕聖武天皇之女也　「聖武」二字原倒，據宋史卷四九一外國傳七乙正。

〔一四二〕次高野姬天皇　「姬」字原脱，據宋史卷四九一外國傳七補。

〔一四三〕次白壁天皇　「壁」原作「璧」，據新唐書卷二二〇東夷傳改。

〔一四四〕二十四年　此四字原脱，據宋史卷四九一外國傳七補。

〔一四五〕次桓武天皇　「桓」原作「恒」，據宋史卷四九一外國傳七改。

〔一四六〕詣天台山傳智者止觀義當元和元年也　「止」原作「正」，「當」字原脱，「也」下原衍「次諸天皇」四字，據宋史卷四九一外國傳七改補删。

〔一四七〕當此大中年間　「間」字原脱，據宋史卷四九一外國傳七補。

〔一四八〕次陽成天皇　「成」原作「城」，據新唐書卷二二〇東夷傳及日本史籍大鏡卷上改。

〔一四九〕次村上天皇　「村」原作「封」，據日本史籍大鏡卷上改。

〔一五〇〕大和　原作「太和」，據上文及宋史卷四九一外國傳七改。

〔一五一〕尾張　「尾」字原脱，據宋史卷四九一外國傳七補。

〔一五二〕叄河　原作「參河」，據宋史卷四九一外國傳七改。

〔一五三〕甲斐　原作「甲裴」，據宋史卷四九一外國傳七改。

〔一五四〕共統百一十六郡　「一」原作「二」，據宋史卷四九一外國傳七改。

〔一五五〕丹後但馬　原作「丹彼徂馬」，據日本考卷二改。

〔一五六〕山陽道有播麽　「山」原作「小」，據日本考卷二改，「麽」當作「磨」。

〔一五七〕備中　二字原脱，據宋史卷四九一外國傳七補。

〔一五八〕南海道有紀伊　「紀伊」原作「伊紀」，據日本考卷一乙正。

〔一五九〕阿波讚耆　「阿」原作「河」，據日本考卷一改。「讚」原作「譖」，據宋史卷四九一外國傳七改，「耆」當作「岐」。

〔一六〇〕肥前　二字原脱，據宋史卷四九一外國傳七補。

〔一六一〕又有壹伎　「壹」原作「一」，據東西洋考卷六改。

〔一六二〕三島　二字原脱，據上文及宋史卷四九一外國傳七補。

〔一六三〕凡三千七百七十二都　「都」原作「鄉」，據宋史卷四九一外國傳七改。

〔一六四〕明州言日本國太宰府遣人貢方物　「宰」原作「寧」，據宋史卷四九一外國傳七改。

〔一六五〕淳熙二年　「二年」原作「三年」，據宋史卷四九一外國傳七改。

〔一六六〕紹熙四年　「四年」原作「元年」，據宋史卷四九一外國傳七改。

卷三百二十五　四裔考二

高句麗

高句麗，其先出夫餘。王嘗得河伯女，因閉於室内，爲日所照，引身避之，日影又逐，既而有孕，生一卵，大如五升。夫餘王棄之與犬、豕，皆不食；棄於路，牛馬避之；棄於野，衆鳥以毛茹之。王剖之不能破，遂還其母。母以物裹置煖處，有一男破而出。及長，字之曰朱蒙。其俗言「朱蒙」者，善射也。夫餘人以朱蒙非人所生，請除之。王不聽，命之養馬。朱蒙私試，知其善惡，駿者減食令瘦，駑者善養令肥。夫餘王以肥者自乘，瘦者給朱蒙。後狩於田，以朱蒙善射，給一矢。朱蒙雖一矢，殪獸甚多。夫餘之臣又謀殺之，其母告朱蒙，朱蒙乃與馬達等二人東南走〔一〕。中道遇大水，欲濟無梁。追者甚衆，朱蒙告水曰：「我是日子，河伯外孫，今追兵垂及，如何得濟？」於是魚鱉爲之成橋，朱蒙得渡。魚鱉遂解，追騎不得渡。朱蒙遂至普述水，遇見三人，一著麻衣，一著衲衣，一著水藻衣，與朱蒙至紇升骨城，遂居焉。號曰高句麗，因以高爲氏。其在夫餘妻懷孕，朱蒙逃後，生子始閭諧。及長，知朱蒙爲國王，即與母亡歸之。名曰閭達，委之國事。朱蒙死，閭達代立。閭達死〔二〕，子如栗代立。如栗死，子莫來代立〔三〕，乃并夫餘。

其地在遼東之東千里，南與朝鮮、穢貊，東與沃沮，北與夫餘接。地方二千里，多大山深谷，人隨而爲居。少田業，故其俗節於飲食，而好修宮室。言語法則與夫餘同，蓋其别種也。跪拜曳一脚〔四〕，行步皆走。凡有五族，有消奴部、絶奴部、順奴部、灌奴部、桂婁部。案今高麗五部：一曰内部，一名黄部，即桂婁部也；二曰北部，一名後部，即絶奴部也；三曰東部，一名左部，即順奴部也；四曰南部，一名前部，即灌奴部也；五曰西部，一名右部，即消奴部也。本消奴部爲王，稍微弱，後桂婁部代之。其置官，有相加、對盧、沛者、古鄒大加〔五〕、古鄒大加，高麗掌賓客之官，如鴻臚也。主簿、優台、使者、皁衣先人〔六〕。漢武帝滅朝鮮，以高句麗爲縣，使屬玄菟，賜鼓吹伎人。其俗淫，皆潔浄自憙，暮夜輒男女群聚爲倡樂。好祠鬼神、社稷、靈星〔七〕，龍星左角曰「天田」，則農祥也。辰日祠以牛〔八〕，號曰「靈星」。以十月祭天大會，名曰「東盟」〔九〕。其國東有大穴，號「襚神」〔一〇〕，亦以十月迎而祭之。其公會衣服皆錦繡，金銀以自飾。大加、主簿皆著幘，如冠幘而無後。其小加著折風，形如弁。無牢獄，有罪，諸加評議便殺之〔一一〕，没入妻子爲奴婢。其婚嫁皆就婦家，生子長大，然後將還。便稍營送終之具。金銀財幣盡於厚葬，積石爲封，亦種松柏。其人性凶急，有氣力，習戰鬭，好寇鈔，沃沮、東濊皆屬焉。

自武帝、昭帝賜其人以衣幘〔一二〕、朝服、鼓吹，常從玄菟郡受之。後稍驕，不復詣郡，但於東界築小城受之，名此城以爲幘溝漊。「溝漊」者，高麗名城也〔一三〕。王莽初，發句麗兵伐匈奴，其人不欲行，迫遣之，皆亡出塞爲寇盜〔一四〕。莽令嚴尤誘高麗侯入塞，斬之，更名高句麗王爲下句麗侯。於是貊人寇邊愈甚。光武建武八年，遣使朝貢，詔復其王號。二十三年冬，句麗蠶支落大加戴升等萬餘口詣樂浪内屬〔一五〕。二十五年，寇右北平、漁陽、上谷、太原，而遼東太守祭肜以恩信招之，皆復款塞。後句麗王宮生而開目能視，國人懷之，及長壯勇，數犯邊境。和帝時寇遼東，太守耿夔擊破之。安帝永初五年，宮遣使貢獻，求屬玄菟。元初五年，復與濊貊寇玄菟。建光元年，幽州刺史馮焕等將兵出塞擊之，捕斬渠帥，獲兵馬財物。宮詐降，而潛遣人攻玄菟、遼東，焚城郭，殺軍民。發兵救之，而貊人已去。夏，復與遼東鮮卑八千餘人攻遼隊，遼東縣名。殺略吏人。秋，宮遂與馬韓、濊貊數千騎圍玄菟。夫餘王遣子將三萬〔一六〕，與州郡并力破之。是歲宮死，子遂成立。玄菟太守姚光上言〔一七〕，欲因其喪發兵擊之，議者皆以可許之。尚書陳忠曰：「宮前桀黠，光不能討，死而擊之，非義也。宜遣弔問，因責讓前罪，赦不加誅，取其後善。」安帝從之。明年，遂成還漢生口，詣玄菟降。詔曰：「遂成等桀逆無狀，當斬斷葅醢，以示百姓，幸會赦令，乞罪請降。鮮卑、濊貊連年寇鈔，驅掠小民，動以千計，而裁送數十百人，非向化之心也。自今以後，不與縣官戰鬬而自以親附送生口者，皆與贖直，縑人四十匹，小口半之。」遂成死，子伯固立。其後濊貊率服，東垂少事。順帝陽嘉元年，置玄菟郡屯田六部。質、桓之間，復犯遼東西安平〔一八〕，殺帶方令，西安平〔一九〕、帶方縣，並屬遼東郡。掠得樂浪太守妻子。建寧二年，玄菟太守耿臨討之，斬首數百級，伯固降服，乞屬玄菟云。

其後王伯固死，有二子，長曰拔奇，小曰伊夷模〔二〇〕。拔奇不肖，國人共立伊夷模爲王。自伯固時，數寇遼東，又受亡胡五百餘家。獻帝建安中，拔奇怨爲兄不得立，與消奴加各將下户三萬餘口詣公孫康降，還住沸流水。降胡亦叛伊夷模，伊夷模更作新國，都於丸都山下〔二一〕，拔奇遂往遼東，有子留句麗國，古雛加駮位居是也〔二二〕。伊夷模死，子位宮立，以曾祖名宮，生能開目視，及長大，果兇虐。今王生亦能視，句麗呼相似爲「位」，似其祖，故名之爲位宮。宮有勇力，便鞍馬。魏齊王正始三年，位宮寇西安平。五年，幽州刺史毌丘儉將萬人出玄菟討之〔二三〕，戰於沸流，位宮敗走。儉追至赬峴，懸車束馬，登丸都山〔二四〕，屠其所都，斬首萬餘級〔二五〕。六年，毌丘儉復討之，位宮輕將諸加奔沃沮，儉使王頎追之，過沃沮千餘里〔二六〕，到肅慎南界，刻石紀功，又刊丸都山〔二七〕，銘不耐城而還。

至位宮五葉孫釗，晉康帝建元初，慕容皝率兵伐之，大敗，單馬奔走。皝乘勝追至丸都，焚其宮室，掠男女五萬餘口以歸。釗後爲百濟所殺。其後慕容寶以句麗王安爲平州牧，封遼東、帶方二國王。安始置長史、司馬、參軍官，後略有遼東郡。至孫高璉，東晉安帝義熙中，遣長史高翼獻赭白馬，以璉爲都督營州諸軍事〔二八〕、高麗王、樂浪郡公。宋武踐祚，復加璉官。少帝時，璉遣使貢方物。文帝元嘉中，馮弘爲魏所攻，敗奔高麗，表求迎接。文帝遣使迎之，并令高麗資送。璉不欲弘南，襲殺弘。其後每歲遣使。十六年，文帝侵魏，詔璉送馬，獻八百匹。魏太武時，璉遣貢使相尋，歲致黄金二百斤，白銀四百斤。孝文時璉貢獻倍前，其報賜亦稍加。璉死，百餘歲，子雲立。雲死，子安立。安死，子延立。延死，子成立。成死，子湯立〔二九〕。自東晉、宋至於齊、梁、後魏、後周，其主皆受南北兩朝封爵，分遣貢使。初後魏時，置諸國使邸，齊使第一，高麗次之。

其國，東至新羅，西渡遼，二千里，南接百濟，北鄰靺鞨，一千餘里。自東晉以後，其王所居平壤城，即漢樂浪郡王險城〔三〇〕。自爲慕容皝來伐，後徙國内城，移都此城。亦曰長安城。其地後漢時方二千里。至魏南北漸徙〔三一〕，才千餘里。至隋漸大，東西六千里。長安城東西六里〔三二〕，隨山屈曲，南臨浿水。城内唯積倉儲器，備寇賊至日，方入固守。王別爲宅於其側，不常居之。其外復有國内城及漢城，亦別都也。其國中呼爲三京。復有遼東、玄菟數十城，皆置官司以統攝。與新羅每相侵奪，戰争不息。官有大對盧、太大兄、大兄〔三三〕、小兄、竟侯奢〔三四〕、烏拙、太大使者、大使者、小使者、褥奢、翳屬、仙人，凡十二等，分掌内外事。其大對盧則以强弱相陵奪而自爲之，不由王署置。復有内評〔三五〕、五部傉薩〔三六〕。人皆頭著折風，形如弁，士人加插二鳥羽。貴者，其冠曰蘇骨，多用紫羅爲之，飾以金銀。服大袖衫、大口袴、素皮帶、黄革履。婦人裙襦加襈。書有五經、三史、三國志、晉陽秋。兵器與中國略同。及春秋校獵，王自臨之。税，布五匹、穀五石；游人則三年一税，十人共細布一匹。租，户一石，次七斗，下五斗。其刑法，叛及謀逆者，縛之柱，爇而斬之，籍没其家；盗則償十倍，若貧不能償者以及公私債負，皆聽評其子女爲奴婢以償之。用刑既峻，罕有犯者。樂有五絃、琴、箏、篳篥、横吹、簫、鼓之屬，吹蘆以和曲。每年初，聚戲浿水上〔三七〕，王乘腰輿，列羽儀觀之。事畢，王以衣入水，分爲左右二部，以水石相濺擲，喧呼馳逐，再三而止。俗潔净自喜，尚容止，以趨走爲敬。拜則曳一脚，立多反拱，行必插手〔三八〕。性多詭伏，言辭鄙穢，不簡親疏。父子同川而浴，共室而寢。好歌舞，常以十月祭天，其公會衣服，皆錦繡〔三九〕，金銀以爲飾。好蹲踞，食用俎几。出三尺馬，云本朱蒙所乘馬種，即果下也。風俗尚淫，不以爲愧，俗多游女，夫無常人，夜則男女群聚爲戲，無有貴賤之節。有婚嫁，取男女相悦即爲之。男家送猪酒而已，無有財聘之禮；或有受財者，人共耻之，以爲賣婢。死者，殯在屋内，經三年，擇吉日而葬。居父母及夫喪，服皆三年，兄弟三月。初終哭泣〔四〇〕，葬則鼓舞作樂以送之〔四一〕。埋訖，取死者生時服玩車馬置墓前〔四二〕，會葬者爭取而去。信佛法，敬鬼神，多淫祠。有神廟二所：一曰夫餘神，刻木作婦人像；一曰高登神〔四三〕，云是其始祖夫餘神之子。並置官司，遣人守護，蓋河伯女、朱蒙云。

及隋平陳後，湯大懼，陳兵積穀，爲守拒之策。開皇十七年，上賜璽書，責以每遣使人，歲常朝貢，雖稱蕃附，誠節未盡。驅逼靺鞨，禁固契丹。昔年潛行貨利，招動群小，私將弩手，巡竄下國，豈非意欲不臧，故爲竊盜。坐使空館，嚴加防守；又數遣馬騎，殺害邊人。恒自猜疑，密覘消息。殷勤曉示，許其自新。湯得書皇恐，將奉表陳謝〔四四〕。會病卒。子元嗣。文帝使拜元爲上開府儀同三司，襲爵遼東公〔四五〕，賜服一襲。元奉表謝恩，并賀祥瑞，因請封王。文帝優册爲王。明年，率靺鞨萬餘騎寇遼西，營州總管韋世沖擊走之。帝大怒，命漢王諒爲元帥，總水陸軍討之，下詔黜其爵位。時餽運不繼，六軍乏食，師出臨渝關，復遇疾疫，王師不振。及次遼水，元惶懼，遣使謝罪，上表稱「遼東糞土臣元」云云。上乃罷兵，待之如初。元亦歲遣朝貢。

煬帝嗣位，天下全盛，高昌王、突厥啓民可汗並親詣闕貢獻，於是徵元入朝。元懼，藩禮頗闕。大業七年，帝親征高麗，車駕度遼水，止營於遼東地〔四六〕，分道出師，各頓兵於其城下。高麗出戰多不利，皆嬰城固守。帝命諸軍攻之，又敕諸將，高麗若降，即宜撫納，不得縱兵入城。城將陷，賊輒言請降，諸將奉旨〔四七〕，不敢赴機。先馳奏，比報，賊守禦亦備，復出拒戰。如此者三，帝不悟。由是食盡師老，轉輸不繼，諸軍多敗績，乃班師。是行也，唯於遼水西拔賊武厲邏〔四八〕，置遼東郡及通定鎮而還。九年〔四九〕，帝復親征，敕諸軍以便宜從事。諸將分道攻城，賊勢日蹙。會楊玄感作亂，六軍並還。兵部侍郎斛斯政亡入高麗，高麗具知事實，盡鋭來追，殿軍多敗。十年，又發天下兵，會盜賊蜂起，所在阻絶，軍多失期。至遼水，高麗亦困弊，遣使乞降，囚送斛斯政贖罪。帝許之，頓懷遠鎮受其降，仍以俘囚軍實歸。至京師，以高麗使親告太廟，因拘留之。仍徵元入朝，元竟不至。帝更圖後舉，會天下喪亂，遂不復行。

唐武德四年，遣使朝貢。其國建官有九等〔五〇〕。其一曰吐捽，昨没反。舊名大對盧，總知國事〔五一〕；次曰太大兄；次鬱折，華言主簿；次太大使者〔五二〕；次皂衣頭大兄，東夷相傳所謂皂衣先人者。以前五官掌機密，謀政事，徵發兵馬，選授官爵。次大使者，次大兄，次收位使者，次上位使者，次小兄，次諸兄，次過節，次不過節，次先人。又有狀古雛加〔五三〕，掌賓客，比鴻臚卿，以大夫使者爲之〔五四〕。又有國子博士、太學博士、舍人、通事、典書客，皆以小兄以上爲之。又，其諸大城置傉薩，比都督；諸城置處閭近支，比刺史，亦謂之道使。其武官曰大模達，比衛將軍，以皂衣頭大兄以上爲之；次末客，比中郎將，以大兄以上爲之；其次領千人以下，各有差等〔五五〕。其國五部，皆貴人之族。詳見前。碣石山，在漢樂浪郡遂成縣〔五六〕，長城起於此山。今驗長城東截遼水而入高麗，遺址猶存。按尚書云：「夾右碣石入於河。」右碣石即河赴海處〔五七〕，在今北平郡南二十里，則高麗中爲左碣石。又平壤城東北有魯陽山，魯城在其上。西南二十里有葦山，南臨浿水。其大遼水源出靺鞨國西南山，南流至安市。小遼水源出遼山，西南流與大梁水合。大梁水在國西，出塞外，西南流注小遼水。馬訾水一名鴨渌水，水源出東北靺鞨白山，水色似鴨頭，故俗名之。去遼東五百里，經國内城南，又西與一水合，即鹽難水也。二水合流，西南至安平城，入海。高麗之中，此水最大，波瀾清澈，所經津濟，皆貯大舡。其國恃此以爲天塹，水闊三百步，在平壤城西北四百五十里〔五八〕，遼水東南四百八十里。漢樂浪、玄菟郡之地，自後漢至魏，爲公孫氏所據。至淵滅，西晉永嘉以後，復陷入高麗。其不耐、屯有、帶方、安市、平郭、安平、居就〔五九〕、文城皆漢二郡諸縣，則朝鮮、濊貊、沃沮之地。又遣使請道教。詔沈叔安將天尊像并道士至其國，講五千文，開釋玄宗，自是始崇重之，化行於國，有踰釋典。

其後東部大人蓋蘇文弒其主高武〔六〇〕，其王元在位十八年，武，元異母弟。立其侄藏爲王，自爲莫離支。此官總選兵，猶吏部、兵部尚書。於是號令遠近，遂專國命。蘇文鬚面甚偉〔六一〕，形體魁傑，衣服冠履皆飾以金綵，身佩五刀，常挑臂高步，意氣豪逸，左右莫敢仰視。常令武官貴人俯伏於地，登背上下馬。七年二月，遣使内附，受正朔，請頒曆，許之。八年三月，高祖謂侍臣曰：「高麗稱臣於隋，終拒煬帝，此亦何臣之有！朕敬於萬物，不欲驕貴，但據土地，務共安人，何必令其稱臣以自尊大。」裴矩、温彦博進曰：「遼東之地，周爲太師之國，漢家之玄菟郡耳。魏晉以前，近在提封之内，不可許以不臣。若以高麗抗禮，四夷必當輕漢。且華之與夷，猶太陽之與列星，理無降尊。」乃止。

貞觀十八年二月，太宗謂侍臣曰：「高麗莫離支賊殺其主，盡誅大臣。夫出師弔伐，須有其名，因其殺君虐下，取之甚易。」諫議大夫褚遂良進曰：「兵若渡遼，事須剋捷。萬一不獲，無以威示遠方，必更發怒，再動兵衆。若至於此〔六二〕，安危難測。」太宗然之。兵部尚書李勣曰：「近者薛延陀犯邊，必欲追擊，但爲魏徵苦諫遂止。向若討伐，延陀無一人生還〔六三〕，可五十年間邊境無事。」十一月，以張亮爲平壤道行軍大總管，自萊州泛海趣平壤。李勣爲遼東道行軍大總管，趣遼東，兩軍合勢。三十日，征遼東之兵集於幽州。十九年，太宗親征渡遼。四月，李勣攻拔蓋牟城〔六四〕，獲生口二萬，以其城置蓋州。勣又攻遼東城，拔之，以其城爲遼州。六月，攻拔白岩城，以其城爲巖州。遂引軍次安市城，進兵以攻之。會高麗北部傉薩高延壽、南部傉薩高惠真率靺鞨之衆十五萬來援〔六五〕，於安市城東南八里依山爲陣。上令所司張受降幕於朝堂之側，夜召文武躬自指麾。是夜有流星墜賊營中。明日及戰，大破之。延壽、惠真率三萬六千八百人來降。上以酋首三千五百人授以戎秩，遷之内地，餘三萬人悉還平壤，靺鞨三千人並坑之〔六六〕。獲馬五萬匹〔六七〕，牛五萬頭，甲一萬領〔六八〕，因名所幸山爲駐蹕山。命許敬宗爲文，勒石以紀其迹。遂移軍於安市城南。久不剋。九月，遂班師。先遣遼、蓋二州户口渡遼，乃召兵馬歷於城下而旋。城主升城拜辭，太宗嘉其堅守，賜縑百匹以勵事君者。二十一年，李勣復大破高麗於南蘇。班師至頗利城〔六九〕，渡白狼、黄嵓二水，皆由膝以下。勣怪二水狹淺，問契丹遼源所在。云：「此二水更行數里，合而南流，即稱遼水，更無遼源可得也。」旋師之後，更議再行。二十二年，司空房玄齡上表切諫，乃止。帝崩，藏遣使者奉慰。

高宗永徽五年，藏以靺鞨兵攻契丹，爲所敗。六年，新羅訴高麗、靺鞨奪二十六城〔七〇〕。詔營州都督程名振等率師討之。至新城，敗其師，火外郛及墟落，引還。顯慶三年，復遣名振率薛仁貴攻之，未能克。後二年，天子已平百濟，乃命大將軍契苾何力、蘇定方、劉伯英率諸將出浿江、遼東、平壤道討之。龍朔元年，大募兵，帝欲自行，蔚州刺史李君球言：「高麗小醜，何至傾中國事之？有如既滅，必發兵以守，少發則威不振，多發則人不安，是天下疲於轉輸〔七一〕。臣謂征而滅之不如勿滅〔七二〕。」帝乃止不行。

八月，定方破虜兵於浿江，奪馬邑山，遂圍平壤。明年，龐孝泰以嶺南兵壁蛇水，蓋蘇文攻之，舉軍没；定方解而歸。

乾封元年，藏遣子男福從天子封泰山，還而蓋蘇文死，子男生代爲莫離支，與弟男建、男産相怨。男生據國内城，遣子獻誠入朝求救，蓋蘇文弟浄土亦請割地降。乃詔契苾何力爲遼東道安撫大使，龐同善、高侃爲行軍總管，薛仁貴、李謹行殿而行。九月，同善破高麗兵，男生率衆相會。詔以李勣爲遼東道行軍大總管兼安撫大使，與契苾何力、龐同善并力。詔獨孤卿雲由鴨渌道，郭待封積利道，劉仁願畢列道，金待問海谷道，並爲行軍總管，受勣節度；轉燕、趙食廥遼東。明年正月，勣引道次新城，合諸將謀曰：「新城，賊西鄙，不先圖，餘城未易下。」遂壁西南山臨城，城人縛戍酋出降。勣進拔城十有六。郭待封以舟師濟海，趨平壤。三年二月，勣率仁貴拔夫餘城，他城三十皆納款。同善、侃守新城，男建遣兵襲之，仁貴救侃〔七三〕，戰金山〔七四〕，不勝。高麗鼓而進，鋭甚。仁貴横擊，大破之，斬首五萬級，拔南蘇、木底、蒼岩三城〔七五〕，引兵略地，與勣會。侍御史賈言忠計事還〔七六〕，帝問軍中云何，對曰：「必克。昔先帝問罪，所以不得志者，虜未有釁也。今男生兄弟鬩狠，爲我向道，虜之情僞，我盡知之。且高麗祕記曰：『不及九百年，當有八十大將滅之〔七七〕。』高氏自漢有國，今九百年，勣年八十矣。虜仍荐飢，人相掠賣，地震裂，狼狐入城，蚡穴於門，人心危駭，是行不再舉矣。」

男建以兵五萬襲夫餘，勣破之薩賀水上，斬首五千級，俘口三萬，器械牛馬稱之。進拔大行城。契苾何力會勣軍於鴨渌，拔辱夷城，悉師圍平壤。九月，藏遣男産率首領百人樹素幡降，且請入朝，勣以禮見。而男建猶固守，出戰數北，大將浮屠信誠遣諜約內應。五日，闔啓，兵譟而入，火其門，男建窘急，自刺不殊。執藏、男建等，收凡五部百七十六城，户六十九萬。詔勣便道獻俘昭陵，凱而還。十二月，帝坐含元殿引見勣等，數俘於庭。以藏素脅制，赦爲司平太常伯，男産司宰少卿；投男建黔州，百濟王夫餘隆嶺外〔七八〕，授獻誠、男生等官，何力、勣、仁貴各加官有差。剖其地爲都督府者九〔七九〕，州四十二，縣百。復置安東都護府，擢酋豪有功者授都督、刺史、令，與華官參治，仁貴爲都護，總兵鎮之。

總章二年，徙高麗民三萬於江淮、山南。太長鉗牟岑率衆反〔八〇〕，立藏外孫安舜爲王。詔高偘東州道，李謹行燕山道，並爲行軍總管討之，遣司平太常伯楊昉綏納亡餘。舜殺鉗牟岑走新羅。偘徙都護府治遼東州，破叛兵於安市，敗之泉山，俘新羅援兵二千。李謹行破之發盧河，再戰，俘馘萬計。於是平壤夷殘不能軍，相率奔新羅，凡四年乃平。

儀鳳二年，授藏遼東都督，封朝鮮郡王，還遼東以安餘民，先編僑內州者皆原遣，徙安東都護府於新城。藏與靺鞨謀反，未及發，召還放邛州，徙其人於河南、隴右，弱窶者留安東。藏以永淳初死，贈衛尉卿，葬頡利墓左。舊城往往入新羅，遺人散奔突厥、靺鞨，由是高氏君長皆絶。垂拱中，以藏孫寶元爲朝鮮郡王。聖曆初，進左鷹揚衛大將軍，更封忠誠國王，使統安東舊部，不行。明年，以藏子德武爲安東都督，後稍自國。至元和末，遣使者獻樂工云。

唐末，中原多事，遂自立爲君長。後唐同光元年，遣使奉貢，其王姓高氏，名字史失不紀。天成中，復入貢。長興中，權知國事王建承高氏之位，遣使朝貢，以建爲玄菟州都督，充大義軍使，封高麗國王。

晉天福中，來朝貢。開運二年，建死，子武襲位。漢乾祐末，武死，子昭權知國事。自周廣順初，遣使朝貢，以昭爲特進、檢校太保、使持節、玄菟州都督、大義軍使、高麗國王〔八一〕。後加太師。其俗知文字、喜讀書。庶賤之家各於衢路造大屋，謂之「局堂」，子孫晝夜誦書，習射。又遣使進別叙孝經一卷，越王孝經一卷，越王孝經新義八卷，皇靈孝經一卷，孝經雌圖一卷。別叙者，記孔子所生及弟子從學之事〔八二〕。新義者，以越王爲問目，以釋疏文之是非。皇靈止說延年辟災之事，及志符文，乃道書。雌圖說日之環暈，星之彗孛、災異之應，讖緯之書，皆不經之說也。

及宋太祖建隆三年，昭遣其廣評侍郎李興祐等來朝貢。四年，制加食邑，賜功臣號。開寶五年，來貢。昭卒，其子伷權領國事。遣使奉貢，請朝命，授官封如故。太宗即位，遣使加食邑、功臣號，伷遣國人金行成入就學於國子監。其後行成擢進士第歸。伷貢奉不絕。太平興國七年，伷卒，其弟治知國事，遣使來貢，且請命。詔授官封。雍熙元年，入貢。三年，出師北伐，以其國與契丹接境，常爲虜所侵，遣監察御史韓國華齎詔諭以出兵大攻。先是，契丹攻伐女真國，路由高麗之界，女真意高麗誘導構禍〔八三〕，因貢馬來愬於朝，且言高麗與契丹結好爲勢援，剽掠其民，不復放還。洎高麗使韓遂齡入貢，太宗因出女真所上告急木契示之，令歸白本國，還其俘。治聞之憂懼，及國華至，令人言於國華曰：「前歲冬，女真馳木契來告，稱契丹興兵入其封境〔八四〕，恐當道未知，宜預爲備。當道與女真雖爲鄰國，而路途遐遠，彼之情僞，素知之矣，貪而多詐，未足信也。其後又遣人來告曰，契丹兵騎已濟梅河，當道猶疑不實，未暇營救。俄而契丹雲集，大擊女真，殺獲甚衆，餘族敗散逃遁，契丹尾捕，及於當道西北德昌、德成、威化、光化之境，擒俘而去。時契丹遣騎至德米河北，呼關城戍卒而告曰：『女真寇我邊鄙，率以爲常，今復仇已畢，整兵回矣。』當道雖聞退師，猶憂不測，遂命僚屬會議安危之計，乃以女真避兵來奔二千餘衆，資給而遣之。女真又勸當道控梅河津要，築治城壘，以爲防遏之備，亦以爲然。方令行視興工，不意女真兇狡變詐，潛師奄至，殺掠吏民，驅虜丁壯，没爲奴隸，轉徙鄰番。以其歲貢中朝，不敢發兵報怨，豈期反相誣構，以惑聖聽。當道世禀正朔，殆將五紀，踐修職貢，克荷寵靈，敢有二心，交通外國？況契丹介居遼海之外，復有大梅、小梅二河之阻，女真、渤海本無定國，從何徑路，以通往復？日月至明，諒垂照鑒。間者，女真逃難之衆，罔不存恤，亦有授以官秩，尚在當國〔八五〕，其職居高者有物屈尼於等十數人〔八六〕，欲望召赴京闕，與當道入貢之使庭辯其事，則丹石之誠，庶幾昭雪。」國華諾之，命發兵西會。治遷延未即奉詔，國華屢督之，得報發兵乃還。十月，遣使朝貢，又遣本國學生崔罕、王彬詣國子監肄業。端拱二年，來貢。復遣僧如可來覲，請釋氏大藏經，詔給之。淳化四年〔八七〕，詔遣陳靖等使其國，加治檢校太師，仍存問軍吏耆老。靖等自東牟趣八角海口，得高麗使白思柔所乘海船及高麗水工〔八八〕，登舟自芝崗島順風泛大海，再宿抵甕津口登陸，行百六十里抵高麗之境曰海州，又百里至閻州，又四十里至白州，又四十里至其國。治迎使於郊，盡藩臣之禮，延留靖等七十餘日，饋遺甚厚，附表稱謝。先時詔賜高麗賓貢進士王彬、崔罕等及第，授以官，遣歸本國。治復附表謝，又上言願賜板本九經，用敦儒教，詔從之。五年六月，遣使元郁來乞師，愬以契丹寇境。朝廷以夷狄相攻固其常，北鄙甫寧，不可輕動干戈，爲國生事，但回詔慰撫，厚賜其使遣還。自是受制於契丹，朝貢中絶。治卒，弟誦立，嘗遣兵校徐遠來候朝廷德音，遠久不至。

咸平三年，其臣吏部侍郎趙之遴命牙將朱仁詔至登州偵之〔八九〕，州將以聞，上特召見仁詔。仁詔因自陳國人思慕皇化，爲契丹羈制之狀，乃賜誦鈿函詔一道，令仁詔齎還。六年，誦使户部郎中李宣古來謝恩〔九〇〕，且言：「晉割燕薊以屬契丹，遂有路趣玄菟，屢來攻伐，求取不已，乞王師屯境上爲牽制〔九一〕。」詔書優答之。誦卒，弟詢權知國事。先是，契丹既襲高麗，遂築六城曰興州〔九二〕、曰鐵州、曰通州〔九三〕、曰龍州、曰龜州、曰郭州於境上，契丹以爲己，遣使來求六城，詢不許。遂舉兵，奄至其城下，焚蕩宫室，剽劫居人，詢徙居昇羅州以避之。兵退，乃遣使請和於契丹。契丹堅以六城爲辭，自是調兵守六城。大中祥符三年，契丹大舉伐之，詢與女真設奇邀擊，殺戮契丹殆盡。詢又於鴨渌江東築城，與來遠城相望，跨江爲橋，潛兵以固新城。七年，遣使以金綫織成龍鳳鞍并繡龍鳳鞍幞各二副，細馬二疋，散馬二十疋來貢。使還，賜詢詔書七通并衣帶、銀綵、鞍馬等。八年，詔登州置館於海次以待使者。其年，又遣御事民官侍郎郭元來貢。元自言：「本國城無垣墻，府曰開城〔九四〕，管六縣，民不下三五千。有州軍百餘，置十路轉運司統之。每州管縣五六，小者亦三四，每縣户三四百。國境南北千五百里，東西二千里。軍民雜處，隸軍者不黥面。方午爲市，不用錢，第以布米貿易。民家器皿，悉以銅爲之。樂有二品：曰唐樂〔九五〕，曰鄉樂。三歲一試舉人，有進士、諸科、筭學，每試百餘人，登第者不過一二十。每正月一日、五月五日祭祖禰。又正月七日，家爲王母像戴之。二月望，僧俗然燈如中國上元節。上巳日，以青艾染餅爲盤羞之冠。端午有鞦韆之戲。士女服尚素。地産龍鬚席、藤席、白硾紙、鼠狼尾筆〔九六〕。」元辭貌恭恪，每受宴賜，必自爲謝表，粗有文采，朝廷待之亦厚。九年，辭還，賜詢詔書七函，襲衣、金帶、器幣、鞍馬及經史、曆日、聖惠方等。元又請録國朝登科記及所賜御詩以歸，從之。

天禧元年，遣使貢方物。三年九月，登州言高麗進奉使至秦王水口，遭風覆舟，漂失貢物，詔遣内臣撫之。十一月，其使入見，貢罽錦衣褥、甲刀、鞍馬、藥物等〔九七〕，又進中布二千匹，求佛經一藏。詔賜經却布，以其覆溺匱乏，别賜衣服、繒綵。明州、登州屢言高麗海船有風漂至境上，詔令存問，給度海糧遣還，仍爲著例。五年，詢遣使來謝恩，且言與契丹修好，又表乞陰陽地理書、聖惠方，並賜之。高麗遣其國人金行成，康戬肄業國學，登進士第，因留仕中朝。行成仕至殿中丞，通判安州。戬歷官知江陰軍、江州，又知峽、越二州，京西轉運使，加工部郎中，俱以能稱。既死，詔各賜其子補太廟齋郎、太常寺奉禮郎云。天聖八年，詢復遣使貢方物。明年，辭歸。其後絶不通中國者四十三年。詢孫徽嗣立，是爲文王。

熙寧二年，其國禮賓省移牒福建轉運使羅拯云〔九八〕：「商人黄真、洪萬來稱，運使奉密旨，令招接通好。當國僻居暘谷，邈戀天朝，祖禰以來，梯航相繼。蕞爾平壤，邇於大遼，附之則爲睦鄰，疏之則爲勁敵。慮邊騷之未息，蓄陸讐以靡遑〔九九〕，久困羈縻，難圖携貳，故違述職，致有積年。運屬垂鴻，禮稽展慶。大朝化覃無外，度豁包荒，謹當遵道，遄赴藁街，但兹千里之傳忞〔一〇〇〕，恐匪重霄之紆眷。今以公狀附真、萬西還，俟得報音，即備禮朝貢。」徽又自言嘗夢至華，作詩紀其事。三年，拯以聞，時議者亦謂可結之以謀契丹，帝許焉，命拯諭以供擬腆厚之意。徽遂遣其臣金悌等百十八人來〔一〇一〕，詔待之如夏國使。故時高麗人往返皆自登州〔一〇二〕，七年，遣使言欲遠契丹，乞改塗由明州詣闕，從之。郡縣供頓無舊準，頗擾民，詔立式頒下，費悉官給。又以其不通華言，恐規利者私與交關，令所在禁止。徽問遺二府甚厚，詔以付市易務售縑帛答之。又表求醫藥、畫塑之工以教國人，詔羅拯募願行者。九年以後，其使來者多，待之寖厚，嘗獻伶官十餘輩，曰：「夷樂無足觀，止欲潤色國史爾。」帝以其國尚文，每賜書詔，必選詞臣著撰而擇其善者。所遣使者，其書狀官必召赴中書試以文，乃遣。

元豐元年，始遣安燾、陳睦往使，自明州、定海絶洋而東，既至，國人歡呼出迎。徽具袍笏玉帶拜受詔，與燾、睦尤禮〔一〇三〕，館之別宮，標曰順天館，言尊順中國如天云。徽病，乞醫藥。二年，遣使挾醫往診治。徽遣使致謝。尋獻日本所造車，曰：「諸侯不貢車服，故不敢與土貢同進〔一〇四〕。」前此貢物至，輒下有司估直，償絹萬縑，至是命勿復估，以萬縑爲定數。六年，徽卒，徽在位三十八年，治尚仁恕，爲東夷良主。然猶循其俗，王女不下嫁臣庶，必歸之兄弟，宗族貴臣亦然。次子運諫，以爲既通上國，宜以禮革故習。不從。訃聞，詔明州修浮屠供一月，遣使慰奠。子順王勳嗣，百日卒。弟宣王運嗣。運仁賢好文，內行飭備，每賈客市書至，則潔服焚香對之。八年，遣其弟僧統來朝，求問佛法并獻經像。

哲宗立，遣兩使來奉慰致賀，請市刑法之書〔一〇五〕、太平御覽、文苑英華。詔唯賜文苑英華一書，以名馬、錦綺、金帛報其禮。運立四年卒，子懷王堯嗣，未幾卒。叔父鷄林公熙嗣位，凡數歲使不至。元祐四年，其王子義天使僧壽介至杭州祭亡僧，言國母使持二金塔爲兩宮壽，知州蘇軾奏却之。熙後避遼主諱，改名顒。顒性貪吝，好奪商賈利，富室犯法，輒久繫責贖，雖微罪亦輸銀數斤。五年，復通使，賜銀器五千兩。七年，遣使來獻黃帝鍼經，請市書甚衆。禮部尚書蘇軾言：「高麗入貢，無絲毫利而有五害，今請諸書與收買金箔，皆宜勿許。」詔許買金箔，然卒市册府元龜以歸。元符中，遣士賓貢。

徽宗立，遣使來弔賀。崇寧二年，詔劉逵、吳拭往使〔一〇六〕。顒卒，子俁嗣，貢使接踵，且士子金瑞等五人入太學，朝廷爲置博士。政和中，升其使爲國信，禮在夏國上，與遼人皆隸樞密院；又改引伴、押伴官爲接送館伴〔一〇七〕。賜以大晟燕樂、籩豆、簠簋、尊罍等器，至宴使者於睿謨殿中。宣和四年，俁卒。初，麗俗兄終弟及，至是諸弟爭立，其相李資深立俁子楷〔一〇八〕。來告哀，求醫於朝。詔使二醫往，留二年而歸，楷語之：「聞朝廷將用兵伐遼。遼兄弟之國，存之足爲邊扞。女真狼虎爾，不可交也。願二醫歸報天子，宜早爲備。」

欽宗立，賀使至明州，御史胡舜陟言：「高麗靡敝國家五十年，政和以來，人使歲至，淮、浙之間苦之。彼昔臣事契丹，今必事金國，安知其不窺我虛實以報，宜止勿使來。」乃詔留館明州而納其贄幣。明年始歸國。自王徽以降，雖通使於我，然受契丹封册，奉其正朔，上朝廷及他文書〔一〇九〕，蓋有稱甲子者。歲貢契丹至於六，而誅求不已。常云：「高麗乃我奴耳，南朝何以厚待之？」遼使至其國，尤倨暴，館伴及公卿小失意，輒行捽箠，聞我使至，必假他事來覘，分取賜物。嘗詰其西向修貢事，麗人表謝，其略曰：「中國，三甲子方得一朝；大邦，一周天每修六貢。」契丹悟，乃得免。

其國西北接契丹〔一一〇〕，恃鴨淥江以爲固。其東所臨，海水清澈，下視十丈，東南望明州，水皆碧。王居開州蜀莫郡，曰開城府。依大山置宮，立城壁，名其山曰神嵩〔一一一〕。民居皆茅茨，大止兩椽，覆以瓦者才十二。以新羅爲東州樂浪府，號東京。百濟爲金州金馬郡，號南京。平壤爲鎮州〔一一二〕，號西京。西京最盛。總之，凡三京、四府、八牧、郡百有十八、縣三百九十、州島三千七百。郡邑之小者，或止百家。男女二百十萬口，兵、民、僧各居其一。地寒多山，土宜松柏，有秔、黍、麻、麥而無秫，以秔爲酒。少絲蠶，匹縑直銀十兩，多衣麻苧。

王出，乘車駕牛，歷山險乃騎。紫衣行前，捧護國仁王經以導。令曰教，曰宣。臣民呼之曰聖上，私謂曰嚴公，后妃曰宮主〔一二三〕。百官名稱、階、勳、功臣、檢校，頗與中朝相類。過御史臺則下馬，違者有劾。士人以族望相高，柳、崔、金、李四姓爲貴種。無宦者，以世族子爲内侍六衛。歲十二月朔，王坐紫門小殿注官，外官則付國相。有國子監、四門學，學者六千人。貢士三等，王城曰王貢〔一二四〕，郡邑曰鄉貢，他國人曰賓貢，間歲試於所屬，再試於學，所取不過三四十人〔一二五〕，然後王親試以詩、賦、論三題，謂之簾前重試。亦有制科宏詞之目，然特文具而已。士尚聲律，少通經。王城有華人數百，多閩人因賈舶至者，密試其能，誘以禄仕，或强留之終身，朝廷使至，有陳牒來訴者，則取以歸。

百官以米爲俸，皆給田，納禄半給，死乃拘之。國無私田，民計口授業。十六以上則充軍，六軍三衛常留官府，三歲一選戍西北，半歲而更。有警則執兵，任事則服勞，事已復歸農畝。王亦有分地以供私用，王母、妃主、世子皆受湯沐田。上下以賈販利入爲事。日中爲虛，用米布貿易。地産銅，不知鑄錢，中國所予錢，藏之府庫，時出傳翫而已。崇寧後，始學鼓鑄，有「海東通寶」、「重寶」、「三韓通寶」三種錢，然其俗不便也。兵器疏簡，無强弩大刀。

崇尚釋教，雖王子弟亦常一人爲僧。信鬼，拘陰陽，病不服藥，唯咒咀厭勝。至親有病不相視，殮不拊棺。貧者死，則露置中野。歲以建子月祭天。國東有穴，號禭神，常以十月望日祭之，謂之八關齋，禮儀甚盛，王與妃嬪登樓，大張樂宴飲，賈人曳羅爲幕，至百匹相聯以示富。三歲大祭祠，遍其封内，因是斂民財，而王與諸臣分取之。祖廟在國門之外，大祭則具車服冕圭親祠。王城有佛寺七十區而無道觀，大觀中，朝廷遣道士往，乃立福源院，置羽流十餘輩。俗不知醫，自王俣來請醫，後始有通其術者。

人首無枕骨，皆扁側〔一一六〕。男子巾幘如唐裝，婦人鬌髻垂右肩〔一一七〕，餘髮被下，約以絳羅，貫之簪〔一一八〕。旋裙重疊，以多爲勝。男女自爲夫婦者不禁，夏月同川而浴。婦人、僧、尼皆男子拜。樂聲甚下，無金石之音，既賜樂，乃分爲左、右二部：左曰唐樂，中國之音也；右曰鄉樂，其故習也。堂上設席，升必脱履，見尊者則膝行，請必跪，應必唯。其拜無不答，子拜，父猶半答其禮。性柔仁惡殺，不屠宰，欲食羊豕則包以蒿而燔之。刑無慘酷之科，唯惡逆及駡父母者斬，餘皆杖肋。外郡刑殺悉送王城，歲以八月慮囚死罪，貸流諸島，累赦，視輕重原之。

自明州定海，便風三日入洋，又五日抵墨山〔一一九〕，入其境。過島嶼，詰曲嶕石間，舟行甚駛，值嶕則敗，七日至禮成江。江居兩山間，束以石峽，湍激而下〔一二〇〕，號急水門，最爲險惡。又三日抵岸，有館曰碧瀾亭，使人由此登陸，崎嶇山谷四十餘里，乃至其國都云。

女真在混同江北，與高麗僅隔鴨渌一水。其初本臣事契丹，奴事高麗，及其强也，高麗反臣事之。高宗建炎元年五月即位，即遣胡蠡等爲高麗國信使，朝廷蓋憂其通金人。而金亦以是時遣王樞持册使高麗，則亦憂其爲我用也。蠡之回，史失書。二年，詔募能使絶域者，浙東路副總管楊應誠應詔請行〔二一〕，自言：「隨侍其父任邊吏，熟知虜情，高麗至女真路甚徑〔二二〕，請身使三韓，結鷄林以達燕、雲。」三月，假刑部尚書往使。浙東帥臣翟汝文奏言：「應誠欺罔君父，自爲身謀。若高麗辭以大國假道以至燕、雲，而金人或請問津以窺吳、越，將何辭以對？必致辱命，取笑遠夷，請毋遣。」不從。六月，至高麗，見國王楷諭旨。楷拜詔已，與應誠等對立而議，楷曰：「大國自有山東路，何不由登州往？」應誠曰：「不如貴國最徑，第煩國王傳達金國爾。三節人止二十八騎，皆自齎糧。」楷有難色，已而命其臣傅佾至館中〔二三〕，具言金人見造舟，將往二浙。若引使者至其國，異時欲假道至浙，何以答之。麗人之辭，果如汝文所料。應誠曰：「女真不能水戰。」佾曰：「彼常於海道往來，况女真舊臣本國，近乃欲令本國臣事之，可見强弱。」居十數日，復令其臣崔洪宰等就館議，執前説不變。館伴使文公仁亦曰：「往年，公仁入貢上國，嘗奏上皇，金人人面獸心，不可相親，今十二年矣。」洪宰曰：「大朝何不練兵與戰。」應誠留高麗六十四日，終不奉詔，不得已受其拜表而回。十月，至闕入對，具言其狀，上以楷負國恩，怒甚。尚書右丞朱勝非曰〔二四〕：「彼與金爲鄰，與中國隔海，遠近利害甚明。此乃曩時待之太厚，今安能責報。」右僕射黄潛善曰：「若以巨舟載精甲數萬，徑造其國，彼寧無懼乎？」勝非曰：「越海征伐，燕山之事可鑒也。」上怒始霽。時開封尹宗澤亦請遣使通高麗，令出兵攻賊。十一月，楷遣其臣尹彦頤入使，以禮館待遣回。

三年八月，壬申，上謂輔臣曰：「高麗入貢人使將至，聞上皇遣内臣、宫女各二人來，朕聞之一則以喜，一則以悲。」吕頤浩曰：「此必金人之意。若非彼意，此數人雖至高麗，高麗必不肯令來。」於是乃詔止之。詔略曰：「舉中原之生聚，遭强敵之震驚，既涉境以寖深，猶稱兵而未已，兹移仗衛，暫駐江湖。如行使之果來，恐有司之不戒，俟休邊警，當問聘期。壞晉館以納車，庶無後悔；閉漢關而謝質，非用前規。想彼素懷，知吾本意。」汪藻所撰也。紹興二年，楷遣其臣崔惟清等入貢，上引見，答以温詔遣回。十二月，明州言高麗使將到。三年正月，詔以法惠寺爲同文館，以待其至。既而卒不至，以入洋風敗舟爲辭，議者謂其設詐以侮我也。六年，持牒官金稚圭至明州，朝廷懼其與金人爲間，詔賜銀帛遣之。自是不至者二十餘年。三十二年三月，高麗綱首徐德榮詣明州，言本國欲遣賀使。守臣以聞，侍御史吴芾言：「高麗與金接壤，今兩國交兵，其請可疑，使其果來，恐有意外，貽笑夷狄。」詔止之。時完顏亮將入寇也。

隆興二年四月，明州言高麗入貢。史不書引見日。歷孝、光、寧三朝，使命遂絶。慶元間，詔禁商人博易銅錢入高麗，朝廷亦絶之也〔一二五〕。每麗人之入使也，明越二郡困於供給，騷然不寧，既至闕，則館遇燕賚錫予之費以鉅萬計，而饋其主者不預焉。我使之行，二神舟，長大數倍戰船，費不訾。三節官吏縻爵捐廪，皆仰縣官者甚夥。蘇軾言於先朝，謂高麗入貢有五害，以此也。惟是國於吴會，與東都事體大異。昔麗人之來，率由登、萊，登、萊距梁、汴山河之限甚遠也。今日三韓直趨四明，四明距行都限一浙江爾。雖自明而麗，海道渺瀰，中隔洲島。凡海中之地，大曰洲，洲之小者曰島，島之小者曰嶼，隨其大小有千百十家之聚。惟無草木而有石者曰嶕，而海深無際曰洋，海舟之行，觸嶕則摧，入洋則覆。又有黑風海動之變，遇之則天地晦冥，波濤鼎沸，故舟人每委曲避就，出急水門至群山島〔一二六〕，始謂平達，非數十日不至也。然南北行，各遇順風則歷險如夷。楊應誠戊申之役，其回也，九月癸未發三韓，戊子至明州之昌國縣，僅六日耳，海道之當防如此。

按高麗之臣事中朝也，蓋欲慕華風而利歲賜耳。中國之招來高麗也，蓋欲柔遠人以飾太平耳。國運中否，强胡内侵，則聘問之事可以已矣。蕞爾島夷，昔日蓋臣遼以自存者也。金之强暴〔一二七〕，既滅遼而有之，且荐食中華，傾覆神京矣，而謂高麗能禦之邪？然則楊應誠之行，甚無謂也。欲倚以求成邪？則彼豈能主宋人弭兵之盟。欲倚以救難邪？則彼豈能效秦伯無衣之賦。且當時所遣卑詞祈請之使，如傅雱、王倫之徒，未嘗不得以自達於金也。然我使之往也，如石沉海，彼兵之來也，如火燎原，卒不得其要領。又何煩涉鯨波踐異境，假道於三韓以求達邪！然雱、倫輩之奉使無益也，不過徒爲卑屈之辭而不能已其吞噬之謀耳。燕、雲距江、淮數千里，其間土地人民城郭，固我之封疆。以此衆戰，掎角牽制，彼亦未能保其長驅而必勝也。若高麗奉命道應誠以往，而金人有假道於虞之謀，則揚帆直指吴會更無顧忌矣。然則翟汝文所料，與王楷所以答使者之語，皆忠言至計，未可訾也。朱丞相言彼與金爲鄰，與中國隔海，遠近利害甚明。此乃曩時待之太厚，今安能責報。此語固得之，然政和之求醫而獻忠謀，建炎之肅使而不奉詔，則麗人固能報恩而未嘗負恩矣。過乎此，則難以責之也。至於黄潛善之妄言謬計，尤其可笑，所謂「精甲數萬，既可襲高麗於海外」，胡爲異時不能以此抗金人於維揚邪？季布謂樊噲面諛可斬，此語潛善可以當之。

校勘記

〔一〕朱蒙乃與馬達等二人東南走　「馬達」，北史卷九四高麗傳作「焉違」，魏書卷一〇〇高句麗傳作「烏引烏違」，疑是。

〔二〕朱蒙死閭達代立閭達死　「閭達代立閭達死」七字原脱，據魏書卷一〇〇高句麗傳補。

〔三〕子如栗代立如栗死子莫來代立　兩「代立」原皆脱，據魏書卷一〇〇高句麗傳補。

〔四〕跪拜曳一脚　「曳」，三國志卷三〇東夷傳、梁書卷五四諸夷傳、南史卷七九夷貊傳下、北宋本通典卷一八六邊防二作「申」。

〔五〕古鄒大加　「鄒」，後漢書卷八五東夷傳、新唐書卷二二〇東夷傳、册府元龜卷九六二外臣部官號同；三國志卷三〇東夷傳、通典卷一八六邊防二作「雛」。

〔六〕皁衣先人　「皁」，三國志卷三〇東夷傳、梁書卷五四東夷傳、通典卷一八六邊防二作「皂」；元本、慎本、馮本及後漢書卷八五東夷傳、南史卷七九夷貊傳下、新唐書卷二二〇東夷傳作「帛」。

〔七〕靈星　三國志卷三〇東夷傳同；後漢書卷八五東夷傳、北宋本通典卷一八六邊防二作「零星」。

〔八〕辰日祠以牛　「日」原作「見」，據後漢書卷八五東夷傳注引前書音義改。

〔九〕名曰東盟　「東」原作「賽」，據元本、慎本、馮本及後漢書卷八五東夷傳、通典卷一八六邊防二改。

〔一〇〕號襚神　「襚」原作「隧」，據後漢書卷八五東夷傳、北宋本通典卷一八六邊防二改。下同。按三國志卷三〇東夷傳作「隧」。

〔一一〕諸加評議便殺之　「評」原作「主」，據後漢書卷八五東夷傳、通典卷一八六邊防二改。

〔一二〕自武帝昭帝賜其人以衣幘　「賜其人以衣幘」事，三國志卷三〇東夷傳、梁書卷五四諸夷傳皆作「漢時」，北史卷九四高麗傳作「漢昭」，則「昭」字當爲「時」字之誤。

〔一三〕名此城以爲幘溝漊溝漊者高麗名城也　二「漊」字原皆作「婁」，據三國志卷三〇東夷傳、北史卷九四高麗傳、通典卷一八六邊防二改；「名城」，北史卷九四高麗傳作「城名」。

〔一四〕皆亡出塞爲寇盜　「塞」字原脱，據後漢書卷八五東夷傳、三國志卷三〇東夷傳、通典卷一八六邊防二補。

〔一五〕句麗蠶支落大加戴升等萬餘口詣樂浪内屬　「落」字原脱，據後漢書卷八五東夷傳補。

〔一六〕夫餘王遣子將三萬　「三萬」，後漢書卷八五東夷傳作「二萬餘人」。

〔一七〕玄菟太守姚光上言　「姚光」原作「姚先」，據後漢書卷八五東夷傳、通典卷一八六邊防二改。下同。

〔一八〕復犯遼東西安平　「西」字原脱，據後漢書卷八五東夷傳補。

〔一九〕西安平　「平」字原脱，據後漢書卷八五東夷傳注引郡國志補。

〔二〇〕小曰伊夷模　「模」原作「摸」，據元本、慎本、馮本及三國志卷三〇東夷傳、通典卷一八六邊防二改。下同。按北史卷九四高麗傳作「摸」。

〔二一〕都於丸都山下　「丸」原作「九」，據下文及北史卷九四高麗傳、通典卷一八六邊防二改。

〔二二〕古雛加駮位居是也　「加」原作「交」，據三國志卷三〇東夷傳、通典卷一八六邊防二改。

〔二三〕幽州刺史毌丘儉將萬人出玄菟討之　「毌丘儉」原作「母邱儉」，據三國志卷二八毌丘儉傳、通典卷一八六邊防二改。下同。

〔二四〕登丸都山　「丸」原作「九」，據下文及北史卷九四高麗傳、通典卷一八六邊防二改。

〔二五〕斬首萬餘級　三國志卷二八毌丘儉傳作「斬獲首虜以千數」。

〔二六〕過沃沮千餘里　「過」，太平寰宇記卷一七三四夷二東夷二作「絶」，疑是。

〔二七〕又刊丸都山　「山」字原脱，據梁書卷五四諸夷傳、北史卷九四高麗傳、通典卷一八六邊防二補。

〔二八〕以璉爲都督營州諸軍事　「都督」二字原脱，據南史卷七九夷貊傳下補。

〔二九〕子湯立　「湯」原作「陽」，隋書卷一高祖紀同；下文及隋書卷八一東夷傳、北史卷九四高麗傳作「湯」，疑是，據改。

〔三〇〕即漢樂浪郡王險城　「險」原作「儉」，據通典卷一八六邊防二改。

〔三一〕至魏南北漸徙　「徙」，通典卷一八六邊防二作「狹」。

〔三二〕長安城東西六里　「西」字原脱，據周書卷四九異域傳上、北史卷九四高麗傳、隋書卷八一東夷傳補。

〔三三〕大兄　原作「太兄」，據北史卷九四高麗傳、隋書卷八一東夷傳改。

〔三四〕竟侯奢　「竟」，隋書卷八一東夷傳、周書卷四九異域傳上作「意」；「侯」，周書卷四九異域傳上作「俟」。

〔三五〕復有内評　隋書卷八一東夷傳「内評」下有「外評」二字。

〔三六〕五部傉薩　「部」原作「事」，據北史卷九四高麗傳、隋書卷八一東夷傳改。「傉」同上二書皆作「褥」。

〔三七〕聚戲浿水上　「浿水」原作「沮水」，據元本、愼本、馮本及隋書卷八一東夷傳、北史卷九四高麗傳改。

〔三八〕立多反拱行必插手　隋書卷八一東夷傳作「立各反拱行必摇手」。

〔三九〕皆錦繡　「錦」原作「綿」，據北史卷九四高麗傳改。

〔四〇〕初終哭泣　「終」字原脱，據北史卷九四高麗傳、隋書卷八一東夷傳補。

〔四一〕葬則鼓舞作樂以送之　「作樂」二字原脱，據北史卷九四高麗傳、隋書卷八一東夷傳補。

〔四二〕取死者生時服玩車馬置墓前　「前」，北史卷九四高麗傳、隋書卷八一東夷傳作「側」。

〔四三〕一曰高登神　「一」字原脱，據北史卷九四高麗傳補。

〔四四〕將奉表陳謝　「奉」字原脱，據隋書卷八一東夷傳補。

〔四五〕襲爵遼東公　北史卷九四高麗傳同，隋書卷八一東夷傳「遼東」後有一「郡」字。

〔四六〕止營於遼東地　「止」，北史卷九四高麗傳同，隋書卷八一東夷傳作「上」。

〔四七〕諸將奉旨　「旨」原作「指」，據北史卷九四高麗傳、隋書卷八一東夷傳、通典卷一八六邊防二改。

〔四八〕唯於遼水西拔賊武厲邏　「厲」原作「屬」，據北史卷九四高麗傳、隋書卷八一東夷傳改。

〔四九〕九年　原作「元年」，據隋書卷四煬帝紀、隋書卷八一東夷傳、通典卷一八六邊防二改。

〔五〇〕其國建官有九等　隋書卷八一東夷傳、北史卷九四高麗傳作「凡十二等」，新唐書卷二二〇東夷傳作「官凡十二級」，官名也多異。

〔五一〕總知國事　「事」字原脱，據通典卷一八六邊防二補。

〔五二〕次太大使者　「大」下原有「夫」字，據隋書卷八一東夷傳、北史卷九四高麗傳、新唐書卷二二〇東夷傳删。

〔五三〕又有狀古雛加　「雛加」，新唐書卷二二〇東夷傳作「鄒加」，後漢書卷八五東夷傳、册府元龜卷九六二外臣部官號有「古鄒大加」，疑作「鄒加」是。

〔五四〕以大夫使者爲之　宣和奉使高麗圖經卷七令官服「夫」作「兄」字。

〔五五〕各有差等　「等」字原脱，據通典卷一八六邊防二、宣和奉使高麗圖經卷七令官服補。

〔五六〕在漢樂浪郡遂成縣　「遂成」原作「遂城」，據漢書卷二八下地理志下改。

〔五七〕右碣石即河赴海處　「右」原作「古」，據上下文及通典卷一八六邊防二改。

〔五八〕在平壤城西北四百五十里　「五」原作「八」，據通典卷一八六邊防二、宣和奉使高麗圖經卷三封境改。

〔五九〕居就　原作「居龍」，據漢書卷二八下地理志下改。

〔六〇〕其後東部大人蓋蘇文弒其主高武　「主」，通典卷一八六邊防二作「王」；「高武」，舊唐書卷一九九上東夷傳、新唐書卷二二〇東夷傳作「高建武」。

〔六一〕蘇文鬚面甚偉　「面」字原脱，據通典卷一八六邊防二補。

〔六二〕若至於此　四字原脱，據通典卷一八六邊防二、唐會要卷九五高句麗補。

〔六三〕延陀無一人生還　「延陀」二字原脱，據唐會要卷九五高句麗補。

〔六四〕李勣攻拔蓋牟城　「蓋」原作「盍」，據舊唐書卷一九九上東夷傳、新唐書卷二二〇東夷傳改。按「蓋」「盍」古籍或通用，下徑劃一，不再出校。

〔六五〕南部傉薩高惠真率靺鞨之衆十五萬來援　「傉薩」二字原脱，據舊唐書卷一九九上東夷傳、新唐書卷二二〇東夷傳補。

〔六六〕靺鞨三千人並坑之　通典卷一八六邊防二同；舊唐書卷一九九上東夷傳、唐會要卷九五高句麗、資治通鑑卷一九八唐紀一四貞觀十九年六月丁未條「三千」下有「三百」。

〔六七〕獲馬五萬匹　通典卷一八六邊防二、唐會要卷九五高句麗、資治通鑑卷一九八唐紀一四貞觀十九年六月丁未條同，舊唐書卷一九九上東夷傳「五」作「三」。

〔六八〕甲一萬領　通典卷一八六邊防二、唐會要卷九五高句麗、資治通鑑卷一九八唐紀一四貞觀十九年六月丁未條同，舊唐書卷一九九上東夷傳作「明光甲五千領」。

〔六九〕班師至頗利城　「頗」，舊唐書卷一九九上東夷傳、新唐書卷二二〇東夷傳作「積」。通典卷一八六邊防二同。

〔七〇〕新羅訴高麗靺鞨奪二十六城　「二」，新唐書卷二二〇東夷傳作「三」。

〔七一〕是天下疲於轉輸　「輸」，新唐書卷二二〇東夷傳作「戍」。

〔七二〕臣謂征而滅之不如勿滅　新唐書卷二二〇東夷傳作「臣謂征之未如勿征滅之不如勿滅」。

〔七三〕仁貴救侃　「侃」原作「臨」，據新唐書卷二二〇東夷傳改。

〔七四〕戰金山　「金山」原作「全山」，據新唐書卷二二〇東夷傳、資治通鑑卷二〇一唐紀一七乾封二年九月辛未條改。

〔七五〕拔南蘇木底蒼岩三城　「底」原作「氏」，據資治通鑑卷二〇一唐紀一七乾封二年九月辛未條改，新唐書卷二二〇東夷傳作「氐」。

〔七六〕侍御史賈言忠計事還　「賈言忠」原作「賈言志」，據新唐書卷二二〇東夷傳、資治通鑑卷二〇一唐紀一七總章元年二月壬午條改。

〔七七〕當有八十大將滅之　「之」字原脱，據新唐書卷二二〇東夷傳補。

〔七八〕百濟王夫餘隆嶺外　「外」字原脱，據新唐書卷二二〇東夷傳補。

〔七九〕剖其地爲都督府者九　「府」字原脱，據舊唐書卷一九九上東夷傳、新唐書卷二二〇東夷傳補。

〔八〇〕太長鉗牟岑率衆反　「岑」下原衍「牟」字，據新唐書卷二二〇東夷傳、通典卷一八六邊防二刪。下同。「鉗」，資治通鑑卷二〇一唐紀一七咸亨元年四月庚午條、通典卷一八六邊防二作「劍」。

〔八一〕高麗國王　「王」字原脱，據宋史卷四八七外國傳三補。

〔八二〕記孔子所生及弟子從學之事　「記」原作「詔」，據慎本、馮本改。

〔八三〕女真意高麗誘導構禍　「構禍」二字原脱，據宋史卷四八七外國傳三補。

〔八四〕稱契丹興兵入其封境　「興」原作「稱」，據宋史卷四八七外國傳三改。

〔八五〕尚在當國　「當」原作「本」，據宋史卷四八七外國傳三改。

〔八六〕其職居高者有物屈尼於等十數人　「物」，宋史卷四八七外國傳三作「勿」。

〔八七〕淳化四年　「淳化」二字原脱，據宋史卷四八七外國傳三補。

〔八八〕得高麗使白思柔所乘海船及高麗水工　「白思柔」原作「白恩柔」，據宋史卷四八七外國傳三改。

〔八九〕其臣吏部侍郎趙之遴命牙將朱仁詔至登州偵之　「朱仁詔」，宋史卷四八七外國傳三作「朱仁紹」。

〔九〇〕誦使户部郎中李宣古來謝恩　「古」字原脱，據宋史卷四八七外國傳三補。

〔九一〕乞王師屯境上爲牽制　「牽」原作「割」，據宋史卷四八七外國傳三改。

〔九二〕遂築六城曰興州　「興州」原作「興化」，據宋史卷四八七外國傳三、遼史卷三八地理志二改。

〔九三〕曰通州　「通州」原作「道州」，據宋史卷四八七外國傳三、遼史卷三八地理志二改。

〔九四〕府曰開城　「開城」原作「開成」，據宋史卷四八七外國傳三改。下同。

〔九五〕曰唐樂　「唐樂」原作「庫樂」，據續資治通鑑長編卷三二三神宗元豐五年三月丁卯條、宣和奉使高麗圖經卷四〇樂律改。

〔九六〕地産龍鬚席藤席白硾紙鼠狼尾筆　「藤席」與「鼠」三字原脱，據宋史卷四八七外國傳三補。

〔九七〕貢罽錦衣褥甲刀鞍馬藥物等　「罽錦」原作「錦罽」，「藥」原作「樂」，據宋史卷四八七外國傳三乙改。

〔九八〕其國禮賓省移牒福建轉運使羅拯云　「羅拯」原作「羅極」，據宋史卷四八七外國傳三改。下同。

〔九九〕蓄陸讋以靡遑　「蓄」原作「蓋」，據宋史卷四八七外國傳三改。

〔一〇〇〕但兹千里之傳忞　「忞」，宋史卷四八七外國傳三作「聞」。

〔一〇一〕徽遂遣其臣金悌等百十八人來　「金悌」原作「金梯」，據宋史卷四八七外國傳三改；同書「百十八」作「百十」。

〔一〇二〕故時高麗人往返皆自登州　「高麗」原作「遼」，據宋史卷四八七外國傳三改。

〔一〇三〕與燾睦尤禮　「尤」原作「元」，據宋史卷四八七外國傳三改。

〔一〇四〕故不敢與土貢同進　「進」字原脱，據續資治通鑑長編卷三〇二元豐三年二月戊申條補。

〔一〇五〕請市刑法之書　「之」原作「文」，據宋史卷四八七外國傳三改。

〔一〇六〕吴拭往使　「拭」，宋史卷二〇三藝文二鷄林記條作「栻」。

〔一〇七〕又改引伴押伴官爲接送館伴　「館」字原脱，據宋史卷四八七外國傳三補。

〔一〇八〕其相李資深立俣子楷　宋史卷四八七外國傳三同。「李資深」，宣和奉使高麗圖經卷二世次作「李資謙」。

〔一〇九〕上朝廷及他文書　「文」原作「大」，據宋史卷四八七外國傳三改。

〔一一〇〕其國西北接契丹　「北」原作「南」，據宋史卷四八七外國傳三、宣和奉使高麗圖經卷三郡邑改。

〔一一一〕名其山曰神嵩　「神嵩」原作「神高」，據元本、慎本、馮本及宋史卷四八七外國傳三改。

〔一一二〕平壤爲鎮州　「平」上原衍「南」字，據宋史卷四八七外國傳三删。

〔一一三〕后妃曰宮主　「后」字原脱，據宋史卷四八七外國傳三補。

〔一一四〕王城曰王貢　「王貢」，宋史卷四八七外國傳三、宣和奉使高麗圖經卷一九民庶作「土貢」。

〔一一五〕所取不過三四十人　「三」下原衍「十」字，據宋史卷四八七外國傳三删。

〔一一六〕皆扁側　「皆」，宋史卷四八七外國傳三作「背」。

〔一一七〕婦人鬌髻垂右肩　「鬌」原作「髻」，據宋史卷四八七外國傳三、宣和奉使高麗圖經卷二二雜俗一改。

〔一一八〕貫之簪　「貫」原作「貰」，據宋史卷四八七外國傳三改。

〔一一九〕又五日抵墨山　宋史卷四八七外國傳三同。「墨山」，續資治通鑑長編卷三三九元豐六年九月庚戌條、宣和奉使高麗圖經卷三五海道二作「黑山」。

〔一二〇〕湍激而下　「湍」原作「臨」，據宋史卷四八七外國傳三改。

〔一二一〕浙東路副總管楊應誠應詔請行　「楊應誠」原作「楊應忱」，據宋史卷四八七外國傳三改。下同。「副」，宋史卷四八七外國傳三作「馬步軍都」，建炎以來繫年要録卷一四、卷一八作「馬步軍副」。

〔一二二〕高麗至女真路甚徑　「至」字原脱，據宋史卷四八七外國傳三補。

〔一二三〕已而命其臣傅佾至館中　「傅佾」原作「傳佾」，據宋史卷四八七外國傳三改。

〔一二四〕尚書右丞朱勝非曰　「右丞」二字原脱，據宋史卷四八七外國傳三補。

〔一二五〕朝廷亦絶之也　「亦」，宋史卷四八七外國傳三作「蓋」。

〔一二六〕出急水門至群山島　「群山」原作「郡山」，據宋史卷四八七外國傳三、宣和奉使高麗圖經卷三六海道三改。

〔一二七〕金之强暴　「金」原作「今」，據元本、慎本、馮本改。

卷三百二十六　四裔考三

豆莫婁

豆莫婁國，在勿吉北千里，舊北夫餘也〔一〕。在室韋之東〔二〕，東至海〔三〕，方二千餘里。其人土著，有居室倉庫。多山陵廣澤，於東夷之域，最爲平敞。地宜五穀，不生五果。其人長大，性强勇謹厚，不寇抄。其君長皆以六畜名官，邑落有豪帥。飲食亦用俎豆〔四〕。有麻布，衣製類高麗而幅大〔五〕。其國大人，以金銀飾之。用刑嚴急，殺人者死，没其家人爲奴婢。性淫，尤惡妒者，殺之尸於國南山上，至腐。或言濊貊之地也。

百濟

百濟，即後漢末夫餘王尉仇台之後〔六〕，馬韓五十四國，百濟其一也。初以百家濟海〔七〕，因號百濟。後漸强大，兼諸小國。晉時，句驪既略有遼東，百濟亦略有遼西、晉平。唐柳城、北平之間。自晉以後，吞併諸國，據有馬韓故地。其國東西四百里，南北九百里，南接新羅〔八〕，北距高麗千餘里，西限大海，處小海之南。國西南海中有三島，出黄漆樹，似小榎樹而大〔九〕。六月取汁，漆物器若黄金，其光奪目。

自晉代受蕃爵，自置百濟郡。義熙中，以百濟王夫餘腆爲使持節〔一〇〕、都督百濟諸軍事〔一一〕。宋、齊並遣使朝貢，授官，封其人。

土著地多下濕，率皆山居。其都治建居拔城。王號「於羅瑕」，百姓呼爲「鞬吉支」，夏言並王也。王妻號「於陸」，夏言妃也。官有十六品：曰左平〔一二〕，曰達率，曰恩率，曰德率，曰扞率，曰奈率〔一三〕，以上冠飾銀花。將德，紫帶。施德，皂帶。固德，赤帶。季德〔一四〕，青帶。對德，文督，皆黃帶。武督，佐軍，振武，克虞，皆白帶。統兵以達率、德率、扞率爲之，人庶及餘小城，咸分隸焉。其衣服，男子略同高麗，拜謁之禮以兩手據地爲敬。婦人衣似袍而袖微大，在室者編髮盤於首，後垂一道爲飾，出嫁者乃分爲兩道焉。兵有弓、箭、刀、矟。俗重騎射，兼愛墳史。其秀異者頗解屬文，又解陰陽五行。用宋元嘉曆，以建寅月爲歲首。亦解醫藥、卜筮、占相之術。有投壺、樗蒱等雜戲，然尤尚奕棋。僧尼寺塔甚多，而無道士。賦税以布、絹、麻、米等。婚娶之禮略同華俗。父母及夫死者三年持服，餘親則葬訖除之。氣候温暖，五穀、雜果、菜蔬及酒醴，肴饌，樂器之屬多同於内地，唯無駞、驢、騾、羊、鵝、鴨等云。其王以四仲之月祭天，又每歲四祠其始祖仇台之廟〔一五〕。大姓有八族：沙氏、燕氏、劦氏、音狹。解氏、真氏、國氏、木氏、苩氏。音白。國西南人島居者十五所，皆有城邑。

王餘映卒，子餘毗立。毗卒，子慶代立。慶卒，子牟都立，都卒，子牟大立。每王立，必遣使詣江南請命，俱授以鎮東大將軍、都督百濟諸軍事〔一六〕，百濟亦遣使稱藩，奉貢於魏。尋爲高麗所破，衰弱累年，遷居南韓地。梁普通二年，王餘隆復遣使奉表，稱累破高麗，今始與通好。隆卒，子明嗣。北齊時亦通使焉。齊亡，遣使通周。

隋開皇初，遣使貢方物，拜其王餘昌上開府、帶方郡公、百濟王。平陳之歲，奉表賀。十八年〔一七〕，遣使入貢，屬興遼東之役，請爲軍道。帝厚其使遣之。高麗頗知其事，以兵侵其境。餘昌卒，子餘璋立。大業時，遣使入貢，請討高麗。煬帝許之，命覘高麗動静。然餘璋内與高麗通和，挾詐以闚中國。後隋亂，貢使遂絶。

唐武德四年，王夫餘璋遣使入貢。自是數朝貢，且訟高麗梗道。太宗貞觀初，詔使者平其怨。又與新羅世仇，數相侵，帝賜璽書和其怨。璋上表謝，然兵亦不止。璋卒，子義慈立。義慈事親孝，與兄弟友，時號「海東曾子」。明年，與高麗連和伐新羅，取四十餘城，發兵守之。又謀取棠項城〔一八〕，絶貢道。新羅告急，帝遣使齎詔書諭解。聞帝新討高麗，乃取新羅七城；久之，又奪十餘城，因不朝貢。高宗立，乃遣使者來，帝詔義慈曰：「海東三國，開基舊矣，地固犬牙〔一九〕。比者隙争侵校無寧歲，新羅高城重鎮皆爲王并，歸窮於朕，丐王歸地。昔齊桓一諸侯，尚存亡國，况朕萬方主，可不恤其危邪？王所兼城宜還之，新羅所俘亦畀還王〔二〇〕。不如詔者，任王决戰，朕將發契丹諸國，度遼深入，王毋後悔。」

永徽六年，新羅訴百濟、高麗、靺鞨取北境三十城。顯慶五年，乃詔左衛大將軍蘇定方等發新羅兵討之。自成山濟海，百濟守熊津口，定方縱擊，虜大敗，王師乘潮帆以進，趨真都城一舍止〔二一〕。虜悉衆拒，復破之，斬首萬餘級，拔其城。義慈挾太子隆走北鄙，定方圍之。次子泰自立爲王，率衆固守。義慈孫文思曰：「王、太子固在，叔乃自王，若唐兵解去，如我父子何？」與左右縋而出，民皆從之，泰不能止。

定方令士超堞立幟，泰開門降，定方執義慈、隆及小王孝演〔二二〕、酋長五十八人送京師，平其國五部、三十七郡、二百城、户七十六萬。乃析置熊津、馬韓、東明、金漣、德安五都督府，擢酋渠長治之，命郎將劉仁願守百濟城，左衛郎將王文度爲熊津都督。九月，定方以所俘見，詔釋不誅。義慈病死，贈衛尉卿，許舊臣赴臨，詔葬孫皓、陳叔寶墓左，授隆司稼卿。文度濟海卒，以劉仁軌代之。

璋從子福信嘗將兵，乃與浮屠道琛據周留城反，迎故王子夫餘豐於倭，立爲王，西部皆應〔二三〕，引兵圍仁願。龍朔元年，仁軌發新羅兵往救，道琛立二壁熊津口，仁軌與新羅兵夾擊之，奔入壁，爭梁墮溺者萬人，新羅兵還。道琛保任孝城〔二四〕，自稱領軍將軍，福信稱霜岑將軍，告仁軌曰：「聞唐與新羅約，破百濟，無老孺皆殺之，畀以國。我與其受死，不若戰。」仁軌遣使齎書答説，道琛倨甚，館使者於外，嫚報曰：「使人官小，我，國大將，禮不當見。」徒遣之。仁軌以衆少，乃休軍養威，請合新羅圖之。福信俄殺道琛，并其兵，豐不能制。二年七月，仁願等破之熊津，拔支羅城，夜薄真峴，比明入之，斬首八百級，新羅餉道乃開。仁願請濟師，詔右威衛將軍孫仁師爲熊津道行軍總管，發齊兵七千往。福信顓國，謀殺王，豐率親信斬福信，與高麗、倭連和。仁願已得齊兵，士氣振，乃與新羅王金法敏率步騎〔二五〕，而遣劉仁軌率舟師，自熊津江偕進，趨周留城。豐衆屯白江口，四遇皆克，火四百艘，豐走，不知所在。僞王子夫餘忠勝、忠志率殘衆及倭人請命，諸城皆復。仁願勒軍還，留仁軌代守。

帝以夫餘隆爲熊津都督，俾歸國，平新羅故憾，招還遺人。麟德二年，與新羅王會熊津城，刑白馬以盟。辭曰〔二六〕：「往百濟先王，罔顧逆順，不敦鄰，不睦親，與高麗、倭共侵削新羅，破邑屠城。天子憐百姓無辜，命行人修好，先王負險恃遐，侮慢弗恭，皇赫斯怒，是伐是夷。但興亡繼絶，王者通制，故立前太子隆爲熊津都督，守其祭祀，附仗新羅，長爲與國，結好除怨，恭天子命，永爲藩服。右威衛將軍魯城縣公仁願，親臨厥盟，有貳其德，興師動衆，明神監之，百殃是降，子孫不育，社稷無守，世世毋敢犯。」乃作金書鐵券，藏新羅廟中。仁願等還，隆畏衆携散，亦歸京師。儀鳳時，進帶方郡王，遣歸藩。是時，新羅强，隆不敢入舊國，寄治高麗死。武后又以其孫敬襲王，而其地已爲新羅、渤海靺鞨所分，百濟遂絶。

新羅

新羅，魏時新盧國焉，其先本辰韓種也。辰韓始有六國，稍分爲十二，新羅其一也。初曰新盧，或曰斯羅。其國在百濟東南五百餘里，亦在高麗東南，兼有漢時樂浪郡之地。東濱大海。魏將毌丘儉討高麗，破之，奔沃沮。其後復歸故國，留者遂爲新羅焉。故其人雜有華夏、高麗、百濟之屬，兼有沃沮、不耐、韓、濊之地。其王本百濟人，自海逃入新羅，遂王其國。國小，不能自通使聘。苻堅時，其王樓寒遣使衛頭朝貢。堅曰：「卿言海東之事與古不同，何也？」答曰：「亦猶中國，時代變革，名號改易，今焉得同。」梁武帝普通二年，王姓慕名秦，始使人隨百濟獻方物。其俗呼城曰「健牟羅」，其邑在内曰「喙評」，在外曰「邑勒」，亦中國之言郡縣也。國有六喙評、五十二邑勒。土地肥美，宜植五穀，多桑麻果菜鳥獸，物産略與華同。

至隋文帝時，遣使來貢。其王姓金名真平，隋東蕃風俗記云：「金姓相承三十餘葉。」其王至今亦姓金。按梁史云姓慕，未詳中間易姓之由。文帝拜爲樂浪郡公、新羅王。其先附屬於百濟〔二七〕，後因百濟征高麗，人不堪戎役〔二八〕，相率歸之，遂至强盛，因襲加羅、任那諸國〔二九〕，滅之。並三韓之地。其西北界犬牙出高麗、百濟之間。

地多山險，雖與百濟構隙，百濟不能圖之。無文字，刻木爲信，語言待百濟而後通。朝服尚白，好祠山神。八月望日，大宴賚官吏，射。其建官以親屬爲上〔三〇〕，其族第一骨、第二骨以自別。兄弟女、姑、姨、從姊妹，皆聘爲妻。王族爲第一骨，妻亦其族，生子皆爲第一骨，不娶第二骨女，雖娶，常爲妾媵。官有宰相、侍中、司農卿、太府令，凡十有七等，第二骨得爲之。事必與衆議，號「和白」，一人異則罷。宰相家不絶禄，奴僮三千人，甲兵牛馬猪稱之。畜牧海中山，須食乃射。息米穀於人，償不滿，傭爲奴婢。王姓金，貴人姓朴，民無氏有名。食用柳杯若銅、瓦。元日相慶，是日拜日月神。男子褐袴。婦長襦，見人必跪，則以手据地爲恭。不粉黛，率美髮以繚首，以珠綵飾之。男子剪髮鬻，冒以黑巾。市皆婦女貨販，冬則作竈堂中，夏以食置冰上。畜無羊，少驢、贏，多馬。馬雖高大，不善行。

初，百濟伐高麗，來請救，悉兵往破之，自是相攻不置。後獲百濟王殺之，結怨滋深。唐武德四年，王真平遣使入朝。後三年，拜柱國，封樂浪郡王、新羅王。貞觀五年，獻女樂二，詔歸之。真平卒，無子，立女善德爲王，國人號「聖祖皇姑」。十七年，爲高麗、百濟所攻，使者來乞師，會帝伐高麗，詔率兵犄角，善德使兵五萬入高麗南鄙，拔水口城以聞。善德卒，妹真德襲王。明年，遣子文王、弟子春秋等來朝〔三一〕，因請改章服，從中國制。内出珍服賜之。又詣國學觀釋奠、講論。高宗永徽元年，攻百濟，破之，遣春秋子法敏入朝。真德織錦爲頌以獻，曰：「巨唐開洪業，巍巍皇猷昌。止戈成大定，興文繼百王〔三二〕。統天崇雨施，治物體含章。深仁諧日月，撫運邁時康。幡旗既赫赫，鉦鼓何鍠鍠。外夷違命者，剪覆被天殃。淳風凝幽顯，遐邇競呈祥。四時和玉燭，七耀巡萬方。維岳降宰輔，維帝任忠良。五五成一德，照我唐家唐〔三三〕。」帝美其意，擢法敏太府卿。五年，真德死，帝與發哀，贈開府儀同三司，賜綵段三百，遣使弔祭，以春秋襲王。明年，百濟、高麗、靺鞨共伐取其三十城。使者來請救，帝命蘇定方討之，以春秋爲嵎夷道行軍總管，遂平百濟。龍朔元年，死，法敏襲王。以其國爲鷄林州大都督府，授法敏都督。

咸亨五年，納高麗叛衆〔三四〕，略百濟地守之，帝怒，詔削官爵，以其弟右驍衛大將軍仁問爲新羅王，自京師歸國。詔劉仁軌等發兵討之。上元二年二月，仁軌破其衆於七重城，以靺鞨兵浮海略南境，斬獲甚衆。詔李謹行爲安東鎮撫大使，屯買肖城，三戰，虜皆北。法敏遣使入朝謝罪，貢篚相望，仁問乃還，辭王，詔復法敏官爵。然多取百濟地，遂抵高麗南境矣。置尚、良、康、熊、全、武、漢、朔、溟九州，州有都督，統郡十或二十，郡有太守，縣有小守。開耀元年，死，子政明襲王。遣使者朝，丐唐禮及佗文辭〔三五〕，武后賜吉凶禮及文詞五十篇。死，子理洪襲王。死，弟興光襲王。

玄宗開元中，數入朝，獻果下馬、朝霞紬、魚牙紬、海豹皮。又獻二女，帝曰：「女皆王姑姊妹，違本俗，別所親，朕不忍留。」厚賜還之。又遣子弟入太學學經術。帝間賜興光瑞文錦、五色羅、紫繡紋袍、金銀精器，興光亦上異狗馬、黃金、美髢諸物。初，渤海靺鞨掠登州，興光擊走之，帝進興光寧海軍大使，使攻靺鞨。二十五年死，帝尤悼之，贈太子太保，命使弔祭。子承慶襲王。邢璹往使，帝詔璹曰：「新羅號君子國，知詩、書。以卿惇儒，故持節往，宜演經誼，使知大國之盛。」又册其妻朴爲妃。承慶死，詔使者弔臨，以其弟憲英嗣王。帝在蜀，遣使泝江至成都朝正月。

大曆初，憲英死，子乾運立。甫丱，遣金隱居入朝待命。詔遣使弔祭，册命之。會其宰相争權相攻，國大亂，三歲乃定。於是，歲朝獻。建中四年死，國人共立宰相金良相嗣。貞元元年，遣使持節命之。是年死，立良相從父弟敬信襲王。十四年，死，無子，立嫡孫俊邕。明年，遣使持册，未至，而邕死。子重興立。永貞元年，遣使册命。後三年，使者金力奇來謝，且言：「往歲册故主俊邕爲王，母申太妃，妻叔妃，而俊邕不幸，册今留省中，臣請授以歸。」又爲其宰相及王之弟丐門戟，詔皆可。凡再朝貢。七年死，彦昇立，來告喪，遣使弔，且册命新王及妃。長慶、寶曆間，再遣使者來朝，留宿衛。彦昇死，子景徽立〔三六〕。太和五年，遣使册弔如儀。開成初，遣子義琮謝，願留衛，見聽，明年遣之。五年，鴻臚寺籍質子及學生歲滿者一百五人，皆還之。

有張保皋、鄭年者，皆善鬭戰，工用鎗。年復能没海，履其地五十里不噎，其勇健，保皋不及也。年以兄呼保皋，保皋以齒，年以藝，常不相下。自其國皆來爲武寧軍小將。後保皋歸新羅，謁其王曰：「遍中國人以新羅爲奴婢，願得鎮清海，使賊不得掠人西去。」清海，海路之要。王與保皋萬人守之。自太和後，海上無鬻新羅人者。保皋既貴於其國，年飢寒客漣水，一日謂戍主馮元規曰：「我欲東歸，乞食於張保皋。」元規曰：「若與保皋所負何如？奈何取死其手？」年曰：「飢寒死，不如兵死快，況死故鄉邪！」年遂去。至，謁保皋，保皋飲之極歡。會聞大臣殺其王，國亂無王。保皋分兵五千人與年，持年泣曰：「非子不能平禍難。」年至其國，誅反者，立王以報。王遂召保皋爲相，以年代守清海。會昌後，朝貢不復至。後唐同光元年，王金朴英遣使來朝貢。長興四年，權知國事金溥遣使來。朴英、溥世次、卒立，史皆失記。自晉以後不復至。

沃沮

東沃沮在高句麗蓋馬大山之東〔三七〕，濱大海而居。其地形東北狹〔三八〕，西南長〔三九〕，可千里，北與挹婁、夫餘，南與濊貊接。户五千，無大君王，世世邑落，各有長帥。其言語與句麗大同，時時小異。漢初，燕亡人衛滿王朝鮮，時沃沮皆屬焉。漢武帝元封三年〔四〇〕，伐朝鮮，殺滿孫右渠，分其地爲四郡，以沃沮城爲玄菟郡〔四一〕。後爲夷貊所侵，徙郡句麗西北，今所謂玄菟故府是也。沃沮還屬樂浪。漢以土地廣遠，在單單大嶺之東〔四二〕，分置東部都尉，治不耐城，别主嶺東七縣，時沃沮亦皆爲縣。漢光武六年，省邊郡，都尉由此罷。其後皆以其縣中渠帥爲縣侯，不耐、華麗〔四三〕、沃沮諸縣皆爲侯國。夷狄更相攻伐，唯不耐濊侯至今猶置功曹、主簿諸曹，皆濊民作之。沃沮諸邑落渠帥，皆自稱三老，則故縣國之制也。國小，迫於大國之間，遂臣屬句麗。句麗復置其中大人爲使者，使相主領，又使大加統責其租税，貊布〔四四〕、魚、鹽、海中食物，千里擔負致之，又送其美女以爲婢妾，遇之如奴僕。

其土地肥美，背山向海，宜五穀，善田種。人性質直强勇，少牛馬，便持矛步戰。食飲居處，衣服禮節，有似句麗。其葬作大木槨，長十餘丈，開一頭作户。新死者皆假埋之，才使覆形，皮肉盡，乃取骨置槨中。舉家皆共一槨，刻木如生形〔四五〕，隨死者爲數。又有瓦鑩，置米其中，編縣之於槨户邊。

魏毌丘儉討句麗，句麗王宫走沃沮，遂進師擊之。沃沮邑落皆破之，斬獲首虜三千餘級，宫奔北沃沮。北沃沮一名置溝婁，去南沃沮八百餘里，其俗南北皆同，與挹婁接。挹婁喜乘舡寇抄，北沃沮畏之，夏月恒在山岩深穴中爲守備，冬月冰凍，船道不通，乃下居村落。王頎别遣追討宫，盡其東界。問其耆老「海東復有人不」，耆老言國人嘗乘船捕魚，遭風見吹數十日，得一島〔四六〕，上有人，言語不相曉，其俗常以七月取童女沉海。又言有一國亦在海中，純女無男。又説得一布衣，從海中浮出，其身如中人衣〔四七〕，其兩袖長三丈。又得一破船，隨波出在海岸邊〔四八〕，有一人項中復有面，生得之，與語不相通，不食而死。其域皆在沃沮東大海中〔四九〕。

挹婁

挹婁，云即古肅慎之國也。周武王及成王時，皆貢楛矢、石砮。爾後千餘年，雖秦漢之盛，不能致也。魏常道鄉公景元末來貢，獻楛矢、石砮、弓、甲、貂皮之屬。其國在不咸山北，在夫餘東北千餘里，濱大海，南與北沃沮接，不知其北所極，廣袤數千里。土地多山險，車馬不通，人形似夫餘，而言語各異。有五穀、牛馬、麻布，出赤玉、好貂。無君長，其邑落各有大人。處於山林之間，土氣極寒，常爲穴居，以深爲貴，大家至接九梯〔五〇〕。好養豕，食其肉，衣其皮。冬以豕膏塗身，厚數分，以禦風寒。夏則裸袒，以尺布蔽其前後。其人臭穢不潔，作厠於中，圜之而居。無文墨，以言語爲約。坐則箕倨，以足挾肉啖之。得凍肉，坐其上令温暖。土無鹽鐵〔五一〕，燒木作灰，灌之，取汁而食。俗皆編髮，將嫁娶，男以毛羽插女頭，女和則持歸，然後致禮聘之。婦貞而女淫，貴壯而賤老。死者其日即葬之於野，交木作小椁，殺猪積其上，以爲死者之糧。性凶悍，以無憂哀相尚。父母死，男女不哭泣。有哭者謂之不壯相。盜竊無多少皆殺之，雖野處而不相犯。有石砮皮骨之甲。國東北有山出石，其利入鐵，將取之，必先祈神。其人衆雖少而多勇力，處山險，又善射。弓長四尺，力如弩。矢用楛，長尺八寸，青石爲鏃，鏃皆施毒，中人即死。鄰國畏其弓矢，卒不能服也。便乘船，好寇盜，鄰國患之。東夷飲食類皆用俎豆，惟挹婁獨無，法俗最無綱紀。晉元帝初，又詣江左貢其石砮。至成帝時，通貢於石虎，四年方達。虎問之，答曰：「每候牛馬向西南卧者三年矣，是知有大國所在，故來焉。」

勿吉 黑水靺鞨

勿吉國在高麗北〔五二〕，一曰靺鞨。邑落各有長，不相總一。其人勁悍，於東夷最强，言語獨異。常輕豆莫婁等國，諸國亦患之。去洛陽五千里。自和龍北二百餘里有善玉山，北行三十日至祁黎山，又北行七日至洛瓌水〔五三〕，水廣里餘，又北行十五日至太岳魯水〔五四〕，又東北行十八日到其國。國有大水，闊三里餘，名速末水。其部類凡有七種：其一號粟末部，與高麗接，勝兵數千，多驍武，每寇高麗；其二伯咄部〔五五〕，在粟末北，勝兵七千；其三安車骨部〔五六〕，在伯咄東北；其四拂涅部〔五七〕，在伯咄東；其五號室部，在拂涅東；其六黑水部，在安車骨西北〔五八〕；其七白山部，在粟末東南。勝兵並不過三千，而黑水部尤爲勁健。自拂涅以東，矢皆石鏃，即古肅慎氏也。東夷中爲强國。

所居多依山水。渠帥曰「大莫弗瞞咄」。國南有徒太山者〔五九〕，華言太白〔六〇〕，俗甚敬畏之，人不得山上溲汙，行經山者，以物盛去。上有熊羆豹狼，皆不害人，人亦不敢殺也。地卑濕，築土如堤，鑿穴以居，開口向上，以梯出入。其國無牛，有馬，車則步推，相與耦耕。土多粟、麥、穄，菜則有葵。水氣鹹，生鹽於木皮之上，亦有鹽池。其畜多猪，無羊。嚼米爲酒，飲之亦醉。婚嫁，婦人服布裙，男子衣猪皮裘〔六一〕，頭插虎豹尾。俗以溺洗手面，於諸夷最爲不潔。初婚之夕，男就女家，執女乳而罷〔六二〕。妒〔六三〕，其妻外淫，人有告其夫，夫輒殺妻而後悔，必殺告者。由是姦淫事終不發。人皆善射，以射獵爲業。角弓長三尺，箭長尺二寸，常以七八月造毒藥，傅矢以射禽獸，中者立死。煮毒藥氣亦能殺人。其父母春夏死，立埋之，冢上作屋，令不雨濕；若秋冬死，以其尸餌貂〔六四〕，貂食其肉，則多得之。

魏孝文延興中，遣乙力支朝獻。太和初，又貢馬五百疋。乙力支稱：初發其國，乘船溯難河西上，至大沴河〔六五〕，沉船於水。南出陸行，度洛孤水，從契丹西界達和龍。自云其國先破高句麗十落，密共百濟謀，從水道并力取高麗，遣乙力支奉使大國，謀其可否。詔敕：「三國同是藩附，宜共和順，勿相侵擾。」乙力支乃還。從其來道，取得本船〔六六〕，泛達其國。九年，復遣使侯尼支朝。明年，復入貢。其傍有大莫盧國、覆鐘國、莫多回國、庫婁國、素和國、具伏弗國〔六七〕、匹黎爾國〔六八〕、拔大何國、都羽陵國、庫伏真國、魯婁國、羽真侯國，前後各遣使朝獻。太和十二年〔六九〕，勿吉復遣使貢楛矢、方物於京師。十七年〔七〇〕，又遣使人婆非等五百餘人朝貢。景明四年，復遣使侯力歸朝貢〔七一〕。自此迄於正光，貢使相尋。爾後中國紛擾，頗或不至。興和二年六月〔七二〕，遣使貢方物。至齊，朝貢不絕。隋開皇初，相率遣使貢獻。文帝詔其使曰：「朕聞彼土人勇，今來實副朕懷。視爾等如子，爾宜敬朕如父。」對曰：「臣等僻處一方，聞内國有聖人，故來朝拜。既親奉聖顔，願長爲奴僕。」其國西北與契丹接，每相劫掠。後因其使來，文帝誡之，使勿相攻擊。使者謝罪。帝厚勞之，令宴飲於前。使者與其徒皆起舞，曲折多戰鬬容。上顧謂侍臣曰：「天地間乃有此物，常作用兵意。」然其國與隋懸隔，唯粟末、白山爲近。煬帝初，與高麗戰，頻敗其衆。渠帥突地稽率其部降〔七三〕，拜右光禄大夫，居之柳城。與邊人來往，悦中國風俗〔七四〕，請被冠帶，帝嘉之，賜以錦綺而褒寵之。及遼東之役，突地稽率其徒以從，每有戰功，賞賜甚厚。十三年，從幸江都，放還柳城。李密遣兵邀之，僅而得免。至高陽，没於王須拔。未幾，遁歸羅藝。

唐武德五年，渠長阿固郎始來。太宗貞觀二年，乃臣附，所獻有常，以其地爲燕州。帝伐高麗，其北部反，與高麗合。高惠真等率衆援安市，每戰，靺鞨常居前。帝破安市，執惠真收靺鞨兵三千餘〔七五〕，悉坑之。開元十年，其酋倪屬利稽來朝，玄宗即拜勃利州刺史。於是安東都護薛泰請置黑水府，以部長爲都督、刺史，朝廷爲置長史監之，賜府都督姓李氏，名曰獻誠，以雲麾將軍領黑水經略使，隸幽州都督。訖帝世，朝獻者十五。大曆世凡七，貞元一來，元和中再。初，黑水西北又有思慕部，益北行十日得郡利部，東北行十日得窟説部，亦號屈設〔七六〕，稍東南行十日得莫曳皆部，又有拂涅、虞婁、越喜、鐵利等部。其地南距渤海〔七七〕，北東際於海，西抵室韋，南北袤二千里，東西千里。拂涅、鐵利、虞婁、越喜時時通中國，而郡利、窟説、莫曳皆不能自通。今存其朝京師者附左方。拂涅，亦稱大拂涅，開元、天寶間八來，獻鯨睛、貂鼠、白兔皮〔七八〕；鐵利，開元中六來；越喜七來，貞元中一來；虞婁，貞觀間再來，貞元一來。後渤海盛，靺鞨皆役屬之，不復與王會矣。

後唐同光二年，黑水兀兒遣使來，其後常來朝貢，自登州泛海出青州。明年，黑水胡獨鹿亦遣使來。兀兒、胡獨鹿若其兩部酋長，各以使來。而其部族、世次、立卒，史皆失其紀。至長興三年，胡獨鹿死，子桃李花立，嘗請命中國〔七九〕，後不復見云。

渤海

渤海，本粟末靺鞨附高麗者，姓大氏。高麗滅，率衆保挹婁之東牟山，地直營州東二千里，南比新羅〔八〇〕，以泥河爲境，東窮海，西契丹。築城郭以居，高麗逋殘稍歸之。

唐萬歲通天中，契丹盡忠殺營州都督趙翽反，有舍利乞乞仲象者，與靺鞨酋乞四比羽及高麗餘種東走，度遼水，保太白山之東北，阻奥婁河，樹壁自固。武后封乞四比羽爲許國公，乞乞仲象爲震國公，赦其罪。比羽不受命，后詔將軍李楷固等擊斬之。時仲象已死，其子祚榮引殘痍遁去，楷固窮躡，度天門嶺，祚榮因高麗、靺鞨兵拒楷固，楷固敗還。於是契丹附突厥，王師道絶，不克討。祚榮節并比羽之衆，恃荒遠，乃建國，自號震國王，遣使交突厥，地方五千里，户十餘萬，勝兵數萬，頗知書契，盡得夫餘、沃沮、弁韓、朝鮮海北諸國。中宗時，使侍御史張行岌招慰，祚榮遣子入侍。

玄宗先天二年〔八一〕，遣使拜祚榮爲左驍衛大將軍、渤海郡王，以所統爲忽汗州都督，自是始去靺鞨號，專稱渤海。玄宗開元七年，祚榮死，其國私謚爲高王。子武藝立，斥大土宇，東北諸夷畏臣之，私改年曰仁安。帝賜典册襲王并所領。未幾，黑水靺鞨使者入朝，帝以其地建黑水州，置長史臨總。武藝召其下謀曰：「黑水始假道於我與唐通，異時請吐屯於突厥，皆先告我，今請唐官不吾告，是必與唐腹背攻我也。」乃遣弟門藝及舅任雅相發兵擊黑水。門藝嘗質京師，知利害，謂武藝曰：「黑水請吏而我擊之，是背唐也。唐，大國，兵萬倍我，與之産怨，我且亡。昔高麗盛時，士三十萬，抗唐爲敵，可謂雄强，唐兵一臨，掃地盡矣。今我衆比高麗三之一，王將違之，不可。」武藝不從。兵至境，又以書固諫。武藝怒，遣從兄壹夏代將，召門藝，將殺之。門藝懼，儳路自歸〔八二〕，詔拜左驍衛將軍〔八三〕。武藝使使暴門藝罪惡，請誅之。有詔處之安西，好報曰：「門藝窮來歸我，誼不可殺，已投之惡死地。」并留使者不遣，别詔鴻臚少卿李道邃、源復諭旨。武藝知之，上書斥言「陛下不當以妄示天下」，意必殺門藝。帝怒道邃、復漏言國事，皆左除〔八四〕，而陽斥門藝以報。後十年，武藝遣大將張文休率海賊攻登州，帝馳遣門藝發幽州兵擊之，使太僕卿金思蘭使新羅〔八五〕，督兵攻其南。會大寒，雪袤丈，士凍死過半，無功而還。武藝望其弟不已，募客入東都狙刺於道，門藝格之，得不死。河南捕刺客，悉殺之。武藝死，其國私謚武王。子欽茂立，改元大興，有詔嗣王及所領，欽茂因是赦境内。天寶末，欽茂徙上京，直舊國三百里忽汗河之東。訖帝世，朝獻者二十九。

寶應元年，詔以渤海爲國，欽茂王之，進檢校太尉。大曆中，二十五來，以日本舞女十一獻諸朝。貞元時，東南徙東京。欽茂死，私謚文王。子宏臨早死，族弟元義立一歲〔八六〕，猜虐，國人殺之。推宏臨子華璵爲王，復還上京，改年中興，死謚成王。欽茂少子嵩鄰立，改元正曆，有詔授右驍衛大將軍，嗣王。

建中、貞元間凡四來。死，謚康王。子元瑜立，改元永德。死，謚定王。弟言義立，改年朱雀，並襲王如故事。死，謚僖王。弟明忠立，改年大始〔八七〕，立一歲死，謚簡王。從父仁秀立，改年建興，其四世祖野勃〔八八〕，祚榮弟也。仁秀頗能討伐海北諸部，開大境宇，有功，詔檢校司空、襲王。元和中，凡十六朝獻，長慶四，寶曆凡再。大和四年，仁秀死〔八九〕，謚宣王。子新德蚤死，孫彝震立，改年咸和。明年，詔襲爵。終文宗世來朝十二，會昌凡四。彝震死，弟虔晃立。死，玄錫立。咸通時，三朝獻。

初，其王數遣諸生詣京師太學，習識古今制度，至是遂爲海東盛國，地有五京、十五府、六十二州。以肅慎故地爲上京，曰龍泉府，領龍、湖、渤三州。其南爲中京，曰顯德府，領盧、顯、鐵、湯、榮、興六州。濊貊故地爲東京，曰龍原府，亦曰柵城府，領慶、鹽、穆、賀四州。沃沮故地爲南京，曰南海府，領沃、睛、椒三州〔九〇〕。高麗故地爲西京，曰鴨渌府，領神、桓、豐、正四州〔九一〕；曰長嶺府〔九二〕，領瑕、河二州。夫餘故地爲夫餘府，常屯勁兵捍契丹，領扶、仙二州；鄚頡府領鄚、高二州〔九三〕。挹婁故地爲定理府〔九四〕，領定、潘二州；安邊府領安、瓊二州。率賓故地爲率賓府〔九五〕，領華、益、建三州。拂涅故地爲東平府，領伊、蒙、沱、黑、比五州。鐵利故地爲鐵利府〔九六〕，領廣、汾、蒲、海、義、歸六州。越喜故地爲懷遠府，領達、越、懷、紀、富、美、福、邪、芝九州；安遠府領寧、郿、慕、常四州。又郢、銅、涑三州爲獨奏州。涑州以其近涑沫江，蓋所謂粟末水也。龍原東南瀕海，日本道也。南海，新羅道也。鴨渌，朝貢道也。長嶺，營州道也。夫餘，契丹道也。

俗謂王曰「可毒夫」，曰「聖王」〔九七〕，曰「基下」。其命爲「教」。王之父曰「老王」，母「太妃」，妻「貴妃」，長子曰「副王」，諸子曰「王子」。官有宣詔省，中臺省，政堂省。有左、右相，左、右平章事〔九八〕，侍中，常侍，諫議。又有左六司，忠、仁、義部，右六司，智、禮、信部，各有郎中、員外。又有武員左右衛大將軍之屬。大抵憲象中國之制度〔九九〕。服章亦有紫、緋、淺緋、緑及牙笏、金、銀魚之制。餘俗與高麗、契丹略等。幽州節度府與相聘問，自營、平距京師蓋八千里而遠。

梁開平元年，王大諲譔遣王子來貢方物，二年、三年及乾化二年，俱遣使來貢。後唐同光二年，遣王子來朝，又遣任學堂親衛大元謙試國子監丞。三年及天成元年，俱遣使入貢，進兒口、女口。先是契丹大首領耶律阿保機兵力雄盛〔一〇〇〕，東北諸蕃多臣屬之，以渤海土地相接，常有吞併之志。是歲，率諸番部攻渤海國夫餘城，下之，改夫餘城爲東丹府，命其子突欲留兵鎮之。未幾，阿保機死，命其弟率兵攻夫餘城〔一〇一〕，不克而還。四年及長興二年、三年、四年，清泰二年、三年俱遣使貢方物。周顯德元年，渤海國崔烏思羅等三十人歸化〔一〇二〕，其後隔絶不通。

宋太平興國四年，太宗平晉陽，移兵幽州，其酋帥大鸞河率小校李勳等十六人、部族三百騎來降，以鸞河爲渤海都指揮使。六年，賜烏舍城浮渝府渤海琰府王詔，略曰：「蠢兹北戎，犯我封略。今欲鼓行深入，大殲醜類。素聞爾國密邇寇讐，勢迫併吞，力不能制，因而服屬，困於宰割〔一〇三〕。當靈旗破虜之際，是鄰邦雪憤之日，所宜盡出族帳，佐予兵鋒〔一〇四〕。俟其剪滅，沛然封賞，幽、薊土宇，復歸中朝，朔漠之外，悉以相與，勖乃協力，朕不食言。」時將率兵大舉北伐，故降是詔。

蝦夷

蝦夷，海島中小國也，其使鬚長四尺，尤善弓矢，插箭於首，令人載之而立數十步，射之無不中者〔一〇五〕。唐顯慶四年十月，隨倭國使至入朝。

校勘記

〔一〕舊北夫餘也　「北」字原脱，據魏書卷一〇〇豆莫婁傳、北史卷九四豆莫婁傳補。

〔二〕在室韋之東　「在」字原脱，「室韋」原作「室婁」，據魏書卷一〇〇豆莫婁傳補改。

〔三〕東至海　「東」字原脱，據魏書卷一〇〇豆莫婁傳、北史卷九四豆莫婁傳補。

〔四〕飲食亦用俎豆　「俎」字原脱，據魏書卷一〇〇豆莫婁傳補。

〔五〕衣製類高麗而幅大　「幅」原作「帽」，據魏書卷一〇〇豆莫婁傳改。北史卷九四豆莫婁傳作「帽」。

〔六〕即後漢末夫餘王尉仇台之後　「尉」字原脱，據三國志卷三〇東夷傳、通典卷一八五邊防一補。

〔七〕初以百家濟海　「海」字原脱，據隋書卷八一東夷傳、通典卷一八五邊防一補。

〔八〕南接新羅　通典卷一八五邊防一同，北史卷九四百濟傳、太平御覽卷七八一四夷部二東夷二作「東極新羅」，舊唐書卷一九九上東夷傳作「東北至新羅」，新唐書卷二二〇東夷傳作「其東新羅也」。

〔九〕似小榎樹而大　「榎」原作「椋」，據太平御覽卷七八一四夷部二東夷二改。

〔一〇〕以百濟王夫餘腆爲使持節　「腆」，宋書卷九七夷蠻傳、南史卷七九夷貊傳下、太平御覽卷七八一四夷部二東夷二作「映」，本書本卷下文亦作「映」。

〔一一〕都督百濟諸軍事　「都督」二字原脱，據宋書卷九七夷蠻傳、南史卷七九夷貊傳下、太平御覽卷七八一四夷部二東夷二、太平寰宇記卷一七二下四夷一東夷一補。

〔一二〕曰左平　「左平」原作「左率」，據北史卷九四百濟傳、隋書卷八一東夷傳、太平御覽卷七八一四夷部二東夷二、太平寰宇記卷一七二下四夷一東夷一改。「左平」，舊唐書卷一九九上東夷傳、新唐書卷二二〇東夷傳作「佐平」。

〔一三〕曰扞率曰奈率　「曰扞率」原在「曰奈率」上，據北史卷九四百濟傳、隋書卷八一東夷傳、太平御覽卷七八一四夷部二東夷二乙正。「扞率」，通典卷一八五邊防一、太平寰宇記卷一七二下四夷一東夷一同，上引北史、隋書作「杆率」，太平御覽作「杆率」。

〔一四〕季德　北史卷九四百濟傳、通典卷一八五邊防一、太平御覽卷七八一四夷部二東夷二、太平寰宇記卷一七二下四夷一東夷一同，隋書卷八一東夷傳作「李德」。

〔一五〕又每歲四祠其始祖仇台之廟　「每」下原衍「祭」字，據太平寰宇記卷一七二下四夷一東夷一删。

〔一六〕俱授以鎮東大將軍都督百濟諸軍事　「事」字原脱，據南史卷七九夷貊傳下、太平寰宇記卷一七二下四夷一東夷一補。

〔一七〕十八年　「十」字原脱，據隋書卷八一東夷傳補。

〔一八〕又謀取棠項城　「棠項城」原作「党項城」，據新唐書卷二二〇東夷傳改。

〔一九〕地固犬牙　「固」原作「國」，據新唐書卷二二〇東夷傳改。

〔二〇〕新羅所俘亦畀還王　「畀」原作「俾」，據新唐書卷二二〇東夷傳改。

〔二一〕趨真都城一舍止　「止」原作「上」，據愼本、馮本及新唐書卷二二〇東夷傳改。

〔二二〕定方執義慈隆及小王孝演　「孝」字原脱，據舊唐書卷一九九上東夷傳、新唐書卷二二〇東夷傳補。

〔二三〕西部皆應　「部」原作「都」，據新唐書卷二二〇東夷傳改。

〔二四〕道琛保任孝城　「任孝城」，元本、愼本、馮本及新唐書卷二二〇東夷傳同，舊唐書卷一九九上東夷傳、新唐書卷一〇八劉仁軌傳、資治通鑑卷二〇〇唐紀一六龍朔元年三月丙申條皆作「任存城」，通鑑考異：「實録或作『任孝城』，未知孰是，今從其多者。」

〔二五〕乃與新羅王金法敏率步騎　「金法敏」原作「全法敏」，據舊唐書卷一九九上東夷傳、新唐書卷二二〇東夷傳改。

〔二六〕辭曰　新唐書卷二二〇東夷傳上有「仁軌爲盟」四字。

〔二七〕其先附屬於百濟　「屬」，北史卷九四新羅傳、隋書卷八一東夷傳、太平寰宇記卷一七四四夷三東夷三作「庸」。

〔二八〕人不堪戎役　隋書卷八一東夷傳作「高麗人不堪戎役」。

〔二九〕因襲加羅任那諸國　通典卷一八五邊防一、太平寰宇記卷一七四四夷三東夷三同，北史卷九四新羅傳、隋書卷八一東夷傳、太平御覽卷七八一四夷部二東夷二皆作「因襲百濟附庸於迦羅國焉」，同本文迥異。

〔三〇〕其建官以親屬爲上　「建」原作「庭」，據新唐書卷二二〇東夷傳改。

〔三一〕弟子春秋等來朝　新唐書卷二二〇東夷傳作「弟伊贊子春秋來朝」，其義較明。

〔三二〕止戈成大定興文繼百王　「成大定」，舊唐書卷一九九上東夷傳作「戎衣定」，「興」同上書作「修」，「繼」原作「經」，據同上舊唐書及新唐書卷二二〇東夷傳改。

〔三三〕五五成一德照我唐家唐　「五五」，舊唐書卷一九九上東夷傳、太平御覽卷七八一四夷部二東夷二作「五三」，新唐書卷二二〇東夷傳作「三五」。「照」同上三書皆作「昭」。「唐家唐」，同上舊唐書作「唐家光」，太平御覽作「家大唐」。

〔三四〕納高麗叛衆　「衆」字原脱，據新唐書卷二二〇東夷傳補。

〔三五〕丐唐禮及佗文辭　「佗」，新唐書卷二二〇東夷傳作「它」。

〔三六〕子景徽立　「景徽」原作「景微」，據新唐書卷二二〇東夷傳、資治通鑑卷二四四唐紀六〇太和五年二月壬辰條改。

〔三七〕東沃沮在高句麗蓋馬大山之東　「沮」字原脱，據後漢書卷八五東夷傳、三國志卷三〇東夷傳補。

〔三八〕其地形東北狹　「北」，後漢書卷八五東夷傳、通典卷一八六邊防二作「西」。

〔三九〕西南長　三國志卷三〇東夷傳同，後漢書卷八五東夷傳、通典卷一八六邊防二作「南北長」。

〔四〇〕漢武帝元封三年　「三」，三國志卷三〇東夷傳作「二」。按漢書卷六武帝紀，元封二年夏四月「朝鮮王攻殺遼東都尉，乃募天下死罪擊朝鮮」；三年「夏，朝鮮斬其王右渠降，以其地爲樂浪、臨屯、玄菟、真番郡」。

〔四一〕以沃沮城爲玄菟郡　「玄菟」原作「四郡」，據後漢書卷八五東夷傳、三國志卷三〇東夷傳、太平寰宇記卷一七五四夷四東夷四改。按「城」，後漢書卷八五東夷傳作「地」。

〔四二〕在單單大嶺之東　原脱一「單」字，據元本、慎本、馮本及三國志卷三〇東夷傳補。「大」原作「太」，據三國志卷三〇東夷傳改。

〔四三〕華麗　原作「争麗」，據三國志卷三〇東夷傳、通典卷一八六邊防二改。

〔四四〕貊布　後漢書卷八五東夷傳同，三國志卷三〇東夷傳作「貊布」。

〔四五〕刻木如生形　「生」，通典卷一八六邊防二作「主」。

〔四六〕得一島　三國志卷三〇東夷傳「得」上有「東」字。

〔四七〕其身如中人衣　「中」原作「國」，據後漢書卷八五東夷傳、三國志卷三〇東夷傳改。「身」，同上後漢書作「形」。

〔四八〕隨波出在海岸邊　「波」字原脱，據三國志卷三〇東夷傳、通典卷一八六邊防二補。

〔四九〕其域皆在沃沮東大海中　「域」，通典卷一八六邊防二作「城」。

〔五〇〕大家至接九梯　「至接」原作「接至」，據後漢書卷八五東夷傳、太平寰宇記卷一七五四夷四東夷四乙改。

〔五一〕土無鹽鐵　「鐵」字原脱，據元本、慎本、馮本及通典卷一八六邊防二補。

〔五二〕勿吉國在高麗北　「高麗」，魏書卷一〇〇勿吉傳、北史卷九四勿吉傳、通典卷一八六邊防二作「高句麗」。

〔五三〕又北行七日至洛瓌水　北史卷九四勿吉傳同，魏書卷一〇〇勿吉傳「洛瓌水」上有「如」字。

〔五四〕又北行十五日至太岳魯水　北史卷九四勿吉傳同，魏書卷一〇〇勿吉傳無「岳」字。

〔五五〕其二伯咄部　「伯」，下同，北史卷九四勿吉傳、隋書卷八一東夷傳、舊唐書卷一九九下北狄傳、新唐書卷二一九北狄傳、太平御覽卷七八四四夷部五東夷五同；通典卷一八六邊防二作「汨」；册府元龜卷九五六外臣部種族作「泊」；唐會要卷九六靺鞨作「汨」。太平寰宇記卷一七五四夷四東夷四作「泪」。

〔五六〕其三安車骨部　「車」，下同，北史卷九四勿吉傳、隋書卷八一東夷傳、通典卷一八六邊防二、太平御覽卷七八四四夷部五東夷五、太平寰宇記卷一七五四夷四東夷四、册府元龜卷九五六外臣部種族同；唐會要卷九六靺鞨、舊唐書卷一九九下北狄傳、新唐書卷二一九北狄傳作「居」。

〔五七〕其四拂涅部　「涅」，下同，北宋本通典卷一八六邊防二、太平寰宇記卷一七五四夷四東夷四同；北史卷九四勿吉傳、唐會要卷九六靺鞨、太平御覽卷七八四四夷部五東夷五、册府元龜卷九五六外臣部種族作「涅」。

〔五八〕在安車骨西北　「骨」字原脱，據上文及隋書卷八一東夷傳、通典卷一八六邊防二補。

〔五九〕國南有徒太山者　「徒太山」原作「從太山」，據魏書卷一〇〇勿吉傳、隋書卷八一東夷傳、新唐書卷二一九北狄傳改。

〔六〇〕華言太白　「太白」原作「太皇」，據魏書卷一〇〇勿吉傳、隋書卷八一東夷傳、新唐書卷二一九北狄傳改。

〔六一〕男子衣猪皮裘　明刻本通典卷一八二邊防二、太平寰宇記卷一七五四夷四東夷四「猪」下有「犬」字，北宋本通典卷一八二邊防二殘作「大」，隋書卷八一東夷傳作「男子衣猪狗皮」。

〔六二〕執女乳而罷　「而罷」二字原脱，據魏書卷一〇〇勿吉傳、北史卷九四勿吉傳補。

〔六三〕妒　原脱，據北史卷九四勿吉傳補。

〔六四〕以其尸餌貂　「餌」，魏書卷一〇〇勿吉傳、北史卷九四勿吉傳、北宋本通典卷一八六邊防二作「捕」。

〔六五〕至大沴河　「沴」原作「瀰」，據北史卷九四勿吉傳、北宋本通典卷一八六邊防二、太平寰宇記卷一七五四夷四東夷四改。北宋本通典作「沵」，北史作「涂」，均同「沴」。

〔六六〕取得本船　北宋本通典卷一八六邊防二、太平寰宇記卷一七五四夷四東夷四「船」上有「沉」字，文義較明。

〔六七〕具伏弗國　原作「具弗伏」，魏書卷六顯宗紀皇興元年及二年兩見此部，皆作「具伏弗」，據改。

〔六八〕匹黎爾國　「爾」字原脱，據魏書卷一〇〇勿吉傳、北史卷九四勿吉傳補。

〔六九〕太和十二年　「二」原作「三」，據魏書卷七下高祖紀下、同書卷一〇〇勿吉傳改。

〔七〇〕十七年　「十」字原脱，據魏書卷一〇〇勿吉傳補。

〔七一〕復遣使侯力歸朝貢　「侯」，魏書卷一〇〇勿吉傳作「俟」。

〔七二〕興和二年六月　「興和」原作「延興」，據魏書卷一〇〇勿吉傳改。

〔七三〕渠帥突地稽率其部降　「突」，北宋本通典卷一八六邊防二、隋書卷八一東夷傳作「度」。

〔七四〕悦中國風俗　「俗」字原脱，據北史卷九四勿吉傳、隋書卷八一東夷傳補。

〔七五〕執惠真收靺鞨兵三千餘　「收」原作「奴」，據新唐書卷二一九北狄傳改。

〔七六〕亦號屈設　「屈設」原作「窟説」，據新唐書卷二一九北狄傳改。

〔七七〕其地南距渤海　「南」原作「面」，據新唐書卷二一九北狄傳改。

〔七八〕白兔皮　「皮」字原脱，據新唐書卷二一九北狄傳補。

〔七九〕嘗請命中國　「命」字原脱，據新五代史卷七四四夷附録三補。

〔八〇〕南比新羅　「比」原作「北」，據新唐書卷二一九北狄傳改。

〔八一〕玄宗先天二年　「玄宗」原作「睿宗」，「二年」原作「中」，據資治通鑑卷二一〇唐紀二六開元元年二月庚子條、册府元龜卷九六四外臣部封册二改。

〔八二〕傀路自歸　「傀」原作「譏」，據新唐書卷二一九北狄傳改。

〔八三〕詔拜左驍衛將軍　「驍」原作「騎」，據舊唐書卷一九九下北伙傳、新唐書卷二一九北狄傳改。

〔八四〕皆左除　「左」原作「在」，據元本、慎本、馮本及舊唐書卷一九九下北狄傳、新唐書卷二一九北狄傳改。

〔八五〕使太僕卿金思蘭使新羅　「金思蘭」原作「全思蘭」，據舊唐書卷一九九下北狄傳、新唐書卷二一九北狄傳改。

〔八六〕族弟元義立一歲　「元義」原作「亢義」，據新唐書卷二一九北狄傳改。

〔八七〕改年大始　「大始」，新唐書卷二一九北狄傳作「太始」。

〔八八〕其四世祖野勃　「野」字原重，據新唐書卷二一九北狄傳删。

〔八九〕大和四年仁秀死　舊唐書卷一九九下北狄傳云「五年，大仁秀卒」。

〔九〇〕領沃晴椒三州　「晴」原作「晴」，據新唐書卷二一九北狄傳改。

〔九一〕領神桓豐正四州　「桓」原作「柏」，據新唐書卷二一九北狄傳改。

〔九二〕曰長嶺府　「長嶺」原作「長領」，據新唐書卷二一九北狄傳改。下同。

〔九三〕鄚頡府領鄚高二州　二「鄚」字原皆作「鄭」，據新唐書卷二一九北狄傳改。

〔九四〕挹婁故地爲定理府　「婁」字原脱，據新唐書卷二一九北狄傳補。

〔九五〕率賓故地爲率賓府　「率賓故地爲」五字原脱，據新唐書卷二一九北狄傳補。

〔九六〕鐵利故地爲鐵利府　「鐵利故地爲」五字原脱，據新唐書卷二一九北狄傳補。

〔九七〕曰聖王　「王」原作「主」，據新唐書卷二一九北狄傳改。

〔九八〕有左右相左右平章事　「事」字原脱，據新唐書卷二一九北狄傳補。

〔九九〕大抵憲象中國之制度　「制」字原脱，據新唐書卷二一九北狄傳補。

〔一〇〇〕先是契丹大首領耶律阿保機兵力雄盛　「耶」原作「邪」，據遼史卷二太祖下改。以下凡「耶律」作「邪律」處徑改。

〔一〇一〕命其弟率兵攻夫餘城　五代會要卷三〇渤海「命」上有「渤海王」三字，其義較明。

〔一〇二〕渤海國崔烏思羅等三十人歸化　「崔」字原脱，據五代會要卷三〇渤海、宋史卷四九一外國傳七補；五代會要「羅」作「多」。

〔一〇三〕困於率割　「率」原作「宰」，據宋史卷四九一外國傳七改。

〔一〇四〕佐予兵鋒　「予」原作「子」，據元本、慎本、馮本及宋史卷四九一外國傳七改。

〔一〇五〕射之無不中者　「射之」二字原脱，據通典卷一八五邊防一補。

卷三百二十七　四裔考四

扶桑

扶桑國者，齊永元元年，其國有沙門慧深來至荆州，説云：「扶桑在大漢國東二萬餘里，地在中國之東，其土多扶桑木，故以爲名。扶桑葉似桐，初生如笋，國人食之，實如梨而赤，績其皮爲布，以爲衣，亦以爲錦〔一〕。作板屋，無城郭。有文字，以扶桑皮爲紙。無兵甲，不攻戰。其國法，有南北獄。若有犯輕罪者入南獄，罪重者入北獄。有赦則放南獄，不赦北獄。在北獄者，男女相配，生男八歲爲奴，生女九歲爲婢。犯罪之身，至死不出。貴人有罪，國人大會，坐罪人於坑，對之宴飲，分訣若死別焉。以灰繞之，其一重則一身屏退，二重則及子孫〔二〕，三重者則及七世。名國王爲乙祁；貴人第一者爲對盧〔三〕，第二者爲小對盧，第三者爲納咄沙。國王行有鼓角導從。其衣色隨年改易，甲乙年青，丙丁年赤，戊己年黄，庚辛年白，壬癸年黑。有牛角甚長〔四〕，以角載物，至勝二十斛。有馬車、牛車、鹿車。國人養鹿，如中國畜牛。以乳爲酪。有赤梨〔五〕，經年不壞。多蒲桃。其地無鐵有銅，不貴金銀。市無租估。其婚法，則婿往女家門外作屋，晨夕灑掃，經年而女不悦，即驅之，相悦乃成婚。婚禮大抵與中國同。親喪，七日不食；祖父母喪，五日不食；兄弟伯叔姑姊妹喪，三日不食〔六〕。設坐爲神像〔七〕，朝夕拜奠，不制縗絰。嗣王立，三年不親國事。其俗舊無佛法，宋大明二年，罽賓國嘗有比丘五人游行其國，流通佛法、經像，教令出家，風俗遂改。」

女國

女國，慧深云：「在扶桑東千里，其人容貌端正，色甚潔白，身體有毛，髮長委地。至二、三月，競入水則妊娠，六七月産子。女人胸前無乳，項後生毛，根白，毛中有汁以乳子〔八〕，百日能行，三四年則成人矣。見人驚避，偏畏丈夫。食鹹草，如禽獸〔九〕。鹹草葉似邪蒿，而氣香味鹹。」梁武帝天監六年，有晉安人渡海，爲風所飄至一島，登岸，有人居。女則如中國人，而言語不可曉；男則人身而狗頭，其聲如犬吠。其食有小豆。其衣如布。築土爲墻，其形圜，其户如竇。

文身

文身，梁時聞焉，在倭國東北七千餘里。人體有文如獸，其額上有三文，文大直者貴，文小曲者賤〔一〇〕。土俗歡樂，物豐而賤，行客不齎糧。有屋宇，無城郭。國王所居，飾以金銀珍麗。繞屋爲塹，廣一丈，實以水銀，雨則流於水銀之上。市用珍寶。

大漢

大漢，梁時聞焉，在文身國東五千餘里。無兵戈，不攻戰。風俗並與文身國同，而言語異。

侏儒國

侏儒國，人長四尺〔一二〕。又南有黑齒國、裸國，去倭四千餘里，船行可一年至。又西南萬里有海人，身黑眼白，裸而醜。其肉美，行者或射而食之。

長人國

長人國在新羅之東，人類長三丈，鋸牙鈎爪，黑毛覆身，不火食，噬禽獸，或搏人以食，得婦人以治衣服。其國連山數千里，有峽，固以鐵闔，號闗門。新羅常屯弩士數千守之。

琉球〔一三〕

琉球國居海島，在泉州之東，有島曰彭湖，烟火相望，水行五日而至。土多山洞〔一三〕。其王姓歡斯氏，名渴剌兜，不知其由來有國世數也。彼土人呼之爲「可老羊」，妻曰「多拔荼」〔一四〕。所居曰「波羅檀洞」，塹柵三重，環以流水，樹棘爲藩。王所居舍，其大一十六間，雕刻禽獸。多闘鏤樹，似橘而葉密，條纖如髮之下垂。國有四五帥，統諸洞，洞有小王。往往有村，村有鳥了帥，並以善戰者爲之，自相樹立，主一村之事。男女皆以白紵繩纏髮，從項後盤繞至額。其男子用鳥羽爲冠，裝以珠貝，飾以赤毛，形製不同。婦人以羅紋白布爲帽，其形方正。織鬭鏤皮并雜毛以爲衣，製裁不一。綴毛垂螺爲飾，雜色相間，下垂小貝，其聲如珮。綴璫施釧，懸珠於頸。織籐爲笠，飾以毛羽。有刀矟、弓箭、劍鈹之屬。其處少鐵，刀皆薄小，多以骨角輔助之。編紵爲甲，或用熊豹皮。王乘木獸，令左右輿之，而導從不過十數人〔一五〕。小王乘機，鏤爲獸形。國人好相攻擊，人皆驍健善走，難死耐創。諸洞各爲部隊，不相救助。兩軍相當，勇者三五人出前跳噪，交言相罵，因相擊射。如其不勝，一軍皆走，遣人致謝，即共和解。收取鬭死者聚食之，仍以髑髏將向王所，王則賜之以冠，便爲隊帥。

無賦斂，有事則均稅。用刑亦無常準，皆臨事科決。犯罪皆斷於鳥了帥，不伏則上請於王，王令臣下共議定之。獄無枷鏁，唯用繩縛。決死刑以鐵錐大如筯，長尺餘，鑽頂殺之。輕罪用杖。俗無文字，望月虧盈，以紀時節，草木榮枯，以爲年歲。人深目長鼻，類於胡，亦有小慧。無君臣上下之節，拜伏之禮。父子同床而寢。男子拔去髭鬚，身上有毛處皆除去。婦人以墨黥手爲蟲蛇之文。嫁娶以酒肴、珠貝爲聘〔一六〕，或男女相悦，便相匹偶。婦人產乳，必食子衣，產後以火自灸，令汗出，五日便平復。以木槽中暴海水爲鹽，木汁爲酢，米麴爲酒〔一七〕，其味甚薄。食皆用手。遇得異味，先進尊者。凡有宴會，執酒者必得呼名而後飲〔一八〕，上王酒者，亦呼王名後銜盃共飲，頗同突厥。歌呼蹋蹄，一人唱，衆皆和，音頗哀怨。扶女子上膊，摇手而舞。其死者氣將絶，舉至庭前，親賓哭泣相弔。浴其尸，以布帛纏縛之，裹以葦席〔一九〕，襯土而殯〔二〇〕，上不起墳。子爲父者〔二一〕，數月不食肉。其南境風俗小異，人有死者，邑里共食之。有熊、豺、狼，尤多猪、鷄，無羊、牛、驢、馬。厥田良沃，先以火燒，而引水灌，持一插〔二二〕，以石爲刃，長尺餘，闊數寸，而墾之。宜稻、粱、禾、黍、麻、豆、赤豆、胡黑豆等。木有楓、栝、松、楩、楠、枌、梓。竹、籐、果、藥，同於江表。風土氣候，與嶺南相類。俗事山海之神，祭以殽酒。戰鬬殺人，便將所殺人祭其神。或依茂樹起小屋，或懸髑髏於樹上，以箭射之，或累石繫幡，以爲神主。王之所居，壁下多聚髑髏以爲佳。人間門户上，必安獸頭骨角。

隋大業元年，海師何蠻等云〔二三〕，每春秋二時，天清風静，東望依稀，似有烟霧之氣，亦不知幾千里。三年〔二四〕，煬帝令羽騎尉朱寬入海求訪異俗，得何蠻言，遂與蠻俱往，同到琉球國。言語不通，掠一人而反。明年，令寬慰撫之，不從。寬取其布甲而歸。時倭國使來朝見之，曰：「此夷邪久國人所用〔二五〕。」帝遣虎賁郎將陳稜等率兵自義安浮至高華嶼，又東行二日至鼊鼊嶼〔二六〕，又一日，便至琉球。不從，稜擊走之。進至其都，焚其宫室，虜其男女數千人，載軍實而還。自爾遂絶。義安，潮陽郡也〔二七〕。

旁有毗舍耶國，語言不通，袒裸盱睢，殆非人類。宋淳熙間，其國之酋豪嘗率數百輩猝至泉之水澳、圍頭等村，多所殺掠。喜鐵器及匙筯，人閉户則免，但取其門環而去。擲以匙筯則俯拾之，可緩數步。官軍擒捕，見鐵騎則競剜其甲，遂駢首就僇。臨敵用鏢，鏢以繩十餘丈爲操縱，蓋愛其鐵不忍棄。不駕舟楫，惟以竹筏從事，可摺叠如屏風，急則群舁之浮水而逃。

女真

女真，蓋古肅慎氏。世居混同江之東，長白山、鴨渌水之源，南鄰高麗，北接室韋，西界渤海、鐵甸，東瀕海。後漢謂之挹婁，元魏謂之勿吉，隋唐謂之靺鞨，姓挐氏，於夷狄中最微且賤。隋開皇時曾入貢。其族分六部〔二八〕，有黑水部，即今女真。其水掬之，則色微黑，目爲混同江，江甚深，然纔闊百步。唐貞觀中，靺鞨來朝，太宗問其風俗，因言及女真之事，自是中國始聞其名。契丹目之曰慮真。地多山林。俗勇悍，善射，能爲鹿鳴以呼群鹿而射之。食生肉，飲糜酒，醉或殺人，不能辨其父母，衆爲縛之，俟醒而解，謝其縛者，曰：「非爾縛我，我族無遺類矣。」獸多野猪、野牛、驢之類，出行以牛馱物，遇雨將生牛革以禦之。所居以樺皮爲屋。地多良馬，常至中國貿易。唐開元中，其酋來朝，拜爲勃利州刺史，遂置黑水府〔二九〕，以部長爲都督、刺史〔三〇〕，朝廷爲置長史監之，訖唐世貢不絶。五代時，始稱女真，後避契丹主宗真諱，更爲女直，俗訛爲女質。阿保機吞北方三十六蕃，此其一也。阿保機慮其爲患，誘遷豪右數千家於遼陽南而著籍焉，分其勢，使不得與本國相通，謂之合蘇館。合蘇館者，熟女真也〔三一〕。又曰黄頭女真，其人戇朴勇鷙，不能别死生。自咸州東北分界入山谷〔三二〕，至東沫江〔三三〕，中間所居者，以隸咸州兵馬司，與其國往來無禁，謂之「回霸」。「回霸」者，非熟女真，亦非生女真也。自東沫江之北寧江之東北〔三四〕，地方千餘里，户十餘萬，無大君長，亦無國名，散居山谷間，自推豪俠爲酋渠，小者千户，大者數千户〔三五〕，則謂之生女真，僻處契丹東北隅。

宋建隆二年，遣使嗢突剌朱〔三六〕，三年，遣使只骨，入朝貢方物。四年八月〔三七〕，遣使貢馬。因詔登州曰〔三八〕：「沙門島人户等，地居海嶠，歲有常租。而女真遠涉鯨波，多輸駿足，當風濤之利涉，假舟楫以爲勞。言念辛勤，所宜蠲復。自今特免逐年夏秋租賦麴錢，及沿科雜物〔三九〕，州縣差役，止令多置舟楫，濟渡女真馬往來。其在船棧木，自前抽納，今後給與主駕人力。」乾德二年，又來朝貢。開寶二年，首領悉達理并侄阿里歌，首領馬撒鞋并妻梅倫並遣使獻馬及貂皮。三年，遣使朝貢。并齎定安國王烈萬華表以聞。五年，馬撒鞋并首領斫姑來貢馬。是年，來寇白沙寨，掠官馬五匹，民一百二十八口。於是詔止其貢馬者不令還。是夏，首領渤海那三人入貢，奉木刻言三十東部落，令送先被爲惡女真所虜白沙寨人馬。詔書切責前寇掠之罪，而嘉其效順之意，先留貢馬女真，悉令放還。俄又首領祈達勃來貢馬〔四〇〕。又有鐵利王子五户并母及子弟連没、六温、迪門、没勿羅附其使貢馬〔四一〕、布、膃肭臍、紫青貂、鼠皮。

太平興國六年，又來朝貢。雍熙四年，契丹以書招之，首領遣國人阿那乃持其書至登州以聞〔四二〕，詔嘉答之。淳化二年，首領野里鷄等上言〔四三〕，契丹怒其朝貢中國，去海岸四百里置三柵，柵置兵三千，絶其貢獻之路。故泛海入朝，求發兵與三十首領共平三柵。若得師期，即先赴本國，聚兵以俟。太宗但降詔撫諭，而不爲發兵。是冬，以渤海不通朝貢，詔女真攻之，凡獲一級，以絹五匹爲賞。其後遂歸高麗。先是契丹伐女真，女真衆裁萬人，而弓矢精勁，又有灰城〔四四〕，以水淋之爲堅冰，不可上，距城三百里，燔其積聚，設伏於山林間。契丹既不能攻城，野無所取，遂引騎去，大爲山林之兵掩襲殺戮。大中祥符三年，契丹征高麗，道由女真，女真復與高麗合兵拒之，契丹大喪師而還。其年，國人有爲海風飄船至登州者，詔給資糧遣歸。七年，將軍大千機隨高麗使入貢，館餼宴賜之禮，並與高麗使同。八年，復有使隨高麗使至。天禧三年，首領汝淳達復至。自言在道淹久，所貢馬皆死。詔給賜其直。女真外又有五國，曰鐵勒、曰噴訥〔四五〕、曰玩突、曰怕忽、曰咬里没，皆與女真接境。

自天聖後没屬契丹，不復入貢，世襲節度使，兄弟相傳。又云其酋本新羅人，號完顏氏，猶漢言王也。女真服其練事，以首領推之。其酋自龕福以下班班可紀〔四六〕，龕福生訛魯，訛魯生洋海，洋海生隨闊，隨闊生實魯，實魯生胡來，胡來三子，伯曰核里頗，叔曰蒲刺束，季曰楊割。楊割聚族帳最多，謂之楊割太師，能用其人，遂稱强諸部。賦斂調發，刻箭爲號，事急者三刻之。官之尊者，以九曜二十八宿爲名，職皆曰「勃極烈」。自五户推而上之，至萬户，皆自統兵，緩則射獵。宗室謂之郎君，事無大小皆總之，雖卿相亦拜馬前而不爲禮，役使如奴隸。凡用兵以戈爲前行，號硬軍，刀棓自副，弓矢在後，弓力不過七斗〔四七〕，箭鏃至六七寸，形如鑿，入不可出，非五十步不射。其人十、五、百皆有長，伍長擊柝，什長執旗〔四八〕，百長挾鼓，千人將則旗幟、金鼓悉備。伍長戰死，四人皆斬，什長死，伍長皆斬，百長死，什長皆斬。將自執旗，其下視所向。無尊卑，皆自馭馬。粟粥燔肉爲食，上下無異品。有大事，適野環坐，畫灰而議，自卑者始，議畢，不聞人聲。將軍發〔四九〕，大會而飲。使人獻策，主帥擇而聽焉〔五〇〕。合者，則爲特將，任其事；師還，又大會，問有功者，賞之金帛，先舉以示衆，衆以爲少則增之。守一州者，許專決僚屬。其有官者，將決，坐之廡間，賜以酒。尊者，杖於堂上，已決，事如故〔五一〕。取民錢者無罪〔五二〕。

核里頗四子，長曰吳剌束，次曰阿骨打，次曰吳乞買，次曰撒也。又言阿骨打爲楊割之子〔五三〕，楊割陰懷二心，契丹主洪基時，識者知其必爲東方患。又恃功抑服旁近部族，或誣以叛亡而取之。多持金珠、駔駿，歲時遺賂契丹用事臣，如是十餘年，終洪基朝未有以發也。建中靖國元年，楊割死，阿骨打立〔五四〕。先是女真歲以北珠、貂革、名馬、良犬及俊鷹海東青貢於契丹。海東青者，小而健，能擒天鵝，爪白者尤以爲異，出於五國之東。契丹酷愛之，然不能自致。女真之東北與五國鄰，每歲大寒，契丹必遣使來趣，發甲馬數百，入五國界，即巢穴取之，往往争戰而得，國人厭苦。及契丹主延禧嗣位，責貢尤苛，至遣鷹坊弟子千輩〔五五〕，越長白山羅取，歲甚一歲。女真不勝其擾，又並邊諸帥，東京留守，黄龍尹，每到官，各邀禮物，無藝極，於是諸部皆有叛意。

延禧天慶二年，釣魚於混同江，凡生女真酋長在千里内者，以故事皆來會，酒酣，使諸酋歌舞爲樂。阿骨打獨端立直視，辭以不能，諭之再三，訖不聽。延禧欲以事誅之，樞密使蕭奉先諫乃止〔五六〕。四年八月，阿骨打遂叛，用同族粘罕、胡捨爲謀主，銀朮割、移烈、婁宿、闍母等爲將帥，敗高仙壽、蕭嗣先等軍。五年，延禧親征，大敗。又敗高仙壽軍，陷寧江州。又破蕭嗣先軍於白江，走張琳、吳庸，破武朝彦於徠流河。女真之叛，率皆騎兵，刻小木牌繫人馬爲號，每五十人爲一隊，前二十人被重甲，持戈矛，後三十人輕甲，操弓矢。每遇敵，則兩人躍馬而出，觀陣虚實，然後四面結隊馳擊。百步之外，弓矢齊發，勝則整陣緩追，敗則復聚而不散。其分合出入，應變周旋，人自爲戰。及延禧親征，女真甚懼，繼聞契丹下詔，有剪除之語，阿骨打聚衆，以刀刲面，仰天而哭曰：「吾與汝輩起兵，苦契丹之暴，欲立國耳！今乃欲盡行剪除，非人人效死，恐不能當，不如殺我一族而降，可轉禍爲福。」諸酋羅拜曰：「事已然，願盡死。」以是戰無不勝。高永昌以渤海叛契丹，阿骨打初援之，敗張琳，奪瀋州，已而復相攻，斬永昌。八年正月，大敗耶律淳軍於徽州，破乾、顯等州而歸。是年秋，盡得遼東、長春兩路。始用鐵州降人楊朴策，稱皇帝，建元收國〔五七〕，以旻爲名，改國號大金，以其國產金故也。追尊龕福以下皆爲帝。

政和七年，朝廷聞女真得遼河地，密遣使尋買馬舊好。女真以報書方物同至。又遣使詣契丹，邀十事，欲號大金國，大聖大明皇帝，玉輅、衮冕、玉寶，以弟兄通問，歲分南宋賜幣之半，割遼東、長春兩路。延禧會群臣議，即備冕旒册寶，册爲東懷皇帝。楊朴謂儀物不全用天子之制，却其使，和議遂絕。宣和二年，童貫議欲倚之以復燕，詔趙良嗣等往聘，約夾攻契丹取燕、雲。阿骨打許諾，遂議歲幣如契丹舊數。四年正月，取中京至古北口，延禧奔雲中，趨夾山〔五八〕。金兵至雲中，留守蕭查剌出降，乃急追延禧，盡陷朔、應諸州。阿骨打自其國提兵來，遣使於我，帝待之甚厚，禮過遼使數倍。命趙良嗣等報聘，金以中間訊問斷絕責言，但許燕、薊六州。十二月，分三道入燕。時契丹燕主淳自立於燕，已死，其妻蕭后遣使奉表稱臣而固守。阿骨打至居庸關，契丹棄關走。馬擴從軍行，阿骨打謂曰：「契丹疆土，我得十九矣，止燕京數州之地，留與汝家，我以大軍三面掩之，令汝家俯拾，猶不能取。我初聞南軍到盧溝，已有入燕者，我心亦喜，縱令汝家取之，我亦將斂軍歸國。近乃聞劉延慶一夕燒營而遁，何至此耶？似此喪師有何誅罰。」擴云：「兵折將死，將折兵死，延慶果敗，雖貴亦誅。」阿骨打曰：「若不行法，何以使人。汝觀我家用兵，有走者否？」明日抵燕城，蕭后已出奔。宰相左企弓等迎降〔五九〕。阿骨打遣擴歸獻捷。童貫既不能下燕，懼獲罪，密令趙良嗣禱金人圖之。良嗣至燕，虜雖許六州，而欲自取其租賦，良嗣曰：「租賦隨地，豈有與其地而不與税者？」粘罕曰：「燕自我得之，賦當歸我。若不見與，請速退涿、易之師〔六〇〕，毋留吾疆。」良嗣又往議，至於再，竟於契丹歲幣外，增一百萬緡而求西京。五年四月，童貫、蔡攸入燕，燕之子女、玉帛、職官、富室，皆席卷而東，所得空城而已。阿骨打由雲中西巡，且以朔、武、蔚三州歸我，未幾病死。粘罕、斡離不遥尊吴乞買爲帝，更名晟改元天會，謚阿骨打曰大聖武元皇帝，廟號太祖。

六年正月，遣使告登位。時朝廷納平州張覺，金人已怨，及譚稹代童貫宣撫，又不與所許粟，愈益怒，復取蔚州及飛狐、靈邱兩縣，絶山後交割之議，鋭欲敗盟。朝廷亟罷稹，復用童貫，使馬擴、辛興宗使粘罕軍。至雲中，粘罕東歸，兀室攝元帥，欲使擴庭參。擴不可，乃不果見。及還，貫問所見，擴曰：「虜訓習漢兵，增飛狐之戍，數指言張覺事，邀索官民甚峻，其心包藏叵測，當速營邊備。」是歲，延禧自夾山領兵出武州，兀室與戰，擒之，遂滅契丹。惟大石林牙與延禧之子梁王入于漠北。七年正月〔六一〕，來告捷，假歲幣中金帛二十萬。詔遣許亢宗賀吴乞買登位〔六二〕，至淶流河，所居館宴，悉用契丹舊禮，綵山倡樂，尋橦、角觝、鬬雞、擊鞠與中國不殊。其國初無城郭，四顧莽然，民皆茇舍以居。至是，方營大屋數千間，日役萬人，規模稍宏侈矣。九月，河東奏粘罕還雲中，經略南寇。詔童貫再行，貫又遣馬擴往，使令且交蔚、應州及飛狐、靈邱。及境，粘罕嚴軍以待，止得吏卒三人從，仍趣庭參，首議山後事。粘罕曰：「山後疆土，初爲大聖皇帝與趙皇跨海交好，各立誓書，萬世無斁。不謂授地未畢，貴朝先違約信。

今當略辨是非。」時粘罕爲余睹輩所怵，謂南朝可圖，仍不必以衆，因糧就兵可也。又隆德府義勝軍，易州常勝軍多叛降之，得中國虛實，故決意入寇〔六三〕。十二月，取朔、武、忻、代四州，遂圍太原。靖康元年正月，圍京師，遣使約割太原、中山、河間三鎮之地，以親王、宰相爲質，須金帛以千萬計。二月退師。十一月乙酉，復犯京師。丙辰，京城陷。二年三月，立張邦昌爲楚帝〔六四〕。二帝三宫北狩。五月，高宗即位於南京。十二月，幸維揚。粘罕諸酋分道入寇。建炎二年〔六五〕，山東、陝西相繼陷没。四年，立劉豫爲皇帝，以舊河爲界。紹興七年，廢豫〔六六〕。九年，歸我陝西、河南故地，講和。十月，背盟入寇，復取陝西、河南。

晟死，亶立。亶被弒，亮立。亮被弒，雍立。雍死，璟立。璟死，允濟立，允濟被弒，珣立。珣死，守緒立。自晟至守緒凡八世而亡，其事迹具見國史，以其既竊有中原，故事迹不入四裔之録云。

定安

定安國，本馬韓之種，爲契丹所攻破，其酋帥糾合餘衆，保於西鄙，建國改元，自稱定安國。宋開寶三年，其國王烈萬華因女真遣使入朝，乃附表貢獻方物。太平興國中，太宗方經營遠略，討擊胡虜，因降詔其國，令張犄角之勢。其國亦怨寇讎侵侮不已，聞中國方用兵北討，欲依王師以攄宿忿，得詔大喜。

六年冬，會女真遣使朝貢，路由本國，乃託其使附表來上云：「定安國王臣烏玄明言：臣本以高麗舊壤，渤海遺黎，保據方隅，涉歷星紀，仰覆露鴻鈞之德〔六七〕，被漸漬無外之澤，各得其所，以遂物性。而頃歲契丹恃其强暴，入寇境土，攻破城寨，俘掠人民，臣祖考守節不降，與衆避地，僅存生聚，以迄於今。而又夫餘府昨背契丹，並歸本國，災禍將至，無大於此。所宜受天朝之密畫，率勝兵而助討，必欲報敵，不敢違命。臣玄明誠懇誠願，頓首頓首。」其末題云：「元興六年十月日，定安國王臣烏玄明表上聖皇帝殿前。」上答以詔書，令其發兵協力同伐契丹，以詔付女真使，令齎以賜之。端拱二年，其王子因女真使附獻馬、鵰羽鳴鏑。淳化二年，其王子大元因女真使上表〔六八〕，其後不復至。

校勘記

〔一〕亦以爲錦　「錦」，南史卷七九夷貊傳下同，梁書卷五四諸夷傳作「綿」。

〔二〕二重則及子孫　「則」下原衍「身」字，據梁書卷五四諸夷傳、南史卷七九夷貊傳下删。

〔三〕貴人第一者爲對盧　南史卷七九夷貊傳下同，梁書卷五四諸夷傳「對」上有「大」字。

〔四〕有牛角甚長　「甚」字原脱，據梁書卷五四諸夷傳、南史卷七九夷貊傳下補。

〔五〕有赤梨　「赤」，南史卷七九夷貊傳下同，梁書卷五四諸夷傳作「桑」。

〔六〕兄弟伯叔姑姊妹喪三日不食　「喪」字原脱，據北宋本通典卷一八六邊防二、太平寰宇記卷一七五四夷四東夷四補。

〔七〕設坐爲神像　「爲」字原脱，據梁書卷五四諸夷傳、南史卷七九夷貊傳下補。「坐」，梁書作「靈」。

〔八〕毛中有汁以乳子　「以」字原脱，據梁書卷五四諸夷傳、南史卷七九夷貊傳下補。

〔九〕食鹹草如禽獸　「鹹草如禽獸」五字原脱，據梁書卷五四諸夷傳、南史卷七九夷貊傳下、通典卷一八六邊防二補。

〔一〇〕文大直者貴文小曲者賤　通典卷一八六邊防二同，梁書卷五四諸夷傳、南史卷七九夷貊傳下無「大」與「曲」。

〔一一〕人長四尺　梁書卷五四諸夷傳「四」字上有「三」字。

〔一二〕琉球　隋書卷八一東夷傳、北史卷九四流求傳皆作「流求」。下同。

〔一三〕土多山洞　「土」原作「上」，據元本、慎本、馮本及隋書卷八一東夷傳、北史卷九四流求傳、通典卷一八六邊防二改。

〔一四〕妻曰多拔茶　「茶」，北史卷九四流求傳、通典卷一八六邊防二、太平寰宇記卷一七五四夷四東夷四同，隋書卷八一東夷傳作「荼」。

〔一五〕而導從不過十數人　「十數」，北史卷九四流求傳同，隋書卷八一東夷傳、通典卷一八六邊防二作「數十」。

〔一六〕嫁娶以酒肴珠貝爲聘　「娶」字原脱，據北史卷九四流求傳、隋書卷八一東夷傳補。

〔一七〕米麴爲酒　「麴」，元本、慎本、馮本及北史卷九四流求傳、隋書卷八一東夷傳作「麵」。

〔一八〕執酒者必得呼名而後飲　「得」，北史卷九四流求傳、隋書卷八一東夷傳作「待」。

〔一九〕裹以葦席　「席」，北史卷九四流求傳同，隋書卷八一東夷傳、太平寰宇記卷一七五四夷四東夷四作「草」。

〔二〇〕襯土而殯　「襯」，北史卷九四流求傳、太平寰宇記卷一七五四夷四東夷四同；隋書卷八一東夷傳作「親」；北宋本通典卷一八六邊防二作「雜」。

〔二一〕子爲父者　北宋本通典卷一八六邊防二作「爲子者」。

〔二二〕持一插　「插」，北史卷九四流求傳作「鍤」。

〔二三〕海師何蠻等云　「何蠻」原作「河蠻」，據北史卷九四流求傳、隋書卷八一東夷傳、通典卷一八六邊防二改。下同。「云」字，同上北史、隋書無。

〔二四〕三年　二字原脱，據隋書卷八一東夷傳補。

〔二五〕此夷邪久國人所用　「久」，隋書卷八一東夷傳、通典卷一八六邊防二同，北史卷九四流求傳作「夕」。

〔二六〕又東行二日至鼅鼊嶼　「鼅」原作「黿」，據隋書卷八一東夷傳、北史卷九四流求傳改。

〔二七〕潮陽郡也　「郡」原作「部」，據通典卷一八六邊防二改。

〔二八〕其族分六部　本書卷三二六四裔考三、金史卷一世紀、通典卷一八六邊防二皆記「勿吉」分七部。

〔二九〕遂置黑水府　「府」原作「部」，據新唐書卷二一九北狄傳、金史卷一世紀、三朝北盟會編卷三改。

〔三〇〕以部長爲都督刺史　「刺史」二字原脱，據新唐書卷二一九北狄傳、金史卷一世紀、三朝北盟會編卷三補。

〔三一〕熟女真也　「熟」字原脱，據金史卷一世紀、三朝北盟會編卷三補。

〔三二〕自咸州東北分界入山谷　「山谷」原作「宫口」，據三朝北盟會編卷三改。

〔三三〕至束沫江　「束」原作「東」，據三朝北盟會編卷三改。下同。

〔三四〕自東沫江之北寧江之東北　後「北」字原脱，據三朝北盟會編卷三補。

〔三五〕大者數千户　「户」字原脱，據三朝北盟會編卷三補。

〔三六〕遣使嗢突剌朱　「嗢突剌朱」，宋會要蕃夷三之一同，續資治通鑑長編卷二建隆二年八月辛亥條無「朱」字。

〔三七〕四年八月　按建隆四年十一月甲子改元乾德，見宋史卷一太祖紀一，續資治通鑑長編卷四繫此事於乾德元年八月。

〔三八〕因詔登州曰　「登州」原作「真州」，據宋會要蕃夷三之一改。

〔三九〕及沿科雜物　「沿」原作「顔」，據元本、慎本、馮本改。

〔四〇〕俄又首領祈違勃來貢馬　「違」，宋會要蕃夷三之一作「達」。

〔四一〕没勿羅附其使貢馬　宋會要蕃夷三之二無「羅」字。

〔四二〕首領遣國人阿那乃持其書至登州以聞　宋會要蕃夷三之二「阿那」下無「乃」字。

〔四三〕首領野里鷄等上言　宋會要蕃夷三之二「野里鷄」前有「羅」字。

〔四四〕又有灰城　三朝北盟會編卷三作「又善爲冰城」。

〔四五〕曰噴訥　宋會要蕃夷三之三作「曰賁訥訥」。

〔四六〕其酋自龕福以下班班可紀　「龕福」，金史卷一世紀作「函普」，下文所紀「訛魯」、「洋海」、「隨闊」、「實魯」、「胡來」、「核里頗」、「蒲剌束」、「楊割」，同上金史分別作「烏魯」、「跋海」、「綏可」、「石魯」、「烏古迺」、「劾里鉢」、「頗剌淑」、「盈歌」，蓋譯寫不同，不一一出校。

〔四七〕弓力不過七斗　「斗」原作「年」，據三朝北盟會編卷三改。

〔四八〕什長執旗　「什」原作「十」，據三朝北盟會編卷三改。下同。

〔四九〕將軍發　三朝北盟會編卷三作「將行軍」。

〔五〇〕主帥擇而聽焉　「擇而聽」，三朝北盟會編卷三作「聽而擇」。

〔五一〕其有官者將決坐之廡間賜以酒尊者杖於堂上已決事如故　三朝北盟會編卷三作「凡有官者，將決，杖之廊廡，賜以酒肉。官尊者，決於堂上，已杖，視事如故」。

〔五二〕取民錢者無罪　三朝北盟會編卷三作「法令嚴，殺人取民錢重者死，其他罪無輕重，悉決柳條笞背」。

〔五三〕又言阿骨打爲楊割之子　「打」字原脱，據上文補。

〔五四〕阿骨打立　「阿」字原脱，據上文補。下同。

〔五五〕至遣鷹坊弟子千輩　「弟」字原脱，據三朝北盟會編卷三補。

〔五六〕樞密使蕭奉先諫乃止　「先」原作「元」，據三朝北盟會編卷三改。

〔五七〕建元收國　「收國」原作「天輔」，據三朝北盟會編卷三改。

〔五八〕趨夾山　「趨」原作「麯」，據遼史卷二九天祚帝紀三載，金兵取中京後，天祚帝奔雲中，「遂趨白水濼」，復「乘輕騎入夾山」，此處「麯」當爲「趨」之誤，據改。

〔五九〕宰相左企弓等迎降　「迎」原作「近」，據三朝北盟會編卷一二改。

〔六〇〕請速退涿易之師　「退」原作「追」，據三朝北盟會編卷一二改。

〔六一〕七年正月　「正」原作「五」，據元本、慎本、馮本及三朝北盟會編卷二〇改。

〔六二〕詔遣許亢宗賀吴乞買登位　「許亢宗」原作「許元宗」，據宋史卷二二徽宗紀四、三朝北盟會編卷二〇改。

〔六三〕故決意入寇　「故」原作「欲」，據元本、慎本、馮本改。

〔六四〕立張邦昌爲楚帝　「楚」字原脱，據宋史卷二三欽宗紀補。

〔六五〕建炎二年　「建炎」二字原脱。按高宗即位後，改元建炎，見宋史卷二四高宗紀一，此處顯脱「建炎」二字，據補。

〔六六〕紹興七年廢豫　「紹興」二字原脱。按紹興七年十一月丁未，金廢劉豫，見宋史卷二八高宗紀五，此處顯脱「紹興」二字，據補。

〔六七〕仰覆露鴻鈞之德　「鈞」原作「均」，據宋史卷四九一外國傳七改。

〔六八〕其王子大元因女真使上表　「大元」，宋史卷四九一外國傳七作「太元」。

卷三百二十八　四裔考五

南

杜氏通典邊防總序曰：南蠻，其在唐虞，與之要質，故曰要服。夏、商之時，漸爲邊患。暨於周代，黨衆彌盛，故詩曰：「蠢爾荆蠻，大邦爲讎。」至楚武王時〔一〕，蠻與羅子共敗楚師，殺其將屈瑕。莫敖不設備，故敗縊於荒谷，群帥囚於冶父。楚師後振〔二〕，遂屬於楚。及吴起相悼王，南并蠻越，遂有洞庭、蒼梧之地。今長沙、衡陽等郡地〔三〕。秦昭王使將伐楚，略取蠻夷，置黔中郡。今武陵、澧陽及黔中五溪中諸郡地。漢興以後，時有寇盜。其西南諸夷，夜郎之屬，悉平定置郡縣。今夜郎、播州、犍爲即古夜郎地。公孫述時，夜郎大姓爲漢保境。後漢初，從番禺江奉貢。光武建武中，武陵蠻帥相單程今武陵、澧陽、黔中、寧夷、盧溪等郡，即漢武陵郡。大寇郡縣〔四〕，漢將劉尚戰敗，數歲方平。順帝時，武陵太守增其租賦，蠻又舉種反，殺鄉吏。東晉時，沔中蠻因劉、石亂後，漸徙於陸渾以南，徧滿山谷。宋、齊以後，荆、雍二州今荆南江陵郡，雍州，襄陽郡。各置校尉以撫寧之，群蠻酋帥互受南北朝封爵。至後魏末，暴患滋甚，僭稱侯王，屯據峽路，斷絶行旅。周武帝遣陸騰大破之。其獠初因蜀李勢亂，後自蜀漢山谷出，侵擾郡縣。至梁時，州郡每歲伐獠以自利。及後周平梁、益，梁，漢川；益，蜀川。自爾遂同華人矣。以其黔中東謝、西趙自古不臣中國〔五〕，唐貞觀以後，置羈縻州領之。

盤瓠種

盤瓠種，昔帝嚳時患犬戎入寇，乃訪募天下有能得犬戎之吳將軍頭者，妻以少女。時帝有畜狗名曰盤瓠，遂銜其將軍首而至，乃以女配之。杜氏通典曰：按范曄後漢史蠻夷傳皆怪誕不經。大抵諸家所序四夷，亦多此類，未詳其本出，且因而商略之。曄云：高辛氏募能得犬戎之將軍頭者，購黄金千鎰，邑萬家，妻以少女。按黄金周以前爲斤，秦以二十兩爲鎰，三代以前分土，自秦漢分人。又周末始有將軍之官。其吴姓宜自周命氏。曄皆以高辛之代，何不詳之甚！又宋史，曄被收後，於獄中與諸甥侄書自序云：「六夷諸序論，筆勢放縱，實天下之奇作。其中合者，往往不減過秦篇。」嘗共比方班氏，非但不愧之而已。按班、賈序事，豈復語怪。而曄紕謬若此，又何不減不愧之有乎？盤瓠得女，負走入南山，在國之南，即五溪之中山。止石穴中，生六男六女，因自相夫妻。織績木皮，染以草實，好五色衣服，製裁皆有尾形，衣裳斑斕，語言侏離。其後滋蔓，號曰蠻夷。有邑君長，名渠帥曰「精夫」，相呼爲「姎徒」。說文曰：「姎，女人自稱，姎，我也。」烏朗反。所居皆深山重阻，人迹罕至。長沙黔中五溪蠻皆是也。一辰溪，二西溪，三巫溪，四武溪，五沅溪。

秦昭王使白起伐楚，略取蠻夷，始置黔中郡。漢興，改爲武陵郡。今武陵、澧陽、黔中、寧夷、盧溪、盧陽、靈溪、潭陽郡地皆是也。歲令大人輸布一疋，小口二丈，是謂賨布。說文曰：「賨，南蠻賦。」之冬反。雖時爲寇盜，而郡國討平之。後漢光武建武二十三年十二月，武陵蠻精夫相單程等大寇郡縣。遣武威將軍劉尚發南郡、今江陵、巴東、夷陵。長沙、今長沙、衡陽、巴陵郡。武陵今澧陽、武陵、黔中郡地〔六〕。兵萬餘人，乘船泝流，自沅水入武溪擊之。沅水出牂牁，故且蘭東北，經靈溪、長沙、巴陵郡，入洞庭通江也。武溪〔七〕，在今盧溪郡靈溪縣。尚輕敵深入，悉爲所没。又遣伏波將軍馬援將兵至臨沅，今武陵郡武陵縣，即漢臨沅縣地。擊破之。單程等飢困乞降。會援病卒，謁者宗均爲置吏以司之，群蠻遂平。歷章、和、安、順四朝，累反叛，攻劫州郡，討平之。永和初，武陵太守上書，以蠻夷率服〔八〕，可比漢人，增其租賦。議者皆以爲可。尚書令虞詡獨奏曰：「自古聖王不臣異俗，非德不能及，威不能加，其獸心貪婪，難率以禮。是故羈縻而綏撫之，附則受而不逆，叛則棄而不追。先帝舊典，貢税多少，所由來久矣。今猥增之，必有怨叛。計其所得，不償所費。」帝不從。其冬，澧中、漊中蠻漊水出今澧陽郡縣。漊音婁。果争布非舊約，遂殺鄉吏，舉種反。自後至桓、靈二帝，又累反叛，攻劫州郡，討破之。蜀先主章武初，吴將李異屯巫、秭歸，今巴東郡縣。先主遣將軍吴班攻破之，於是武陵、五溪蠻夷相率響應。今黔中道謂之五溪。其後種落布在諸郡縣，居武陵者爲五溪蠻，而宜都、天門、巴東、建平、江北諸郡蠻所居，皆深山重阻，人迹罕至焉。自晉劉、石亂後，諸蠻無所忌憚，故其族漸得北遷，陸渾以南，滿於山谷，宛洛蕭條，略爲邱墟矣。

魏明元帝泰常八年〔九〕，蠻王梅安率渠帥數千朝京師，求留質子以表忠款。詔拜官，褒慰之。延興中，太陽蠻首桓誕誕，玄子，玄誅，誕亡入蠻中，蠻推爲主。擁沔水以北，滍、葉以南八萬餘落〔一〇〕，遣使内附。孝文嘉之，拜誕征南將軍、東荆州刺史〔一一〕、襄陽王，後降爲公。其後蠻首田益宗、雷婆思等俱率衆内屬。景明三年，魯陽蠻魯北鷰〔一二〕，四年，東荆州蠻樊素安等反〔一三〕，俱討平之。永平初，東荆州表太守桓叔興〔一四〕，前後招慰太陽蠻歸附者一萬七百户，請置郡十六、縣五十，詔從之。叔興，誕子也。三年，梁遣兵討江、沔，破掠諸蠻，遣兵擊走之。其後，累遣將圍廣陵。楚城諸蠻，並爲前驅。自汝水以南，蠻暴掠，連年攻討，散而復合，其暴滋甚。又有冉氏、田氏、向氏者，陬落尤甚，餘則大者萬家，小者千户，更相崇樹〔一五〕，僭稱王侯，屯據三峽，斷遏水路，荆、蜀行人至有假道者。

周文略定伊、瀍，聲教南被，諸蠻畏服，武成初，文州蠻及冉令賢、向五子王等叛〔一六〕，討平之。隋置辰州以處蠻，唐置錦州、溪州、巫州、叙州皆其地也。唐季蠻酋分據其地，自署刺史。晉天福中，馬希範襲父業，據有湖南〔一七〕。溪州刺史彭士愁等以溪、錦、獎州歸馬氏〔一八〕，立銅柱爲界。

宋建隆四年，慕容延釗平湖、湘，知溪州彭允林、前溪州刺史田洪贇等列狀歸順〔一九〕，詔仍其官，父死則以其子繼之。太平興國二年，梅山洞蠻首領率衆寇劫商人，詔遣使招諭，猶寇暴不止，乃發潭州兵擊平之。八年，溪、錦、叙、富四州蠻相率詣辰州〔二〇〕，願比内郡民輸租税，詔不許。自後首領入貢不絶，每加賞賜存恤之。

北江蠻酋最大者曰彭氏〔二一〕，彭氏世有溪州，州有三，曰上、中、下溪〔二二〕，又有龍賜天賜忠順保静感化永順州六，懿、安、遠、新、給、富、來、寧、南、順、高州十一，總二十州，皆置刺史。而以下溪州刺史兼都誓主，十九州皆隸焉，謂之「誓下州」。誓下州將承襲，都誓主率蠻酋合議，子孫若弟、侄、親黨人當立者，具州名移辰州爲保證〔二三〕，申鈐轄司以聞，迺賜敕告、印符，受命者隔江北望拜謝。州有押案副使及校吏，聽自補置。彭氏自允殊、文勇、儒猛相繼爲下溪州刺史。天禧中，儒猛叛亡，辰州發兵捕之，執其子仕漢等歸京師。儒猛降，授仕漢殿直，處之西京，後輒遁歸。天聖初，以狀白辰州，自言父老兄亡，潛歸本道，願放還家屬。詔徙其家京師，舍以官第。未幾，儒猛言仕漢逃歸，引群蠻爲亂，遣別子仕端等殺之〔二四〕。朝廷嘉其忠，降詔獎諭。自咸平以來，始聽二十州納貢，歲有賜，蠻以爲利，有罪則絶之。

熙寧初〔二五〕，天子方用兵以威四夷，湖北提刑趙鼎言峽州洞酋刻剥無度〔二六〕，蠻衆願内附屬，辰州布衣張翹亦上書言南、北江利害，遂以章惇察訪湖北，經制蠻事。北江諸蠻隷辰州，在黔之西南，阻五溪，漢黔中地，爲羈縻州三十六，而下溪州爲大，彭氏世居之。南江諸蠻自辰州達於長沙〔二七〕，各有溪峒，本唐郡縣。五代失守，諸酋分據其地，曰叙、曰峽、曰中勝、曰元，則舒氏居之；曰獎、曰錦、曰懿、曰晃，則田氏居之；曰富、曰鶴、曰保順、曰天賜、曰古，則向氏居之。惇既經制，於是南江之舒氏，北江之彭氏，梅山之蘇氏，誠州之楊氏相繼納土，創立城寨，使之比内地爲王民，置沅、誠二州。

元祐初，傅堯俞等言：「置二州以來，設官屯兵，費巨萬計，公私騷然，荆湖兩路爲之空竭。」乃廢誠州爲渠陽軍，而沅州至今爲郡。時朝廷方務休息，痛懲邀功生事者，廣西張整、融州温嵩坐擅殺蠻人，皆寘之罪。詔諭湖南、北及廣西路曰：「國家疆理四海，務在柔遠。頃湖、廣諸蠻近漢者無所統一〔二八〕，因其請吏，量置城邑以撫治之。邊臣邀功獻議，創融州道路，侵逼洞穴，致生疑懼。朝廷知其無用，旋即廢罷；邊吏失於撫遏，遂爾扇摇。其叛酋楊晟臺等並免追討，諸路所開道路、創置堡寨並廢。」自後，五溪郡縣棄而不問。

崇寧以來，開邊拓土之議復熾，於是安化上三州及思廣洞蒙光明、樂安洞程大法、都丹團黄光明、靖州西道楊再立、辰州覃都管駡等各願納土輸貢賦。又令廣西招納左、右江四百五十餘洞。宣和中，議者以爲：「招致熟蕃，接武請吏，竭金帛、繒絮以啗其欲，捐高爵、厚俸以侈其心。開辟荒蕪，草創城邑，張皇事勢，僥倖賞恩。入版圖者存虛名，充府庫者亡實利。不毛之地，既不可耕；狼子野心，頑又莫革〔二九〕。建築之後，西南夷獠交寇，而溪洞之蠻亦復跳梁。士卒死於干戈，官吏没於王事，生民肝腦塗地，往往有之。以此知納土之議，非徒亡益，而又害之所由生也。莫若俾帥臣、監司條具建築以來財用出入之數，商較利病，可省者省，可併者併，減戍兵，省漕運，而夷狄可撫，邊鄙可無患矣！」乃詔悉廢所置初郡〔三〇〕，復祖宗之舊云。崇寧初，改誠州爲靖州。

紹興初，監察御史明槖言：「溪洞歸明官，應湖南邊郡及二廣皆有之。自崇觀以來，員數寖多，當時務要優恤，添差州郡指使及酒税之類，本不取其才任，及諸州措置隘寨，闕人把拓，又令管押兵夫，而所管押者皆鄉民也。其歸明官，生長溪峒，初無愛民之意，亦不習朝廷法令，貪婪無厭，鞭笞摧辱，無所赴愬。議者欲令帥臣措置適宜，既不致歸明官失所生怨，亦無使遠民受害。」詔廣南、荆湖路帥臣措置以聞。隆興初，右正言尹穡言：「湖南州縣地界與溪峒蠻傜連接，以故省民與傜人交結往來，擅易田産，其間豪猾大姓規免税役，多以産寄傜人户下，内虧國賦，外滋邊隙。省地與傜人相連，舊有界至者，宜詔湖南帥臣遣吏親詣其處，明立封堠。自今不許省民將田産典賣與傜人，及私以産業寄隱。若已前賣入傜户，難以遽行改追，止令置籍。如傜人願退還省地田産者，縣以官錢代還之。仍委曲榜諭。」從之。

嘉泰三年，湖南安撫趙彦勵言〔三一〕：「湖南九郡皆與溪峒相接，其地闊遠，南接二廣，北連湖右，其人狼子野心，不能長保其無事。或因饑饉，或因讐怨，或因劫掠，或至殺傷，州縣稍失隄防，則不安巢穴，越界生事。爲今日計，莫若先事選擇土豪爲傜人所信服者爲總首，以任彈壓之責，潛以馭之。凡細微争鬬，止令總首彈壓開諭勸解，自無浸淫之患。蓋總首者語言嗜好，皆與之同，朝夕相接，婚姻相通，習知其利害，審察其情僞。而其力足以惠利之，每遇饑歲，則糴粟以賑其困乏，傜人莫不感悦而聽從其言。若先借補名目，使得藉此以榮其身，而見重於鄉曲，彼必自愛惜而盡忠於公家。如此則傜民之衆可坐以制之。然亦須五年，彈壓委有勞効，然後正補以所借之官。所捐者虚名，所得者實利，安邊之策，莫急於此。」詔令本路諸司，相度條具。諸司言：「趙彦勵所言，謂以蠻傜治蠻傜，其策莫良。宜詔本路監司遵守。」從之。

嘉定初，郴州黑風峒傜人羅世傳出掠省地〔三二〕，飛虎統制邊寧戰没，遂爲江西、湖南之擾。明年〔三三〕，知隆興府趙希懌、知潭州史彌堅同共招降之。二年，李元礪、羅孟二又率衆犯江西，攻破龍泉縣，知隆興府王居安擒獲之。七年，臣僚言：「夫熟户、山傜、峒丁有田不許擅鬻，頃畝多寡，山畬闊狹，各有界至，任其耕種，但以丁名繫籍，每丁量納課米三斗，悉無其他科配。熟户、山傜、峒丁樂其有田之可耕，生界有警，極力爲衛。蓋欲保守田業也。近年以來，生界傜、獠齡没省地〔三四〕，而州縣無以禁戢者，皆繇不能遵守良法，有以致之。夫溪峒之專條，山傜、峒丁田地，不許與省民交易，蓋慮其窮困，而無所顧籍，不爲我用。今州郡謾不加恩，山傜、峒丁有田者悉聽其與省民交易，但利牙契所得。而又省民得田，輸税在版籍常賦之外，可以資郡帑泛用，而山傜、峒丁之米掛籍自如，催督嚴峻，多不聊生，往往奔入生界。溪峒受顧以贍口腹，或爲鄉導，或爲徒伴，引惹生界，出没省地，駸駸不已，爲害甚大。宜明敕湖、廣監司行下諸郡，凡屬溪峒山傜、峒丁田業，不得擅與省民交易，犯者以違制論。仍歸其田，庶山傜、峒丁有田可耕，不致妄生邊釁，實綏靖遠民之良策。」從之。

石湖范氏桂海虞衡志：「傜本盤瓠之後。其地山溪高深，介於巴、蜀、湖、廣間，綿亘數千里，椎髻跣足，衣斑斕布褐。名爲傜而實不供征役，各自以遠近爲伍，以木葉覆屋，種禾、黍、粟、豆、山芋，雜以爲糧。截竹筒而炊，暇則獵食山獸以續食。嶺蹬險阨，負戴者悉着背上，繩繫於額，傴而趨。俗喜讐殺，猜忍輕死。又能忍饑行鬬，左腰長刀，右負大弩，手長鎗，上下山險若飛。兒始能行，燒鐵石烙其跟蹠，使頑木不仁，故能履棘茨根枿而不傷。兒始生，秤之以鐵如其重，漬之毒水，兒長大，煅其鋼以製刀，終身用之。試刀必斬牛，仰刃牛項下，以肩負刀，一負即殊者，良刀也。弩名偏架弩，隨跳躍中，以一足蹶張，背手傳矢，往往命中。鎗名掉鎗，長二丈餘，徒以護弩，不恃以取勝。戰則一弩一鎗，相將而前。執鎗者前却不常以衛弩，執弩者口銜刀而手射人。敵或冒刃逼之，鎗無所施，弩人釋弩，取口中刀奮擊以救。度險，整其行列退去，必有伏弩，土軍弓手輩與之角技藝，争地利，往往不能決勝也。

歲首祭盤瓠，雜揉魚肉酒飯於木槽，扣槽群號爲禮。十月朔日，各以聚落祭都貝大王，男女各成列，連袂相携而舞，謂之『踏傜』。意相得，則男咿嗚躍之女群，負所愛去，遂爲夫婦，不由父母。其無配者，俟來歲再會。女三年無所向，父母或欲殺之，以其爲人所棄云。樂有盧沙、銃鼓、胡盧笙、竹笛之屬。其合樂時，衆音競鬩，擊竹箭以爲節，團欒跳躍叫咏以相之。歲暮，群操樂入省地州縣，扣人門乞錢米酒炙，如儺然。

傜之屬桂林者，興安、靈川、臨桂、義寧、古縣諸邑，皆迫近山。傜最强者曰羅曼傜、麻園傜，其餘如黄沙甲、石嶺屯、褒江、贈脚、黄村、赤水、藍思、巾江、竦江、定花、冷石、白面、黄意、大利、小平、灘頭、丹江、閃江等傜不可勝數。山谷間稻田無幾，天少雨，稑種不收，無所得食，則四出犯省地，求斗升以免死。久乃玩狎，雖豐歲猶剽掠。沿邊省民與傜犬牙者，風聲氣習，及筋力技藝略相當，或與通婚姻，結怨仇，往往爲傜鄉導而分鹵獲。傜既自識徑路，遂數數侵軼邊民，遂不能誰何。攻害田廬，剽穀粟牛畜，無歲無之。踉蹡篁竹，飄忽往來，州縣覺知，則已趋入巢穴，官軍不可入，但分屯路口。山多蹊，不可以徧防，加久成勞費。又傜人常以山貨、沙板、滑石之屬，竊與省民博鹽米。山田易旱乾，若一切閉截，無所得食，且冒死突出，爲毒滋烈。沿邊省民，因與交關，或侵負之與締仇怨，則又私出相讐殺。余既得其所以然，乾道九年夏，遣吏經理之，悉罷官軍，專用邊民，籍其可用者七千餘人，分爲五十團〔三五〕，立之長副，階級相制，毋得與傜通，爲之器械教習，使可捍小寇，不待報官。傜犯一團，諸團鳴鼓應之，次告諭近傜，亦視省民相團結，毋得犯法，則通其博易之路，不然絶之。彼見邊民已結，形格勢禁，不可輕犯，幸得通博買，有鹽米之利，皆驩然聽命。最後擇勇敢吏，將桑江、歸順五十二傜頭首深入生徑，羅曼等洞尤狠戾，素不賓化者，亦以近傜利害，諭之悉從，乃爲置博易場二，一在義寧，一在融州之榮溪。天子誕節，首領得赴屬縣與犒宴。諸傜大悦，伍籍遂定，保鄣隱然。萬一遠傜弗率，必須先破近傜，近傜欲動，亦須先勝邊團，始能越至城郭，然亦難矣。既數月，諸傜團長袁臺等數十人詣經略司謁謝，悉紫袍巾裹横梃，犒以銀盌、綵絁、鹽酒，勞遣之。又各以誓狀來，其略云：『某等既充山職，今當鈐束男侄，男行持棒，女行把麻，任從出入，不得生事者，上有太陽，下有地宿；其翻背者，生兒成驢，生女成猪，舉家滅絶；不得翻面説好，背面説惡；不得偷寒送煖，上山同路，下水同船；男兒帶刀同一邊一點，一齊同殺盗賊，不用此款者，並依山例』，『山例』者，誅殺也。蠻語鄙陋，不欲没其實，略志於此。余承乏帥事二年，諸傜無一迹及省地，遂具以條約上聞。詔許，遵守行之。」

廩君種

廩君種不知何代。初，巴氏、樊氏、瞫音審。氏、相氏、鄭氏五姓皆出於武落鍾離山。在今夷陵郡巴山縣。其上有赤黑二穴，巴氏之子生於赤穴，四姓之子皆生黑穴。未有君長，共立巴氏子務相，是爲廩君，從夷水下至鹽陽。按：今夷陵郡巴山縣清江水，一名夷水，一名鹽水。其源出清江縣西都亭山。廩君於是君乎夷城，四姓皆臣之，巴、梁間諸巴皆是也。即巴、漢之地。按范曄後漢史云：「四姓之子，未有君長，俱事鬼神，乃共擲劍於石穴，約能中者，奉以爲君。務相乃獨中之。又令各乘土船，約能浮者，當以爲君。餘姓悉沉，惟務相獨浮，因共立之，是爲廩君。乃乘土船，從夷水下鹽陽。鹽水有神女，謂廩君曰：『此地廣大，魚鹽所出，願留共居。』廩君不許。鹽神暮輒來宿，詰朝即化爲蟲，與諸蟲群飛，掩蔽日光，天地晦冥，積十餘日。廩君伺其便，因射殺之，天乃開明。廩君於是居於夷城，四姓皆臣之。廩君死，魂魄化爲白虎。巴氏以虎飲人血，故以人祠焉。」是皆怪誕，以此不取。戰國時，秦惠王并巴中，以巴氏爲蠻夷君長。其人歲出賦二千一十六錢〔三六〕，三歲一出義賦千八百錢。其人户出幏布八丈二尺〔三七〕，鷄羽三十鍭。説文曰：「幏布，南郡蠻夷布也〔三八〕。」幏音公亞反。毛詩：「四鍭既均。」儀禮「鍭矢一乘」，鄭玄曰：「鍭，猶候也。候物而射之。」三十鍭，百二十也〔三九〕。鍭音侯。

漢興，南郡太守靳強奏請一依秦時故事。至光武建武二十三年，南郡奏潳山蠻雷遷等始反叛。潳音屠。武威將軍劉尚討破之，徙其種人七千餘口置江夏界中，其後沔中蠻是也。漢之江夏郡，今竟陵、富水、安陸、齊安、漢陽、江夏、蘄春郡地是也。和帝永元十三年，巫蠻許聖等漢之巫縣，今雲安郡巫山縣也。以郡收稅不均反叛。發荊州諸郡兵今江陵、夷陵、澧陽、武陵、長沙、衡陽等郡地也。討破之。復悉徙置江夏。靈帝光和三年，江夏蠻復反，寇患累年。廬江太守陸康討破之。漢廬江，即今郡地。

漢末，張魯居漢中，以鬼道教百姓，賨人敬信巫覡，多往奉之。值天下大亂，自巴西之宕渠遷於漢中楊車坂，抄掠行旅，百姓患之，號爲楊車巴〔四〇〕。魏武克漢中，李特之祖將五百餘家歸之，拜爲將軍，遷於略陽，北土號之爲巴氐。特父慕爲東羌獵將。特少仕州縣，見異當時，雄武沉毅有大度。元康中，氐齊萬年反，關中擾亂，頻歲大饑，百姓流移就食，相與入漢、川者數萬。特隨流人入蜀，聚巴西勇壯爲寇盜，遂據梁、益。傳其弟流、子雄，僭即帝位。傳班、期、壽、勢六世而亡。

板楯蠻

板楯蠻，秦昭襄王時有一白虎，於蜀、巴、漢之境，傷害千餘人，昭王乃募有能殺虎者，賞邑萬家。時有巴郡閬中夷今閬中郡縣。廖仲等射殺白虎。昭王以其夷人，不欲加封，乃刻石盟要，復夷人頃田不租，十妻不算，一户免其一頃田之租稅，雖有十妻，不輸口算之錢。傷人者論，殺人得以賧錢贖死。何承天纂文曰：「賧，蠻夷贖罪貨也。」賧，徒濫反。盟曰：「秦犯夷，輸黃龍一雙，夷犯秦，輸清酒一鍾。」夷人安之。

至漢高帝爲漢王，發夷人還伐三秦〔四一〕。今關中秦川也。秦地既定，乃遣還巴中，復其渠帥羅、朴、督、鄂、度、夕、龔七姓，不輸租賦，餘户乃歲入口錢四十〔四二〕。巴人呼賦爲賨，謂之賨人焉，世號爲板楯蠻夷〔四三〕。閬中有渝水，其人多居水左右，天性勁勇。初爲漢前鋒，數陷陣。俗喜歌舞，高帝命樂人習之，所謂巴渝舞也。遂代代服從。至後漢以後，郡守常率以征伐。

靈帝光和三年〔四四〕，巴郡板楯蠻叛，今通川、潾山、南平、涪陵、南川、清化、雲安、始寧、巴川、南賓、南浦、閬中、南充〔四五〕，安岳、盛山等郡地，則巴川之地是也。寇掠三蜀及漢中諸郡。即漢川諸郡，今漢中、安康、洋川、房陵郡地皆是也〔四六〕。靈帝乃問益州計吏，考以征伐方略。漢中計程苞對曰〔四七〕：「板楯七姓以射殺白虎立功，先世復爲義人〔四八〕，其人勇猛善戰。昔安帝永初中，羌入漢川，郡縣破壞，得板楯救之，羌死敗殆盡，故號爲神兵。至桓帝建和二年，羌復大入，實賴板楯連摧破之。前車騎將軍馮緄南征武陵，緄，古本反。亦倚板楯以成其功。近益州郡縣亂，今漢川、蜀川郡縣地〔四九〕。太守李顯之亦以板楯討而平之〔五〇〕。忠功如此，本無惡心。但長吏鄉亭，更賦至重，僕役箠楚，過於奴虜，闕庭悠遠，不能自聞，含怨呼天，叩心窮谷，故邑落相聚以致叛戾，非有謀主僭號，以圖不軌。今但遣明能牧守，自然安集，不煩征伐也。」帝從其言，遣太守曹謙宣詔赦之，即皆降服。

及漢末，天下亂，自巴西之宕渠今符陽郡。遷於漢中楊車坂，抄掠行旅，號爲楊車巴。魏武克漢中，李特之祖將五百家歸。魏武又遷於略陽，北土復號之爲巴氐〔五一〕。略陽，今天水郡隴城縣〔五二〕。蜀後主劉禪建興十一年，涪陵屬國人夷反。今涪陵郡地。車騎將軍鄧芝往討，皆破平之。其沔中蠻，至晉時劉、石亂後，漸得北遷陸渾以南，滿於山谷。

宋時荆州置南蠻校尉，今江陵〔五三〕、巴東、夷陵、雲安等郡地。雍州置寧蠻校尉以領之。今襄陽、南陽郡地。如蠻人順附者，一户輸穀數斛，其餘無事〔五四〕。宋人賦役嚴苦，貧者不復堪命，多逃亡入蠻。蠻無傜役，强者又不供官税，結黨連群，動有數百千人，州郡力弱，則起爲盜賊，種類稍多，户口不可知也。文帝元嘉中，天門今澧陽郡地。溇中令宋矯之傜賦過重〔五五〕，蠻不堪命。蠻田向求等爲寇，破溇中，虜掠百姓。先是劉道産善撫諸蠻〔五六〕，前後不附官者，莫不順服，皆引出平土，多緣沔爲居。道産亡後，蠻又反叛。孝武帝出爲雍州，時巴東、今巴東。建平、今巴郡。宜都、今夷陵郡。天門四郡蠻爲寇，諸郡人户流散，百不存一〔五七〕。孝武即位後，大明中，西陽夷今弋陽郡。皆反叛。沈慶之率江、雍、豫州諸軍討破之〔五八〕。江今潯陽、鄱陽、章郡、臨川、廬陵等郡地，雍已具上，豫今廬江、同安郡也。明帝、順帝時尤甚，雖遣攻討，終不能禁，荆州爲之虚弊。

齊高帝時武陵酉溪蠻田思飄〔五九〕，武帝永明初黔陽蠻田豆渠，武陵、黔陽，皆今五溪中地〔六〇〕。湘川蠻陳雙、李答並寇掠州郡，討平之。湘川，今長沙、衡陽地〔六一〕。其後雍、司州蠻司州今義陽〔六二〕、弋陽郡。與後魏通，助荒人桓天生侵害齊境。六年，除田驷路爲試守北遂安左郡太守，田驢王爲試守宜人左郡太守，田何代爲試守新平左郡太守，皆郢州蠻帥。並漢沔間蠻也。其左郡亦兹地焉。郢州今江夏、漢陽郡地。

後魏孝文太和中，襄陽蠻酋雷婆思率户千餘内徙，求居太和川。詔給廪食，後開南陽，全有沔北之地。今武當、南陽、漢東等郡〔六三〕。蠻人安堵，不爲寇賊。宣武帝景明初，太陽蠻酋田育邱等共二萬八千户，叛齊附魏。詔置四郡十八縣。魯陽蠻今臨汝郡魯山縣地。魯北鸞等聚衆萬餘攻逼潁陽〔六四〕，詔遣左衛將軍李崇討平之，斬級數千，徙萬餘家於河北諸州及六鎮。尋叛南走，六鎮今單于府馬邑郡界也。所在追討，比及於河，殺之皆盡。梁武帝遣兵沿沔破掠諸蠻，又遣蔡令孫等三將步騎五千侵南荆之西南，沿漢上下〔六五〕，今襄陽郡之上，武當郡以東地。破略諸蠻。後魏遣蠻帥桓叔興率蠻、夏二萬餘人擊之〔六六〕，斬令孫等，俘虜二千餘人。其後因六鎮秦今天水郡地。隴今汧陽郡地〔六七〕。所在反叛，荆、今南陽、淮安郡地。郢今汝南、義陽郡。蠻大擾動，斷三鵶路，今南陽郡向城縣北至臨汝郡。至於襄城、今臨汝郡縣。汝水，處處鈔劫，百姓多被其害。自後魏與宋、齊、梁之時，淮、汝、江、漢間諸蠻渠帥互有所屬，皆授封爵焉。及魏末，爲暴滋甚，有冉氏、向氏、田氏者，陬落尤甚。大者萬家，小者千户，更相崇樹，僭稱王侯，屯據三峽，斷遏水路，荆蜀行人至有假道者。

西魏文帝大統十一年，沔漢諸蠻擾動，大將軍楊忠擊破之，其唐州蠻田魯嘉亦叛〔六八〕，唐州，今淮安郡。自號荆河州伯〔六九〕。遣王雄討之。後周明帝時，蠻帥冉令賢、向五子王等反，攻陷白帝。今雲安郡。武帝天和初，詔開府陸騰討斬之，蠻衆大潰，斬首萬餘級。騰乃積其骸骨於水邏城側爲京觀。後蠻、蜑見者輒大號哭，自此狼戾之心輟矣。信州舊治白帝〔七〇〕，騰更於蜀先主故城南，八陣之北，臨江岸築城，移置信州。又以巫縣、信陵、秭歸今雲安、巴東二郡界。並是峽中要險，於是築城置防〔七一〕，以爲襟帶焉。按後漢史，其在黔中、五溪、長沙間，則爲盤瓠之後；其在峽中巴、梁間，則爲廩君之後。種落繁盛，侵擾州郡，或移徙交雜，亦不可得詳別焉。

通典言：「按後漢史，其在黔中、五溪、長沙間者，則爲盤瓠之種；其在峽中、巴、梁間者，則爲廩君之後。其後種落繁盛，侵擾州郡，或移徙交錯，不可得而詳別。」今按通典所叙板楯蠻，魏晉以後之事，南史謂之荆楊蠻，北史謂之蠻獠，而俱以爲其源出自盤瓠，不言板楯。然六朝時，蠻漸徙而之北，則亦無由究其源流宗派矣，姑兩存之。

南平蠻

南平蠻，東距智州，南屬渝州，西接南州，北涪州〔七二〕。户四千餘，多瘴癘，山有毒草、沙虱、蝮蛇。人樓居，梯而上，名爲「干欄」。婦人横布二幅，穿中貫其首，號曰「通裙」〔七三〕。美髮髻，垂於後。竹筒三寸，斜穿其耳。貴者飾以珠璫。俗女多男少，婦人任役。婚法，女先以貨求男，貧者無以嫁，則賣爲婢。男子左衽，露髮，徒跣。其王姓朱氏，號劍荔王。唐貞觀三年，遣使内款，以其地隸渝州。

又有甯氏，世爲南平渠帥。陳末，以其帥猛力爲寧越太守。陳亡，自以爲與陳叔寶同日而生，當代爲天子，乃不入朝。隋兵阻瘴，不能進。猛力死，子長真襲刺史。及討林邑，長真出兵攻其後，又率部落從征遼東，煬帝授官遣還。又以其族人甯宣爲合浦太守。隋亂，皆以其地附蕭銑。武德初，以寧越、鬱林之地降，自是交、愛諸州始通。長真死，子據襲刺史。其地西南接烏蠻、昆明、哥蠻、大小播州，部族數十居之。

宋治平中，熟夷李光吉、梁秀等三族據其地〔七四〕，各有衆數千家。間以威勢誘脅漢户，有不從者屠之，没入土田。往往投充客户，謂之納身，税賦皆里胥代償。藏匿亡命，數以其徒僞爲生獠劫邊民，官軍追捕，輒遁去，習以爲常，密賂黠民覘守令動静，稍築城堡，繕器甲。遠近患之。熙寧三年，轉運使孫固、判官張詵使兵馬使馮儀、葉簡〔七五〕、杜安行圖之，以禍福開諭，因進兵，復賓化寨，平蕩三族。以其地賦民，凡得租三萬五百石〔七六〕，絲綿一萬六千兩。以賓化寨爲隆化縣，隸涪州；建榮懿、扶歡兩寨。其外銅佛壩者，隸渝州南川縣〔七七〕，地皆膏腴。自光吉等平，他部族據有之。朝廷因補其土人王才進充巡檢，委之控扼。才進死，部族無所統，數出盜邊。朝廷命熊本討平之，建壩爲南平軍，以渝州南川、涪州隆化隸焉。元豐四年，有楊光震者助官軍破乞弟，殺其黨阿訛。大觀二年，木攀首領趙泰〔七八〕、播州夷族楊光榮各以地内屬，詔建溱、播二州，後皆廢。

東謝

東謝渠帥姓謝氏，南蠻别種，在黔中之東〔七九〕，地方千里。其俗無文字，刻木爲約。巢居，刀劍不離其身。冠熊皮，被猛獸革。酋長名元深，世襲〔八〇〕。其一族不育女，自云高姓，不可下嫁。唐貞觀三年，元深入朝，冠烏熊皮冠，若今之旄頭，以金絡額〔八一〕，身披毛帔，韋皮行縢而著履。貞觀中，開其地爲應州，隸黔州都督府。今黔中郡所管羈縻州。

西趙

西趙蠻在東謝之南，並南蠻别種。其界東至夷子，西至昆明，南至西洱河。山洞深阻，莫知里數，南北十八日行，東西二十三日行。其風俗與東謝同。趙氏代爲酋長，有萬餘户，自古不臣中國。唐貞觀三年，遣使入朝。二十一年，以其地置明州〔八二〕，以首領趙唐爲刺史〔八三〕。

牂牁

牂牁渠帥姓謝氏，舊臣中國，代爲本土牧守。隋末大亂，遂絶。唐貞觀中，其酋遣使脩職貢。勝兵戰士數萬，於是列其地爲牂州〔八四〕。唐黔中郡羈縻州。

昆明蠻一曰昆彌，以西洱河爲境，即葉榆河也。距京師九千里。土歊濕，宜秔稻。人辮首、左衽，與突厥同。逐水草畜牧，夏處高山，冬入深谷。尚戰死，惡病亡，勝兵數萬。武德中，巂州治中吉偉使南寧因至其國，諭使朝貢，求内屬，發兵戍守。自是歲與牂牁使皆來。龍朔三年，矩州刺史謝法成招慰北樓等七千户内附〔八五〕。總章三年〔八六〕，置禄州、湯望州〔八七〕。咸亨三年，昆明十四姓率户二萬内附，析其地爲殷州、總州、敦州，以安輯之。殷州居戎州西北，總州居西南，敦州居南，遠不過五百餘里，近三百里。其後又置盤、麻等四十一州，皆以首領爲刺史。

昆明九百里，即牂牁國也。兵數出，侵地數千里。元和八年，上表請盡歸牂牁故地。開成元年，鬼主阿珮内屬。會昌中，封其别帥爲羅殿王，世襲爵。其後又封别帥爲滇王，皆牂牁蠻也。東距辰州二千四百里，其南千五百里即交州也。無城郭，土熱多霖雨，稻粟再熟。無傜役，戰乃屯聚。刻木爲契，盜者倍三而償，殺人者出牛馬三十〔八八〕。俗與東謝同，首領亦姓謝氏。

充州

充州，牂牱别部，與牂牱鄰境。勝兵二萬。唐黔中郡羈縻州。唐貞觀中朝貢，列其地爲充州。開元中，牂牱酋長元齊死，孫嘉藝襲官，封其後，乃以趙氏爲酋長。天寶中，其裔趙國珍有戰功〔八九〕。閤羅鳳叛，宰相楊國忠授國珍黔中都督，屢敗南詔，護五溪十餘年，天下方亂，其部獨寧。終工部尚書。貞元、元和以訖開成，朝貢不絶。

石湖范氏桂海虞衡志曰：「南方曰蠻，亦曰西南蕃。今郡縣之外，羈縻州洞，雖故皆蠻地，猶近省民，供税役，故不以蠻命之。過羈縻則謂之化外，真蠻矣。區落連亘湖廣，接於西戎，種類殊詭，不可勝計。此等前世，蓋嘗内附，建黔南帥府於融州以統之。今融帥已罷，一切化外也。融在傜洞之南，蕃蠻之東，蕃蠻時出州縣城郭，以蜜臘草香等貿易。每歲聖節，亦有出赴燕設者。其稱大小張、大小王、龍石、騰謝等，謂之西南蕃。地與牂牱接。人椎髻跣足，或着木履，衣青花斑布。以射獵讐殺爲事，持木牌、標槍、木弩、藥箭相鈔掠。而峨州以西，又有羅坐、夜回、計利、流求、萬壽、多嶺、阿悮等蠻，謂之『生蠻』〔九〇〕。酋自謂太保，大抵與山獠相似，但有首領耳。其人椎髻，以白紙纍之，云『尚與諸葛武侯制服』也。西南蕃俗，大抵介别。男夫甚剛，妻女甚潔，夫婦異居，妻所居深藏不見人，夫過其妻，掛劍於門而後入，或期於深山，不褻穢其居，謂否則鬼神禍之。此諸蠻皆未嘗爲害，故其事亦不能詳知。又有漢蠻者，十年前，大理馬至横山，此蠻亦附以來。衣服與中國略同，能通華言。自云『本諸葛武侯戍兵』，聞其種人絶少。按三國志，初無留戍事。唐史有西屠夷，乃馬伏波兵留不去者，初止十户，隋末至三百户，皆姓馬，號『馬留人』。與林邑分唐境，疑漢蠻即此類。

其南連邕州南江之外，稍有名稱者，羅殿、自杞以國名；羅孔、特磨、白衣、九道等以道名。此皆成聚落，地皆近南詔。羅在融、宜之西，邕之西北。唐會昌中，封其帥爲羅殿王，世襲爵，歲以馬至横山互市。亦有移至邕，稱守羅國王羅吕押馬者；稱西南謝蕃，知武州節度使，都大照會羅殿國文字。按唐史，東謝蠻居黔州西，謝氏世酋長，部落尊畏之。然則謝蕃蓋羅殿之巨室，又知其地近牂牁、自杞，本小蠻，尤兇狡嗜利。其賣馬於横山，少拂意，即拔刃向人，亦嘗有所殺傷。邕管亦殺數蠻以相當，事乃已。今其國王曰阿巳，生三歲而立。其臣阿謝柄國，善撫其衆，諸蠻比多附之。至有精騎萬計。阿巳年十七，阿謝乃歸國政阿巳，猶舉國以聽之。諸蠻之至邕管賣馬者，風聲氣習大抵略同。其人多深目長身，黑面白牙，以錦纏椎髻，短褐徒跣，戴笠荷氊珥，刷牙，金環約臂，背長刀，腰弩箭箙，腋下佩皮篋，胸至腰駢束麻索，以便乘馬。取馬於群，但持長繩，走前擲馬首絡之，一投必中。刀長三尺甚利，出自大理者尤奇。性好潔，數人共飯，一柈中植一匕，置杯水其傍，少長共匕而食。探匕於水，抄飯一哺許摶之，柈令圓净，始加之匕上，躍以入口，蓋不欲汙匕妨他人。每飯極少，飲酒亦止一杯，數咽始能盡，蓋腰腹束於繩故也。食鹽、礬、胡椒，不食彘肉。食已必刷齒，故常皓然。甚惡穢氣，野次有穢，必坎而覆之。邕人每以此制其忿戾，投以穢器，輒躍馬驚走。」

獠

獠蓋蠻之别種，往代初出自梁、益之間，自漢中達於邛、笮，川谷之間，所在皆有。北自漢中，西南及越嶲以來皆有之。笮，才各反。俗不辯姓氏，又無名字，所生男女，長幼次第呼之。其丈夫稱阿謩、阿段〔九一〕，婦人阿夷、阿等之類〔九二〕，皆其語之次第稱謂也。依樹積木，以居其上，名曰「干欄」。干欄大小，隨其家之口數。往往推一酋帥爲主，亦不能遠相統攝。父死則子繼，若中國之黨族也。獠王各有鼓角一雙，使其子弟自吹擊之。好殺害，多仇怨，不敢遠行。性同禽獸，至於忿怒，父子不相避，惟手有兵刃者先殺之。若殺其父，走避於外，求得一狗〔九三〕，以謝其母，然後敢歸。母得狗謝，不復嫌恨；若報怨相攻擊，必殺而食之。遞相劫掠，不避親戚，賣如猪狗而已〔九四〕。亡失兒女，一哭便止。被賣者號哭不服，逃竄避之，乃將買人捕逐。若亡叛獲，便縛之；但經被縛者，即服爲賤隸，不敢更稱良矣。惟執楯持矛，不識弓矢。用竹爲簧，群聚鼓之，以爲音節。爲細布〔九五〕，色至鮮净。大狗一頭，買一生口。性尤畏鬼，所殺之人美鬚髯者，必剥其面皮，籠之於竹，及燥，號之曰鬼，鼓舞祀之，以求福利。俗尚淫祀，至有賣其昆季妻孥盡者，乃自賣以供祭焉。鑄銅爲器，大口寬腹，名曰銅爨，既薄且輕，易於熟食。

蜀本無獠，晉李勢時，諸獠始出巴西、渠川、廣漢、陽安、資中、犍爲、梓潼〔九六〕，今蜀川之内。布在山谷，十餘萬落，攻破郡縣，爲益州大患。自桓温破蜀之後，力不能制。又蜀人東流，山險之地多空，獠遂挾山傍谷，與人參居。參居者頗輸租賦，在深山者仍爲匪人〔九七〕。至梁武帝，梁、益二州今漢川、蜀川郡縣地〔九八〕。歲歲伐獠，以自裨潤，公私頗藉爲利。後魏宣武帝正始初，梁將夏侯道遷舉漢中附魏〔九九〕，宣武帝遣尚書邢巒爲梁、益二州刺史以鎮之。其後以梁、益二州控攝崄遠，乃立巴州在今清化郡。以統諸獠。後以巴酋帥嚴始欣爲刺史，又立隆城鎮，隆城所綰獠二十萬户〔一〇〇〕，所謂北獠也。歲輸租布。魏明帝孝昌初，據城叛，入梁，益，二州並遣將討之〔一〇一〕，攻陷巴州。執始欣，斬之。後梁州爲梁氏所陷，今漢中郡。自此又屬梁矣。後周武帝平梁、達奚武平之。益，尉遲迥平之〔一〇二〕。令所在撫慰。其與華人雜居者，亦頗從賦役。然天性暴亂，旋致擾動。每歲命隨近州鎮出兵討之，獲其生口，以充賤隸，謂之壓獠焉。復有商旅往來者〔一〇三〕，亦資以爲貨，公卿逮於人庶之家，有獠口者多矣。其種類滋蔓，保據巖壑，依林走險，若履平地，性又無知，殆同禽獸，諸夷之中最難以道義招懷也。

劍南諸獠，唐武德、貞觀間數寇州縣者不一。巴州山獠王爲馨叛〔一〇四〕，梁州都督龐玉梟其首，又破餘黨符陽、白石二縣獠。其後眉州獠反，益州行臺郭行方大破之。未幾，又破洪、雅二州獠，俘男女五千口。是歲，益州獠亦反，都督竇軌請擊之，太宗報曰：「獠依山險，當拊以恩信。脅人以兵威，豈爲人父母意邪？」貞觀七年，東、西玉洞獠反，以右屯衛大將軍張士貴爲龔州道行軍總管，討平之。十二年，巫州獠叛，夔州都督齊善行擊破之，俘男女三千餘口。鈞州獠叛，桂州都督張寶德討平之。明州山獠又叛，交州都督李道彦擊走之。是歲，巴、洋、集、壁四州山獠叛，攻巴州，遣右武候將軍上官懷仁破之於壁州，虜男女萬餘，明年遂平。十四年，羅、竇諸獠叛，以廣州都督黨仁弘爲竇州道行軍總管，擊之，虜男女七千餘人。太宗再伐高麗，爲船劍南，諸獠皆半役，雅、邛、眉三州獠不堪其擾，相率叛，詔發隴右、峽兵二萬，以茂州都督張士貴爲雅州道行軍總管，與右衛將軍梁建方平之。

高宗初，琰州獠叛，梓州都督謝萬歲〔一〇五〕、兖州刺史謝法興〔一〇六〕、黔州都督李孟嘗討之。萬歲、法興入洞招慰，遇害。顯慶二年〔一〇七〕，羅、竇生獠酋領多胡桑率衆内附。上元末，納州獠叛，寇故茂、都掌二縣，殺吏民，焚廨舍，詔黔州都督發兵擊之。大曆二年，桂州山獠叛，陷州，刺史李良遁去。貞元中，嘉州綏山縣婆籠川生獠首領甫枳兄弟誘生蠻爲亂〔一〇八〕，剽居人，西川節度使韋皋斬獠，招其首領勇于等出降。或請增栅東陵界以守〔一〇九〕，皋不從〔一一〇〕，曰：「無戎而城，害所生也。」獠亦自是不擾境。

戎、瀘間有葛獠，居依山谷林箐，踰數百里。俗喜叛，州縣撫視不至，必合黨數千人，持排而戰。奉酋帥爲王，號曰「婆能」，出入前後植旗。大中末，昌、瀘二州刺史貪沓，以弱繒及羊彊獠市，米麥一斛，得直不及半，群獠訴曰：「當爲賊取死耳！」刺史召二吏榜之曰：「皆爾屬爲之，非吾過。」獠相視大笑，遂叛。立酋長始艾爲王，踰梓潼〔一一一〕，所過焚剽，刺史劉成師誘降其黨，斬首領七十餘人。餘衆遁至東川，節度使柳仲郢諭降之。始艾稽首謝罪，仲郢貰遣之。

石湖范氏桂海虞衡志曰：「獠依山林而居，無酋長、版籍，蠻之荒忽無常者也。以射生食動爲活，蟲豸能蠕動者皆取食。無年甲姓名，一村中推有事力者曰『郎火』，餘但稱『火』。歲首以土杯十二貯水，隨辰位布列，郎火禱焉，乃集衆往觀。若寅有水而卯涸，則知正月雨，二月旱，自以不差。諸蕃歲賣馬於官，道其境，必要取貨及鹽、牛，否則梗馬路，官亦以鹽、綵和謝之。其稍稍漸有名稱曰上下者，則入蠻類。舊傳獠有飛頭、鑿齒、鼻飲、白衫、花面、赤裩之屬二十一種，今右江西南一帶甚多，殆百餘種。唐房千里異物志言：『獠婦生子即出，夫憊臥如乳婦，不謹則病，其妻乃無苦。』唐志言：飛頭獠者，頭欲飛，周項有痕如縷，妻子共守之。及夜如病，頭忽亡，比旦還。又有烏武獠，地多瘴毒，中者不能飲藥，故自鑿齒。」

校勘記

〔一〕至楚武王時　「武」字原脱，據通典卷一八七邊防三補。

〔二〕楚師後振　「後」原作「復」，據通典卷一八七邊防三改。

〔三〕今長沙衡陽等郡地　「地」原作「也」，據通典卷一八七邊防三改。

〔四〕武陵蠻帥相單程今武陵澧陽黔中寧夷盧溪等郡即漢武陵郡大寇郡縣　「相」字原脱，據下文及後漢書卷八六南蠻西南夷傳補。

〔五〕西趙自古不臣中國　「趙」原作「謝」，據後漢書卷八六南蠻西南夷傳及舊唐書卷一九七南蠻西南蠻傳、新唐書卷二二二下南蠻傳改。

〔六〕今澧陽武陵黔中郡地　「地」原作「也」，據通典卷一八七邊防三改。

〔七〕武溪　「溪」下原衍「陵」字，據通典卷一八七邊防三刪。

〔八〕以蠻夷率服　「率」原作「卒」，據後漢書卷八六南蠻西南夷傳、通典卷一八七邊防三改。

〔九〕魏明元帝泰常八年　「明元帝」原作「道武」，據魏書卷三太宗紀三改。

〔一〇〕太陽蠻首桓誕擁沔水以北滍葉以南八萬餘落　「沔」原作「河」，「滍」原作「溼」，據魏書卷一〇一蠻傳、資治通鑑卷一三三宋紀一五泰豫元年正月戊午條改。

〔一一〕拜誕征南將軍東荆州刺史　「東」字原脱，據魏書卷一〇一蠻傳、北史卷九五蠻傳及資治通鑑卷一三三宋紀一五泰豫元年正月戊午條補。

〔一二〕魯陽蠻魯北鷰　「魯北鷰」原作「魯伯」，據北史卷九五蠻傳、資治通鑑卷一四五梁紀一天監元年二月丁巳條改。

〔一三〕東荆州蠻樊素安等反　「安」字原脱，據魏書卷一〇一蠻傳、北史卷九五蠻傳、資治通鑑卷一四五梁紀一天監二年十一月乙酉條補。

〔一四〕永平初東荆州表太守桓叔興　「永平」原作「永寧」，「荆州」原作「京州」，據魏書卷一〇一蠻傳、資治通鑑卷一四七梁紀三天監七年十二月壬申條改。

〔一五〕更相崇樹　「樹」字原脱，據周書卷四九異域傳上補。

〔一六〕文州蠻及冉令賢向五子王等叛　「王」字原脱，據北史卷九五蠻傳、周書卷四九異域傳上補。

〔一七〕據有湖南　「據」字原脱，據宋史卷四九三蠻夷傳一補。

〔一八〕獎州歸馬氏　「獎」原作「蔣」，據元本、慎本、馮本及宋史卷四九三蠻夷傳一、宋會要方域六之三六改。下同。

〔一九〕前溪州刺史田洪贇等列狀歸順　「州」字原脱，據宋史卷四九三蠻夷傳一補。

〔二〇〕溪錦叙富四州蠻相率詣辰州　「富」原作「巫」，據元本、慎本、馮本及宋史卷四九三蠻夷傳一改。

〔二一〕北江蠻酋最大者曰彭氏　「北江蠻酋」四字原脱，據宋史卷四九三蠻夷傳一補。

〔二二〕下溪　「溪」字原脱，據宋史卷四九三蠻夷傳一補。

〔二三〕具州名移辰州爲保證　「州」字原重，據宋史卷四九三蠻夷傳一删。

〔二四〕遣别子仕端等殺之　「之」原作「人」，據宋史卷四九三蠻夷傳一改。

〔二五〕熙寧初　「初」，宋史卷四九三蠻夷傳一作「中」。

〔二六〕湖北提刑趙鼎言峽州洞酋刻剥無度　「峽州」原作「陜州」，據元本、慎本、馮本及宋史卷四九三蠻夷傳一改。

〔二七〕南江諸蠻自辰州達於長沙　宋史卷四九三蠻夷傳一「長沙」下有「邵陽」二字。

〔二八〕頃湖廣諸蠻近漢者無所統一　「湖廣」原作「荆湖」，據宋史卷四九三蠻夷傳一改。

〔二九〕頑又莫革　「又」，宋史卷四九三蠻夷傳一作「冥」。

〔三〇〕乃詔悉廢所置初郡　「初」原作「州」，據元本、慎本、馮本及宋史卷四九三蠻夷傳一改。

〔三一〕湖南安撫趙彦勵言　「趙彦勵」原作「趙亮勵」，據宋史卷四九四蠻夷傳二改。下同。

〔三二〕郴州黑風峒傜人羅世傳出掠省地　「郴州」原作「柳州」，「羅世傳」原作「羅世傅」，據宋史卷四九四蠻夷傳二、宋會要蕃夷五之六八改。

〔三三〕明年　宋史卷四九四蠻夷傳二無此二字。上文言「嘉定初」，下文言「二年」，此二字疑衍。

〔三四〕生界傜獠齣没省地　「齣」原作「其」，據宋會要蕃夷五之七一改。

〔三五〕分爲五十團　范成大佚著輯存殘篇一引黄氏日鈔節文作「結成五十五團」。

〔三六〕其人歲出賦二千一十六錢　「人」，後漢書卷八六南蠻西南夷傳作「君長」。

〔三七〕其人户出幏布八丈二尺　「幏」原作「傢」，據後漢書卷八六南蠻西南夷傳注引説文、通典卷一八七邊防三改。下同。

〔三八〕南郡蠻夷布也　「郡」原作「軍」，據後漢書卷八六南蠻西南夷傳注引説文、通典卷一八七邊防三改。

〔三九〕三十鍭百二十也　「百二十」，後漢書卷八六南蠻西南夷傳李賢注作「一百四十九」。

〔四〇〕號爲楊車巴　「楊」字原脱，據下文及晉書卷一二〇李特載記補。

〔四一〕發夷人還伐三秦　「伐」字原脱，據後漢書卷八六南蠻西南夷傳、通典卷一八七邊防三補。

〔四二〕餘户乃歲入口錢四十　後漢書卷八六南蠻西南夷傳作「餘户乃歲入賨錢口四十」。

〔四三〕世號爲板楯蠻夷　「世」原作「代」，據後漢書卷八六南蠻西南夷傳改。「代」，通典避唐諱改，本書沿用通典之文，未曾回改。下同。

〔四四〕靈帝光和三年　「三年」，標點本後漢書卷八六南蠻西南夷傳據靈帝紀改「二年」。

〔四五〕南充　原作「南兖」，據通典卷一八七邊防三改。

〔四六〕房陵郡地皆是也　「房陵」原作「局陵」，據通典卷一八七邊防三改。

〔四七〕漢中計程苞對曰　後漢書卷八六南蠻西南夷傳「計」上有「上」字。

〔四八〕先世復爲義人　「世」原作「代」，「義」原作「羌」，據後漢書卷八六南蠻西南夷傳、通典卷一八七邊防三改。

〔四九〕今漢川蜀川郡縣地　下「川」字北宋本通典卷一八七邊防三作「鎮」。

〔五〇〕太守李顯之亦以板楯討而平之　「李顯之」，後漢書卷八六南蠻西南夷傳、太平寰宇記卷一七八四裔七南蠻三作「李顒」。

〔五一〕北土復號之爲巴氏　「土」字原脱，據晉書卷一二〇李特載記補。

〔五二〕今天水郡隴城縣　「隴城」原作「龍城」，據通典卷一八七邊防三改。

〔五三〕今江陵　「江陵」下原有「郡」字，據通典卷一八七邊防三删。

〔五四〕其餘無事　「事」，宋書卷九七夷蠻傳、南史卷七九夷貊傳下作「雜調」。

〔五五〕天門今澧陽郡地溇中令宋矯之傜賦過重　「宋矯之」，南史卷七九夷貊傳下、通典卷一八七邊防三同，宋書卷九七夷蠻傳、太平寰宇記卷一七八四夷七南蠻三作「宗矯之」。

〔五六〕先是劉道産善撫諸蠻　「先是」原作「及」，據宋書卷九七夷蠻傳、太平寰宇記卷一七八四夷七南蠻三改。

〔五七〕孝武帝出爲雍州時巴東今巴東建平今巴郡宜都今夷陵郡天門四郡蠻爲寇諸郡人户流散百不存一　通典卷一八七邊防三同。據宋書卷六孝武帝紀，劉駿出爲雍州，在元嘉二十二年，其父文帝劉義隆尚在位。宋書卷九七夷蠻傳、南史卷七九夷貊傳下於「孝武出爲雍州」下云「群蠻斷道」，「遣軍主沈慶之連年討蠻」。而此云「四郡蠻爲寇諸郡人户流散百不存一」，據同上二書乃孝武帝即位後大明中事。兩事相距十餘年，杜氏牽合並述，顯誤。本書沿用通典之文，未曾改正。

〔五八〕沈慶之率江雍豫州諸軍討破之　「豫州」原作「荆河州」，乃通典避代宗諱改，本書沿用通典之文，未曾回改，今據宋書卷七七改回。下同。

〔五九〕齊高帝時武陵西溪蠻田思飄　「西溪」原作「西谿」，據南齊書卷五八蠻傳、通典卷一八七邊防三改。

〔六〇〕皆今五溪中地　「地」原作「也」，據通典卷一八七邊防三改。

〔六一〕今長沙衡陽地　「地」原作「也」，據通典卷一八七邊防三改。

〔六二〕司州今義陽　原作「今司州義陽」，據通典卷一八七邊防三改。

〔六三〕漢東等郡　「漢東」原作「溪東」，據通典卷一八七邊防三改。

〔六四〕魯陽蠻今臨汝郡魯山縣地魯北鸗等聚衆萬餘攻逼潁陽　「地」原作「也」，據通典卷一八七邊防三改。「潁陽」原作「潁陽」，魏書卷一〇一蠻傳作「潁川」，據改。「潁陽」，魏書卷六六李崇傳、北史卷四三李崇傳均作「湖陽」。

〔六五〕又遣蔡令孫等三將步騎五千侵南荆之西南沿漢上下　「西」下「南」字原脱，據魏書卷一〇一蠻傳、北史卷九五蠻傳補。「漢」，以上兩書作「襄沔」。

〔六六〕後魏遣蠻帥桓叔興率蠻夏二萬餘人擊之　「興」字原脱，據魏書卷一〇一蠻傳補。

〔六七〕今汧陽郡地　「汧陽郡地」原作「汧地陽郡」，據通典卷一八七邊防三乙改。

〔六八〕其唐州蠻田魯嘉亦叛　「亦」原作「示」，據北史卷九五蠻傳、周書卷四九異域傳上、通典卷一八七邊防三改。

〔六九〕自號荆河州伯　「荆河州」，北史卷九五蠻傳、周書卷四九異域傳上作「豫州」。「荆河」，通典避唐諱改，本書沿用通典之文，未曾回改。

〔七〇〕信州舊治白帝　「治」原作「理」，據周書卷四九異域傳上改。「理」，通典避唐諱改，本書沿用通典之文，未曾回改。

〔七一〕於是築城置防　「防」原作「坊」，據周書卷四九異域傳上、通典卷一八七邊防三改。

〔七二〕北涪州　「涪州」原作「治州」，據元本、慎本、馮本及通典卷一八七邊防三改。

〔七三〕號曰通裙　「裙」原作「裻」，據舊唐書卷一九七南蠻西南蠻傳、新唐書卷二二二下南蠻傳下改。

〔七四〕熟夷李光吉梁秀等三族據其地　「李光吉梁秀等三族」，太平治蹟統類卷一七作「李光吉王衮梁秀等三族」。

〔七五〕葉簡　宋史卷四九六蠻夷傳四作「弁簡」。

〔七六〕凡得租三萬五百石　「百」，宋史卷四九六蠻夷傳四作「千」。

〔七七〕隸渝州南川縣　「南川」原作「南州」，據宋史卷四九六蠻夷傳四改。下同。

〔七八〕木攀首領趙泰　「趙泰」原作「趙秦」，據宋史卷四九六蠻夷傳四改。

〔七九〕在黔中之東　通典卷一八七邊防三同，舊唐書卷一九七南蠻西南蠻傳、太平寰宇記卷一七八四夷七南蠻三皆作「在黔州之西數百里」。按下云「貞觀中，開其地爲應州」。應州在今三都水族自治縣附近，地當黔中郡（黔州）之南。

〔八〇〕世襲　「世」原作「代」，據舊唐書卷一九七南蠻西南蠻傳改。「代」，通典避唐諱改，本書沿用通典之文，未曾回改。下同。

〔八一〕以金絡額　舊唐書卷一九七南蠻西南蠻傳「金」下有「銀」字。

〔八二〕以其地置明州　「明州」原作「朝州」，據新唐書卷二二二下南蠻傳下改。

〔八三〕以首領趙唐爲刺史　「趙唐」，舊唐書卷一九七南蠻西南蠻傳作「趙磨」，新唐書卷二二二下南蠻傳下作「趙酋摩」。

〔八四〕於是列其地爲牂州　「牂州」原作「牂牱」，據舊唐書卷一九七南蠻西南蠻傳、新唐書卷二二二下南蠻傳下、通典卷一八七邊防三改。

〔八五〕矩州刺史謝法成招慰北樓等七千户内附　「北樓」，新唐書卷二二二下南蠻傳下作「比樓」。

〔八六〕總章三年　按總章三年三月甲戌改元咸亨，見新唐書卷三高宗紀，總章三年即咸亨元年。

〔八七〕置禄州湯望州　「禄州」原作「禄火」，據新唐書卷二二二下南蠻傳下改。

〔八八〕殺人者出牛馬三十　「出」字原脱，據新唐書卷二二二下南蠻傳下補。

〔八九〕其裔趙國珍有戰功　「趙國珍」原作「趙珍裔」，據新唐書卷二二二下南蠻傳下改。

〔九〇〕謂之生蠻　「生蠻」原作「蠻酋」，據桂海虞衡志志蠻改。

〔九一〕其丈夫稱阿暮阿段　「段」原作「改」，據魏書卷一〇一獠傳、北史卷九五獠傳、周書卷四九異域傳上、太平寰宇記卷一七八四夷七南蠻三、太平御覽卷七九六四夷部一七西戎五改。

〔九二〕阿等之類　「阿等」，魏書卷一〇一獠傳、北史卷九五獠傳、太平寰宇記卷一七八四夷七南蠻三、太平御覽卷七九六四夷部一七西戎五同，周書卷四九異域傳上作「阿第」。

〔九三〕求得一狗　「一」原作「十」，據魏書卷一〇一獠傳、北史卷九五獠傳及通典卷一八七邊防三改。

〔九四〕賣如猪狗而已　通典卷一八七邊防三同。「賣如」，魏書卷一〇一獠傳、北史卷九五獠傳作「賣取」，太平御覽卷七九六四夷部一七西戎五作「責取」。

〔九五〕爲細布　「細」原作「絈」，據魏書卷一〇一獠傳、北史卷九五獠傳、北宋本通典卷一八七邊防三改。

〔九六〕梓潼　原作「梓橦」，據通典卷一八七邊防三改。

〔九七〕在深山者仍爲匪人　「仍」原作「乃」，據通典卷一八七邊防三改。

〔九八〕今漢川蜀川郡縣地　「地」原作「也」，據通典卷一八七邊防三改。

〔九九〕梁將夏侯道遷舉漢中附魏　「梁」字原脱，據太平寰宇記卷一七八四夷七南蠻三改。

〔一〇〇〕隆城所綰獠二十萬户　「隆城」原作「隆鎮」，此二字魏書卷一〇一獠傳、通典卷一八七邊防三俱無，據上文「又立隆城鎮」改。

〔一〇一〕入梁益二州並遣將討之　魏書卷一〇一獠傳、太平寰宇記卷一七八四夷七南蠻三無「入」字。

〔一〇二〕後周武帝平梁達奚武平之益尉遲迥平之　據周書卷一九達奚武傳、卷二一尉遲迥傳，二將分别平梁、益，皆在周文帝宇文泰執政時期，與周武帝宇文邕無關。「達」原作「違」，據北史卷六五達奚武傳、周書卷一九達奚武傳及通典卷一八七邊防三改。

〔一〇三〕復有商旅往來者　「復」，北史卷九五獠傳、周書卷四九異域傳上作「後」。

〔一〇四〕巴州山獠王爲馨叛　「王爲馨」，新唐書卷二二二下南蠻傳下作「王多馨」。

〔一〇五〕梓州都督謝萬歲　資治通鑑卷一九九唐紀一五永徽元年十二月庚午條胡注：「梓州，當作牂州。」按新唐書卷四三下地理志七下，黔州都督府領牂州；卷四二地理志六，梓州屬劍南道，疑此處有誤。

〔一〇六〕充州刺史謝法興　「充州」原作「兖州」，據新唐書卷二二二下南蠻傳下改。

〔一〇七〕顯慶二年　「二年」，新唐書卷二二二下南蠻傳下作「三年」。

〔一〇八〕嘉州綏山縣婆籠川生獠首領甫枳兄弟誘生蠻爲亂　「嘉州」原作「加州」，據新唐書卷二二二下南蠻傳下、元和郡縣圖志卷三一劍南道上改。

〔一〇九〕或請增柵東陵界以守　「東陵」，新唐書卷二二二下南蠻傳下作「東淩」。

〔一一〇〕皋不從　「皋」原作「軍」，據新唐書卷二二二下南蠻傳下改。

〔一一一〕踰梓潼　「梓潼」原作「梓橦」，據新唐書卷二二二下南蠻傳下改。

卷三百二十九　四裔考六

夜郎國

夜郎國，今夜郎、播川、犍爲郡即其國。漢時南夷君長以十數〔一〕，夜郎最大，在蜀郡徼外，東接交趾，西鄰滇國。今雲南郡滇國。其國鄰牂牁江，江廣數里，出番禺城下。戰國時，楚頃襄王遣將莊蹻從沅水伐夜郎〔二〕，軍至且蘭，椓船於岸而步戰。既滅夜郎，因留王滇池，以且蘭有椓船牂牁處，乃改其名爲牂牁。牂牁，繫船杙也〔三〕。番禺，即今南海郡城南江。杙音弋。其地多雨潦，俗好巫鬼禁忌〔四〕。寡畜産，又無蠶桑，故最貧。鈎町有桄榔木，可以爲麪，百姓資之。鈎町，漢以爲縣，屬牂牁郡。鈎音鉅于反，町音大鼎反。

武帝時，唐蒙上書曰：「竊聞夜郎精兵，可得十餘萬。浮船牂牁江，出不意，此制南越奇兵也。」乃拜蒙爲郎中將〔五〕，遂見夜郎侯。蒙厚賜，諭以威德。夜郎貪漢繒帛，以爲漢道險，終不能有也，乃與蒙約。還報，乃以爲犍爲郡。今犍爲、陽安、仁壽、通義、和義、資陽皆其地。發巴巴郡今通川等十五郡地，已具上注。蜀卒蜀郡今蜀郡、濛陽、唐安、臨邛、盧山等郡，亦曰蜀川。治道〔六〕，自僰道指牂牁江。蜀人司馬相如亦言西夷邛、筰可置郡。今越嶲郡地。帝使相如往諭，皆如南夷，爲置一都尉〔七〕，十餘縣，屬蜀郡。當是時，巴蜀四郡漢中、廣漢、巴郡，今漢川、巴川、蜀川地也。通西南夷道，戍轉相饟，古餉字。數歲，道不通，士罷餓離濕，罷音疲。離，遭也。死者甚衆。夷又數反，發兵興擊，耗費無功。帝患之，使公孫弘往視問焉。還，言其不便。時方築朔方，據河逐胡，弘因數言西南夷爲害，通西南夷大爲損害。可且罷，專力事匈奴。上罷西夷，獨置南夷兩縣一都尉。及元狩元年，張騫言使大夏時，見蜀布、邛竹杖，問所從來，曰「從東南身毒國，即天竺也。可數千里，得蜀賈人市」。或聞邛西可二千里有身毒國。於是乃令王然于閒出西南夷，往身毒國。至滇，道皆爲昆明所閉，昆明在今越巂郡西南。莫能通身毒。及南越反，上使發南夷兵。且蘭君小邑，乃與其衆反。漢發巴蜀校尉擊破之，遂平南夷爲牂牁郡。今涪川、夜郎、義泉郡地。夜郎侯始倚南越，南越滅〔八〕，恐懼，遂入朝，封爲夜郎王。

昭帝始元中，牂牁、談指、同並等二十四邑，凡三萬餘人皆反。並音伴。談指、同並後皆爲縣，屬漢牂牁郡。遣水衡都尉發蜀郡犍爲兵擊牂牁，大破之。後姑繒、葉榆人復反，鉤町侯亡波率其人擊之，有功，漢立亡波爲鉤町王。

至成帝河平中，夜郎王興與鉤町王禹、漏卧侯俞漏卧，夷邑名〔九〕，後爲縣，屬漢牂牁。更舉兵相攻。牂牁太守請發兵誅興等。漢以道遠不可擊，遣大中大夫張匡持節和解，並不從。杜欽説王鳳曰：「張匡和解蠻夷王侯，王侯不從，不憚國威，其效可見。恐議者選耎，復守和解，選耎，怯懦不前之意。選，息兗反。耎，人兗反。太守察動静有變迺以聞，如此則復曠一時。曠，空也；一時，三月。言空廢一時，不早發兵。王侯得收獵其衆，申固其謀，黨助衆多，各不勝忿，必相殄滅，自知罪成，狂犯守尉。言起狂勃之心而殺守尉〔一〇〕。遠藏温暑毒草之地，雖有孫吳之將，賁育之士，若入水火，往必焦没，智勇俱亡所設施。屯田備守之，費不可勝量。宜因其罪惡未成，未疑國家加誅，陰敕旁郡守尉練士馬，大司農先調穀積要害處，調，發也。要害者，在我爲要，於敵爲害。選任職太守往，以秋凉時入，誅其王侯尤不軌者。即以爲不毛之地，亡用之人，聖王不以勞中國，即猶若也。不毛言不生草木。宜罷郡，放棄其人，絶其王侯勿復通。如以先帝所立累代之功不可隳壞，亦宜因其萌芽，早斷絶之；及已成形〔一一〕，然後師興，則萬姓被害矣。」鳳於是薦陳立爲牂牁太守。至牂牁，迺從吏數十人出行縣，召興。興將數千人往。立數責，因斷興頭，出曉其衆。皆釋兵降。興子邪務收餘兵，迫脅旁二十二邑反〔一二〕。立又擊平之。

公孫述時，大姓龍、傅、尹、董氏，與郡功曹謝暹保境爲漢〔一三〕，乃遣使從番禺江奉貢。番禺江今南海郡。光武嘉之，並加褒賞。桓帝時，郡人尹珍乃從汝南許慎、應奉受經書〔一四〕，學成，還鄉里教授，自是南域始有學焉。珍官至荆州刺史。後漢史云：「有女子浣於遯水，有三節大竹流入足間，剖之得一男兒，養之。及長，自立爲夜郎侯，以竹爲姓。武帝元鼎中，置牂牁郡，夜郎侯迎降。天子賜其王印綬，後遂殺之。夷獠咸以竹王非血氣所生，甚重之，求爲立後。牂牁太守吴霸以聞，天子乃封其三子爲侯，死，配食其父。」按范曄所撰〔一五〕，乃引華陽國志。又案漢書，其夜郎侯降封王，不言殺。成帝時猶謂之夜郎王。曄焉得云：「竹王被殺，後封其子爲侯？」與班史全乖角，宜華陽國志爲怪詭也。大抵范曄著述，多稱詭異，若無他書，何以辯正〔一六〕？則因習纂録，不復刊革云。

唐置費、珍、莊、琰、播、郎、牂、夷等州。其地北距充州百五十里，東距辰州二千四百里，南距交州一千五百里，西距昆明九百里。無城郭，散居村落。土熱多霖雨〔一七〕，稻粟皆再熟。無徭役，將征戰乃屯聚。刻木爲契。其法：劫盜者償其主三倍；殺人者，出牛馬三十頭與其家以贖死。疾病無醫藥，但擊銅砂羅以祀神。風俗與東謝蠻同。隋大業末，首領謝龍羽據其地，勝兵數萬人。唐末，王建據西川，由是不通中國。後唐天成二年，牂牁清州刺史宋朝化等一百五十人來朝。孟知祥據蜀，復不通朝貢。宋乾德三年平蜀。五年，知西南蕃南寧州蕃落使龍彦瑫等來貢〔一八〕。詔授以官。開寶二年，武才等一百四十人來貢。八年，三十九部順化王子若廢等三百七十人來貢馬百六十匹〔一九〕、丹砂千兩。太平興國五年，蕃王龍瓊琚遣其子并諸州蠻七百四十七人以方物〔二〇〕、名馬來貢。自是至景德，朝貢不絶。太宗召見其使龍光進〔二一〕，詢以地理風俗，譯對曰：「地去宜州陸行四十五日。土宜五穀，多種秔稻，以木弩射麞鹿充食。每三二百户爲一州，州有長。殺人者不償死，出家財以贖〔二二〕。國王居有城郭，無壁壘，官府惟短垣。」光進説與前書所記小異，故并叙之。上因令作本國歌舞，一人吹瓢笙如蚊蚋聲，良久，數十輩連袂宛轉而舞，以足頓地爲節。詢其曲，則名曰水曲。其使十數輩，從者千餘人，皆蓬髮，面目黧黑，狀如猿猱。使者衣虎皮氈裘，以虎尾插首爲飾。大中祥符以後，頗爲寇抄，轉運使寇瑊調兵擊之，夷人寧息。天聖以來訖於元符貢奉。

其首領龍氏於諸姓爲最大，世世襲職，貢奉尤頻，使者但衣布袍，至假伶人之衣入見，蓋實貧陋，所冀者恩賞而已。賜以袍帶等物，至刺其數於臂。故事，蠻夷入貢，雖交趾、于闐之屬，皆御前殿見之。獨此諸蕃見於後殿，蓋卑之也。諸蕃部族數十，獨龍、方、張、石、羅五姓最著，號五姓蠻。其後又有程氏、韋氏，皆比附五姓，故號「西南七番」云。

滇

滇者，漢時在夜郎之西，靡莫之屬，滇最大。靡莫，西南徼外蠻也。滇音顛。始楚頃襄王使將軍莊蹻蹻即莊王之苗裔，居略反。將兵循江上略巴、黔以西。巴國，今清化、始寧、咸安、符陽、巴川、南賓、南浦是其地也。黔則黔中。蹻至滇池，方三百里，在今雲南郡。其澤在西北，水源深廣，末更淺狹，如倒流，故曰滇池。旁平地肥饒數千里。池旁之地。以兵威定屬楚，欲歸報，會秦擊奪楚巴、黔中郡〔二三〕，道塞不通，因西以其衆王滇〔二四〕，變服，從其俗以長之。爲其長帥也。案：史記及漢書皆云：楚威王使莊蹻略巴黔以西，至滇池。欲歸，會秦奪楚巴、黔中郡，因以其衆王滇。後十餘歲，秦滅之。又案：楚自威王後，懷王立三十年，至頃襄王之二十二年，秦昭襄王遣兵攻楚，取巫、黔中郡地。後漢史則云：頃襄王時，莊豪王滇，豪即蹻也。若莊蹻自威王時將兵略地〔二五〕，屬秦陷巫、黔中郡，道塞不還，凡經五十二年，豈得如此淹久？或恐史記謬誤，班生因習便書。范曄所記，詳考爲正。又案：莊蹻王滇，後十五年頃襄王卒，考烈王立二十五年，幽王立十年，王負芻立五年而楚滅，後十五年而秦亡〔二六〕，凡七十年〔二七〕，何故云蹻之王滇後十餘歲而秦亡，斯又未之詳也。

至武帝時，滇王有衆數萬人。元封二年，發巴蜀兵臨滇。滇王舉國降，請置吏入朝。於是以爲益州郡，今雲南郡。賜滇王王印，復長其民〔二八〕。武帝割牂牱、越嶲各數縣配之。後數年復并昆明地，皆以屬之。西南夷君長以百數，獨夜郎、滇受王印。滇，小邑也，最寵焉。後王莽簒位，改漢制，貶鉤町王爲侯，蠻夷盡反。莽遣平蠻將軍馮茂發巴、蜀、犍爲吏士，賦取足於民〔二九〕，以擊益州。出入三年，疾疫死者什七，巴、蜀騷動。更遣寧始將軍廉丹大發天水、隴西騎士，廣漢、巴、蜀、犍爲吏民十萬〔三〇〕，轉輸者合二十萬人擊之，不能剋而還。公孫述據益土，文齊爲太守，亦固守拒述，後漢初遣使朝謁。建武十八年，夷渠帥棟蠶與姑復、葉榆、梇棟、連然、滇池、建伶、昆明諸種反叛，殺長吏。漢姑復縣屬越巂郡，餘六縣並屬益州郡地〔三一〕，並在今越巂、雲南郡地。遣武威將軍劉尚等發廣漢、犍爲、蜀人及朱提夷擊之。尚軍遂渡瀘水，入益州郡界。瀘水一名若水，出旄牛徼外〔三二〕，經朱提至僰道入江，在今越巂郡南，特有瘴氣〔三三〕。群夷聞大兵至，皆棄壘奔走。尚獲其羸弱、穀畜，斬棟蠶帥，凡首虜萬餘人，諸夷悉平。

至蜀後主建興三年〔三四〕，諸葛孔明率衆南征，四郡平之。改益州郡爲建寧郡〔三五〕，分建寧、永昌今雲南郡地〔三六〕。爲雲南郡，又分建寧、牂牁爲興古郡。亮至南中，所戰皆捷。孟獲者，爲夷漢所服，募生致之。既得，使觀於營陣之間，問曰：「此軍何如？」獲曰：「不知虛實，故敗。定易勝耳。」亮縱使更戰，七縱七擒，而亮猶遣獲。獲止去曰：「公，天威也，南人不復反矣。」遂至滇池。南中平，皆即其渠率而用之。或以諫亮。亮曰：「若留外人，即留兵，兵留即無食，一不易也；夷新傷破，父兄死喪，留外人而無兵者，必成禍患，二不易也；又夷累有廢殺之罪〔三七〕，自嫌釁重，若留外人，終不相信，三不易也。今吾欲使不留兵〔三八〕，不運糧，而綱紀遂定〔三九〕，夷漢相安故爾。」

邛都

邛都，漢時自滇以北，君長以十數〔四〇〕，邛都最大。今越巂郡本其地。自夜郎、滇、邛都人皆椎髻左衽，邑聚而居，知耕田。其外西自桐師以東〔四一〕，北至葉榆，葉榆，澤名。名爲巂、昆明，巂即今越巂郡，昆明又在西南〔四二〕，諸爨所居。地方數千里，無君長，辮髮，隨畜遷徙無常。武帝開以爲邛都縣，屬越巂郡。無幾而地陷爲汙澤，因名爲邛池，南人以爲邛河。其人後復反叛。元鼎六年，漢兵自越巂水伐平之。巂水源出今越巂郡西南巂山下。其土地平原，有稻田。俗多遊蕩而喜謳歌，略與牂牱相類。豪帥放縱，難得制御。王莽時郡守枚根枚根，太守姓名。調邛人長貴以爲軍候〔四三〕。更始二年〔四四〕，長貴攻殺枚根。自立爲邛穀王。至光武，因就封之，授越巂太守印綬。後劉尚擊益州夷，路由越巂，長貴聞之，即聚兵欲襲尚。尚掩長貴誅之，徙其家屬於成都。安帝時，永昌、益州、蜀郡夷並今雲南郡。皆叛，衆十餘萬，破壞二十餘縣。益州刺史張喬乃遣從事楊竦將兵至葉榆，破之。渠帥三十六種皆來降附。竦因奏長吏姦滑，侵犯蠻夷者九十人，皆減死論。

筰都

筰都者，漢時自越巂以東北，君長以十數，徙、徙，漢爲縣，屬蜀郡。筰都最大。武帝開以爲筰都縣。其人被髮左衽，言語多好譬類，居處略與汶山夷同。汶山夷在蜀郡西北，即冉駹也，今通化郡。元鼎六年，以爲沈黎郡〔四五〕。今洪源郡。至天漢四年，并蜀爲西部，置兩部尉，一居旄牛，主徼外夷；一居青衣，主漢人。旄牛、青衣並今蜀郡之西。後漢明帝永平中，益州刺史朱輔慷慨有大略，宣示漢德，威懷遠夷，自汶山以西，前代不至，正朔所不加，白狼〔四六〕、槃木、唐菆等菆，阻留反。百有餘國，户百三十餘萬，舉種奉貢，稱爲臣僕。和帝永元十二年〔四七〕，旄牛徼外白狼、樓薄蠻夷王唐繒等，遂率種人十七萬口内屬〔四八〕。安帝永初元年〔四九〕，蜀郡三襄種夷與徼外汙㵱種反叛，攻蠶陵城〔五〇〕，蠶陵，漢縣，今臨翼郡地〔五一〕，在蜀郡之西。汙音烏。㵱，呼五反。殺長吏。二年，青衣道夷邑長令田令，姓；田，名也。與徼外三種夷三十一萬口，舉土内屬。後旄牛夷叛，攻零關。零關道屬漢越巂，即今郡。益州刺史張喬與西部尉擊破之。於是分置蜀郡屬國都尉，領縣四〔五二〕，如太守。

冉駹

冉駹，漢時自筰以東北〔五三〕，君長以十數〔五四〕，冉駹最大。其俗土著，或隨畜遷徙。在蜀西。武帝元鼎六年，以爲汶山郡。今蜀郡西北通化郡地。至宣帝地節三年，夷人以立郡賦重，帝乃省并蜀郡爲北部都尉。其山有六夷、七羌、九氐，各有部落。其王侯頗知文書。土氣多寒，雖在盛夏，冰猶不釋。皆依山居止，累石爲室，高者至十餘丈，爲邛籠。今彼土夷人呼爲彫〔五五〕。又土地剛鹵，不生穀粟麻菽，唯以麥爲資，而宜畜牧。有旄牛，無角，一名橦牛，肉重千斤，毛可爲旄。橦，徒冬反；旄音冒〔五六〕。出名馬。有羺羊，可療毒。又有食藥鹿，鹿麑有胎者〔五七〕，其腸中有糞，亦療毒疾。又有五角羊。其西又有三河、槃于虜，北有黄石、北地〔五八〕、盧水胡，其表乃爲徼外。後漢靈帝時，復分蜀郡北部爲汶山郡。蜀後主建興十年，汶山平康夷反，姜維討破之。

附國

附國，隋代通焉。在蜀郡西北二千餘里，即漢之西南夷也〔五九〕。有嘉良夷，即其東部，所居種姓自相率領〔六〇〕，不能統一，土俗與附國同，言語少殊。其人並無姓氏。其地南北八百里，東西千五百里〔六一〕。無城柵，近川谷，傍山險。俗好復讎，故壘石爲礫而居〔六二〕，以避其患。其礫與巢字同。高至十餘丈，下至五六丈，狀似浮圖。於下級開小門，從内上通，夜必關閉。有二萬餘家。弓長六尺，以竹爲絃。妻其群母及嫂。兒弟死，父兄亦納其妻。好歌舞，鼓簧，吹長笛。有死者，無服制，置屍於高床上，沐浴衣服，被以牟甲〔六三〕，覆以獸皮。子孫不哭，帶甲舞劍而呼云：「我父爲鬼所取，我欲報冤殺鬼。」其俗以皮爲帽，形圓如鉢，或戴冪䍦。衣多毛毼裘，毼，胡割反。全剥牛脚皮爲靴。項繫鐵鎖，手貫鐵釧〔六四〕。王與酋帥金飾首，胸前懸一金花，徑三寸。其土高，氣候凉，多風少雨。宜小麥、青稞〔六五〕。山出金銀，多白雉。水有嘉魚，長四尺，鱗細。

煬帝大業四年，其王遣子弟宜林率嘉良夷六十人朝貢〔六六〕。嘉良有水闊六七十丈，附國水闊百餘丈，並南流，用皮爲舟而濟。附國南有薄緣夷，風俗亦同。西有女國。其東北連山，綿亘數千里，接党項及諸羌。按：其地接汶山，故爲附焉。

哀牢

哀牢，後漢時通焉。其先有婦人名沙壹，居於牢山，嘗捕魚水中，觸沉木若有感，因懷妊，十月產男子〔六七〕。後沉木化爲龍，出水，因舐其男之背。其母鳥語，謂背爲九，謂坐爲隆，因名曰九隆。後漸相滋長。種人皆刻畫其身，象龍文，衣皆著尾〔六八〕。九隆代代相繼，乃分置小王，往往邑居，散在溪谷。絶域荒外，山川阻深，生人以來，未嘗交通中國。光武建武中，其王賢栗等遂率種人户二千七百〔六九〕，詣越嶲太守鄭鴻降，求内屬。帝封賢栗等爲君長，自是歲來朝貢。明帝永平中，哀牢王柳貌遣子率種人内屬〔七〇〕。其稱邑王者七十人〔七一〕，户五萬一千八百九十。西南去洛陽七千里〔七二〕。明帝以其地置哀牢、博南二縣，今雲南、越嶲之西。割益州郡西部都尉所領六縣，後漢六縣謂不韋、嶲唐、比蘇〔七三〕、葉榆、邪龍、雲南，並今雲南、越嶲之西。合爲永昌郡。即今雲南郡。始通博南山，渡蘭倉水。華陽國志曰：「博南縣西山，高三十里，越之得蘭倉水。」行者苦之，歌曰：「漢德廣，開不賓。度博南，越蘭津。渡蘭倉，爲他人。」

哀牢人皆穿鼻儋耳，儋，丁甘反。其渠帥自謂王者，耳皆下肩三寸，庶人則至肩而已。土地沃美，宜五穀蠶桑。知染綵文繡〔七四〕，蘭干細布〔七五〕，華陽國志曰：「蘭干，獠言紵也。」織成文章如綾錦〔七六〕。有梧桐木華，績以爲布，廣志曰：「梧桐有白者。剽國有桐木，其華有白毳，取毳淹績，緝織以爲布〔七七〕。」幅廣五尺，潔白不受垢汙，先以覆亡人，然後服之。其竹節相去二丈〔七八〕，名曰濮竹。出銅、鐵、鉛、錫、金、銀、光珠、博物志曰：「光珠即江珠。」琥珀、水精、瑠璃、軻蟲、蚌珠、孔雀、翡翠、犀、象、猩猩、貊獸。山海經云：「猩猩知人名。」據華陽國志曰：「永昌郡有猩猩，能言，取其血可以染朱罽。」荀卿子曰：「猩猩能言笑。」淮南萬畢術曰：「婦終知來，猩猩知往。」註云：「並神獸也。」後魏酈元注水經云：「武平郡封溪縣有獸名猩猩，猨形人面，身毛黄，姿顔端正，善學人語，聞者無不酸楚。」太原王綱著傳云：「阮研曾使封溪，見邑人說，猩猩好酒及屐，里人置之山谷嘗行路，百數爲群，見酒物等，知人設張取之。此獸甚靈，先知其人祖父姓名而罵曰：『奴欲殺我，捨爾去也。』既去復還，因相呼曰：『試共嘗酒。』及飲，乃甘其味。逮乎醉，皆擒之〔七九〕，無遺逸。遂置檻中，隨其所欲飼之。將烹，索其肥者，乃自推擇，泣而遣之。」又禮記曰：「猩猩能言。」廣志云：「猩猩唯聞其啼，不聞其言，出交趾郡封溪縣。」按：前代永昌郡即今雲南郡，武平郡即今安南郡〔八〇〕，並封略之內。古謂其靈而智，不因人教而解人語，殊爲珍異。秦漢以降，天下一家，即嶺南獻能言鳥及馴象，西域獻汗血馬，皆載之史傳，以爲奇物，復廣異聞，聲教遠覃，如越裳白雉之類，故彰示後代。則猩猩不劣於鳥象，何爲獨無獻乎？獲之以充口實，則致之固難也。王莽置漢孺子於四壁中〔八一〕，禁人與語，及長不能名六畜。猩猩若非靈異自解人語，即須因教方成，又不可容易而爲庖膳也。是知諸家所說，不加考覈，遞相祖述耳。佑以爲廣志尤足徵矣。「血染朱罽」，徧問胡商，元無此事，故詳而疏之。永昌太守鄭純爲政清潔，化行夷人，與哀牢夷人約，邑豪歲輸布貫頭衣二領，鹽一斛，爲常賦，夷俗安之。

唐麟德元年五月，於昆明之梇棟川置姚州都督府，每年差兵募五百人鎮守。武太后神功二年閏十月〔八二〕，蜀州刺史張柬之上表曰：「姚州者，古哀牢之舊國，本不與中國交通。前漢唐蒙開夜郎、滇、筰，而哀牢不附。至光武季年，始請內屬。漢置永昌郡以統理之，稅其鹽布氈罽，以利中土。其國西通大秦，南通交趾，奇珍進貢，歲時不闕。及諸葛亮五月度瀘，收其金銀鹽布以益軍儲，使張伯岐選其勁卒以增武備。前代置郡，其利頗深。今鹽布之稅不供，珍奇之貢不入，而空竭府庫，驅率平人，受役夷蠻，肝腦塗地。漢以得利既多，歷博南山，涉蘭倉水，更置博南、哀牢二縣，蜀人愁怨，行者作歌。蓋漢得其利，人且怨歌；今於國家無絲髮之利，在百姓受終身之酷。往者諸葛亮破南中，使其渠帥自相統領，不置漢官，亦不留鎮守。臣竊以亮之策妙得羈縻蠻夷之術。今姚府置官，既無安邊靜寇之心，又無葛亮且縱且擒之術。唯知詭謀狡算，恣情割剥，貪婪劫掠，積以爲常，扇動酋渠，遂成朋黨，提挈子弟，嘯引凶愚，今見散在彼州〔八三〕，專以掠奪爲業。姚州本武陵縣主簿石子仁奏置，之後長史李孝讓、辛文協並爲群蠻所殺，又使將軍李義總往征，郎將劉惠基在戰陣死〔八四〕，其州遂廢。即諸葛亮稱『置官留兵有三不易』之言遂驗。垂拱四年，南蠻郎將王善寶、昆州刺史爨乾福又請置州，奏言『所有課税自出姚府管内，更不勞擾蜀川』。及置州後，録事參軍李稜爲蠻所殺。延載年中，司馬成琛請於瀘南置鎮七所，遣蜀兵防守。自此蜀中騷擾，於今不息。伏乞省罷姚州，使隸嶲府，歲時朝覲，同之蕃國。瀘南諸國悉廢，於瀘北置關，百姓非奉使入蕃，不許交通往來。」疏奏，不納。

南詔

南詔，或曰鶴拓〔八五〕，曰龍尾，曰苴咩，曰陽劍。本哀牢夷後，烏蠻别種。夷語王爲「詔」。其先渠帥有六，自號「六詔」〔八六〕，曰蒙嶲詔、越析詔、浪穹詔、邆賧詔、施浪詔、蒙舍詔。兵埒，不能相君長，蜀諸葛亮討定之。蒙舍詔在諸部南，故曰南詔。居永昌、姚州之間，鐵橋之南，東距爨，東南屬交趾，西摩伽佗，西北與吐蕃接，南女王，西南驃，北抵益州，東北際黔、巫。王都羊苴咩城，别都曰善闡府。王自稱曰元，猶朕也；謂其下曰昶，猶卿、爾也。官之大者曰清平官，以決國事，猶唐宰相也。爽，猶省也。督爽，總三省也。百家有總佐〔八七〕，千家有治人官，萬家有都督一。凡田五畝曰雙，上官授田四十雙，上户三十雙，以是爲差。壯者爲戰卒，有馬爲騎軍。一將統千人，四軍置一將。其外有六節度，二都督，十瞼。夷語瞼若州。云：祁鮮山之西多瘴畝〔八八〕，地平，草冬不枯〔八九〕。自曲靖州至滇池，人水耕，食蠶以柘，蠶生閱二旬而蠒。大和、祁鮮而西〔九〇〕，人不蠶，剖波羅樹實〔九一〕，狀若絮，紐縷而幅之。有井産鹽，有野桑生石上，其材可爲弓，不筋漆而利。長川諸山有金，越賧之西，多薦草，産善馬。婦人不粉黛，以蘇澤髮。俗以寅爲正，四時大抵與中國少差。師行，以二千五百人爲一營。其法，前傷者養治，後傷者斬。犁田一牛三夫，前挽、中壓、後驅。然專於農，無貴賤皆耕。不繇役，歲輸米二斗。一藝者給田，二收乃稅。

王蒙氏，父子以名相屬。自舍龍以來〔九二〕，有譜次可考。舍龍生細奴邏，唐高宗時遣使者入朝，賜錦袍。其孫炎閣，武后時入朝。炎閣立，死開元時，弟盛邏皮立，生皮邏閣，授特進，封臺登郡王。炎閣未有子時，以閣羅鳳爲嗣，及生子，還其宗，而名承閣〔九三〕，遂不改。開元末，皮邏閣逐河蠻，取大和城，又襲大釐城守之，因城龍口，夷語山陂陀爲「和」，故謂「大和」，以處閣羅鳳。天子詔賜皮邏閣名歸義。當是時，五詔微，歸義獨彊，乃厚以利啖劍南節度使王昱，求合六詔爲一，制可。歸義已并群蠻，遂破吐蕃，寖驕大。入朝，天子亦爲加禮，又以破洱蠻功，馳遣中人册爲雲南王，賜錦袍、金鈿帶七事。於是徙治大和城。天寶初，遣閣羅鳳子鳳迦異入宿衛，拜鴻臚卿，恩賜良異〔九四〕。七載，歸義死，閣羅鳳立，襲王，以其子鳳迦異爲陽瓜州刺史〔九五〕。初，安寧城有五鹽井，人得煮鬻自給。玄宗詔特進何履光以兵定南詔境，取安寧城及井，復立馬援銅柱，乃還。

鮮于仲通領劍南節度使，卞忿少方略。故事，南詔嘗與妻子謁都督，過雲南，太守張虔陀私之，多所求丐，閣羅鳳不應。虔陀數詬靳之，陰表其罪，由是忿怨，反，發兵攻虔陀，殺之，取姚州及小夷州凡三十二。明年，仲通自將出戎、巂州，分二道進次曲州、靖州。閣羅鳳遣使者謝罪，願還所擄，得自新，且城姚州〔九六〕；如不聽，則歸命吐蕃，恐雲南非唐有。仲通怒，囚使者，進薄白厓城，大敗引還。閣羅鳳斂戰胔，築京觀，遂北臣吐蕃，吐蕃以爲弟，夷謂弟「鍾」〔九七〕，稱「贊普鍾」，給金印，號「東帝」。揭碑國門，明不得已叛，曰：「我上世世奉中國，累封賞，後嗣容歸之。若唐使至，可指碑澡祓吾罪也。」會楊國忠以劍南節度當國，乃調天下兵凡十萬，使侍御史李宓討之，輦餉者尚不在。涉海而疫死相踵於道，宓敗於大和城〔九八〕，死者十八。亦會安禄山反，閤羅鳳因之取巂州會同軍，據清溪關，以破越析，梟於贈，西而降尋傳〔九九〕、驃諸國。

尋傳蠻者，俗無絲纊，跣履榛棘不苦也。射猪，生食其肉。戰，以竹籠頭如兜鍪。其西有裸蠻，亦曰野蠻，漫散山中，無君長，作檻舍居。男少女多，無田農，以木皮蔽形，婦或十或五共養一男子。廣德初，鳳迦異築柘東城，諸葛亮石刻故在〔一〇〇〕，文曰：「碑即仆，蠻爲漢奴。」夷畏誓，常以石榰梧。

大曆十四年，閤羅鳳卒〔一〇一〕，以鳳迦異前死，立其孫異牟尋以嗣。異牟尋有智數，善撫衆，略知書。母李，獨錦蠻女也。獨錦蠻亦爲烏蠻種，在秦藏川南〔一〇二〕。天寶中，命其長爲蹛州刺史。世與南詔婚聘。異牟尋立，悉衆二十萬入寇，與吐蕃并力。一趨茂州，踰文川，擾灌口；一趨扶、文，掠方維、白垻；一侵黎、雅〔一〇三〕，叩邛郲關。令其下曰：「爲我取蜀爲東府，工伎悉送邏娑城，歲賦一縑。」於是進陷城聚，人率走山。德宗發禁衛及幽州軍以援東川，與山南兵合〔一〇四〕，大敗異牟尋衆，斬首六千級，擒生捕傷甚衆，顛踣厓峭且十萬。異牟尋懼，徙苴咩城，築袤十五里，吐蕃封爲日東王。然吐蕃責賦重數〔一〇五〕，悉奪其險立營候，歲索兵助防，異牟尋稍苦之。唐人鄭回爲清平官，説異牟尋曰：「中國有禮義，少求責，非若吐蕃惏刻無極也〔一〇六〕。今棄之復歸唐，無遠戍勞，利莫大於此。」異牟尋善之。會節度使韋皋撫諸蠻有威惠，諸蠻頗得異牟尋語，白皋。貞元九年，乃遣使者趣成都，遺皋書願竭誠自新，歸款天子。請加戍劍南、西山、涇原等州，安西鎮守，揚兵四臨，委回鶻諸國，所在侵掠，使吐蕃勢分力散，不能爲邊患。德宗嘉之，賜以詔書。異牟尋乃殺吐蕃使，迎唐使，遣其臣隨使入朝。

初，吐蕃與回鶻戰，殺傷甚衆〔一〇七〕，乃調南詔萬人。異牟尋欲襲吐蕃，陽示寡弱，以三千人行〔一〇八〕，即自將數萬踵後，晝夜行，大破吐蕃於神川，遂斷鐵橋，溺死以萬計，俘其五王。乃遣使入獻地圖、方物，請復號南詔。帝賜賚有加，遣使册異牟尋爲南詔王。異牟尋迎使拜詔甚恭，尋遣清平官入謝，貢方物。復攻吐蕃，取昆明城，以食鹽池。又破施蠻、順蠻，並虜其王，置白厓城；因定磨些蠻，隸昆川西爨故地〔一〇九〕。破茫蠻，掠栫棟蠻、漢裳蠻〔一一〇〕，以實雲南東北。十五年，異牟尋謀擊吐蕃，帝許出兵助。又請以大臣子弟爲質於皋，舍之成都，令就學。且言：「昆明、巂州與吐蕃接，不先加兵，爲虜所脅，反爲我患。」請皋圖之。時唐兵比歲屯京西、朔方，大峙糧，欲南北並攻取故地。然南方轉饟稽期，兵不悉集。是夏，吐蕃飢疫，贊普死，新君立。皋揣虜未敢動，勸異牟尋緩舉。會吐蕃大臣謀襲南詔，皋乃命部將屯黎、巂二州爲援。既而吐蕃五萬分二軍攻雲南，一軍攻巂州。皋將扶忠義取末恭城，俘係牛羊千計。吐蕃將馬定德、監軍野多輸煎等俱來降，虜氣衰，軍不振，無功而還，期以明年。吐蕃苦唐、詔掎角，亦不敢圖南詔。異牟尋比年獻方物，天子禮之。

元和三年，異牟尋死，遣使弔祭，子尋閤勸立，或謂夢湊，自稱「驃信」，夷語君也。改賜元和印章。明年死，子勸龍晟立，淫肆不道，上下怨疾。十一年，爲栫棟節度王嵯巔所殺，立其弟勸利。詔少府少監李銑爲册立弔祭使。勸利德嵯巔，賜氏蒙，封「大容」，蠻謂兄爲「容」。長慶三年，始賜印。是歲死，弟豐祐立。豐祐趫敢，善用其下，慕中國，不肯連父名。穆宗使京兆少尹韋審規持節臨册。豐祐遣洪成酋、趙龍些、楊定奇入謝天子。於是，西川節度使杜元穎治無狀，障候弛沓相蒙，時大和三年也。嵯巔乃悉衆掩邛、戎、巂三州〔一一〕，陷之。入成都，止西郛十日，慰賚居人，市不擾肆。將還，乃掠子女工技數萬引而南，人懼自殺者不勝計。救兵逐，嵯巔身自殿，至大度河，謂華人曰：「此吾南境〔一二〕，爾去國，當哭。」衆號慟，赴水死者十三。南詔自是工文織，與中國埒。明年，上表請罪。比年使者來朝，開成、會昌間再至。

大中時，李琢爲安南經略使，苛墨自私，以斗鹽易一牛，夷人不堪，結南詔將段酋遷陷安南都護府，號「白衣没命軍」。南詔發朱弩佉苴三千助守〔一三〕。然朝貢猶歲至，從者多。杜悰自西川入朝，表無多内蠻傔〔一四〕，豐祐怒，即慢言索質子。會宣宗崩，使者告哀。是時，豐祐亦死，坦綽酋龍立〔一五〕，恚朝廷不弔恤；又詔書乃賜故王，以草具進使者而遣。遂僭稱皇帝，建元建極，自號大禮國。懿宗以其名近玄宗嫌諱，絶朝貢。乃陷播州。安南都護李鄠屯武州，咸通元年，爲蠻所攻，棄州走。明年，攻邕管。詔湖南觀察使蔡襲發諸道兵二萬屯守，南詔憚畏不敢出。會詔左庶子蔡京經制嶺南，忌襲功，奏罷其兵，南詔乃攻交州，進略安南，陷之。詔諸軍保嶺南，更以秦州經略使高駢爲安南都護。南詔稍逼邕州，乃大興諸道兵益戍，又分兵屯容、藤扼蠻勢。置行交州於海門。五年，南詔回掠巂州以摇西南，西川節度使蕭鄴率屬蠻鬼主邀南詔大度河，敗之。明年，復來攻，盡殺戍卒。時安南久屯，兩河鋭士瘴毒死者十七，高駢以選士五千度江，敗林邑兵於邕州，遂攻交州。戰數勝，士酣鬭，斬首三萬級，安南平。

十年，酋龍復入寇，陷嘉州、黎州，進攻成都，次眉州。蠻本無謀，不能乘機會鼓行亟驅，但蚍結蠅營，忸鹵剽小利，處處留屯，故蜀孺老得扶携悉入成都。閭里皆滿〔一二六〕，蠻傅外郛。西川節度使盧耽遣將出兵，三面苦戰，蠻引却。帝遣東川節度使顏慶復以兵應接〔一二七〕，蠻聞鳳翔、山南軍且來，乃迎戰。王師燒其攻具，蠻大敗，乃引去。酋龍年少嗜殺戮，親戚異己者皆斬。兵出無寧歲，男子十五以下悉發，婦耕以餉軍。十四年，復寇蜀，攻大度河，陷黎州，入邛州。成都大震，城中固守。蠻至新津而還，回寇黔中，俄攻黎州。僖宗乾符元年，劫掠巂、雅間，破黎州，入邛崍關，掠成都，成都閉三日〔一二八〕，蠻乃去〔一二九〕。詔以高駢領西川節度使，駢至，閱精騎五千，逐蠻至大度河，奪鎧馬，執酋長五十斬之，收邛崍關，復取黎州，南詔遁還。酋龍使奉書丐和，駢答曰：「我且將百萬衆至龍尾城問爾罪。」酋龍大震。自南詔叛，天子數遣使至其國，酋龍不肯拜，使者遂絶。駢以其俗尚浮屠法，故遣浮屠景仙攝使往〔一三〇〕，酋龍與其下迎謁且拜，乃定盟而還。遣清平官酋望趙宗政、質子二十入朝乞盟〔一三一〕，請爲兄弟若舅甥。詔拜景仙鴻臚卿、檢校左散騎常侍。駢結吐蕃尚延心、嗢末〔一三二〕、魯耨月等爲間，築戎州馬湖、沐源川、大度河三城，列屯拒險，料壯卒爲平夷軍，南詔氣奪。酋龍恚，發疽死，僞謚景莊皇帝。

子法嗣，改元貞明、承智、大同，自號大封人。法年少，好畋獵酣逸，衣絳紫錦罽，鏤金帶。國事顓決大臣。乾符四年，遣陁西段瑳寶詣邕州節度使辛讜請修好〔一三三〕，詔使者答報。未幾，寇西川，駢奏請與和親，右諫議大夫柳韜、吏部侍郎崔澹醜其事，上言：「遠蠻畔逆，乃因浮屠誘致，入議和親，垂笑後世。

駢職上將，謀乖謬，不可從。」遂寢。蠻使者再入朝議和親，而駢徙荆南〔一二四〕，持前請不置。宰相鄭畋、盧攜爭不決，皆罷。帝手詔問崔安潛和親事，答曰：「雲南姚州譬一縣，中國何資於彼而遣重使，加厚禮？彼且妄謂朝廷畏怯無能，脱有他請，何以待之？且天宗近屬，不可下小蠻夷。」

南詔知蜀强，故襲安南，陷之，都護曾衮奔邕府〔一二五〕，戍兵潰。會西川節度使陳敬瑄申和親議，時盧攜復輔政，與豆盧瑑皆厚駢〔一二六〕，入譎説帝曰〔一二七〕：「咸通以來，蠻始叛命，再入安南、邕管，一破黔州，四盜西川，遂圍盧耽，召兵東方，戍海門，天下騷動，十有五年。中藏空虚，士死瘴癘，可謂痛心！今朝廷財匱兵少，安南客戍單寡，涉冬寇禍可虞〔一二八〕。誠命使臨報，縱未稱臣，且伐其謀，外以縻服蠻夷，內得蜀休息也。」帝謂然，乃以宗室女爲安化長公主，遣使許婚。使還，具言驃信誠款，以爲敬瑄功，進其官。南詔遣其宰相趙隆眉、楊奇混、段義宗朝行在，迎公主，高駢自揚州上言〔一二九〕：「三人，南詔腹心。宜止而鴆之，蠻可圖也。」帝從之。隆眉等皆死，自是謀臣盡矣，蠻亦衰。法死，僞謚聖明文武皇帝。子舜化立，遣使款黎州修好，昭宗不答。後中國亂，不復通。

後唐同光三年，既平蜀，魏王繼岌奏齎書招諭南詔蠻。天成元年供奉官李彦楷等雲南使回。巂州山後兩林百蠻都鬼主、右武衛將軍李卑晚差大鬼主傳能阿花等來朝貢，明宗引見，加其官，遣還。二年七月，遣使入蠻。九月，西川奏：「據黎州狀申：雲南使趙和於大度河南起舍一間，留信物十五籠，并雜詩一卷。」遞至闕下。

宋太祖鑒唐之禍，基於南詔。乃棄越巂諸郡，以大度河爲界，使欲爲寇則不能，爲臣則不得。橫山有寨，宜管以西虎頭關九十里險甚，所在把握，峒丁結聚，道路荒僻，大理益不通於中國。皇祐中，儂智高敗奔大理，其國捕之以聞。熙寧九年遣使貢方物，自後不常來，亦不領於鴻臚。政和三年〔三〇〕，廣州觀察使黄璘奏：「南詔大理慕義懷來，願爲臣妾，欲聽其入貢。」詔置局於賓州。六年，遣進奉使李紫琮等過鼎州，請詣學瞻拜宣聖像，許之。遂遍謁見諸生，又乞觀御書閣，閲讀御製，舉笏叩首。七年，至京師貢馬及麝香等，制以其王段和譽爲金紫光禄大夫、檢校司空、雲南節度使、上柱國、大理國王。高宗紹興三年，廣西奏大理國欲進奉及賣馬事，上曰：「令賣馬，進奉可勿許。彼之進奉，實利賈販，但令帥臣邊將，償其馬直當價，則馬當繼至，庶可增諸將騎兵，不爲無益也。」六年，廣西經略司奏：大理人使進奉表章國信及象、馬，約五月至横山。詔：「所進方物，除不受外〔三一〕，餘驛付行在，仍計價優與回賜。章表等遞進，降敕書回答。」

石湖范氏桂海虞衡志曰：「大理，南詔國也。本唐小夷蒙嶲詔〔三二〕，在諸部最强，故號南詔。自皮邏閣併五詔爲一，受册封雲南王，至異牟尋封南詔王，至酋龍而稱『驃信』，改元自稱大禮國。今其與中國接，乃稱大理國，與唐史禮、理字異，未詳所始。大理地廣人庶，器械精良，前志載之詳矣。邕州右江水與大理大槃水通，大槃在大理之威楚府，而特磨道又與其善闡府者相接。自邕州道諸蠻獠至大理，不過四五十程。産良馬，可與横山通。北梗自杞，南梗特磨，久不得至，語在大理馬條下。乾道癸巳冬，忽有大理人李觀音、得董六、斤黑張、般若師等率以三字爲名，凡二十三人至横山議市馬。出一文書，字畫略有法，大略所須文選五臣註、五經廣注、春秋後語、三史加註、都大本草廣註、五藏論、大般若十六會序及初學記、張孟押韻、切韻、玉篇、集聖曆、百家書之類；及須浮量鋼器并椀，疑即饒州浮梁磁器，書梁作量。琉璃椀壺及紫檀、沉水香〔一三〕、甘草、石決明、井泉石、蜜陀僧、香蛤、海蛤等藥。稱利正二年十二月，其後云：古人有云『察實者不留聲，觀行者不譏詞』〔一四〕，知己之人，幸逢相謁，言音未同，情慮相契。吾聞夫子云：『君子和而不同，小人同而不和。』今兩國之人，不期而會者，豈不習夫子之言哉！續繼短章，伏乞斧伐。短章有『言音未會意相和，遠隔江山萬里多』之語。其人皆有禮儀，擎誦佛書，碧紙金銀字相間。邕人得其大悲經，稱爲坦綽趙般若宗祈禳目疾而書。坦綽、酋望、清平官皆其官名也。邕守犒來者，厚以遺歸。然南詔地極西南，當爲西戎，尤邇蜀都，非桂帥所當鎮撫。」

校勘記

〔一〕漢時南夷君長以十數　「南」上原衍「西」字，據太平御覽卷七九一四夷部一二南蠻七引漢書、太平寰宇記卷一七八四夷七南蠻三刪。按「南」，漢書卷九五西南夷傳作「西」，點校本漢書據錢大昭說改作「南」。

〔二〕楚頃襄王遣將莊蹻從沅水伐夜郎　「莊蹻」，後漢書卷八六南蠻西南夷傳、太平寰宇記卷一七八四夷七南蠻三作「莊豪」。按下滇國注云：「豪即蹻若也。」杜氏意莊蹻、莊豪是一人。

〔三〕繫船杙也　「杙」原作「栰」，據下文及通典卷一八七邊防三改。

〔四〕俗好巫鬼禁忌　「鬼」字原脱，據後漢書卷八六南蠻西南夷傳、通典卷一八七邊防三補。

〔五〕乃拜蒙爲郎中將　「將」字原脱，據史記卷一一六西南夷傳、漢書卷九五西南夷傳補。

〔六〕發巴巴郡今通川等十五郡地已具上注蜀卒蜀郡今蜀郡濛陽唐安臨邛盧山等郡亦曰蜀川治道　「治」原作「理」，據局本及史記卷一一六西南夷傳、漢書卷九五西南夷傳改。「理」，通典避唐諱改，本書沿用通典之文，未曾回改。

〔七〕爲置一都尉　「都」原作「郡」，據漢書卷九五西南夷傳、通典卷一八七邊防三改。

〔八〕南越滅　「南」字原脱，據史記卷一一六西南夷傳、漢書卷九五西南夷傳、太平寰宇記卷一七八四夷七南蠻三補。

〔九〕夷邑名　通典卷一八七邊防三作「侯邑名」。

〔一〇〕言起狂勃之心而殺守尉　「勃」原作「悖」，據漢書卷九五西南夷傳、北宋本通典卷一八七邊防三改。按廣雅釋言：「勃，懟也。」

〔一一〕及已成形　「及」原作「反」，據漢書卷九五西南夷傳、通典卷一八七邊防三改。

〔一二〕迫脅旁二十二邑反　下「二」字原脱，據漢書卷九五西南夷傳、太平寰宇記卷一七八四夷七南蠻三補。

〔一三〕與郡功曹謝暹保境爲漢　「謝暹」原作「謝邏」，據後漢書卷八六南蠻西南夷傳、通典卷一八七邊防三改。

〔一四〕郡人尹珍乃從汝南許慎應奉受經書　「趙珍」原作「趙政」，據後漢書卷八六南蠻西南夷傳、通典卷一八七邊防三改。下同。

〔一五〕按范曄所撰　「撰」原作「選」，據通典卷一八七邊防三改。

〔一六〕何以辯正　「何」原作「可」，據元本、慎本、馮本及通典卷一八七邊防三改。

〔一七〕土熱多霖雨　「熱」字原脱，據新唐書卷二二二下南蠻傳下、宋史卷四九六蠻夷傳四補。

〔一八〕知西南蕃南寧州蕃落使龍彦瑫等來貢　「龍彦瑫」原作「龍亮瑫」，據宋史卷四九六蠻夷傳四、宋會要蕃夷五之一〇改。同上宋史作「知西南夷南寧州蕃落使龍彦瑫等遂來貢」，宋會要作「知西南蕃南寧州蕃落使龍彦瑫遣使順化王子始來貢」。

〔一九〕三十九部順化王子若廢等三百七十人來貢馬百六十匹　「三百七十人」，宋史卷四九六蠻夷傳四、宋會要蕃夷五之一〇皆作「三百七十七人」，續資治通鑑長編卷一六開寶八年八月壬戌條作「三十七人」。「若廢」，同上宋史作「若發」。

〔二〇〕蕃王龍瓊琚遣其子并諸州蠻七百四十七人以方物　「七百四十七人」，宋史卷四九六蠻夷傳四作「七百四十四人」，續資治通鑑長編卷二一太平興國五年八月甲戌條作「七百三十四人」。

〔二一〕太宗召見其使龍光進　「龍光進」三字原脱，據宋史卷四九六蠻夷傳四補。

〔二二〕出家財以贖　「財」字原脱，據宋史卷四九六蠻夷傳四補。

〔二三〕會秦擊奪楚巴黔中郡　「奪」字原脱，據史記卷一一六西南夷傳、漢書卷九五西南夷傳補。

〔二四〕因西以其衆王滇　「西」原作「而」，據通典卷一八七邊防三改。

〔二五〕豪即蹻也若莊蹻自威王時將兵略地　「也若」二字，通典卷一八七邊防三作「若也」。

〔二六〕後十五年而秦亡　「後」字原脱，據通典卷一八七邊防三、太平寰宇記卷一七九四夷八南蠻四補。

〔二七〕凡七十年　「凡」字原脱，據通典卷一八七邊防三、太平寰宇記卷一七九四夷八南蠻四補。

〔二八〕復長其民　「復長」二字原倒，「民」原作「人」，據史記卷一一六西南夷傳、漢書卷九五西南夷傳乙改。「人」，通典避唐諱改，本書沿用通典之文，未曾回改。下同。

〔二九〕賦取足於民　「民」原作「人」，據漢書卷九五西南夷傳改。漢書「賦」下有「斂」字。

〔三〇〕廣漢巴蜀犍爲吏民十萬　「巴」字原脱，「民」原作「人」，據漢書卷九五西南夷傳補改。

〔三一〕餘六縣並屬益州郡地　「地」原作「也」，據通典卷一八七邊防三改。

〔三二〕出旄牛徼外　「出」字原脱，據後漢書卷八六南蠻西南夷傳李賢注、太平寰宇記卷一七九四夷八南蠻四補。

〔三三〕特有瘴氣　「特」原作「時」，據後漢書卷八六南蠻西南夷傳李賢注、通典卷一八七邊防三改。

〔三四〕至蜀後主建興三年　「三」原作「二」，據三國志卷三三後主傳、太平寰宇記卷一七九四夷八南蠻四改。

〔三五〕改益州郡爲建寧郡　下「郡」字原脱，據三國志卷三三後主傳、太平寰宇記卷一七九四夷八南蠻四補。

〔三六〕今雲南郡地　「地」原作「也」，據通典卷一八七邊防三改。

〔三七〕又夷累有廢殺之罪　「夷」原作「吏」，據三國志卷三五諸葛亮傳注引漢晉春秋改。

〔三八〕今吾欲使不留兵　「吾」字原脱，「使」下原衍「汝」字，據三國志卷三五諸葛亮傳注引漢晉春秋補删。

〔三九〕而綱紀遂定　「遂」，通典卷一八七邊防三作「粗」。

〔四〇〕君長以十數　「以」字原脱，據史記卷一一六西南夷傳、漢書卷九五西南夷傳補。

〔四一〕其外西自桐師以東　「自」原作「日」，據史記卷一一六西南夷傳、漢書卷九五西南夷傳改。

〔四二〕昆明又在西南　「又」字原脱，據通典卷一八七邊防三補。

〔四三〕王莽時郡守枚根枚根太守姓名調邛人長貴以爲軍候　二「枚」字原皆作「牧」，據漢書卷九五西南夷傳、後漢書卷八六南蠻西南夷傳、太平寰宇記卷一七九四夷八南蠻四改。「長貴」，後漢書卷八六南蠻西南夷傳、通典卷一八七邊防三同，漢書卷九五西南夷傳作「任貴」，下同。「候」原作「侯」，據同上後漢書、通典改。

〔四四〕更始二年　「二」原作「三」，據後漢書卷八六南蠻西南夷傳、通典卷一八七邊防三改。

〔四五〕以爲沈黎郡　「沈黎」原作「冗黎」，據元本、慎本、馮本及史記卷一一六西南夷傳、通典卷一八七邊防三改。

〔四六〕白狼　「白」字原脱，據後漢書卷八六南蠻西南夷傳、通典卷一八七邊防三補。

〔四七〕和帝永元十二年　「永元」原作「永光」，據後漢書卷四和帝紀改。

〔四八〕遂率種人十七萬口内屬　「人」字原脱，「口」上原衍「户」字，據後漢書卷八六南蠻西南夷傳補删。

〔四九〕安帝永初元年　「永初」原作「永和」，據後漢書卷八六南蠻西南夷傳改。

〔五〇〕攻蠶陵城　「蠶陵」原作「蠶陸」，據後漢書卷八六南蠻西南夷傳、通典卷一八七邊防三改。

〔五一〕蠶陵漢縣今臨翼郡地　「蠶陵漢縣今臨」六字原脱，據通典卷一八七邊防三補。

〔五二〕領縣四　後漢書卷八六南蠻西南夷傳、太平寰宇記卷一七九四夷八南蠻四作「領四縣」。

〔五三〕漢時自筰以東北　「東」字原脱，據史記卷一一六西南夷傳、漢書卷九五西南夷傳、太平寰宇記卷一七九四夷八南蠻四補。

〔五四〕君長以十數　「以」字原脱，據漢書卷九五西南夷傳、太平寰宇記卷一七九四夷八南蠻四補。

〔五五〕今彼土夷人呼爲彫　「土」原作「士」，據北宋本通典卷一八七邊防三改。

〔五六〕旄音冒　「冒」，通典卷一八七邊防三作「二」。

〔五七〕鹿麑有胎者　「有」字原重，據後漢書卷八六南蠻西南夷傳、通典卷一八七邊防三删。

〔五八〕北地　二字原倒，據後漢書卷八六南蠻西南夷傳、通典卷一八七邊防三乙正。

〔五九〕即漢之西南夷也　「南」字原脱，據北史卷九六附國傳、隋書卷八三西域傳、册府元龜卷九五七外臣部國邑一補。

〔六〇〕所居種姓自相率領　「姓」字原脱，據北史卷九六附國傳、隋書卷八三西域傳、太平寰宇記卷一七九四夷八南蠻四補。

〔六一〕東西千五百里　「西」下原衍「四」字，據北史卷九六附國傳、隋書卷八三西域傳、太平寰宇記卷一七九四夷八南蠻四删。

〔六二〕故壘石爲礫而居　「壘」原作「疊」，據北史卷九六附國傳、隋書卷八三西域傳、太平寰宇記卷一七九四夷八南蠻四改。

〔六三〕被以牟甲　「被」字原脱，據隋書卷八三西域傳、太平御覽卷七八八四夷部九南蠻四補。

〔六四〕項繫鐵鎖手貫鐵釧　「鐵鎖手貫」四字原脱，據北史卷九六附國傳、隋書卷八三西域傳、太平寰宇記卷一七九四夷八南蠻四補。

〔六五〕青稞　「稞」原作「斜」，據北史卷九六附國傳改。

〔六六〕煬帝大業四年其王遣子弟宜林率嘉良夷六十人朝貢　隋書卷八六西域傳、太平御覽卷七八八四夷部九南蠻四作「大業四年，其王遣使素福等八人入朝。明年，又遣其弟子宜林率嘉良夷六十人朝貢」。

〔六七〕十月産男子　後漢書卷八六南蠻西南夷傳作「十月産男子十人」。

〔六八〕衣皆著尾　「皆」原作「背」，據後漢書卷八六南蠻西南夷傳、太平寰宇記卷一七九四夷八南蠻四改。

〔六九〕其王賢栗等遂率種人户二千七百　「種」原作「衆」，據後漢書卷八六南蠻西南夷傳改。

〔七〇〕哀牢王柳貌遣子率種人内屬　「柳貌」原作「柳貊」，據後漢書卷八六南蠻西南夷傳、太平寰宇記卷一七九四夷八南蠻四改。

〔七一〕其稱邑王者七十人　「七十人」，後漢書卷八六南蠻西南夷傳作「七十七人」。

〔七二〕西南去洛陽七千里　「西南」原作「四界」，據後漢書卷八六南蠻西南夷傳、太平寰宇記卷一七九四夷八南蠻四改。

〔七三〕比蘇　原作「北蘇」，據後漢書卷八六南蠻西南夷傳、太平寰宇記卷一七九四夷八南蠻四改。

〔七四〕知染綵文繡　「知」字原脱，據後漢書卷八六南蠻西南夷傳、太平寰宇記卷一七九四夷八南蠻四、太平御覽卷七八六四夷部七南蠻二補。

〔七五〕蘭干細布　「干」原作「千」，據後漢書卷八六南蠻西南夷傳、通典卷一八七邊防三、太平寰宇記卷一七九四夷八南蠻四改。下同。

〔七六〕織成文章如綾錦　「如」字原脱，據後漢書卷八六南蠻西南夷傳、太平寰宇記卷一七九四夷八南蠻四、太平御覽卷七八六四夷部七南蠻二補。

〔七七〕緝織以爲布　「織」字原脱，據後漢書卷八六南蠻西南夷傳注引廣志補。

〔七八〕其竹節相去二丈　太平寰宇記卷一七九四夷八南蠻四、太平御覽卷七八六四夷部七南蠻二同。「二」，後漢書卷八六南蠻西南夷傳作「一」。

〔七九〕皆擒之　「皆」原作「偕」，據通典卷一八七邊防三、太平寰宇記卷一七九四夷八南蠻四改。

〔八〇〕武平郡即今安南郡　「安南郡」，通典卷一八七邊防三作「安南府」。

〔八一〕王莽置漢孺子於四壁中　「四」原作「西」，據通典卷一八七邊防三改。

〔八二〕武太后神功二年閏十月　按舊唐書卷六則天皇后紀，萬歲登封元年四月改元萬歲通天，二年九月改元神功，新唐書卷四則天皇后紀同；舊唐書卷六則天皇后紀神功元年閏十月有紀事，次年正月即改元聖曆，而舊唐書卷九一張柬之傳載其上書在神功初，疑此處「二年」爲元年之誤。

〔八三〕今見散在彼州　「在」原作「亡」，據舊唐書卷九一張柬之傳、新唐書卷一二〇張柬之傳、通典卷一八七邊防三改。

〔八四〕郎將劉惠基在戰陣死　「基」字原脱，據舊唐書卷九一張柬之傳、新唐書卷一二〇張柬之傳補。「戰陣」，舊唐書作「陣戰」。

〔八五〕或曰鶴拓　「鶴拓」原作「鶴柘」，據新唐書卷二二二上南蠻傳上改。

〔八六〕自號六詔　「自」原作「詔」，據舊唐書卷一九七南蠻西南蠻傳、新唐書卷二二二上南蠻傳上改。

〔八七〕百家有總佐　「佐」原作「俗」，據新唐書卷二二二上南蠻傳上改。

〔八八〕祁鮮山之西多瘴歊　「祁鮮山」原作「初群山」，據新唐書卷二二二上南蠻傳上改。

〔八九〕草冬不枯　「冬」字原脱，據新唐書卷二二二上南蠻傳上補。

〔九〇〕祁鮮而西　「祁鮮」原作「祈鮮」，據新唐書卷二二二上南蠻傳上改。

〔九一〕剖波羅樹實　按李石續博物志卷七：「驃國諸蠻並不養蠶，收娑羅木子，破其殼，中如柳絮，細織爲幅服之，謂之娑羅籠段。」疑此處「波羅」爲「娑羅」之誤。

〔九二〕自舍龍以來　「舍龍」，新唐書卷二二二上南蠻傳上作「舍龙」。下同。

〔九三〕而名承閤　「承」原作「成」，據新唐書卷二二二上南蠻傳上改。

〔九四〕恩賜良異　「良異」二字原脱，據新唐書卷二二二上南蠻傳上補。

〔九五〕以其子鳳迦異爲陽瓜州刺史　「陽」字原脱，據新唐書卷二二二上南蠻傳上、樊綽蠻書卷三補。

〔九六〕且城姚州　「且」原作「旦」，據新唐書卷二二二上南蠻傳上改。

〔九七〕吐蕃以爲弟夷謂弟鍾　「以爲弟夷」四字原脱，「謂」上原有「語」字，「鍾」上原有「爲」字，據元本、慎本、馮本及新唐書卷二二二上南蠻傳上補删。

〔九八〕宓敗於大和城　「大和城」原作「太和城」，據新唐書卷二二二上南蠻傳上及本書上文改。

〔九九〕西而降尋傳　「尋傳」原作「尋傳」，據馮本及新唐書卷二二二上南蠻傳上改。下同。

〔一〇〇〕諸葛亮石刻故在　「在」字原脱，據新唐書卷二二二上南蠻傳上補。

〔一〇一〕閤羅鳳卒　「卒」字原脱，據新唐書卷二二二上南蠻傳上補。

〔一〇二〕在秦藏川南　「在」字原脱，據新唐書卷二二二上南蠻傳上補。

〔一〇三〕一侵黎雅　「黎」原作「藜」，據新唐書卷二二二上南蠻傳上改。

〔一〇四〕與山南兵合　「山南」原作「山東」，據新唐書卷二二二上南蠻傳上改。

〔一〇五〕然吐蕃責賦重數　「重」字原脱，據新唐書卷二二二上南蠻傳上補。

〔一〇六〕非若吐蕃悈刻無極也　「悈」原作「悈」，據新唐書卷二二二上南蠻傳上改。

〔一〇七〕殺傷甚衆　「衆」字原脱，據資治通鑑卷二三四唐紀五〇貞元十年正月條補。

〔一〇八〕以三千人行　「三」，新唐書卷二二二上南蠻傳上作「五」。

〔一〇九〕隸昆川西爨故地　「昆川」原作「昆山」，據蠻書卷四磨蠻改。

〔一一〇〕破茫蠻掠棅棟蠻漢裳蠻　「破」字原脱，「漢」原作「漠」，據新唐書卷二二二上南蠻傳上補改。「棅」，同上書作「弄」，下同。

〔一一一〕嵯巔乃悉衆掩邛戎嶲三州　「戎」原作「成」，據新唐書卷二二二中南蠻傳中改。

〔一一二〕此吾南境　資治通鑑卷二四四唐紀六〇太和三年十一月己未條作「此南吾境」。

〔一一三〕南詔發朱弩佉苴三千助守　「佉」原作「法」，據新唐書卷二二二中南蠻傳中改。

〔一一四〕表無多內蠻傔　「多」字原脱，據新唐書卷二二二中南蠻傳中補。

〔一一五〕坦綽酋龍立　「坦」原作「坥」，據新唐書卷二二二中南蠻傳中及馬氏下引桂海虞衡志改。

〔一一六〕閭里皆滿　「閭」，新唐書卷二二二中南蠻傳中作「闍」。

〔一一七〕帝遣東川節度使顔慶復以兵應接　「顔慶復」原作「顔慶俊」，據新唐書卷二二二中南蠻傳中、資治通鑑卷二五一唐紀六七咸通九年十二月丁酉條改。

〔一一八〕成都閉三日　「成都」二字原脱，據新唐書卷二二二中南蠻傳中補。

〔一一九〕蠻乃去　「蠻」字原脱，據新唐書卷二二二中南蠻傳中補。

〔一二〇〕故遣浮屠景仙攝使往　「往」字原脱，據新唐書卷二二二中南蠻傳中補。

〔一二一〕質子二十入朝乞盟　「二」，新唐書卷二二二中南蠻傳中作「三」。

〔一二二〕嗢末　原作「嗢末」，據新唐書卷二二二中南蠻傳中改。

〔一二三〕遣陀西段瑳寶詣邕州節度使辛讜請修好　「段瑳寶」，資治通鑑卷二五三唐紀六九乾符四年閏二月條同，新唐書卷二二二中南蠻傳中作「段珖寶」。

〔一二四〕而駢徙荆南　「徙」原作「從」，據新唐書卷二二二中南蠻傳中改。

〔一二五〕都護曾衮奔邕府　「曾衮」原作「曾兖」，據新唐書卷二二二中南蠻傳中改。

〔一二六〕與豆盧瑑皆厚駢　「豆盧瑑」原作「豆盧琢」，據新唐書卷二二二中南蠻傳中改。

〔一二七〕入譎説帝曰　「入」，新唐書卷二二二中南蠻傳中作「乃」。

〔一二八〕涉冬寇禍可虞　「涉」原作「鈔」，據新唐書卷二二二中南蠻傳中改。

〔一二九〕高駢自揚州上言　「揚州」原作「楊州」，「上」字原脱，據新唐書卷二二二中南蠻傳中改補。

〔一三〇〕政和三年　「三」，宋史卷四八八外國傳四作「五」。

〔一三一〕除不受外　宋會要蕃夷四之六〇作「除更不收受外」。

〔一三二〕本唐小夷蒙嶲詔　「蒙嶲詔」原作「蒙會詔」。按新唐書卷二二二上南蠻傳上及同書卷二二二中南蠻傳中，南詔六詔中有蒙嶲詔而無「蒙會詔」，蒙嶲詔又最大，此處「會」顯爲「嶲」之誤，據改。

〔一三三〕沉水香　原作「沉香水」，據桂海虞衡志志香乙正。

〔一三四〕察實者不留聲觀行者不譏詞　「譏」原作「識」。按二語出吕氏春秋先識覽觀世，此處「識」顯誤，據改。

卷三百三十　四裔考七

驃國

唐貞元十八年春正月〔一〕，南詔使來朝，驃國王始遣其弟悉利移來朝。華言謂之驃，自謂突羅朱，闍婆人謂之徒里拙〔二〕。古未嘗通中國，魏晉間有著西南異方志及南中八郡者云：「永昌，古哀牢國也。傳聞永昌西南三千里有驃國，君臣、父子、長幼有序。然無見史傳者。」今其聞南詔異牟尋歸附，心慕之，乃因南詔重譯，遣子朝貢。東北距南詔咩苴城六千八百里，凡去上都萬四千里，在永昌故郡南二千里餘〔三〕，其國境，東西三千里，往來通聘者迦羅婆提等二十國，役屬者道林王等九城，食境土者羅君潛等二百九十八部落〔四〕。東鄰真蠟國，西接東天竺國，南盡溟海，北通南詔些樂城界。其王姓困没長，名摩羅惹。其國相名摩訶斯那。其王近適則輿以金繩牀，遠適則乘象。嬪御甚衆，侍御常數百人。其羅城構以甎甓〔五〕，周一百六十里，壕岸亦構以甎，相傳本是舍利佛城。內有居人數萬家，佛寺百餘區。其堂宇皆錯以金銀，塗以丹彩〔六〕，地以紫鑛，覆以錦罽。其俗好生惡殺。其土宜菽粟稻粱，無麻麥。其理無刑名桎梏之具，犯罪者以竹五十本束之〔七〕，復犯者撻其背〔八〕，數止五，輕者止三，殺人者戮之。男女七歲則落髮止寺舍，依桑門〔九〕，至二十不悟佛理〔一〇〕，乃復爲居人。其衣服悉以白氎與朝貢方物。

樂曲皆演釋氏經論之詞意。二十一年四月，封彌臣國嗣王道勿禮爲彌臣國王焉。咸通三年二月，遣使

霞〔一一〕，繞腰而已。不衣繒帛，云出於蠶，爲傷生也。獻其國樂凡十二曲〔一二〕，與樂工三十五人來朝。

西原蠻

西原蠻，居廣、容之南，邕、桂之西。有甯氏者，相承爲豪。又有黄氏，居黄橙洞，其隸也。其地西接南詔。唐天寶初，黄氏强，與韋氏、周氏、儂氏脣齒爲寇害〔一三〕，據十餘州。韋氏、周氏耻不肯附，黄氏攻之，逐於海濱。

至德初，首領黄乾曜、真崇鬱與陸州、武陽、朱蘭洞蠻皆叛〔一四〕，推武承斐、韋敬簡爲帥，僭號中越王，廖殿爲桂南王，莫淳爲拓南王〔一五〕，相支爲南越王，梁奉爲鎮南王，羅誠爲戎成王，莫潯爲南海王，合衆二十萬，綿地數千里，署置官吏，攻桂管十八州。所至焚廬舍，掠士女，更四歲不能平。乾元初，遣中使慰曉諸首領，賜詔書赦其罪，約降。於是西原、環、古等州首領方子彈〔一六〕、甘令暉、羅承韋、張九解、宋原五百餘人請出兵討承斐等，歲中戰二百，斬黄乾曜、真崇鬱、廖殿、莫淳、梁奉、羅誠、莫潯七人。承斐等以餘衆面縛詣桂州降，盡釋其縛，差賜布帛縱之。其種落張侯、夏永與夷獠梁崇牽、覃問及西原酋長吴功曹復合兵内寇，陷道州，據城五十餘日。桂管經略使邢濟擊平之，執吴功曹等。餘衆復圍道州，刺史元結固守不能下，進攻永州，陷邵州，留數日而去。湖南團練使辛京杲遣將王國良戍武崗〔一七〕，嫉

京杲貪暴，亦叛，有衆千人，侵掠州縣，發使招之，且服且叛。建中元年，城叙州以斷西原〔一八〕，國良乃降。

貞元十年，黄洞首領黄少卿者，攻邕管，圍經略使孫公器，請發嶺南兵窮討之，德宗不許，命中人招諭，不從，俄陷欽、横、潯、貴四州。少卿子昌沔趫勇，前後陷十三州，氣益振。乃以唐州刺史陽旻爲容管招討經略使〔一九〕，引師掩賊，一日六七戰，皆破之，侵地悉復。元和初，邕州擒其别帥黄承慶。明年，少卿等歸款，拜歸順州刺史。弟少高爲有州刺史。未幾復叛。

又有黄少度、黄昌瓘二部，陷賓、巒二州〔二〇〕，據之。十一年，攻欽、横二州，邕管經略使韋悦破走之，取賓、巒二州。是歲，復屠巖州，桂管觀察使裴行立輕其軍弱，首請發兵盡誅叛者，徼幸有功，憲宗許之。行立兵出擊，彌更三歲〔二一〕，妄奏斬獲二萬，罔天子爲解。自是邕、容兩道殺傷疾疫死者十八以上〔二二〕。調費闕亡〔二三〕，繇行立、陽旻二人，當時莫不咎之。及安南兵亂，殺都護李象古，擢唐州刺史桂仲武爲都護，逗留不敢進，貶安州刺史，以行立代之。尋召還，卒。

長慶初，以容管經略使留後嚴公素爲經略使，復上表請討黄氏〔二四〕。兵部侍郎韓愈建言曰：「南討損傷，嶺南人希，賊之所處，洞壘荒僻。假如盡殺其人，得其地，在國計不爲有益。容貸羈縻，比之禽獸，來則捍禦，去則不追，未有虧損朝廷。願因改元大慶，普赦其罪，遣官以天子恩意宣諭，必能聽命。乃選材用威信者處以經略〔二五〕，處理得方，宜無侵叛。」不納。後黄賊更攻邕州，陷左江鎮；攻欽州，陷千金鎮。明年，又寇欽州。是歲，黄昌瓘遣其黨陳少奇二十人歸款請降〔二六〕，敬宗納之。

黃氏、儂氏據州十八，經略使至，遣一人詣治所，稍不得意，輒侵掠諸州。橫州當邕江官道，嶺南節度使常以兵五百戍守，不能制。太和中，經略使董昌齡遣子蘭討平峒穴，夷其種黨，諸蠻畏服。有違命者，必嚴罰之。十八州歲輸貢賦，道路清平。其後儂洞最強，結南詔爲助。懿宗與南詔約和，二洞數構敗之。邕管節度使辛讜以從事徐雲虔使南詔結和，齎美貨啖二洞首領、儂金勒等與之通歡。金勒聽命。宋時儂氏世爲廣源州首領，州在邕州西南鬱江之源，地峭絶深阻，産黃金、丹砂，頗有邑居聚落。自交趾蠻據有安南，而廣源雖號邕管羈縻，其實服役於交趾。

初，有儂全福者，知儻猶州，其弟存禄知萬涯州，全福妻弟儂當道知武勒州。一日，全福殺存禄、當道，并有其地。交趾怒，舉兵虜全福及其子智聰以歸。其婦阿儂本左江武勒族也，轉至儻猶州，全福納之。全福見虜，阿儂遂嫁商人，生子名智高。生十三年，殺其父商人，曰：「天下豈有二父邪？」因冒儂姓，與其母奔雷火峒，其母又嫁特磨道儂夏卿。久之，智高復與其母出據儻猶州，建國曰大曆。交趾復拔儻猶州，執智高，釋其罪，使知廣源州，又以雷、火、頻、婆四峒及思浪州附益之〔二七〕。居四年，内怨交趾，襲據安德州，僭稱南天國，改年景瑞〔二八〕。皇祐元年〔二九〕，寇邕州。明年，交趾發兵討之，不克。廣西轉運使蕭固遣邕州指使亓贇往刺候〔三〇〕，而贇擅發兵攻智高，爲所執，因問中國虚實，贇爲陳大略，説智高内屬。乃遣贇還，奉表請歲貢方物，未聽。又以馴象、金銀來獻，朝廷以其役屬交趾，拒之。後復齎金函書以請，知邕州陳珙上聞，不報。智高既不得請，又與交趾爲仇，且擅山澤之利，遂招納亡命，數出敝衣易穀食，給言峒中飢，部落離散。邕州信其微弱，不設備也。乃與廣州進士黃瑋、黃師宓及其黨儂建侯、儂志忠等日夜謀入寇〔三一〕。一夕，焚其巢穴，紿其衆曰：「平生積聚，今爲天火焚，無以爲生，計窮矣。當拔邕州，據廣州以自王，否則必死〔三二〕。」

四年四月，率衆五千沿鬱江東下，攻破横山寨，遂破邕州〔三三〕，執知州陳珙等害之。智高僭號仁惠皇帝，改年啟曆。時天下久安，嶺南州縣無備，一旦兵起倉卒，守將多棄城遁，故智高所向得志，相繼破横、貴、龔、潯、藤、梧、封、端、康九州，所至焚府庫，殺官吏，進圍廣州五十餘日，不克，解去。又破昭、賓二州，復據邕州。陳曙等兵敗〔三四〕，朝廷命狄青爲宣撫使，督諸軍進兵絶崑崙。智高悉衆拒戰，大敗，夜焚城遁，由合江口入大理國。智高自起至平幾一年，暴踐一方，吏民不勝其毒，朝廷爲下赦令，拊瘡痍。智高既敗，其母阿儂入保特磨，依其夫儂夏卿，收殘衆三千餘人，復欲入寇。安撫使余靖督部吏發峒兵入特磨，掩襲之。獲阿儂及智高弟智光等，檻送京師，棄市。智高不知所終。

儂氏又有宗旦者，知雷、火峒〔三五〕，稍桀黠。嘉祐二年，嘗入寇，知桂州蕭固招之内屬，補以官。七年，宗旦父子請以所屬城洞，永爲王民〔三六〕。詔各遷一官〔三七〕，賜賚有差。是歲，儂夏卿、儂亮亦自特磨來歸，皆其族也。

石湖范氏桂海虞衡志曰：「儂智高反，朝廷討平之。因其疆域，參唐制，分析其種落，大者爲州，小者爲縣，又小者爲洞，凡五十餘所。推其長雄者爲首領〔三八〕，籍其民爲壯丁，以藩籬内郡，障防外蠻，緩急追集備禦，制如官軍。其酋皆世襲，分隸諸寨，總隸於提舉。左江四寨二提舉，右江四寨一提舉，寨官，民官也。知寨、主簿各一員，掌諸洞財賦。左江屯永平、太平，右江屯横山，掌諸洞烟火民丁，以官兵盡護之。大抵人物獷悍，風俗荒怪，不可盡以中國教法繩治，姑羈縻之而已。有知州、權州、監州、知縣、知洞，皆命於安撫若監司，給文帖朱記。其次有同發遣、權發遣之屬，謂之官典，各命於其州。每村團又推一人爲長，謂之主户。餘民皆稱『提陀』，猶言百姓也。洞丁有爭，各訟諸酋。酋不能决若酋自争，則訟諸寨或提舉。又不能决，訟諸邕管，次至帥司而止。皇祐以前，知州補授，不過都知兵馬使，僅比徽校。智高之亂，洞人立功，始有補班行者，諸洞知州不敢坐其上，視朝廷爵命尚知尊敬。元豐以後，漸任中州官。近歲，洞酋多寄籍内地，納粟補授，無非大小使臣，或敢詣闕陳獻利害，至借補閤職，與帥守抗禮。其爲招馬官者，尤與州縣相狎，子弟有入邕州應舉者，招致游士，多設耳目，州縣文移未下，已先知之。輿騎、居室、服用皆擬公侯。如安平州之李棫，田州之黄諧，皆有强兵矣。

民田計口給民，不得典賣。惟自開荒者由己，謂之祖業口分田。知州别得養印田，猶圭田也。權州以下無印記者，得蔭免田。既各服屬其民，又以攻剽山獠，及博買嫁娶所得生口，男女相配，給田使耕，教以武伎，世世隸屬，謂之家奴，亦曰家丁。强壯可教勸者〔三九〕，謂之田子、田丁〔四〇〕，亦曰馬前牌，皆青布巾，跣足，總謂之洞丁。舊一州多不過五六百人，今有以千計者。元豐中，嘗籍其數十餘萬，老弱不與，此籍久不脩矣。洞丁往往勁捷能辛苦，穿皮履，上下山不頓。其械器有桶子甲、長槍、手摽、偏刀、遏鐰牌、山弩〔四一〕、竹箭、桄榔箭之屬。其相讎殺，彼此布陣，各張兩翼以相包裹，人多翼長者勝，無他奇。民居苫茅爲兩重棚，謂之麻欄，上以自處，下蓄牛豕。棚上編竹爲棧，但有一牛皮爲裀席，牛豕之穢升聞棧罅，習慣之。亦以其地多虎狼，不爾則人畜俱不安，深廣民居亦多如此。洞人生理尤苟簡，冬編鵝毛木綿，夏緝蕉竹麻紵爲衣。摶飯掬水以食，家具藏土窖以備寇掠。土產生金、銀、銅、鉛緑、丹砂、翠羽、洞緂、練布、茴香、草果諸藥，各逐其利，不困乏。

今黄姓尚多而儂姓絶少，蓋智高亂後，儂氏善良許從國姓，故今多姓趙氏。舉洞純一姓者，婚姻自若。酋豪或聚數妻，皆曰媚娘。洞官之家婚嫁，以粗豪汰侈相高，聘送禮儀，多至千擔，少亦半之。婿來就親，女家於五里外結草屋百餘間與居，謂之入寮。兩家各以鼓樂迎男女至寮，女婢妾百餘，婿僮僕至數百，成禮之夕，兩家各盛兵爲備，小有言，則兵刃相接。成婚後，婿常抽刃，妻之婢妾迕意，即手殺之。自入寮，能多殺婢則妻黨畏之，否則謂之懦。半年而後歸夫家。人遠出而歸者，止於三十里外，家遣巫提竹籃迓，脱歸人帖身衣，貯之籃，以前導還家，言爲行人收魂歸也。親始死，被髮持缾甕，慟哭水濱，擲銅錢、紙錢於水，汲歸浴屍，謂之買水，否則鄰里以爲不孝。

此州縣雖曰羈縻，然皆耕作省地，歲輸税米於官。始時，國家規模宏遠，以民官治理之，兵官鎮壓之，以諸洞財力養官軍，以民丁備招集驅使，上下相維，有臂指之勢。洞酋雖號知州、縣，多服皂白布袍，類里正、户長。參寨官皆横梃，自稱某州防遏盜賊。大抵見知寨如里正之於長官，奉提舉如卒伍之於主將，視邕管如朝廷，望經略、帥府則如神明。號令風靡，保障隱然。比年不然，諸洞不供租賦，故無糧以養提舉之兵。提舉兵力單弱，故威令不行。寨官非惟惰不舉職，且日走洞官之門握手爲市，提舉官亦不復威重，與之交關通賄，其間有自愛稍欲振舉，諸洞必共汙染之，使以罪去，甚則酖焉。原其始，皆邊吏冒法徇利致然，此弊固未易悉數也。故事，安撫經略使初開幕府，頒鹽綵偏犒首領，以公文下教，謂之『委曲』。大略使固守邊界，存恤壯丁云。邕州守臣舊不輕付，屯卒將五千人，京師遣人作司大兵城，邊備甚飭。比來，邕州經費匱闕，觸事廢弛，但存羸卒數百人，城壁器械頹壞不脩，安撫、都監司事體朘弱，州洞桀黠無所忌，至掠省民客旅，縛賣於交趾諸蠻。又招收省民不逞及配隸亡命者，以益田子、田丁反，隱然平視安撫、都監司，此非持久計。慶曆廣源之變，爲鑒豈遠哉。」

焦僥國

焦僥國，後漢時通焉。明帝永平中，西南夷焦僥貢獻。安帝永初中，永昌徼外焦僥種夷陸類等三千餘口舉種内附〔四二〕，獻象牙、水牛、封牛。其人長三尺，穴居，善游，鳥獸懼焉。其地草木冬落夏生。

撣國

撣音擅。國，後漢時通焉。和帝永元中，其國王雍由調遣譯奉國珍寶。和帝賜金印紫綬。安帝永寧初，復遣使朝賀，獻樂及幻人，能變化、吐火、自支解、易牛馬頭，又善跳丸，數乃至十。自言「我海西人」。海西即大秦也。撣國西南通大秦〔四三〕。明年元會，安帝作樂於庭，封雍由調爲漢大都尉。

兩爨蠻

兩爨蠻。自曲州、靖州西南昆川、曲軛、晉寧、喻獻、安寧距龍和城，通謂之西爨白蠻；自彌鹿、升麻二川，南至步頭〔四四〕，謂之東爨烏蠻。西爨自云本安邑人，七世祖晉南寧太守，中國亂，遂王蠻中。梁元帝時〔四五〕，南寧州刺史徐文盛召詣荆州，有爨瓚者，據其地，延袤二千餘里。土多駿馬、犀、象、明珠。既死，子震、翫分統其衆。隋開皇初，遣使朝貢，命韋世冲以兵戍之，置恭州、協州、昆州。未幾叛，史萬歲擊之，至西洱河、滇池而還。震、翫懼而入朝，文帝誅之，諸子没爲奴。唐高祖即位，以其子弘達爲昆州刺史〔四六〕，奉父喪歸。而益州刺史段綸遣俞大施至南寧，治共範川，誘諸部皆納款貢方物。太宗遣將擊西爨，開青蛉、弄棟爲縣〔四七〕。爨蠻之西，有徒莫祇蠻〔四八〕、儉望蠻，貞觀二十三年内屬，以其地爲傍、望、覽、丘、求五州〔四九〕，隸郎州都督府。白水蠻，地與青蛉、弄棟接，亦隸郎州〔五〇〕。弄棟西有大勃弄、小勃弄二川蠻〔五一〕，其西與黄瓜、葉榆、西洱河接，其衆完富與蜀埒〔五二〕，無酋長，喜相讎怨。

永徽初，大勃弄楊承顛私署將帥，寇麻州，都督任懷玉招之，不聽，高宗以左領軍將軍趙孝祖爲郎州道行軍總管，與懷玉討之。至羅仵侯山，其酋秃磨蒲與大鬼主都于以衆塞菁口〔五三〕，孝祖大破之。夷人尚鬼，謂主祭者爲鬼主，每歲户出一牛或一羊，就其家祭之。送鬼迎鬼必有兵，因以復仇云。孝祖屢破降諸部，西南夷遂定。玄宗時，諸爨互相並起攻，稍離弱。貞元中，置都督府於峰州，領羈縻州十八。

烏蠻與南詔世婚姻，其種分七部落，土多牛馬，無布帛，衣皮。俗尚巫鬼，無拜跪之節。其語四譯乃通中國。大部落有大鬼主，百家則置小鬼主〔五四〕。勿鄧部地方千里，有邛部六姓，又有東欽蠻、粟蠻、雷蠻、夢蠻，散處黎、巂、戎數州之鄙，隸勿鄧。其南七十里，有兩林部落，其南有豐琶部落〔五五〕，兩林地雖狹，而諸部推爲長，號都大鬼主〔五六〕。勿鄧、豐琶、兩林皆謂之東蠻，天寶中，皆受封爵。及南詔陷巂州，遂羈屬吐蕃。貞元中，復通款，以數爲吐蕃攻獵。乃遺韋皋書，乞兵攻吐蕃，皋遣兵大破吐蕃於北谷，獲其鎧仗、牛馬。詔封其鬼主苴那時等皆爲郡王，給印章、袍帶，歲給其部鹽綵。

後唐天成中，山後兩林蠻遣其大鬼主來貢。宋開寶二年，兩林蠻王子及邛部川蠻都鬼主入貢〔五七〕，詔嘉納之，賜以器幣。由黎州南行七日至其地〔五八〕，又一程，至巂州，今廢，空城中但有浮圖一。又二程，至建昌城。又十七程，至雲南。三年七月，又朝貢。八年，又入貢。太平興國初，遣使貢名馬、方物，乞頒正朔。詔加其官優獎之。淳化元年，黎州蠻乞互市，詔增給其直。自是訖真宗朝，入貢不絶。每優詔加官厚賜，遣之。天聖八年十月，邛部川蠻王黎在遺使入貢〔五九〕。時占城、龜兹、沙州亦皆入貢，至以家自隨。晏殊因請圖其人物衣冠，并訪道里風俗以上史官，詔可。明道元年，黎在請三歲一貢，詔諭道路遐遠，許五年一至。

邛部於諸蠻中最驕悍狡譎，招集蕃漢亡命，侵攘他種，閉其道以專利。熙寧三年，首領苴剋遣使來賀登極，自稱「大渡河南邛部川山前、山後百蠻都首領」〔六〇〕，賜敕書、器幣、襲衣、銀帶。苴剋死，詔以其子韋則襲封懷化校尉、大渡河南邛部川都鬼主。乾道元年〔六一〕，詔以崖襪承襲兄蒙備金紫光禄大夫、懷化校尉、都鬼主如故，從西川宣撫司請也。淳熙元年，吐蕃種落侵犯邊境，崖襪率衆掩殺，詔令四川宣撫司具功狀聞奏。二年，制置使范成大奏兩林蠻王弟籠畏、首領崖來等攻邛部川之籠甕城〔六二〕，不克，虜掠而去。崖韈遣人追逐，已下黎州隄防之。七年，樞密院編脩官李嘉謀言：「黎州邊面近則有曰邛部川，曰河南蠻，曰女兒城蠻，曰青羌，曰吐蕃〔六三〕，曰五部落，遠則大小雲南州之三邊，大抵諸蕃環列。今以馬故，日至太守之庭，彼既狎玩，始有内侮之心。自今宜令通判專任市馬，太守專任邊事。」詔市馬令通判專任外，餘守臣措置。八年，崖韈死，其侄墨崖承襲。依例授官。詔自今黎州屯戍〔六四〕，土軍、禁軍並聽黎州守臣節制，其西兵遇有邊事，亦聽守臣節制，從編修官李嘉謀之言也。寧宗嘉定九年，邛部川爲雲南所逼，折歸雲南。初，邛部鬼主部庫，與其親族崖則内自攻，崖則結兩林蠻爲援，部庫聞之懼，求救雲南，喜其附己，遂起兵攻兩林蠻滅之。蠻族素忠順，自國初以來，蔽遮雲南之路，故雲南與中國絶。及是，黎州失籓籬之蔽矣。自黔、恭以西，至涪、瀘、嘉、叙，自階、文折而東，南至威、茂、黎、雅，被邊十餘郡，綿亘數千里，剛夷惡獠，殆千萬種。自治平之末，訖於靖康，大抵皆通互市，奉職貢，雖時有剽掠，如鼠竊狗偷，不能爲深患云。

松外諸蠻

松外諸蠻數十百部〔六五〕，大者五六百户，小者二三百。凡數十姓〔六六〕，趙、楊、李、董爲貴族，皆擅山川，不能相君長。有城郭、文字，頗知陰陽曆數。自夜郎、滇池以西，皆莊蹻之裔。有稻、麥、粟、豆、絲、麻、薤、蒜、桃、李。以十二月爲歲首。布幅廣七寸。正月蠶生，二月熟。男子氈革爲帔，女衣絁布裙衫，髻盤如髽。飯用竹筲摶而噉之，烏杯貯羹如鷄彝〔六七〕。徒跣，有舟無車。死則坎地，殯舍左，屋之，三年乃葬，以蠡蚌封棺。父母喪，斬縗布衣不澡者四五年，近者二三年。爲人所殺者，子以麻括髮，墨面，衣不緝。居喪，婚嫁不廢，亦弗避同姓。婿不親迎。富室娶妻，納金銀牛羊酒，女所齎亦如之。有罪者，樹一長木，擊鼓集衆其下。强盜殺之，富者貰死，燒屋奪其田；盜者倍九而償贓。姦淫，則强族輸金銀請和而棄其妻，處女、嫠婦不坐。凡相殺必報，力不能則其部助之。祭祀，殺牛馬，親聯畢會，助以牛酒，多至數百人。唐貞觀中，巂州都督劉伯英上疏言：「松外諸蠻，率暫附亟叛，請擊之，西洱河、天竺道可通也。」居數歲，太宗以右武候將軍梁建方發蜀十二州兵進討〔六八〕，酋帥雙舍拒戰，敗走，殺獲十餘萬，群蠻震駭，走保山谷。建方諭降者七十餘部，户十萬九千，署首領蒙、和爲縣令，餘衆感悦。

西洱河蠻，亦曰河蠻，道繇郎州走三千里，建方遣奇兵自巂州道千五百里掩之〔六九〕，其帥楊盛大駭，欲遁去，使者好語約降，乃遣首領十人納款軍門，建方振旅還。二十二年，西洱河大首領楊同外，東洱河大首領楊斂〔七〇〕、松外首領蒙羽皆入朝，授官秩。顯慶元年，西洱河大首領楊棟附顯、和蠻大首領王羅祁〔七一〕、郎昆梨盤四州大首領王伽衝率部落四千人歸附，入朝貢方物。其後茂州西南築安戎城，絶吐蕃通蠻之道，生羌爲吐蕃鄉導，攻拔之，增兵以守，西洱河諸蠻皆臣吐蕃。開元中，首領始入朝，授刺史。會南詔蒙歸義拔大和城〔七二〕，乃北徙，更羈制於浪穹詔。浪穹詔已破，又徙雲南柘城。黎州，領羈縻奉上等州二十六。開元十七年，又領羈縻夏梁、卜貴等州三十一。

尾濮

尾濮，漢魏以後在興古郡今雲南郡地。西南千五百里徼外〔七三〕。其人有尾，長三四寸，欲坐，輒先穿地爲穴，以安其尾。尾折便死。居木上，食人。俗又噉其老者。唯識母不識父。其俗，有賓客，貸老以供厨〔七四〕。故賓婚有日，老者必泣。其地有稷及陸稻，多鹽井，饒犀象，有弓矢，革鎧以赤猍猴皮。垂錫珠、翡翠爲冠幘。按：木濮即尾濮也。又扶南土俗傳云〔七五〕：「拘利東有蒲羅，中人人有尾，長五六寸。其俗食人。」按：其地並西南，蒲羅蓋尾濮之地名。

木綿濮

木綿濮，土有木綿樹，多葉，又生房甚繁，房中綿如蠶所作，其大如捲。音拳。

文面濮

文面濮，其俗劖面，以青畫之。劖音讒。

折腰濮

折腰濮，其俗，生子皆折其腰。

赤口濮

赤口濮，在永昌南。其俗，折其齒，劓其脣使赤，又露身無衣服。

黑僰濮

黑僰濮，在永昌西南，山居耐勤苦。其衣服，婦人一幅布爲裙，或以貫頭；丈夫以轂皮爲衣〔七六〕。其境出白蹄牛、犀、象、琥珀、金、桐、華布。又諸濮之域皆出楛矢。爾雅曰：「南至於濮鉛。」周書王會「卜人丹沙」，注云：「卜人，西南之蠻，丹沙所出。」今按：卜人蓋濮人也。按：諸濮與哀牢地相接，故附之〔七七〕。

交趾

交趾，本漢初南越之地，漢武帝平南越，分其地爲儋耳、珠厓、南海、蒼梧、鬱林、合浦、交趾、日南、九真，凡九郡，置交趾刺史以領之。後漢置交州，晉、宋、齊、梁因之〔七八〕，又爲交趾郡。陳亦因之。隋平陳，廢郡置州。煬帝初，廢州置郡。唐武德中，改交州總管府；至德中，改安南都護府。朱梁貞明中〔七九〕，土豪曲承美專有其地，送款於末帝，因授承美節鉞。時劉陟擅命嶺表，遣將李知順伐承美〔八〇〕，執之，乃并其土宇。後有楊廷藝、紹洪皆受廣南僞署，繼爲交趾節度使。紹洪卒，州將吴昌岌遂居其位。昌岌死，其弟昌文承襲。

宋乾德初，昌文死，其參謀吳處玶、峰州刺史矯知護、武寧州刺史楊暉、牙將杜景碩等爭立，管内十二州大亂。部民嘯聚，起爲寇盜，攻交州。先是，楊廷藝以牙將丁公著攝驩州刺史兼禦蕃都督，部領即其子也。公著死，部領繼之。至是，部領與其子璉率兵擊敗處玶等，賊黨潰散，境内安堵，部民德之，乃推部領爲交州帥，號曰「大勝王」〔八一〕，署其子璉爲節度使〔八二〕。凡三年，璉襲父位。立七年，聞太祖克平嶺表，遂遣使貢方物，上表内附。制授璉檢校太師、静海軍節度使、安南都護。其進奉使皆命以官。開寶八年〔八三〕，遣使貢犀、象、香藥。是歲秋，制授開府儀同三司、檢校太師，封交阯郡王。

太宗即位，璉又貢方物。璉死，弟璿尚幼，嗣立，大將黎桓擅權，劫遷璿於別第，舉族禁錮，代總其衆。太宗聞之，怒，議舉兵弔伐。太平興國五年，詔孫全興、張璿、崔亮以陸路兵自邕州路入；劉澄、賈湜、王僎等以水路兵自廣州路入。是歲，黎桓遣使貢方物，仍爲丁璿上表乞襲位。上察其欲緩王師，寢不報。是時，王師進討，破賊萬餘衆，斬首萬餘級〔八四〕。六年春，又破賊於白藤江口，斬首千餘級，獲戰艦二百艘，甲胄萬計。轉運使侯仁寶率前軍先進，全興等頓兵花步七十日以俟澄，仁寶累促之，不進。及澄至，並軍由水路至多羅村，不遇賊，復擅迴花步。桓詐降以誘仁寶，遂爲其所害。轉運使許仲宣馳奏其事〔八五〕，遂班師。上遣使就劾澄、湜、僎，澄尋病死，湜等具伏並戮於邕州市。全興至闕，亦下吏坐誅，餘抵罪有差。仁寶贈工部侍郎。七年，桓懼朝廷終行討滅，復以丁璿爲名，遣使貢方物，上表謝罪。八年，桓自稱權交州三使留後，遣牙將入貢，上表自陳。上賜詔書，因而撫之，仍諭以遣丁璿母子及其親屬盡室來歸，當降制授卿節麾。時黎桓已專據其土，不聽命。是歲五月上言，占城國水陸象馬數萬來寇，率所部兵擊走之，俘斬千計〔八六〕。雍熙二年，復遣使貢方物，上表求正領節鎮。三年秋，又遣使入貢。儋州言，占城國人蒲羅遏率其族百餘衆內附，言爲交州所逼故也。是歲十月，制授桓檢校太保、使持節、都督交州諸軍事、安南都護，充靜海軍節度使、交州管內觀察處置等使，封京兆郡侯，賜食邑、功臣號。端拱元年，加檢校太尉。淳化元年，加特進。

遣左正言、直史館宋鎬往使。鎬歸闕，上令條列山川形勢及黎桓事迹以聞〔八七〕。鎬等具奏曰：「去歲秋末抵交州境，桓遣牙內都指揮使丁承正等以船九艘、卒三百人至太平軍來迎，由海口入大海，冒涉風濤，頗歷危險。經半月至白藤涇〔八八〕，入海汊，乘潮而行。凡宿泊之所有茅舍三間，營葺尚新，目爲館驛。至長州漸近本國，桓張皇虛誕，務爲誇詫，盡出舟師戰櫂〔八九〕，謂之耀軍。自是宵征抵海岸，至交州僅十五里，有茅亭五間，題曰『茅徑驛』。至城一百里，驅部民畜産〔九〇〕，妄稱官牛，數不滿千，揚言十萬。又廣率其民，混爲軍旅，衣以雜色之衣，乘船鼓譟。近城之山，虛張白旗以爲陳兵之象。俄而擁從桓至，展郊迎之禮，斂馬側身，問皇帝起居畢，按轡偕行，時以檳榔相遺，馬上食之，此風俗待賓之厚意也。城中無居民，止有茅竹屋數十百區，以爲軍營。而府署湫隘〔九一〕，題其門曰『明德門』。桓質陋而目眇，自言近歲與蠻寇接戰，墜馬傷足，受詔不拜。信宿之後，乃張筵飲宴。又出臨海汊〔九二〕，以爲娛賓之游，桓跣足持竿，入水標魚，每中一魚，左右皆叫譟歡躍。凡有宴會，預坐之人悉令解帶，冠以帽子。桓多衣花纈及紅色之衣〔九三〕，帽以真珠爲飾，或自歌勸酒，莫能曉其辭。嘗令數十人扛大蛇長數丈，饋於使館，且曰：『若能食此，當治之爲饌以獻焉。』又羈送二虎，以備縱觀。皆却之不受。士卒殆三千人，悉黥額曰

「天子軍」〔九四〕。量以禾穗日給〔九五〕，令自春爲食。兵器止有弓弩、木牌、梭槍、竹槍，弱不可用。桓輕脱殘忍，昵比小人，腹心閹竪五七輩錯立其側。好狎飲，以手令爲樂。凡官屬善其事者，擢居親近左右，有小過亦殺之，或鞭其背一百至二百。賓佐小不如意，亦捶之三十至五十，黜爲閽吏；怒息，乃召復其位。有木塔，其制樸陋，桓一日請同遊覽。地無寒氣，十一月猶衣夾衣揮扇。」

四年，進封桓交阯郡王。五年，遣牙校費崇德等來脩貢。然桓性本凶狠，負阻山河〔九六〕，屢爲寇害，漸失藩臣之禮。至道元年春，廣西路轉運使張觀、欽州如洪鎮兵馬監押衛昭美皆上言，有交阯戰船百餘艘寇如洪鎮，掠居民，劫廩實而去。其夏，桓所管蘇茂州，又以鄉兵五千寇邕州所管禄州〔九七〕，都巡檢楊文傑擊走之。太宗志在撫寧荒服，不欲問罪。既而遣李若拙賫詔并美玉帶往賜。既至，桓出郊迎，然辭氣尚悖慢，謂若拙曰：「向者劫如洪鎮乃外境蠻賊也，皇帝知此非交州兵否？若使交州果叛命〔九八〕，當首攻番禺，次擊閩、越，豈止如洪鎮而已！」若拙從容以語折之，桓頓首謝。真宗即位，封南平王兼侍中。桓遣使來貢，賜詔書慰獎。先是，使至交州，桓即以貢賦爲辭〔九九〕，因緣賦斂。上聞之，止令疆吏召受綸命，而不復專遣使者。景德元年，遣其子攝驩州刺史明提來貢，懇加恩使至本道慰撫遐裔，許之。

三年，桓卒，立中子龍鉞，兄龍全劫庫財而遁，其弟龍廷殺龍鉞自立。兄明護率扶蘭寨兵攻戰〔一〇〇〕。明提以國亂不能還，詔廣州優加資給。乃以邵曄爲沿海安撫使，令曉譬之。曄貽書交州，諭以朝廷威德，如其自相魚肉，久無定位，偏師問罪，則黎氏盡滅矣。明護懼，即奉龍廷主軍事。欲脩貢，詔許之。乃遣弟峰州刺史明昶等入貢，詔授龍廷特進、檢校太尉〔一〇一〕、静海軍節度處置等使、安南都護、御史大夫、上柱國、交趾郡王，賜食邑，功臣號，仍賜名至忠。又追贈桓中書令，南越王。官其進奉使。大中祥符元年〔一〇二〕，東封畢，加同平章事，增食邑、功臣號，至忠遣使入獻。三年，求互市於邕州，詔止。仍舊制，止許於廉州及如洪寨互市。蓋以邕爲邊隅，控扼之所，或直趨内地，事非便故也。

至忠裁年二十六，苛虐不法，國人不附。大校李公蘊尤爲至忠親任，嘗令以黎爲姓。其年，遂圖至忠，逐殺其弟明提、明昶等，自稱留後，遣使奉貢。上曰：「黎桓不義而得，公蘊尤而效之，甚可惡也。」然以蠻俗不足責，遂用桓故事，授公蘊檢校太傅，節度、都護、御史大夫、上柱國、交趾郡王，實封功臣號，後加同平章事，開府儀同三司，又官其進奉使。其後，或間歲，或仍歲，以方物入貢。天禧中，進封南平王〔一〇三〕，檢校太尉。仁宗即位，入貢，加檢校太師。天聖六年，卒。

子德政遣使告哀。詔命使弔祭，贈公蘊侍中、南越王，授德政襲爵。明道初，加同平章事。景祐初，部人陳公永等六百餘人内附，德政遣兵千餘境上捕逐之。詔遣還，仍詔德政毋輒誅殺。尋遣使入貢，加檢校太師。三年，其甲峒及諒州、門州、蘇茂州、廣源州、大發峒、丹波縣等蠻寇邕州之思陵州、西平州、石西州及諸峒，略居人馬牛，焚室廬而去。下詔責問，且令捕酋首正其罪以聞。寶元元年，進封南平王。康定元年，慶曆三年、六年、七年〔一〇四〕，俱遣使入貢，詔官其貢使。初，德政發兵取占城，朝廷疑其内蓄姦謀，乃訪自唐以來所通道路凡十六處，令轉運使杜杞度其要害而戍守之，然其後亦未嘗寇邊。前後累貢馴象。皇祐二年，邕州誘其蘇茂州韋紹嗣、紹欽等三千餘人入居省地，德政表求所誘。詔盡還之，仍令德政約束邊户，毋得侵犯。其後，儂智高反，德政率兵二萬由水路欲入助王師，朝廷優賜而却其兵。至和二年，德政卒。

子日尊遣人告哀，詔遣使弔祭贈官，及命日尊世襲如故事。嘉祐三年，貢異獸。四年，寇欽州思禀管〔一〇五〕。五年，與甲峒賊寇邕州，詔知桂州蕭固、轉運使宋咸、提刑李師中同議掩擊，又詔安撫使余靖等發兵討捕〔一〇六〕，靖遣諜誘占城同廣南西路兵甲趨交阯〔一〇七〕，日尊惶怖，上表待罪。詔未得舉兵，聽其貢奉。八年，入貢。四月，以仁宗皇帝遺留物賜日尊，加同平章事。神宗即位，進封南平王，加開府儀同三司。熙寧二年〔一〇八〕，表言：「占城國久缺貢，臣親帥兵討之，虜其王。」詔官其使。自是，日尊自帝其國，僭稱法天應運崇仁至道慶成龍祥英武睿文尊德聖神皇帝，尊公蘊爲太祖神武皇帝，國號大越，僞改元寶象，又改神武。

五年日尊卒，子乾德嗣，來告哀。詔遣使弔贈，授乾德襲封如故。乾德幼，母黎氏號太妃與宦人李尚吉同主國事。於是知桂州沈起籍溪峒丁爲王民，擅納知恩倩州儂善美於内地，帝慮其妄發以激蠻禍，亟罷之，代以劉彝。乾德乞還善美，并其屬民七百人，不許。彝又言廣源州劉紀以兵略邕管歸化州，儂智會率其子進安逆戰有功。詔授進安供奉官。初，廣西屯北兵二十指揮，交人畏之，彝奏罷正兵而用槍仗手分戍，聽偏校言，以爲安南可取，大治戈船，交人來互市，率皆遏絶，表疏上訴亦不得通。八年冬，遂分三道入寇，一自欽州，一自廣府，一自崑崙關，連陷欽、廉二州。廉土丁八十守城〔一〇九〕，皆驅令負擔登舟，已而盡殺之。又陷邕州，殺守將蘇緘，屠其民五萬餘口。詔以趙卨爲安南道行營都總管經略，招討使李憲爲副使，帥大軍南征。尋罷憲而以宣徽南院使郭逵爲招討使，改卨副之。九年十二月，破蠻決里隘，次富良江。蠻以精兵乘船逆戰，逵擊破之。殺其王子洪真，乾德懼，遣使奉表詣軍門納款。富良江去其國不遠〔一〇〕，逵不敢渡，官軍八萬，死者什六，得其廣源州、門州、思浪州、蘇茂州及桄榔縣而還。逵、卨皆得罪。詔改廣源爲順州。命西上閤門使陶弼知州事，餘皆即用其酋長。乾德乞再修職貢，還所奪州縣。詔報之曰：「卿撫有南交，世受王爵，而乃背德奸命，竊暴邊城〔一一〕，棄祖考忠順之圖，煩朝廷討伐之舉。師行深入，勢蹙始歸。迹其罪尤，在所紬削。今遣使修貢，上章致恭，詳觀辭情，灼見悛悔。朕撫綏萬國，不異邇遐。但以邕、欽、廉之民，遷劫炎陬，久失鄉井，俟盡送還省界，即以廣源等賜交州。」乾德初約歸三州官吏千人，久之，才送民二百二十一口，男子年十五以上皆刺額曰「天子兵」，二十以上曰「投南朝」，婦人刺左手曰「官客」，以舟載之而泥其户牖，中設燈燭〔一二〕，日行一二十里則止，而僞作更鼓以報，凡數月乃至，蓋以給示海道之遠也。順州落南深，置戍鎮守，被罹瘴霧多病没，陶弼亦終於官。朝廷知其無用，乃悉以四州一縣還之。然廣源舊隸邕管羈縻，本非交趾所有也。

元豐五年，獻馴象二、犀角象齒百。六年，以追捕儂智會爲辭，犯歸化州。又遣其臣黎文盛來廣西辨理順安、歸化境界，經略使熊本遣左江巡檢成卓與議〔一三〕，文盛稱陪臣，不敢争執。詔以文盛能遵乾德恭順之意，賜之袍帶及絹五百疋。仍以八隘之外保樂六縣、宿桑二峒予乾德。哲宗立，加同中書門下平章事。元祐中，又數上表求勿惡、勿陽峒地，詔不許。二年，遣使入貢，進封南平王。徽宗時，累加開府儀同三司、檢校太師。大觀初，貢使至京乞市書籍，有司言法不許，詔嘉其慕義，除禁書、卜筮、陰陽、曆算、術數、兵書、敕令、時務、邊機、地理外〔一四〕，餘書許買。政和末，又詔以交人自熙寧以來，全不生事，特寬和市之禁。宣和元年，加乾德守司空。建炎元年，乾德上表乞禁本道邊兵逃入省地。詔令廣西經略司約束。四年，安南入貢〔一一五〕，邊事未寧，免使人詣闕，所進方物，除華靡不受，餘就界所交從本路提刑司依例計價回賜，其表遞進，令學士院降敕書回答。自後，每遇入貢，即行之。

紹興二年，乾德卒，子陽煥立。八年，陽煥卒，子天祚立。俱遣使弔祭，贈官襲封如故事。九年，廣西帥司言：「乾德有側室子奔入大理，改姓趙名智之，自號南平王〔一一六〕。知陽煥死，大理遣還，欲與天祚爭位，天祚與之敵。又聞趙智之欲進奉借兵，見已説諭約回〔一一七〕。詔却之。自後貢奉不絶，累加功臣號。二十六年〔一一八〕，加檢校太師，增食邑。孝宗即位，加功臣號。隆興二年，遣使尹子思等入貢。乾道九年〔一一九〕，復遣入貢。自上即位，每遣使來，邊吏以聞，諭使歸國。至是，懇忱備至，上録其善意，許焉，至館於懷遠驛。禮部以安南使久不至，移文客省，詢訪土俗人物圖畫衣貌如舊制焉。淳熙元年正月，引見安南進奉副使。二月〔一二〇〕，詔安南入貢，禮意可嘉。令有司討論，賜國名典故以聞。於是特賜安南國名制，南平王李天祚特授依前官，封安南國王，仍加守謙功臣。上以天祚嗣位四十年，故厚其禮，封以安南國焉。舊日章奏行移，止稱安南道，加封之後，浸自尊大，文書稱國，不復可改矣。押伴安南進奉梁衎言：「安南入貢，所過州縣，差夫數多。自静江水路可至容州。又自北流遵陸一百二十里至鬱林，自鬱林州水路可至廣州，皆有回脚鹽船，運鹽牛車可顧。自廉航海一日之程即交趾，則從静江而南二千餘里，可不役一夫而辦。」詔逐路帥臣，詳其陳行。既而尹子思等以爲涉夏水溢，乞依例由欽州路以歸。二年，安南國請印，以「安南國王之印」六字爲文，賜之。其印比附樞密、尚書省印，方二寸，仍給牌，皆以銅鑄塗金爲飾。

三年，賜安南國曆日。有司言天祚已薨，其子未有封爵，欲作賜安南國王嗣子龍翰敕書〔三〕，從之。四年，授龍翰襲爵。故事，其王初立，即封交趾郡王，久之進南平王，死則贈侍中，南越王。時，詞臣周必大行制，曰：「即樂國以肇封，既從世襲；極真王而錫命，何待次升？」言不復封郡王，蓋異禮也。五年，上表進方物，稱謝。九年，廣西經略司言，安南國已辦方物投進。上曰：「象乃無用之物，經由道路，重擾吾民。」却不受。其入貢之物，十受一。光宗登極，經略司言安南國修章表備土宜貢賀。詔受一分於界首交割。本司言：「紹興中，壽皇登極，貢物盡行收受。今若止受十一之數，却恐本國致疑。」禮部勘，當如隆興例，全受，不回賜。寧宗嗣位，依例賜器幣，加食邑功臣號。嘉定五年，龍翰薨，詔遣弔祭，贈官如故事，以子昊旵襲封其爵位，給賜如龍翰始封之制。自李公蘊簒奪之，後至昊旵，傳八世，其名曰日、曰乾、曰陽、曰天、曰龍，皆有僭上之意，而累朝以其僻在海隅，不復與較也。

石湖范氏桂海虞衡志曰：「今安南國地接漢九真、日南諸郡。及唐驩、愛等州，東南薄海，接占城，占城，林邑也。東海路通欽、廉，西出諸蠻，西北通邕州。在邕州東南隅，去左江太平寨最近。自寨正南行至桃榔花步，渡富良、白藤兩江，四程可至。又自寨東南行，過丹特羅小江，自諒州入六程可至。自右江温潤寨則最遠。由欽州渡海一日至。歷代爲郡縣，國朝遂在化外。丁氏、黎氏、李氏代擅其地。

熙寧間，乾德初立，其大臣用事，嗾之叛。八年，遂入寇，陷邕、欽、廉三州。朝廷命郭逵等討之，賊驅象拒戰，官軍以大刀斬象鼻，象奔却，自蹂其徒，大兵乘之，賊潰，乘勝拔桄榔縣。知縣，交主之婿，逃伏草間，窺見王師獲賊，擘食之，以爲天神。歸報其主，曰：『苟可逃命，子孫勿犯大朝。』大軍次富良江，去都護府四十里，殺僞太子，擒其大將。乾德大懼，奉表乞降。會北兵多病瘴，乃詔赦交趾，還其五州。朝廷以遠不能遂取交州，黜爲武衞上將軍。是役也，調民夫八十七萬有奇，金穀稱是，迄無駿功。大率自端拱迄嘉祐以來，兩江州洞數爲蠻所侵軼，潛舉以外鄉，蘇茂、廣源、甲洞等處入交趾者六十二村，故至今長雄諸蠻。乾德死，子陽煥立。陽煥死，乾德有遺腹子，屬之占城，奉而立之。或云有黎牟者，乾德妻黨也，嘗爲李氏養子，殺遺腹子而立，冒姓李氏，名天祚，實紹興九年，其國人猶稱黎王。二十六年，遣使入貢，朝廷因以李氏官爵命之。天祚貌豐皙，今生三十九年矣。有兄嘗知諒州，謀奪其位，事覺，流雪河州，髡爲浮屠。

凡與廣西帥司及邕州通訊問，用二黑漆板夾繫文書，刻字於板上，謂之木夾文書。稱安南都護府，天祚不列銜，而列其將佐數人，皆僭官稱。有云金紫光禄大夫、守中書侍郎、同判都護府者，其意似以都護府如州郡簽廳也。帥司邊州報其文書，亦用木夾。桂林掌故，有元祐、熙寧間所藏舊案，交人行移與今正同，印文曰『南越國印』。近年乃更用中書門下之印，中國之治略荒遠，邊吏又憚生事，例置不問，由來非一日矣！其國之官稱，王宗族稱天王班，凡族稱承嗣〔三二〕，餘稱支嗣。其官有内職、外職〔三三〕。内職治民，曰輔國太尉，猶宰相也。左右郎司空、左右郎相、左右諫議大夫、内侍員外郎，以上爲内職。外職治兵，曰樞密使、金吾太尉、都領兵、領兵使，又有判及同判安南都護府，皆爲外職。仕者或科舉，或任子，或入貲。科舉最貴。工技奴婢之子孫不許應舉，入貲始爲吏職，再入貲補承信郎，可累遷爲知州。在官者無俸給，但付一方之民，俾得役屬耕漁以取利。勝兵御龍〔一二四〕、武勝、龍翼、蟬殿、光武、王階、捧日、保勝等，皆有左右。每軍止二百人，横刺字於額曰『天子兵』。又有雄略、勇捷等九軍充給使，如廂軍。兵士月一踐更，暇則耕種，工藝自給。正月七日，人給錢三百，紬絹布各一疋，如紬綢而蒙之以綿。月給禾十束。以元日犒軍，人得大禾飯一柈，魚鮓數枚。其地多占米，故以大禾爲貴。正月四日，酋椎牛饗其臣。七月五日爲大節，人相慶遺，官僚以生口獻其酋。翌日，酋開宴酬之。酋居樓四層，上以自居；第二層御宙居之，中人也；第三層箇利就居之，老鈐下之屬也；第四層軍士居之。又有水晶宮、天元殿等諸僭擬名字門。別有一樓，猶榜曰『安南都護府』。屋皆朱漆，柱畫龍、鶴、仙女。

交人無貴賤，皆椎髻跣足，酋平居亦然，但珥金簪、衣黄衫紫裙，餘皆服盤領四裾〔一二五〕，皂衫不繫腰，衫下繫皂裙，珥銀鐵簪，曳皮履，執鶴羽扇，戴螺笠。皮履，以皮爲底，施小柱，以拇指夾之而行。扇編鶴羽以辟蛇。螺笠，竹絲縷織，狀如田螺，最爲工緻。婦人多皙〔一二六〕，與男子絶異，好着緑寬袖直領，皆以皂裙束之。酋出入以人挽車〔一二七〕。貴僚坐幅布，上掛大竹，兩夫舁之，名『抵鴉』。歲時不供先，病不服藥，夜不燃燈。上巳日，男女集會，爲行列，結五色綵爲毬，歌而拋之，謂之『飛駞』。男女自成列，女受駞，男婚以定。宮門有大鐘樓，民訴事即撞鐘。大辟或付仇家，使甘心。盜賊斮手足指，逃亡斷手足。謀叛者，埋身土中，露其頭，旁植長竿，挽竹繫其髻，使其頸伸，利鍤一剗之，其頭剡標竿杪。客死境外，鞭尸大駡，以爲背國。土産生金及銀、銅、朱砂、珠貝、犀、象、翠羽、車渠、諸香，及鹽、漆、吉貝之屬。果惟有甘橘、香圓、檳榔、扶留藤。新舊縣隔一小江，皆出香。新州故真臘地，侵得之。不能造紙筆，求之省地。其人少通文墨。閩人附海舶往者，必厚遇之，因命之官，咨以决事。凡文移詭亂，多自遊客出。相傳其祖公蘊亦本閩人。又其國士人極少，半是省民。南州客旅，誘人作婢僕擔夫，至州洞則縛而賣之，一人取黄金二兩，州洞轉賣入交趾，取黄金三兩，歲不下數百千人。有藝能者，金倍之。知文書者，又倍。面縛驅行，仰繫其首，俾不省來路。既出其國，各認買主，爲奴終身，皆刺額上爲四五字，婦人刺胸乳至肋，拘繫嚴酷，逃亡必殺。又有秀才、僧道、伎術及配隸亡命逃奔之者甚多。不能鼓鑄泉貨，純用中國小銅錢，皆商旅洩而出者。

按：掠賣婢奴，與士人遊邊，及透漏錢寶出外界，三者法禁具在。今玩弊如此，蓋安撫、都監、沿邊溪洞司不得人，邊政頽靡，姦宄肆行所致，日滋月長未艾也。及邊吏多無財用植立，竊斗升癘土，苟活待盡而已，何暇顧邊防國事者，宜痛心疾首焉。然交人自熙寧敗降後，亦不復敢猖獗，南陲奠枕且百年。

紹興十二年，妖人譚友諒竄入思浪州，詐稱奉使，諭下州洞，天祚大恐。已而，帥司檄安南捕友諒，邕州又以僞官告身招之，友諒與歸順首領二十餘人，各奉其銅印、地圖、土物詣横山。知邕州趙願縛友諒赴帥司，斬之，首領悉送還安南，皆死。交趾安居至今，無議之者。乾道八年春，上言願朝賀聖主登極。詔廣西經略司，貢使來者免至廷，方物受什一。其秋，復有詔下經略司買馴象十，以備郊祀鹵簿。經略李德遠浩用木夾事移交趾買之〔一二八〕。蠻報不願賣，願以備貢。明年春，余至官，屢引前詔，却其貢，祀期寖近，朝命督象若星火，蠻復款塞：『六象及方物將至塞下，若不許貢，皆引歸。小蕃寧敢與朝廷爲市。』余以其狀聞，且移書時相，謂欲却其貢併象，勿須可也。祀以一純二精，寧乏此。俄有金字牌下，差官押伴至闕，比及桂林，已秋末。以十象爲賀登極綱，五象爲進奉大禮綱，表字如蠅頭僅可見。其象飾禮物，則有金御乘象羅我，羅我如鞍架之狀，及金裝象牙鞘、金象額、金銀裹象鉤連同心帶、金間銀裝象額、金銀裝朱纏象藤條、金鍍銅裝象脚鈴、裝象銅鐸連鐵索、御乘象繡坐簟、裝象犛牛花朵、御乘象朱梯、御羅我同心龍頭帶等。餘物則有金銀鈔鑼，沉水香等。大使稱中衛大夫尹子思、正使承議郎李邦正、副使忠翊郎阮文獻，其下有職員、書狀官、都衙、通引、知客、監綱孔目、行首、押衙、教練、象公、長行、防授官之屬。此等入朝則稍更其服器，使者幞頭、靴、笏、紅鞋、金帶、犀帶，每誇以金箱之，又以香膏沐髮，如漆裹細摺烏紗巾，足加履韈。使者乘涼轎，釘較髹漆甚飭，蓋得至中國，盡變椎髻徒跣抵鵶之制。先是，紹興二十六年嘗入貢，參知政事施公大任帥桂，循舊例以刺字報謁，且用行厨宴於其館。余悉罷之，使者私謂衙校曰：『施參政惠顧厚，今奈何悉罷去。』余使人諭之曰：『經略使司與安南都護府埒，經略使與南平王比肩，使者是都護府小官，纔與桂林曹掾官比，法當廷參，不然不見也。』使者屈伏，遂廷參。其歸也至欲列拜，余使人掖之曰：『免拜。』余奏其事，且著於籍，以爲定制。又辨今安南非古交趾。」已見輿地考交州條下，不再録。

校勘記

〔一〕唐貞元十八年春正月　「貞元」原作「正元」，據新唐書卷二二二下南蠻傳下改。

〔二〕自謂突羅朱閣婆人謂之徒里拙　「朱」，舊唐書卷一九七南蠻西南蠻傳作「成」，「拙」，同上舊唐書作「掘」。

〔三〕在永昌故郡南二千里餘　「里餘」，舊唐書卷一九七南蠻西南蠻傳作「餘里」。

〔四〕食境土者羅君潛等二百九十八部落　舊唐書卷一九七南蠻西南蠻傳無「八」字。

〔五〕其羅城構以甎甓　「甓」，舊唐書卷一九七南蠻西南蠻傳作「甃」。

〔六〕塗以丹彩　「塗」原作「喔」，據舊唐書卷一九七南蠻西南蠻傳、新唐書卷二二二下南蠻傳下改。

〔七〕犯罪者以竹五十本束之　「十」字原脱，據舊唐書卷一九七南蠻西南蠻傳、唐會要卷一〇〇驃國、太平御覽卷七八九四夷部一〇南蠻五補。新唐書卷二二二下南蠻傳下此句作「有罪者束五竹捶背」。

〔八〕復犯者撻其背　「復」原作「伏」，據舊唐書卷一九七南蠻西南蠻傳、太平御覽卷七八九四夷部一〇南蠻五改。

〔九〕男女七歲則落髮止寺舍依桑門　「舍」字原脱，「依」原作「住」，據舊唐書卷一九七南蠻西南蠻傳、唐會要卷一〇〇驃國、太平御覽卷七八九四夷部一〇南蠻五、册府元龜卷九六〇外臣部土風二補改。

〔一〇〕至二十不悟佛理　「不」原作「五」，據舊唐書卷一九七南蠻西南蠻傳、新唐書卷二二二下南蠻傳下改。

〔一一〕其衣服悉以白氎與朝霞　「與」，舊唐書卷一九七南蠻西南蠻傳作「爲」。

〔一二〕獻其國樂凡十二曲　「十」上原有「二」字，據舊唐書卷一三德宗紀下、新唐書卷二二二下南蠻傳下删。「凡十二曲」，舊唐書卷一九七南蠻西南蠻傳作「凡十曲」。

〔一三〕與韋氏周氏儂氏唇齒爲寇害　「周氏」二字原脱，據下文及新唐書卷二二二下南蠻傳下補。

〔一四〕首領黄乾曜真崇鬱與陸州武陽朱蘭洞蠻皆叛　「真崇鬱」，新唐書卷二二二下南蠻傳下一作同此，一作「真鬱崇」，未詳孰是。

〔一五〕莫淳爲拓南王　「拓南王」原作「柘南王」，據新唐書卷二二二下南蠻傳下改。

〔一六〕於是西原環古等州首領方子彈　「古」原作「右」，據元本、慎本、馮本及新唐書卷二二二下南蠻傳下改。

〔一七〕湖南團練使辛京杲遣將王國良戍武崗　「辛京杲」原作「辛京果」，據新唐書卷二二二下南蠻傳下改。下同。

〔一八〕城敘州以斷西原　「敘州」原作「溆州」，據新唐書卷二二二下南蠻傳下改。

〔一九〕乃以唐州刺史陽旻爲容管招討經略使　「陽旻」原作「楊旻」，據下文及新唐書卷二二二下南蠻傳下改。

〔二〇〕陷賓巒二州　「巒」原作「蠻」，據新唐書卷二二二下南蠻傳下改。下同。

〔二一〕彌更三歲　「三」，新唐書卷二二二下南蠻傳下作「二」。

〔二二〕自是邕容兩道殺傷疾疫死者十八以上　「殺」原作「没」，據新唐書卷二二二下南蠻傳下改。

〔二三〕調費闒亡　「闒」原作「闕」，據新唐書卷二二二下南蠻傳下改。

〔二四〕復上表請討黄氏　「復」字原脱，據新唐書卷二二二下南蠻傳下補。

〔二五〕乃選材用威信者處以經略　「乃」，新唐書卷二二二下南蠻傳下作「爲」；「處」，同書作「委」。

〔二六〕黄昌瓘遣其黨陳少奇二十人歸款請降　「黄昌瓘」原作「黄昌琟」，據上文及新唐書卷二二二下南蠻傳下改。

〔二七〕又以雷火頻婆四峒及思浪州附益之　「四」原作「回」，據宋史卷四九五蠻夷傳三、宋會要蕃夷五之六一改。

〔二八〕改年景瑞　「景瑞」原作「景端」，據元本、慎本、馮本及宋史卷四九五蠻夷傳三改。

〔二九〕皇祐元年　「元年」原作「五年」，據宋史卷四九五蠻夷傳三、宋會要蕃夷五之六一改。

〔三〇〕廣西轉運使蕭固遣邕州指使亓贇往刺候　「亓贇」原作「开贇」，據宋史卷四九五蠻夷傳三、續資治通鑑長編卷一六一慶曆七年八月條改。長編卷二一四、二一五、二二二亦有「亓贇」紀事，然卷一七〇皇祐三年二月乙酉條紀儂智高本事又作「丌贇」。鄭樵通志卷二九氏族略亓氏條云：「宋又有諸司使亓贇」，據改。

〔三一〕乃與廣州進士黃瑋黃師宓及其黨儂建侯儂志忠等日夜謀入寇　「及」原作「反」，據元本、慎本、馮本及宋史卷四九五蠻夷傳三改。

〔三二〕否則必死　「必」原作「兵」，據續資治通鑑長編卷一七二皇祐四年四月丙戌條改。

〔三三〕遂破邕州　按續資治通鑑長編卷一七二皇祐四年五月乙巳條、宋會要蕃夷五之六一，儂智高攻破邕州在皇祐四年五月。

〔三四〕陳曙等兵敗　「陳曙」原作「陳曉」，據宋史卷四九五蠻夷傳三、續資治通鑑長編卷一七四皇祐五年正月丁未條改。

〔三五〕知雷火峒　「雷」字原脱，據宋史卷四九五蠻夷傳三補。

〔三六〕宗旦父子請以所屬城洞永爲王民　宋史卷四九五蠻夷傳三作「宗旦父子請以所領雷火、計城諸峒屬縣官，願得歸樂州，永爲王民」，此處疑有脱誤。

〔三七〕詔各遷一官　「遷」原作「還」，據元本、慎本、馮本及宋史卷四九五蠻夷傳三改。

〔三八〕推其長雄者爲首領　「爲」字原脱，據桂海虞衡志志蠻補。

〔三九〕强壯可教勸者　「勸」原作「勒」，據桂海虞衡志志蠻改。

〔四〇〕謂之田子田丁 「田丁」原作「甲」，據桂海虞衡志志蠻改。下同。

〔四一〕山弩 「山」，桂海虞衡志志器作「蠻」。

〔四二〕永昌徼外焦僥種夷陸類等三千餘口舉種内附 「類」原作「賴」，據後漢書卷八六南蠻西南夷傳、太平寰宇記卷一七九四夷八南蠻四、太平御覽卷七九〇四夷部一一南蠻六改。

〔四三〕樿國西南通大秦 「通」字原脱，據後漢書卷八六南蠻西南夷傳、通典卷一八七邊防三、太平御覽卷七九一四夷部一二南蠻七補。

〔四四〕南至步頭 「頭」字原脱，據新唐書卷二二二下南蠻傳下補。

〔四五〕梁元帝時 「梁」原作「宋」，據新唐書卷二二二下南蠻傳下、通典卷一八七邊防三、太平御覽卷七九一四夷部一二南蠻七改。

〔四六〕以其子弘達爲昆州刺史 「弘達」原作「弘遠」，據新唐書卷二二二下南蠻傳下、通典卷一八七邊防三改。

〔四七〕開青蛉弄棟爲縣 「弄」字原脱，據下文及新唐書卷二二二下南蠻傳下補。

〔四八〕有徒莫祇蠻 「徒」原作「徙」，據新唐書卷二二二下南蠻傳下、資治通鑑卷一九九唐紀一五貞觀二十三年正月辛亥條改。

〔四九〕以其地爲傍望覽丘求五州 「丘」原作「邱」，原避孔子諱，今據新唐書卷二二二下南蠻傳下回改。

〔五〇〕亦隸郎州 「亦隸」與「郎州」原倒，據資治通鑑卷一九九唐紀一五永徽二年八月己卯條胡三省註文改。

〔五一〕弄棟西有大勃弄小勃弄二川蠻 「川」原作「州」，據新唐書卷二二二下南蠻傳下、蠻書卷四名類改。

〔五二〕其衆完富與蜀埒 「埒」原作「將」，據新唐書卷二二二下南蠻傳下改。

〔五三〕其酋禿磨蒲與大鬼主都于以衆塞菁口　「都于」，新唐書卷二二二下南蠻傳下作「都十」。

〔五四〕百家則置小鬼主　「小」原作「千」，據新唐書卷二二二下南蠻傳下改。

〔五五〕其南有豐琶部落　「豐琶」原作「豐琶」，據新唐書卷二二二下南蠻傳下改。下同。

〔五六〕兩林地雖狹而諸部推爲長號都大鬼主　「狹」原作「陝」，據元本、慎本、馮本及新唐書卷二二二下南蠻傳下改。「大」字原脱，據新唐書卷二二二下南蠻傳下補。

〔五七〕兩林蠻王子及邛部川蠻都鬼主入貢　「邛部」原作「印部」，據宋史卷四九六蠻夷傳四、宋會要蕃夷五之五五改。

〔五八〕由黎州南行七日至其地　「日」原作「百里」，據宋史卷四九六蠻夷傳四改。

〔五九〕邛部川蠻王黎在遣使入貢　「蠻王」，宋史卷四九六蠻夷傳四作「都蠻王」。

〔六〇〕自稱大渡河南邛部川山前山後百蠻都首領　「川」字原脱，據宋史卷四九六蠻夷傳四補；「領」字原脱，據同上宋史及宋會要蕃夷五之五一補。

〔六一〕乾道元年　「元年」原作「九年」，據宋史卷四九六蠻夷傳四、宋會要蕃夷五之五九改。

〔六二〕制置使范成大奏兩林蠻王弟籠畏首領崖來等攻邛部川之籠甕城　「弟」原作「第」，下「籠」字原作「襲」，據宋史卷四九六蠻夷傳四、宋會要蕃夷五之五二改。

〔六三〕曰青羌曰吐蕃　「羌曰」原作「差口」，據宋會要蕃夷五之五三改。

〔六四〕詔自今黎州屯戍　「州」原作「民」，據宋史卷四九六蠻夷傳四改。

〔六五〕松外諸蠻數十百部　「百」原作「其」，據元本、慎本、馮本及新唐書卷二二二下南蠻傳下改。

〔六六〕小者二三百凡數十姓　「百凡」二字原倒，據新唐書卷二二二下南蠻傳下、太平御覽卷七九〇四夷部一一南蠻六乙正。

〔六七〕鳥杯貯羹如鷄彝　通典卷一八七邊防三、太平御覽卷七九〇四夷部一一南蠻六作「羹用象杯形若鷄彝」。「鳥」，新唐書卷二二二下南蠻傳下作「烏」。

〔六八〕太宗以右武候將軍梁建方發蜀十二州兵進討　「太宗」原作「太守」，據新唐書卷二二二下南蠻傳下、資治通鑑卷一九九唐紀一五貞觀二十二年四月丁巳條改。

〔六九〕建方遣奇兵自巂州道千五百里掩之　「奇」原作「其」，據新唐書卷二二二下南蠻傳下改。

〔七〇〕西洱河大首領楊同外東洱河大首領楊斂　「楊同外東洱河大首領」九字原脱，據新唐書卷二二二下南蠻傳下補。

〔七一〕和蠻大首領王羅祁　「領」字原脱，據新唐書卷二二二下南蠻傳下補。

〔七二〕會南詔蒙歸義拔大和城　「大和」原作「大河」，據新唐書卷二二二下南蠻傳下改。

〔七三〕漢魏以後在興古郡今雲南郡地西南千五百里徼外　「興古」原作「興右」，據通典卷一八七邊防三改。

〔七四〕貸老以供厨　「貸」原作「殺」，據太平御覽卷七九一四夷部一二南蠻七改。

〔七五〕又扶南土俗傳云　「扶南」原作「按南」，據元本、慎本、馮本及通典卷一八七邊防三、太平御覽卷七九一四夷部一二南蠻七改。

〔七六〕丈夫以縠皮爲衣　「縠」原作「穀」，據太平御覽卷七九一四夷部一二南蠻七改。

〔七七〕故附之　此按語馬氏鈔自通典，然通典諸濮附於哀牢之後，文獻通考則哀牢在上卷，按語有失照應。

〔七八〕晉宋齊梁因之　「梁」字原脱，據宋史卷四八八外國傳四補。

〔七九〕朱梁貞明中　「貞明」原作「正明」，據宋史卷四八八外國傳四改。

〔八〇〕遣將李知順伐承美　「李知順」原作「李和順」，據宋史卷四八八外國傳四、宋會要蕃夷四之二〇改。

〔八一〕號曰大勝王　「大」，續資治通鑑長編卷四乾德元年閏十二月丙子條作「萬」。

〔八二〕署其子璉爲節度使　「爲」上原衍「以」字，據宋史卷四八八外國傳四删。

〔八三〕開寶八年　「開寶」二字原脱，據續資治通鑑長編卷一六開寶八年五月甲午條、宋會要蕃夷四之二〇補。

〔八四〕斬首萬餘級　「萬」，宋史卷四八八外國傳四、宋會要蕃夷四之二二作「二千」。

〔八五〕轉運使許仲宣馳奏其事　「使」字原脱，據宋史卷四八八外國傳四、長編紀事本末卷一二交趾内附補。

〔八六〕率所部兵擊走之俘斬千計　「率所」原作「蠻以」，「俘」原作「繫」，據宋史卷四八八外國傳四、續資治通鑑長編卷二四太平興國八年五月丁巳條改。

〔八七〕上令條列山川形勢及黎桓事迹以聞　「及黎桓」三字原脱，據宋史卷四八八外國傳四補。

〔八八〕經半月至白藤涇　「白藤涇」原作「白藤徑」，據續資治通鑑長編卷三一淳化元年正月庚寅條改。

〔八九〕盡出舟師戰櫂　「師」字原脱，「櫂」字原作「擢」，據宋史卷四八八外國傳四、續資治通鑑長編卷三一淳化元年正月庚寅條補改。

〔九〇〕驅部民畜産　「産」字原脱，據宋史卷四八八外國傳四、續資治通鑑長編卷三一淳化元年正月庚寅條補。

〔九一〕而府署湫隘　「隘」原作「溢」，據宋史卷四八八外國傳四、續資治通鑑長編卷三一淳化元年正月庚寅條改。

〔九二〕又出臨海汊　「海」字原脱，據宋史卷四八八外國傳四、續資治通鑑長編卷三一淳化元年正月庚寅條補。

〔九三〕桓多衣花纈及紅色之衣　「花」字原脱，據宋史卷四八八外國傳四、續資治通鑑長編卷三一淳化元年正月庚寅條補。

〔九四〕悉黥額曰天子軍　「黥」原作「點」，據宋史卷四八八外國傳四、續資治通鑑長編卷三一淳化元年正月庚寅條改。

〔九五〕量以禾穗日給　「日給」，續資治通鑑長編卷三一淳化元年正月庚寅條作「月給」。

〔九六〕負阻山河　「河」，宋史卷四八八外國傳四作「海」。

〔九七〕又以鄉兵五千寇邕州所管禄州　「邕州」原作「邕山」，據武經總要前集卷二〇、越南黎崱安南志略卷一一改。下同。

〔九八〕若使交州果叛命　「州」字原脱，據宋史卷四八八外國傳四、長編紀事本末卷一二交趾内附補。

〔九九〕桓即以貢賦爲辭　「賦」，宋史卷四八八外國傳四作「奉」。

〔一〇〇〕兄明護率扶闌寨兵攻戰　「兵」字原脱，據續資治通鑑長編卷六〇景德二年五月丙辰條補。

〔一〇一〕詔授龍廷特進檢校太尉　「特進」二字原脱，據宋史卷四八八外國傳四補。

〔一〇二〕大中祥符元年　「大中祥符」原作「太中祥符」，據宋史卷七真宗紀二改。

〔一〇三〕進封南平王　「王」上原有「郡」，據宋史卷四八八外國傳四、宋會要蕃夷四之三一删。

〔一〇四〕七年　「年」原作「月」，據宋史卷四八八外國傳四改。

〔一〇五〕寇欽州思禀管　「禀」原作「廩」，據宋史卷四八八外國傳四改。

〔一〇六〕又詔安撫使余靖等發兵討捕　「又」原作「之」，據元本、慎本、馮本及宋史卷四八八外國傳四改。

〔一〇七〕靖遣諜誘占城同廣南西路兵甲趨交趾　「西」原作「兩」，據宋史卷四八八外國傳四、宋會要蕃夷四之三四改。

〔一〇八〕熙寧二年　「熙寧」二字原脱，據宋史卷四八八外國傳四補。

〔一〇九〕廉土丁八十守城　「八十」，宋史紀事本末卷一五交州之變作「八千」。

〔一一〇〕富良江去其國不遠　「江」字原脱，據續資治通鑑長編卷二七九熙寧九年十一月癸卯條補。

〔一一一〕竊暴邊城　「竊」原作「切」，據宋史卷四八八外國傳四改。

〔一一二〕中設燈燭　「燈」原作「燭」，據宋史卷四八八外國傳四改。

〔一一三〕經略使熊本遣左江巡檢成卓與議　「使」字原脱，據宋史卷四八八外國傳四補。

〔一一四〕地理外　「理」原作「里」，據宋史卷四八八外國傳四改。

〔一一五〕安南入貢　「安南」二字原脱，據宋史卷四八八外國傳四補。

〔一一六〕自號南平王　宋史卷四八八外國傳四、宋會要蕃夷四之四三作「自號平王」。

〔一一七〕見已説諭約回　「回」原作「四」，據宋會要蕃夷四之四三改。

〔一一八〕二十六年　「六」原作「五」，據宋史卷四八八外國傳四、宋會要蕃夷四之四七改。

〔一一九〕乾道九年　「乾道」二字原脱，據宋史卷四八八外國傳四補。

〔一二〇〕二月　原作「二年」，據宋會要蕃夷四之五〇改。

〔一二一〕欲作賜安南國王嗣子龍翰敕書　「龍翰」原作「龍翰」，據宋史卷四八八外國傳四改。下同。

〔一二二〕王宗族稱天王班凡族稱承嗣　周去非嶺外代答卷二安南作「本族稱大王族，長稱承嗣」。

〔一二三〕其官有内職外職　「其官」二字原脱，據嶺外代答卷二安南補。

〔一二四〕勝兵御龍　「御」原作「卸」，據嶺外代答卷二安南改。

〔一二五〕餘皆服盤領四裾　「裾」原作「裙」，據嶺外代答卷二安南改。

〔一二六〕婦人多皙　「皙」原作「哲」，嶺外代答卷二安南作「婦人乃皙白」，據改。

〔一二七〕酋出入以人挽車　「挽」原作「輓」，據文義改。

〔一二八〕經略李德遠浩用木夾事移文趾買之　據范成大驂鸞録有「至袁州，桂林帥前大理寺丞李浩德遠先在此相候」，此處「李德遠浩」疑當乙爲「李浩德遠」。

卷三百三十一　四裔考八

南丹州蠻

南丹州蠻，亦溪洞之别種〔一〕，其地與宜州接。宋開寶七年，酋帥莫洪曅遣使奉表求内附。九年，復來貢，求賜牌印，詔刻印以給之。太平興國五年，貢銀百兩，賀平太原。雍熙四年，洪曅族人莫淮閩以河池縣知縣余承鑒取其牛〔二〕，怒而劫掠，誘群蠻爲寇。詔誅承鑒，以知宜州侯汀失於備禦，免官。發諸州兵進討，未至而蠻已遁。詔拊諭之。自是不復寇。

淳化元年，洪曅卒，其弟洪皓襲稱刺史〔三〕，遣使入貢。上降優詔，賜綵。自洪曅領州十餘年，歲輸白金百兩。洪皓襲兄位，專地利，不修常貢。其弟洪沅忿之〔四〕，挈妻子來奔宜州。洪皓數引兵攻洪沅，乃乘傳詣闕訴其事，請發兵致討。上以其蠻夷，但羈縻而已，不欲爲之興師報怨。洪沅先自稱南丹州副使，以爲邵州團練副使，給田十頃，下詔戒飭洪皓。

景德二年，洪皓死，長子淮勍襲父任，俄爲其弟淮廸所逐，遂以淮廸知南丹州，淮勍帥屬來奔，詔宜州賜閑田資給之。大中祥符九年，討撫水蠻，詔淮廸約勒溪峒，勿從誘脅。明年，平撫水蠻，淮廸等以勞進秩。景祐三年，淮廸老，自言願傳其子世漸。至和元年，命世漸爲檢校散騎常侍，權發遣州事。明年，以淮辿爲懷遠大將軍致仕，世漸爲刺史、檢校工部尚書，賜袍帶，錢十萬，絹百疋。又補其親黨數十人爲檢校官，如故事也。世漸死，嘉祐末，命其子公帳襲之。

有世忍者，亦淮辿子也，初率其屬人内附〔五〕，治平初逃歸，攻殺公帳，奪其地自守〔六〕，請於朝廷，願授刺史，補其親黨如故事，歲輸銀百兩。三年，遂命爲刺史，皆如其請。熙寧二年，授世忍檢校禮部尚書。元豐三年入貢，其印以「西南諸道武盛軍德政官家明天國主」爲文〔七〕，詔以南丹州印賜之，令毀其舊印。六年，遷檢校户部尚書，官其子侄九人。世忍死，子公佞襲。大觀元年，廣西經略使王祖道言公佞就擒。進築平、允、從州，收文、地、蘭、那、安、外、習、南丹八州之地，併爲鎮，庭、孚、觀州、延德軍，以其弟公晟襲刺史。宣和四年，公晟乞以州事傳其侄延豐，願與其子歸朝，詔從之，仍乘驛給券。

紹興三年，廣西經略安撫劉彦適言〔八〕，南丹州莫公晟領賊圍打觀州，燒毁寶積監。宰臣朱勝非奏：「此皆是崇、觀及宣和以來所開新邊〔九〕，近來往往棄而不守，如觀州，屢下本路帥臣、監司相度，皆以爲所據控扼，不宜棄之。」上曰：「前日用事之臣，貪功生事，公爲欺罔，其實勞民費財，使遠俗不安也。」彦適又言：「公晟自添差路分鈐轄逃去後，未曾差官，乞先與一職名，欲於遥郡下添入知南丹州兼溪峒都巡檢使、提舉盗賊公事，舊賜南丹州刺史印記，今依舊行使。」從之。而公晟未出受命。至二十四年，廣西經略安撫使李愿中言〔一〇〕，莫公晟進馬，與諸蠻首領並皆歸順。令公晟守本官致仕，以其子延沈承襲。上諭輔臣曰：「得南丹州非以廣地，但猺人不作過，百姓安業，可喜。」

於是延沈承襲銀青光禄大夫、檢校太子賓客、使持節南丹州諸軍事、南丹州刺史兼御史大夫、知南丹州公事、武騎尉。愿中又奏，説諭到諸蠻三十一種族，計二十七州，一百三十五縣，四十寨，一鎮，三十二團，一百七十九峒，皆納款面内，乞作羈縻州縣，實爲熙朝盛事。明年，又加延沈團練、防禦使。三十一年，廣西諸司言莫延沈恣行慘酷，爲諸蠻迫逐，歸投省地而死。衆共推莫延廩承襲知南丹州。詔依例補授官。孝宗隆興初，延廩以諸蠻謀害，携家歸朝廷，延葚管州事，經略司保奏以聞，詔延葚承襲知南丹州。淳熙元年，南丹州爲永樂州所攻，使來告急，廣西帥差官齎旗榜往二州説諭聽從和解。十四年，經略司奏莫延蔭乞承襲延葚官爵，詔從之。寧宗嘉定五年，詔以莫延蔭男莫光熙承襲知南丹州〔一一〕，從經略司所請也。

石湖范氏桂海虞衡志曰：「南丹在宜州西境，地産奇材異藥，惡獸毒虺。其人剽悍，以勁木爲弩，聚毒傅矢，中人立死。宜之高峰寨，古觀州也，與南丹接境，地勢極高。南丹對境亦高，一壘矢可相及。南丹日通市於高峰，少不如意則怨毒思亂。其酋莫氏，國朝命爲刺史，月支鹽料及守臣供給錢百五十千，比内郡，自號莫大王。間入宜州，則禮之以列郡來，已數十年矣。其説以爲宜州徼外西原、黄洞、武陽群小蠻，即唐黄家賊之地，崇建南丹使控制之〔一二〕，然莫氏家人，亦時自相攻剽。今刺史莫延葚逐其弟延廩而自立，延廩奔朝廷，謂之『出宋』。凡州洞歸朝，皆稱出宋。延葚淫酷，不能服其類，鄰永樂州玉氏與爲仇，歲相攻。乾道丁亥，與玉氏戰敗，告急於帥司。帥司遣官爲和解，永樂益淬勵，有勝兵萬人，志滅莫氏。延葚乃益驕，不奉法，至私刻經略安撫司及宜州溪洞司印，效帥守花書，行移以嚇諸蕃落。己丑歲，自言州去産馬蠻不遠，願與國買馬，乞於宜州置場。意欲藉朝廷任使，威制永樂，邊將常恭與交通，至爲代作奏章至闕下，不經由帥司，樞密院是其説，差官置司宜州。余論奏：「宜州密邇內地，無故通道諸蠻，且開邊隙，不敢奉詔。且自行在所捕得常恭，因而劾奏其事，朝廷大悟，削籍竄之九江，永不放還。外有省民冒法商販入南丹，受其帖牒至內地幹事者，多桂之興安人。余亦物色得其渠，送獄論如法，南丹稍讋。」

撫水蠻

撫水蠻在宜州南，有縣四，曰撫水、曰京水、曰多逢〔一三〕、曰古勞。唐隸黔南。其酋皆蒙姓同出，有上、中、下三房。民則有區、廖、潘、吴四姓，亦種水田，採魚，其保聚山險者，雖畬田，收穀粟甚少，但以藥箭射生，取鳥獸盡，即徙他處，無羊馬、桑柘。地曰帚洞，五十里至前村，川原稍平，合五百餘家，夾龍江居，種稻似湖湘。中有樓屋戰棚，衛以竹柵，即其酋所居。兵器有環刀、標牌、木弩。善爲藥箭，中者大叫，信宿死，得邕藥解之即活。

宋雍熙中，數寇邊境，掠取民口、畜産。詔書招安，補其酋蒙令地殿直，蒙令札奉職。咸平中，又數爲寇盜，上令邊臣驅逐出境〔一四〕。其黨狡獪者凡三十餘人，宜州守將因擒送闕下，上召見詰責之，對曰：「臣等蠻陬小民，爲飢寒所迫耳。」上顧謂左右曰：「昨不欲盡令勦絶，若縱殺戮〔一五〕，顧無噍類矣！」因釋罪，賜錦袍、冠帶、銀綵，戒勖遣還。逾年，酋長蒙頂等六十五人詣闕，納器甲百七十事。又蒙漢誠、蒙虔瑋、蒙填來朝〔一六〕，上器甲數百及毒箭藥〔一七〕，誓不騷邊，比歲皆遣使來貢及輸兵器，乃授漢誠官，賜物有差，既而侵軼如故。大中祥符九年，數寇宜、融州界，詔以知宜州董元己不善撫綏〔一八〕，黜之。仍行招撫，群蠻拒命，侵掠不已。乃命平州刺史曹克明領兵討之，傷殺甚衆，蠻逃竄窮蹙。酋帥蒙承貴等面縛詣軍自首，悉還所掠漢口、資畜，歃血立誓，不敢復叛。乃還師，詔以撫水州爲安化州，撫水縣爲歸仁縣，京水縣爲長寧縣。自是間歲朝貢，不復爲邊患。

寶元元年，寇宜、融等州，發兵討之，踰年乃定。慶曆、嘉祐間，再入貢，其後首領月赴宜州參謁及貿巨板，每歲州四管犒。及三歲，聽輸所貢兵械於思立寨，以其直償之，遞以官資遷補。熙寧初，知宜州錢師孟等擅裁損侵削之，土人羅世念等爲亂，攻殺寨官。詔遣兵討之，未入境，明年，世念等率其徒來降，各拜官。崇寧三年，復嘯聚爲寇，經略司遣兵擊却之。大觀二年，以三州一鎮户口六萬一千來上。詔知融州程鄰往黔南路撫諭，官吏推恩有差。

紹興三年，蠻酋蒙全劍等寇掠省地，詔帥司討平之。二十九年，詔加安化上州，蒙自臨等七人官勳，及賜錢帛有差。孝宗淳熙十一年，以知宜州馬寧祖減刻蠻人生料錢鹽，致令犯邊，降一官。十二年，廣西經略司言蠻人出犯省地，多用强弩藥箭，本路造木弩五十架，給付兩路踏射，并造藥箭備用，詔常加閱習。

石湖范氏桂海虞衡志曰：「安化州最鷙悍，在宜州南境〔一九〕，官月給生料鹽以拊之，猶日侵省地，以耕民不敢與争，州亦不敢禁。頃有淩、羅二將者，建炎間，嘗率峒兵出勤王，賊曹成入廣西，建大旗購二人，二人遣健兵侏儒者數十輩，截髪爲牧童，候成兵過，自牛背彍弩以毒矢射之，中者立死，成驚懽，遁去。時盜滿四方，廣西獨晏然者，二將之力也。至今南人稱之，子孫有仕於州縣者。」

黎峒

黎峒，唐故瓊管之地，在大海南，距雷州泛海一日而至。其地有黎母山，黎人居焉。舊説五嶺之南，人雜夷獠，朱崖環海〔二〇〕，豪富兼并，役屬貧弱；婦人服緦緶，績木皮爲布，陶土爲釜，器用瓠瓢；人飲石汁，又有椒酒，以安石榴花着甕中即成酒。俗呼山嶺爲「黎」，居其間者號曰黎人，弓刀未嘗去手。弓以竹爲絃。今儋崖、萬安皆與黎爲境，其服屬州縣者爲熟黎〔二一〕，其居山峒無征徭者爲生黎，時出與郡人互市。

宋至和初，有黎人符護者，邊吏嘗獲其奴婢十人，還之。符護亦嘗犯邊，執瓊、崖州巡檢慕容允則及軍士，至是，以軍士五十六人與允則來歸。允則道病死，詔軍士至者貸其罪〔二二〕。紹興三十年，廣西運判鄧酢言，黎州王文滿結連西峒王承聞等攻破定南寨。後復犯省地，遂分遣官，燒蕩巢穴，生擒黎賊王用賓等。詔令廣西諸司撫存歸業人户。乾道二年，廣西經略轉運司言：「欲下瓊管及三軍守倅，措置説諭黎人，示以朝廷德意威命，使之自新，退復省地。能説諭收復者，量功立賞。任内有侵犯省地，或逃失省民，亦重責罰。其先，省民逃居黎峒之人，守臣招誘復鄉，蠲其逋税。」詔從之。六年，黎人王用休犯邊，萬安權守巡檢孫滋等招諭之，遂定。九年，樂昌縣黎賊劫省民，焚官舍。瓊管安撫請於朝，黎人王日存〔二三〕、王承福、陳顔等招降復寨有功，借補官資，彈壓邊面。義兵統制黄文廣屢戰有功，並欲推賞，以澄邁縣巡檢權移駐劄樂昌縣，控制黎人。其省民久陷歸業，蠲賦已責，從之。

淳熙元年，詔承節郎王日存等許子孫承襲。以瓊州言，其祖父居蔭元係入貢〔二四〕，又自宣和以來，能撫諭諸黎，彈壓有勞也。八年六月，瓊管司言：「承襲宜人三十六峒統領王氏，稱其祖本化外〔二五〕，皇祐、熙寧間歸順，彈壓三十六峒，捍禦隘口，正係瓊管咽喉之地。三世受朝廷告命，至母黄氏承襲彈壓，邊界用寧。紹興間又説諭化外黎人，各安生業，莫肯從亂。乾道七年，受告封宜人。今年老無男，有一女欲依例承襲。」詔王氏襲其後。又以王氏之侄黄弼補官守寨，彈壓黎峒〔二六〕。嘉定九年，詔復許宜人王氏女吴氏承襲〔二七〕。

石湖范氏桂海虞衡志曰：「黎，海南四郡島上蠻也〔二八〕，島直雷州，由徐聞渡，半日至。島之中有黎母山，諸蠻環居四傍，號黎人。内爲生黎，外爲熟黎。山極高，常在霧靄中。黎人自鮮識之。久晴，海氛清廓時，或見翠尖浮半空，下猶洪濛也。山水分流四郡，熟黎所居已阻深，生黎之巢深邃，外人不復迹。黎母之巔，則雖生黎亦不能至。相傳其上有人壽考逸樂，不與世接，虎豹守險，無路可攀，但覺水泉甘美絶異爾。

蠻去省地遠，不供賦役者名生黎。耕作省地，供賦役者名熟黎。各以所邇分隸四郡。皆椎髻跣足，插銀、銅、錫釵，腰繚花布，執長靶刀，長鞘弓，長荷槍，跬步不捨去。熟黎能漢語，變服入州縣墟市，日晚鳴角結隊以歸。婦人繡面高髻，釵上加銅環，耳墜垂肩，衣裙皆五色吉貝，無袴襦，但繫裙數重，製四圍合縫，以足穿而繫之。群浴於川，先去上衣自濯，乃濯足，漸升其裙至頂，以身串入水，浴已，則裙復自頂而下，身亦出水。繡面乃其吉禮，女年將及笄，置酒會親屬女伴，自施針筆，涅爲極細蟲蛾花卉，而以淡粟紋偏其餘地，謂之繡面女，婢獲則否。女工紡織，得中國綵帛，拆取色絲，和吉貝織花，所謂『黎錦』、『黎單』及鞍搭之類，精粗有差。居處架木兩重，上以自居，下以畜牧。婚姻折箭爲定。聚會亦椎鼓舞歌。親死不哭，不粥飯，惟食生牛肉以爲哀痛之。至葬則舁櫬而行，令一人前行，以鷄子擲地，鷄子不破處即爲吉穴。客來未相識，主人先於隙間窺之，客儼然矜莊，始遣奴布席於地，客即坐，又移時，主人乃出，對坐不交一談，少焉置酒，先以惡臭穢味嘗客，客食不疑，則喜，繼設中酒，遂相親，否則遣客不復與交。會飲未嘗捨刀，三杯後各請弛備，雖解器械，猶置身傍也。一語不相能，則起而相戕。性喜讐殺，謂之『捉拗』。所親爲人所殺，後見仇家人，及其洞中種類，皆擒取以荔枝木械之，要牛酒、銀缾乃釋，謂之贖命。

土產沉水、蓬萊諸香，漫山悉檳榔、椰子木。亦產小馬、翠羽、黃蠟之屬。與省地商人博易甚有信，而不受欺紿。商人有信則相與如至親，借貸有所不吝，歲望其一來，不來則數數念之。或負約不至，自一錢以上，雖數十年後，其同郡人擒之以爲質，枷其項，關以横木，俟前負者來償乃釋。負者或遠或死，無辜被繫，累歲月至死乃已，復伺其同郡人來，亦枷繫之。被繫家人，往負債之家痛詬責償，或鄉黨率斂爲償，始解。凡負錢一緡，次年倍責兩緡，倍至十年乃止。本負一緡，十年爲千緡，以故人不敢負其一錢。客或誤殺其一鷄，則鳴鼓告衆責償曰：『某客殺我一鷄，當償一鬬。』一鬬者，雌雄各一也。一雄爲錢三十，一雌五十。一鬬每生十子，五爲雄，五爲雌。一歲四產十鷄，併種當爲六鬬，六鬭當生六十鷄，以此倍計，展轉十年乃已。誤殺其一鷄，雖富商亦償不足。客其家，無敢損動其一毫。閩商值風水蕩去其貲，多入黎地耕種不歸。官吏及省民經由村洞，必舍其家恃以安。

熟黎之地，始是州縣，大抵四郡，各占島之一陲。其中黎地不可得，亦無路通。朱崖在島南陲，既不可取徑，則復桴海循島而南，所謂再涉鯨波也。四郡之人多黎姓，蓋其裔族。而今黎人乃多姓王。生黎質直獷悍，不受欺觸，不服王化，亦不出爲人患。熟黎貪狡，湖廣、福建之姦民亡命雜焉，侵軼省界，常爲四郡患。有王二娘者，瓊州熟黎之酋，有夫而名不聞，家饒財，善用衆，能制服群黎，朝廷封宜人。瓊管有號令，必下王宜人，無不帖然。二娘死，女能繼之。其餘三郡，强名小壘，實不及江浙間一村落。縣邑或爲黎人據其廳事治所，遣人説謝，始得還。前後邊吏惴不敢言。淳熙元年十月，五指山生黎洞首王仲期〔二九〕，率其傍八十洞丁口千八百二十歸化〔三〇〕。仲期與諸洞首王仲文等八十一人詣瓊管司，瓊管司受之。以例詣顯應廟斫石歃血〔三一〕，約誓改過，不復鈔掠，犒賜遣歸。瓊守圖其形狀衣製，上經略司。髻露者，以絳帛約髻根，或以綵帛包髻，或戴小花笠，皆簪二銀篦，或加雉尾。衣花織短衫，繫花襈裙，悉跣足，是其盛飾也。惟王居則青布紅錦袍，束帶，麻鞋。自云祖父宣和中嘗納土補官賜錦袍云。」

海南序略

海南諸國，漢時通焉。大抵在交州南及西南，居大海中洲上，相去或三五百里、三五千里〔三二〕，遠者二三萬里。乘船舉帆，道里不可詳知。外國諸書雖言里數〔三三〕，亦非定實也。其西與諸胡國接。元鼎中，遣伏波將軍路博德開百越，置日南郡。其徼外國，自武帝以來皆獻見。後漢桓帝時，大秦、天竺皆由此道遣使貢獻。及吴孫權遣宣化從事朱應、中郎康泰使諸國，其所經及傳聞，則有百數十國，因立記傳。晉代通中國者蓋尠。及宋齊，至者有十餘國。自梁武、隋煬，諸國使至踰於前代。至唐貞觀以後，聲教遠被，自古未通者重譯而至，又多於梁、隋焉〔三四〕。其無異聞，亦不復更記。

黄支

黄支國，漢時通焉。合浦、日南之南三萬里〔三五〕，俗略與珠崖相類。自武帝以來皆獻見，有明珠、玉璧、琉璃、奇石、異物。大珠至圍二寸以下，而至圓者，置之平地，終日不停。

哥羅

哥羅國，漢時聞焉。在槃槃東南，亦曰哥羅富沙羅國云。其王姓矢利婆羅，名米失鉢羅。其治城累石爲之。城有樓闕，門有禁衛〔三六〕，宫室覆之以草。國有二十四州而無縣。庭列儀仗，有纛，以孔雀羽飾焉。兵器有弓、箭、刀、矟、皮甲。征伐皆乘象，一隊有象百頭，每象有百人衛之。象鞍有鈎欄，其中有四人，一人執矟，一人執弓矢，一人執殳，一人執刀。賦税人出銀一銖〔三七〕。國無蠶絲、麻紵，唯出吉貝布。畜有牛，少馬。其俗，非有官者不得上髮裹頭。又嫁娶初問婚，惟以檳榔爲禮，多者至二百盤。成婚時，惟以黄金爲財，多者至二百兩。婦人嫁訖，則從夫姓。音樂有琵琶、横笛、銅鈸、鐵鼓、簧。吹蠡擊鼓。死亡則焚屍，盛以金罌，沉之大海。

林邑

林邑國，秦象郡林邑縣地。漢爲象林縣，屬日南郡，古越裳之界也。在交阯南，海行三千里。其地縱廣可六百里，去日南界四百餘里。其南，水步道二百餘里〔三八〕，有西屠夷〔三九〕，亦稱王焉，馬援所植兩銅柱，表漢界處也。馬援北還，留十餘户於銅柱處。至隋有三百餘户，悉姓馬，土人以爲流寓，號曰「馬流人」〔四〇〕。銅柱尋没，馬流人常識其處。林邑國記：「馬援植兩銅柱於象林南界，與西屠國分漢之南境。」又云：「銅柱山周十里，形如倚蓋，西跨重巖，東臨大海。」屈璆道里記又云：「林邑大浦口有五銅柱焉。」後漢末大亂，縣功曹姓區，有子曰連〔四一〕，殺縣令，自號爲王，子孫相承。吴時通使。其後王無嗣，外孫范熊代立。熊死，子逸代立。

其國有金山，石皆赤色，其中生金，金夜則出飛，狀如螢火。又出瑇瑁、貝齒、吉貝、沉水香。吉貝者，樹名也，其華成時如鵝毛，抽以績紡作布，潔白與紵布不殊，亦染成五色，織爲斑布也。沉香者，土人破斷之，積以歲年，朽爛而心節獨在，置水中則沉，故曰沉香。次不沉者曰棧香也〔四二〕。又出猩猩獸。爾雅曰：「肉之美者，猩猩之脣〔四三〕。」多琥珀。松脂淪入地，千歲爲茯苓，又千歲爲琥珀。又云楓脂爲之。琥珀在地，其上及傍不生草木，深者或八九尺，大如斛〔四四〕，削去皮成焉，初如桃膠，凝成乃堅。其金寶物産，大抵與交阯同。

以塼爲城，蜃灰塗之。居處爲閣，名曰干蘭，皆開北户以向日，或東西無定。尊官有二：其一曰西那婆帝〔四五〕，其二曰薩婆地歌。其屬官三等：其一曰倫多姓，次歌倫致帝，次乙地伽蘭〔四六〕。外官分爲二百餘部，其長官曰弗羅，次曰阿倫〔四七〕，如牧宰之差也。書樹葉爲紙，施椰葉爲席。男女皆以橫幅吉貝繞腰以下，謂之干漫。穿耳貫小環。貴者著革履〔四八〕，賤者跣行。自林邑、扶南諸國皆然也。其王戴金花冠，形如章甫，加纓絡，出則乘象，吹螺擊鼓，罩吉貝繖，以吉貝爲幡旗。國不設刑法，有罪者使象蹋殺之。林邑浦外有不勞山，罪人亦送此山，令其自死。其大姓號「婆羅門」，嫁娶必用八月。女先求男，由貴男而賤女也。同姓還相婚姻。人性凶悍，果於戰鬬。有弓、箭、刀、槊，以竹爲弩。樂有琴〔四九〕、笛、琵琶、五絃，頗與中國同。每擊鼓以警衆，吹蠡以即戎〔五〇〕。其人深目高鼻，髮卷色黑。婦人椎髻。四時暄暖，無霜雪。王死七日而葬，有官者三日，庶人一日。皆以函盛屍，鼓舞導從，轝至水次，積薪焚之。收餘骨，王則内金甖中，沉之於海；有官者以銅，沉之海口，庶人以瓦，送之於江。男女截髮，隨喪至水次，盡哀而止。其寡婦孤居〔五一〕，散髮至老。人皆奉釋法，文字同於天竺。王事尼乾道〔五二〕，鑄金銀人像大十圍。

至晉武帝太康中，又來貢獻。成帝咸康二年〔五三〕，逸死，奴文篡位。奴文昔嘗北至洛陽商貨，因教王作宮室兵車器械，王愛信之，使爲將，乃譖王諸子，或徙或奔。及王死無嗣，遂自立爲王。乃攻旁國，并之〔五四〕，有衆四五萬。至穆帝永和三年，文率其衆攻陷日南，今郡地。遂據其地，告交州刺史朱蕃，交州，今安南府。求以日南北鄙今郡地。横山爲界。初，徼外諸國嘗齎寶物自海路來貿貨賄，而交州刺史、日南太守多貪利侵侮，十折二三，由是諸國怨憤。且林邑少田，故貪日南之地。文又襲九真，今郡地。害士庶十八九。文死，子佛立，猶屯日南。九真太守灌邃率兵討佛，走之，邃追至林邑。時五月立表，日在表北，影在表南九寸一分，自北影之南，故開北户以向日，此大較也。佛乃請降。其後頻寇日南、九德之郡，今安南日南郡界。殺傷甚多，交州遂至虛弱。至佛曾孫文敵，後爲扶南王子當根純所殺，大臣范諸農平其亂，而立爲王。死，子陽邁立。死，子咄立〔五五〕，復名曰陽邁。初其父陽邁母始產，夢人以金籍之。夷人謂金爲陽邁，故爲名。至咄纂父業，又名焉。宋文帝元嘉中，侵暴日南、九德諸郡。宋九德郡今安南日南郡界。宋使振武將軍宗元幹討之〔五六〕，克林邑。陽邁父子並挺身奔逃。所獲珍異皆是未名之寶。又銷其金人，得黃金數十萬斤。其後累代，自宋、齊、梁、陳皆遣使朝貢。

隋文帝既平陳，後遣大將軍劉方率步騎萬餘人擊之〔五七〕。其王梵志率其徒乘象而戰。方多掘小坑，草覆其上，因以兵挑之。梵志悉衆而陣，方僞北走，梵志逐之，其象多陷，轉相驚駭，軍遂亂。方縱兵擊，大破之。遂棄城而走。方入其都，獲其廟主十八枚，皆鑄金爲之，蓋其有國十八葉矣。方既平其國，班師，故地遂空。梵志收拾遺人，別建國邑。

唐武德中，再遣使貢方物。貞觀時，王頭黎獻馴象〔五八〕、鏐鎖、五色帶、朝霞布〔五九〕、火珠。其言不恭，群臣請問罪。帝赦不問。又獻五色鸚鵡、白鸚鵡，數訴寒，有詔還之。頭黎死，子鎮龍立，獻通天犀、雜寶。十九年，摩訶慢多伽獨弒鎮龍，滅其宗，范姓絕，國人立頭黎婿婆羅門爲王，大臣共廢之，更立頭黎女爲王。諸葛地者，頭黎之姑子，父得罪，奔真蠟。女王不能定國，大臣共迎諸葛地爲王，妻以女。永徽至天寶，三人獻。嘗獻火珠〔六〇〕，大如鷄卵，狀如水晶，日正午時，以艾藉珠輒火出。云得之羅刹國。至德後更號環王〔六一〕。元和初不朝獻，安南都護張舟執其僞驩、愛州都統〔六二〕，斬三萬級，虜王子五十九，獲戰象〔六三〕、舠、鎧。

扶南

扶南國，在日南郡之南，海西大灣中〔六四〕。去日南可七千里，在林邑西南三千餘里。其境廣袤三千餘里。國俗本躶，文身被髮，躶，郎果反。不制衣裳。其先有女人爲王〔六五〕，號曰柳葉〔六六〕，年少壯健，有似男子。其南有激國人名混塡來伐〔六七〕，柳葉降之，遂以爲妻。惡其躶露形體，乃穿叠布貫其首，遂治其國〔六八〕。子孫相傳。至王混盤況死，國人立其大將范師蔓爲王〔六九〕。蔓勇健有權略，以兵威伐旁國，咸服屬之，自號扶南大王，開地五六千里。蔓死，國亂，大將范尋自立爲王。是吴、晉時也。

土地坳下而平博，氣候、風俗、物產大較與林邑同。有城邑宫室，國王居重閣，以木柵爲城。海邊生大箬葉〔七〇〕，長八九尺，編其葉以覆屋。國人亦爲閣居。爲船八九丈，廣纔六七尺，頭尾似魚。國王行乘象。人皆醜黑卷髮，躶身跣行。耕種爲務，一歲種，三歲穫。又好雕文刻鏤，食器多以銀爲之。出金鋼，可以刻玉，狀似紫石英，其所生乃在百丈水底盤石上，如鍾乳，人没水取之，竟日乃出，以鐵鎚之而不傷，鐵乃自損，以羖羊角扣之〔七一〕，灌然冰泮。貢賦以金銀、珠、香。亦有書記府庫，文字類胡。

吴時遣康泰、朱應使於尋國，國人猶裸，唯婦人着貫頭。泰、應謂曰：「國中實佳，但人褻露可怪耳。」尋始令國内男子著横幅，今干漫也。大家乃截錦爲之，貧者以布。又有老鵰，入海爲玳，可以裁作馬勒，謂之珂西。晉泰始、太康中〔七二〕，皆遣使貢獻。東晉時有竺旃檀稱王，亦遣使。

其後王姓憍陳如〔七三〕，本天竺婆羅門也。有神語曰：「應王扶南。」憍陳如南至槃槃，扶南人聞之迎而立焉。復改制度，用天竺法。今其國人居不穿井〔七四〕，數十家共一池引汲之。俗事天神，以銅爲像，二面者四手，四面者八手，手各有所持，或小兒，或鳥獸，或日月。王坐則偏踞翹膝，垂左膝至地，以白疊敷前，設金盆香爐於其上。居喪則剃除鬚髪。人無禮義，男女恣其奔隨。

宋、齊、梁並獻方物。隋時其國王姓古龍。諸國多姓古龍，訊耆老，言「崑崙無姓氏〔七五〕，乃『崑崙』之訛」。隋代遣使貢獻。唐武德後，頻來貢。貞觀中，又獻白頭國二人於洛陽。其國在扶南之西，在參半之西南，男女生皆素首，身又凝白，居山洞之中，四面巖嶮，故人莫至，與參半國相接。

頓遜

頓遜國，梁時聞焉，一曰典遜。在海崎上〔七六〕，地方千里，有五王〔七七〕，並羈屬扶南，北去扶南可三千餘里。其國之東界通交州，其西界接天竺、安息徼外諸國，賈人多至其國市焉。所以然者，頓遜迴入海中千餘里，漲海無涯岸，船舶未曾得逕過也〔七八〕。其市東西交會，日有萬餘人，珍物寶貨無種不有。又有酒樹，似安石榴，採其花汁，停酒甕中，數日成酒。出藿香，插枝便生，葉如都梁〔七九〕，以裛衣。國有區撥等花十餘種，冬夏不衰，日載數十車貨之。其花，燥更芬馥，亦末爲粉，以傅身焉。

其俗又多鳥葬。將死，親賓歌舞於郭外，有鳥如鵝，口似鸚鵡而紅色，飛來萬計〔八〇〕，家人避之，鳥食肉盡乃去。燒其骨沉海中，以爲上行人也，必升天。鳥若迴翔不食，其人乃自悲，復以爲己有穢〔八一〕，乃更就火葬，以爲次行也。若不能生入火，又不被鳥食，以爲下行也。

毗騫

毗騫國，梁時聞焉，在頓遜之外大海洲中，去扶南八千里。傳其王身長丈二尺，頭長三尺〔八二〕，自古來不死，莫知其年。其王神聖，知將來事，南方號曰長頭王。國俗，有室屋衣服〔八三〕，噉粳米。其人言語小異扶南國。不受估客，有往者亦殺而噉之，是以商旅不敢至。王常樓居，不血食，不事鬼神。其子孫生死如常人，惟王不死。

又傳扶南東界即漲海〔八四〕，海中有大洲，洲上有諸薄國，國東有馬五洲。復東行漲海千餘里，有燃火洲〔八五〕。其上有樹生火中，洲左近人剥取其皮，紡績作布，極得數尺，以爲手巾，與蕉麻無異而色微青黑。若小有垢污，則投火，復更精潔。毗騫王亦能作天竺書，書可三千言，説其宿命所由，與佛經相似，並論善事。

干陀利

干陀利國，在南海洲上。其俗與林邑、扶南略同。出斑布、吉貝、檳榔。檳榔特精好〔八六〕，爲諸國之極。宋孝武世，王釋婆羅那鄰陀遣長史竺留𢙇獻金銀寶器〔八七〕。

梁天監元年，其王瞿曇脩跋陀羅以四月八日夢一僧，曰：「中國今有聖主，十年之後佛法大興。汝若遣使貢奉禮敬，則土地豐樂，商旅百倍；若不信我，則境土不得自安。」初未之信，既而又夢此僧曰：「汝若不信，我當與汝往觀。」乃於夢中至中國，拜覲天子。既覺，心異之。陀羅本工畫，乃寫夢中所見武帝容質，飾以丹青，乃遣使并畫工奉表獻玉盤等物〔八八〕。使人既至，摸寫帝形以還其國，比本畫則符同焉。因盛以寶函，日加禮敬。後跋陀死，子毗針邪跋摩立〔八九〕。十七年，遣長史毗員跋摩奉表獻金芙蓉、雜香藥等。普通元年，復遣獻方物。

按：干陀利王夢僧所言一段，南史夷貊傳所載，杜氏通典削之。蓋梁武好佛之志，通於華夷，適干陀利以其時入貢，佞臣、黠僧，遂立此說，導之以納諂，非事實也。島夷朝貢，不過利於互市賜予，豈真慕義而來，諷以希旨，宜無不可，况所謂瞿曇脩跋陀羅者，本佛之徒，亦欲其教之行於中土，又安知其不自神其說，以中帝之欲乎？越裳氏所以贊武王、周公者，梁武豈足以當之哉！

狼牙脩國

狼牙脩國，在南海中。其界東西三十日行，南北二十日行，北去廣州二萬四千里。土氣、物産與扶南略同，偏多棧、沉、婆律香等。其俗，男女皆袒而被髮，以吉貝爲干漫。其王及貴臣乃加雲霞布覆胛〔九〇〕，以金繩爲絡帶，金環貫耳。女子則被布〔九一〕，以瓔絡繞身。其國累塼爲城，重門樓閣。王出乘象，有幡毦旗鼓〔九二〕，罩白蓋，兵衛甚嚴〔九三〕。國人説，立國以來四百餘年，後嗣衰弱，王族有賢者，國人歸向之。王聞，乃枷囚執，其鎖無故自斷，王以爲神，不敢害，乃逐出境，遂奔天竺，天竺妻以長女。俄而狼牙王死，大臣迎還爲王。二十餘年死，子婆加達多立，梁天監十四年，遣使阿撒多奉表。

婆利國

婆利國，在廣州東南海中洲上。去廣州二月日行。國界東西五十日行，南北二十日行〔九四〕。有一百三十六聚。土氣熱，如中國之盛夏。穀一歲再熟，草木常榮。海出文螺、紫貝。有石名坩貝羅〔九五〕，初采之柔軟，及刻削爲物暴乾之，遂大硬。其國人披吉貝如帊，及爲都縵。王乃用斑絲者〔九六〕，以瓔絡繞身，頭著金冠高尺餘，形如弁，綴以七寶之飾。帶金裝劍，偏坐金高坐，以銀蹬支足。侍女皆爲金花雜寶之飾，或持白毦拂及孔雀扇。王出，以象駕輿，輿以雜香爲之，上施羽蓋珠簾，其導從吹螺擊鼓。王姓憍陳如，自古未通中國。問其先及年數不能記，自言白净王夫人即其國女。

梁天監十六年，遣使奉表獻金席等。普通三年，其王頻伽復遣使珠智獻白鸚鵡〔九七〕、青蟲、兜鍪、瑠璃器、吉貝、螺杯、雜香藥等數十種。其國有舍利鳥，通人言。俗黑身，朱髮而卷，鷹爪獸牙，穿耳傅璫，以吉貝一幅纏於腰。以夜爲市，自掩其面。隋大業中，又遣使入貢。其王姓刹利邪伽，名護路那婆〔九八〕。唐貞觀中，又遣使朝貢。

其東即羅刹也，與婆利同俗。隋煬帝遣常駿使赤土，遂通中國。赤土西南入海得婆羅。總章二年，其王旃達鉢遣使者與環王使者偕朝。環王南有珠奈者，汎交阯海三月乃至，與婆羅同俗。貞觀二年，使者上方物。九年，甘棠使者入朝，國居海南。十二年，僧高、武令、迦乍、鳩密四國使者朝貢。僧高直水真臘西北，與環王同俗。其後鳩密王尸利鳩摩又與富那王尸利提婆跋摩等遣使來貢。僧高等國，永徽後爲真臘所并。

槃槃

槃槃國，梁時通焉，在南海大洲中。北與林邑隔小海。自交州船行四十日，至其國。其王曰楊粟翜，音翅。粟翜父曰楊德武連，以上無得而記。百姓多緣水而居。國無城，皆竪木爲栅。王坐金龍牀，每坐，諸大人皆兩手交抱肩而跽。九暨反。又其國多有婆羅門，自天竺來，就王乞財物。王甚重之。其大臣曰勃郎索濫，次曰崑崙帝也，次曰崑崙勃和，胡卧反。次曰崑崙勃帝索甘且。其言崑崙、古龍，聲相近，故或有謂爲古龍者。其在外城者曰那延，猶中夏刺史、縣令。其矢以石爲鏃，稍則以鐵爲刃。有僧尼寺十所，僧尼讀佛經，皆肉食而不飲酒〔九九〕。亦有道士寺一所，道士不飲食酒肉〔一〇〇〕，讀阿脩羅王經，其國不甚重之。俗皆呼僧爲比丘，呼道士爲貪。宋元嘉、孝建、大明中，並遣使貢獻。梁中大通元年、四年，其王使使奉表累送佛牙及畫塔，并獻香物十種〔一〇一〕。六年，復遣使送菩提國舍利及畫塔圖，并菩提樹葉、詹糖等香。隋大業中，亦遣使朝賀。

赤土國

赤土國，扶南之別種也。在南海中，水行百餘日而達〔一〇二〕。所都。土色多赤，因以爲號。東波羅剌國，西婆羅娑國，南訶羅旦國〔一〇三〕，北拒大海，地方數千里。其王姓瞿曇氏，名利富多塞，不知有國遠近。稱其父釋王位，出家爲道，傳位於利富多塞〔一〇四〕，在位十六年矣。有三妻，並鄰國女也。居僧祇城〔一〇五〕，有門三重，相去各百許步。每門圖畫菩薩飛仙之象，懸金花鈴毦，婦人數十人，或奏樂，或捧金花。又飾四婦人，容飾如佛塔邊金剛力士之狀，夾門而立。門外者持兵仗，門内者執白拂。夾道垂素網，綴花。王宫諸屋，悉是重閣，北户，北面而坐。坐三重之榻〔一〇六〕，衣朝霞布，冠金花冠，垂雜寶纓絡，四女子立侍左右，兵衛百餘人。王榻後作一木龕，以金銀五香木雜鈿之，龕後懸一金光焰；夾榻又樹二金鏡，鏡前並陳金甕，甕前各有金香爐；當前置一金伏牛，前樹一寶蓋，蓋左右皆有寶扇。婆羅門等數百人，東西重行，相向而坐。其官：薩陀迦邏一人，陀拏達叉二人〔一〇七〕，迦利密迦三人，共掌政事；俱羅末帝一人，掌刑法。每城置那邪迦一人，鉢帝十人〔一〇八〕。

其俗，皆穿耳翦髮，無跪拜之禮，以香油塗身。其俗敬佛，尤重婆羅門。婦人作髻於項後，男女通以朝霞朝雲雜色布爲衣。豪富之室，恣意華靡，唯金鎖非王賜不得服用。每婚姻，擇吉日，女家先期五日，作樂飲酒，父執女手以授婿，七日乃配。既娶，即分財别居，唯幼子與父居。父母兄弟死，則剔髮素服，就水上構竹木爲棚，棚内積薪，以屍置上，燒香建幡，吹蠡擊鼓以送，火焚薪，遂落於水。貴賤皆同，唯國王燒訖收灰，貯以金瓶〔一〇九〕，藏於廟屋。冬夏常温，雨多霽少，種植無時。特宜稻、穄、白豆、黑麻，自餘物産，多同於交趾。以甘蔗作酒，雜以紫瓜根，酒色黄赤，味亦香美。亦以椰漿爲酒〔一一〇〕。

隋煬帝嗣位，募能通絶域者。大業三年，屯田主事常駿、虞部主事王君政等請使赤土。帝大悦，遣齎物五千段以賜赤土王。其年十月，駿等自南海郡乘舟，晝夜二旬，每日遇便風。至焦石山而過，東南詣陵伽鉢拔多洲，西與林邑相對，上有神祠焉。又南行，至師子石。自是島嶼連接。又行二三日，西望見狼牙脩國之山〔一一一〕，於是南達鷄籠島，至於赤土之界。

其王遣婆羅門鳩摩羅，以舶三十艘來迎〔一一二〕，吹蠡擊鼓樂隋使，進金鏁以纜船。月餘，至其都。王遣其子那邪迦請與駿等禮見。先遣人送金盤貯香花並鏡鑷〔一一三〕，金合二枚貯香油，金瓶八枚貯香水〔一一四〕，白疊布四條，以擬供使者盥洗。其日未時，那邪迦又將象二頭，持孔雀蓋以迎使人，并致金盤、金花，以藉詔函，男女百人奏蠡鼓，婆羅門二人導路。至王宫，駿等奉詔書上閤，王以下皆坐，宣詔訖，引駿等坐。奏天竺樂，事畢，駿等還館。又遣婆羅門就館送食，以草葉爲盤，其大方丈。因謂駿曰：「今是大國臣，非復赤土國矣。」後數日，請駿等入宴，儀衛導從如初見之禮。王前設兩牀，牀上並設草葉盤，方一丈五尺，上有黄、白、紫、赤四色之餅〔一一五〕，牛、羊、魚、鼈、猪、蝳蝐之肉百餘品。延駿升牀，從者於地席，各以金鍾置酒，女樂迭奏，禮遣甚厚。遣那邪迦隨貢方物，并獻金芙蓉冠、龍腦香，以鑄金爲多羅葉，隱起成文以爲表，金函封之，令婆羅門以香花奏蠡鼓而送之。既入海，見緑魚群飛水上。浮海十餘日，至林邑東南，並山而行。其海水色黄氣腥，舟行一日不絶，云是大魚糞也。循海北岸，達於交趾。駿以六年春，與那邪迦於弘農謁帝〔一六〕。帝大悦，授駿等執戟都尉〔一七〕，那邪迦等官賞各有差。

校勘記

〔一〕亦溪洞之別種　「別」字原脱，據宋史卷四九四蠻夷傳二補。

〔二〕洪曹族人莫淮閫以河池縣知縣余承鑒取其牛　宋史卷四九四蠻夷傳二作「宜州牙校周承鑒以其牛耕作，淮閫三遣人取牛，承鑒不還」。

〔三〕其弟洪皓襲稱刺史　「弟」原作「子」，據下文及宋史卷四九四蠻夷傳二改。

〔四〕其弟洪沅忿之　「洪沅」原作「洪玩」，據宋史卷四九四蠻夷傳二改。下同。

〔五〕初率其屬人内附　「人」原作「入」，據局本及宋史卷四九四蠻夷傳二改。

〔六〕奪其地自守　「守」，宋史卷四九四蠻夷傳二作「首」。

〔七〕其印以西南諸道武盛軍德政官家明天國主爲文　「明天」原作「夫」，據元本、慎本、馮本及宋史卷四九四蠻夷傳二、續資治通鑑長編卷三〇三元豐三年三月丙子條改。

〔八〕廣西經略安撫劉彦適言　「劉彦適」原作「劉亮適」，據宋史卷四九四蠻夷傳二、建炎以來繫年要録卷六九紹興三年十月辛丑條改。下同。

〔九〕此皆是崇觀及宣和以來所開新邊　「崇」原作「大」，據元本、慎本、馮本及宋史卷四九四蠻夷傳二改。

〔一〇〕廣西經略安撫使李愿中言　「使」原作「司」，「李愿中」原作「言愿忠」，據宋史卷四九四蠻夷傳二、建炎以來繫年要録卷一六七紹興二十四年七月乙亥條改。下同。

〔一一〕詔以莫延蔭男莫光熙承襲知南丹州　「莫光熙」原作「莫光照」，據宋史卷四九四蠻夷傳二改。

〔一二〕崇建南丹使控制之　「南」字原脱，據桂海虞衡志志蠻補。

〔一三〕曰多逢　「多逢」原作「多建」，據宋史卷四九五蠻夷傳三改。

〔一四〕上令邊臣驅逐出境　「上」，元本、慎本、馮本及宋史卷四九五蠻夷傳三作「止」。

〔一五〕昨不欲盡令勦絶若縱殺戮　「勦絶若縱」四字原脱，據宋會要蕃夷五之五補。

〔一六〕蒙填來朝　「蒙填」原作「蒙損」，據宋史卷四九五蠻夷傳三、宋會要蕃夷五之五改。

〔一七〕上器甲數百及毒箭藥　「毒箭藥」，宋史卷四九五蠻夷傳三作「毒藥箭」。

〔一八〕詔以知宜州董元已不善撫綏　「董元已」原作「董元巳」，據宋史卷四九五蠻夷傳三改。

〔一九〕在宜州南境　「南」原作「西」。按上文「撫水蠻在宜州南」，大中祥符九年，「詔以撫水州爲安化州」；宋史卷四九五蠻夷傳三：「撫水州在宜州南。」此處「西」顯爲「南」之誤，據改。

〔二〇〕朱崖環海　「朱崖」原作「珠崖」，據宋史卷四九五蠻夷傳三、元豐九域志卷九廣南路改。下同。

〔二一〕其服屬州縣者爲熟黎　「縣」字原脱，據宋史卷四九五蠻夷傳三補。

〔二二〕詔軍士至者貸其罪　「者」原作「是」，據宋史卷四九五蠻夷傳三改。

〔二三〕黎人王日存　「王日存」原作「王用存」，據下文及宋史卷四九五蠻夷傳三、宋會要蕃夷五之四六改。

〔二四〕其祖父居蔭元係入貢　「居蔭」，宋會要蕃夷五之四八作「居薩」。

〔二五〕稱其祖本化外　「外」下原衍「州」字，據宋史卷四九五蠻夷傳三、宋會要蕃夷五之四八删。

〔二六〕又以王氏之侄黄弼補官守寨彈壓黎峒　「黄弼」原作「黄間」，據宋史卷四九五蠻夷傳三、宋會要蕃夷五之四九改。

〔二七〕詔復許宜人王氏女吴氏承襲　「女」字原脱，據宋史卷四九五蠻夷傳三、宋會要蕃夷五之五〇補。

〔二八〕黎海南四郡島上蠻也　「島」原作「隖」，據桂海虞衡志志蠻改。下同。「上」原作「土」，據同書改。

〔二九〕五指山生黎洞首王仲期　「五」字原脱，據嶺外代答卷二海外黎蠻補。

〔三〇〕率其傍八十洞丁口千八百二十歸化　前「八」原作「人」，據嶺外代答卷二海外黎蠻改。

〔三一〕以例詣顯應廟斫石歃血　「斫」原作「研」，據嶺外代答卷二海外黎蠻改。

〔三二〕相去或三五百里三五千里　二「三五」，元本、慎本、馮本及北宋本通典卷一八八邊防四皆作「五三」。宋書卷九七蠻夷傳無「三五百里」四字，梁書卷五四諸夷傳作「相去近者三五千里」，南史卷七八夷貊傳上此句作「相去或四五千里」。

〔三三〕外國諸書雖言里數　「書」，宋書卷九七蠻夷傳作「夷」。

〔三四〕又多於梁隋焉　「於」字原脱，據通典卷一八八邊防四補。

〔三五〕合浦日南之南三萬里　「合浦」原作「合海」，據北宋本通典卷一八八邊防四改。

〔三六〕門有禁衛　「衛」字原脱，據通典卷一八八邊防四補。

〔三七〕賦税人出銀一銖　「一」，新唐書卷二二二下南蠻傳下作「二」。

〔三八〕水步道二百餘里　「百」原作「千」，據梁書卷五四諸夷傳、南史卷七八夷貊傳上、太平御覽卷七八六四夷部七南蠻二改。

〔三九〕有西屠夷　「西屠夷」，梁書卷五四諸夷傳作「西國夷」，南史卷七八夷貊傳上作「西圖夷」。

〔四〇〕號曰馬流人　「馬流人」原作「馬留人」，據下文及通典卷一八八邊防四改。

〔四一〕有子曰連　「連」，南史卷七八夷貊傳上、太平御覽卷七八六四夷部七南蠻二同，梁書卷五四諸夷傳作「達」。

〔四二〕次不沉者曰棧香也　「棧香」，梁書卷五四諸夷傳作「篯香」。

〔四三〕肉之美者猩猩之脣　按此句見呂氏春秋孝行覽本味，本書云「爾雅曰」，疑有誤。

〔四四〕大如斛　「大如」二字原倒，據元本、愼本、馮本及通典卷一八八邊防四乙正。

〔四五〕其一曰西那婆帝　「那」原作「郡」，據北史卷九五林邑傳、隋書卷八二南蠻傳改。

〔四六〕次乙地伽蘭　「乙」原作「一」，據北史卷九五林邑傳、隋書卷八二南蠻傳、通典卷一八八邊防四改。

〔四七〕次曰阿倫　「阿倫」，通典卷一八八邊防四同，北史卷九五林邑傳、隋書卷八二南蠻傳作「可倫」。

〔四八〕貴者著革履　「履」，梁書卷五四諸夷傳，南史卷七八夷貊傳上作「屣」。

〔四九〕樂有琴　「琴」原作「瑟」，據北史卷九五林邑傳、隋書卷八二南蠻傳、通典卷一八八邊防四改。

〔五〇〕吹蠡以即戎　「即」原作「節」，據北史卷九五林邑傳、隋書卷八二南蠻傳改。

〔五一〕其寡婦孤居　「其」原作「有」，據梁書卷五四諸夷傳、南史卷七八夷貊傳上、通典卷一八八邊防四改。

〔五二〕王事尼乾道　「尼乾道」，梁書卷五四諸夷傳、南史卷七八夷貊傳上、通典卷一八八邊防四同，太平御覽卷七八六四夷部七南蠻二作「竺乾道」。

〔五三〕成帝咸康二年　「二年」，晉書卷九七四夷傳同，梁書卷五四諸夷傳、南史卷七八夷貊傳上作「三年」。

〔五四〕并之　「之」字原脱，據通典卷一八八邊防四補。

〔五五〕子咄立　「立」字原脱，據梁書卷五四諸夷傳、南史卷七八夷貊傳上補。

〔五六〕宋使振武將軍宗元幹討之　「宗」字原脱，據通典卷一八八邊防四補。

〔五七〕後遣大將軍劉方率步騎萬餘人擊之　「率」字原脱，據通典卷一八八邊防四補。

〔五八〕王頭黎獻馴象　「頭黎」，通典卷一八八邊防四作「頭利」。下同。

〔五九〕朝霞布　「布」原作「大」，據新唐書卷二二二下南蠻傳下改。

〔六〇〕嘗獻火珠　「珠」原作「環」，據下文及舊唐書卷一九七南蠻西南蠻傳改。

〔六一〕至德後更號環王　「後」原作「復」，據新唐書卷二二二下南蠻傳下改。

〔六二〕安南都護張舟執其僞驩愛州都統　「張舟」原作「張丹」，據新唐書卷二二二下南蠻傳下、唐會要卷九八林邑國改。「統」原作「督」，據同上新唐書改。

〔六三〕獲戰象　「象」字原脱，據新唐書卷二二二下南蠻傳下補。

〔六四〕在日南郡之南海西大灣中　「灣」原作「島」，據梁書卷五四諸夷傳、南史卷七八夷貊傳上、太平御覽卷七八六四夷部七南蠻二改。晉書卷九七四夷傳作「在海大灣中」，南齊書卷五八東南夷傳作「在日南之南大海西灣中」。

〔六五〕其先有女人爲王　「王」原作「主」，據梁書卷五四諸夷傳、南史卷七八夷貊傳上改。

〔六六〕號曰柳葉　「柳葉」，晉書卷九七四夷傳作「葉柳」。

〔六七〕其南有激國人名混填來伐　「混填」原作「混潰」，據南齊書卷五八東南夷傳、梁書卷五四諸夷傳、南史卷七八夷貊傳上、太平御覽卷七八六四夷部七南蠻二、太平寰宇記卷一七六四夷五南蠻一改。「激」，梁書卷五四諸夷傳作「徼」。

〔六八〕遂治其國　「遂治」原作「理」，據南齊書卷五八東南夷傳、梁書卷五四諸夷傳改。

〔六九〕國人立其大將范師蔓爲王　「范師蔓」，南齊書卷五八東南夷傳、通典卷一八八邊防四、太平寰宇記卷一七六四夷五南蠻一同，梁書卷五四諸夷傳、南史卷七八夷貊傳上、太平御覽卷七八六四夷部七南蠻二作「范蔓」。

〔七〇〕海邊生大箬葉　「箬」原作「若」，據南齊書卷五八東南夷傳改。

〔七一〕以羖羊角扣之　「羖」原作「羚」，據元本、愼本、馮本及通典卷一八八邊防四改。

〔七二〕晉泰始太康中　「泰始」原作「太始」，據通典卷一八八邊防四改。

〔七三〕其後王姓憍陳如　「憍陳如」，梁書卷五四諸夷傳、南史卷七八夷貊傳上同，南齊書卷五八東南夷傳作「僑陳如」，通典卷一八八邊防四作「嬌陳如」。下同。

〔七四〕令其國人居不穿井　「令」，北宋本通典卷一八八邊防四作「今」。

〔七五〕崑崙無姓氏　「崑崙」原作「古龍」，據元本、愼本、馮本及通典卷一八八邊防四、太平御覽卷七八六四夷部七南蠻二、太平寰宇記卷一七六四夷五南蠻一改。

〔七六〕在海崎上　「崎」下原有「山」字，據梁書卷五四諸夷傳、南史卷七八夷貊傳上删。

〔七七〕有五王　「有五」二字原脱，據梁書卷五四諸夷傳、南史卷七八夷貊傳上、太平御覽卷七八八四夷部九南蠻四補。

〔七八〕船舶未曾得逕過也　「船」字原脱，據梁書卷五四諸夷傳補。

〔七九〕葉如都梁　「如」字原脱，據通典卷一八八邊防四補。

〔八〇〕口似鸚鵡而紅色飛來萬計　「似」字原脱，據太平寰宇記卷一七六四夷五南蠻一補。「計」原作「許」，據通典卷一八八邊防四改。

〔八一〕復以爲己有穢　「己」原作「巳」，據通典卷一八八邊防四改。
〔八二〕頭長三尺　「頭」，通典卷一八八邊防四同，梁書卷五四諸夷傳、南史卷七八夷貊傳上、太平御覽卷七八八四夷部九南蠻四、册府元龜卷九九七外臣部四二作「頸」。下同。
〔八三〕有室屋衣服　「屋」原作「居」，據梁書卷五四諸夷傳、南史卷七八夷貊傳上、通典卷一八八邊防四、太平御覽卷七八八四夷部九南蠻四改。
〔八四〕又傳扶南東界即漲海　梁書卷五四諸夷傳、南史卷七八夷貊傳上、太平寰宇記卷一七六四夷五南蠻一「漲」上有「大」字。
〔八五〕有燃火洲　梁書卷五四諸夷傳、南史卷七八夷貊傳上作「至自然大洲」。
〔八六〕檳榔特精好　「檳榔」二字原脱，據梁書卷五四諸夷傳、南史卷七八夷貊傳上補。
〔八七〕王釋婆羅那鄰陀遣長史竺留弛獻金銀寶器　梁書卷五四諸夷傳「鄰」作「憐」、「弛」作「陁」。
〔八八〕乃遣使并畫工奉表獻玉盤等物　「乃」，梁書卷五四諸夷傳、南史卷七八夷貊傳上作「仍」。
〔八九〕子毗針邪跋摩立　梁書卷五四諸夷傳無「針」字。
〔九〇〕其王及貴臣乃加雲霞布覆胛　「胛」，梁書卷五四諸夷傳、南史卷七八夷貊傳上同，通典卷一八八邊防四作「髀」。
〔九一〕女子則被布　「被」字原脱，據梁書卷五四諸夷傳、册府元龜卷九六〇外臣部土風二補；通典卷一八八邊防四作「披」。
〔九二〕有幡旄旗鼓　「旄」，南史卷七八夷貊傳上作「旐」。
〔九三〕兵衛甚嚴　「嚴」，南史卷七八夷貊傳上同，梁書卷五四諸夷傳、通典卷一八八邊防四作「設」。

〔九四〕國界東西五十日行南北二十日行　梁書卷五四諸夷傳、南史卷七八夷貊傳上同，隋書卷八二南蠻傳作「國界東西四月行，南北四十五日行」。

〔九五〕有石名坩貝羅　「坩」，南史卷七八夷貊傳上同，梁書卷五四諸夷傳、通典卷一八八邊防四作「蚶」。

〔九六〕王乃用斑絲者　「王」字原脱，據梁書卷五四諸夷傳、南史卷七八夷貊傳上補。「者」，同上梁書作「布」。

〔九七〕其王頻伽復遣使珠智獻白鸚鵡　「珠智」，梁書卷五四諸夷傳作「珠貝智」。

〔九八〕名護路那婆　「路」，隋書卷八二南蠻傳、北史卷九五婆利傳作「濫」。

〔九九〕皆肉食而不飲酒　太平御覽卷七八七四夷部八南蠻三作「皆肉食而飲酒」。

〔一〇〇〕道士不飲食酒肉　「飲」字原脱，據太平御覽卷七八七四夷部八南蠻三補。

〔一〇一〕并獻香物十種　梁書卷五四諸夷傳、南史卷七八夷貊傳作「並獻沈檀等香數十種」。

〔一〇二〕水行百餘日而達　北史卷九五赤土傳、隋書卷八二南蠻傳同，通典卷一八八邊防四作「直崖州之南，渡海水行，便風十餘日，經鷄籠島至其國」。

〔一〇三〕東波羅剌國西婆羅娑國南訶羅旦國　北史卷九五赤土傳、隋書卷八二南蠻傳同，通典卷一八八邊防四「剌」作「刹」，「婆羅娑」作「羅婆」，「旦」作「且」。

〔一〇四〕傳位於利富多塞　「塞」，北史卷九五赤土傳、隋書卷八二南蠻傳、北宋本通典卷一八八邊防四作「寒」。

〔一〇五〕居僧祇城　「祇」，北史卷九五赤土傳、隋書卷八二南蠻傳同，通典卷一八八邊防四作「祗」。

〔一〇六〕坐三重之榻　「坐」字原脱，據隋書卷八二南蠻傳補；通典卷一八八邊防四作「座」。

〔一〇七〕陀拏達叉二人　「叉」原作「又」，據北史卷九五赤土傳、隋書卷八二南蠻傳、通典卷一八八邊防四改。「二」，同上北史作「一」，通典作「三」。

〔一〇八〕鉢帝十人　「十」原作「一」，據北史卷九五赤土傳、隋書卷八二南蠻傳、太平御覽卷七八七四夷部八南蠻三改。

〔一〇九〕唯國王燒訖收灰貯以金瓶　「灰」原作「夾」，據北史卷九五赤土傳、隋書卷八二南蠻傳、太平御覽卷七八七四夷部八南蠻三改。

〔一一〇〕亦以椰漿爲酒　「以」原作「名」，據北史卷九五赤土傳改。

〔一一一〕西望見狼牙脩國之山　「脩」，元本、慎本、馮本及北史卷九五赤土傳、隋書卷八二南蠻傳作「須」。本卷前文有「狼牙脩國」，「狼牙須國」或即譯寫不同。

〔一一二〕以舶三十艘來迎　「十」，隋書卷八二南蠻傳同，北史卷九五赤土傳作「百」。

〔一一三〕月餘至其都王遣其子那邪迦請與駿等禮見先遣人送金盤貯香花並鏡鑷　「餘至其都王遣其子那邪迦請與駿等禮見先遣人送金盤貯香花並鏡」二十八字原脱，據北史卷九五赤土傳、隋書卷八二南蠻傳補。

〔一一四〕金瓶八枚貯香水　「八」，北史卷九五赤土傳作「二」。

〔一一五〕上有黄白紫赤四色之餅　「餅」，北史卷九五赤土傳、隋書卷八二南蠻傳、太平御覽卷七八七四夷部八南蠻三、太平寰宇記卷一七七四夷六南蠻二作「餠」。

〔一一六〕駿以六年春與那邪迦於弘農謁帝　「六」原作「明」，據北史卷九五赤土傳、隋書卷八二南蠻傳改。

〔一一七〕授駿等執戟都尉　「執戟都尉」，北史卷九五赤土傳同，隋書卷八二南蠻傳作「秉義尉」，疑是。按北史、隋書例因唐諱避「秉」字，今隋書南蠻傳或因舊史原文，或是後人回改，隋無「執戟都尉」，北史「執」當是「秉」之諱改，「戟」當是「義」之訛，「都」字疑爲後人妄加。

卷三百三十二　四裔考九

真臘

真臘國在林邑西南，本扶南之屬國也，去日南郡舟行六十日而至。南接車渠國，西有朱江國。其王姓刹利氏〔一〕，名質多斯那。自其祖漸已强盛，至質多斯那遂兼扶南而有之。死，子伊奢那先代立。居伊奢那城，郭下二萬餘家。城中有一大堂，是其王聽政所。總大城三十所〔二〕，城有數千家，各有部帥，官名與林邑同。

其王三日一聽朝，坐五香七寶床，上施寶帳，以文木爲竿，象牙金鈿爲壁，狀如小屋，懸金光焰，有同於赤土。前有金香鼎，命二人侍側。王著朝霞吉貝〔三〕，瞞絡腰腹，下垂至脛，頭戴金寶花冠，被真珠纓絡，足履革屣，耳懸金璫。常服白疊，以象牙爲屩。若露髮，則不加纓絡。臣下服制，大抵相類。有五大臣，一曰孤落支〔四〕，二曰相高憑，三曰婆何多陵〔五〕，四曰舍摩陵，五曰髯羅婁，及諸小臣。朝於王者，輒於階下三稽首，王呼上階，則跪，以兩手抱膊，遶王環坐。議政事訖，跪伏而去。階庭門閤，侍衛有千餘人，被甲持仗。其國與參半、朱江二國和親，數與林邑、陀桓二國戰争。其人行止，皆持甲仗，若有征伐，因而用之。

其俗，非王正妻子，不得爲嗣。王初立日，所有兄弟，並刑殘之，或去一指，或劓其鼻，别處供給，不得仕進。人形小而色黑，婦人亦有白者。悉拳髮垂耳，性氣捷勁。居處器物，頗類赤土。以右手爲浄，左手爲穢。每旦澡洗，以楊枝浄齒，讀誦經咒，又澡灑乃食。食罷還用楊枝浄齒，又讀經咒。飲食多酥酪、沙糖、秔粟、米餅。欲食之時，先取雜肉羹與餅相和，手擩而食〔六〕。娶妻者，唯送衣一具〔七〕，擇日遣媒人迎婦〔八〕。男女二家，各八日不出，晝夜燃燈不息。男婚禮畢，即與其父母分財别居。父母死，小兒未婚者以餘財與之。若婚畢，財物入官。喪葬，兒女皆七日不食，剔髮而哭〔九〕，僧尼、道士、親故皆來聚會，音樂送之。以五香木燒屍，收灰，以金銀瓶盛，送大水之内；貧者或用瓦，而以五綵色畫之。亦有不焚，送屍山中，任野獸食者。

其國北多山阜，南有水澤。地氣尤熱，無霜雪，饒瘴癘毒蠚。宜粱、稻，少黍、粟。果菜與日南、九真相類。異者，有婆羅那娑樹〔一〇〕，無花，葉似柿，實似冬瓜；庵羅樹〔一一〕，花、葉似棗，實似李；毗野樹，花似木瓜，葉似杏，實似楮；婆田羅樹，花、葉、實竝似棗，而小異；歌畢佗樹，花似林檎，葉似榆而厚大，實似李，其大如升。自餘多同九真。海有魚名建同，四足無鱗，鼻如象，吸水上噴，高五六十尺。有浮胡魚，形似䱉，觜如鸚鵡，有八足。多大魚，半身出水〔一二〕，望之如山。每五六月中，毒氣流行，即以白猪、白牛、白羊於城西門外祠之〔一三〕。不然，五穀不登，畜多死，人疾病。近都有陵伽鉢婆山，上有神祠，每以兵二千人守衛之。城東神名婆多利，祭用人肉。其王年别殺人，以夜祠禱，亦有守衛者千人。其敬鬼如此〔一四〕。多奉佛法，尤信道士。佛及道士，竝立像於其館。

隋大業十二年，遣使貢獻，帝禮之甚厚，於後亦絶。唐武德至聖曆，凡四來朝。神龍後分爲二半：北多山阜，號陸真臘半；南際海〔一五〕，饒陂澤，號水真臘半。水真臘，地八百里，王居婆羅提拔城。陸真臘或曰文單，曰婆鏤，地七百里，王號「笪屈」。開元、天寶時，王子率其屬二十六來朝，拜果毅都尉。大曆中，副王婆彌及妻來朝，獻馴象十一；擢婆彌試殿中監，賜名賓漢。是時，德宗初即位，珍禽奇獸悉縱之，蠻夷所獻馴象畜苑中，元會充廷者凡三十二，悉放荊山之陽。及元和中，水真臘亦遣使入貢。

文單西北屬國曰參半，武德八年使者來。道明者，亦屬國，無衣服，見衣服者共笑之。無鹽鐵，以竹弩射鳥獸自給。

宋政和六年十二月，遣進奉使奉化郎將鳩摩僧哥、副使安化郎將摩君明稽𥈭等十四人來〔一六〕，賜以朝服。僧哥言：「萬里遠蕃，仰投聖化，尚拘卉服，未稱嚮慕之誠，願許服所賜。」詔聽之，仍以其事付史館，書於策。明年三月辭去。宣和二年，又遣使來，朝廷封其王與占城等。其年授占城王檢校司空兼御史大夫，懷遠軍節度使，琳州管内觀察處置等使，封占城國王。其後又加封邑。其地接占城之南，東至海，西至蒲甘，南至加囉希，其縣鎮風俗與占城無異，地方七千餘里。有銅臺，上列銅塔二十有四，鎮以八銅象，各重四千斤。戰象幾二十萬，馬多而小。建炎三年，以郊恩制授其王金裒賓深檢校司徒，加食邑，後以爲常。紹興元年，廣南市舶司言其國附到蕃信，與知州、提舉，詔勿受，如可備官用，即估直償之，仍以省物回賜。十七年，宰臣奏其國王降制加恩事。上曰：「日後郊祀〔一七〕，外國加惠，可令先次檢舉，庶知本朝懷遠之意。」其國舊與占城鄰好，歲貢金若干兩。淳熙四年五月望日，占城主以舟師襲其國都，誓必報怨。慶元己未，大舉入占城，更立真臘人爲主。占城今亦爲真臘屬國矣。真里富，真臘屬國也。其國在西南隅，東南接波斯蘭，西南與登流眉爲鄰。所管聚落六十餘處。慶元六年，慶元府言其國王立二十年，遣使齎表貢瑞象二及方物。詔優答之，仍諭本國海道遠涉，今後免行入貢。

羅刹

羅刹國在婆利之東。其人極陋，朱髪黑身，獸牙鷹爪。時與林邑人作市，輒以夜，晝日則掩其面。隋煬帝大業三年，遣使常駿等使赤土，至羅刹。

投和

投和國，隋時聞焉，在南海大洲中，真臘之南。自廣州西南水行百日，至其國。王姓投和羅，名脯邪乞遥，理數城。覆屋以瓦，竝爲閣而居。屋壁皆以彩畫之。城内皆王宫室，城外人居可萬餘家。王宿衛之士百餘人。每臨朝，則衣朝霞，冠金冠，耳挂金環，頸挂金涎衣，涎，序連反。足履寶裝皮履。官屬有朝請將軍，總知國政。又有參軍、功曹、主簿、城局、金威將軍、贊府等官〔一八〕，分理文武。又有州及郡、縣。州有參軍，郡有金威將軍，縣有城局。其爲長官〔一九〕，初至，各選官僚助理政事〔二〇〕。刑法：盗賊多者死，輕者穿耳及鼻并鑽鬢，私鑄銀錢者截腕。國無賦税，俱隨意貢奉，無多少之限。多以農商爲業。國人乘象及馬。一國之中，馬不過千匹，又無鞍轡，唯以繩穿頰爲節制。音樂則吹蠡、擊鼓。死喪則祠祀哭泣，又焚屍以甖盛之，沉於水中。若父母之喪，則截髮爲孝。其國市六所，貿易皆用銀錢，小如榆莢。有佛道，有學校，文字與中夏不同。訊其耆老，云：王無姓，名齊杖摩〔二〕。其屋以草覆之。王所坐塔，圓似佛塔，以金飾之，門皆東開坐，亦東向。

唐貞觀中，遣使奉表，以金函盛之。又獻金榼、苦盍反。金鎖〔三〕、寶帶、犀、象、海物等數十品。

闍婆

闍婆國，在南海中。其國東至海一月，汎海半月至崑崙國；西至海四十五日，南至海三日，汎海五日至大食國；北至海四日，西北汎海十五日至渤泥國，又十日至三佛齊國，又七日至古邏國，又七日至柴歷亭，抵交阯，達廣州。

其地平坦，宜種植，產稻、麻、粟、豆，無麥。民輸十一之租，煮海爲鹽。多魚、鼈、鷄、鴨、山羊，兼椎牛以食。果實有木瓜、椰子、蕉子、甘蔗、芋。出金銀、犀牙、箋沉檀香、茴香、胡椒、檳榔、硫黄、紅花、蘇木。亦務蠶織，有薄絹、絲絞、吉貝布。翦銀葉爲錢博易，官以粟一斛二斗博金一錢〔三〕。室宇壯麗，飾以金碧。中國賈人至者，待以賓館，飲食豐潔〔四〕。地不產茶。其酒出於椰子及蝦蝚丹樹之中，蝦蝚丹樹華人未嘗見；或以桄榔、檳榔釀成，亦甚香美。不設刑禁，雜犯罪者隨輕重出黄金以贖，惟寇盜者殺之。

其王椎髻，戴金鈴，衣錦袍，躡革履，坐方床，官吏日謁，三拜而退，出入乘象或腰輿，壯者五七百輩執兵以從。國人見王皆坐，俟其過乃起。以王子三人爲副王。官有落佶連四人，共治國事，如中國宰相，無月俸，隨時量給土産諸物。次有文吏三百餘員，目爲秀才，掌文簿，總計財貨。又有卑官殆千員，分主城池、帑廩及軍卒。其領兵者每半歲給金十兩，勝兵三萬，每半歲亦給金有差。

土俗婚聘無媒妁，但納黄金於女家以娶之。五月游船，十月游山，有山馬可乘跨，或乘軟兜。樂有横笛、鼓板，亦能舞。土人被髮，其衣裝纏胸以下至於膝。疾病不服藥，但禱神求佛。其俗有名而無姓。方言謂真珠爲「没爹蝦囉」，謂牙爲「家囉」，謂香爲「崑燉盧麻」〔二五〕，謂犀爲「低密」〔二六〕。

宋元嘉十二年，國王師黎婆達阿陁羅跋摩遣使奉表曰〔二七〕：「宋國大主大吉天子足下〔二八〕：教化一切種智安穩〔二九〕，天人師降伏四魔〔三〇〕，成等正覺，轉尊法輪，度脱衆生，我雖在遠，亦霑靈潤。」其後遂絶。

宋太宗淳化三年十二月，其王穆羅茶遣使陀湛、副使蒲亞理、判官李陀那假澄等來朝貢。陀湛云中國有真主，本國乃修朝貢之禮。國王貢象牙、真珠、繡花銷金及繡絲絞、雜色絲絞、吉貝織雜色絞布、檀香、玳瑁檳榔盤、犀裝劍、藤織花簟、白鸚鵡、七寶飾檀香亭子，其使别貢玳瑁、龍腦、丁香、藤織花簟。先是朝貢使汎舶船六十日至明州定海縣，掌市舶監察御史張肅先驛奏其使飾服之狀與嘗來入貢波斯相類〔三一〕。譯者言云：今主舶大商毛旭者〔三二〕，建溪人，數往來本國，因假其鄉導來朝貢。又言其國王一號曰夏至馬囉夜，王妃曰落肩娑婆利，本國亦署置僚屬。又其方言目舶主爲「勃荷」，主妻曰「勃荷比尼贖」〔三三〕。其船中婦人名眉珠，椎髻，無首飾，以蠻布纏身，顏色青黑，言語不能曉，拜亦如男子膜拜；一子，頂戴金連鎖子，手有金鈎，以帛帶縈之，名阿嚕。其國與三佛齊有讐怨，互相攻戰。本國山多猴，不畏人，呼以霄霄之聲即出，或投以果實，則有大猴二先至，土人謂之猴王、猴夫人，食畢，群猴食其餘。使既至，上令有司優待；久之使還〔三四〕，賜金幣甚厚，仍賜良馬戎具，以從其請。其使云：鄰國名婆羅門，有法善察人情〔三五〕，人欲相危害者皆先知之。又有摩逸國，太平興國七年，載寶貨至廣州海岸。大觀三年，闍婆復遣使入貢，詔禮之如交阯。

建炎三年，制授懷遠軍節度、琳州管内觀察處置等使、金紫光禄大夫、檢校司空、使持節琳州諸軍事、琳州刺史、兼御史大夫、上柱國、闍婆國王、食邑二千四百户、食實封一千户〔三六〕；悉里地茶蘭固野可特授檢校司徒〔三七〕，加食邑實封，以南郊加恩也。自後每遇大禮必加食邑。

訶羅陁〔三八〕

西南夷訶羅陁國〔三九〕，宋元嘉七年，遣使奉表曰：「伏承聖主信重三寶，興立塔寺，周滿世界。今故遣使二人，表此微心。」

呵羅單

呵羅單國都闍婆洲。宋元嘉七年，遣使獻金剛指環、赤鸚鵡鳥〔四〇〕、天竺國白疊、古貝、葉波國古貝等物。十年，呵羅單國王毗沙跋摩奉表曰：「常勝天子陛下：諸佛世尊，常樂安隱，三達六通〔四一〕，爲世間導，是名如來。是故至誠五體敬禮。」其後爲子簒奪。十三年，又上表。二十六年，文帝詔曰：「呵囉單、婆皇、婆達三國〔四二〕，頻越遐海，款化納貢〔四三〕，遠誠宜甄，可並加除授。」乃遣使策命之。二十九年，又遣長史婆和沙彌獻方物〔四四〕。

婆皇

婆皇國，宋元嘉二十六年，國王舍利婆羅跋摩遣使獻方物四十一種〔四五〕，文帝策命之爲婆皇國王〔四六〕。二十八年，孝武孝建三年，俱遣使入貢方物，以其使爲振威將軍。大明三年，獻赤白鸚鵡。大明八年、明帝泰始二年，俱入貢，官其使。

婆達

婆達國，宋元嘉二十六年，國王舍利不陵伽跋摩遣使貢方物，文帝策命之爲婆達國王。二十六年、二十八年，復遣使獻方物。

丹丹

丹丹，在多羅磨羅國西北，振州東南。振州，唐延德郡，朱厓同在島上〔四七〕。王姓刹利，名尸陵伽，治所可二萬餘家，亦置州縣以相統領。王每晨夕二時臨朝。其大臣八人，號曰八坐，並以婆羅門爲之。王每以香粉塗面，身冠通天冠，挂雜寶瓔絡，身衣朝霞，足履皮屨，近則乘輿，遠則馭象。其攻伐則吹蠡擊鼓，兼有幡旗。其刑治盜賊無多少皆殺之〔四八〕。土出金銀、白檀、蘇方木〔四九〕、檳榔。其穀唯稻。畜有沙牛、羖羊、豬、鷄、鵝、鴨、麞，鳥有越鳥、孔雀，果蓏有蒲桃、石榴、瓜、瓠、菱〔五〇〕、蓮，菜有葱、蒜〔五一〕、蔓菁。梁中大通二年，其王遣使奉表送象牙及畫塔二軀，并獻火齊珠、吉貝、雜香藥。大同元年，復遣使獻金、銀、琉璃、雜寶、香藥等物。唐總章時又獻方物。

邊斗

邊斗國、一云班斗。都昆國、一云都軍〔五二〕。拘利國、一云九離〔五三〕。比嵩國，並隋時聞焉。扶南度金鄰大灣南行三千里，有此四國。其農作與金鄰同。其人多白色。都昆出好棧香、藿香及流黄。其藿香樹生千歲，根本甚大，伐之，四五年木皆朽敗，唯中節堅固，芬香獨存，取以爲香。

杜薄

杜薄國，隋時聞焉，在扶南東漲海中，直渡海數十日而至。其國人貌白皙，皆有衣服。國有稻田。女子作白疊華布。出金、銀、鐵，以金爲錢。出鷄舌香，可以含，以香不入衣服。鷄舌其爲木也，氣辛而性厲，禽獸不能至，故未有識其樹者。華熟自零，隨水而出，方得之。杜薄洲有十餘國，城皆稱王。

薄剌〔五四〕

薄剌國，隋時聞焉，在拘利南海灣中。其人色黑而齒白，眼正赤，男女並無衣服。

勃焚

勃焚洲，抱朴子云：勃焚洲在南海中，薰緑水膠所出，膠如楓脂，所以不可多得者，止患狤猵上音詰，下音屈。獸啖人。此獸大者重十斤，狀如水獺，其頭身及佗處了無毛，唯從鼻上以竟脊至尾上有毛，廣一寸許，青毛長三四分許，其無毛處則如韋囊。人張捕得之，斬刺不傷，積薪烈火，縛以投火中，薪盡而此獸不焦。須以大杖打之，皮不傷而骨碎都盡，乃死耳。

火山

火山國，隋時聞焉，去諸薄東五千里。國中山皆有火，雖雨不息。火中有白鼠。扶南土俗傳云：火洲在馬五洲之東可千餘里。春月霖雨，雨止則火然洲上，林木得雨則皮黑，得火則皮白。諸左右洲人，以春月取其木皮，績以爲布，或作燈炷布。若小穢，投之火中便潔〔五五〕。

又有加營國北、諸薄國西山周三百里，從四月火生，正月火滅。火然則草木葉落，如中國寒時。人以三月至此山，取木皮績爲火浣布。

無論

無論國，隋時聞焉，在扶南西二千餘里。其國大道左右夾種枇杷樹及諸華果，行其下常有玄陰。十里一亭，亭皆有井。食麥飯，飲蒲桃酒，如膠，若飲，即以水和之，味甚甘美。

墮婆登〔五六〕

墮婆登國在林邑南，海行二月，東與訶陵，西與迷黎車接，北鄰大海。風俗與訶陵同。種稻每月一熟。有文字，書於貝多葉。其死者，口實以金，又以金釧貫於四支，然後加以婆律膏及檀、沉、龍腦等香，積薪以燔之。唐貞觀二十一年，遣使朝貢。

烏篤

烏篤國在中天竺南，一名烏伏那〔五七〕。地方五千餘里。百姓殷實，人性愞弱，頗詭詐，尤工禁術，篤信佛法。文字禮儀略同天竺。自古不通中國。唐貞觀中，其王達摩因陁訶斯遣使獻龍腦香。

訶陵

訶陵，亦曰社婆〔五八〕，曰闍婆，在南海中。東距婆利，西墮婆登，南瀕海，北真臘。木爲城，雖大屋亦覆栟閭。象牙爲床若席。出瑇瑁、黄白金、犀、象，國最富。有穴自涌鹽。以柳花、椰子爲酒，飲之輒醉，宿昔壞。有文字，知星曆。食無匕筯。有毒女，與接輒苦瘡，人死尸不腐。王居闍婆城。其祖吉延東遷於婆露伽斯城，旁小國二十八，莫不臣服。其官有三十三大夫〔五九〕，而大坐敢兄爲最貴。山上有郎卑野州，王常登以望海。夏至立八尺表，景在表南二尺四寸。唐貞觀中，與墮和羅、墮婆登皆遣使者入貢，太宗以璽詔優答。墮和羅丐良馬，帝與之。至上元間，國人推女子爲王，號「悉莫」，威令整肅，道不舉遺。大食君聞之，齎金一囊置其郊，行者輒避，如是三年。太子過，以足躪金，悉莫怒，將斬之，群臣固請，悉莫曰：「而罪實本於足，可斷趾。」群臣復爲請，乃斬指以徇。大食聞而畏之，不敢加兵。大曆中，訶陵使者三至。元和八年，獻僧祇奴四、五色鸚鵡、頻伽鳥等。憲宗拜内四門府左果毅，使者讓其弟，帝嘉美，並官之。訖大和，再朝貢。咸通中，遣使獻女樂。

墮和羅，亦曰獨和羅，南距盤盤，北迦羅舍弗，西屬海，東真臘。自廣州行五月乃至。國多美犀，世謂「墮和羅犀」〔六〇〕。有二屬國，曰曇陵、陀洹。曇陵在海洲中。陀洹一曰耨陀洹，在環王西南海中，與墮和羅接，自交州行九十日乃至。王姓察失利，名婆那，字婆末〔六一〕。無蠶桑，有稻、麥、麻、豆。畜有白象、牛、羊、猪。俗喜樓居，謂爲干欄。以白氎、朝霞布爲衣。親喪，在室不食，燔尸已，則剔髮浴於池，然後食。貞觀時，並遣使者再入朝，又獻婆律膏；白鸚鵡，首有十紅毛〔六二〕，齊於翅。因丐馬、銅鐘，帝與之。

墮婆登，在環王南，海行二月乃至〔六三〕。東訶陵，西迷黎車，北屬海。俗與訶陵同。種稻，月一熟。

有文字，以貝多葉寫之。死者實金於口，以釧貫其體，加婆律膏、龍腦衆香，積薪燔之。

多蔑〔六四〕

多蔑國，其人短小，兄弟共娶一妻，婦總髮爲角，辨夫之多少。唐貞觀中通焉，在南海邊〔六五〕，國界周迴可一月行。南阻大海，西俱遊國〔六六〕，北波剌國，東真陀桓國。户口極多。置三十州，不役屬他國。有州郭、宫殿、樓櫓，並用瓦木。以十二月爲歲首〔六七〕。其物産有金、銀、銅、鐵、象牙、犀角，朝霞、朝雲等布〔六八〕。其俗交易用金、銀、朝霞等衣服爲賈〔六九〕。百姓二十而税一。五穀、菜蔬與中國不殊。

多摩長

多摩長國居於海島，東與婆鳳，西與多隆，南與半支跋，華言「五山」也，北與訶陵等國接。其國界東西可一月行，南北可二十五日行。其王之先，龍子也，名骨利。骨利得大鳥卵，剖之得一女子，容色殊妙，即以爲妻。其王尸羅劬傭伊説，即其後也。唐顯慶中，遣使貢獻。

其俗無姓。王居以栅爲城，以板爲屋，坐獅子座，東面坐。衣物與林邑同。勝兵二萬餘人〔七〇〕。無馬，有弓、刀、甲、矟。婚姻無同姓之别。其食器有銅、鐵、金、銀。所食尚蘇〔七一〕、乳酪、沙糖、石蜜。其家畜有羖羊、水牛，野獸有麞、鹿等。死亡無喪服之制，以火焚其屍。其音樂略同天竺。有波那婆、宅護遮、庵磨、石榴等果，多甘蔗。從其國經薛盧都〔七二〕、思訶盧、君那盧、林邑等國，達於交州。

哥羅舍分

哥羅舍分國，在南海之南。接墮和羅國。勝兵二萬人。其王蒲越伽摩，唐顯慶五年，遣使朝貢。

占城

占城國在中國之西南，東至海，西至雲南，南至真臘國，北至驩州界。汎海南去三佛齊五日程〔七三〕。陸行至賓陀羅國一月程，其國隸占城焉。東去麻逸國二日程，蒲端國七日程。北去廣州，便風半月程。東北至兩浙一月程。西北至交州兩日程，陸行半月程。其地東西七百里，南北三千里。南曰施備州，西曰上源州，北曰烏里州。國無城郭，有百餘村，村落户三五百，或至七百，亦有縣鎮之名。

土地所出：箋沉香、檳榔、烏樠木、蘇木、白藤、黄蠟、吉貝花布、絲絞布、氎布、藤簟、貝多葉簟、金銀鐵錠等物。五穀無麥，有秔米、粟、豆、麻子。官給種一斛，計租百斛。果實有蓮、甘蔗、蕉子、椰子。鳥獸多孔雀、犀牛。畜産多黄牛、水牛，而無驢；亦有山牛，不任耕耨，但殺以祭鬼，將殺，令巫祝之曰「阿羅和及拔」〔七四〕，譯之云「早教他託生」。民獲犀、象皆輸於王。國人多乘象或軟布兜，或於交州市馬，頗食山羊、水兕之肉。

其風俗衣服與大食國相類〔七五〕。無絲繭，以白氎布纏其胸，垂至於足，衣衫窄袖。撮髮爲髻，散垂餘髻於其後。互市無緡錢，止用金銀較量錙銖，或吉貝錦定博易之直。樂器有胡琴、笛、鼓、大鼓，樂部亦列舞人。其王腦後髽髻，散披吉貝衣，戴金花冠，七寶裝纓絡爲飾，股脛皆露，躡革履，無韈。婦人亦腦後撮髻，無笄梳，其服及拜揖與男子同。王每午坐禪椅。官屬謁見膜拜一而止，白事畢復膜拜一而退。或出游，看象、采獵、觀漁，皆數日方還。近則乘軟布兜，遠則乘象，或乘一木杠，四人舁之。先令一人持檳榔盤前導，從者千餘輩〔七六〕，各執弓箭刀槍手牌等，其民望之膜拜一而止。日或一再出。每歲稻熟，王自刈一把，從者及群婦女競割之。

其王或以兄爲副王，或以弟爲次王。設高官凡八員，東西南北各二，分治庶事，無俸禄，令其所管土俗資給之。别置文吏五十餘員〔七七〕，有郎中、員外、秀才之稱，分掌資儲寶貨等事〔七八〕，亦無資俸，但給龜魚充食及免調役而已。又有司帑廩者十二員，主軍卒者二百餘員，皆無月俸。勝兵萬餘人，月給秔米二斛，冬夏衣布各三疋至五疋。每夕，唯王升牀而卧，諸臣皆寢於地蓐。親近之臣見王即胡跪而禮，稍疏遠者但拱手而已。

其風俗，正月一日牽象周行所居之地，然後驅逐出郭，謂之逐邪。四月有遊船之戲。定十一月十五日爲冬至，人皆相賀，州縣以土産物帛獻其王。每歲十二月十五日，城外縛木爲塔，王及人民各以衣物香藥置於塔上焚之以祭天。人有疾病，旋采生藥服食。地不産茶，亦不知醖釀之法，止飲椰子酒，兼食檳榔。

刑禁亦設枷鎖，小過以四人拽伏於地，藤杖鞭之，二人左右互撲〔七九〕，量其犯罪或五六十至一百。當死者以繩繫於樹，用梭槍舂喉而殊其首。若故殺、劫殺，令象踏之〔八〇〕，或以象卷撲於地。象皆素習，將刑人，即令豢養之人以數諭之，悉能曉焉。犯姦者，男女共入一牛以贖罪〔八一〕。負國王物者，以繩拘於荒塘，物充而後出之。

其國前代罕與中國通。周顯德中，其王釋利因德漫遣其臣莆訶散貢方物，有雲龍形通犀帶、菩薩石。又有薔薇水，灑衣經歲香不歇，猛火油得水愈熾，皆貯以瑠璃缾。

建隆二年，其王釋利因陁盤遣使莆訶散來，表章書於貝多葉，以香木函盛之。貢犀角、象牙〔八二〕、龍腦、香藥、孔雀四、大食瓶二十。使回，錫賚有差，以器幣優賜其王。三年，乾德四年，開寶三年〔八三〕、五年、六年、七年、九年，太平興國二年、三年、四年，俱遣使入貢。六年，交州黎桓上言，欲以占城俘九十三人獻於京師。太宗令廣州止其俘，存撫之，給衣服資糧，遣還占城，詔諭其王。七年、八年，俱入貢。雍熙二年，遣使入貢，且訴爲交州所侵，詔答令保國睦鄰。三年，入貢。儋州言，占城人蒲羅遏爲交州所逼，率其族百口來附。四年秋，廣州上言，雷、恩州關送占城夷人斯當李娘并其族一百五十人來歸〔八四〕，分隸南海、清遠縣。端拱元年，廣州又言，占城夷人忽宣等族三百一人來附。淳化元年，遣使貢方物，且訴爲交州所攻，國中人民財寶皆爲所掠。上賜黎桓詔，令各守境。三年，遣使貢方物。至道元年，其王遣使來朝貢，奉表詞甚恭順，且言：「臣本國元有流民三百，散居南海，曾蒙聖旨許令放還，今有猶在廣州者。本國舊有進奉夷人羅常占見駐廣州，乞詔本州盡數點集，令造舶船〔八五〕，乘便風部領歸國。」上覽表，詔遣使廣州詢問，願還者悉付使回〔八六〕，復賜良馬二，遂爲常制。

咸平二年、景德元年，俱入貢。詔以良馬、介胄、戎器賜之。四年，遣使奉表來朝，表函籍以文錦，其使言本國舊隸交州，後奔於佛逝〔八七〕，北去舊所七百里。使還，賜物甚厚。大中祥符三年，來貢。四年，又遣使貢獅子，詔畜於苑中。使者留二蠻人以給豢養，上憐其懷土，厚給資糧遣還。八年、天禧二年〔八八〕，並遣入貢。三年，其使還，詔賜國王銀四千七百兩并戎器鞍馬。

海上又有蒲端國、三麻蘭國、勿巡國、蒲婆衆國，大中祥符四年祀汾陰〔八九〕，並遣使來貢。蒲端國王上言：「伏見詔旨給賜占城使鞍勒馬、大神旗各二〔九〇〕，乞如恩例。」有司以蒲端在占城下，請賜雜綵小旗五，從之。

天聖八年，入貢。慶曆二年，獻馴象。皇祐二年，貢方物，表二通，一以蕃書，一以中國書。五年、嘉祐元年，俱入貢。六年，獻馴象。七年正月，廣西經略司言〔九一〕：「占臘素不習兵，與交阯鄰，常苦侵軼；而占城復近脩武備，以抗交阯，將繇廣東路入貢，望撫以恩信。」五月，入貢，賜白馬二〔九二〕。熙寧元年，入貢，乞市騾馬。詔賜白馬一，令於廣州置騾以歸。五年，貢方物。七年，交阯李乾德言其王領兵三千人并妻子來降。九年，復遣使來〔九三〕，且言：「其國自海道抵真臘一月程，西北抵交州四十日，皆山路。所治聚落一百五，大略如州縣。」後討交阯，以其素仇，遣使詔以乘機協力蕩除。使還，言其國選兵七千扼賊要路，其王以木葉蕃書回牒，詔使上之。然亦不能成功。後兩國同入貢，占城使者乞避交人。詔遇朔日朝文德殿，分東西立；望日則交人入垂拱而占城趨紫宸；大燕則東西坐。元祐七年，又表言如天朝討交阯，願率兵掩襲。朝廷以交阯數入貢，不絕臣節，難以興師，答敕書報之，而以其使良保故倫軋丹、副使傍木知突爲保順郎將〔九四〕。政和中，授其王楊卜麻疊金紫光禄大夫，領廉、白州刺史〔九五〕。楊卜麻疊言身縻化外〔九六〕，不霑禄食，願得薄受俸給，壯觀小蕃，許之。宣和元年，進檢校司空兼御史大夫、懷遠軍節度使、琳州管内觀察處置等使，封占城國王。自是，每遇郊恩輒降制加封邑。

其國所統大小州三十八〔九七〕，不盈三萬家〔九八〕。甃磚爲城，護以石塔。其戎器以標鎗、牓牌，竹爲弓，無翎箭。戰則五人爲甲，走則同甲皆坐以死〔九九〕。山多香木，每歲，官監民入山斫香輸官，謂之「身丁香」，如中國身丁鹽税之類，納足聽民貿易。商舶到其國，則差蕃官摺黑皮爲策，書白字抄物數，監盤上岸，十取其二，外聽交易。

建炎三年〔一〇〇〕，國王遣使入貢〔一〇一〕，遇郊恩，制授檢校太傅，加食邑，後以爲常。紹興二十五年，其子鄒時巴蘭嗣立〔一〇二〕，貢方物，求封爵，詔授以其父官。乾道三年，其子鄒亞娜嗣〔一〇三〕，遣使入貢，詔受其獻十分之一。既而福建市舶司言：大食國人烏師點等訴，占城入貢，即所奪本國物。上以争訟却之，詔學士院答敕。洪邁引崇寧故事，乞用金花綾紙寫詔。禮部郎中李燾上言，當從紹興二十五年例，用白藤紙，況今進貢非實，却而不受，豈宜更優其禮。上曰：「李燾之論有理，即用近例。」邁以爲侵官，自是與燾有隙。臣僚亦言：「鄒亞娜承襲，若以禮入貢，則當議封。既與大食争訟，難即降詔，俟再貢如禮，然後賜命。」乾道七年，閩人有泛海官吉陽軍者〔一〇四〕，飄至占城，見其國與真臘乘象以戰，無大勝負。乃説王以騎戰，教之弓弩騎射，其王大悦，具舟送之吉陽，厚賚。隨以買馬得數十疋以戰則克。次年復來，人徒甚盛，瓊州不受，怒歸，肆行劫掠。淳熙二年，詔帥臣張栻草書付瓊管司，諭以中國馬自來不許出外界，令還所掠人口等，自今不得生事。知吉陽軍林賓慈令王三俊指引占城國人買馬圖利，令本司取勘具奏。三年，占城發回所掠人口見存八十三人，又申乞與本蕃通商。詔栻行下瓊管司，朝廷加惠外國，各已有市舶司主管交易，海南四郡，即無通商條令，仰遵依自來體例施行。淳熙四年五月，以舟師襲真臘，請和不許，殺之，遂爲大讎。慶元己未，真臘大舉入占城，俘其主，戮其臣僕，勦殺幾無噍類，更立真臘人爲主。

三佛齊

三佛齊國，蓋南蠻之別種，與占城爲鄰，間於真臘、闍婆之間，所管十五州。土産紅藤、紫鑛、箋沉香、檳榔、椰子〔一〇五〕。無緡錢，土俗以金銀貿易諸物。四時之氣，多熱少寒，冬無霜雪。人用香油塗身。其地無麥，有米及青白豆，鷄魚鵝鴨頗類中土。有花酒〔一〇六〕、椰子酒、檳榔酒〔一〇七〕，皆非麴糵所醖，飲之亦醉。樂有小琴、小鼓，崑崙奴踏曲爲樂。國中文字用梵書〔一〇八〕，以其王指環爲印，亦有中國文字，上章表即用焉。累甓爲城，周數十里，用椰葉覆屋。人民散居城外，不輸租賦，有所征伐，隨時調發，立酋長率領，皆自備兵器糧糗。汎海便風二十日至廣州。如泉州舟行順風月餘亦可到。國人多姓蒲。習水陸戰，臨敵敢死，伯於諸國。其國在海中，扼諸蕃舟車往來之咽喉，若商船過不入，即出船合戰，期以必死，故諸國之舟輻湊焉。

唐天祐元年貢方物，授其使都蕃長蒲訶粟寧遠將軍〔一〇九〕。宋建隆元年九月，其王悉利胡大霞里檀遣使李遮帝來朝貢。二年夏，又遣使貢方物。是冬，又來貢。其國別號先留〔一一〇〕，王李犀林男迷日來亦遣使同至貢方物。三年，又遣使來貢，回賜以白犛牛尾、白甆器、髹器、錦綵鞍韉二副〔一一〕。開寶四年，遣使以水晶、火油來貢。五年，又來貢。七年，又貢象牙、乳香、薔薇水、萬年棗、褊桃〔一二〕、白沙糖、水晶指環、瑠璃瓶、珊瑚樹。八年，又遣使入貢，賜以冠帶、器幣。太平興國五年，入貢，雍熙二年，端拱二年俱入貢。淳化三年冬，廣州言：「三佛齊朝貢使蒲押陀黎前年自京回〔一三〕，聞本國爲闍婆所侵，住南海凡一年，今春乘舶至占城，風信不利，復還。乞降詔諭本國。」從之。

咸平六年，遣使來貢，且言本國建佛寺以祝聖壽，願賜名及鐘。上嘉其意，詔以「承天萬壽」爲寺額，并鑄鐘以賜，來使俱授以官。大中祥符元年，其王遣使來貢，詔許赴泰山陪位於朝覲壇，遣賜甚厚。天禧元年，遣使奉金字表，貢珍珠、象牙、梵夾經、崑崙奴〔一四〕，使還，賜禮物獎慰之。天聖六年，其王遣使入貢，舊制蕃國使之貢，賜以間金塗銀帶，時特以渾金帶賜之。熙寧十年，使大首領地華伽囉來，以爲保順慕化大將軍，賜詔寵之。元豐中，使至者再，率以白金、真珠、婆律薰陸香備方物。廣州受表入言，俟報，乃護至闕下。天子念其道里遠，每優賜遣歸。二年，賜錢六萬四千緡、銀萬五百兩，官其來使。乞買金帶、白金器物，及賜僧紫衣、師號、度牒〔一五〕，皆如所請給之。五年，廣州南蕃綱首以其主管國事國王之女唐字書，寄龍腦及布與提舉市舶孫迥，迥不敢受，言於朝。詔令估直輸之官，而市采帛以報。元祐三年，遣使入見，以金蓮花、真珠、龍腦撒殿，官其來使。六年及紹聖中，再入貢。紹興七年，有司議三佛齊國王敕告綾紙，並欲用黄色，餘依所賜大食國例，從之。二十六年復入貢。乾道八年，國王書乞將銅搭船，僱人造瓦回蕃，詔從之，自後不許。淳熙五年，來貢方物，乞比占城進奉例回賜，從之。詔免到闕，令泉州管待。章表遞奏，其子稱乾道四年承襲，乞依舊封爵，詔襲其父舊封，仍賜襲衣、金帶、鞍馬、幣帛有差。

勃泥

勃泥國在京都之西南大海中，去闍婆四十五日，去三佛齊四十日程，去占城與摩逸各三十日程，皆計順風爲則。其國以板爲城，城中居者萬餘人，所統十四州。其王所居屋覆以貝多葉，民舍覆以草。在王左右者爲大人。王坐繩床，若出，即大布單坐其上，衆舁之，名曰阮囊。戰鬭者則持刀被甲，甲以銅鑄，狀若大筒，穿之於身，護其腹背。其地無麥，有麻稻，又有羊及鷄、魚〔一二六〕，無蠶絲，用吉貝花織成布。飲椰子酒。婚聘之資，先以椰子酒，檳榔次之，指環又次之，然後以吉貝布，或量出金銀成其禮。喪葬亦有棺斂，以竹爲轝，載棄山中，二月始耕則祀之，凡七年則不復祀矣〔一二七〕。以十二月七日爲歲節。地熱，多風雨。國人宴會，鳴鼓、吹笛、擊鈸，歌舞爲樂。無器皿，以竹編貝多葉爲器盛食，食訖棄之。其國鄰於底門國，有藥樹，取其根煎爲膏，服之及塗其體，兵刃所傷皆不死。前代未嘗朝貢，故史籍不載。

宋太平興國二年，其王向打遣使賚表，貢大片龍腦、米龍腦〔一二八〕、蒼龍腦、玳瑁、檀香、象牙，其表以數重小囊緘封之，非中國紙，類木皮，薄瑩滑，色微緑，而長數尺，闊寸餘，横卷之僅可盈握。其字小細，横讀之，以華言譯之，云：「渤泥國王向打稽首拜，皇帝萬歲萬歲萬萬歲，願皇帝萬歲壽〔一二九〕，今遣使進貢。向打聞朝廷，無路得到。昨有蕃人蒲蘆歇船泊水口〔一三〇〕，令人迎到州，言自中朝來，比詣闍婆國，遇猛風吹其船，不得去。此時聞自中國來，人皆大喜，即造舶船，令蒲蘆歇導達入朝貢〔二一〕，所遣使人只願平善見皇帝。每年令人入朝，每年修貢，慮風吹至占城界，望皇帝詔占城，令有向打船到，不得留〔二二〕。臣本國別無異物，乞皇帝勿怪。」其表文如是。詔館其使於禮賓院，優賜以遣之。元豐五年二月，其王錫理麻喏復遣使貢方物，其使乞從泉州乘海船歸國，從之。

注輦

注輦國東距海五里〔二三〕，西至西天竺千五百里，南至羅蘭二千五百里，北至頓田三千里，自古不通中國，水行至廣州約四十一萬一千四百里。其國有城七重，高七尺，南北十二里，東西七里。每城相去百步，凡四城用磚，二城用土，最中城以木爲之，皆植花果雜木。其第一至第三城皆民居，環以小河；第四城四侍郎居之；第五城主之四子居之；第六城爲佛寺，百僧居之；第七城即主之所居，屋四百區。所統有三十一部落，其西十二，其南八，其北十一〔二四〕。

今國主相傳三世矣。民有罪，即命侍郎一員處治之，輕者縶於木格，笞五七十至一百〔二五〕；重者則斬，或以象踐殺之。其宴，則國主與四侍郎膜拜於階，遂共坐作樂歌舞，不飲酒，而食肉。俗衣布。亦有餅餌。掌饌執事有婦人〔二六〕。其嫁娶，先用金銀指環使媒婦至女家，後三日〔二七〕，會男家親族，約以土田、生畜、檳榔酒等，稱其有無爲禮；女家復以金銀指環、越諾布及女所服錦衣遺婿。若男欲離女則不取聘財，女欲却男則倍償之。其兵陣，用象居前，小牌次之，棱槍次之，長刀又次之，弓矢在後，四侍郎分領其衆。國東南約二千五百里有悉蘭池國，或相侵伐。地產真珠、象牙〔二八〕、珊瑚、玻璃、檳榔、豆蔻、吉貝布。獸有山羊、黄牛。禽有山鷄、鸚鵡。果有餘甘、藤蘿、千年棗、椰子、甘羅、崑崙梅、婆羅蜜之類。花有白茉莉、散絲、蛇臍、佛桑、麗秋、青黄碧婆羅〔二九〕、瑶蓮、蟬紫、水蕉之類。五穀有緑黑豆〔三〇〕、麥、稻。地宜竹。

自昔未嘗朝貢。宋大中祥符八年九月，其國主羅茶羅乍遣進奉使侍郎娑里三文、副使蒲加心〔三一〕、判官翁勿、防援官亞勤加等奉表來貢〔三二〕。三文等以盤捧真珠、碧玻璃升殿，布於御坐前，降殿再拜，譯者導其言曰：「願以表遠人慕化之意。」其國主表曰：「臣羅茶羅乍言，昨遇舶船商人到本國告稱：鉅宋之有天下也，二帝開基，聖人繼統，登封太嶽〔三三〕，禮祀汾陰，至德升聞，上穹眷命。臣昌期斯遇，吉語幸聞〔三四〕，輒傾就日之誠，仰露朝天之款。臣伏聞人君之御統也，無遠不臻；臣子之推誠也，有道則服。伏惟皇帝陛下功超邃古，遂建大中。衣裳垂而德合乾坤〔三五〕，劍戟鑄而範圍區宇。神武不殺，人文化成。廓明明之德以臨御下民，懷翼翼之心以昭事上帝。至仁不傷於行葦，大信爰及於淵魚。故得天鑒孔彰，帝臨有赫，顯今古未聞之事，保邦家大定之基。竊念臣微類醯鷄，賤如芻狗，世居夷落，地遠華風，虚荷燭幽，曾無執贄。今者竊聽歌頌，普及遐陬。恨年屬於桑榆〔三六〕，阻躬陳於玉帛。矧滄溟之曠絶，在跋涉以稍難。是敢傾倒赤心，遥瞻丹闕。任土作貢，同螻蟻之慕羶；委質事君，比葵藿之向日。謹遣專使等五十二人，奉土物朝貢，凡真珠衫帽各一、真珠二萬一千一百兩、象牙六十株、乳香六十斤。」三文等又獻珠六千六百兩、香藥三千三百斤。

初羅茶羅乍既聞商舶言，且曰十年來海無風濤，古老傳云如此則中國有聖人，故遣三文等入貢。三文離本國，舟行七十七晝夜，歷那勿丹山、婆里西蘭山至占賓國〔一三七〕。又行六十一晝夜，歷伊麻羅里山至古羅國。國有古羅山，因名焉。又行七十一晝夜，歷加八山、占不牢山〔一三八〕、舟寶龍山至三佛齊國。又行十八晝夜，度蠻山水口，歷天竺山，至賓頭狼山，望東西王母冢，距舟所將百里。又行二十晝夜，度羊山、九星山至廣州之琵琶洲。離本國凡千一百五十日至廣州焉。詔閤門祗候史祐之館伴〔一三九〕，凡宴賜恩例同龜茲使〔一四〇〕。其年承天節，三文等請於啓聖禪院會僧以祝聖壽〔一四一〕。明年使迴，降詔羅茶羅乍，賜物甚厚。天禧四年又遣使琵欄得麻烈呧奉方物入貢，至廣州病死。守臣以其表聞。詔廣州宴犒從者，厚賜以遣之。明道二年〔一四二〕，其王遣使以泥金表進真珠衫帽及真珠一百五兩、象牙百株，其使自言，數朝貢而海風破船不達，願將上等珠就龍床脚撒殿，頂戴瞻禮，以申向慕之誠。乃奉銀盤升殿，跪散珠於御榻下而退。景祐元年，以其使蒲押陀離爲金紫光祿大夫〔一四三〕、懷化將軍，還本國。熙寧十年，復遣二十七人來獻豌豆珠、麻珠、瑠璃大洗盤、生白梅花腦、錦花、犀牙、乳香、瓶香、薔薇水、金蓮花、木香、阿魏、鵬砂、丁香。使副以真珠、龍腦登殿，跪而散之，謂之「撒殿」。既降，詔遣御藥宣勞之，以使爲懷化將軍、保順郎將，各賜衣服器幣；答賜其王錢八萬一千八百緡、銀五萬二千兩。

按：注輦國水行至廣州約四十一萬一千四百里，凡千一百五十日而至。其去中國最遠，又自古未嘗相通，至大中祥符間始入貢，然其表文叙述有理，詞采可觀，略無島夷侏離鄙俚之談，有類中土操觚文士之筆，高麗、交阯反所不逮。竊疑史文容有緣飾，非其實也。

丹眉流〔一四四〕

丹眉流國，東至占臘五十程，南至羅越水路十五程，西至西天竺三十五程，北至程良六十程，東北至羅斛二十五程，東南至闍婆四十五程〔一四五〕，西南至程若十五程〔一四六〕，西北至洛華二十五程，東北至廣州一百三十五程〔一四七〕。其俗以板爲屋；跣足，衣布，無紳帶，以白紵纏其首；貿易以金銀。其主所居，廣袤五里，無城郭；出則乘象車，亦如小駟〔一四八〕。地出犀、象、鍮石、紫鑛〔一四九〕、蘇木諸藥。四時炎熱，無霜雪。未嘗至中國。宋咸平四年，國主多須機遣使打古馬〔一五〇〕、副使打臘、判官皆皮泥等九人來貢木香千斤〔一五一〕、鍮鑞各百斤、胡黄連三十五斤、紫鑛百斤、紅氈一合、花布四段、蘇木萬斤、象牙六十一株。召見崇德殿，賜以冠帶服物。及還，又賜多須機詔書以敦奬之。

蒲甘

宋崇寧五年，蒲甘遣使入貢，詔禮秩視注輦。尚書省言：「注輦役屬三佛齊，故熙寧中敕書以大背紙，緘以匣襆，今蒲甘乃大國蕃王〔一五二〕，不可下視附庸小國。欲如大食、交阯諸國禮，凡制詔並書以白背金花綾紙，貯以間金鍍匣銀管籥〔一五三〕，用錦絹夾襆緘封以往。」從之。

南毗

南毗國在大海之西南〔一五四〕，自三佛齊便風月餘可到。國多風，王出，先差官及兵卒百餘人持水灑地，以防颸風播揚。精飲食，鼎以百計，日一易之。有官名翰林，供王飲食。喜戰鬭，善刀矟，習弓箭。鑿雜白銀爲錢，鏤官印記，民用以貿易。土產珍珠，諸色番布。其國最遠，番舶罕到。有時羅巴智力干父子〔一五五〕，其種類也。入居泉之城南，自是，舶舟多至其國矣。

層檀

層檀國在南海傍，城距海二十里〔一五六〕。宋熙寧四年始入貢。海道便風行百六十日，經勿巡、古林、三佛齊國乃至廣州。其王名亞美羅亞眉蘭，傳國五百年，十世矣。人語音如大食。地春冬暖〔一五七〕。貴人以越布纏頭，服花錦白疊布，出入乘象、馬。有俸禄。其法輕罪杖，重死。穀有稻、粟、麥，食有魚，畜有胡羊、山羊、沙牛、水牛、橐駝、馬、犀、象，藥有木香、血竭、没藥、鵬砂、阿魏、薰陸。產珍珠、玻璃、密沙華三酒。交易用錢，官自鑄，三分其齊，金銅相半，而銀居一分，禁民私鑄。元豐六年，使保順郎將層伽尼再至，神宗念其絶遠，詔頒賚如故事，仍加賜白金二千兩。

校勘記

〔一〕其王姓刹利氏　「利」字原脱，據隋書卷八二南蠻傳、太平御覽卷七八六四夷部七南蠻二補；「刹利氏」，通典卷一八八邊防四作「刹利」。

〔二〕總大城三十所　「大城」二字原脱，據北史卷九五真臘傳、隋書卷八二南蠻傳、通典卷一八八邊防四補。

〔三〕王著朝霞吉貝　「吉貝」原作「古貝」，據通志卷一九八真臘傳改。按梁書卷五四諸夷傳林邑、婆利、狼牙脩、丹丹等國皆作「吉貝」，隋書卷八二南蠻傳作「古貝」。俞正燮癸巳類稿卷七吉貝木棉字義以爲「吉貝」佛經多作「劫貝」，作「吉」是。以下凡「古貝」改作「吉貝」者不再出校。

〔四〕一曰孤落支　「支」原作「友」，據北史卷九五真臘傳、隋書卷八二南蠻傳、太平御覽卷七八六四夷部七南蠻二改。

〔五〕三曰婆何多陵　北史卷九五真臘傳同，太平御覽卷七八六四夷部七南蠻二「何」作「阿」。

〔六〕先取雜肉羹與餅相和手擩而食　北史卷九五真臘傳、隋書卷八二南蠻傳同，通典卷一八八邊防四「餅」作「飯」，「擩」作「揣」。

〔七〕唯送衣一具　「衣一具」原作「女人女」，後一「女」字疑是「衣」之形訛。據隋書卷八二南蠻傳、册府元龜卷九五九外臣部土風一改。

〔八〕擇日遣媒人迎婦　「迎」原作「送」，據北史卷九五真臘傳、隋書卷八二南蠻傳、册府元龜卷九五九外臣部土風一改。

〔九〕剔髮而哭　「哭」原作「喪」，據隋書卷八二南蠻傳、太平御覽卷七八六四夷部七南蠻二、册府元龜卷九五九外臣部土風一改。

〔一〇〕有婆羅那娑樹　北史卷九五真臘傳同，隋書卷八二南蠻傳無「羅」字。

〔一一〕庵羅樹　「樹」字原脱，據隋書卷八二南蠻傳、太平御覽卷七八六四夷部七南蠻二、册府元龜卷九五九外臣部土風一補。

〔一二〕半身出水　「水」字原脱，據隋書卷八二南蠻傳、太平御覽卷七八六四夷部七南蠻二、册府元龜卷九五九外臣部土風一補。

〔一三〕即以白猪白牛白羊於城西門外祠之　「白牛」二字原脱，據北史卷九五真臘傳、隋書卷八二南蠻傳、太平御覽卷七八六四夷部七南蠻二、册府元龜卷九五九外臣部土風一補。按同上北史「羊」前無「白」字。

〔一四〕其敬鬼如此　「鬼」下原衍「神」字，據北史卷九五真臘傳、隋書卷八二南蠻傳、太平寰宇記卷一七七四夷六南蠻二、册府元龜卷九五九外臣部土風一删。

〔一五〕南際海　「際」原作「漈」，據新唐書卷二二二下南蠻傳下改。「際」，太平御覽卷七八六四夷部七南蠻二作「近」。

〔一六〕副使安化郎將摩君明稽嗯等十四人來　「稽嗯」原作「擒嗯」，據宋史卷四八九外國傳五、宋會要蕃夷三之四改。

〔一七〕日後郊祀　「郊」原作「效」，據元本、慎本、馮本、局本改。

〔一八〕又有參軍功曹主簿城局金威將軍贊府等官　通典卷一八八邊防四「贊府」之上有「贊理」二字。

〔一九〕其爲長官　「其爲」，太平御覽卷七八八四夷部九南蠻四作「爲其」。

〔二〇〕各選官僚助理政事　「僚」原作「寮」，據通典卷一八八邊防四改。

〔二一〕名齊杖摩　「摩」，太平御覽卷七八八四夷部九南蠻四作「靡」。

〔二二〕金鎖　「鎖」原作「鎮」，據通典卷一八八邊防四、太平御覽卷七八八四夷部九南蠻四、太平寰宇記卷一七七四夷六南蠻二改。

〔二三〕官以粟一斛二斗博金一錢　「金」下「一」字原脱，據宋史卷四八九外國傳五補。

〔二四〕飲食豐潔　「飲」字原脱，據宋史卷四八九外國傳五補。

〔二五〕謂香爲崑燉盧麻　「麻」，宋史卷四八九外國傳五作「林」。

〔二六〕謂犀爲低密　「謂」原作「諸」，據宋史卷四八九外國傳五改。

〔二七〕國王師黎婆達阿陁羅跋摩遣使奉表曰　「阿陁」，宋書卷九七夷蠻傳作「陁阿」，南史卷七八夷貊傳上作「呵陁」，太平御覽卷七八七四夷部八南蠻三作「呵阿陁」。

〔二八〕宋國大主大吉天子足下　「主」下原衍「人」字，據宋書卷九七夷蠻傳、南史卷七八夷貊傳上、太平御覽卷七八七四夷部八南蠻三删。

〔二九〕教化一切種智安穩　「教化」，宋書卷九七夷蠻傳作「敬禮」。「穩」，同上宋書、南史卷七八夷貊傳上作「隱」。

〔三〇〕天人師降伏四魔　「天」原作「大」，據宋書卷九七夷蠻傳、南史卷七八夷貊傳上、太平御覽卷七八七四夷部八南蠻三改。

〔三一〕掌市舶監察御史張肅先驛奏其使飾服之狀與嘗來入貢波斯相類　「驛」原作「釋」，「貢」字原脱，據宋史卷四八九外國傳五改補。

〔三二〕今主舶大商毛旭者　「今」原作「金」，據宋史卷四八九外國傳五改。

〔三三〕又其方言目舶主爲勃荷主妻曰勃荷比尼贖　二「主」字原皆作「王」，然張燮東西洋考卷三下港引宋史作「主」，據改。

〔三四〕久之使還　「久之」原作「之久」，據宋史卷四八九外國傳五乙正。

〔三五〕有法善察人情　「法善」，宋史卷四八九外國傳五作「善法」。

〔三六〕食實封一千户　宋史卷四八九外國傳五、宋會要蕃夷四之九七無「食」字。

〔三七〕悉里地茶蘭固野可特授檢校司徒　「徒」原作「空」，據宋會要蕃夷四之九七、建炎以來繫年要録卷一九建炎三年正月己丑條改。

〔三八〕訶羅陁　原作「阿羅陁」，據下文及南史卷七八夷貊傳上、太平御覽卷七八七四夷部八南蠻三改。

〔三九〕西南夷訶羅陁國　「陁」原作「陀」，據上文及南史卷七八夷貊傳上、太平御覽卷七八七四夷部八南蠻三改。

〔四〇〕赤鸚鵡鳥　「赤」原作「及」，據宋書卷九七夷蠻傳、南史卷七八夷貊傳上改。

〔四一〕三達六通　「通」原作「國」，據宋書卷九七夷蠻傳、南史卷七八夷貊傳上改。

〔四二〕文帝詔曰呵囉單婆皇婆達三國　二「婆」字宋書卷九七夷蠻傳皆作「媻」字。下同。

〔四三〕款化納貢　「款」原作「教」，據宋書卷九七夷蠻傳、南史卷七八夷貊傳上改。

〔四四〕又遣長史婆和沙彌獻方物　「婆」，宋書卷九七夷蠻傳作「媻」。

〔四五〕國王舍利婆羅跋摩遣使獻方物四十一種　「婆」，宋書卷九七夷蠻傳作「媻」。

〔四六〕文帝策命之爲婆皇國王　「王」字原脱，據宋書卷九七夷蠻傳、南史卷七八夷貊傳上補。

〔四七〕朱厓同在島上　「上」原作「山」，據北宋本通典卷一八八邊防四、太平御覽卷七八八四夷部九南蠻四改。

〔四八〕其刑治盜賊無多少皆殺之　「治」，通典卷一八八邊防四作「法」。

〔四九〕蘇方木　通典卷一八八邊防四同，太平御覽卷七八八四夷部九南蠻四、太平寰宇記卷一七七四夷六南蠻二無「木」字。

〔五〇〕菱　原作「美」，據元本、慎本、馮本及通典卷一八八邊防四、太平御覽卷七八八四夷部九南蠻四改。

〔五一〕蒜　原作「蘇」，據通典卷一八八邊防四改。

〔五二〕一云都軍　「軍」，太平寰宇記卷一七七四夷六南蠻二作「君」，太平御覽卷七八八四夷部九南蠻四作「雅」，疑誤。

〔五三〕拘利國一云九雅　「利」原作「刊」，「雅」原作「離」，據元本、慎本、馮本及通典卷一八八邊防四、太平御覽卷七八八四夷部九南蠻四、太平寰宇記卷一七七四夷六南蠻二、册府元龜卷九五七外臣部國邑一改。按「九離」疑是「拘利」之不同譯音，作「雅」疑誤。

〔五四〕薄剌　原作「薄利」，據通典卷一八八邊防四、太平御覽卷七八八四夷部九南蠻四改。下同。

〔五五〕投之火中便潔　「便」原作「使」，據北宋本通典卷一八八邊防四改。

〔五六〕墮婆登　「墮」字原脱，據下文及舊唐書卷一九七南蠻西南蠻傳、新唐書卷二二二下南蠻傳下、太平御覽卷七八八四夷部九南蠻四補。

〔五七〕一名烏伏那　「伏那」原作「仗邦」，據新唐書卷二二一上西域傳、通典卷一八八邊防四、太平御覽卷七八八四夷部九南蠻四改。

〔五八〕亦曰社婆　「社」原作「杜」，據新唐書卷二二二下南蠻傳下改。「社婆」當是「闍婆」同音異譯，「杜婆」恐誤。

〔五九〕其官有三十三大夫　「三十三」，新唐書卷二二二下南蠻傳下作「三十二」。

〔六〇〕世謂墮和羅犀　「犀」原作「西」，據新唐書卷二二二下南蠻傳下改。

〔六一〕字婆未　「未」，新唐書卷二二二下南蠻傳下作「末」。

〔六二〕白鸚鵡首有十紅毛　「十」原作「于」，據新唐書卷二二二下南蠻傳下改。

〔六三〕海行二月乃至　「海」字原脱，據本卷前文「墮婆登」條補。此段記事與前文「墮婆登」條頗有重出。

〔六四〕多蔑　新唐書卷二二二下南蠻傳下作「名蔑」，正文亦同。

〔六五〕在南海邊　「海」字原脱，據通典卷一八八邊防四、太平御覽卷七八八四夷部九南蠻四、太平寰宇記卷一七七四夷六南蠻二補。

〔六六〕西倶遊國　「倶」，新唐書卷二二二下南蠻傳下作「但」。

〔六七〕以十二月爲歲首　「首」字原脱，太平御覽卷七八八四夷部九南蠻四同，據唐會要卷一〇〇多蔑國、太平寰宇記卷一七七四夷六南蠻二補。

〔六八〕朝霞朝雲等布　「等布」二字原脱，據太平御覽卷七八八四夷部九南蠻四、太平寰宇記卷一七七四夷六南蠻二補。

〔六九〕其俗交易用金銀朝霞等衣服爲賈　「爲賈」二字原脱，據太平寰宇記卷一七七四夷六南蠻二補。太平御覽卷七八八四夷部九南蠻四「衣服」作「爲賈」。

〔七〇〕勝兵二萬餘人　「二」原作「一」，據通典卷一八八邊防四、太平御覽卷七八八四夷部九南蠻四、太平寰宇記卷一七七四夷六南蠻二改。

〔七一〕所食尚蘇　「蘇」，通典卷一八八邊防四作「酥」。

〔七二〕從其國經薛盧都　「薛」原作「薩」，據太平御覽卷七八八四夷部九南蠻四、太平寰宇記卷一七七四夷六南蠻二改。

〔七三〕北至驩州界汎海南去三佛齊五日程　「界」上原有「外」字，「汎」字原脱，據宋史卷四八九外國傳五删補。

〔七四〕令巫祝之曰阿羅和及拔　「拔」原作「扷」，據宋史卷四八九外國傳五改。

〔七五〕其風俗衣服與大食國相類　「風」原作「衣」，據宋史卷四八九外國傳五改。

〔七六〕從者千餘輩　「千」，宋史卷四八九外國傳五作「十」，疑是。

〔七七〕別置文吏五十餘員　「吏」原作「史」，據宋史卷四八九外國傳五改。

〔七八〕分掌資儲寶貨等事　「貨」原作「化」，據宋史卷四八九外國傳五改。

〔七九〕二人左右互撲　「撲」原作「樸」，據宋史卷四八九外國傳五改。

〔八〇〕令象踏之　「象」原作「衆」，據宋史卷四八九外國傳五改。

〔八一〕男女共入一牛以贖罪　「罪」原作「死」，據宋史卷四八九外國傳五改。

〔八二〕貢犀角象牙　「角象」二字原脱，據宋史卷四八九外國傳五補。

〔八三〕乾德四年開寶三年　按宋史卷四八九外國傳五、宋會要蕃夷四之六二，乾德五年、開寶四年亦曾遣使來貢。

〔八四〕雷恩州闢送占城夷人斯當李娘并其族一百五十人來歸　「闢」原作「開」，「夷人」二字原倒，據宋史卷四八九外國傳五改乙。

〔八五〕令造舶船　「造」字原脱，據宋史卷四八九外國傳五、宋會要蕃夷四之六六補。

〔八六〕願還者悉付使回　「付」原作「復」，據宋史卷四八九外國傳五、宋會要蕃夷四之六七改。

〔八七〕後奔於佛逝　「佛逝」，宋會要蕃夷四之六八同。宋史卷四八九外國傳五、續資治通鑑長編卷六五景德四年五月癸卯條作「佛遊」，疑誤。馮承鈞諸蕃志校註以爲「佛逝」是占城中部新都舊譯名。

〔八八〕天禧二年　「天禧」原作「天祐」，據宋史卷四八九外國傳五、宋會要蕃夷四之六九改。

〔八九〕大中祥符四年祀汾陰　「大中祥符」原作「太平祥符」，據宋史卷四八九外國傳五、宋會要蕃夷四之六九改。

〔九〇〕大神旗各二　「二」原作「各」，據宋史卷四八九外國傳五改。

〔九一〕廣西經略司言　「略」原作「掠」，據元本、慎本、馮本、局本及宋史卷四八九外國傳五改。

〔九二〕賜白馬二　「二」，宋會要蕃夷四之七一同，宋史卷四八九外國傳五作「一」。

〔九三〕九年復遣使來　六字原脱，據宋史卷四八九外國傳五補。

〔九四〕副使傍木知突爲保順郎將　「木」，宋史卷四八九外國傳五作「水」。

〔九五〕領廉白州刺史　「廉」原作「兼」，據宋史卷四八九外國傳五改。

〔九六〕楊卜麻疊言身縻化外　「楊」字原脱，據上文及宋史卷四八九外國傳五補。

〔九七〕其國所統大小州三十八　「國」原作「州」，據宋史卷四八九外國傳五改。

〔九八〕不盈三萬家　「不」上原衍「通」字，據宋史卷四八九外國傳五删。

〔九九〕走則同甲皆坐以死　「以死」二字原脱，據趙汝适諸蕃志卷上占城國補。

〔一〇〇〕建炎三年　「三年」原作「元年」，據宋史卷四八九外國傳五、建炎以來繫年要録卷一九建炎三年正月乙丑條改。

〔一〇一〕國王遣使入貢　「遣使」二字原脱，據宋史卷四八九外國傳五、宋會要蕃夷四之七四補。

〔一〇二〕其子鄒時巴蘭嗣立　「鄒時巴蘭」，宋史卷四八九外國傳五作「鄒時闌巴」。

〔一〇三〕其子鄒亞娜嗣　「嗣」字原無，據宋史卷四八九外國傳五補。

〔一〇四〕閩人有泛海官吉陽軍者　「官」，宋史卷四八九外國傳五作「之」。

〔一〇五〕椰子　「椰」字原脱，據宋史卷四八九外國傳五補。

〔一〇六〕有花酒　「花」上原衍「柳」字，據宋史卷四八九外國傳五、諸蕃志卷上三佛齊國删。

〔一〇七〕檳榔酒　宋史卷四八九外國傳五下有「蜜酒」二字，諸蕃志卷上此三字作「檳榔蜜酒」。

〔一〇八〕國中文字用梵書　「梵」原作「蕃」，據宋史卷四八九外國傳五改。

〔一〇九〕授其使都蕃長蒲訶粟寧遠將軍　「蒲訶粟」，唐會要卷一〇〇同，宋史卷四八九外國傳五作「蒲訶栗立」。

〔一一〇〕其國别號先留　「别號先留」，宋史卷四八九外國傳五作「號生留」。

〔一一一〕鬃器錦綵鞍轡二副　宋史卷四八九外國傳五「鬃」作「銀」，「綵」作「綫」。

〔一一二〕褊桃　「褊」原作「偏」，據宋史卷四八九外國傳五改。

〔一一三〕三佛齊朝貢使蒲押陀黎前年自京回　「押」原作「抑」，據宋史卷四八九外國傳五、宋會要蕃夷七之一一改。

〔一一四〕崑崙奴　原作「崑崙雙」，據宋史卷四八九外國傳五改。

〔一一五〕及賜僧紫衣師號度牒　「賜」及「號度」三字原脱，據續資治通鑑長編卷二九九元豐二年八月丁巳條補。

〔一一六〕又有羊及鶏魚 「及」原作「皮」，據宋史卷四八九外國傳五改。

〔一一七〕二月始耕則祀之凡七年則不復祀矣 「之凡七年則不復祀」八字原脱，據宋史卷四八九外國傳五補。

〔一一八〕米龍腦 「米」原作「光」，據元本、慎本、馮本及宋史卷四八九外國傳五改。

〔一一九〕願皇帝萬歲壽 「壽」字原脱，據宋史卷四八九外國傳五補。

〔一二〇〕昨有蕃人蒲蘆歇船泊水口 「船」字原脱，據宋史卷四八九外國傳五補；「蕃人」，同上宋史作「商人」。

〔一二一〕令蒲蘆歇導達入朝貢 「朝貢」原作「貢朝」，據宋史卷四八九外國傳五乙轉。

〔一二二〕不得留 宋史卷四八九外國傳五作「不要留」。

〔一二三〕注輦國東距海五里 「五」下原有「千」字，據宋史卷四八九外國傳五、諸蕃志卷上注輦國删。

〔一二四〕其北十一 宋史卷四八九外國傳五、諸蕃志卷上注輦國皆作「其北十二」，且詳列十二部落之名，如此則上文所云「統有三十一部落」之「一」則當爲「二」之訛。

〔一二五〕答五七十至一百 諸蕃志卷上注輦國同，宋史卷四八九外國傳五無「七」字。

〔一二六〕掌饌執事有婦人 「掌」原作「嘗」，據宋史卷四八九外國傳五、諸蕃志卷上注輦國改。

〔一二七〕後三日 諸蕃志卷上注輦國同，宋史卷四八九外國傳五作「後二日」。

〔一二八〕象牙 「牙」字原脱，據宋史卷四八九外國傳五、諸蕃志卷上注輦國補。

〔一二九〕青黄碧婆羅 「婆」，宋史卷四八九外國傳五作「娑」。

〔一三〇〕五穀有緑黑豆 「有」字原無，據宋史卷四八九外國傳五、諸蕃志卷上注輦國補。

〔一三一〕副使蒲加心 「蒲加心」，宋史卷四八九外國傳五作「蒲恕」。

〔一三二〕防援官亞勤加等奉表來貢　「亞勤加」，宋史卷四八九外國傳五作「亞勒加」。

〔一三三〕登封太嶽　「太嶽」原作「大嶽」，據局本及宋史卷四八九外國傳五改。

〔一三四〕吉語幸聞　「吉」原作「古」，據元本、慎本、馮本及宋史卷四八九外國傳五改。

〔一三五〕衣裳垂而德合乾坤　「德」原作「保」，據宋史卷四八九外國傳五改。

〔一三六〕恨年屬於桑榆　「恨」原作「限」，據宋史卷四八九外國傳五改。

〔一三七〕婆里西蘭山至占賓國　「婆」，宋史卷四八九外國傳五作「娑」。

〔一三八〕占不牢山　原作「古不牢山」，據宋史卷四八九外國傳五改。

〔一三九〕詔閤門祇候史祐之館伴　「閤」原作「閣」，據宋史卷四八九外國傳五、諸蕃志卷上注輦國改。

〔一四〇〕凡宴賜恩例同龜兹使　「凡」原作「几」，據宋史卷四八九外國傳五改。

〔一四一〕三文等請於啓聖禪院會僧以祝聖壽　「請」原作「謂」，據元本、慎本、馮本及宋史卷四八九外國傳五改。

〔一四二〕明道二年　「明道」原作「明年」，據宋史卷四八九外國傳五、宋會要蕃夷七之二四至七之二五改。

〔一四三〕以其使蒲押陀離爲金紫光禄大夫　「陀」，宋史卷四八九外國傳五作「陁」。

〔一四四〕丹眉流　原作「州眉流」，據宋史卷四八九外國傳五、宋會要蕃夷七之一四改。正文同。馮承鈞諸蕃志校註以爲「疑誤『丹』作『舟』，而又轉爲『州』」。

〔一四五〕東南至闍婆四十五程　「東」字原脱，據宋史卷四八九外國傳五補。

〔一四六〕西南至程若十五程　「至」字原脱，據宋史卷四八九外國傳五補。

〔一四七〕東北至廣州一百三十五程　「一百」二字原脱，據宋史卷四八九外國傳五、諸蕃志卷上登流眉國補。

〔一四八〕亦如小駟　「如」，宋史卷四八九外國傳五作「有」。

〔一四九〕鍮石紫鑛　「鍮」原作「碖」，據宋史卷四八九外國傳五改。「紫鑛」，同上宋史作「紫草」。下同。

〔一五〇〕國主多須機遣使打古馬　「打古馬」，宋會要蕃夷七之一四、續資治通鑑長編卷四九咸平四年七月壬申條同，宋史卷四八九外國傳五作「打吉馬」。

〔一五一〕判官劄皮泥等九人來貢木香千斤　「劄皮泥」，宋會要蕃夷七之一四、續資治通鑑長編卷四九咸平四年七月壬申條同，宋史卷四八九外國傳五作「皮泥」。

〔一五二〕今蒲甘乃大國蕃王　宋史卷四八九外國傳五無「蕃」字。

〔一五三〕貯以閒金鍍匣銀管籥　宋史卷四八九外國傳五無「匣銀」二字。

〔一五四〕南毗國在大海之西南　「大海之」三字原脱，據宋史卷四八九外國傳五補。

〔一五五〕有時羅巴智力干父子　「干」原作「于」，據局本及宋史卷四八九外國傳五改。

〔一五六〕城距海二十里　「十」原作「千」，據宋史卷四九〇外國傳六改。

〔一五七〕地春冬暖　「冬」字原脱，據宋史卷四九〇外國傳六補。

卷三百三十三　四裔考十

西

杜氏通典邊防序略曰：西羌出自三苗，蓋姜姓也。其國近衡山。今長沙、衡陽、零陵、江華等郡地。及舜，徙之三危，三危山，在今燉煌郡燉煌縣界。漢金城之西南羌地是也。今金城、會寧、安鄉、西平等郡之西南地。濱於賜支，續漢書云：「河關西可千餘里，有河曲，羌謂之賜支，蓋析支也。」按漢河關縣，屬金城郡〔一〕，則今安鄉郡也。其賜支在其西。又按風俗通云：「羌者其先本戎賤，主牧羊，故羌字從羊。」至於河首，綿地千里。南接蜀漢徼外蠻夷，西北接鄯善、車師諸國〔二〕。所居無常，依隨水草。地少五穀，產牧爲業。其俗氏族無定，或以父名母姓爲種號。妻後母，納釐嫂，釐音離。如北狄之俗，故國無鰥寡，種類繁熾〔三〕。廣志云：「羌與北狄同，其人魯鈍，饒妻妾，多子姓，一人生子數十，或至百人。嫁女得高貲者，聘至百犢。女披大華氈，以爲盛服。一狗皮直數十匹〔四〕。」在古不立君臣，無相長一，强則分種爲酋豪，弱則爲人附落，更相抄掠，以力爲雄。殺人償死，無他禁令。其兵長在山谷，短於平地，不能持久，而果於觸突，以戰死爲吉利，病終爲不祥。甚耐寒苦，同之禽獸。

昔夏啓之子太康失國，四夷背叛〔五〕。及后相立，乃征畎夷，即犬戎也。夷者，四蕃之總號。七年然後來賓。至於后泄，始加爵命，由是服從。泄，啓八代孫，帝芒之子。后桀之亂，畎夷入居邠岐之間。邠，今新平郡，岐今扶風郡。成湯既興，伐而攘之。及殷室中衰，諸戎皆叛。至於武丁，征西戎鬼方，克之。武丁，高宗，易曰「高宗伐鬼方」也。後漢史西羌傳云：「武丁征西戎鬼方，三年乃克，故其詩曰：『自彼氐羌，莫敢不來王。』」言因高宗討伐，然後氐羌朝享。按商頌曰：「撻彼殷武，奮伐荆楚，罙入其阻，裒荆之旅。」言殷道衰，荆楚背叛，高宗能出兵伐之，美其功也。又曰：「惟汝荆楚，居國南鄉，昔有成湯，自彼氐羌，莫敢不來享，莫敢不來王。」言成湯之時，遠夷西方氐羌之國，皆來朝見，汝居中國之南方，乃背叛乎！此責之之辭，非謂高宗時氐羌也。時高宗亦伐荆楚。蔚宗不詳，誤引此詩以附合也。又按竹書，周王季伐西落鬼戎。後漢章帝紀有司述明帝功德，又云：「克伐鬼方，開通西域」，則鬼方宜是西羌也。或云鬼陰類，鬼方即北方。斯乃臆斷，諸家因謂之北狄，誤矣。及武乙暴虐，犬戎寇邊，周古公踰梁山，在今好畤縣西北。而避於岐下。在今扶風郡界。及王季，遂伐西落鬼戎。竹書紀年曰：「武乙三十五年，周王季伐西落鬼戎。」自是之後，更伐始呼、翳徒之戎，皆克之。竹書紀年曰「太丁七年，周人伐始呼之戎，克之。十一年，周人伐翳徒之戎〔六〕，捷其三大夫」也。及武王伐商，羌、髳率師，髳音矛。會於牧野。至穆王時，戎狄不貢，王乃西征犬戎，獲其五王，遂遷戎於太原。夷王衰弱。及宣王立，召秦莊公興兵伐破之。其後侵盜不已。至幽王昏虐，西戎寇周，殺幽王於驪山，驪山，今京兆府界。周乃東遷洛邑。及平王之末，周遂陵遲，戎逼諸夏，自隴山以東，及乎伊、洛，往往有戎。於是渭首有狄、貆、邽、冀之戎，狄、貆並今隴西郡。邽、冀並今天水郡。貆音桓，邽音珪。涇北有義渠之戎，今安化郡地。洛川有大荔之戎，今洛交、中部郡地。渭南有驪戎，即今昭應縣。伊、洛間有楊拒、泉皋之戎，潁首以西有蠻氏之戎〔七〕，今潁川郡地。間在中國，與諸夏盟會。後晉滅驪戎。今昭應縣。是時伊、洛戎強，東侵曹、魯。襄王時，秦、晉自瓜州今燉煌、晉昌郡地。遷陸渾之戎於伊川，允姓之戎遷於渭汭，允姓，陰戎之祖，與三苗俱放三危，即瓜州也。至襄王時，魯僖公之二十二年，秦晉遷陸渾之戎於伊川。本在秦晉西北，二國誘而徙之，遂從戎號，至今爲陸渾縣焉。水口曰汭，今京兆府北新平、彭原之間。一云汭在新平宜禄縣，亦有宜禄水。東及轘轅。今河南府陽翟縣界。在河南山北者號曰陰戎。河南山北，自今上洛郡以東，至陸渾。秦穆公得戎人由余，遂霸西戎，開地千里。由余其先晉人，亡入戎。及晉悼公，又使魏絳和諸戎，復修霸業。其後陰戎之種，遂以滋廣，與晉伐周。左傳魯昭公九年，晉大夫梁丙率陰戎以伐潁。潁，周邑。陰戎即陸渾戎也。景王使詹桓伯責晉平公曰：「允姓之姦居於瓜州，伯父惠公歸自秦，而誘以來，使偪我諸姬，入我郊甸，戎有中國，晉之咎也。」後陸渾戎叛晉，晉令荀吴滅之〔八〕。後楚執蠻氏，而盡囚其人。至周貞王八年，秦厲公滅大荔，取其地。趙亦滅北戎。韓、魏後稍并伊、洛、陰戎，滅之。其遺脱者皆走，西踰汧、隴。汧音牽。自是中國無戎寇，唯餘義渠種焉，最爲强盛，屢爲秦患〔九〕。及昭王，起兵滅之，始置隴西、今天水、隴西、金城、會寧、安鄉〔一〇〕、河池、和政等郡地。北地、今安定、彭原、安化、平凉、靈武、寧朔及五原等郡地。上郡焉。今上郡、洛交、銀川、新秦、朔方、中部、延安、咸寧等郡地。戎本無君長，夏后氏末及商周之際，或從侯伯征伐有功，天子爵之，以爲蕃服。春秋時，陸渾、蠻氏戎稱子；戰國時，大荔、義渠稱王。及其衰亡，餘種皆反舊爲酋豪。始皇兵務東向，故得繁息。秦平天下，蒙恬西逐諸羌出塞。

漢初尚微弱。景帝時，研種求徙於狄道、安故。今金城郡縣〔一一〕。武帝又西逐，渡河、湟，初開河西，置四郡。今武威、張掖、酒泉、燉煌等郡地。其後先零種圍枹罕，今安鄉郡縣。零音憐，枹音浮。漢兵擊平之，始置護羌校尉。至宣帝代，又寇金城，今金城、會寧、西平、安鄉等郡地。趙充國立屯田，且討且招降者三萬餘人，置金城屬國以處之，自後賓服。後漢光武建武中〔一二〕，初寇金城，馬援討破之，徙七千口於三輔。今京兆、馮翊、扶風、汧陽等郡地。和帝以後，又反叛，豪滇零稱天子，南入益州，今漢川、漢中等郡地。東犯趙、魏，今趙、魏、鄴等郡地〔一三〕。寇及雍城，今河内郡北故城也。十餘年然後破散。順帝永和中，又叛，漢將馬賢戰歿，後段熲窮討，及靈帝末方始平定。自光武以後，匈奴少事，唯西羌屢梗焉。

魏晉二代，時亂關、隴，不至大傷害。永嘉以後，吐谷渾興焉，本遼東鮮卑，晉時數百户，西附於陰山。屬晉亂，遂吞併諸羌，而有其地。至其孫葉延，遂爲强國。後魏末，其主夸吕自號可汗，建官多效中國。洎隋煬帝，遣觀王雄大破之，其主伏允遠遁，收其地列置郡縣鎮戍，後轉衰弱。

唐初，吐蕃始興焉。其帥後魏末，自臨松郡丞，故其主有贊府之號〔一四〕。後魏臨松郡，今張掖郡張掖縣。高宗時，遂滅吐谷渾，盡有其地。將軍薛仁貴等大敗於大非川。儀鳳中，工部尚書劉審禮又率兵十八萬，敗歿於青海。調露中，中書令李敬玄又大敗於大非川。武太后如意初，王孝傑方大破之，始復龜兹等鎮。萬歲通天初，又寇涼州〔一五〕，都督許欽明戰歿。因贊府殺其名將論欽陵之後〔一六〕，累破敗，遂劣於曩時矣。

羌無弋

羌無弋爰劍者，秦厲公時爲秦所拘執，以爲奴隸。不知爰劍何戎之别也。後得亡歸，而秦人追之，藏於巖穴中得免。與劓女遇合於野，女耻其狀，被髮覆面，羌人因以爲俗，遂俱亡入三河間。三河，即黄河、析支河、湟中河，今金城、隴西、安鄉郡之西南。諸羌共畏事之，推以爲豪。以射獵爲事，爰劍教之田畜，種人依之者益衆。羌人謂奴爲無弋，以爰劍嘗爲奴隸，故因名之。其後世世爲豪。

至爰劍曾孫忍時，秦獻公初立，欲復穆公之迹。穆公霸有西戎〔一七〕，今欲復。其後子孫分別，各自爲種，任隨所之。忍季父卬畏秦之威〔一八〕，將其衆種人附落而南，出析支河曲西數千里，與羌絶遠，不復交通。或爲氂牛種，越嶲羌是也；今越嶲地。或爲白馬種，廣漢羌是也；今梓潼、遂寧以西，德陽郡地。或爲參狼種，武都羌是也。今武都郡。忍及弟舞獨留湟中。忍生九子爲九種，舞生十七子爲十七種，羌人興盛，從此起矣。及忍子研立，研豪健，故羌中號其後爲研種。秦始皇時，兵務東向，故種人得以繁息。秦既兼天下，使蒙恬將兵略地，西逐諸戎，北却衆狄，築長城以界之。

至漢景帝時，研種留何率種人求守隴西塞〔一九〕，今天水、隴西等郡地。於是徙留何等於狄道、安故，至臨洮、氐道、羌道。並今隴西、金城、安鄉、臨洮等郡。及武帝征伐四夷，又西逐諸羌，乃渡河、湟，築令居塞，在今西平郡西北。初開河西，列置四郡，酒泉、武威、張掖、燉煌，並今郡。通道玉門，隔絶羌胡，於是障塞亭燧出長城外數千里。時先零羌與封養牢姐種解仇結盟，姐音紫。與匈奴通，合兵十餘萬，共攻令居、安故，地在今金城郡。遂圍枹罕。漢遣將軍李息將軍討平之，始置護羌校尉統領焉。羌乃去湟中，依西海、鹽池之左右。今酒泉郡之北千餘里鹽池。漢遂因山爲塞，河西地空，稍徙人以實之。

至宣帝時，諸羌又相與解仇，寇攻金城，帝遣後將軍趙充國將兵討之。充國欲以屯田於臨羌，東至浩亹，浩亹縣，即今金城郡廣武縣地。浩音閣，亹音門。臨羌縣在西平郡界。務威信招降罕幵及劫掠者，解散虜謀，乃擊之。幵音牽。時已發諸郡兵六萬人。酒泉太守辛武賢奏言，請即擊之。天子下書令充國博議，往返者三四，遂兩從其志。武賢出擊羌，降破數千人，詔罷兵，獨充國留屯田。明年五月，充國奏言，羌本可五萬人軍，凡斬首七千六百級，降者三萬一千二百人，溺河湟饑餓死者五六千人〔二〇〕，定計遺脱與煎鞏〔二一〕、黃羝並是羌種〔二二〕。俱亡者不過四千人。初置金城屬國以處降羌。從爰劍種五世至研，研最豪健，自後以研爲種號。十三世至燒當，復豪健，其子孫更以燒當爲種號。自元帝以後數十年，四夷賓伏，邊塞無事。

至王莽末，豪滇良內侵，燒當玄孫。及後漢初，遂寇金城、隴西。司徒掾班彪上言：「今涼州部郡，時涼州部，除三輔外，今安定、平涼郡之西，天水、隴西諸郡悉屬焉。皆有降羌，被髮左衽，而與漢人雜處，習俗既異，言語不通，數爲小吏黠人所見侵奪，窮恚無聊，故致反叛。夫蠻夷寇亂，皆爲此也。請依舊制，益州部今漢川、巴蜀川，即當時益州是。置蠻夷騎都尉，幽州部今范陽、上谷、安邊及漁陽、北平，即當時幽州。置領烏桓校尉，涼州部置護羌校尉，皆持節領護，理其怨結，歲時循行，問其疾苦〔二三〕。又數遣使驛，通導動靜〔二四〕，使塞外羌夷爲吏耳目，州部因此可得儆備。今宜復如舊，以明威防。」光武從之，即以牛邯爲護羌校尉。及邯卒而職省。建武十一年，先零種寇臨洮，今和政郡地。隴西太守馬援破降之。後徙置天水、今郡地。隴西、今隴西及金城郡南境地是。扶風三郡。今扶風、汧陽、新平等郡地皆是。

自燒當至滇良，世居河北大允谷，後徙大、小榆中，榆中在今金城、西平等郡之間。由是始强。至其子滇吾〔二五〕。永平初，漢遣中郎將竇固等擊破降之，徙七千口置三輔。而滇吾諸弟迷吾等數爲寇盜，章帝時，馬防等討破之於臨洮索西，迷吾等悉降，防乃築索西城。在今和政郡界是。自後或降或叛，少有寧歲。

和帝時，迷吾子迷唐復將兵向塞，金城守侯霸及諸郡率兵破之，羌衆折傷，種人瓦解，迷唐遂孤弱，不滿千人，遠踰賜支河首，即析支河。依發羌居。明年，安定降羌燒何種脅諸種數百人反叛，安定郡，今安定、平涼、會寧郡東境是。郡兵擊滅之。時西海及大、小榆谷左右無復羌寇〔二六〕。隃麋相曹鳳上言：隃麋，縣名，在今汧陽郡界。隃音俞。「西戎爲害，前世所患，臣且以近事言之。自建武以來，其犯法者，常從燒當種起。所以然者，以其居大、小榆谷，土地肥美，又近塞内，諸種易以爲非，難以攻伐。南得鍾存〔二七〕，鍾存，別種羌。以廣其衆，北阻大河，因以爲固，又有西海魚鹽之利，緣山濱水，以廣田畜，故能强大，常雄諸種，恃其權勇，招誘諸胡〔二八〕。今者衰困，黨援壞沮，親屬離叛，餘勝兵者，不過數百，流亡逃竄，遠依發羌。臣愚以爲宜及此時，建復西海郡縣，漢武逐諸羌，置西海郡，在今酒泉郡北千二百里，欲復立之。規固二榆，廣設屯田，隔塞羌胡交關之路，遏絶狂狡窺欲之源。又殖穀富邊，省委輸之役，國家可以無一方之憂〔二九〕。」於是拜鳳爲金城西部都尉，將徙徒出屯龍耆。龍耆即龍支，今西平郡縣。後金城長史上官鴻上開置歸義、建威屯田二十七部〔三〇〕，侯霸復上置東西邯屯田五部，邯，水名也，分流左右，在今寧塞郡。增逢、留二部〔三一〕，帝皆從之。列屯夾河，合三十四部〔三二〕，其功垂立。至永初中，諸郡羌叛，乃罷。迷唐失衆，病死。有一子來降，户不滿數十。滇吾曾孫麻奴，初隨父東號降，居安定。時諸降羌布在郡縣，皆爲吏人豪右所徭役，積滿愁怨。

安帝永初元年〔三三〕，麻奴兄弟因此遂與種人俱西出塞。先零別種滇零與鍾羌大爲寇掠〔三四〕，湳，奴感反。征西校尉任尚率諸郡兵與滇零等戰於平襄，地在今天水郡。尚軍大敗。於是滇零自稱天子於北地，招集武都、參狼、上郡、西河今西河、銀川、昌化郡。諸雜種，衆遂大盛。東犯趙、魏，南入益州，遂寇鈔三輔，斷隴道。湟中諸縣粟石萬錢，百姓死亡不可勝數。諸郡屯兵救三輔〔三五〕，三輔即京兆、扶風、馮翊也，今京兆、扶風、汧陽、馮翊等郡地。衆羌乘勝，漢兵數挫。煎當〔三六〕、勒姐種攻没破羌縣，今西平郡湟水縣界。鍾羌又没臨洮。今和政郡和政縣界。軍營久出無功，有廢農桑，乃詔任尚將吏兵還屯長安，置京兆虎牙都尉於長安，扶風都尉於雍，今扶風郡縣。如西京三輔故事。

至四年，大將軍鄧隲議欲棄涼州，虞詡曰：「不可。今羌所以不敢入據三輔爲心腹之害者，以涼州在後故也。其土人所以摧鋒無反顧之心者〔三七〕，爲臣屬於漢故也。若棄其境域，徙其人衆，安土重遷，必生異志。如使雄豪相聚，席卷而東，雖賁、育爲卒〔三八〕，白起、太公爲將，亦恐不足禦。當今之計者，宜令四府九卿，各辟彼州數人，其牧守令長子弟皆除爲冗官，外以勸勵，答其功勤，内以拘致，防其邪計。誠能如此，則可無患。」於是四府皆從詡議。

時漢中太守鄭勤戰死，羌勢轉盛，遂徙金城郡居襄武。漢金城郡治元居縣地〔三九〕，今郡廣武縣。漢襄武縣屬隴西郡縣地〔四〇〕，即今隴西郡縣是。羌衆入寇河東，至河内，百姓相驚，多南奔渡河。使北軍中候朱寵將五營士屯孟津，詔魏郡、今魏、鄴等郡地。趙國、今趙郡地。常山、今郡地。中山今博陵郡地。繕作塢堠六百一十六所。羌既轉盛，而二千石、令、長多内郡人，並無守戰意，皆争上徙郡縣以避寇難。朝廷從之，遂移隴西徙襄武，漢隴西郡治狄道縣地，即今金城郡縣。安定徙美陽，漢安定郡治臨涇縣地，在今郡縣也。漢美陽縣屬右扶風地，在今京兆府三原縣。北地徙池陽〔四一〕，上郡徙衙。漢上郡治膚施縣地〔四二〕，在今上郡龍泉縣〔四三〕。漢衙縣屬左馮翊地，今是白水縣。百姓戀土，不樂去舊，遂乃刈其禾稼，發撤室屋，夷營壁，破積聚。時連旱蝗饑荒，而驅蹙劫掠，流離分散，隨道死亡，或棄捐老弱〔四四〕，或爲人僕妾，喪其太半。

滇零死，子零昌立。元初元年，遣兵屯河内，今郡地。通谷衝要三十三所，皆爲塢壁，設鳴鼓。零昌進兵寇雍城，今河内郡地〔四五〕。遣任尚爲中郎將，將羽林、緹騎、五營子弟屯三輔。尚臨行，懷令虞詡説尚曰：懷縣，今河内郡武陟縣地也。「使君頻奉國命討逐寇賊，三州屯兵二十餘萬人，棄農桑，疲苦從役，未有功效，勞費日滋。若此出不剋，誠爲使君危之。」尚曰：「憂惶久矣。」詡曰：「兵法弱不攻强，走不逐飛，自然之勢也。今虜皆馬騎，日行數百，來如風雨，去如絶絃，以步追之，勢不相及，所以曠日無功也。爲使君計者，莫若罷諸郡兵，各令出錢數千〔四六〕，二十人共市一馬，如此，可捨甲胄，馳輕兵，以萬騎之衆，逐數千人之虜，首尾掩截，其道自窮。便人利事，大功立矣。」尚即上言用其計，乃遣輕騎鈔擊，斬首數百級。明年秋，漢又築馮翊北界今馮翊之北，洛交以南。候塢五百所。自後頻破之，諸羌瓦解，三輔、益州益州，今洋川、漢中等郡之地〔四七〕。無復寇警。

自羌叛十餘年間，兵連師老，不蹔寧息。軍旅之費，轉運委輸，用二百四十餘億，府帑空竭。帑，他朗反。延及内郡，邊人死者不可勝數，并涼二州遂至虚耗。并州部領上郡、朔方、五原、西河、太原、雲中、定襄、鴈門、代郡、上黨等郡，今上郡、中部、延安、咸寧、洛交、銀川、新秦、朔方、九原、榆林、西河、昌化、太原、樓煩、鴈門、定襄、安邊、馬邑、雲中、上黨、樂平等郡地也。按秦地除三輔屬司隸外，並屬涼州。自後隴西、上郡、武威、張掖，仍寇盜不息。上郡，今上郡、中部〔四八〕、延安、咸寧等郡地。武威、張掖並今郡地。

順帝永建四年，尚書僕射虞詡上疏曰：「臣聞禹貢雍州之域，厥田惟上上。且沃野千里，穀稼殷積，又有龜兹鹽池以爲人利。漢上郡龜兹縣有鹽池〔四九〕，在今上郡、銀川之間。水草豐美，土宜産牧。北阻山河，乘阨據險。因渠以溉，水春河漕。水春即水碓也。河漕，通船運也。用功省少，而軍糧饒足。故孝武皇帝及光武築朔方，朔方即今郡。開西河，置上郡，皆爲此也。而元元被災，衆羌内潰，郡縣兵荒二十餘年。夫棄沃壤之饒，捐自然之財，不可謂利；離山河之阻，守無險之處，難以爲固。今三郡未復，前因羌寇徙隴西、安定、北地、上郡四郡之人，今言復三郡者，當爲隴西治襄武，捍蔽京師，尚遠，不要更移，餘三郡須復本處是。園陵單外，園陵，謂長安諸陵園也。單外，謂無守固〔五〇〕。而公卿容頭過身，但計所費，不圖其安。宜開聖聽，考行所長。」書奏，帝乃復三郡。使謁者郭璜督促徙者，各歸舊縣，繕城郭，置候驛。既而激河浚渠爲屯田，省内郡費歲一億計。遂令安定、北地、上郡及隴西、金城北地，今彭原、安化、靈武、五原、寧朔等郡地。常儲穀粟，令周數年。至陽嘉元年，以湟中地廣〔五一〕，更增置屯田五部，并前爲十部。二年，復置隴西南部都尉如舊制。漢南部都尉在隴西郡臨洮縣，今和政縣。

永和中，以來機爲并州刺史，劉秉爲凉州刺史〔五二〕。大將軍梁商謂機等曰：「戎狄荒服，言其荒忽無常。而統領之道，亦無常法，臨事制宜，略依其俗。今二君素性嫉惡〔五三〕，欲分明白黑。孔子曰：『人而不仁，嫉之已甚，亂也。』况戎狄乎！其務安羌胡，防其大故，忍其小過。」機等天性虐刻，遂不能從，到州之日，多所擾發。五年夏，且凍、傅難種羌等遂反叛，攻金城〔五四〕，與西塞及湟中今西平郡西地。雜種羌大寇三輔。於是拜馬賢爲征西將軍，將左右羽林、五校士及諸州郡兵十萬人討之，又於扶風、漢陽、隴道扶風，今汧陽、扶風、新平等郡地也。漢陽、隴道並今天水郡地。作塢壁三百所，置屯田以保聚百姓〔五五〕。賢軍大敗，賢及二子皆戰没。於是東、西羌遂大會。鞏唐種三千餘騎寇隴西、北地〔五六〕，又燒園陵，掠關中，殺傷長吏。武威太守趙冲追擊，冲雖戰没，而前後多所斬獲，羌由是衰耗。自永和羌叛，十餘年間，費用八十餘億。諸將多斷盜牢廩，私自潤入，牢，價直。皆以珍寶貨賂左右，上下放縱，不恤軍事，士卒不得其死者，白骨相望於野。

桓帝延熹二年，燒當八種寇隴右。以段熲爲校尉，將兵及湟中義從羌二千人擊破之，追討南渡河，募先登，懸索相引，刀折矢盡，且鬬且行，晝夜相攻，割肉食雪，四十餘日〔五七〕，遂至河首積石山。山在今西平、安鄉郡界。出塞二千餘里，前後斬首虜并受降各萬餘人。會段熲坐事徵，羌遂陸梁，覆没營塢，寇患轉盛。中郎將皇甫規、張奐雖累破之，而寇不已〔五八〕。復遣段熲擊之，自春及秋，無日不戰，虜遂饑困敗散。凡破西羌，斬首二萬三千級，獲生口數萬，西羌於是弭定。東羌先零等，自覆没馬賢後，既降又叛。帝以問，熲曰：「狼子野心，難以恩納，唯當白刃加頸耳〔五九〕。計其所餘三萬餘落，居近塞内，久亂并、涼，累侵三輔，西河、上郡已各内徙，安定、北地復至單危，自雲中、五原，西至漢陽二千餘里，今榆林郡，即漢雲中、五原郡地。漢陽，今天水郡。匈奴、種羌並擅其地，是爲癰疽伏疹〔六〇〕，留滯脅下，如不加誅，轉就滋大。若以騎五千，步兵萬人，車三千輛，三冬兩夏，足以破定，無慮用費爲錢五十四億。如此，可令群羌破盡，匈奴長服，内徙郡縣，得反本土。伏計永初中，諸羌反叛，十有四年，用二百四十億；永和之末，復經七年，用八十餘億。費耗若此，猶不誅盡，餘孽復起，於兹作害。今不暫疲人，則永寧無期。」帝許之。

靈帝建寧初，熲與先零諸種戰，斬首八千餘級，熲復追之，且破且追，士皆重趼。既到涇陽，今平涼郡平涼縣地。餘寇四千落，悉散入漢陽山谷間。時張奐上言：「東羌雖破，餘種難盡。熲性果慮輕，負敗難常，宜且恩降，可無後悔。」詔書下熲。熲復上言曰：「臣本知東羌雖衆，而軟弱易制，所以比陳愚慮，思爲永寧之算。而張奂説『虜强難破，宜用招降』，云臣兵連年累見折衄〔六一〕，又言『羌一氣所生〔六二〕，不可誅盡，山谷廣大，不可空静』。臣伏念周秦之際，戎狄爲害〔六三〕，中興以來，羌寇最盛，誅之不盡，雖降復叛。今先零雜種，累以反覆，攻没縣邑，剽掠人物。上天震怒，假手行誅。臣自動兵，衆和師克。自橋門以西，落川以東，今金城、會寧、平涼等郡之地。非爲深險絶域之地，車騎安行，無應折衄〔六四〕。按奂駐軍二年，不能平寇，誕亂空説，僭而無徵。何以言之？昔先零作寇，趙充國徙居内地，前煎當亂邊，馬援遷之三輔，始服終叛，至今爲梗。故遠識之士，以爲深憂。今傍郡户口單少，數爲羌所瘡毒，而欲令降徒與之雜居，是猶種枳棘於良田，養虺蛇於室内也。故臣奉大漢之威，建長久之策，欲絶其本根，不使能植〔六五〕。本規三歲之費，用五十四億，今適周年，所耗未半，而餘寇殘燼，將向殄滅。臣每奉詔書，軍不内御，願卒斯言，一以任臣，臨時量宜，不失權便。」二年，熲遂進營逼諸羌，大敗之於瓦亭山〔六六〕。在今平涼郡蕭關縣。羌衆潰，東奔，復聚射虎谷，分守諸谷上下門。又先令千人於西縣今天水郡上邽縣地。結竹爲栅〔六七〕，廣二十步，長四十里，遮之。然後兵擊之窮山深谷之中，處處破之，斬其渠帥以下萬九千級，獲畜産諸物不可勝數。於是東羌悉平。凡百八十戰，斬三萬八千六百餘級，獲牛馬羊驢騾駝四十二萬七千五百餘頭〔六八〕，費用四十四億，軍士死者四百餘人〔六九〕。

自爰劍後，子孫支分凡百五十種。其九種在賜支賜支即析支。河首以西及在蜀漢徼北。參狼在武都，勝兵數千人。其五十二種衰少，不能自立，分散爲附落，或絶滅無後，或引而遠去。其八十九種，唯鍾最强，勝兵十餘萬。其餘大者萬餘人，小者數千人，更相鈔盜，盛衰無常。大凡順帝時勝兵可二十萬人。發羌、唐旄等絶遠，未嘗往來〔七〇〕。氂牛、白馬羌在蜀漢，其種別名號，皆不可知也。

中平元年，北地降羌先零種及枹罕、河關群盜，因黄巾大亂，乃與湟中羌義從胡北宫伯玉等反〔七一〕，寇隴右，致金城人邊章、韓遂，共殺金城太守陳懿〔七二〕，攻燒州郡，入寇三輔，侵逼園陵。詔遣破虜將軍董卓討羌，大破之。興平元年，馮翊降羌反，寇諸縣，郭汜、樊稠擊破之，斬首數千級。

姚氏

姚弋仲，南安赤亭羌人，世爲羌酋。其燒當雄於洮罕之間〔七三〕，七世孫填虞，漢中元末寇擾西州，爲揚虚侯馬武所敗〔七四〕，徙出塞。虞九世孫遷那率種人内附，漢朝嘉之，假冠軍將軍、西羌校尉、歸順王，處之於南安之赤亭。那玄孫柯迴爲魏鎮西將軍、綏戎校尉、西羌都督。迴生弋仲，少英毅，衆畏而親之。晉永嘉之亂，東徙榆眉，戎夏襁負隨之者數萬，自稱護西羌校尉、雍州刺史、扶風公。後歸劉曜，曜以爲平西將軍，封平襄公。曜亡，復事石勒，勒以弋仲行安西將軍、六夷左都督。石氏之亡，遣使降晉。詔拜持節、六夷大都督、車騎大將軍、開府儀同三司、大單于、高陵郡公。弋仲死，子襄嗣。自稱大將軍、大單于，引兵圖關中，兵敗爲苻生所殺。襄弟萇降於生。苻堅以爲龍驤將軍，封益都侯。堅敗於淮南，歸長安，萇叛之，自稱大將軍、大單于、萬年秦王，後襲堅，執而弑之，遂僭即皇帝位，國號秦，傳子興、泓，三十二年而亡。

湟中月氏胡

湟中月氏胡，其先大月氏之别也，舊在張掖、酒泉地〔七五〕。月氏王爲匈奴冒頓所殺，餘種分散，西踰葱嶺。其羸弱者南入山阻，依諸羌居止。及漢將霍去病破匈奴，取西河地〔七六〕，開湟中，今西平郡地。於是月氏來降，與漢人錯居。雖依附縣官，而首施兩端。首施，猶言首鼠〔七七〕。其從漢兵戰鬪，隨勢强弱。被服、飲食、言語略與羌同，亦以父名母姓爲種。其大種有七，勝兵合九千餘人，分在湟中及令居〔七八〕。又數百户在張掖，號曰義從胡。後漢靈帝中平初，與北宫伯玉等殺護羌校尉泠徵〔七九〕、金城太守陳懿，遂寇亂隴右焉。今天水郡以西北。

范曄論曰：「羌戎之患，自三代尚矣〔八〇〕。漢世方之匈奴，頗爲衰寡，而中興以後，邊難漸大。朝規失綏御之和，戎帥騫然諾之信。故永初中，群種蜂起〔八一〕。遂解仇嫌，結盟詛，陸梁三輔，建號稱制。東侵趙、魏之郊，南入漢、蜀之鄙，塞湟中，斷隴道，燒陵園，剽城市，傷敗踵係，羽書日聞。并、凉之士，特衝殘斃〔八二〕。自西戎作逆，未有陵斥上國若斯其熾者也。和熹以女君親政，威不外接，朝議憚兵力之損，情存苟安。或以邊州難援，宜見捐棄；或懼疽食浸淫，莫知所限。謀夫迴遑，猛士疑慮，遂徙西河四郡之人，雜寓關右之縣。發屋伐樹，塞其戀土之心；燔破貲積，以防顧還之思。於是諸將鄧隲、任尚、馬賢、皇甫規、張奂之徒，争設雄規，更奉征討，馳騁東西，奔救首尾，摇動數州之境，日耗千金之資。至於假人增賦，借奉侯王，引金錢縑綵之珍，徵糧粟鹽鐵之積。所以賂遺購賞，轉輸勞來之費，前後數十巨萬。或梟剋酋健，摧破附落，降俘載路，牛羊滿山。軍書未奏其利害，而離叛之狀已言矣。故得不酬失，功不半勞。官人屈竭，烈士憤喪。段熲受事，專掌軍任，蒙没冰雪，經履千折之道〔八三〕，始殄西種，卒定東寇。若乃陷擊之所殲傷，追走之所崩籍，其能穿竄草石，自脱於鋒鏃者，百不一二。而張奐盛稱『戎狄一氣所生，不宜誅盡，流血汙野，傷和致妖』，是何言之迂乎！羌雖外患，實深内疾，若攻之不根，是養痾於心腹也。根爲盡其根本。惜哉寇敵略定矣，而漢祚亦衰焉。嗚呼！昔先王疆理九土，判别畿荒，知夷貊殊性，難以道御，故斥遠諸華，薄其貢職，唯與辭要而已。若二漢禦戎之方，失其本矣。何則？先零侵境，充國遷之内地，宣帝時，後將軍趙充國擊先零，還，於金城郡置屬國，以處降羌。煎當作寇，馬援徙之三輔。貪其暫安之勢，信其馴服之情，計日用之權宜，忽經世之遠略，豈夫識微者之爲乎？」

氐

氐者，西戎之别種，在冉駹東北，今通化郡地之東北。廣漢之西。今梓潼、遂寧、德陽郡地之北。其種非一，或號青氐，或號白氐，或稱蚺氐，蚺，而占反。此蓋中國人即其服色而名之也。土地險阻，有麻田，出漆、蜜、銅、鐵、椒、蠟。氐人勇戇抵冒，貪貨死利。居於河池，一名仇池，方百頃，四面斗絶。仇池山在今同谷郡上禄縣。數爲邊寇，郡縣討之，則依固自守。其俗，語不與中國及羌胡同，各自有姓，如中國之姓。其衣服尚青，俗能織布。善田種，畜羊豕牛馬驢騾。婚姻備六禮。知書疏，多知中國語，由與中國錯居故也。

元封三年，氐人反，進兵討破之，分徙酒泉郡。昭帝元鳳初，氐人復叛，遣大鴻臚田廣明將三輔、太常徒討破之。至後漢初，氐人悉附隴蜀。及隗囂滅，其酋豪乃背公孫述降漢〔八四〕，隴西太守馬援上復其王侯君長，賜以印綬。後囂族人隗茂反，攻殺武都太守。氐人豪齊鍾留爲種類所敬信〔八五〕，威服諸豪，與郡丞孔奮擊茂，破斬之。其後亦時寇盜郡縣，不足爲大患。魏武之初，諸氐戎或叛或伏，乃令夏侯妙才討之，因徙武都之種於秦川以禦蜀。

晉時關隴屢爲氐羌所擾，孟觀西討，因擒氐帥齊萬年〔八六〕。山陰令江統深惟四夷亂華〔八七〕，宜杜其萌，乃作徙戎論曰：

春秋之義，內諸夏而外夷狄。以其言語不通，贄幣不同，法俗詭異，種類乖殊；或居絶域之外，山河之表，崎嶇險阻之地，與中國壤斷土隔〔八八〕，不相侵涉，賦役不及，正朔不加，故曰「天子有道，守在四夷」。其性氣貪婪〔八九〕，凶悍不仁，四夷之中，戎狄爲甚。弱則畏服，强則侵叛。雖聖賢之世，大德之君，咸未能以道化率導〔九〇〕，而以恩德柔懷也。當其强也，以殷之高宗武丁。而憊於鬼方，有周文王而患昆夷、獫狁，漢祖困於白登，孝文軍於霸上。及其弱也，周公來九譯之貢，中宗宣帝。納單于之朝，以元成之微，而猶四夷賓服。此其已然之效也。故匈奴求守邊塞，而侯應陳其不可；單于屈膝未央，蕭望之議以不臣。是以有道之君牧夷狄也〔九一〕，唯以待之有備，禦之有常，雖稽顙執贄，而邊城不弛固守，爲寇賊强暴〔九二〕，而兵甲不加遠征，期令境內獲安，疆埸不侵而已。

及至周室失統，諸侯專征，以大兼小，轉相殘滅，封疆不固，而利害異心。戎狄乘間，得入中國。

或招誘安撫〔九三〕，以爲己用。故申繒之禍，顛覆宗周；襄公要秦，遽興姜戎。當春秋時，義渠、大荔居秦晉之域，陸渾、陰戎處伊洛之間〔九四〕，鄋瞞之屬瞞，莫干反。害及濟東〔九五〕，侵入齊宋，陵虐邢衛。齊桓攘之，存亡繼絶，北伐山戎，以開燕路〔九六〕。故仲尼稱管仲之力，嘉左衽之功。逮至春秋之末，戰國方盛，楚吞蠻氏，晉翦陸渾，趙開榆中之地〔九七〕，秦滅義渠之種〔九八〕。始皇帝之并天下也，南兼百越，北走匈奴，五嶺、長城，戍卒億計〔九九〕。雖師役煩殷，寇賊横暴，然一世之功〔一〇〇〕，戎虜奔却，當時中國無復四夷也。

漢興，都長安，關中之郡號曰「三輔」，禹貢雍州，宗周酆、鎬之舊也。及建武中，以馬援領隴西太守，討叛羌，徙其餘種於關中，居馮翊、河東空地，而與華人雜處。數代之後〔一〇一〕，族類蕃息，既恃其强〔一〇二〕，且苦漢人侵之。永初之元，騎都尉王弘使西域，調發羌氐，以爲行衛。於是群羌奔駭，互相扇動，二州之戎，一時俱發，覆没將守，屠破城邑。鄧隲之征，棄甲委兵，輿屍喪帥〔一〇三〕，前後相繼。諸戎遂熾，至於南入蜀漢，東掠趙魏，唐突軹關，今濟源縣。侵及河内。今郡地。乃遣北軍中候朱寵〔一〇四〕，將五營士卒於孟津今河陽縣。拒羌，十年之中，夷夏俱弊，任尚、馬賢僅乃克之。此所以爲害尤重累年不定者，雖由禦之者無方〔一〇五〕，將非其才，亦豈不以寇發心腹，害起肘腋，疹篤難療，瘡大遲愈之故哉！自此之後，餘燼不盡〔一〇六〕，小有際會，輒復侵叛。馬賢忸忕，終於覆敗；段熲臨衝，自西徂東。雍州之戎，常爲國患，中代之寇，唯此爲大。漢末之亂，關中殘滅。魏興之初，與蜀分隔，疆埸之戎，一彼一此。魏武令夏侯妙才討叛氐阿貴、千萬等〔一〇七〕，後因拔棄漢中，遂徙武都之種於秦川，欲以弱寇强國，捍禦蜀虜。此蓋權宜之計，一時之勢，非所以爲萬代之利也。今者當之，已受其弊矣。

夫關中土沃物豐，厥田上上，加以涇渭之流，溉其潟鹵，鄭國、白渠，灌浸相通，黍稷之饒，畝號一鍾〔一〇八〕，帝王之都每以爲居，未聞戎狄宜在此土也。非我族類，其心必異，戎狄志態，不與華同。而因其衰弊，遷之畿服，士庶翫習，侮其輕弱，使其怨恨之氣毒於骨髓。至於蕃育衆盛，則生其姦心〔一〇九〕。以貪悍之性，挾憤怒之情，候隙乘便，輒爲横逆。而居封域之内，無障塞之隔，掩不備之人，收散野之積，故能爲禍滋蔓〔一一〇〕，暴害不測。此必然之勢，已驗之事也。當今之宜，宜及兵威方盛，衆未能定〔一一一〕，徙馮翊、今郡地。北地、今彭原郡。新平、今郡。安定今郡。界内諸羌，著先零、罕幵〔一一二〕、析支之地；徙扶風今郡地。始平、今金城武功縣地。京兆之氐，今京兆府地。出還隴右，著陰平、今郡地。武都之界。武都，今郡地。廩其道路之糧，令足自致，各附本種，反其舊土，使屬國、撫夷就安集之。戎晉不雜，並得其所，上合往古即序之義，下爲盛代永久之規。縱有猾夏之心，風塵之警，則遠絶中國，隔閡山河，雖爲寇暴，所害不廣。是以充國、子明能以數萬之衆制群羌之命，有征無戰，全軍獨克，雖有謀謨深計，廣大遠圖〔一一三〕，豈不以華夷異處，戎夏區别，要塞易守之故得其成功者哉〔一一四〕！

難者曰：方今關中之禍，暴兵二載，征戍之勞，老師十萬，水旱之害，荐饑累荒，疫癘之災，札瘥夭昏〔一一五〕。凶逆既戮，悔惡初附〔一一六〕，且款且畏，咸懷危懼，百姓愁苦，異人同慮，冀寧息之有期〔一一七〕，若枯旱之思雨，誠宜鎮之以安悦〔一一八〕。而子方欲作役起徒，興功造事，使疲悴之衆，徙自猜之寇，以無穀之人，遷乏食之虜，恐勢盡力屈，緒業不卒，羌戎離散，心不可一，前害未及弭，而後變復横出矣。

答曰：羌戎猾夏〔一一九〕，擅相署號，攻城野戰，傷害牧守，連兵聚衆，載離寒暑矣。而今異類瓦解，同種土崩，老幼繫虜〔一二〇〕，丁壯降散，禽離獸迸，不能相一。子以此等爲尚挾餘資，悔惡反善，懷我德惠而來柔附乎？將勢窮道盡，智力俱困，懼我兵誅以至於此乎？曰無有餘力，勢窮道盡故也。然則我制其短長之命，而令其進退由己矣。夫樂業者不易事，安居者無遷志。方其自疑危懼，畏怖促遽，故可制以兵威，使之左右無違也。迨其死亡流散，離逷未鳩，與關中之人，户皆爲讐，故可遐遷遠處，令其心不懷土也。夫聖賢之謀事也，爲之於未有，理之於未亂，道不著而平，德不明而成〔一二一〕。今子遭弊事之終，而不圖更制之始，愛易轍之勤，得覆車之軌，何哉？且關中之人百萬餘口〔一二二〕，率其少多，戎狄居半，處之遷之，必須口實。若有窮乏糝粒不繼者，故當仰關中之穀以全其生生之計〔一二三〕，必無擠於溝壑而不爲侵掠之害。今我遷之，傳食而至，附其種族，自使相贍，而秦地之人得其半穀，此爲濟行者以廩糧，遺居者以積倉，寬關中之逼，去盜賊之源，除朝夕之損〔一二四〕，建終年之益。若憚暫舉之小勞，而忘永逸之弘策，惜日月之煩費，而遺累代之寇敵，非所謂能開物成務，創業垂統，崇本拓迹，謀及子孫者也。

并州之胡，本實匈奴桀惡之寇也。漢宣之世，凍餒殘破，國内五裂，後合爲二，呼韓邪遂衰弱孤危，不能自存，依阻塞下，委質柔服。建武中，南單于復來降附〔一二五〕，遂令入塞，居於漠南，數代之後，亦輒叛戾，故何熙、梁慬戎車屢征〔二六〕。中平中，靈帝時。以黄巾賊起，發調其兵，部衆不從，而殺羌渠。南單于也。由是於扶羅羌渠之子。求助於漢〔二七〕，以討其賊。仍值世喪亂，遂奔釁而作〔二八〕，鹵掠趙、魏，寇至河南。建安中，又遣右賢王去卑誘質呼厨泉〔二九〕，於扶羅之弟〔三〇〕。聽其部落散居六郡。太原、西河、平陽、上黨、樂平〔三一〕，今郡地。新興，今雲中、定襄郡地。咸熙之際，以一部太强〔三二〕，分爲三率。泰始之初，又增爲四。於是劉猛内叛，猛即元海之叔父右賢王。連結外虜。近者郝散之變，發於穀遠。惠帝元康中，匈奴郝散反，攻城邑，謀殺長吏於穀遠，即今陽城郡太康縣〔三三〕。今五部之衆，户至數萬，人口之盛，過於西戎。然其天性驍勇，弓馬便利，倍於氐羌。若有不虞風塵之慮，則并州之域可爲寒心也〔三四〕。滎陽句驪本居遼東塞外，正始中，幽州刺史毌丘儉伐其叛者〔三五〕，徙其餘種，户落百數，子孫孳息，孳，音兹。今以千計〔三六〕，數代之後，必至殷熾。今百姓失職，猶或亡叛，犬馬肥充，則有噬齧，况於夷狄，能不爲變！

夫爲邦者，患不在貧而在不均，憂不在寡而在不安。以四海之廣，士庶之富，豈須夷虜在内，然後取足哉！此等皆可申諭發遣，還其本域，慰彼羈旅懷土之思，釋我華夏纖芥之憂，惠此中國，以綏四方也。

未及十年，而夷狄亂華，時人服其深識。於是戎狄迭據中原，其爲戰國者百三十六載〔三七〕，而劉元海爲之禍首。

初，後漢建安中，氐酋楊騰爲部落大帥，騰子駒，勇健多計略，始據仇池，於上平地立宮室、果園〔一三八〕、倉庫。其地東接秦嶺，西接宕昌八百里，南去漢中四百里，北至岐州三百里。户本有十萬，漸漸分滅焉〔一三九〕。駒後有名千萬者，魏拜爲百頃氐王〔一四〇〕。千萬孫飛龍漸强盛，晉武帝假平西將軍〔一四一〕，還居略陽。楊氏與苻氏同出略陽〔一四二〕。略陽地，今天水郡隴城縣。無子，養外甥令狐茂搜爲子。晉惠帝元康初，避齊萬年之亂，率部落還保百頃，自號右賢王。關中人士奔流者多依之。自茂搜至侄曾孫纂皆降附於晉，受官爵。苻堅遣將楊安、苻雅等討纂，克之，徙其人於關中，空百頃之地。

初，茂搜孫宋奴二子佛奴、佛狗奔苻堅，以女妻佛奴子定，以爲尚書、領軍將軍。及堅敗於淮南，關中擾亂，定盡力奉堅。堅死，將家奔隴右，徙治歷城。歷城在今同谷郡西十里，去仇池九十里。置倉儲於百頃，招合夷夏人，得千餘家，進平天水、略陽郡，天水、略陽並今天水郡地。遂有秦州之地。今天水、隴西、同谷、武都、陰平郡地。後與乞佛乾歸戰，定軍敗，見殺。佛狗子盛襲位〔一四三〕，分諸四山氐、羌爲二十部護軍，各爲鎮戍，不置郡縣。至子難當，時宋梁州刺史治漢中。甄法護刑政不理，難當舉兵襲梁州，法護委鎮奔洋州今洋川郡〔一四四〕。難當遂有漢中之地。宋文帝元嘉十年。難當自爲大秦王，號年曰建義，置百官。後傾國南寇，規有蜀土，不克乃還。宋文帝遣龍驤將軍裴方明等討難當，方明等至漢中，長驅而進，直到武興，攻下辨，今同谷郡同谷縣。取白水，克仇池。難當於是將妻子奔後魏。難當從弟文度自立爲武興王〔一四五〕，後魏遣將皮歡喜破殺之。弟文弘自爲武興王〔一四六〕。至孫紹先，爲後魏將邢巒〔一四七〕、傅豎眼所破滅，以其國爲武興鎮，今順政郡。後改鎮爲東益州。後唐永爲刺史，氐人反，攻圍州城。永歿，氐遂削平城堞，因此復爲氐地。西魏文帝大統四年，南岐州氐苻安壽反，攻陷武都，自號太白王〔一四八〕，遣侯莫陳順等討破之。周文帝於武興又置東益州，以紹先子辟邪爲刺史。辟邪據州反，叱羅協與趙昶討平之〔一四九〕。

苻氏

苻洪字廣世，略陽臨渭氐人，世爲西戎酋長。始其家池中蒲生，長五丈，五節如竹形，時咸謂之蒲家，因以爲氏。父懷歸，爲部落小帥。先是隴右大雨，百姓謡曰：「雨若不止，洪水必起。」故因名洪。好施，多權略，驍武善騎射。晉永嘉之亂，宗人蒲光等推洪爲盟主。劉曜僭號長安，洪歸曜，拜率義侯。曜敗，洪西保隴山。又降於石虎，拜冠軍將軍，委以西方之事。累有戰功，封西平郡公，其部下賜爵關内侯者二千餘人。虎死，洪降晉。有衆十萬，詔以爲征北大將軍、都督河北諸軍事、冀州刺史、廣川郡公。洪以讖文有「草付應王」，遂改姓苻氏，自稱大將軍、大單于、三秦王。洪死，子健去秦王之號，稱晉官爵，遣使告喪。自稱晉安西大將軍〔一五〇〕、雍州刺史，率衆西行入潼關，取長安，遂僭即皇帝位，國號秦，傳生、堅、丕、登五世四十四年而亡。

校勘記

〔一〕按漢河關縣屬金城郡　「按」原作「接」，據文義改。

〔二〕西北接鄯善車師諸國　「接」字原脱，據通志卷一九五四夷傳二西戎上補。

〔三〕種類繁熾　「類」字原脱，據後漢書卷八七西羌傳、通典卷一八九邊防五補。

〔四〕一狗皮直數十匹　「匹」原作「四」，據北宋本通典卷一八九邊防五改。

〔五〕四夷背叛　「背」原作「皆」，據後漢書卷八七西羌傳、通典卷一八九邊防五改。

〔六〕克之十一年周人伐翳徒之戎　此十二字原脱，據後漢書卷八七西羌傳李賢注引竹書紀年補。

〔七〕潁首以西有蠻氏之戎　「首」原作「洛」，據後漢書卷八七西羌傳改。

〔八〕晉令荀吴滅之　「晉令」二字原脱，據後漢書卷八七西羌傳補。

〔九〕最爲强盛屢爲秦患　「最」原作「是」，「秦」原作「人」，據通典卷一八九邊防五改。

〔一〇〕會寧安鄉　「寧安」二字原倒，據通典卷一八九邊防五乙正。

〔一一〕今金城郡縣　「縣」，通典卷一八九邊防五作「地」。

〔一二〕後漢光武建武中　「建武中」原作「建中」，據通典卷一八九邊防五改。按光武帝年號有建武、建武中元，但無「建中」。

〔一三〕今趙魏鄴等郡地　「地」下原有「也」字，據通典卷一八九邊防五删。

〔一四〕故其主有贊府之號　「贊府」，舊唐書卷一九六上吐蕃傳、新唐書卷二一六上吐蕃傳作「贊普」。

〔一五〕又寇凉州　「凉州」原作「梁州」，據舊唐書卷一九六上吐蕃傳、新唐書卷二一六上吐蕃傳、資治通鑑卷二〇五唐紀二一萬歲通天元年九月丁巳條改。通典卷一八九邊防五作「梁州」。

〔一六〕因贊府殺其名將論欽陵之後　「論」原作「諸」，據資治通鑑卷二〇五唐紀二一萬歲通天元年九月丁巳條改。

〔一七〕穆公霸有西戎　「西戎」原作「西域」，據後漢書卷八七西羌傳、通典卷一八九邊防五改。

〔一八〕忍季父卬畏秦之威　「卬」原作「印」，據後漢書卷八七西羌傳、太平御覽卷七九四四夷部一五西戎三、册府元龜卷一〇〇〇外臣部强盛改。
〔一九〕研種留何率種人求守隴西塞　「留何」原作「留河」，據後漢書卷八七西羌傳、通典卷一八九邊防五改。下同。
〔二〇〕溺河湟饑餓死者五六千人　「河」「餓」二字原脱，據漢書卷六九趙充國傳補。
〔二一〕定計遺脱與煎鞏　「煎鞏」原作「煎聳」，據下文及漢書卷六九趙充國傳、通典卷一八九邊防五改。
〔二二〕並是羌種　「是」上原有「各」字，據通典卷一八九邊防五删。
〔二三〕問其疾苦　「其」，後漢書卷八七西羌傳、通典卷一八九邊防五作「所」。
〔二四〕通導動静　後漢書卷八七西羌傳無「導」字。
〔二五〕至其子滇吾　「其」原作「於」，據後漢書卷八七西羌傳、通典卷一八九邊防五改。
〔二六〕時西海及大小榆谷左右無復羌寇　「谷」字原脱，後漢書卷八七西羌傳補。下同。
〔二七〕南得鍾存　「鍾存」原作「種存」，據後漢書卷八七西羌傳改。注同。
〔二八〕招誘諸胡　「諸」，後漢書卷八七西羌傳作「羌」。
〔二九〕國家可以無一方之憂　「一」，後漢書卷八七西羌傳作「西」。
〔三〇〕後金城長史上官鴻上開置歸義建威屯田二十七部　後「上」字原脱，據後漢書卷八七西羌傳補。
〔三一〕增逢留二部　「逢留」，後漢書卷八七西羌傳作「留逢」。
〔三二〕合三十四部　「三十四」原作「四十」，據後漢書卷八七西羌傳改。
〔三三〕安帝永初元年　「元年」原作「九年」，據後漢書卷八七西羌傳、資治通鑑卷四九漢紀四一永初元年六月條改。

〔三四〕先零别種歸滷豪滇零與鍾羌大爲寇掠　「豪」原作「濠」，據太平寰宇記卷一八七四夷一六西戎八改。「鍾」原作「種」，據後漢書卷八七西羌傳改。按同上後漢書無「歸滷豪」三字，太平寰宇記「鍾羌」作「諸羌」。

〔三五〕諸郡屯兵救三輔　「救」下原衍「之」字，據後漢書卷八七西羌傳删。

〔三六〕煎當　原作「當煎」，據後漢書集解卷八七西羌傳引惠棟説乙正，下同。

〔三七〕其士人所以摧鋒無反顧之心者　「摧」，後漢書卷五八虞詡傳作「推」。

〔三八〕雖賁育爲卒　「賁育」原作「虎賁」，據後漢書卷五八虞詡傳改。

〔三九〕漢金城郡治元居縣地　「治」原作「理」，乃通典避唐諱改，本書沿用通典之文，未曾回改，今徑改正。下同。

〔四〇〕漢襄武縣屬隴西郡縣地　「郡」字原脱，據漢書卷二八下地理志下補。

〔四一〕北地徙池陽　五字原脱，據後漢書卷八七西羌傳、太平寰宇記卷一八七四夷一六西戎八、資治通鑑卷四九漢紀四一永和五年三月條補。

〔四二〕漢上郡治膚施縣地　「漢」字原脱，據通典卷一八九邊防五補。

〔四三〕在今上郡龍泉縣　「龍泉」原作「隴泉」，據通典卷一八九邊防五改。

〔四四〕或棄捐老弱　「或」原作「咸」，據後漢書卷八七西羌傳、太平寰宇記卷一八七四夷一六西戎八改。

〔四五〕今河内郡地　「今」原作「金」，據通典卷一八九邊防五改。

〔四六〕各令出錢數千　「各」字原脱，據後漢書卷八七西羌傳、太平寰宇記卷一八七四夷一六西戎八補。

〔四七〕益州今洋川漢中等郡之地　「洋川」原作「洋州」，今據注例改。按通典注以今地釋古地，例稱郡，不稱州，本書沿用通典之文，據改。

〔四八〕今上郡中部　「中部」原作「中郡」，據通典卷一八九邊防五改。

〔四九〕漢上郡龜兹縣有鹽池　「漢上」二字原倒，據通典卷一八九邊防五乙正。

〔五〇〕謂無守固　「固」原作「也」，據後漢書卷八七西羌傳李賢注、通典卷一八九邊防五改。

〔五一〕以湟中地廣　「湟中」原作「湟皮」，據元本、慎本、馮本及後漢書卷八七西羌傳、通典卷一八九邊防五改。

〔五二〕劉秉爲涼州刺史　「劉秉」原作「劉乘」，據後漢書卷八七西羌傳、太平寰宇記卷一八七四夷一六西戎八改。

〔五三〕今二君素性嫉惡　「性」原作「姓」，據馮本、局本及後漢書卷八七西羌傳、通典卷一八九邊防五改。

〔五四〕攻金城　「攻」字原脱，據後漢書卷八七西羌傳、太平寰宇記卷一八七四夷一六西戎八補。

〔五五〕置屯田以保聚百姓　「田」，通典卷一八九邊防五、太平寰宇記卷一八七四夷一六西戎八同，後漢書卷八七西羌傳作「兵」。

〔五六〕鞏唐種三千餘騎寇隴西北地　後漢書卷八七西羌傳作「鞏唐種三千餘騎寇隴西」，「罕種羌千餘寇北地」，分叙二者，通典苟簡，合二爲一，本書沿用其文。

〔五七〕四十餘日　「四」原作「三」，據後漢書卷六五段熲傳、太平寰宇記卷一八七四夷一六西戎八改。

〔五八〕而寇不已　通典卷一八九邊防五「寇」下有「害」字。

〔五九〕唯當白刃加頸耳　「頸」原作「領」，據通典卷一八九邊防五改。

〔六〇〕是爲癰疽伏疹　「疹」，通典卷一八九邊防五同，後漢書卷六五段熲傳、資治通鑑卷五六漢紀四八建寧元年二月辛未條、太平寰宇記卷一八七四夷一六西戎八作「疾」。

〔六一〕云臣兵連年累見折衂　後漢書卷六五段熲傳、資治通鑑卷五六漢紀四八建寧元年七月條無「連年」二字。

〔六二〕又言羌一氣所生　「羌」字原脱，據後漢書卷六五段熲傳、通典卷一八九邊防五、資治通鑑卷五六漢紀四八建寧元年七月條補。

〔六三〕戎狄爲害　「爲」原作「之」，據後漢書卷六五段熲傳、通典卷一八九邊防五、資治通鑑卷五六漢紀四八建寧元年七月條改。

〔六四〕無應折衄　「應」原作「慮」，據元本、慎本、馮本及後漢書卷六五段熲傳、資治通鑑卷五六漢紀四八建寧元年七月條改。

〔六五〕不使能植　「植」，後漢書卷六五段熲傳、資治通鑑卷五六漢紀四八建寧元年七月條作「殖」。

〔六六〕大敗之於瓦亭山　太平寰宇記卷一八七四夷一六西戎八同，後漢書卷六五段熲傳、資治通鑑卷五六漢紀四八建寧二年七月條「瓦」作「凡」。

〔六七〕結竹爲栅　「竹」，通典卷一八九邊防五作「木」。

〔六八〕獲牛馬羊驢駱駝四十二萬七千五百餘頭　「獲」字原脱，據後漢書卷六五段熲傳補。

〔六九〕軍士死者四百餘人　「軍」原作「將」，「百」原作「伯」，據後漢書卷六五段熲傳改。

〔七〇〕未嘗往來　「嘗」原作「常」，據後漢書卷八七西羌傳改。

〔七一〕乃與湟中羌義從胡北宮伯玉等反　「湟中羌」原作「漢中羌」，據後漢書卷七二董卓傳改。

〔七二〕共殺金城太守陳懿　「陳懿」原作「韓懿」，據下文及後漢書卷七二董卓傳改。

〔七三〕其燒當雄於洮罕之間　「罕」原作「罙」，據晉書卷一一六姚弋仲載記改。

〔七四〕爲揚虛侯馬武所敗　「揚」，晉書卷一一六姚弋仲載記作「楊」。

〔七五〕舊在張掖酒泉地　「舊」字原脱，據後漢書卷八七西羌傳、北宋本通典卷一八九邊防五補。
〔七六〕取西河地　「地」原作「池」，據後漢書卷八七西羌傳、通典卷一八九邊防五改。
〔七七〕首施猶言首鼠　「鼠」原作「尾」，據通典卷一八九邊防五改。
〔七八〕分在湟中及令居　「令居」原作「今居」，據後漢書卷八七西羌傳、通典卷一八九邊防五、太平寰宇記卷一八八四夷一七西戎九改。
〔七九〕與北宮伯玉等殺護羌校尉泠徵　「泠徵」原作「冷徵」，據後漢書卷八七西羌傳改。
〔八〇〕自三代尚矣　「自」字原脱，據後漢書卷八七西羌傳補。
〔八一〕群種蜂起　「群」原作「郡」，據元本、慎本、馮本及後漢書卷八七西羌傳、通典卷一八九邊防五改。
〔八二〕特衝殘斃　「特」原作「持」，「斃」原作「弊」，據後漢書卷八七西羌傳、太平寰宇記卷一八八四夷一七西戎九改。
〔八三〕經履千折之道　「經」字原脱，據後漢書卷八七西羌傳、通典卷一八九邊防五補。
〔八四〕其酋豪乃背公孫述降漢　「述」字原脱，據後漢書卷八六南蠻西南夷傳、通典卷一八九邊防五補。
〔八五〕氐人豪齊鍾留爲種類所敬信　「齊鍾」原作「齊鐘」，據後漢書卷八六南蠻西南夷傳、通典卷一八九邊防五改。
〔八六〕因擒氐帥齊萬年　「因」，晉書卷五六江統傳作「自」。
〔八七〕山陰令江統深惟四夷亂華　「山陰」原作「華陰」，據晉書卷五六江統傳、册府元龜卷九九〇外臣部備禦三改。
〔八八〕與中國壤斷土隔　「斷」字原脱，據晉書卷五六江統傳、通典卷一八九邊防五補。
〔八九〕其性氣貪婪　「性」字原脱，據晉書卷五六江統傳、資治通鑑卷八三晉紀五元康九年正月條補。
〔九〇〕咸未能以道化率導　「道」，晉書卷五六江統傳作「通」。

〔九一〕是以有道之君牧夷狄也　「君」下原衍「不」字，據晉書卷五六江統傳、資治通鑑卷八三晉紀五元康九年正月條、册府元龜卷九九〇外臣部備禦三删。

〔九二〕爲寇賊强暴　晉書卷五六江統傳同，資治通鑑卷八三晉紀五元康九年正月條無「爲」字，册府元龜卷九九〇外臣部備禦三作「雖」。

〔九三〕或招誘安撫　「誘」原作「携」，據晉書卷五六江統傳、資治通鑑卷八三晉紀五元康九年正月條、册府元龜卷九九〇外臣部備禦三改。

〔九四〕陸渾陰戎處伊洛之間　「陰」字原脱，據晉書卷五六江統傳、通典卷一八九邊防五、册府元龜卷九九〇外臣部備禦三補。

〔九五〕鄋瞞之屬瞞莫干反害及濟東　「鄋」原作「搜」，據晉書卷五六江統傳、册府元龜卷九九〇外臣部備禦三改。

〔九六〕以開燕路　「開」原作「間」，據晉書卷五六江統傳、通典卷一八九邊防五、册府元龜卷九九〇外臣部備禦三改。

〔九七〕趙開榆中之地　「榆中」原作「渝中」，據晉書卷五六江統傳、通典卷一八九邊防五、册府元龜卷九九〇外臣部備禦三改。

〔九八〕秦滅義渠之種　「種」，晉書卷五六江統傳、册府元龜卷九九〇外臣部備禦三作「等」。

〔九九〕戍卒億計　「戍」，晉書卷五六江統傳作「戎」。

〔一〇〇〕然一世之功　「世」原作「切」，據晉書卷五六江統傳、册府元龜卷九九〇外臣部備禦三改。按「切」，通典避唐諱改，本書沿用通典之文，未曾回改。

〔一〇一〕數代之後　「代」，通典卷一八九邊防五同，晉書卷五六江統傳、資治通鑑卷八三晉紀五元康九年正月條、册府元龜卷九九〇外臣部備禦三作「歲」。

〔一〇二〕既恃其强　「强」，晉書卷五六江統傳、通典卷一八九邊防五作「肥强」。

〔一〇三〕輿屍喪帥　「帥」，通典卷一八九邊防五同，晉書卷五六江統傳、册府元龜卷九九〇外臣部備禦三作「師」。

〔一〇四〕乃遣北軍中候朱寵　「遣」原作「建」，據晉書卷五六江統傳、册府元龜卷九九〇外臣部備禦三改。

〔一〇五〕雖由禦之者無方　「之者」，晉書卷五六江統傳、册府元龜卷九九〇外臣部備禦三作「者之」。

〔一〇六〕餘燼不盡　「不盡」二字原脱，據晉書卷五六江統傳、册府元龜卷九九〇外臣部備禦三補。

〔一〇七〕魏武令夏侯妙才討叛氐阿貴千萬等　夏侯妙才即夏侯淵，通典避唐諱而稱字，本書沿用通典之文，未曾回改。下文劉元海即劉淵，同此。

〔一〇八〕畝號一鍾　「鍾」原作「鐘」，據晉書卷五六江統傳、通典卷一八九邊防五改。

〔一〇九〕則生其姦心　「姦」原作「哀」，據通典卷一八九邊防五改。本句晉書卷五六江統傳、資治通鑑卷八三晉紀五元康九年正月條、册府元龜卷九九〇外臣部備禦三作「則坐生其心」。

〔一一〇〕故能爲禍滋蔓　資治通鑑卷八三晉紀五元康九年正月條、册府元龜卷九九〇外臣部備禦三同。「蔓」，晉書卷五六江統傳作「擾」。

〔一一一〕衆未能定　通典卷一八九邊防五同，晉書卷五六江統傳、資治通鑑卷八三晉紀五元康九年正月條、册府元龜卷九九〇外臣部備禦三作「衆事未罷」。

〔一一二〕罕幵　原作「罕开」，據晉書卷五六江統傳改。

〔一一三〕廣大遠圖　通典卷一八九邊防五同，晉書卷五六江統傳、册府元龜卷九九〇外臣部備禦三作「廟勝遠圖」。

〔一一四〕要塞易守之故得其成功者哉　「故」原作「固」，據晉書卷五六江統傳、册府元龜卷九九〇外臣部備禦三改。

〔一一五〕札瘥夭昏　「昏」原作「昬」，據晉書卷五六江統傳、通典卷一八九邊防五改。

〔一一六〕悔惡初附　「悔」原作「侮」，據晉書卷五六江統傳、通典卷一八九邊防五改。

〔一一七〕冀寧息之有期　「冀」，晉書卷五六江統傳作「望」。按「冀」，杜氏通典避父諱改，本書沿用通典之文，未曾回改。

〔一一八〕誠宜鎮之以安悦　「悦」，晉書卷五六江統傳作「豫」。按「豫」，通典避唐代宗諱改，本書沿用通典之文，未曾回改。

〔一一九〕羌戎猾夏　通典卷一八九邊防五同。晉書卷五六江統傳、册府元龜卷九九〇外臣部備禦三作「羌戎狡猾」。

〔一二〇〕老幼繫虜　「繫」原作「擊」，據晉書卷五六江統傳、通典卷一八九邊防五改。

〔一二一〕德不明而成　「明」，晉書卷五六江統傳、資治通鑑卷八三晉紀五元康九年正月條作「顯」，按「顯」，通典避唐中宗諱改，本書沿用通典之文，未曾回改。同上晉書、資治通鑑此句下有「其次則能轉禍爲福，因敗爲功，值困必濟，遇否能通」二十字。

〔一二二〕且關中之人百萬餘口　「萬餘」，晉書卷五六江統傳、資治通鑑卷八三晉紀五元康九年正月條、册府元龜卷九九〇外臣部備禦三作「餘萬」。

〔一二三〕故當仰關中之穀以全其生生之計　「仰」，晉書卷五六江統傳、資治通鑑卷八三晉紀五元康九年正月條、册府元龜卷九九〇外臣部備禦三作「傾」；「全其」原作「令」，據同上三書及通典卷一八九邊防五改。

〔二四〕除朝夕之損　「朝」，晉書卷五六江統傳、資治通鑑卷八三晉紀五元康九年正月條、册府元龜卷九九〇外臣部備禦三俱作「旦」。按「朝」，通典避唐睿宗諱改，本書沿用通典之文，未曾回改。

〔二五〕南單于復來降附　「來」，晉書卷五六江統傳同，通典卷一八九邊防五、册府元龜卷九九〇外臣部備禦三作「求」。

〔二六〕梁慬戎車屢征　「梁慬」原作「梁覲」，據晉書卷五六江統傳、後漢書卷四七梁慬傳改。

〔二七〕由是於扶羅羌渠之子求助於漢　「於扶羅」原作「以扶羅」，據下文及北宋本通典卷一八九邊防五改。後漢書卷八九南匈奴傳、晉書卷五六江統傳、册府元龜卷九九〇外臣部備禦三作「於彌扶羅」，下同。

〔二八〕遂奔釁而作　「釁」原作「疊」，據通典卷一八九邊防五、册府元龜卷九九〇外臣部備禦三改。

〔二九〕又遣右賢王去卑誘質呼厨泉　「厨」原作「厥」，據晉書卷五六江統傳、資治通鑑卷八三晉紀五元康九年正月條、册府元龜卷九九〇外臣部備禦三改。「呼厨泉」見後漢書卷八九南匈奴傳。

〔三〇〕於扶羅之弟　「弟」原作「地」，據後漢書卷八九南匈奴傳、通典卷一八九邊防五改。

〔三一〕樂平　「平」下原衍「地」字，據通典卷一八九邊防五删。

〔三二〕以一部太强　「强」原作「極」，據晉書卷五六江統傳、資治通鑑卷八三晉紀五元康九年正月條、册府元龜卷九九〇外臣部備禦三改。

〔三三〕即今陽城郡太康縣　「陽城郡」，通典卷一八九邊防五作「金城郡」，唐太康縣在今河南太康，唐金城郡則在今甘肅，疑誤。

〔三四〕則并州之域可爲寒心也　「域」原作「城」，據晉書卷五六江統傳、資治通鑑卷八三晉紀五元康九年正月條、册府元龜卷九九〇外臣部備禦三改。

〔一三五〕幽州刺史毌丘儉伐其叛者　「毌丘儉」原作「毋邱儉」，據晉書卷五六江統傳、三國志卷二八毌丘儉傳改。

〔一三六〕今以千計　「以」原作「已」，據晉書卷五六江統傳、通典卷一八九邊防五、資治通鑑卷八三晉紀五元康九年正月條、册府元龜卷九九〇外臣部備禦三改。

〔一三七〕其爲戰國者百三十六載　「百」字原脱，據元本、慎本、馮本及通典卷一八九邊防五補。

〔一三八〕果園　原作「東園」，據通典卷一八九邊防五改。

〔一三九〕漸漸分滅焉　「滅」，梁書卷五四諸夷傳、通典卷一八九邊防五作「減」。

〔一四〇〕魏拜爲百頃氐王　「王」原作「主」，據魏書卷一〇一氐傳、宋書卷九八氐胡傳、北史卷九六氐傳、北宋本通典卷一八九邊防五改。

〔一四一〕晉武帝假平西將軍　「平西」，魏書卷一〇一氐傳、北史卷九六氐傳同，宋書卷九八氐胡傳作「征西」。

〔一四二〕楊氏與苻氏同出略陽　「楊氏」原作「陽氏」，據上文及元本、慎本、馮本、通典卷一八九邊防五改。

〔一四三〕佛狗子盛襲位　「盛」下原衍「先」字，據宋書卷九八氐胡傳、魏書卷一〇一氐傳、北史卷九六氐傳删。

〔一四四〕今洋川郡　「洋川」原作「洋州」，據通典卷一八九邊防五改。

〔一四五〕難當從弟文度自立爲武興王　「興」字原脱，據魏書卷一〇一氐傳、北史卷九六氐傳補；通典卷一八九邊防五作「都」。

〔一四六〕弟文弘自爲武興王　「興」原作「都」，據魏書卷一〇一氐傳、北史卷九六氐傳改；通典卷一八九邊防五作「都」。

〔一四七〕爲後魏將邢巒　「邢巒」原作「邢蠻」，據魏書卷一〇一氐傳、通典卷一八九邊防五改。

〔一四八〕自號太白王　「太白王」原作「大皇」，據周書卷四九異域傳上、北史卷九六氐傳改。

〔一四九〕叱羅協與趙昶討平之　「叱」原作「吐」，據周書卷四九異域傳上、北史卷九六氐傳改。

〔一五〇〕自稱晉安西大將軍　「安西」，晉書卷一一二苻健載記、資治通鑑卷九八晉紀二〇永和六年八月作「征西」。

卷三百三十四　四裔考十一

葱茈羌

燉煌西西域之南山中，從婼羌婼，而遮反。西至葱嶺數千里，有月氏餘種葱茈羌、白馬羌〔一〕、黄牛羌，各有酋豪，北與諸國接，不知其道里廣狹。傳聞黄牛羌種類，孕身六月生，南與白馬羌鄰，並魏時聞焉。

吐谷渾

吐谷渾，本遼東鮮卑也。西晉時，酋帥徒何涉歸有二子〔二〕，長曰吐谷渾，少曰若洛廆〔三〕。胡罪反。涉歸死，若洛廆代統部落〔四〕，别爲慕容氏。渾庶長，廆正嫡。父在時，分七百户與渾〔五〕，渾與廆二部俱牧馬，馬鬭相傷，廆怒，遣使謂渾曰：「先公處分，與兄異部〔六〕，牧馬何不相遠，而令馬鬭。」渾曰：「馬是畜生，食草飲水，春氣發動，所以致鬭。鬭在於馬，而怒於人邪？乖别甚易，今當去汝於萬里之外矣。」於是擁馬西行，乃西附陰山。今朔方之北。屬永嘉之亂，始度隴西，止於枹罕，而後子孫據有甘松之南，洮水之西，南極於白蘭，在益州西北。甘松山在今交川郡境〔七〕。今臨洮、和政郡之南及交川郡之地。其地四時常有冰雪，唯六七月雨雹甚盛。若晴，則風飄沙礫。有麥，無穀。其青海，周迴千餘里。海中有小山，每冬冰合後，以良牝馬置此山，至來冬收之，馬有孕，所生得駒，號曰龍種。吐谷渾嘗得波斯草馬，放入海，因生驄駒，能日行千里〔八〕，故時稱青海驄焉。

至其孫葉延，以禮云「公孫之子得以王父字爲氏」。吾祖始自昌黎，光宅於此〔九〕，今以吐谷渾爲氏，尊祖之義也。自吐谷渾至葉延曾孫視羆，皆有才略，知古今，司馬、博士皆用儒生。至其子阿豺，自號驃騎將軍〔一〇〕、沙州刺史。部内有黄沙，周迴數百里，不生草木，因號「沙州」。阿豺兼并氐羌，地方數千里，號爲强國〔一一〕，升西强山，觀墊江源，問於群寮曰〔一二〕：「此水東流〔一三〕，更有何名？由何郡國入何水也？」其長史曾和曰〔一四〕：「此水經仇池，過晉壽，出宕渠始號墊江，至巴郡入江，度廣陵會於海。」阿豺曰：「水尚知歸，吾雖塞表小國，而獨無所歸乎？」乃遣使南通宋，獻方物，宋少帝封爲澆河公。文帝元嘉中，又加除命〔一五〕，遣使入朝貢。阿豺有子二十人，病，謂其母弟慕利延取箭一隻折之。慕延折之。復命取十九箭折之。慕延不能折。阿豺曰：「汝曹知不？單者易折，衆則難摧，戮力一心，社稷可固。」既卒，弟慕璝立。遣軍擊乞伏茙蔓〔一六〕，敗之，茙，音戎。東奔隴右，慕璝據有其地。其時赫連定據長安爲後魏主所攻敗〔一七〕，擁秦、雍户口十餘萬〔一八〕，西次罕幵〔一九〕，慕璝拒擊，大破之，生擒定，送於魏。後弟慕延立〔二〇〕。魏太武帝遣軍擊延，大破之，慕延率部落西奔白蘭，攻破于闐國，南依罽賓〔二一〕，七年乃還舊土。慕延死，阿豺兄樹洛干子拾寅立〔二二〕，始邑於伏羅川。至玄孫夸吕立，自號爲可汗，治伏俟城，在青海西十五里，有地方數千里。其西北諸雜種謂之阿貲虜〔二三〕。貲，即移反。

其南界龍涸城〔二四〕，去成都千餘里。大城有四〔二五〕，一在清水川，一在赤水，一在澆河，一在吐屈真川，皆子弟所治。其主治慕賀川。西有黄沙，南北百二十里，東西七十里，不生草木。雖有城郭，不居，而隨逐水草。官有王公、僕射、尚書及郎中之號〔二六〕。其主椎直追反。髻，以皁爲帽。其妻衣織成裙，披錦袍，辮髻於後，首戴金花。丈夫衣服略同於華夏，多以羃羅爲冠，亦以繒爲帽。婦人皆貫珠束髮，以多爲貴。兵器有弓刀甲矟。國無常賦，須則税富室、商人，以充用焉。父兄亡，妻後母及嫂等，與北狄俗同。死者亦皆埋殯，其服制，葬訖則除之。性貪婪，忍於殺害。

後周明帝武成初，夸吕寇涼州，詔賀蘭祥率兵討破之，又攻拔其洮陽、洪和二城〔二七〕，置洮州今臨洮郡地。而還。武帝天和初，其龍涸王莫昌率衆降，以其地爲扶州。今同昌郡地。二年〔二八〕，復遣皇太子征之，軍度青海至伏俟城，夸吕遁走，虜其餘衆而還。隋開皇中，夸吕侵弘州，在今安化郡馬嶺縣界。遣上柱國元諧擊之。賊悉發國中兵，自曼頭至於樹敦，甲騎不絶。諧頻擊破之。夸吕率其親兵遠遁，其名王十三人各率部落而降。夸吕在位且百年，死以後還以慕容爲姓。其子伏允立。煬帝初，伏允遣子順來朝。帝令鐵勒襲，大敗之。伏允東走，保西平。今西平郡。帝復令觀王雄以掩之，大破其衆。伏允遁逃，部落來降十萬餘口。伏允懼，南遁於山谷間。其故地皆空，自西平臨羌城以西，且末以東，祁連以南，雪山以北，東西四千里，南北二千里，皆爲隋有，置郡縣鎮戍，發天下輕罪徙居之。其地在今西平郡之西，張掖、酒泉郡之北，隋氏置西海、且末、河源等郡。於是留順不之遣。伏允無以自資，率其徒數千騎客於党項。大業末，天下亂，伏允及順復其故地。

唐武德初，順以兵助擊李軌，自號爲大寧王。太宗時，遣使入朝，未還，即寇鄯州，又掠岷州，寇涼州，乃命段志玄等討之，得牛羊二萬還。九年，復命李靖、侯君集等擊之。伏允遠遁，爲左右所殺。子順降，於是重建其國，封順爲西平郡王，仍加趉巨屈反。胡吕烏甘豆可汗之號〔二九〕，旋又爲其下所殺。十年，立順子諾曷鉢爲河源郡王，主其國，自是衰弱，而吐蕃强盛，與相攻，俱來請師，詔不許。遣大將軍蘇定方爲安集大使〔三〇〕，平兩國怨。後吐蕃遂有其地。咸亨元年，以薛仁貴、郭待封等總兵五萬討吐蕃，且納諾曷鉢於故廷，王師敗於大非川，舉吐谷渾地皆陷，諾曷鉢與親近數千帳纔免。三年，乃徙浩亹水南。諾曷鉢以吐蕃盛，勢不抗，而鄯州地狹，又徙靈州，帝爲置安樂州，即拜刺史，欲其安且樂云。

諾曷鉢死，子忠立。忠死，子宣超立。聖曆三年，拜左豹韜員外大將軍，襲故可汗號，餘部詣涼、甘、肅、瓜、沙等州降。宰相張錫與右武衛大將軍唐休璟議徙其人於秦、隴、豐、靈間，令不得畔去。涼州都督郭元振以爲：「吐谷渾近秦、隴，則與監牧雜處，置豐、靈，又邇默啜；假在諸華，亦不遽移其性也。前日王孝傑自河源軍徙耽爾乙句貴置靈州，既而叛，乃入牧坊掠群馬，瘢夷州縣，是則遷中土無益之成驗。往素和貴叛去，於我無損，但失吐谷渾數十部，豈與句貴比邪？今降虜非彊服，皆突矢刃，棄吐蕃而來，宜當循其情，爲之制也。當甘、肅、瓜、沙降者〔三一〕，即其所置之，因所投而居，情易安，磔數州而勢自分。順其情，分其勢，不擾於人，可謂善奪戎心者也。歲遣鎮遏使者與宣超兄弟撫護之，無令相侵奪，生業固矣。有如叛去，無損中國。」詔可。宣超死，子曦皓立。曦皓死，子兆立。吐蕃復取安樂州，而殘部徙朔方、河東，語謬爲「退渾」。貞元十四年，以朔方節度副使、左金吾衛大將軍慕容復爲長樂都督，青海國王，襲可汗號。復死，停襲。吐谷渾自晉永嘉時有國，至龍朔三年吐蕃取其地，凡三百五十年，及此封嗣絶矣。

乙弗敵〔三〕

乙弗敵，後魏聞焉。在吐谷渾北。國有屈海，其海周迴千餘里。衆有萬落，風俗與吐谷渾同。然不食五穀，唯食魚與蘇子。蘇子狀如中國苟杞子，或赤或黑。西有契翰一部，風俗亦同，土特多狼。白蘭山西北又有可蘭國〔三〕，風俗亦同，目不識五色，耳不聞五聲，是夷蠻戎狄之中醜類也。土無所出，直大養群畜，而户落亦可萬餘。人頑弱不知鬬戰，忽見異人，舉國便走。性如野獸。體輕工走，逐不可得。

宕昌

宕昌羌，後魏時興焉，亦三苗之胤，與先零、燒當、罕幵諸部姓別，自立酋帥，皆有地分，不相統攝，宕昌即其一也〔三四〕。俗皆土著，居有棟宇〔三五〕。其屋，織犛牛尾及羖羊毛覆之。無法令，又無徭賦。唯征伐之時，乃相屯聚；不然，則各事生業，不相來往。皆衣裘褐，牧養犛牛、羊、豕，以供其食。俗有蒸報。無文字，但取木榮落以記歲時。三年一相聚，殺牛羊以祭天。俗重虎皮，以之送死。有梁勤者〔三六〕，代爲酋帥，得羌豪心，乃自稱王。其界自仇池以西，東西千里；席水以南，南北八百里。仇池山在今同谷郡上禄縣〔三七〕。席水在今天水郡上邽縣〔三八〕。地多山阜，部衆二萬餘落。至其孫彌忽〔三九〕，始遣使於後魏，太武帝拜爲宕昌王〔四〇〕。七葉孫彌秦〔四一〕，皆受南北兩朝封爵。宋、齊、梁及魏，並各羈縻之。後見兩魏分隔，永熙末種人企定乃引吐谷渾寇金城，今郡地。後企定弟彌定寇石門戍。周武帝天和初〔四二〕，詔大將軍田弘討平之，以其地爲宕州。今懷道郡。

鄧至

鄧至，羌之別種也。後魏時興焉。有像舒治者〔四三〕，世爲白水酋帥，因地名爲號，稱鄧至王〔四四〕。其地自千亭以東〔四五〕，平武以西，汶嶺以北，宕昌以南。今懷道郡之南，通北郡之北，交川、臨翼、同昌郡之地也。風土習俗，與宕昌同。自舒治至十代孫舒彭，附於後魏孝文帝，封甘松縣子、鄧至王。宋文帝及武帝時，俱遣使南來修貢，受其官爵。後數代，西魏恭帝初，其主檐術因亂來奔〔四六〕，周文帝遣兵送還，自後無聞。鄧至之西有赫羊國，初，其部内有一羊，形甚大至鮮赤，故爲國名。又有東亭衛、大赤水、寒巖、石河、薄陵、下習山、倉驤、覃水等諸羌國〔四七〕，風俗麤獷，與鄧至國不同，魏時遣使貢獻，皆假以雜號將軍、子、男、渠帥之名〔四八〕。

党項

党項羌，三苗之後，在古析支之地。漢西羌之別種，有宕昌、白狼，皆自稱獼猴種。魏晉以降，西羌微弱，周滅宕昌、鄧至之後，党項始强。有細封氏〔四九〕、費聽氏、往利氏、頗超氏、野律氏〔五〇〕、房當氏、米禽氏、拓跋氏，而拓跋最爲强族。其人多壽，年至百五六十歲。其地東接臨洮、西平，西拒葉護，南北數千里，處山谷間。每姓別爲部落〔五一〕，大者五千餘騎，小者千餘騎〔五二〕。織犛牛尾及粘䍽毛爲屋。服裘褐，披氈爲上飾。俗尚武力，無法令，各爲生業，有戰陣則屯聚，無徭役，不相往來。養犛牛、羊、猪以供食，不知稼穡。其俗淫穢蒸報，於諸夷中爲甚。無文字，但候草木以記歲時。三年一聚會，殺牛羊以祭天。人年八十以上死者，以爲令終，親戚不哭。少死者則云夭枉〔五三〕，共悲哭之。有琵琶、横吹，擊缶爲節。

魏周之際，數來擾邊。隋文帝爲丞相時，中原多故，因此大爲寇掠。蔣公梁睿既平王謙，請因還師討之。開皇四年〔五四〕，有千餘家歸化。五年，拓跋寧叢等各率衆詣旭州內附，授大將軍，其部下各有等差。十六年，復寇會州，詔發隴西兵討之，大破其衆。又相率降〔五五〕，遣子弟入謝罪。帝謂曰：「還語爾父兄，人生須有定居，養老長幼。而乃乍還乍走〔五六〕，不羞鄉里邪！」自是朝貢不絕。

唐貞觀三年，其酋細封步賴舉部降，以其地爲軌州，即授步賴刺史。其後諸酋悉內屬，以其地爲崌、奉、巖、遠四州，即首領拜刺史。其後拓跋赤辭等，又舉部降，以其地爲懿、嵯、麟、可三十二州，以松州爲督府，擢赤辭西戎州都督〔五七〕，賜姓李，貢職不絕。於是自河首積石山而東，皆爲中國地。後吐蕃寖盛，拓跋畏偪，請內徙，始詔慶州置靜邊等州處之〔五八〕。地乃入吐蕃，其處者皆爲吐蕃役屬，更號弭藥。至德末，爲吐蕃所誘，使爲鄉導寇邊，俄悔悟，來朝。乾元間，中國數亂，因寇邠、寧二州，肅宗詔郭子儀以杜冕、桑如珪分二隊討之〔五九〕。子儀至，党項潰去。上元元年，在涇、隴部落十萬衆詣鳳翔節度使崔光遠降。二年，與渾、奴剌連和，寇寶鷄，殺吏民，掠財珍，焚大散關，入鳳州，殺刺史蕭愧，節度使李鼎追擊走之。明年，又攻梁州，刺史李勉走；進寇奉天，大掠華原、同官去。詔臧希讓代勉爲刺史，於是歸順、乾封、歸義、順化、和寧、和義、保善、寧定、羅雲、朝鳳凡十州部落詣希讓獻款，丐節印，詔可。

僕固懷恩之叛，誘党項、渾、奴剌入寇，衆數萬，掠鳳翔、盩厔，大掠鄭廷、郝德入同州，刺史韋勝走，節度使周智光破之澄城〔六〇〕。閱月，又入同州〔六一〕，焚官私室廬，壁馬蘭山。郭子儀遣兵襲之，退保三堡，子儀遣慕容休明諭降廷、德。子儀以党項、吐谷渾部落散處鹽、慶等州，其地與吐蕃濱近，易相脅，即表徙靜邊州都督、夏州、樂容等六府党項於銀州之北、夏州之東，寧朔州吐谷渾住夏西，以離沮之。召靜邊州大首領、左羽林大將軍拓跋朝光等五刺史入朝，厚賜賚，使還綏其部。先是，慶州有破丑氏族三、野利氏族五、把利氏族一，與吐蕃姻援〔六二〕，贊普悉王之，因是擾邊凡十年。子儀表工部尚書路嗣恭爲朔方留後，將作少監梁進用爲押党項部落使，置行慶州。且言：「党項陰結吐蕃爲變，可遣使者招慰，芟其反謀，因令進用爲慶州刺史，嚴邏以絶吐蕃往來道。」代宗然之。又表置靜邊、芳池、相興三州都督〔六三〕、長史，永平、旭定、清寧、寧保、忠順、靜塞、萬吉等七州都督府。於是破丑、野利、把利三部及思樂州刺史拓拔乞悔等皆入朝〔六四〕，宜定州刺史折磨布落〔六五〕、芳池州野利部並徙綏、延州。大曆末，野利秃羅都與吐蕃叛，招餘族不應，子儀擊之，斬秃羅都，而野利景庭、野利剛以其部數千人入附鷄子川。六州部落曰：野利越詩、野利龍兒、野利厥律、兒黄、野海、野窣等；居慶州者號東山部，夏州者號平夏部。永泰後稍徙石州，後爲永安將阿使那思暕賦索無極〔六六〕，遂亡走河西。元和時復置宥州，護党項。至太和中寖强，數寇掠，然器械鈍苦，畏唐兵精，則以善馬購鎧，善羊貨弓矢。鄜坊道軍糧使李石表禁商人不得以旗幟、甲胄、五兵入部落，告者，舉罪人財畀之。至開成末，種落愈繁，富賈人齎繒寶鬻羊馬，藩鎮乘其利，强市之，或不得直，部人怨，相率爲亂，至靈、鹽道不通。武宗遣使招之，功不就。宣宗大中四年，内掠邠、寧，詔鳳翔李業、河東李拭合節度兵討之，羌乃破殄，餘種竄南山。

後唐同光二年，其首領薄香來貢良馬〔六七〕。天成二年，河西党項如連山等來朝，共進馬四十匹。宰相奏：「党項之衆競赴都下賣馬，常賜食禁廷，醉則連袂歌其土風。凡將到馬無駑良，並云上進國家，雖約價直以給之，而計其館給賜賚，不啻倍價耗蠹國用，請止之。」上以爲國家常苦馬不足，今番官自來中國，錫賜乃朝廷常事，不足言費。自是番部羊馬不絕於路。長興元年、二年，俱入貢，授其首領以官。三年，以西路党項部族劫掠使臣及外域進奉，詔邠州節度使藥彥稠等率步騎七千討之〔六八〕，誅其二十族七百餘人，獲其大首領六人，黨類二千人，駞馬牛羊數千計。周廣順二年，以府州党項泥也等六族大首領爲大將軍〔六九〕。

宋時靈、夏、綏、麟、府、環、慶、豐州、鎮戎〔七〇〕、天德、振武軍並其族帳。建隆二年，代州刺史折乜埋來朝。乜埋，党項之大姓也。世居河右，有捍邊之功，故授以方州，召令入覲而遣還。開寶元年，直蕩族首領啜佶等引并人入寇府州，爲王師所敗，招降之。太平興國六年、七年，府州、豐州党項族首領俱來貢。雍熙初，諸族渠帥附李繼遷爲寇，詔判四方館事田仁朗及閤門使王侁等相繼領兵討擊〔七一〕，并賜麟、府、夏、銀、豐州及日利、月利族敕書招諭之。二年四月，侁等於銀州北破悉利諸族，斬首三千六百餘級，生擒八十人，俘蕃漢老小一千四百餘口，器甲一百八十六，梟僞署代州刺史折羅遇并弟埋乞，獲馬牛羊三萬計。五月，又於開光谷西杏子平破保寺、保香族〔七二〕，追奔二十餘里，斬首八百餘級，梟其首領埋乜已等五十七人〔七三〕，生擒四十九人，俘其老小三百餘人〔七四〕，獲牛羊馬驢凡四千餘計。又破保、洗兩族，俘三千人，降五十五族，獲牛羊八千計。侁等又言〔七五〕，麟州及三族寨羌人二千餘族皆降，番官折御乜等六十四人獻馬首罪〔七六〕，願改圖自效，爲國討賊，遂與部下兵入濁輪川〔七七〕，斬賊首五十級、酋豪二十人，李繼遷及三族寨監押折御乜皆遁去。命内客省使郭守文自三交乘驛亟往，與王侁等同領邊事。其後侁等又破銀州浪悉訛等族，及夏州岌伽羅膩等族。又招降銀、麟、夏等州三族寨諸番一百二十五族，合萬六千一百八十九户，乃賜敕書以安撫之。端拱二年，夏州趙保忠言〔七八〕：「準詔市馬，已獲三百四，其宥州御泥布等族黨附繼遷，不肯賣馬，臣已領兵掩殺二百餘人，擒百餘人，其族即降。」詔書撫諭之。淳化四年〔七九〕，鄭文寶獻議禁青鹽，番族四十四首領引騎萬三千人入寇環州石昌鎮，知環州程德玄等擊走之〔八〇〕，因詔弛鹽禁，由是部族寧息，自是朝貢不絶。官其首領，賜錦袍銀帶茶綵以撫慰之。景德元年，麟府路言：「附契丹戎人言泥族拔黄太尉率三百餘帳内屬。拔黄本大族，居黄河北古豐州，前數犯邊，阻市馬之路。其首領勇黠難制，契丹結之，署爲太尉，今悉衆款塞〔八一〕。」詔府州厚賜茶綵，給公田，依險居之，計口賦粟，毋得侵擾。三年，府州折惟昌言〔八二〕：「兀泥族大首領名崖從父盛佶〔八三〕，爲趙德明白池軍主，密遣使來諭名崖，云德明雖外託修貢之名，而點閱兵馬尤急，恐必劫掠山界，名崖以告。」上嘉之，降詔撫諭，就賜錦袍銀帶。十一月，鎮戎軍曹瑋言叛去蕃官蘇尚娘復來歸附。詔報瑋曰：「尚娘反覆無信，特恐狙詐，以誤邊吏，又使德明緣此爲詞，不可納也。」自後訖天禧之末，番族來歸朝貢者不絶，每加拊慰，或補官賜器幣，羈縻之恩有加焉。

白蘭

白蘭，羌之别種。東北接吐谷渾，西北至叱利摸徒〔八四〕，南界那鄂〔八五〕，風俗物産與宕昌同。周武帝保定元年，朝獻使至。有勝兵萬人，勇於戰鬬。唐武德二年，使者入朝，以其地爲維、恭二州〔八六〕。貞觀六年，與契苾數十萬内屬。永徽時，特浪生羌卜樓大首領凍就率衆來屬，以其地爲劍州。龍朔後，白蘭、春桑〔八七〕，及白狗羌爲吐蕃所臣，藉其兵爲前驅。白狗與東會州接，勝兵纔千人。在西北者，天授中内附，户凡二十萬，以其地爲朝、吴、浮十州，散居靈、夏間。

吐蕃

吐蕃在吐谷渾西南，不知有國之所由。或云：秃髪利鹿孤有子樊尼，其主傉檀爲乞伏熾盤所滅，樊尼率餘種依沮渠蒙遜，其後子孫西魏時爲臨松郡丞今張掖郡張掖縣界。與主簿，皆得衆心，因魏末中華擾亂，招撫群羌，日以强大，遂改姓爲窣蘇骨反。勃野，至今故其人號其主曰贊府，貴臣曰主簿。又或云：始祖贊普自言天神所生，號鶻堤悉補野，因以爲姓。窣勃野與悉補野言訛，其實一也。或云本姓棄蘇農也。

其國出鄯城五百里〔八八〕，過烏海，入吐谷渾部落彌多彌、蘇毗及白蘭等國，至吐蕃界。其國風雨雷雹，每隔日有之。盛夏節氣如中國暮春之月。山有積雪，地有冷瘴〔八九〕，令人氣急，不甚爲害。其俗重漢繒而貴瑟瑟，男女用爲首飾。其君長或在跋布川，或居邏娑川〔九〇〕，有小城而不居。坐大氈帳，張大拂廬，其下可容數百人。兵衛極嚴，而衙府甚狹。俗養牛羊，取乳酪供食，兼取毛爲褐而衣焉。不食驢馬肉，以麥爲麨〔九一〕。人死，殺牛馬以殉，取牛馬頭積累於墓上〔九二〕。其墓正方，累石爲之，狀若平頭屋。其臣與君自爲友，號曰「共命人」，其數不過五人。君死之日，共命人皆日夜縱酒，葬日，於脚下針，血盡乃死，便以殉葬。又有親信人，用刀當腦縫鋸〔九三〕，亦有將四尺木，大如指，刺兩肋下，死者十有四五，亦殉葬焉。設官，父死子代，絶嗣即近親襲焉。非其種類，輒不相服。其官章飾有五等：一謂瑟瑟，二謂金，三謂金飾銀上，四謂銀，五謂熟銅。各以方圓三寸〔九四〕，褐上裝之，安膊前，以辨貴賤。法令嚴肅。兵器有弓、刀、楯、矟、甲、胄。每戰，前隊皆死，後隊方進。人馬俱披鎖子甲，其制甚精，周體皆遍，唯開兩眼，非勁弓利刀之所能傷也。其戰必下馬列行而陣，死則遞收之，終不肯退。槍細，而長於中國者。弓矢弱而甲堅。人皆用劍，不戰亦負劍而行。其驛以鐵箭爲契，其箭長七寸，若急驛，膊前加著一銀鶻。有草名速古芒，葉長二寸，狀若斜蒿。有鼠，尾長於常鼠〔九五〕。其國禁殺鼠，殺鼠者加其罪〔九六〕。有可跋海，去赤嶺百里，方圓七十里〔九七〕，東南流入蠻，與蠻西洱河合流而東〔九八〕，號爲漾鼻水。又東南出會川爲瀘水焉。自赤嶺至邏娑川，絶無大樹木，唯有楊柳，人以爲資。置大論，以統理國事〔九九〕。無文字，刻木結繩爲約。徵兵用金箭。寇至舉燧。與其臣下一年一小盟，用羊、狗、獼猴。三年一大盟。用人、馬、牛、驢〔一〇〇〕。以麥熟爲歲首。其國都號爲邏些城〔一〇一〕。用法嚴整，議事則自下而起，因人所利而行之，此其所以能强且久也。重壯賤老，母拜於子。重兵死，惡病終，以累代戰歿者爲甲門。臨陣奔北者，懸狐尾於其首，表其似狐之怯。

其贊普弄贊，雄霸西域。隋開皇中，其主論贊索弄贊都牂牱西疋播城已五十年矣。國界西南與婆羅門接。自唐初有勝兵數十萬，號爲强國。男女皆辮髮氈裘，以赭塗面。無器物，以手捧酒而飲之。屈木令圓，以皮作底，就中而食。俗多金及小馬。党項、白蘭諸部及吐谷渾、西域諸國咸畏懼之。

至其主棄蘇農贊〔一〇二〕，貞觀十五年正月，以宗室女封文成公主，降於吐蕃贊普，命禮部尚書江夏王道宗送之。贊普親迎於河源，見王人〔一〇三〕，執子婿禮甚謹。嘆大國服飾禮儀之美〔一〇四〕，俯仰有愧沮之色，謂所親曰：「我祖父未有通婚大國者，今我得尚大唐公主，當築一城，以誇後代。」仍遣酋豪子弟，請入國學，以習詩書。高宗初〔一〇五〕，封賓王。

蘇農死，其子早卒，以孫代立，號乞梨拔布，幼小，大相禄東贊攝知國事，總章中，以兵臨吐谷渾。吐谷渾告急。咸亨中，高宗令將軍薛仁貴、郭待封等率衆十餘萬伐之，至大非川，爲大論欽陵所敗，因遂滅吐谷渾。欽陵姓薛氏〔一〇六〕。其父禄東贊頗曉兵術〔一〇七〕，吐蕃贊府以國事委之，講兵訓師，雅有節制。吐蕃之并兼諸羌，雄霸西土，東贊有力焉。有子五人。及東贊死，欽陵兄弟復專其國。上元中，寇鄯、廓等州。儀鳳三年〔一〇八〕，遣工部尚書劉審禮爲洮河軍總管，率兵十八萬以討之，戰於青海，軍敗，沒於陣。調露二年，中書令李敬玄戰於大非川，又敗績。績遣黑齒常之襲擊，破之。武太后如意初，武威軍總管王孝傑大破吐蕃，復龜兹、于闐、疏勒、碎葉四鎮。

至萬歲通天初，又寇涼州，執都督許欽明。欽陵兄弟有才略，欽陵多居中，諸弟分鎮方面〔一〇九〕，諸蕃憚之。二年，吐蕃大論欽陵遣使請和。武太后遣前梓州通泉縣尉郭元振往，至野狐河，與陵遇。元振曰：「東贊事朝廷，誓好無窮，今猥自絶，歲擾邊，父通之，子絶之，孝乎？父事之，子叛之，忠乎？」陵謝曰：「天子許和，罷兩國戍守，以便百姓，豈不休哉！然以西十姓突厥、四鎮諸國，或時附蕃，或時附漢，斯類皆多翻覆，乞聖恩含弘〔一一〇〕，拔去鎮守，分離屬國，多建君長，使自爲守，既不款漢，又不屬蕃，人免憂虞，荒陬幸甚。」元振曰：「唐以十姓、四鎮撫西土，爲列國主，道非有他，且諸部與吐蕃異，久爲唐編人矣。」欽陵曰：「使者意我規削諸部爲唐邊患邪？我若貪土地財賦，彼青海、湟川近矣，今捨不争何哉？突厥諸部磧漠廣莽，去中國遠甚，安有争地萬里外邪？且四夷唐皆臣并之，雖海外地際，靡不磨滅，吐蕃適獨在者，徒以兄弟小心，得相保耳。十姓五咄陸近安西，於吐蕃遠，俟斤距我裁一磧，騎士騰突，不易旬至，是以爲憂也。烏海、黄河，關源阻奥，多癘毒，唐必不能入。則弱甲孱將易以爲蕃患，故我欲得之，非闚諸部也。甘、涼距積石道二千里，其廣不數百，狹才百里，我若出張掖、玉門，使大國春不耕，秋不獲，不五六年，可斷其右。今棄不爲，亦無虞於我矣。青海之役，黄仁素約和，邊守不戒，崔知辯徑俟斤掠我牛羊萬計，是以求之。」使使者固請，元振固言不可許，后從之。

欽陵專國久，常居中制事，諸弟皆領方面兵，而贊婆專東境幾三十年，爲邊患。兄弟皆才略沈雄，衆憚之。贊普子器弩悉弄既長，欲自得國，漸不平，乃與大臣論巖等圖去之。欽陵方提兵居外，贊普託言獵，即勒兵執其親黨二千餘人殺之，發使者召欽陵、贊婆，欽陵不受命，贊普自討之〔一一一〕，未戰，欽陵兵潰，乃自殺，左右殉而死者百餘人。贊婆以所部及兄子莽布支等款塞，遣羽林飛騎迎勞，擢贊婆特進、輔國大將軍、歸德郡王，莽布支左羽林大將軍、安國公，皆賜鐵券，禮慰良厚。贊婆即領部兵戍河源，死，贈安西大都護。又遣左肅政臺御史大夫魏元忠爲隴右諸軍大總管，率隴右諸軍大使唐休璟出討。方虜攻涼州，休璟擊之，斬首二千級。於是論彌薩來朝請和。贊普自將萬騎攻悉州，都督陳大慈四戰皆克。明年，乃獻馬、黄金求婚。而虜南屬帳皆叛，贊普自討，死於軍。諸子争立，國人立棄隸蹜贊爲贊普，始七歲，使者來告喪，且求盟。又使大臣悉董熱固求婚，未報〔一一二〕。會監察御史李知古建討姚州蠻，削吐蕃向導，詔發劍南募士擊之。蠻酋以情輸虜，殺知古，尸以祭天，進攻蜀漢。詔靈武監軍、右臺御史唐九徵爲姚嶲道討擊使，率兵擊之。虜以鐵絙梁漾、濞二水，通西洱蠻，築城戍之。九徵毁絙夷城，建鐵柱於滇池以勒功。

中宗景龍二年，還其婚使〔一一三〕。明年，遣使入貢。可敦又遣宗俄請婚〔一一四〕。帝以雍王守禮女爲金城公主妻之，賜主錦繒雜伎甚厚。公主至吐蕃，自築城以居。拜楊矩爲鄯州都督。吐蕃雖外和而陰銜怒，即厚餉矩，請河西九曲爲公主湯沐，矩表與其地。九曲者，水甘草良，宜畜牧，近與唐接。自是虜益張雄，易入寇。

玄宗開元二年，其相坌達延上書宰相，乞載盟文，定境於河源。帝令姚崇等報書，命解琬持神龍誓書往〔一一五〕，吐蕃亦遣其臣來。未幾，而以兵十萬寇臨洮，入攻蘭、渭，掠監馬。楊矩懼，自殺。詔薛訥、王晙等討之〔一一六〕，斬首萬七千，獲羊馬無慮二十萬。又戰長子，虜大敗，相枕籍死，洮水爲之不流。宰相建言：「吐蕃本以河爲境，以公主故，乃橋河築城，置獨山、九曲二軍，距積石二百里。今既負約，請毀橋，復守河如約。」詔可。遣左驍衛郎將尉遲瓌使吐蕃〔一一七〕，慰安公主。然小小入犯邊無閑歲，於是郭知運、王君㚟相繼節度隴右、河西，以扞之。吐蕃遣宗俄因子到洮水祭戰死士，且請和。然恃盛彊，求與天子敵國，語悖傲。使者至臨洮，詔不內。金城公主上書求聽修好〔一一八〕，且言贊普君臣欲與天子共署誓刻。吐蕃又遣使者上書言：「孝和皇帝嘗賜盟，時唐宰相豆盧欽望、魏元忠、李嶠、紀處訥等凡二十二人及吐蕃君臣同誓。孝和皇帝崩，太上皇嗣位，修睦如舊。然唐宰相在誓刻者皆歿，今宰相不及前約，故須再盟。比使論乞力等前後七輩往，未蒙開許〔一一九〕，且張玄表、李知古將兵侵暴甥國，故違誓而戰。今舅許湔貸前惡，歸於大和，甥既堅定，然不重盟爲未信，要待新誓也。」帝謂昔已和親，有成言，尋前盟可矣，不許復誓。禮其使而遣之，且厚賜贊普，自是歲朝貢不犯邊。

十年，攻小勃律國，其王没謹忙貽書北庭節度使張孝嵩曰〔一二〇〕：「勃律，唐西門。失之，則四方諸國皆墮吐蕃。」孝嵩乃遣步騎四千與没謹忙兵夾擊吐蕃，敗之，復九城故地。勃律王來朝，置綏遠軍以扞吐蕃。欲假道勃律以攻四鎮〔一二一〕。十四年，悉諾邏兵入大斗谷〔一二二〕，遂攻甘州，隴右節度使王君㚟遣兵追躡之，多所俘獲。時中書令張説，以吐蕃出入數十年〔一二三〕，勝負略相當，甘、涼、河、鄯之人調發困甚，願聽其和。帝不從，未幾，悉諾邏等陷瓜州，遂攻玉門軍，安西副都護趙頤貞擊却之。乃命蕭嵩、張守珪城瓜州，屢破吐蕃，置振武軍，獻俘於朝。詔軍士掩戰能擒其王者，授大將軍，士益奮。吐蕃乃求和，忠王友皇甫惟明等請許之。帝乃以書賜金城公主，贊普大喜，遣人隨使者入朝，表言：「甥以文成、金城公主，敢失禮乎？曩特以沖幼，枉爲邊將讒亂。如蒙澄亮，死且萬足，千萬歲不敢先負盟。」且獻怪寶。上禮其使，遣御史大夫崔琳報聘。吐蕃又請交馬於赤嶺，互市於甘松嶺。宰相裴光庭曰：「甘松中國阻，不如許赤嶺。」乃聽以赤嶺爲界，表以大碑，刻約其上。又請五經，敕祕書寫賜，并賜物萬計。吐蕃遣人謝。明年，又上寶器數百具，制治詭殊。

其後吐蕃西擊勃律，勃律告急，帝諭令罷兵，不聽，卒殘其國。於是崔希逸爲河西節度使，鎮涼州，故時疆畔皆樹壁守捉〔一二四〕，希逸謂虜戍將乞力徐曰：「兩國約好，而守備不廢，云何？請皆罷，以便人。」乞力徐曰：「公忠誠，無不可，恐朝廷未皆信，脱掩吾不備，其可悔？」希逸固邀，乃許。共刑白犬盟，而後悉撤障壁，虜畜牧被野。明年，傔史孫誨奏事，妄言「虜無備，可取也」。帝采之，詔内豎趙惠琮共往按狀。小人欲徼幸，至涼州，因共矯詔，詔希逸發兵襲破吐蕃青海上，斬獲不貲，乞力徐遁去。吐蕃恚，不朝。二十六年，大入河西，希逸拒破之。希逸既而深自愧以失信，悒悵至死，誨亦坐事誅。乃命蕭炅、杜希望、王昱等分道經略，碎赤嶺碑。希望破吐蕃軍三萬。昱以劍南兵入攻安戎城，次蓬婆嶺，吐蕃盡鋭來攻，昱大敗，士死凡數萬。吐蕃攻維州，不得志。遣使請和，不許。虜乃悉衆四十萬攻承風堡，臧希液鋭破之〔一二五〕。又襲廓州〔一二六〕，攻振武軍。皇甫惟明、哥舒翰等破之，俘其大酋。是時〔一二七〕，吐蕃與蠻閣羅鳳聯兵攻瀘南，劍南節度使楊國忠方以姦罔上，自言：「破蠻衆六萬於雲南，拔故洪州等三城，獻俘口。」哥舒翰破洪濟、大莫門諸城，收九曲故地，列郡縣，實天寶十二載。於是置神策軍於臨洮西澆河郡於積石西及宛秀軍以實河曲。後二年，蘇毗子悉諾邏來降，封懷義王〔二八〕，賜姓李氏。蘇毗，强部也。是歲，贊普乞黎蘇籠臘贊死〔二九〕，子挲悉籠臘贊嗣，遣使者修好，詔京兆少尹崔光遠持節賫册弔祠。還而安禄山亂，哥舒翰悉河、隴兵東守潼關，而諸將各以所鎮兵討難，始號行營，邊候空虚，故吐蕃得乘隙暴掠。

至德初，取嶲州及威武等諸城，入屯石堡。其明年，使使來請討賊且修好。肅宗遣給事中南巨川報聘。然歲内侵，取廓、霸、岷等州及河源、莫門軍。使數來請和，帝雖審其譎，姑務紓患，乃詔宰相郭子儀、蕭華、裴遵慶等與盟。寶應元年，陷臨洮，取秦、成〔三〇〕、渭等州。明年，使散騎常侍李之芳、太子左庶子崔倫往聘，吐蕃留不遣。破西山合水城。明年，入大震關，取蘭、河、鄯、洮等州，於是隴右地盡亡。進圍涇州，入之，降刺史高暉。又破邠州，入奉天，副元帥郭子儀禦之。吐蕃以吐谷渾、党項兵二十萬東略武功，渭北行營將吕日將戰盩厔西，破之。又戰終南，日將走。代宗幸陝，子儀退趨商州。高暉導虜入長安，立廣武王承宏爲帝，改元，擅作赦令，署官吏。衣冠皆南奔荆、襄，或逋棲山谷，亂兵因相攘鈔，道路梗閉。光禄卿殷仲卿率千人壁藍田，選二百騎渡滻，或紿虜曰：「郭令公軍且來！」吐蕃大震。會少將王甫與惡少年伐鼓譟苑中，虜驚，夜引去。子儀入長安，高暉東奔至潼關，守將李日越殺之。吐蕃留京師十五日乃走，天子還京。

吐蕃退圍鳳翔，節度使孫志直拒守，鎮西節度使馬璘以千騎戰却之，吐蕃屯原、會、成、渭間，自如也。是歲，南入松、維、保等州及雲山新籠城。明年，還使人李之芳等。劍南嚴武破吐蕃南鄙兵七萬，拔當狗城。會僕固懷恩反，自靈武遣其將范志誠、任敷合吐蕃、吐谷渾兵攻邠州，白孝德、郭晞嬰壘守，乃入居奉天西。子儀入奉天，按軍不戰。郭晞以鋭士夜擣其營，斬首數千級，奪馬五百，取四將，吐蕃引去。是時嚴武拔鹽川〔二三〕，又戰西山，取其衆八萬。虜圍涼州，河西節度使楊志烈不能守，跳保甘州，而涼州亡。

永泰元年，吐蕃請和，詔宰相元載、杜鴻漸與虜使者同盟。懷恩不得志，導虜與回紇、党項羌、渾、奴剌犯邊，吐蕃大酋尚結息、贊摩、尚悉東贊等衆二十萬至醴泉、奉天，邠將白孝德不能抗，任敷以兵略鳳翔、盩厔。於是京師戒嚴，天子自率六軍屯於苑。吐蕃逼奉天，使朔方兵馬渾日進率勇士馳之，左右擊刺，皆應絃仆，虜大驚，乃夜攻其營，斬千餘級。又戰馬嵬，凡七日，破賊萬人，斬獲甚衆。會懷恩死，虜謀無主，遂與回紇爭長。回紇怒，詣子儀，請擊吐蕃自效，子儀許之，使白元光合兵攻吐蕃於靈臺西，大破之，帝乃班師。

永泰、大曆間，再遣使者來聘，詔户部尚書薛景仙往報。又詔宰相與吐蕃使者盟。俄寇靈州，靈州屯兵破之。復略邠州，馬璘、白元光等再破其衆，天子以虜數入塞，詔治守障，徙當、悉、柘、静、恭五州，皆據險以守。八年侵靈州，進寇涇、邠，渾瑊與戰不利，馬璘以兵掩之，郭子儀又破其衆十萬。九年，帝遣諫議大夫吴損修好，虜亦使使者入朝。明年，復攻臨涇、隴州，又明年，崔寧破其兵，斬首萬級，俘獲甚衆。吐蕃不得志，入掠黎、雅，於是劍南兵合南詔與戰，破之，擒其大酋。十三年，虜以四萬騎寇靈州，又合南詔衆二十萬攻茂州，略扶、文，遂侵黎、雅。詔發幽州兵與戰，大破之。

初，虜使數至，留不遣，所俘虜口，悉部送江南。德宗即位，以歲與虜戰，亡獲相償，謀綏懷之，遣太常少卿韋倫持節歸其俘五百，厚給衣褚，切敕邊吏護亭障，無輒侵虜地。吐蕃始聞未信，使者入境，乃感畏。時乞立贊爲贊普，即發使者隨倫入朝，又遣使獻方物。明年，殿中少監崔漢衡往使，贊普曰：「我與唐舅甥國，詔書乃用臣禮卑我。」又請雲州西盡賀蘭山爲吐蕃境，且引景龍詔書曰：「唐使至，甥先與盟，蕃使至，舅亦將親盟。」贊普曰：「其禮本均。」帝許之，以「獻」爲「進」，「賜」爲「寄」，「領取」爲「領之」〔一二二〕。並約地於賀蘭。其大相尚悉結嗜殺人，以劍南之敗未報，不助和議，次相尚結贊有謀，固請休兵，贊普卒用結贊爲大相，乃講好。約盟境上，約：「唐地涇州右盡彈箏峽，隴州右極清水，鳳州西盡同谷，劍南盡西山、大度水〔一二三〕。吐蕃守鎮蘭、渭、原、會，西臨洮，東成州，抵劍南西磨些諸蠻、大度水之西南。盡大河北自新泉軍抵大磧，南極賀蘭橐駝嶺，其間爲閑田。二國所棄戍地毋增兵，毋創城堡，毋耕邊田。」帝又命宰相、尚書與虜使盟長安。

朱泚之亂，吐蕃請助討賊，詔遣使持節慰撫，渾瑊用論莽羅兵破泚將韓旻於武亭川。初，與虜約，得長安，以涇、靈四州畀之。會大疫，虜輒引去。及泚平，責舊約求地。天子薄其勞，第賜詔書，償結贊、莽羅等帛萬疋，於是虜以爲怨。貞元二年，虜犯涇、隴、邠、寧，掠人畜，敗田稼。尚結贊屯上呰原，遣使請盟。李晟遣部將王佖以鋭兵三千入汧陽，薄其中軍，虜驚潰走，結贊僅自脱。虜衆二萬侵鳳翔〔一二四〕，晟又擊却之。又攻鹽、夏，陷之。天子以邊人殘没，下詔避殿自責。詔駱元光經略鹽、夏。虜得二州，皆戍以兵，乃自屯鳴沙，然饋餉數困。於是駱元光、韓遊瓌濱塞而屯，馬燧次石州，跨河相掎角。結贊懼，屢請盟，天子不許。乃厚賂乞和於燧，燧以爲情，身入見天子，結贊又使言，若許盟，當以鹽、夏還。唐乃以渾瑊爲盟會使，約盟平涼。結贊伏精騎三萬於西，縱瑊等就幄，虜三伐鼓，衆譟而興，瑊遁得免，副使崔漢衡等皆被執。始結贊欲擒瑊等，擣虛入寇，及見漢衡等坐帳中，慢言：「渾瑊戰武功，我力也。許裂地償我，而自食其言。吾既作金枷，必得瑊以見贊普，今失之，徒致公等，無益也。」虜戍鹽、夏，涉春疫大興，皆思歸，乃火其廬舍，頹郛堞而去。結贊歸漢衡等而却其使。結贊乃以兵犯鳳翔，入寶鷄，焚掠而去。又剽汧陽、華亭，掠牛羊率萬計。涇、隴、邠之民，蕩然盡矣。諸將曾不能得一俘，但賀賊出塞而已。

四年五月，虜三萬騎略涇、邠、寧、慶、鄜五州之鄙，焚吏舍民閭，係執數萬。又寇寧州，轉剽鄜、坊。五年，韋皋以劍南兵與戰，殺其將，西南少安。不三年，盡得嶲州地。久之，北庭沙陀別部叛〔一三五〕，吐蕃因是陷北庭都護府，安西道絶。獨西州人尚爲唐守。八年，寇靈州，又寇涇州。詔城鹽州，以兵戍之。時韋皋屢破其兵，俘馘三萬，降其首領。十二年，寇慶州及華池。是歲，尚結贊死。明年，贊普死，其子足之煎立，使使來請好，朝廷以其無信，不受。十四年，韓全義破虜於鹽州。十七年，寇鹽州，陷麟州。韋皋屢破其兵，因定昆明諸蠻。皋圍維州，贊普引兵十萬援之。皋率南詔兵薄之〔一三六〕，擒其酋，獻京師。明年，吐蕃使論頰熱來，右龍武大將軍薛伾往報。二十年，贊普死，詔遣使弔祭。其弟嗣立，使使入朝。順宗立，以田景度等持節往使。永貞元年，來歸金幣、牛馬助崇陵。憲宗初，遣使者修好，且還其俘。其後比年來朝貢。又款隴州塞，丐互市，詔可。十二年，贊普死，遣使弔祭。吐蕃使論矩立藏來朝，未出境，吐蕃寇宥州，與靈州兵戰，不勝，斬首二千級。郝玼又破其兵二萬，詔留矩立藏等不遣〔一三七〕。十四年，乃歸之。吐蕃又遣兵十五萬圍鹽州，不能拔。朔方將史敬奉以奇兵大破之。復攻沙州，陷之。穆宗即位，復通使。虜引兵入屯靈武，靈州兵擊却之。又寇涇州。長慶元年，遣使來朝，且乞盟，詔許之。盟京師西郊。又遣使就盟其國，虜遣論悉諾息等入謝，天子命左衛大將軍令狐通等報之。比歲，使者獻金盎、銀冶犀、鹿，貢犛牛。寶曆至太和〔一三八〕，再遣使者朝。五年，維州守將悉怛謀挈城以降，劍南西川節度使李德裕受之，州南抵江陽岷山，西北望隴山，一面崖，三涯江，虜號無憂城，爲西南要扞。會牛僧孺當國，議還悉怛謀，歸其城。吐蕃夷誅無遺種，以怖諸戎。自是比五年虜使來，必報。所貢有玉帶、金皿〔一三九〕、獺褐、犛牛尾、霞氈、馬、羊、橐駝。

贊普立幾三十年，病不事，委任大臣，故不能抗中國，邊候晏然。死，以弟達磨嗣。達磨嗜酒，好畋獵，喜内，且凶愎少恩，政益亂。開成四年，遣太子詹事李景儒往使，吐蕃以論集熱來朝，獻玉器羊馬。自是國中地震裂，水泉涌，岷山崩，洮水逆流三日，鼠食稼，人飢疫，死者相枕藉。鄯、廓間夜聞鼙鼓聲，人相驚。會昌二年，贊普死，論贊熱等來告，天子命將作監李璟弔祠。無子，以妃綝兄尚延力子乞離胡爲贊普，始三歲，妃共治其國。大相結都那見乞離胡不肯拜，曰：「贊普支屬尚多，何至立綝氏子邪？」哭而出，用事者共殺之。别將尚恐熱爲落門川討擊使，姓末，名農力〔一四〇〕，「熱」猶中國號「郎」也，譎詭善幻，約三部得萬騎，擊鄯州節度使尚婢婢，地至渭川〔一四一〕，與宰相尚與思羅戰薄寒山〔一四二〕。思羅敗走松州，合蘇毗、吐渾、羊同兵八萬保洮河自守，恐熱謂蘇毗等曰：「宰相兄弟殺贊普，天神使我舉義兵誅不道，爾屬乃助逆背國邪？」蘇毗等疑而不戰，恐熱麾輕騎涉河，諸部先降，并其衆至十餘萬，禽思羅縊殺之。

嘐嘐，姓没盧，名贊心牙〔一四三〕，羊同國人，世爲吐蕃貴相，寬厚，略通書記，不喜仕，贊普强官之。三年，國人以贊普立非是，皆叛去。恐熱自號宰相，以兵二十萬擊嘐嘐，鼓鞞、牛馬、橐駝聯千餘里，至鎮西軍，大風雷電，部將震死者十餘人，羊、馬、橐駝亦數百。恐熱惡之，按軍不進。嘐嘐聞之，厚幣詒書約驩，恐熱大喜曰：「嘐嘐，書生，焉知軍事。我爲贊普，當以家居宰相處之。」於是退營大夏川。嘐嘐遣將擊之，敗其兵，恐熱遁。明年，恐熱復攻鄯州，嘐嘐拒守，恐熱兵敗。兵拏連歲不解，嘐嘐與恐熱相持，嘐嘐糧盡，引衆趨甘州西境，以拓跋懷光居守，恐熱麾下多歸之。恐熱大掠鄯、廓、瓜、肅、伊、西等州，所過捕戮，積尸狼籍，麾下咸怨，欲圖之。乃揚聲將請唐兵五十萬共定其亂，保渭州，求册爲贊普，奉表歸唐。宣宗詔太僕卿陸耽持節慰勞，命涇原、靈武、鳳翔、邠寧、振武等兵迎援。恐熱既至，詔尚書左丞李景讓就問所欲〔一四四〕。恐熱倨夸自大，且求河渭節度使，帝不許。還過咸陽橋，咄嘆曰：「我舉大事，覬得濟此河與唐分境。」於是復趨落門川收散卒，將寇邊，會久雨糧絶，恐熱還奔廓州。於是鳳翔節度使李玭復清水〔一四五〕；涇原節度使康季榮復原州，取石門等六關，得人畜幾萬；靈武節度使李欽取安樂州，詔爲威州；邠寧節度使張欽緒復蕭關〔一四六〕；鳳翔收秦州；山南西道節度使鄭涯得扶州。鳳翔兵與吐蕃戰隴州，斬首五百級。是歲，河、隴高年千餘見闕下，天子爲御延喜樓，賜冠帶，皆争解辮易服。因詔差賜四道兵，録有勞者；三州七關地腴衍者，聽民墾藝，貸五歲賦；温池委度支榷其鹽〔一四七〕，以贍邊；四道兵能營田者爲給牛種，戍者倍其資鑲，再歲一代；商賈往來於邊者，關鎮毋苛留；兵欲墾田，與民同。

初，太宗平薛仁杲，得隴上地；虜李軌，得涼州；破吐谷渾、高昌，開四鎮。玄宗繼收黄河積石、宛秀等軍〔一四八〕，中國無斥候警者幾四十年。輪臺伊吾屯田，禾菽彌望。開遠門揭候署曰「西極道九千九百里〔一四九〕」，示戍人無萬里行也。乾元後，隴右、劍南西山三州七關軍鎮監牧三百所皆失之。憲宗嘗覽天下圖，見河湟舊封，赫然思經略之，未暇也。至是群臣奏言：「王者建功立業，必有以光表於世者。今不勤一卒，血一刃，而河湟自歸，請上天子尊號。」帝曰：「憲宗嘗念河湟，業未就而殂落。今當述祖宗之烈，其議上順、憲二廟謚號，夸顯後世。」又詔：「朕始息民，其山外諸州，須後經營之。」

明年，沙州首領張義潮奉瓜、沙、伊、肅、甘等十一州地圖以獻。始義潮陰結豪傑歸唐。一日，衆擐甲譟州門，漢人皆助之，虜守者驚走，遂攝州事。繕兵甲，耕且戰，悉復餘州。以部校十輩皆操挺，内表其中，東北走天德城，防禦使者齎詔收慰，擢義潮沙州防禦使，俄號歸義軍，遂爲節度使。其後河、渭州虜將尚延心以國破亡，亦獻款。秦州刺史高駢誘降延心及渾末部萬帳，遂收二州，拜延心武衛將軍。駢收鳳林關，以延心爲河、渭等州都遊奕使。咸通二年，義潮奉涼州來歸。七年，北庭回鶻僕固俊擊取西州〔一五〇〕，收諸部。鄯州城使張季顒與尚恐熱戰，破之，收器鎧以獻。吐蕃餘衆犯邠、寧，節度使薛弘宗却之。會僕固俊與吐蕃大戰，斬恐熱首，傳京師。八年，張義潮入朝，爲右神武統軍，賜第及田，命族子淮深守歸義。十三年卒。沙州以長史曹義金領州務，遂授歸義節度使。後中原多故，王命不及，甘州爲回鶻所并，歸義諸城多没。

渾末，亦曰嗢末，吐蕃奴部也。虜法，出師必發豪室，皆以奴從，平居散處耕牧。及恐熱亂，無所歸，共相嘯合數千人，以嗢末自號，居甘、肅、瓜、沙、河、渭、岷、廓、疊、宕間，其近蕃牙者最勇，而馬尤良云。

唐末瓜、沙之地復爲所隔，然吐蕃自是衰弱，族種分散，大者數千家，小者百十家，無復統一矣。自儀、渭、涇、原、環、慶及鎮、戎、秦州，暨於靈、夏皆有之，各有首領，内屬者謂之熟户，餘謂之生户。凉州雖爲所隔，然其地自置牧守，或請命於中朝。

校勘記

〔一〕白馬羌　「羌」字原脱，據下文及太平御覽卷七九六四夷部一七西戎五補。

〔二〕酋帥徒何涉歸有二子　「徒何涉歸」，宋書卷九六鮮卑吐谷渾傳作「奕洛韓」。按魏書卷一〇一吐谷渾傳作「涉歸一名奕洛韓」。

〔三〕少曰若洛廆　「若洛廆」，宋書卷九六鮮卑吐谷渾傳、魏書卷一〇一吐谷渾傳、隋書卷八三西域傳同，太平御覽卷一二一偏霸部五引崔鴻十六國春秋前燕録作「奕洛瓌」。

〔四〕涉歸死若洛廆代統部落　「涉歸死若洛廆」六字原脱，據魏書卷一〇一吐谷渾傳、隋書卷八三西域傳補。

〔五〕分七百户與渾　「七百户」，晉書卷九七四夷傳作「一千七百家」。

〔六〕與兄異部　「兄」下原衍「弟」字，據宋書卷九六鮮卑吐谷渾傳、魏書卷一〇一吐谷渾傳删。

〔七〕甘松山在今交川郡境　「交川」原作「合川」，據通典卷一七六州郡六改。下同。

〔八〕能日行千里　「日」字原脱，據隋書卷八三西域傳、太平御覽卷七九四四夷部一五西戎三、太平寰宇記卷一八八四夷一七西戎九補。

〔九〕光宅於此　「光」原作「先」，據晉書卷九七四夷傳、太平寰宇記卷一八八四夷一七西戎九改。

〔一〇〕自號驃騎將軍　「驃騎」原作「車騎」，據宋書卷九六鮮卑吐谷渾傳、魏書卷一〇一吐谷渾傳、北史卷九六吐谷渾傳、通典卷一九〇邊防六改。

〔一一〕號爲强國　「爲」字原脱，據北史卷九六吐谷渾傳補。

〔一二〕問於群寮曰　「群」原作「郡」，據北史卷九六吐谷渾傳改。

〔一三〕此水東流　「東」字原脱，據魏書卷一〇一吐谷渾傳、北史卷九六吐谷渾傳補。

〔一四〕其長史曾和曰　「長史」原作「長吏」，據魏書卷一〇一吐谷渾傳、北史卷九六吐谷渾傳改。

〔一五〕又加除命　「除」原作「朝」，據宋書卷九六鮮卑吐谷渾傳、魏書卷一〇一吐谷渾傳、北史卷九六吐谷渾傳改。

〔一六〕遣軍擊乞伏茂蔓　「茂蔓」，通典卷一九〇邊防六、太平寰宇記卷一八八四夷一七西戎九同，宋書卷九六鮮卑吐谷渾傳作「茂蔓」，魏書卷九九鮮卑乞伏國仁傳、資治通鑑卷一一九宋紀一永初元年正月條作「暮末」，晉書卷一二五乞伏熾磐載記作「慕末」。

〔一七〕其時赫連定據長安爲後魏主所攻敗　「據」，北宋本通典卷一九〇邊防六作「於」。

〔一八〕擁秦雍户口十餘萬　宋書卷九六鮮卑吐谷渾傳無「雍」字。

〔一九〕西次罕幵　「幵」原作「开」，據通典卷一九〇邊防六改。下同。

〔二〇〕後弟慕延立　「慕延」，宋書卷九六鮮卑吐谷渾傳同，魏書卷一〇一吐谷渾傳、北史卷九六吐谷渾傳作「慕利延」。

〔二一〕南依㕯賓　「依」，通典卷一九〇邊防六同，魏書卷一〇一吐谷渾傳、北史卷九六吐谷渾傳作「征」。

〔二二〕阿犲兄樹洛干子拾寅立　「樹洛干」原作「樹洛于」，據魏書卷一〇一吐谷渾傳、北史卷九六吐谷渾傳改。

〔二三〕其西北諸雜種謂之阿貲虜　「阿貲虜」，通典卷一九〇邊防六同，晉書卷九七四夷傳、宋書卷九六鮮卑吐谷渾傳、魏書卷一〇一吐谷渾傳、北史卷九六吐谷渾傳作「阿柴虜」。

〔二四〕其南界龍涸城　「龍涸」原作「隴涸」，據下文及宋書卷九六鮮卑吐谷渾傳、魏書卷一〇一吐谷渾傳、北史卷九六吐谷渾傳改。

〔二五〕大城有四　「城」，太平寰宇記卷一八八四夷一七西戎九作「戍」。

〔二六〕官有王公僕射尚書及郎中之號　「郎中之號」，通典卷一九〇邊防六同，魏書卷一〇一吐谷渾傳作「郎將將軍之號」，北史卷九六吐谷渾傳作「郎中將軍之號」。

〔二七〕又攻拔其洮陽洪和二城　「洪和」原作「况和」，據周書卷四明帝紀、北史卷九六吐谷渾傳、册府元龜卷三五五將帥部立功八改。

〔二八〕二年　周書卷五〇異域傳下、北史卷九六吐谷渾傳作「二年五月，復遣使來獻。建德五年，其國大亂，武帝詔皇太子征之」。此處疑有脱文。

〔二九〕仍加趉巨屈反胡吕烏甘豆可汗之號　「甘豆」二字原脱，據舊唐書卷一九八西域傳、新唐書卷二二一上西域傳上、通典卷一九〇邊防六補。

〔三〇〕遣大將軍蘇定方爲安集大使　「蘇定方」原作「蘇安定」，據舊唐書卷一九八西域傳、新唐書卷二二一上西域傳上改。「安集」，同上舊唐書作「安置」。

〔三一〕當甘肅瓜沙降者　「當」原作「嘗」，據新唐書卷二二一上西域傳上改。

〔三二〕乙弗敵　通典卷一九〇邊防六同，魏書卷一〇一吐谷渾傳、北史卷九六吐谷渾傳作「乙弗勿敵」。

〔三三〕白蘭山西北又有可蘭國　「可蘭國」，魏書卷一〇一吐谷渾傳作「阿蘭國」。

〔三四〕宕昌羌後魏時興焉亦三苗之胤與先零燒當罕幵諸部姓别自立酋帥皆有地分不相統攝宕昌即其一也　魏書卷一〇一宕昌傳、北史卷九六宕昌傳作：「宕昌羌者，其先蓋三苗之胤，周時與庸、蜀、微、盧等八國從武王滅商。漢有先零、燒當等，世爲邊患。其地東接中華，西通西域，南北數千里。姓别自爲部落，酋帥皆有地分，不相統攝，宕昌即其一也。」按宕昌羌興時，先零、燒當諸部已不復存在，此云「與先零、燒當、罕幵諸部姓别」云云，誤，乃通典節改舊文，本書沿用通典之文未曾改正致然。

〔三五〕居有棟宇　「棟」，魏書卷一〇一宕昌傳、北史卷九六宕昌傳作「屋」。

〔三六〕有梁勤者　「梁勤」，魏書卷一〇一宕昌傳、北史卷九六宕昌傳作「梁懃」，太平寰宇記卷一八八四夷一七西戎九作「梁勒」。

〔三七〕仇池山在今同谷郡上禄縣　「今」「縣」二字原脱，據通典卷一九〇邊防六補。

〔三八〕席水在今天水郡上邽縣　「郡」字原脱，據太平寰宇記卷一八八四夷一七西戎九補。

〔三九〕至其孫彌忽　「彌忽」原作「彌忿」，據魏書卷一〇一宕昌傳、周書卷四九異域傳上、北史卷九六宕昌傳、太平寰宇記卷一八八四夷一七西戎九改。通典卷一九〇邊防六作「彌忿」。

〔四〇〕太武帝拜爲宕昌王　「太」原作「大」，據北史卷九六宕昌傳、通典卷一九〇邊防六改。

〔四一〕七葉孫彌秦　「彌秦」，通典卷一九〇邊防六同，梁書卷五四諸夷傳、南史卷七九夷貊傳下、太平寰宇記卷一八八四夷一七西戎九作「彌泰」。

〔四二〕周武帝天和初　「天和」原作「大和」，據通典卷一九〇邊防六改。

〔四三〕有像舒治者　「治」原作「理」，據魏書卷一〇一鄧至傳、周書卷四九異域傳上、北史卷九六鄧至傳改。下同。按「理」，通典避唐諱改，本書沿用通典之文，未曾回改。

〔四四〕稱鄧至王　「稱」字原脱，據魏書卷一〇一鄧至傳、北史卷九六鄧至傳、太平御覽卷七九三四夷部一四西戎二補。

〔四五〕其地自千亭以東　「千亭」，魏書卷一〇一鄧至傳、北史卷九六鄧至傳皆作「亭街」。

〔四六〕其主檐術因亂來奔　「檐術」，周書卷四九異域傳上作「檐桁」。

〔四七〕又有東亭衛大赤水寒巖石河薄陵下習山倉驤覃水等諸羌國　「山倉」二字原作「峆」，「水」字原脱，據北史卷九六鄧至傳改補。「巖」，同上北史作「宕」。

〔四八〕渠帥之名　「渠」原作「巨」，據魏書卷一〇一鄧至傳、北史卷九六鄧至傳改。

〔四九〕有細封氏　「細封氏」原作「佃封氏」，據新唐書卷二二一上西域傳上、太平御覽卷七九五四夷部一六西戎四改。

〔五〇〕野律氏　舊唐書卷一九八西戎傳、新唐書卷二二一上西域傳上、北宋本通典卷一九〇邊防六、太平御覽卷七九五四夷部一六西戎四作「野辭氏」，新五代史卷七四四夷附録三作「野利氏」，宋史卷四九一外國傳七作「野亂氏」。

〔五一〕每姓別爲部落　「姓」原作「名」，據隋書卷八三西域傳、舊唐書卷一九八西戎傳、新唐書卷二二一上西域傳上改。

〔五二〕大者五千餘騎小者千餘騎　舊唐書卷一九八西戎傳、通典卷一九〇邊防六作「大者萬餘騎，小者數千騎」，新唐書卷二二一上西域傳上作「大者萬騎，小數千」。

〔五三〕少死者則云夭枉　「死者」二字原倒，「云夭」原作「爲天」，據舊唐書卷一九八西戎傳、新唐書卷二二一上西域傳上、北史卷九六党項傳、太平御覽卷七九五四夷部一六西戎四乙改。

〔五四〕開皇四年　「四年」原作「元年」，據隋書卷八三西域傳改。

〔五五〕又相率降　「又」原作「人」，據隋書卷八三西域傳改。

〔五六〕養老長幼而乃乍還乍走　「長」字與「而」字原脱，據隋書卷八三西域傳上補。

〔五七〕擢赤辭西戎州都督　「辭」字原脱，據舊唐書卷一九八西戎傳、新唐書卷二二一上西域傳上補。

〔五八〕始詔慶州置静邊等州處之　「等」下「州」字原脱，據舊唐書卷一九八西戎傳、新唐書卷二二一上西域傳上補。

〔五九〕肅宗詔郭子儀以杜冕桑如珪分二隊討之　「以」字原無，據新唐書卷二二一上西域傳上補。

〔六〇〕節度使周智光破之澄城　「澄城」原作「登城」，據下文及新唐書卷二二一上西域傳上改。

〔六一〕閱月又入同州　「閱」原作「閏」，據新唐書卷二二一上西域傳上改。

〔六二〕與吐蕃姻援　「吐蕃」原作「亡暮」，據新唐書卷二二一上西域傳上改。

〔六三〕又表置静邊芳池相興三州都督　「相興」原作「相與」，據新唐書卷二二一上西域傳上改。

〔六四〕於是破丑野利把利三部及思樂州刺史拓拔乞悔等皆入朝　「悔」，新唐書卷二二一上西域傳上作「梅」。

〔六五〕宜定州刺史折磨布落　「布」原作「部」，據元本、慎本、馮本及新唐書卷二二一上西域傳上改。

〔六六〕後爲永安將阿使那思暕賦索無極　「阿使那思暕」，舊唐書卷一九八西戎傳作「阿史那思昧」，新唐書卷二二一上西域傳上作「阿史那思暕」。

〔六七〕其首領薄香來貢良馬　「薄香」，五代會要卷二九党項羌作「簿備香」。

〔六八〕詔邠州節度使藥彦稠等率步騎七千討之　「藥彦稠」原作「樂彦稠」，據元本、慎本、馮本及舊五代史卷一三八党項傳、新五代史卷七四四夷附録三改。

〔六九〕以府州党項泥也等六族大首領爲大將軍　「六」原作「之」，據五代會要卷二九党項羌改。

〔七〇〕鎮戎　原作「振戎」，據宋史卷四九一外國傳七改。

〔七一〕詔判四方館事田仁朗及閤門使王侁等相繼領兵討擊　「田仁朗」原作「田仁節」，據宋史卷二七五田仁朗傳、宋史卷四九一外國傳七改。

〔七二〕保香族　原作「保杳族」，據宋史卷四九一外國傳七改。

〔七三〕梟其首領埋乜已等五十七人　「埋乜」二字原倒，據元本、慎本、馮本及宋史卷四九一外國傳七乙正。

〔七四〕俘其老小三百餘人　「俘」原作「係」，據宋史卷四九一外國傳七改。

〔七五〕侁等又言　「又言」二字原脱，據宋史卷四九一外國傳七補。

〔七六〕番官折御乜等六十四人獻馬首罪　「御」原作「軍」，據下文及宋史卷四九一外國傳七改。「御」，宋史卷二七四王侁傳作「遇」。

〔七七〕遂與部下兵入濁輪川　「入」字原脱，據宋史卷四九一外國傳七補。

〔七八〕夏州趙保忠言　「保」字原脱，據宋史卷四九一外國傳七補。

〔七九〕淳化四年　「淳化」二字原脱，宋史卷四九一外國傳七載鄭文寶獻議乃淳化四年事，據補。

〔八〇〕知環州程德玄等擊走之　「程德玄」原作「程德言」，據宋史卷四九一外國傳七、卷三〇九程德玄傳改。

〔八一〕今悉衆款塞　「今」原作「令」，據宋史卷四九一外國傳七改。

〔八二〕府州折惟昌言　「折惟昌」原作「折堆昌」，據宋史卷四九一外國傳七、續資治通鑑長編卷六三景德三年五月辛亥條改。

〔八三〕兀泥族大首領名崖從父盛佶　「盛佶」原作「盛佑」，其下原衍「族」字，據宋史卷四九一外國傳七、續資治通鑑長編卷六三景德三年五月辛亥條改刪。

〔八四〕西北至叱利摸徒　「北」字原脱，據周書卷四九異域傳上補；「叱利摸徒」，通典卷一九〇邊防六同，同上周書作「利摸徒」，北史卷九六白蘭傳作「北利摸徒」。

〔八五〕南界那鄂　「那鄂」原作「郡鄂」，據周書卷四九異域傳上、北史卷九六白蘭傳改。

〔八六〕唐武德二年使者入朝以其地爲維恭二州　新唐書卷二二一上西域上作「武德六年，使者入朝。明年，以其地爲維恭二州」。

〔八七〕春桑　新唐書卷二二一上西域上作「春桑」。

〔八八〕其國出鄀城五百里　「鄀城」原作「都城」，據通典卷一九〇邊防六改。

〔八九〕地有冷瘴　「有」字原脱，據通典卷一九〇邊防六補。

〔九〇〕其君長或在跋布川或居邏娑川　「跋」原作「跂」，據通典卷一九〇邊防六改。「娑」原作「婆」，據舊唐書卷一九六下吐蕃傳下、新唐書卷二一六上吐蕃傳上改。下同。

〔九一〕以麥爲麨　「麨」，通典卷一九〇邊防六同，唐會要卷九七吐蕃、太平寰宇記卷一八五四夷一四西戎六、册府元龜卷九六一外臣部土風三作「麪」。

〔九二〕取牛馬頭積累於墓上　「頭」字原脱，據唐會要卷九七吐蕃、册府元龜卷九六一外臣部土風三補。

〔九三〕用刀當腦縫鋸　唐會要卷九七吐蕃、太平寰宇記卷一八五四夷一四西戎六同，「縫」，册府元龜卷九六一外臣部土風三作「縱」。

〔九四〕各以方圓三寸　「寸」原作「十」，據唐會要卷九七吐蕃、太平寰宇記卷一八五四夷一四西戎六、册府元龜卷九六一外臣部土風三改。

〔九五〕有草名速古芒葉長二寸狀若斜蒿有鼠尾長於常鼠　通典卷一九〇邊防六、唐會要卷九七吐蕃、太平寰宇記卷一八五四夷一四西戎六同，册府元龜卷九六一外臣部土風三作「有草名蓮古芒，葉長二寸，狀若斜蒿，每莖不過三四葉，其莖蔓，其花黄，其根連珠如麥門冬，味辭（當是「辛」之訛），性微冷。有鼠，尾長於常鼠，每三二十同一穴。至秋後，衆鼠收此草根爲藏，多者至數石。俗常掘草根而食，而留給鼠糧」。本書沿用通典之文，過於簡略，以致動植物關係不明。

〔九六〕其國禁殺鼠殺鼠者加其罪　「鼠殺鼠」三字原脱，據唐會要卷九七吐蕃、太平寰宇記卷一八五四夷一四西戎六、册府元龜卷九六一外臣部土風三補。

〔九七〕方圓七十里　「十」，通典卷一九〇邊防六、唐會要卷九七吐蕃、太平寰宇記卷一八五四夷一四西戎六同，册府元龜卷九六一外臣部土風三作「百」。

〔九八〕與蠻西洱河合流而東　「洱」原作「二」，據唐會要卷九七吐蕃、太平寰宇記卷一八五四夷一四西戎六、册府元龜卷九六一外臣部土風三改。

〔九九〕置大論以統理國事　舊唐書卷一九六上吐蕃傳上、太平御覽卷七九八四夷部一九西戎七「大論」下有「小論」二字。

〔一〇〇〕用人馬牛驢　「人」，通典卷一九〇邊防六同，舊唐書卷一九六上吐蕃傳上、唐會要卷九七吐蕃作「犬」。

〔一〇一〕其國都號爲邏些城　「邏些」原作「邏婆」，據舊唐書卷一九六上吐蕃傳上、唐會要卷九七吐蕃、太平御覽卷七九八四夷部一九西戎七、册府元龜卷九六一外臣部土風三改。「些」「娑」音近，「邏些」即上文「邏娑」。

〔一〇二〕至其主棄蘇農贊　「棄蘇農贊」，通典卷一九〇邊防六同，舊唐書卷一九六上吐蕃傳上、新唐書卷二一六上吐蕃傳上作「棄宗弄贊」。

〔一〇三〕見王人　「人」字原脱，據通典卷一九〇邊防六、唐會要卷九七吐蕃、太平御覽卷七九八四夷部一九西戎七補。

〔一〇四〕嘆大國服飾禮儀之美　「嘆」，通典卷一九〇邊防六作「睹」。

〔一〇五〕高宗初　「高」上原衍「至」字，據太平寰宇記卷一八五四夷一四西戎六删。

〔一〇六〕欽陵姓薛氏　「薛氏」，通典卷一九〇邊防六、太平寰宇記卷一八五四夷一四西戎六同，舊唐書卷一九六上吐蕃傳上作「薆氏」，唐會要卷九七吐蕃作「築氏」。

〔一〇七〕其父禄東贊頗曉兵術　「頗」原作「婆」，據通典卷一九〇邊防六改。

〔一〇八〕儀鳳三年　「三」原作「二」，據舊唐書卷一九六上吐蕃傳上、通典卷一九〇邊防六改。

〔一〇九〕諸弟分鎮方面　「鎮」，通典卷一九〇邊防六作「領」，舊唐書卷一九六上吐蕃傳上作「據」。

〔一一〇〕乞聖恩含弘　「含弘」二字原脱，據通典卷一九〇邊防六補。

〔二一一〕贊普自討之　「之」字原脱，據新唐書卷二一六上吐蕃傳上補。

〔二一二〕未報　「報」原作「執」，據元本、慎本、馮本及新唐書卷二一六上吐蕃傳上改。

〔二一三〕還其婚使　「使」字原脱，據新唐書卷二一六上吐蕃傳上、册府元龜卷九七九外臣部和親二補。

〔二一四〕可敦又遣宗俄請婚　新唐書卷二一六上吐蕃傳上「可敦」前有「祖母」二字。

〔二一五〕命解琬持神龍誓書往　「往」字原脱，據新唐書卷二一六上吐蕃傳上補。

〔二一六〕詔薛訥王晙等討之　「王晙」原作「王暖」，據舊唐書卷一九六上吐蕃傳上、新唐書卷二一六上吐蕃傳上改。

〔二一七〕遣左驍衛郎將尉遲瓌使吐蕃　「尉遲瓌」原作「尉遲環」，據新唐書卷二一六上吐蕃傳上、資治通鑑卷二一一唐紀二七開元二年十月條改。

〔二一八〕金城公主上書求聽修好　「上」字原脱，據新唐書卷二一六上吐蕃傳上補。

〔二一九〕未蒙開許　「未」原作「來」，據元本、慎本、馮本及新唐書卷二一六上吐蕃傳上改。

〔二二〇〕其王没謹忙貽書北庭節度使張孝嵩曰　「北庭」原作「北廷」，據新唐書卷二一六上吐蕃傳上改。

〔二二一〕欲假道勃律以攻四鎮　按欲假道勃律以攻四鎮者乃吐蕃，新唐書卷二一六上吐蕃傳上記述甚詳，此處過於苟簡，表述不清。

〔二二二〕悉諾邏兵入大斗谷　「大斗谷」，新唐書卷二一六上吐蕃傳上作「大斗拔谷」。

〔二二三〕以吐蕃出入數十年　「數十年」三字原脱，據新唐書卷二一六上吐蕃傳上補。

〔二二四〕故時疆畔皆樹壁守捉　「疆」原作「彊」，據新唐書卷二一六上吐蕃傳上改。

〔二二五〕臧希液鋭破之　「液」字原脱，據舊唐書卷一九六上吐蕃傳上、新唐書卷二一六上吐蕃傳上補。

〔二二六〕又襲廓州　新唐書卷二一六上吐蕃傳上作「吐蕃又襲廓州」，文義較明。

〔二二七〕是時　新唐書卷二一六上吐蕃傳上記載此事已是天寶十載，而本書上文「俘其大酋」當即同上新唐書所云「擒其相兀論樣部」事，乃在天寶三載。本書撮叙要事，却於紀年失於照應。

〔二二八〕封懷義王　「懷」原作「使」，據元本、慎本、馮本及舊唐書卷一九六上吐蕃傳上、資治通鑑卷二一七唐紀三三天寶十四載四月條改。

〔二二九〕贊普乞黎蘇籠臘贊死　下「贊」字原作「替」，據元本、慎本、馮本及舊唐書卷一九六上吐蕃傳上、資治通鑑卷二一七唐紀三三天寶十四載四月條改。

〔二三〇〕陷臨洮取秦成　「成」原作「城」，據新唐書卷二一六上吐蕃傳上改。

〔二三一〕是時嚴武拔鹽川　「鹽川」原作「監州」，據新唐書卷一二九嚴武傳、資治通鑑卷二二三唐紀三九廣德二年十月條改。

〔二三二〕領取爲領之　「取」原作「或」，據舊唐書卷一九六下吐蕃傳下、新唐書卷二一六下吐蕃傳下改。

〔二三三〕劍南盡西山大度水　「西」字原脱，據舊唐書卷一九六下吐蕃傳下、新唐書卷二一六下吐蕃傳下補。

〔二三四〕虜衆二萬侵鳳翔　「二」原作「三」，據新唐書卷二一六下吐蕃傳下、資治通鑑卷二三二唐紀四八貞元二年十月癸亥條改。

〔二三五〕北庭沙陀別部叛　「北庭」原作「北廷」，據下文及新唐書卷二一六下吐蕃傳下改。

〔二三六〕皋率南詔兵薄之　「兵」字原脱，據新唐書卷二一六下吐蕃傳下補。

〔二三七〕詔留矩立藏等不遣　「藏」字原脱，據新唐書卷二一六下吐蕃傳下補。

〔一三八〕寶曆至太和　「寶曆」原作「寶器」，據舊唐書卷一九六下吐蕃傳下、新唐書卷二一六下吐蕃傳下改。

〔一三九〕金皿　原作「金四」，據新唐書卷二一六下吐蕃傳下改。

〔一四〇〕姓末名農力　「末」原作「求」，據新唐書卷二一六下吐蕃傳下改。

〔一四一〕地至渭川　「渭川」，新唐書卷二一六下吐蕃傳下作「渭州」。

〔一四二〕與宰相尚與思羅戰薄寒山　「寒」原作「塞」，「山」字原脱，據元本、慎本、馮本及新唐書卷二一六下吐蕃傳下改補。

〔一四三〕名贊心牙　「牙」原作「本」，據新唐書卷二一六下吐蕃傳下改。

〔一四四〕詔尚書左丞李景讓就問所欲　「問」字原脱，據新唐書卷二一六下吐蕃傳下補。

〔一四五〕於是鳳翔節度使李玭復清水　「李玭」原作「李泚」，據新唐書卷二一六下吐蕃傳下改。

〔一四六〕邠寧節度使張欽緒復蕭關　「蕭關」原作「肅關」，據新唐書卷二一六下吐蕃傳下改。

〔一四七〕温池委度支榷其鹽　「温池」原作「温地」，據新唐書卷二一六下吐蕃傳下改。

〔一四八〕玄宗繼收黄河積石宛秀等軍　「積石」原作「磧石」，據新唐書卷二一六下吐蕃傳下改。

〔一四九〕西極道九千九百里　「里」字原脱，據新唐書卷二一六下吐蕃傳下補。

〔一五〇〕北庭回鶻僕固俊擊取西州　「北庭」原作「北廷」，據新唐書卷二一六下吐蕃傳下改。

卷三百三十五　四裔考十二

吐蕃

梁開平二年，遣使朝貢，官其首領。後唐天成二年，遣使者野利延孫等入貢，并蕃僧四人，持蕃書二封，人莫識其字。其後，權知西涼府留後孫超遣大將拓跋承誨來貢〔一〕，明宗召見。承誨云：「涼州東距靈武千里，西北至甘州五百里，舊有鄆人二千五百爲戍卒，及黄巢之亂，遂爲阻絶。今城中漢户百餘，皆戍兵之子孫，衣服言語，略如漢人。」又言：「涼州郭外數十里，尚有漢民陷没者耕作，餘皆吐蕃。」詔授超涼州刺史，河西軍節度使留後。漢乾祐初，超卒，州人推其土人折逋嘉施權知留後，遣使來貢，即以嘉施代超爲留後。周廣順二年〔二〕，始以申師厚爲河西節度。師厚初至涼州，奏授吐蕃首領折逋支等官，從之。顯德中，師厚爲其所迫，擅還朝，坐貶。涼州亦不復命帥。

宋建隆二年，靈武五蕃以橐駝、良馬致貢，來離等八族蕃越嵬護送入界，敕書奬諭。又賜秦州首領尚波于錦袍銀帶，尚波于感悦。是年秋，獻伏羌地〔三〕。乾德四年，知西涼州折逋葛支上言〔四〕：「有回鶻二百餘人、漢僧六十餘人自朔方路來，爲部落劫掠。僧云欲往天竺取經，並送達甘州訖。」詔褒答之。開寶八年〔五〕，秦州大石、小石族寇土門，掠居民，知州張炳擊走之。太平興國二年，秦州諸族數入寇，俱擊敗之，斬首數十級，下詔戒勵之。八年，諸種以馬來獻，召其酋長對崇政殿，厚加慰撫，賜以束帛。九年，秦州言蕃部以羊馬來獻，詔以茶綵答其值。淳化元年，秦州大、小馬家族獻地内附。至道元年七月〔六〕，西涼府押蕃落副使折逋喻龍波上言，蕃部頻爲繼遷侵掠，乃與吐蕃都部署没臨拽于會六谷蕃衆來朝〔七〕，且獻名馬。上厚賜之。是歲，涼州復來請帥，詔以丁惟清知州事，賜以牌印。

咸平元年十一月，河西軍左廂副使、歸德將軍折逋游龍鉢來朝。龍鉢四世受命爲酋，雖貢方物，未嘗自行，今始至，獻馬二千餘匹。河西軍即古涼州，東至故原州千五百里，南至雪山、吐谷渾〔八〕、蘭州界三百五十里，西至甘州同城界六百里，北至部落三百里。周迴平川二千里〔九〕。舊領姑臧、神烏〔一〇〕、蕃禾、昌松、嘉麟五縣，户二萬五千六百九十三，口十二萬八千一百九十二〔一一〕。今有漢民三百户。城周迴五十里〔一二〕，如鳳形，相傳李軌舊治也。皆龍鉢自述云。詔以龍鉢爲安遠大將軍。三年〔一三〕，以儀州延蒙八部都首領潟哥領化州刺史，首領透逋等爲懷化郎將。四年，知鎮戎軍李繼和言，西涼府六谷都首領潘羅支願戮力討繼遷，請授以刺史，仍給廪禄。五年十一月，羅支貢馬五千匹〔一四〕。詔厚給馬價，别賜茶綵。六年，原、渭蕃部三十二族納質來歸〔一五〕。羅支又遣蕃官吴福聖臘來貢〔一六〕，表言：「感朝廷恩信，憤繼遷倔强，已集騎兵六萬，乞會王師，收復靈州。」乃以羅支爲朔方軍節度、靈州西面都巡檢使，賜以鎧甲器幣。又以吴福聖臘爲定遠將軍，次首領兀佐等七人爲懷化將軍〔一七〕。羅支屢請王師助擊賊，議者以西涼去渭州限河路遠，不可豫約師期。上曰：「繼遷常在地斤三山之東〔一八〕，每來寇邊，及官軍出，則已遁去。使六谷部族近塞捍禦〔一九〕，與官軍合勢，亦國家之利。」降詔許之。六月，知渭州曹瑋言，隴山西延蒙族首領禿逋等納馬立誓〔二〇〕，乞隨王師討賊，以漢法治蕃部，瑋稱其忠。詔授本族軍主。八月，者龍族首領來貢名馬，上嘉其嘗與潘羅支協力抗賊，令優待之。

其年十一月，繼遷攻西蕃，遂入西凉府，知州丁惟清陷没。羅支僞降，未幾，集六谷諸豪及者龍族合擊繼遷。繼遷大敗〔二一〕，中流矢死。景德元年二月，羅支遣其甥廝陁完來獻捷。六月，又遣其兄邦逋支入奏，且欲更率部族及回鶻精兵直抵賀蘭山討除殘孽，願發大軍援助。即詔涇原部署陳興等俟羅支已發兵馬，率衆鼓行赴石門策應。邦逋支又言前賜羅支牌印、官誥、衣服、器械爲遷賊劫掠，有詔别給羅支；又言修洪元大雲寺，詔賜金箔物綵。先是，繼遷種落迷般囑及日逋吉羅丹二族亡歸者龍族，而欲陰圖羅支。是月，會遷黨攻者龍，羅支率百餘騎急赴，將議合擊，遂爲二族戕於帳。詔贈羅支武威郡王，遣使贈恤其家。諸豪議立羅支弟廝鐸督爲首領，詔授鐸督鹽州防禦使、靈州西面沿邊都大巡檢使。上以遷黨未平，藉其腹背攻制〔二二〕，遂加鐸督朔方軍節度、押蕃落等使。石、隰州言河西諸蕃四十五族内附〔二三〕。其年，遷黨寇永寧寨，爲藥令族合蘇擊而敗之〔二四〕，斬首百餘級。三年〔二五〕，廝鐸督遣使入貢，仍上與趙德明戰鬭功狀。詔嘉獎之，加檢校太傅。渭州言妙娥、延家、熟魏等族率三千餘帳、萬七千餘口及羊馬數萬款寨内附〔二六〕。詔遣使撫勞之，賜以袍帶茶綵，仍以折平族首領撒逋渴爲順州刺史，充本族都軍主。是年，宗家、當宗、章迷族來貢，移逋、攃父族歸附〔二七〕。九月，詔釋西面納質戎人。先是，諸蕃有鈔劫爲惡嘗經和斷者，恐異時復叛，故收其子弟爲質，乃有禁錮終身者。上憫而縱之，族帳感恩，皆稽首誓不爲邊患。四年，邊臣言趙德明謀劫西凉，襲回鶻。上以六谷、甘州久推忠順，思撫寧之，乃遣使諭廝鐸督令援結回鶻爲備，并賜鐸督茶藥、襲衣、金帶及部落物有差。鐸督奉表謝。

大中祥符七年〔二八〕，知秦州張佶置大洛門新寨〔二九〕。先是，佶欲近渭置採木場，蕃族聞之，即徙帳去，佶不能遂撫之，戎人輒悔，因鄉導鈔劫，佶深入掩擊，悉敗走。至是求和，佶不許。時宗哥立遵、唃廝囉、温逋奇等帳族甚盛〔三〇〕，勝兵六七萬，與趙德明抗敵，希望朝廷恩命。佶奏請拒絶。涇原鈐轄曹瑋又言：宜厚唃廝囉以扼德明。八年，會廝囉遣使來貢，詔賜錦袍、金帶、器幣、供帳什物、茶藥有差，凡中金七千兩，他物稱是。其年，唃廝囉、宗哥立文法〔三一〕，聚衆數十萬，請討平夏以自效。上以爲戎人多詐，慮緩急侵寇及擾熟户，即命周文質監涇原軍，曹瑋知秦州兼兩路沿邊安撫使以備之〔三二〕。

宗哥城東南至永寧寨九百一十五里，東北至西涼府五百里，西北至甘州五百里，東至蘭州三百里，南至河州四百一十五里，又東至龕谷五百五十里，又西南至青海四百里〔三三〕，又東至新渭州千八百九十里。

九年，廝囉、立遵等獻馬五百八十二匹。詔賜器幣總萬二千計以答之〔三四〕。是年，以宗哥族李遵爲保順軍節度，賜襲衣、金帶、器幣。遵一名郢成〔三五〕，佐唃廝囉甚有威名，性貪忍，其下怨而懼之，屢表求贊普號。朝廷以爲贊普戎王也，遵居廝囉下，不應妄授。乃用廝鐸恩例焉。其後，或比歲，或間歲，朝貢不絶。李遵，或曰李立遵，爲論逋佐唃廝囉。論逋者，相也。立遵貪，且喜殺戮，國人不附，其後舉兵與瑋戰三都谷不勝，又襲西涼爲所敗，廝囉遂與立遵不協，更徙邈川，以温逋奇爲論逋，數使人至秦州求内屬。明道初，即授廝囉寧遠大將軍、愛州團練使，授逋奇歸化將軍。已而逋奇爲亂，因廝囉置阱中，出收不附己者，守阱人間出之。廝囉集兵殺逋奇，徙居青唐。

景祐中以廝囉爲保順軍節度觀察留後，歲以奉錢令秦州就賜。元昊始强，侵掠其界，兵臨河湟，廝囉知衆寡不敵，壁鄯州不出，陰間元昊，頗得其虚實。元昊已度河，插幟志其淺，廝囉潛使人移植深處以誤元昊。及大戰，元昊潰而歸，士視幟渡，溺死者十八九，所鹵獲甚衆。自是，數以奇計破元昊，元昊遂不敢窺其境。及元昊取西凉府，潘羅支舊部往往歸廝囉，又得回紇種人數萬。廝囉居鄯州，西有臨谷城通青海，高昌諸國蕃商皆趨鄯州貿買〔三六〕，以故富强。寶元元年，加保順軍節度使，仍兼邈川大首領。時以元昊反，遣左侍禁魯經持詔諭廝囉，使背擊元昊以披其勢，賜帛二萬疋。經還，以勞擢閤門祇候。廝囉奉詔出兵四萬五千向西凉，西凉有備，廝囉知不可攻，捕殺遊邏數十人亟還，聲言圖再舉。元昊既屢寇邊，仁宗召對魯經，欲再遣，經固辭，貶經爲左班殿直。募敢使者，屯田員外郎劉渙應詔。渙至，廝囉迎導供帳甚厚，介騎士爲先驅，引渙至庭。廝囉冠紫羅氊冠，服金綫花袍、黄金帶、絲履，平揖不拜，延坐勞問，稱「阿舅天子安否」。道舊事則數十二辰屬，曰兔年如此，馬年如此云。渙傳詔已，廝囉召酋豪大犒，約盡力無負〔三七〕，然終不能有大功。後累加恩兼保順河西節度使、洮凉兩州刺史，又加階勳檢校官、功臣、食邑，賜器幣鞍勒馬。

嘉祐三年，擦羅部阿作等叛廝囉歸諒祚，諒祚乘此引兵攻掠境上，廝囉與戰，敗之，獲酋豪六人，收橐駝戰馬頗衆，因降隴逋、立功、馬波三大族〔三八〕。會契丹遣使送女妻其少子董氊，乃罷兵歸。治平二年夏，羌邈奔及阿叔溪心以隴、珠、珂諾三城叛諒祚歸廝囉，廝囉不禮，乃復歸諒祚，請兵還取所獻地，諒祚以兵隨之，不能克，但收邈川歸丁家五百餘帳而還。廝囉其年十月三日卒，以三年五月二日葬，年六十九，董氈嗣。

廝囉三妻，生董氈者曰喬氏，其二妻皆李立遵女〔三九〕，生瞎氈及磨氈角。立遵死，李氏寵衰，斥爲尼，置廓州，錮其子瞎氈。磨氈角結母黨李巴全竊載其母奔宗哥，廝囉不能制，磨氈角因有其衆〔四〇〕。李氏以寶元二年恩賜紫衣。磨氈角亦累奉貢，初補嚴州團練使，以思州團練使卒。所部立其子瞎撒欺丁，李氏懼孤弱不能守，乃獻皮帛，入庫廪文籍於廝囉，廝囉因受之。嘉祐三年，命欺丁爲順州刺史。瞎氈居龕谷，屢通貢，授澄州團練使，先卒。子木征不能自立，青唐族酋瞎藥鷄囉及僧鹿遵迎居洮州〔四一〕，欲立以服洮、岷、叠、宕、武勝軍諸羌。秦州以其近邊，逐之，乃還河州。後徙安江城，董氈雖羈屬之〔四二〕，不能有也。母弟瞎吴叱居銀川聶家山，至和二年，補本族副軍主。

於是唃氏地分爲三，董氈居青唐，獨有河北之地，然最强。其國大抵吐蕃遺俗，懷恩惠，重財貨。無正朔。市易用五穀、乳香、硇砂、罽毯、馬牛以代錢帛。用虎豹皮緣衣裘。尊釋氏。不知醫藥，疾病召巫覡視之，焚柴聲鼓，謂之「逐鬼」。信咀咒，或以决事，訟有疑，使咀之。訟者上辭牘，藉之以帛，事重則以錦。亦有鞭笞杻械諸獄具。人喜啖生物，無蔬茹醯醬，獨知用鹽爲滋味，而嗜酒及茶。居板屋，富室以氈爲幕。貢獻謂之「般次」云。

神宗即位，加董氈太保、太傅，以其子藺逋叱爲錦州刺史〔四三〕。熙寧三年〔四四〕，夏人寇環慶，董氈乘虚入其境，大獲。賜璽書袍帶激奬之。時王韶上平戎策，謂「國家欲平西夏，當復河、湟，則西夏有腹背受敵之憂。今古渭之西，熙、河、蘭、鄯皆漢隴西等郡，董氈雖國其間而不能制諸羌，宜并有之，以絶夏人右臂」。詔以韶爲秦鳳沿邊安撫使。既定熙河，其首領青宜結鬼章寇河州白踏城〔四五〕，景思立死焉。帝命邊臣招來之。十年，以鬼章及阿里骨皆爲刺史。董氈入貢，賜以銀、綵、茶、服、緡錢〔四六〕，改西平軍節度使。元豐四年，王師討夏國，會其兵。董氈遣酋長秣征等率三萬人〔四七〕，赴黨龍耳江及隴、朱、珂諾，又集六部兵十二萬，約以八月分三路與官軍會。帝以其協濟軍威，事功可紀，由常樂郡公進封武威郡王，鬼章、阿里骨、黨令支皆團練使，心牟欽氈、阿星、李叱臘欽爲刺史。夏人與之通好，許割賂斫龍以西地，云如歸我，即官爵恩好一如所欲。董氈拒絶之，訓整兵甲，以俟入討，且以蕃字來告。神宗召見其使，使歸語董氈盡心守圉；每稱其上書情辭忠智，雖中國士大夫存心公家者不過如此。知邈川事力固不足與夏人抗，但欲解散其謀，使不與結和而已，故終不能有大功。哲宗立，加檢校太尉。元祐元年，卒。蘭逋叱已死，養子阿里骨嗣。

阿里骨本于闐人。少從其母給事董氈，故養爲子。既嗣事，遣使修貢。元祐元年，授冠軍大將軍、檢校司空、河西軍節度使，封寧塞郡公。二年，里骨逼鬼章使率衆據洮州。八月，鬼章就擒，檻送京師，詔赦之。明年，里骨奉表謝罪。詔熙河無復出兵，許貢奉如故，又加其官。紹聖元年，來獻獅子，厚賜還之。二年〔四八〕，卒，子瞎征嗣，授以父官。

瞎征嗜殺，部曲睽貳。大酋心牟欽氈之屬有異志，忌瞎征季父蘇南黨征雄勇多智，共誣其謀逆，瞎征不能察而殺之，盡誅其黨，獨籛羅結逃奔溪巴温。溪巴温者，董氈疏族也，自阿里骨之立，去依隴逋部，河南諸羌多歸之〔四九〕。籛羅結奉溪巴温長子杓𣏾據溪哥城。瞎征討殺杓𣏾，籛羅結奔河州，説王贍以取青唐之策〔五〇〕。已而溪巴温入溪哥城，自稱王子。元符二年七月，贍取邈川。八月，瞎征自青唐脱身來降。欽氈迎溪巴温入青唐，立木征之子隴𣏾爲主〔五一〕。九月〔五二〕，贍軍至青唐，隴𣏾出降。詔以邈川爲湟州，青唐爲鄯州。二酋雖降〔五三〕，然其種人本無歸漢意。議者謂：「今不先修邈川以東城障而遽取青唐，非計也。」閏九月，欽氈等果與青唐城中人相結，謀復奪城。山南諸羌亦叛。贍遣將破之，青唐圍解而邈川益急，夏人十萬助之。總管王愍苦戰固守乃免。贍棄青唐歸，溪巴温與其子溪賒羅撒據之〔五四〕。朝論請并棄邈川，且謂董氈無後，趙懷義乃木征之子〔五五〕，唃厮囉嫡曾孫，最爲親的。於是以隴𣏾爲河西軍節度使、知鄯州，封武威郡公，充西蕃都護〔五六〕，依府州折氏例世世承襲。尋賜姓名趙懷德；其弟邦辟勿丁呡曰懷義〔五七〕，爲廓州團練使、同知湟州；加瞎征檢校太傅、懷遠軍節度使。三年三月，懷德及所降契丹、夏國、回鶻公主入見〔五八〕，皆蕃服蕃拜，各賜冠服，退易之，於邇英閣前復立班謝，賜食於横門。徽宗命輔臣呼懷德與語〔五九〕，問何以招致溪巴温，對曰：「譬如乳牛，繫其子即母須來，繫其母即子須來。至岷州，當遣人往諭，使之歸漢。」遂與瞎征俱還湟州。溪賒羅撒謀襲殺懷德，懷德奔河南。瞎征不自安，求内徙，詔居鄧州。崇寧元年，卒。三年，王厚復湟、鄯。懷德至京師，拜感德軍節度使，封安化郡王。

趙思忠即瞎氈之子木征也。嘉祐中，爲河州刺史。其後河州、武勝軍諸族浸驕，閉于闐諸國朝貢，詔邊將問罪。會王韶經略熙河，招納蕃部，遣僧智緣往説之，啖以厚利，因隨以兵；前後殺其老弱數千，焚族帳萬數〔六〇〕，得腹心首領十餘人，又禽其妻子〔六一〕，皆不殺。木征拒戰，敗北。遂以熙寧七年四月舉洮、河二州來降，賜今姓名，拜榮州團練使，封其母妻，及諸子皆超拜官。其後，以思忠爲秦州鈐轄，不蒞事，而乞主熙河蕃部〔六二〕，經略司以爲不可。詔於二州給地五十頃。十年，遷合州防禦使，卒，贈鎮洮軍節度觀察留後。

建炎初，錢蓋制置陝西，上言：「青唐無毫髮之得，而所費不貲，請求唃氏後而立之，必得其力。」乃以蓋爲陝西總制使，持告賜趙懷恩。懷恩者，董氊從孫，懷德之弟益麻黨征也，議者以爲蕃部所推伏，故賜姓名，封爲隴西郡王。

四朝國史論曰：吐蕃之裔，守護西塞，爲不侵不叛之臣，嘗宣力王家，奮擊夏虜。而熙寧、元符、崇寧間三用師於其國。蓋其始也，王安石主王韶取洮河；中而章惇主王贍夷青唐；末而蔡京主王厚復湟、鄯，遂建熙河一道郡縣而置之。功雖訖成，邊患不息，唃氏子孫無罪而就覆亡。及金戎得秦隴，乃能求其後而續其血食，孰謂夷無人哉。

大羊同

大羊同，東接吐蕃，西接小羊同，北直于闐，東西千餘里。勝兵八九萬人。其人辮髮氊裘，畜牧爲業。地多風雪，冰厚丈餘。所出物産，頗同吐蕃〔六三〕。俗無文字，但刻木結繩而已。刑法嚴峻。其酋豪死，抉於穴反。去其腦〔六四〕，實以珠玉，剖其五臟，易以黃金，假造金鼻銀齒。以人爲殉，卜以吉辰，藏尸巖穴，他人莫知其所。多殺牸牛羊馬，以充祭祀，葬畢，服除。其王姓姜葛。有四大臣分掌國事。自古未通中國。唐貞觀十五年，遣使來朝。

悉立

悉立在吐蕃西南，户五萬，有城邑村落，依溪澗。丈夫以繒綵纏頭，衣氈褐；婦人辮髮，著短裙。以蒸報爲俗。畜多水牛、羖羊、鷄、豕。穀宜秔稻、麥、豆，饒甘蔗諸果。死葬於中野，不爲封樹。喪制以黑爲衣，一年就吉。刑有刖、劓。羈事吐蕃，自古未通中國。唐貞觀二十年，遣使貢方物。

章求拔

章求拔，或云章揭拔，本西羌種也。在悉立西南，居四山之内，近代移出山〔六五〕，西接東天竺，遂改衣服〔六六〕，變西羌之俗。其地延袤八九百里，勝兵二千餘人，居無城郭，好爲寇掠，商旅患之。聞悉立入朝，亦遣使朝貢。

泥婆羅

泥婆羅國，在吐蕃西。其俗，剪髮與眉齊，穿耳，揎以竹筩〔六七〕，緩至肩者以爲姣麗。食用手。其器皆銅。多商賈，少田作。以銅爲錢，面文爲人，背文爲馬。其牛鼻不穿孔。衣服以一幅布蔽身〔六八〕，日數盥漱〔六九〕。以板爲屋，壁皆雕畫。俗重博戲。頗解推測盈虚，兼通曆術。事五天神，鐫石爲像，每日清水浴神，烹羊而祭。其王那陵提婆，身著珍珠諸寶，耳垂金鈎玉璫，佩寶裝伏突，坐獅子坐，常散花燃香〔七〇〕，大臣及左右並坐於地。有阿耆婆瀰池，周迴二十餘步〔七一〕，以物投之，即生烟焰，懸釜而炊，須臾而熟。唐永徽二年，遣使朝貢。

大勃律

大勃律，或曰布露。直吐蕃西，與小勃律接，西鄰北天竺、烏萇〔七二〕。地宜鬱金。役屬吐蕃。唐萬歲通天逮開元時，三遣使者朝，故册其君蘇弗舍利支離泥爲王。死，又册蘇麟陀逸之嗣王，凡再遣大首領貢方物〔七三〕。察卓那斯摩没勝入謝。没謹忙死，子難泥立。死，兄麻來兮立。死，蘇失利之立，爲吐蕃陰誘，妻以女，故西北二十餘國皆臣吐蕃，貢獻不入，安西都護三討之無功。天寶六載，詔副都護高仙芝伐之。前遣將軍席元慶馳千騎見蘇失利之曰：「請假道趨大勃律。」城中大酋五六，皆吐蕃腹心。仙芝約元慶：「吾兵到，必走山。出詔書召慰，賜繒綵。縛首領待我。」元慶如約。蘇失利之挾妻走，不得其處。仙芝至，斬爲吐蕃者，斷娑夷橋〔七四〕。是暮，吐蕃至，不能救。仙芝約王降，遂平其國。於是拂菻、大食諸胡七十二國皆震恐，咸歸附。執小勃律王及妻歸京師，詔改其國號歸仁，置歸仁軍，募千人鎮之。帝赦蘇失利之不誅，授右武衛將軍〔七五〕，賜紫袍、黄金帶，使宿衛。

箇失蜜

箇失蜜，或曰迦濕彌邏。北距勃律五百里，環地四千里，山回繚之，他國無能攻伐。王治撥邏勿還布邏城〔七六〕，西瀕彌那悉多大河。地宜稼。多雪不風。出火珠、鬱金、龍種馬。俗毛褐。世傳地本龍池，龍徙水竭，故往居之。

唐開元初，遣使者朝。八年，詔册其主真陀羅秘利爲王；間獻胡藥。天木死，弟木多筆立，遣使者物理多來朝〔七七〕，且言：「有國以來，並臣天可汗，受調發。國有象、馬、步三種兵，臣身與中天竺王阨吐蕃五大道，禁出入，戰輒勝。有如天可汗兵至勃律者，雖衆二十萬，能輸糧以助。又國有摩訶波多磨龍池，願爲天可汗營祠。」因丐王册，鴻臚譯以聞。詔内物理多宴中殿，賜賚優備，册木多筆爲王，自是職貢有常。

其役屬五種，亦名國。所謂呾叉始羅者〔七八〕，地二千里，有都城。西南餘七百里得僧訶補羅〔七九〕，地三千餘里，亦治都城。東南山行五百里得烏剌尸，地二千里，有都城。宜稼穡。東南限山千里即箇失蜜。西南行險七百里得半笯蹉，地二千里。又得曷羅闍補羅者，其大四千里，有都城，多山阜，人驍勇。五種皆無君長云。

骨咄

骨咄或曰珂咄羅。廣長皆千里。王治思助建城。多良馬、赤豹。有四大鹽山，山出烏鹽〔八〇〕。唐開元十七年，王俟斤遣子骨都施來朝。二十一年，王頡利發獻女樂，又遣大首領多博勒達干朝貢〔八一〕。天寶十一載，册其王羅全節爲葉護〔八二〕。

蘇毗

蘇毗，本西羌族，爲吐蕃所并，號孫波，在諸部最大。東與多彌接，西距鶻莽硤，户三萬。唐天寶中，王没陵贊欲舉國内附，爲吐蕃所殺，子悉諾率首領奔隴右，節度使哥舒翰護送闕下，玄宗厚禮之。

多彌，亦西羌族，役屬吐蕃，號難磨。濱犂牛河，土多黄金。貞觀六年，遣使者朝貢，賜遣之。

伊吾城者，漢宜禾都尉所治。商胡雜居，勝兵千，附鐵勒。人驍悍，土良沃。隋末内屬，置伊吾郡。天下亂，復臣突厥。貞觀四年，城酋來朝。頡利滅，舉七城降，列其地爲西伊州。

沙州

沙州，本漢燉煌故地。唐天寶末，陷於西戎。大中五年，張義潮以州歸順，詔建沙州爲歸義軍，以義潮爲節度使，領河、沙、甘、肅、伊、西等州觀察、營田處置使。義潮入朝，以從子淮深領州事〔八三〕。至朱梁時，張氏之後絶，州人推長史曹義金爲帥。義金卒，子元忠嗣。周顯德二年，來貢，授本軍節度、檢校太尉、同中書門下平章事，鑄印賜之。

宋建隆三年，加兼中書令，子延恭爲瓜州防禦使。興國五年〔八四〕，元忠卒，子延禄遣人來貢，贈元忠燉煌郡王，授延禄本軍節度，弟延晟爲瓜州刺史，延瑞爲衙内都虞候。咸平四年，封延禄爲譙郡王〔八五〕。五年，延禄、延瑞爲從子宗壽所害，宗壽權知留後，而以其弟宗允權知瓜州。表求旌節，乃授宗壽節度使，宗允檢校尚書左僕射、知瓜州，宗壽子賢順爲衙内都指揮使。大中祥符末，宗壽卒，授賢順本軍節度，弟賢惠爲檢校刑部尚書〔八六〕、知瓜州。賢順表乞金字藏經洎茶藥金箔，詔賜之。至天聖初，遣使來謝，貢乳香、硇砂、玉團。自景祐至皇祐中，凡七貢方物。

西夏

本末已見封建考。

校勘記

〔一〕權知西凉府留後孫超遣大將拓跋承誨來貢　「拓跋承誨」，宋史卷四九二外國傳八同，舊五代史卷一三八吐蕃傳、新五代史卷七四四夷附録三作「拓跋謙誨」。下同。

〔二〕周廣順二年　「二」，宋史卷四九二外國傳八作「三」。

〔三〕是年秋獻伏羌地　「秋」原作「牧」，據宋史卷四九二外國傳八改。

〔四〕知西凉州折逋葛支上言　「支」原作「皮」，據宋史卷四九二外國傳八、宋會要方域二一之一四改。「州」後文及宋史卷四九二外國傳八作「府」。

〔五〕開寶八年　「開寶」二字原脱，據宋史卷四九二外國傳八補。

〔六〕至道元年七月　「元年」，宋史卷四九二外國傳八作「二年」。

〔七〕乃與吐蕃都部署没臨拽于會六谷蕃衆來朝　「臨」，宋史卷四九二外國傳八作「暇」。

〔八〕吐谷渾　原作「土谷渾」，據宋史卷四九二外國傳八改。

〔九〕周迴平川二千里　「平川」原作「平州」，據宋史卷四九二外國傳八改。

〔一〇〕神鳥　原作「神鳥」，據續資治通鑑長編卷四三咸平元年十一月丙辰條改。按唐凉州所屬五縣中神烏，見通典卷一七四州郡四。

〔一一〕口十二萬八千一百九十二　「九十二」，宋史卷四九二外國傳八作「九十三」。

〔一二〕城周迴五十里　「五十」，宋史卷四九二外國傳八作「十五」。

〔一三〕三年　宋史卷四九二外國傳八作「二年」。

〔一四〕五年十一月羅支貢馬五千匹　「五年十一月」五字原脱，據宋史卷四九二外國傳八補。

〔一五〕原渭蕃部三十二族納質來歸　「部」原作「郎」，據元本、慎本、馮本及宋史卷四九二外國傳八改。

〔一六〕羅支又遣蕃官吴福聖臘來貢　「官」字原脱，據元本、慎本、馮本及宋史卷四九二外國傳八補；「臘」原作「臈」，據下文及同上宋史改。

〔一七〕次首領兀佐等七人爲懷化將軍　宋會要方域二一之一八同，「兀佐」，續資治通鑑長編卷五四咸平六年四月庚午條作「烏磋」，當是異譯。

〔一八〕繼遷常在地斤三山之東　「地斤三山」原作「地中三山」，據宋史卷四九二外國傳八改。

〔一九〕使六谷部族近塞捍禦　「捍」原作「悍」，據宋史卷四九二外國傳八改。

〔二〇〕隴山西延蒙族首領禿逋等納馬立誓　「延蒙」，宋史卷四九二外國傳八作「延家」，本卷下文亦有「延家」。按上文有儀州延蒙八部首領「透逋」，疑即「禿逋」，「禿」「透」譯音字異，或形訛。

〔二一〕繼遷大敗　「繼遷」二字原脱，據宋史卷四九二外國傳八補。

〔二二〕藉其腹背攻制　「制」原作「刺」，據宋史卷四九二外國傳八、宋會要方域二一之二一改。

〔二三〕石隰州言河西諸蕃四十五族内附　「石」原作「右」，據元本、慎本、馮本及宋史卷四九二外國傳八、續資治通鑑長編卷五六景德元年正月癸卯條改。

〔二四〕爲藥令族合蘇擊而敗之　「族」字原脱，據元本、慎本、馮本及宋史卷四九二外國傳八、續資治通鑑長編卷五六景德元年正月癸卯條補。

〔二五〕三年　宋史卷四九二外國傳八、續資治通鑑長編卷五九景德二年二月丙戌條作「二年」。

〔二六〕渭州言妙娥延家熟魏等族率三千餘帳萬七千餘口及羊馬數萬款寨内附　按本條記事，續資治通鑑長編卷六三繫於景德三年五月戊辰，下文「是年，宗家、當家、章迷族來貢」云云，宋會要方域二一之二一繫於景德三年五月，「是年」疑當作「是月」。「熟魏」，宋史卷四九二外國傳八作「熟嵬」。

〔二七〕移逋擦父族歸附　「擦」，宋史卷四九二外國傳八作「㩧」。

〔二八〕大中祥符七年　「大中祥符」四字原脱，據宋史卷四九二外國傳八、續資治通鑑長編卷八三大中祥符七年十二月甲戌條補。

〔二九〕知秦州張佶置大洛門新寨　「大洛門」原作「大路門」，據續資治通鑑長編卷八三大中祥符七年十二月甲戌條、宋會要方域一九之一改；宋史卷四九二外國傳八作「大落門」。

〔三〇〕時宗哥立遵唃斯囉温逋奇等帳族甚盛　「温」原作「揾」，「奇」原作「哥」，並與「等」字誤倒，據宋會要蕃夷六之一改乙。

〔三一〕唃斯囉宗哥立文法　「立」字原脱，據宋史卷四九二外國傳八、宋會要蕃夷六之一補。

〔三二〕曹瑋知秦州兼兩路沿邊安撫使以備之　「兼」字原脱，據元本、慎本、馮本及宋史卷四九二外國傳八補。

〔三三〕又西南至青海四百里　「青海」原作「清海」，據宋史卷四九二外國傳八、宋會要蕃夷六之一改。

〔三四〕詔賜器幣總萬二千計以答之　「器」字原脱，據宋史卷四九二外國傳八、宋會要蕃夷六之二補。

〔三五〕遵一名郢成　「郢成」，宋史卷四九二外國傳八、宋會要蕃夷六之二作「郢成藺逋叱」。

〔三六〕高昌諸國蕃商皆趨鄯州貿買　「蕃商」，宋史卷四九二外國傳八作「商人」；「買」，宋史卷四九二外國傳八作「賣」。

〔三七〕約盡力無負　「負」原作「身」，據宋史卷四九二外國傳八改。

〔三八〕因降隴逋立功馬波三大族　「立功」，元本、慎本、馮本作「立公」，宋史卷四九二外國傳八作「公立」，續資治通鑑長編卷一八八嘉祐三年九月乙亥條作「哩恭」。「立功」「立公」「哩恭」當是同音異譯，宋史疑倒。「馬波」，同上宋史、續資治通鑑長編作「馬頡」。

〔三九〕其二妻皆李立遵女　「皆」字原脱，據宋史卷四九二外國傳八補。

〔四〇〕磨氈角因有其衆　「磨」上原有「其」字，據宋史卷四九二外國傳八刪；「因」和「有」之間，宋史卷四九二外國傳八有「撫」字。

〔四一〕青唐族酋瞎藥鷄囉及僧鹿遵迎居洮州　「鹿遵」二字原倒，據宋史卷四九二外國傳八乙正。

〔四二〕董氈雖羈屬之　「雖」，宋史卷四九二外國傳八作「欲」。

〔四三〕以其子藺逋叱爲錦州刺史　「叱」，宋史卷四九二外國傳八作「比」。

〔四四〕熙寧三年　「熙寧」二字原脱，「三」原作「二」，據宋史卷四九二外國傳八、續資治通鑑長編卷二一八熙寧三年十二月戊庚條、宋會要蕃夷六之七補改。

〔四五〕其首領青宜結鬼章寇河州白踏城　「白踏城」，宋史卷四九二外國傳八作「踏白城」。

〔四六〕賜以銀綵茶服緡錢　「緡錢」二字原脱，據宋史卷四九二外國傳八補。

〔四七〕董氈遣酋長秣征等率三萬人　「等」原作「尊」，據宋史卷四九二外國傳八改；「秣」，同上宋史作「抹」。

〔四八〕二年　宋史卷四九二外國傳八作「三年」。

〔四九〕河南諸羌多歸之　「羌」原作「鬼」，據宋史卷四九二外國傳八改。

〔五〇〕説王贍以取青唐之策　「王贍」原作「王瞻」，據宋史卷四九二外國傳八、卷三五〇王贍傳改。下同。

〔五一〕立木征之子隴拶爲主　「木征之」原作「其」，所指不明，據宋史卷四九二外國傳八改。

〔五二〕九月　原作「八月」，據元本、慎本、馮本及宋史卷四九二外國傳八改。

〔五三〕二酋雖降　「降」字原脱，據宋史卷四九二外國傳八補。

〔五四〕溪巴温與其子溪賒羅撒據之　「撒」字原脱，據元本、慎本、馮本及下文和宋史卷四九二外國傳八補。

〔五五〕趙懷義乃木征之子　「趙懷義」，宋史卷四九二外國傳八作「隴拶」。據同上宋史，隴拶後賜姓名曰趙懷德，其弟曰趙懷義。

〔五六〕充西蕃都護　「充」原作「克」，據宋史卷四九二外國傳八改。

〔五七〕其弟邦辟勿丁呃曰懷義　「其弟邦辟勿丁呃曰」八字原作「以」，據宋史卷四九二外國傳八改。

〔五八〕懷德及所降契丹夏國回鶻公主入見　「懷德」下原有「隴拶」二字，據宋史卷四九二外國傳八删。

〔五九〕徽宗命輔臣呼懷德與語　「語」原作「詔」，據宋史卷四九二外國傳八改；宋史卷四九二外國傳八無「懷德」二字。

〔六〇〕焚族帳萬數　「族帳」原作「帳族」，據宋史卷四九二外國傳八乙改。

〔六一〕又禽其妻子　「禽」原作「離」，據宋史卷四九二外國傳八改。

〔六二〕而乞主熙河蕃部　「蕃部」，宋史卷四九二外國傳八作「羌部」。

〔六三〕頗同吐蕃　「吐」字原脱，據太平寰宇記卷一八五四夷一四西戎六、太平御覽卷七九八四夷部一九西戎七補。

〔六四〕抉於穴反去其腦　「其」字原脱，據通典卷一九〇邊防六、太平御覽卷七九八四夷部一九西戎七補。

〔六五〕居四山之内近代移出山　「四」字與末一「山」字原脱，據通典卷一九〇邊防六補。

〔六六〕遂改衣服　「改」字原脱，據通典卷一九〇邊防六、太平御覽卷七九八四夷部一九西戎七補。

〔六七〕揎以竹箭　「揎」原作「楦」，其上原衍「瑄」字，「以」字原脱，據舊唐書卷一九八西戎傳、唐會要卷一〇一泥婆羅國、太平寰宇記卷一八五四夷一四西戎六、太平御覽卷七九五四夷部一六西戎四删補改正；同上舊唐書、太平御覽「竹箭」下有「牛角」二字。

〔六八〕衣服以一幅布蔽身　「布」字原脱，據元本、慎本、馮本及通典卷一九〇邊防六、唐會要卷一〇〇泥婆羅國、太平御覽卷七九五四夷部一六西戎四補。

〔六九〕日數盥漱　「日」字原脱，「數」下原有「自」字，據舊唐書卷一九八西戎傳、太平御覽卷七九五四夷部一六西戎四補删。唐會要卷一〇〇泥婆羅國、太平寰宇記卷一八五四夷一四西戎六作「數日一盥浴」。

〔七〇〕常散花燃香　「花」字原脱，據舊唐書卷一九八西戎傳、通典卷一九〇邊防六、唐會要卷一〇〇泥婆羅國補。

〔七一〕周迴二十餘步　「步」，唐會要卷一〇〇泥婆羅國作「丈」。

〔七二〕烏萇　原作「烏萇」，據新唐書卷二二一上、下西域傳上、下改。

〔七三〕凡再遣大首領貢方物　「貢方物」三字原脱，據新唐書卷二二一下西域傳下補。又據同書，此下「察卓那厮摩没勝入謝」所叙乃小勃律事，並脱文甚多。

〔七四〕斷婆夷橋　「婆」，新唐書卷二二一下西域傳下作「娑」。

〔七五〕授右武衛將軍　「武」，新唐書卷二二一下西域傳下作「威」。

〔七六〕王治撥邏勿還布邏城　「還」，新唐書卷二二一下西域傳下作「邏」。

〔七七〕遣使者物理多來朝　「物」原作「佛」，據下文及新唐書卷二二一下西域傳下改。

〔七八〕所謂咀叉始羅者　「咀叉」原作「咀又」，據大唐西域記卷三咀叉始羅國改。

〔七九〕西南餘七百里得僧訶補羅　「西南」，新唐書卷二二一下西域傳下作「東南」。

〔八〇〕山出烏鹽　「山」字原脱，「出」下原衍「馬」字，據元本、慎本、馮本及新唐書卷二二一下西域傳下補删。

〔八一〕又遣大首領多博勒達干朝貢　「干」原作「于」，據新唐書卷二二一下西域傳下改。

〔八二〕册其王羅全節爲葉護　「全」原作「金」，據新唐書卷二二一下西域傳下、册府元龜卷九六五外臣部封册三改。

〔八三〕以從子淮深領州事　「淮深」原作「惟深」，據新唐書卷二一六下吐蕃傳下、王忠新唐書吐蕃傳箋證改。

〔八四〕興國五年　當爲「太平興國五年」之省文。

〔八五〕封延禄爲譙郡王　「延禄爲」三字原脱，據元本、慎本、馮本及宋史卷四九〇外國傳六、續資治通鑑長編卷四八咸平四年正月戊子條補。

〔八六〕弟賢惠爲檢校刑部尚書　「賢惠」，宋史卷四九〇外國傳六作「延惠」。

卷三百三十六　四裔考十三

西域總序

西域以漢孝武時始通，本三十六國，皆在匈奴之西，烏孫之南。南北有大山，中央有河，東西六千餘里，南北千餘里〔一〕。東則接漢，阸以玉門、陽關，二關並在燉煌郡。西則限以葱嶺。諸國大率土著，有城郭田畜，與匈奴、烏孫異俗〔二〕，故皆役屬匈奴。匈奴西邊日逐王領西域〔三〕，賦稅取足焉。其南山，東出金城，今金城、會寧、安鄉、西平等，即漢金城郡也。與漢南山屬焉。屬，聯也。自玉門、陽關出西域，有兩道，西踰葱嶺，則出大宛、康居、奄蔡焉〔四〕。自張騫開西域之迹，其後霍去病擊破匈奴右地，降渾邪、休屠王，遂空其地，始築令居以西，今西平郡之西北。初置酒泉郡，後稍發徙人充實之，分置武威、張掖、燉煌、酒泉四郡，據兩關焉。自李廣利伐大宛之後，西域震懼，多遣使來貢獻。於是東自燉煌，西至鹽澤，即蒲昌海，在今交河、北庭界中。往往起亭障。

是時軍旅連出，師行三十年〔五〕，海内虛耗。征和中，貳師李廣利以軍降匈奴。帝既悔遠征伐，而搜粟都尉桑弘羊與丞相御史奏言：「故輪臺以東捷枝、渠犁，皆故國，地輪臺、渠犁，地名，今在交河、北庭界中，其地相連。廣，饒水草，有溉田五千頃以上，處温和，田美，可益通溝渠，種五穀，與中國同時熟。田一歲，有積穀，募人壯健有累重敢徙者詣田所〔六〕，累重，謂妻小家屬。就畜積爲本業，益墾溉田，稍築列亭，連城而西，以威西國。」帝深陳既往之悔，乃不復出軍。

昭帝時，乃用桑弘羊前議，以給外國使者。至宣帝，遣衛司馬使護鄯善以西數國。及破姑師，未盡殄，分以爲車師前後王及山北六國。時漢獨護南道，未能盡并北道也。神爵三年，匈奴日逐王來降，護鄯善以西使者鄭吉迎之，乃因使鄭吉併護北道，故號曰都護。都護之起，自吉置矣。由此匈奴益弱，不能近西域。於是徙屯田，田於北胥鞬〔七〕，披莎車之地，屯田校尉始屬都護。都護督察烏孫、康居諸外國。都護治烏壘城，去陽關二千七百四十里〔八〕，與渠犂田官相近，土地肥饒，於西域爲中〔九〕，故治焉。至元帝，復戊己二校尉，屯田於車師前王庭。戊己，中央，鎮覆四方，又開渠播種，以爲厭勝，故稱戊己焉。哀平間，自相分割爲五十五國。

凡國，自譯長、城長、君、監、吏、大祿、百長〔一〇〕、千長、都尉、且子餘反。渠、當户、將、相至侯、王，皆佩漢印綬，凡三百七十六人。而康居、大月氏、安息、罽賓、烏弋之屬，皆以絶遠，不在數中。其來貢獻，則相與報，不督録總領也。至王莽時，四邊擾亂，與中國遂絶，並復役屬匈奴。

前往西域有二道，自元始以後有三道。從玉門關西出〔一一〕，經婼羌婼，而遮反。轉西，越葱嶺〔一二〕，經懸度，入大月氏，爲南道。從玉門關西出，發都護井〔一三〕，迴三隴沙北頭，經居盧倉，從沙西井轉西北〔一四〕，過龍堆，到故樓蘭，轉西詣龜兹，至葱嶺，爲中道。從玉門關西北出，經横坑，辟三隴沙及龍堆，出五船北〔一五〕，到車師界戊己校尉所理高昌，轉西與中道合龜兹，爲新道〔一六〕。

後漢永平中，匈奴脅服諸國〔一七〕，共寇河西郡縣，今武威、張掖等郡地。城門晝閉。明帝乃命將北征匈奴，取伊吾廬地，今伊吾縣。置宜禾都尉以屯田，遂通西域于闐諸國。西域自絶六十五載，乃復通焉。明年，始復置都護、戊己校尉。及明帝崩，焉耆、龜兹攻没都護陳睦〔一八〕，匈奴、車師圍戊己校尉。章帝不欲疲敝中國以事夷狄，乃迎還戊己校尉，不復遣都護，復罷屯田，匈奴因遣兵守伊吾地。時軍司馬班超留于闐，綏集諸國。

和帝永元初〔一九〕，竇憲大破匈奴，因遣副校尉閻盤掩擊伊吾〔二〇〕，破之。三年，班超遂定西域，因以超爲都護，居龜兹。復置戊己校尉。於是五十餘國悉納質内屬。其條枝、安息諸國至於海濱四萬里外，皆重譯貢獻。九年，班超遣掾甘英窮臨西海而還，皆前代所不至，莫不備其風土，傳其珍怪焉。及班超被徵，以任尚爲都護，尚謂超曰：「猥承君後，宜有以誨之。」超曰：「塞外吏士，本非孝子順孫，皆以罪過徙補邊屯。而蠻夷懷鳥獸之心，難養易敗。今君性嚴急，水清無大魚，察政不得下和，宜蕩佚簡易，寬小過，總大綱而已。」尚不能從。數年，至安帝初，西域背叛，如超所言。頻攻都護任尚、段禧等，朝廷以爲險遠，難相應赴，詔罷都護，自此遂棄西域。北匈奴即復收屬諸國，共爲邊患十餘歲。燉煌太守曹宗請出兵擊匈奴〔二一〕，復欲進取西域。鄧太后不許，但令置護西域副校尉，居燉煌，羈縻而已。

其後匈奴連與車師入寇河西，漢不能禁，議者因欲閉玉門、陽關，以絶其患。尚書陳忠上疏曰：「臣聞八蠻之寇，莫甚北虜。高祖窘平城之圍，文帝屈供奉之耻。故孝武憤怒，深惟久長之計，命遣武臣〔二二〕，浮河絶漠，窮破虜庭。遂開河西四郡〔二三〕，以隔絶南羌，收三十六國，斷匈奴右臂。是以單于孤特，竄迹遠藏。由此觀之，戎狄可以威服，難以化狎。西域内附日久，區區東向叩關者數矣，此其不樂匈奴，慕漢之效也。今北虜已破車師，勢必南攻鄯善，棄而不救，則諸國從矣。若然，則虜財賄日增〔二四〕，膽勢益殖，威臨南羌，與之交連。如此，河西四郡危矣。河西既危〔二五〕，不得不救，則百倍之役興，不訾之費發矣。議者但念西域絶遠〔二六〕，恤之煩費，不見先代苦心勤勞之意也。臣以爲燉煌宜置校尉，按舊增四郡屯兵，以西撫諸國。庶足以折衝萬里，震怖匈奴。」太后又召班超之子勇問之。勇議曰：「昔者孝武皇帝患匈奴强盛，開通西域諸國，論者以爲奪匈奴府藏，斷其右臂。遭王莽篡盜，徵求無厭，胡夷憤毒，遂以背叛。光武中興，未遑外事，故匈奴負强，驅率諸國。及至永平，再攻燉煌、河西諸郡〔二七〕，城門晝閉。明帝命武臣出征西域〔二八〕，故匈奴遠遁，邊境得安。及至永元，莫不内屬。會間者羌亂，西域復絶，北虜遂遣責諸國，備其逋租，高其價直，嚴其期會。鄯善、車師皆懷忿怒，思樂事漢，其路無從。前所以時有叛者，皆由牧養失宜，還爲其害。舊燉煌郡有營兵三百人，宜復之，復置護西域副校尉，居於燉煌，如永元故事。又宜遣西域長史將五百人屯樓蘭，西當焉耆、龜兹徑路，南强鄯善、于闐心膽，北扞匈奴，東近燉煌。如此誠便。」長樂衛尉鐔顯等難曰〔二九〕：「朝廷前所以棄西域者，以其無益於中國而費難供也。今車師已屬匈奴，鄯善不可保信，一朝反覆，班將能保北虜不爲邊害乎〔三〇〕？」勇對曰：「今中國置州牧者，以禁郡縣姦猾盜賊也。若州牧能保盜賊不起者，臣亦願以腰斬保匈奴之不爲邊害也。今通西域則虜勢必弱，虜勢弱則爲患微矣。孰與歸其府藏，續其右臂哉！爲置校尉以扞北撫西〔三一〕，設長史以招懷諸國，若棄而不立，則西域屈就北虜，緣邊之郡將受困苦〔三二〕，河西城門復有晝閉之警矣。今不廓開朝廷之德，而拘屯戍之費，若北虜遂熾，豈安邊久長之策哉！」太尉屬毛軫難曰：「今若置校尉，則西域絡繹遣使，求索無厭，與之則費難供，不與則失其心。一朝爲匈奴所迫，當復求救，則爲役大矣。」對曰：「今設以西域歸匈奴，而使其因西域租入之饒，兵馬之衆，以擾動緣邊，是爲富仇讎之財，增暴夷之勢也。置校尉者，宣威布德，以繫諸國內向之心，以疑匈奴覬覦之情，而無費財耗國之慮也。且西域之人無他求索，其來入者，不過稟食而已。今若拒絕，勢必北屬，夷虜并力以寇并、涼，則中國之費不止十億〔三三〕。」於是從忠、勇議。乃以勇爲西域長史，將五百人西屯柳中〔三四〕。今交河郡縣。勇遂破平車師。自建武至於延光，西域三絕復通〔三五〕。順帝永建二年，勇復擊降焉耆。於是龜茲、疏勒、于闐、莎車等十七國皆來服從，而烏孫、葱嶺以西遂絕。六年，帝以伊吾舊膏腴之地，傍近西域，匈奴資之以爲鈔暴，復令開設屯田如永元時事。置伊吾司馬一人。自陽嘉以後，朝威稍損，諸國驕放，轉相陵伐矣。

自魏及晉，中原多故，西域朝貢不過三數國焉。至後魏太武帝，使董琬使西域，還，具言其地爲三域〔三六〕：自葱嶺以東，流沙以西爲一域；姑墨以南〔三七〕，月氏以北爲一域；兩海之間，水澤以南爲一域。三域之內，諸小渠長蓋以百數。其出西域更爲四道：自玉門度流沙〔三八〕，西行二千里至鄯善，爲一道；自玉門度流沙，北行二千二百里至車師，爲一道；從莎車西行一百里至葱嶺，西千三百里至伽部〔三九〕，爲一道；自莎車西南五百里至葱嶺，西南千三百里至波路，爲一道焉。於是貢獻者十有六國。孝文延興中，尚書奏以燉煌一鎮，介遠西北〔四〇〕，寇賊路衝，慮或不固，欲移就涼州。群官會議。給事中韓秀曰：「此蹙國之事〔四一〕，非闢土之宜。燉煌之立，其來久矣。雖土臨强寇，而兵人素習，縱有姦竊，不能爲害，循常置戍，足以自全，進斷北狄之覘途，退塞西夷之闚路。若徙就姑臧，慮人懷異意，或貪留重遷，情不願徙。脱引寇内侵，深爲國患。且燉煌去凉州及千餘里〔四二〕，捨遠就近，防制有闕〔四三〕。一朝廢置，是啓戎心，則夷狄交構，互相來往。恐醜徒協契，竊侵凉土，邊役煩興，艱難方甚。」乃從秀議。

隋煬帝時，遣侍御史韋節、司隸從事杜行滿使於西蕃諸國。至罽賓，得瑪瑙杯；王舍城，得佛經；史國，得十舞女、獅子皮、火鼠毛而還。帝復令裴矩於武威、張掖間往來以引致之，皆啗以厚利，令轉相諷諭。大業中，相率而來朝者四十餘國，帝因置西戎校尉以應接之〔四四〕。自燉煌西出玉門、陽關，涉鄯善，北通伊吾千里。自伊吾北通車師前部高昌壁千二百里。自高昌壁北通車師後部金滿城今北庭府縣。五百里〔四五〕。此其西域之門户内地，故漢戊己校尉更互屯焉。伊吾地宜五穀、桑、麻、蒲萄，其北及柳中皆膏腴之地。故漢帝與匈奴爭車師、伊吾，以制西域。至隋，有商胡雜居，勝兵千餘人，附於鐵勒，人甚驍悍，厥田良沃。隋末内屬，置伊吾郡。屬天下亂，又臣突厥。

唐貞觀四年，以頡利破滅，遂舉其屬七城來降，因列其地爲西伊州，同於編户。至武太后如意初，武威軍總管王孝傑大破吐蕃，復龜兹、于闐、疏勒、碎葉四鎮，自是諸國朝貢，侔於前代矣。神龍以後，黑衣大食强盛，漸并諸國，至於西海，分兵鎮守焉。杜佑族子環隨鎮西節度使高仙芝西征，天寶十載至西海，寶應初，因賈商船舶自廣州而回，著經行記。今之所纂，其小國無異聞者，則不暇録焉。諸家纂西域事〔四六〕，多引諸僧遊歷傳記，如法明遊天竺記、支僧載外國事、法盛歷諸國傳、道安西域志。惟佛國記〔四七〕、曇勇外國傳、智猛外國傳、支曇諦烏山銘、翻經法師外國傳之類，皆盛論釋氏詭異奇迹，參以他書，則皆紕繆，故多略焉。

樓蘭 即鄯善

樓蘭，在婼羌西北，漢時通焉。王治扜泥城〔四八〕，去陽關千六百里，東去長安六千一百里。户千五百〔四九〕。西北去都護治所千八百里〔五〇〕，至山國千三百餘里〔五一〕，此國山居，故名山國。西北至車師千九百里〔五二〕。地沙鹵，少田，寄田仰穀旁國。國多出葭葦、檉柳〔五三〕、胡桐、白草。白草，牛馬所嗜也。胡桐似桐，蟲食其樹而沫下流出者，俗名爲胡桐淚，言似眼淚也〔五四〕。可以汗金銀。人隨畜牧逐水草，有驢馬，多橐駝。能作兵器，與婼羌同。漢武帝因張騫之言，甘心欲通大宛諸國，使者一歲中多至十餘輩〔五五〕。樓蘭、姑師當道，苦之，每供給使者〔五六〕，受其勞費，故厭苦也。攻劫漢使王恢等。漢將趙破奴率屬國騎謂諸外國屬漢者。及郡兵擊之，虜樓蘭王，遂破姑師，於是列亭障至玉門矣。樓蘭既降服貢獻，匈奴聞，發兵擊之。於是樓蘭遣一子質匈奴〔五七〕，一子質漢。後貳師將軍擊大宛，便道引兵捕樓蘭王。將詣闕，簿責王，對曰：「小國在大國間，不兩屬無以自安，願徙國入於漢地。」上直其言，遣歸國。樓蘭王死，後王立。樓蘭國最在東垂〔五八〕，近漢，當白龍堆，乏水草，常主發導，負水擔糧〔五九〕，送迎漢使。又數爲吏卒所寇〔六〇〕，懲艾不便與漢通。後復爲匈奴反間，數遮殺漢使〔六一〕。昭帝遣平樂監傅介子往刺其王，懸首北闕下。乃立其弟尉屠耆爲王，更名其國爲鄯善。王自請天子曰：「身在漢久，今歸，單弱，而前王有子在，恐爲所拒〔六二〕。國中有伊循城，其地肥美，願漢遣一將屯田積穀，令臣得依其威重。」於是漢遣司馬一人，吏士四十人，田伊循以鎮撫之。其後置都尉，伊循官置始此矣。鄯善當漢道衝，西通且末且，此余反。七百二十里。自且末以往皆種五穀，土地、草木、産畜、作兵，略與漢同。自後無聞。

至後魏太延時，鄯善王遣其弟入侍。及太武平涼州，沮渠無諱度流沙，遣其弟安周擊鄯善王，王比龍恐懼欲降。會魏使自天竺、罽賓至鄯善，勸比龍拒之，連戰，安周不能克而退。後比龍懼，率衆西奔且末，其世子乃應安周。太武討平之，拜交趾公韓拔爲假節〔六三〕、征西將軍、領護西戎校尉、鄯善王以鎮之，賦役其人，比之郡縣。然其後部落遂役屬於且末。西魏大統八年，其王兄鄯來率衆内附〔六四〕。

且末

且末國，漢時通焉。王治且末城，去長安六千八百里〔六五〕。户二百三十。西北至都護治所二千二百里〔六六〕，北接尉犂、丁零，東接白提〔六七〕，西接波斯、精絶，南至小宛可三日行。地有葡萄諸果。人皆剪髮，著氊帽，小袖衣，爲衫則開頸而縫前。多牛羊驢騾。其王安末深盤〔六八〕，梁武帝普通五年，遣使貢獻，謂之末國。梁史云即且末。其國西北有流沙數百里，夏月有熱風〔六九〕，爲行旅之患。風之欲至，老駝先知，即鳴而聚立〔七〇〕，埋口鼻於沙中，人每以爲候，即將氊擁蔽鼻口。其風迅駛，斯須過盡，若不防者，必致危斃。

杅彌〔七一〕

杅彌，漢時通焉。王治杅彌城，去長安九千三百里〔七二〕。户三千三百〔七三〕。東北至都護治所三千五百里〔七四〕，南與渠勒〔七五〕、東北與龜兹、西北與姑墨接，西通于闐四百里。後漢改其國曰拘彌，居寧彌城。順帝永建中，爲于闐王放前破殺其王興。陽嘉初，燉煌太守徐由遣疏勒發兵擊破于闐，遂更立拘彌王。靈帝熹平中，又爲于闐所破，掠殺殆盡，衆纔千口。

車師前後王 即高昌

車師前王、後王，並漢時通焉。前王國一曰前部，治交河城。今交河郡。水分流繞城下，故爲號。去長安八千一百里〔七六〕。户千五百〔七七〕。西南至都護治所千八百里〔七八〕。西域長史及戊己校尉並治此。去燉煌十三日行。其地東西三百里，南北五百里，四面多大山。後王國治務塗谷，即今蒲城，今北庭府蒲類縣也。去長安八千九百里〔七九〕。户六百〔八〇〕。西南至都護治所千二百三十餘里，北與匈奴接。

初漢武帝征和四年，遣重合侯馬通將諸國兵共圍車師，車師王降服。昭帝時，匈奴復使四千騎田車師〔八一〕。後其王烏貴與匈奴結親，教之遮漢道。宣帝地節二年，遣侍郎鄭吉、校尉司馬憙將免刑罪人田渠犂〔八二〕，積穀，欲以攻車師。至秋收穀，吉、憙發城郭諸國兵共擊車師，攻交河城，破之。王尚在北石城，未得，會吉食盡，歸渠犂田。至秋收後，更往攻石城。王乃輕騎奔烏孫。吉還田渠犂及車師，益積穀以安西國，侵匈奴。匈奴大臣皆曰：「車師地肥美，近匈奴，使漢得之，多田積穀，必害我國，不可不争也。」遣騎來擊吉，吉將田士卒保車師城。匈奴圍城數日乃解。吉上書言：「車師去渠犂千餘里，間以山河〔八三〕，北近匈奴，漢兵在渠犂者勢不能相救，願益田卒。」於是召故車師太子軍宿在焉耆者，立以爲王，盡徙車師國人令居渠犂，遂以車師故地與匈奴。車師王得近漢田官，與匈奴絶，亦安樂親漢。其後置戊己校尉，屯田車師故地。即今交河郡。漢取之，以置校尉。

平帝元始中，車師後王國有新道，出五船北，通玉門關，往來差近，戊己校尉徐普欲開以省道里〔八四〕，避白龍堆之阸。車師後王姑句音勾以道通當爲拄置〔八五〕，心不便也。拄，支拄也。言有所置立，而支拄於己，故心不便也。拄音竹禹反。地又頗與匈奴南將軍地接，其後舉國降匈奴。是時，王莽易匈奴單于璽，單于怒，大擊北邊，而西域亦瓦解〔八六〕。焉耆國近匈奴，先叛，殺都護但欽，莽不能討，西域因絶。

至後漢和帝永元二年〔八七〕，大將軍竇憲破北匈奴，車師震慴，前後王各遣子入侍。其後屢叛。至安帝延光四年，長史班勇擊其後王軍就，大破，斬之〔八八〕。桓帝永興初，後部王阿羅多攻圍漢屯田且固城，殺傷吏士。後部候炭遮領餘人叛阿羅多〔八九〕，詣漢降。阿羅多從百餘騎亡走北匈奴中。漢立後部故王軍就質子卑君爲後部王。阿羅多復從匈奴中來降，於是更立阿羅多爲王，將卑君還燉煌，以後部人三百帳別屬役之。食其税。帳者，猶中國户數。

至魏時，賜其王亦多離守魏侍中〔九〇〕，號大都尉。晉以交河城爲高昌郡。蓋因其地高敞，人庶昌盛立名。或云昔漢武帝遣軍西討，師旅頓弊者因住焉，有漢時高昌壘故也。張軌、吕光、沮渠蒙遜在河西，皆置太守以統之。後魏太武時，其前部王爲沮渠無諱所攻，遣使上表云：「不能自全，遂捨國東奔，三分免一，在焉耆東界，幸垂賑救。」魏使撫慰，開焉耆倉給之。文成帝末，其地又爲蠕蠕所并，立闞伯周爲王。高昌稱王自此始。孝文太和五年，高車王阿伏至羅殺闞王〔九一〕，以燉煌人張孟明爲高昌王。孟明爲國人所殺〔九二〕，立馬儒爲王，以鞏顧禮〔九三〕、麴嘉爲左右長史。儒又通使後魏，請内屬。人皆戀土，不願東徙，相與殺儒，立嘉爲王。嘉字靈鳳，金城郡楡中人。今郡地。既立爲王，會焉耆爲嚈噠所破，衆不自立，請王於嘉〔九四〕。嘉遣第二子爲焉耆王，由是始大，益爲國人所服。

其都城周回千八百四十步，於坐室畫魯哀公問政於孔子之像。國内有城十八，置四十六鎮。官有令尹，有交河公，田地公〔九五〕，皆其王子也。餘官多同中國。大事决之於王，小事世子及二公隨狀斷〔九六〕。平章録記，事訖即除，藉書之外，無久掌文案。官人雖有列位，並無曹府，唯每朝集於衙門，評議衆事。諸城各有户曹、水曹、田曹。每城遣司馬、侍郎相監檢校，名爲城令〔九七〕。服飾，丈夫從胡法，婦人裙襦，頭髻略同華夏。兵器有弓、箭、刀、楯、甲、矟。文字亦同華夏，兼用胡書。有毛詩、論語、孝經，歷代子史，集學官弟子，以相教授。雖習讀之，而皆爲胡語〔九八〕。賦税則計田輸銀〔九九〕，無者輸麻布。其刑法、風俗、婚姻、喪葬與華夏大同。其人面貌類高麗，辮髮垂之於背，女子亦然〔一〇〇〕。其地高燥，多石磧，氣候温煖，與益州相似。穀麥再熟，宜蠶，多五果。有草名爲羊刺，其上生蜜，味甚佳。赤鹽如朱，白鹽如玉。多葡萄酒。俗事天神，兼信佛法。國中羊馬牧於隱僻，以避外寇，非貴人不知其所。又有草實如繭，中絲如細纑，名爲白疊子，國人取織以爲布，交市用焉。其國北有赤石山，山北七十里有貪汗山，夏有積雪。此山之北，鐵勒界也。從武威西北有捷路，度砂磧千餘里，四面茫然，無有蹊徑。欲往者，不可準記，唯以人畜骨骸及駝糞爲驗。路中或聞歌哭之聲，行人尋之，多致亡失，蓋魑魅魍魎也。故商旅往來，多取伊吾路。

魏孝文以來，朝貢不絶，孝明時，遣使奉表。自以邊遐不習典誥，求借五經、諸史，并請國子助教劉燮以爲博士，許之。嘉死，子堅立。後關中賊亂，使命遂絶。梁大同中，遣使南奉方物。普泰初，遣使朝貢，後遂隔絶。至大統十四年，詔以其世子玄喜爲王〔一〇一〕。恭帝二年，又以田地公茂嗣位。武成元年，其王遣使貢方物。保定初，又遣使來貢。

隋文帝開皇中，突厥破其四城，有二千人來歸中國。嘉孫伯雅立，其大母本突厥可汗女，其父死，突厥令依其俗，伯雅不從，突厥逼而從之。煬帝大業五年，伯雅來朝。因從擊高麗，還，尚宗女華容公主。八年，歸蕃。

唐武德中，遣使獻狗，雌雄各一，高六寸，長尺餘，性甚惠，能牽馬銜燭〔一〇二〕，云本生拂菻國。其後不供職貢。貞觀四年，其王文泰來朝。伯雅子。後與西突厥連結，諸國朝貢者路出高昌，文泰稍擁絶之。至十三年，太宗謂其使曰：「高昌數年來朝貢脱略，我使人至彼，文泰云：『鷹飛於天，雉竄於蒿，貓遊於堂，鼠安於穴，各得其所，豈不快邪〔一〇三〕！』明年當發兵，以擊汝國。」十四年，拜侯君集爲交河道大總管〔一〇四〕，發兵討之。群臣諫以行萬里，兵難得志。且天界絶域，雖得之，不可守。不從。文泰謂左右曰：「曩吾入朝，見秦、隴北城邑蕭條，非有隋比。今伐我，兵多則糧輸不逮，若下三萬，我能制之。度磧疲鈍，以逸待勞，卧收其弊耳。」及聞王師至磧口，悸駭無他計，發病死，子智盛立。君集以兵傅其城，智盛降，乃下其郡三、縣五、城三十二〔一〇五〕，户八千四十六，口萬七千七百三十〔一〇六〕，馬四千三百匹。以其地爲西州，以交河城爲交河縣，始昌城爲天山縣，田地城爲柳中縣〔一〇七〕，東鎮城爲蒲昌縣，高昌城爲高昌縣。初，西突厥遣其葉護屯兵於可汗浮圖城，與高昌爲影響，至是懼而來降，以其地爲庭州，并置蒲類縣，每歲調内地更發千人鎮遏焉。黄門侍郎褚遂良諫曰：「古者先函夏，後夷狄，務先德化，不争荒遐。今高昌誅滅，威動四夷，然自王師始征，河西共役，飛米轉芻，十室九匱，五年未可復。今又歲遣屯戍，行李萬里，去者資裝使自營辦，賣菽粟，傾機杼，道路死亡尚不可計。所遣罪人始於犯法，終於惰業，無益行陣。復有亡命，官司捕逮，株蔓相牽。有如張掖、酒泉塵飛烽舉，豈得高昌一乘一卒及事乎？必發隴右、河西耳。然則河西爲我腹心，高昌，他人手足也，何必耗中華，事無用？昔陛下平頡利、吐谷渾者皆爲立君，蓋罪而誅之，服而立之，百蠻所以畏威慕德也。今宜擇高昌可立者立之，召首領悉還本土，長爲蕃翰，中國不擾。」書奏不省。焉耆請歸高昌所奪五城，留兵以守。君集勒石紀功凱旋。徙高昌豪傑於中國，智盛拜左武衛將軍、金城郡公，弟智湛右武衛中郎將、天山郡公。麴氏傳國九世，百三十四年而亡。

智湛，麟德中以左驍衛大將軍爲西州刺史，卒。有子昭，好學，有鬻異書者，母顧笥中金嘆曰：「何愛此，不使子有異聞乎？」盡持易之。昭歷司膳卿，頗能詞章。弟崇裕有武藝，永徽中爲右武衛翊府中郎將，封交河郡王，邑至三千户。終鎮軍大將軍，武后爲舉哀，賻襚甚厚，封爵遂絶。

安史之亂，其地陷没，復自爲國。語訛亦曰「高敞」，然其地頗有回鶻，故亦謂之回鶻。宋建隆三年四月，西州回鶻阿都督等四十二人以方物來貢。乾德三年，西州回鶻可汗遣僧法淵獻佛牙、琉璃器、琥珀盞。太平興國六年，其王始稱西州外生師子王阿厮蘭漢，遣都督麥温來獻〔一〇八〕。五月，遣供奉官王延德等使高昌。景德元年，又遣使金延福來貢。

王延德使還，叙其行程來上，云：初自夏州歷玉亭鎮，次歷黄羊平〔一〇九〕，度沙磧，無水，行人皆載水。凡二日至都囉囉族，漢使過者，遺以財寶，謂之「打當」。次歷第女喝子族〔一一〇〕，族臨黄河，以羊皮爲囊，吹氣實之浮於水，或以槖駝牽木栰而渡。次歷茅女王子開導族〔一一一〕，行入六窠砂，砂深三尺，馬不能行，行者皆乘槖駝。不育五穀，砂中生草名登相，收之以食。次歷樓子山，無居人，行砂磧中，以日爲占，旦則背日，暮則向日，日中則止。夕行望月亦如之。歷卧梁劾特族地〔一一二〕，有都督山，唐回鶻之地。次歷大蟲太子族〔一一三〕，族接契丹界，人衣尚錦繡，器用金銀，馬乳釀酒，飲之亦醉。次歷屋地因族〔一一四〕，蓋達于于越王子之子。次至達于于越王子族。此九族達靼中尤尊者。次歷拽利王子族，有合羅川，唐回鶻公主所居之地，城基尚在，有湯泉池〔一一五〕。傳云契丹舊爲回鶻牧牛，回鶻徙甘州，契丹、達靼遂各争長攻戰。次歷阿墩族，經馬綜山望鄉嶺，嶺上石庵有李陵題字處〔一一六〕。次歷格囉美源，西方百川所會，極望無際，鷗鷺鳧鴈之類甚衆。次至托邊城，亦名李僕射城，城中首領號「通天王」。次歷小石州。次歷伊州，州將陳氏，其先自唐開元二年領州，凡數十世，唐時詔敕尚在。地有野蠶生苦參上，可爲錦帛。有羊，尾重者三斤〔一一七〕，小者一斤，肉如熊白而甚美。又有礪石，剖之得賓鐵，謂之喫鐵石。又生胡桐樹，經雨即生胡桐律。次歷益都。次歷納職城，在大患鬼魅磧之東南，望玉門關甚近，無水草，載糧以行，凡三日，至鬼谷口避風驛，用本國法設祭〔一一八〕，出詔神禦風〔一一九〕，風乃息。凡八日，至澤田寺〔一二〇〕。高昌聞使至，遣人來迎。次歷地名寶莊，又歷六鍾〔一二一〕，乃至高昌，即西州也。其地南距于闐，西南距大食、波斯，西距西天步露涉〔一二二〕、雪山、葱嶺，皆數千里。地無雨雪而極熱，每盛暑，居人皆穿地爲穴以處。飛鳥群萃河濱，或起飛，即爲日氣所爍，墜而傷翼。屋宇覆以白堊。開寶三年〔一二三〕，雨及五寸，即廬舍多壞。有水，出金嶺，導之周繞國城，以溉田園，作水磑。地産五穀，惟無蕎麥。貴人食馬，餘食羊及鳧鴈〔一二四〕。樂多琵琶、箜篌。出貂鼠、白氎、繡文花蘂布。俗好騎射。婦人戴油帽，謂之蘇幕遮。用開元七年曆，以三月九日爲寒食，餘二社、冬至亦然。以銀或鍮石爲筒，貯水激以相射，或以水交潑爲戲，謂之壓陽氣去病。好游賞，行者必抱樂器。佛寺五十餘區，皆唐朝所賜額，寺中有大藏經、唐韵、玉篇、經音等，居民春月多群聚遨樂於其間。游者馬上持弓矢射諸物，謂之禳災。有敕書樓〔一二五〕，藏唐太宗、明皇御札詔敕，緘鎖甚謹〔一二六〕。復有摩尼寺，波斯僧各持其法，佛經所謂外道者也。所統有南突厥、北突厥、大衆熨、小衆熨〔一二七〕、樣磨、割祿、黠戞司、末蠻〔一二八〕、格哆族、預龍族之名甚衆。國中無貧民，絶食者共振之。人多壽考，率百餘歲，絶無夭死。時四月，師子王避暑於北庭，以其舅阿多于越守國，先遣人致意於延德曰：「我王舅也，使者拜我乎？」延德曰：「持朝命來，禮不當拜。」復問曰：「見王拜乎？」延德曰：「禮亦不當拜。」阿多于越復數日始相見，然其禮頗恭。師子王邀延德至其北庭。歷交河州，凡六日，至金嶺口，寶貨所出。又兩日，至漢家寨。又五日，上金嶺。過嶺即多雨雪，嶺上有龍堂刻石〔一二九〕，記云小雪山也。嶺上有積雪，行人服毛罽。度嶺一日至北庭，憩高臺寺。其王烹羊并馬以具膳，尤豐潔。地多馬，王及王后、太子各養馬，牧放於平川中，彌亘百餘里，以毛色分別爲群，莫知其數。北庭川長廣數千里，鷹鷂鵰鶻之所生，多美草，下生花〔一三〇〕，砂鼠大如鼩，鷙禽捕食之。其王遣人來言，擇日以見使者，願無訝其淹久。至七日，見其王及王子侍者〔一三一〕，皆東向拜受賜。旁有持磬者擊以節拜，王聞磬聲乃拜，既而王之兒女親屬皆出，羅拜以受賜，遂張樂飲宴，爲優戲，至暮。明日泛舟於池中，池四面作鼓樂。又明日遊佛寺，曰應運泰寧之寺，貞觀十四年造。北庭北山中出硇砂，山中常有烟氣涌起，而無雲霧，至夕光焰若炬火，照見禽鼠皆赤。采硇砂者着木底鞵，若皮爲底者即焦。下有穴生青泥，出穴外即變爲砂石，土人取以治皮。城中多樓臺卉木。人白皙端正，性工巧，善治金銀銅鐵爲器及攻玉。善馬直絹一疋，其駑馬充食者纔直一丈。貧者皆食肉。西抵安西，即唐之西境。七月，令延德先還其國，其王九月始至〔一三二〕。亦聞有契丹使來，使缺唇，以銀葉蔽之，謂其王云：「聞漢遣使入達靼而道出王境，誘王窺邊，宜早送至達靼，無使久留。」因云：「高敞本漢土，漢使來覘視封域，將有異圖，王當察之。」延德偵知其語，因謂王曰：「犬戎素不順中國〔一三三〕，今乃反間，我欲殺之。」王固勸乃止。自六年五月離京師，七年四月至高昌，所歷以詔賜諸蕃君長襲衣、金帶、繒帛。八年春，與其謝恩使凡百餘人復循舊路而還，雍熙元年四月至京師。延德初至達靼之境，頗見晉末陷虜者之子孫，咸相率遮迎獻飲食，問其鄉里親戚，意甚悽感，留旬日不得去。延德之所述云。

龜兹

龜兹，一曰丘兹，又曰屈茨。漢時通焉。王治延城，今名伊邏盧城。都白山之南二百里〔一三四〕，隋西域圖記云〔一三五〕：白山一名阿羯山，常有火及烟，即出硇砂之所。東去長安七千五百里〔一三六〕。户七千〔一三七〕。南與精絶、東南與且末、西南與杅彌〔一三八〕、北與烏孫、西與姑墨接。能治鑄。俗有城郭。東至都護治所烏壘城四百里〔一三九〕。烏壘户百十。與都護同治。其南三百里至渠犂〔一四〇〕。東北與尉犂〔一四一〕、東南與且末、南與精絶接。昭帝田輪臺，與渠犂地皆相連也。晉武帝時，其王遣子入侍，惠、懷末，以中國亂，遣使貢方物於張重華，苻堅，堅遣其將吕光伐之。其王白純距境不降，光進軍討平之，立其後白震爲王。

其所居城方五六里，城三重，中有佛塔千所。其刑法，殺人者死，劫賊則斷其一臂，并刖一足〔一四二〕。賦税準地徵租，無田者則税銀〔一四三〕。風俗、婚姻、喪葬、物産與焉耆略同，唯氣候少温爲異。又出細氈，饒銅、鐵、鉛、麖皮〔一四四〕、氍毹、鐃沙〔一四五〕、鹽緑、雌黄、胡粉、安息香、良馬、犎牛等。東有輪臺，即漢李廣利所屠者。其南三百里，有大河東流，號計戍水〔一四六〕，即黄河也。東去焉耆九百里，南去于闐一千四百里，西去疏勒一千五百里，北去突厥牙六百里〔一四七〕，東南去瓜州三千一百里〔一四八〕。其東關城屯〔一四九〕。寇竊非一，魏太武詔將軍萬度歸率騎一千以擊之。龜兹遣烏羯目提等領兵三千拒戰，度歸擊走之〔一五〇〕，斬二百餘級，大獲駝馬而還。俗性多淫，置女市，收男子錢以入官〔一五一〕。土多孔雀，群飛山谷間，人取而食之，孳乳如鷄鶩，其王家恒有千餘隻云。其國西北大山中有如膏者，流出成川，行數里入地，狀如餅餬，甚臭。服之，齒髮已落者，能令更生，癘人服之，皆愈。自後每使朝貢。周保定元年，其王遣使來獻。隋大業中，其王白蘇尼咥遣使朝貢方物〔一五二〕。是時，其國勝兵可數千人。

唐高祖受禪，其王遣使入貢。貞觀四年，獻馬，帝賜璽書撫慰。後臣西突厥。郭孝恪伐焉耆，乃遣兵與焉耆應援，自是不朝貢。二十一年，兩遣使入朝貢，帝怒其佐焉耆叛，乃以阿史那社爾爲崑丘道行軍大總管，部兵十萬討之。社爾凡破五大城，俘男女數萬，遣使者諭降小城七百餘，西域震懼。社爾乃立王弟葉護王其國，勒石紀功。始徙安西都護於其都，統于闐、碎葉、疏勒，號「四鎮」。高宗復封訶黎布失畢爲龜茲王，與其降王還國。後爲降王所拒，復發兵討誅之，以其地爲龜茲都督府，更立子素稽爲王。是歲，徙安西都護府於其國〔一五三〕，以故安西爲西州都督府治。儀鳳時，吐蕃攻焉耆以西，四鎮皆没。長壽元年，武威道總管王孝傑破吐蕃，復四鎮地，置安西都護府於龜茲，以兵三萬鎮守。於是沙磧荒絶，民供餽糧甚苦。議者請棄之，武后不聽。都護以政績稱者，田揚名、郭元振、張孝嵩、杜暹云。開元七年，王白莫苾死，子多市立〔一五四〕，改名孝節。十八年，遣弟孝義來朝。

自龜茲贏六百里，踰小沙磧，有跋禄迦，小國也，一曰亟墨，即漢姑墨國，横六百里，縱三百里。風俗文字與龜茲同，言語少異。出細氈褐。西三百里度石磧至凌山，葱嶺北原也，水東流，春夏山谷積雪。西北五百里至素葉水城，比國商胡雜居。素葉以西數十城，皆立君長，役屬突厥。自素葉水城至羯霜那國，衣氈褐皮㲲，以繒繚額。素葉城西四百里至千泉，地贏二百里，南雪山，三垂平陸，多泉池，因名之，突厥可汗歲避暑其中。群麗鹿飾鈴鐶〔一五五〕，可狎也。西贏百里至呾邏私城〔一五六〕，亦比國商胡雜居。有小孤城，三百餘户〔一五七〕，本華人，爲突厥所掠，群保此，尚華語。西南贏二百里至白水城〔一五八〕，原隰膏腴。南五十里有笯赤建國，廣千里，地沃宜稼，多葡萄。又二百里即石國。

宋大中祥符三年，龜茲王可汗遣使貢方物。天禧四年，又入貢。自天聖至景祐四年，龜茲入貢者五，最後賜以佛經一藏。其國主自稱師子王，衣黄衣，寶冠，與宰相九人同治國事。其國西至大食國六十日行，東至夏州九十日行。或稱西州回鶻，或稱西州龜兹，或稱龜兹回鶻。熙寧四年、五年，俱入貢。紹聖三年，使大首領阿連撒羅等三人以表章及玉佛至洮西。熙河經略使以其罕通使，請令於熙、秦等州博買〔一五九〕，而估所賫物價答賜遣還，從之。

且彌

西且彌國，王治天山東於太谷〔一六〇〕，在車師北。本屬役車師。去長安八千六百七十里。户三百三十二，口千九百二十六，勝兵七百八十三人。西且彌侯、左右將、左右騎君各一人。西南至都護治所千四百八十七里〔一六一〕。東且彌國，王治天山東兑虚谷，去長安八千二百五十里。户百九十一，口千九百八十四，勝兵五百七十二人。東且彌侯、左右都尉各一人。西南至都護治所千五百八十七里。

焉耆

焉耆，漢時通焉。王治員渠城，在白山之南七十里，去長安七千三百里。户四千。西南至都護治所四百里〔一六二〕。南去尉犂百里，北與烏孫接，東去交河城唐郡。九百里，西去龜兹九百里，皆沙磧。其國近海水，多魚鹽蒲葦之利。四面有大山，道險阨易守。海水曲入四山之内，周匝其城三十餘里。後漢明帝永平末，有户萬五千，與龜兹共攻没都護陳睦。至和帝永元六年〔一六三〕，都護班超發諸國兵討之，殺其王。超乃立焉耆左候元孟爲王〔一六四〕。至安帝時，西域背叛。延光中，超子勇爲西域長史，復討定之。

晉武帝太康中，其王龍安遣子入侍，安夫人獪胡之女〔一六五〕，獪，古邁反。妊身十二月，剖脅生子，曰會，立爲世子。會少而勇傑，安病篤，謂會曰：「我嘗爲龜兹王白山所辱，汝能雪之，乃吾子也。」及會立，襲滅白山，遂據其國，遣子熙歸本國爲王。會有膽氣籌略，遂霸西域〔一六六〕，葱嶺以東莫不率服。其俗丈夫剪髮，婦人衣襦，著大褲。婚姻同華夏〔一六七〕。兵有弓、刀、甲、矟。死亡者皆焚而後葬，其服制滿七日則除之。俗事天神。氣候寒，土田良沃。穀有稻、粟、菽、麥，畜有駝、馬、牛、羊。養蠶不以爲絲，唯取纊綿。俗尚葡萄酒，兼愛音樂。

其後張駿遣沙州刺史楊宣率衆經理西域〔一六八〕，宣以部將張植爲前鋒，軍次其國，進屯鐵門，未至十餘里，熙又率衆先要之於遮留谷。植將至，或曰：「漢祖畏於柏人，岑彭死於彭亡，谷名遮留，殆將有伏。」單騎嘗之，果有伏發，植擊敗之，進據尉犁，熙降於宣。吕光僭位，熙遣子入侍。至魏，遣成周公萬度歸討之，其王鳩尸卑那衆大潰〔一六九〕，單騎走入山中。度歸進屠其城，四鄙諸戎皆降服〔一七〇〕。焉耆爲國，斗絶一隅，不亂日久，獲其珍奇異玩，殊方詭譎難名之物，橐駝、馬、牛、雜畜鉅萬。至後周武帝保定四年，其王遣使獻名馬。隋煬帝大業中，其王龍突騎支遣使貢方物〔一七一〕。

唐貞觀六年，龍突騎支遣使來朝。自隋亂，磧路閉，故西域朝貢皆道高昌。突騎支請開大磧道以便行人，帝許之。高昌怒，大掠其邊。西突厥復攻之，與高昌陷其五城，掠千五百人，焚廬舍。遣使言狀。

詔侯君集討高昌，突騎支引兵佐唐。高昌破，歸向所俘及城，遣使入謝。其後與西突厥相約爲輔車勢，不朝貢，乃命安西都護郭孝恪討之，傳其城，執突騎支，更以栗婆準攝國事。後其從兄薛婆阿那支自爲王，執栗婆準獻龜玆，殺之。阿史那社爾討龜玆，擒阿那支，斬以徇。立突騎支弟婆伽利爲王〔一七二〕，以其地爲焉耆都督府。婆伽利死，國人請還前王突騎支〔一七三〕，許之。歸國，死，龍嬾突立。開元七年，龍嬾突死，吐拂延立〔一七四〕。訖天寶常朝貢。其後盡并有漢時尉犂、危須、山國三國之地，并鄯善之北界矣。

校勘記

〔一〕南北千餘里　此五字原脱，據漢書卷九六上西域傳上補。

〔二〕與匈奴烏孫異俗　「匈奴」與「俗」三字原脱，據漢書卷九六上西域傳上補。

〔三〕匈奴西邊日逐王領西域　「匈奴」二字原涉上而脱，據漢書卷九六上西域傳上補。

〔四〕則出大宛康居奄蔡焉　「焉」下原衍「耆」字，據元本、慎本、馮本及資治通鑑卷二〇漢紀一二元鼎二年是歲條删。

〔五〕師行二三十年　「二三十」，通典卷一九一邊防七同，漢書卷九六下西域傳下作「三十二」。

〔六〕募人壯健有累重敢徒者詣田所　「詣」原作「請」，據元本、慎本、馮本、局本及漢書卷九六下西域傳下、通典卷一九一邊防七改。

〔七〕田於北胥鞬　「田」字原涉上而脱，據漢書卷九六上西域傳上補。

〔八〕去陽關二千七百四十里　「二千七百四十里」，通典卷一九一邊防七同，漢書卷九六上西域傳上作「二千七百三十八里」。通典約舉成數，本書沿用通典之文，未曾改動，以下皆然，不再説明。

〔九〕於西域爲中　「爲」字原脱，據漢書卷九六上西域傳上、通典卷一九一邊防七補。

〔一〇〕吏大禄百長　「吏」原作「史」，「百」原作「伯」，據元本、慎本、馮本、局本及漢書卷九六下西域傳下、太平寰宇記卷一八〇四夷九西戎一改。

〔一一〕從玉門關西出　「西出」二字原倒，據三國志卷三〇烏丸鮮卑東夷傳注引魏略西戎傳、太平寰宇記卷一八〇四夷九西戎一乙正。

〔一二〕越葱嶺　「越」原作「域」，據三國志卷三〇烏丸鮮卑東夷傳注引魏略西戎傳、通典卷一九一邊防七改。

〔一三〕發都護井　「井」原作「并」，據元本、慎本、馮本及三國志卷三〇烏丸鮮卑東夷傳注引魏略西戎傳、太平寰宇記卷一八〇四夷九西戎一改。

〔一四〕從沙西井轉西北　「井轉西」三字原脱，據三國志卷三〇烏丸鮮卑東夷傳注引魏略西戎傳補。

〔一五〕出五船北　「北」原作「皆」，據三國志卷三〇烏丸鮮卑東夷傳注引魏略西戎傳、太平寰宇記卷一八〇四夷九西戎一改。

〔一六〕爲新道　「爲」字原脱，據三國志卷三〇烏丸鮮卑東夷傳注引魏略西戎傳、太平寰宇記卷一八〇四夷九西戎一補。

〔一七〕匈奴脅服諸國　「脅服」原作「乃脅」，據通典卷一九一邊防七改。

〔一八〕焉耆龜茲攻没都護陳睦　「陳睦」，後漢書卷八八西域傳同，後漢書集解引惠棟説，謂袁宏後漢紀作「陳穆」。

〔一九〕和帝永元初　「永元」原作「永光」，據後漢書卷八八西域傳、通典卷一九一邊防七改。

〔二〇〕因遣副校尉閻盤掩擊伊吾　「校」原作「使」，據後漢書卷四和帝紀、卷二三竇憲傳、卷八八西域傳改。「盤」，竇憲傳、通典卷一九一邊防七同，和帝紀作「磐」，西域傳作「槃」。

〔二一〕燉煌太守曹宗請出兵擊匈奴　「曹宗」原作「曹崇」，據後漢書卷八八西域傳、資治通鑑卷五〇漢紀四二元初六年是歲條改。

〔二二〕命遣武臣　「武臣」，後漢書卷八八西域傳作「虎臣」，通典諱改，本書沿用通典之文，未曾回改。下同。

〔二三〕遂開河西四郡　「河西」二字原倒，據後漢書卷八八西域傳乙正。

〔二四〕則虜財賄日增　「日」，後漢書卷八八西域傳、通典卷一九一邊防七作「益」。

〔二五〕河西四郡危矣河西既危　上「河西」原作「河内」，「河西既危」四字原脱，據後漢書卷八八西域傳改補。

〔二六〕議者但念西域絶遠　「域」原作「國」，據後漢書卷八八西域傳改。

〔二七〕河西諸郡　「諸」字原脱，據後漢書卷四七班勇傳補。

〔二八〕明帝命武臣出征西域　「明」字原脱，據元本、慎本、馮本及通典卷一九一邊防七補。

〔二九〕長樂衛尉鐔顯等難曰　「鐔顯」，後漢書卷四七班勇傳同，通典卷一九一邊防七作「譚顯」。

〔三〇〕班將能保北虜不爲邊害乎　「將」下原衍「軍」字，據後漢書卷四七班勇傳删。按後漢書班勇傳李賢注：「以勇爲軍司馬，故以將言之。」通典卷一九一邊防七有「軍」字，本書録自通典，通典之「軍」，蓋杜氏以意增之。

〔三一〕爲置校尉以扞北撫西　「扞北撫西」，後漢書卷四七班勇傳作「捍撫西域」。

〔三二〕緣邊之郡將受困苦　「苦」，後漢書卷四七班勇傳作「害」。

〔三三〕則中國之費不止十億　「十」，後漢書卷四七班勇傳作「千」。

〔三四〕將五百人西屯柳中　「西屯」二字原倒，據元本、慎本、馮本、局本及後漢書卷八八西域傳、通典卷一九一邊防七乙正。

〔三五〕西域三絶復通　「復」，後漢書卷八八西域傳作「三」。

〔三六〕具言其地爲三域　「具」原作「且」，據魏書卷一〇二西域傳、北史卷九七西域傳改；「三域」，同上魏書、北史作「四域」。下文「自葱嶺以東，流沙以西爲一域」下，同上魏書、北史有「葱嶺以西，海曲以東爲一域」十一字，通典删而未録，故云三域。本書沿用通典之文，未曾回改。

〔三七〕姑墨以南　「姑墨」，魏書卷一〇二西域傳、北史卷九七西域傳作「者舌」。按通典卷一九二邊防八有姑墨而無者舌，魏書、北史則二者皆有。者舌，故康居。

〔三八〕自玉門度流沙　「度」字原脱，據後文及魏書卷一〇二西域傳、北史卷九七西域傳補。

〔三九〕西千三百里至伽部　「伽部」，通典卷一九一邊防七同，魏書卷一〇二西域傳、北史卷九七西域傳作「伽倍」。

〔四〇〕介遠西北　「介」原作「界」，據魏書卷四二韓秀傳、北史卷二七韓秀傳改。

〔四一〕此蹙國之事　「國」原作「境」，據魏書卷四二韓秀傳、北史卷二七韓秀傳及北宋本通典卷一九一邊防七改。

〔四二〕且燉煌去凉州及千餘里　「及」字原脱，「千餘」原作「三千」，據魏書卷四二韓秀傳補改。

〔四三〕防制有闕　「防制」，通典卷一九一邊防七同，魏書卷四二韓秀傳、北史卷二七韓秀傳作「遥防」。

〔四四〕相率而來朝者四十餘國帝因置西戎校尉以應接之　「四」，隋書卷八三西域傳作「三」；「西戎校尉」，同書作「西域校尉」。

〔四五〕自高昌壁北通車師後部金滿城今北庭府縣五百里　「金滿城」，通典卷一九一邊防七作「金蒲城」。

〔四六〕諸家纂西域事　「事」原作「志」，據元本、慎本、馮本及通典卷一九一邊防七改。

〔四七〕惟佛國記　「惟」原作「及」，據通典卷一九一邊防七改。

〔四八〕王治扜泥城　「扜」原作「杅」，據漢書卷九六上西域傳上、北史卷九七西域傳及北宋本通典卷一九一邊防七改。

〔四九〕户千五百　漢書卷九六上西域傳上作「户千五百七十」。

〔五〇〕西北去都護治所千八百里　「千八百里」，漢書卷九六上西域傳上作「千七百八十五里」。

〔五一〕至山國千三百餘里　「千三百餘里」，漢書卷九六上西域傳上作「千三百六十五里」。

〔五二〕西北至車師千九百里　「千九百里」，漢書卷九六上西域傳上作「千八百九十里」。

〔五三〕檉柳　原作「樫柳」，據元本、慎本、馮本及漢書卷九六上西域傳上、通典卷一九一邊防七改。

〔五四〕言似眼淚也　此五字原脱，據漢書卷九六上西域傳上師古注及北宋本通典卷一九一邊防七補。

〔五五〕使者一歲中多至十餘輩　「使者」二字原脱，據漢書卷九六上西域傳上、通典卷一九一邊防七補。

〔五六〕每供給使者　「供」字原脱，據漢書卷九六上西域傳上師古注補。

〔五七〕於是樓蘭遣一子質匈奴　「一子質匈奴」五字原脱，據漢書卷九六上西域傳上補。

〔五八〕樓蘭國最在東垂　「在」字原脱，據漢書卷九六上西域傳上補。

〔五九〕負水擔糧　「水」原作「米」，據漢書卷九六上西域傳上、太平寰宇記卷一八一四夷一〇西戎二改。

〔六〇〕又數爲吏卒所寇　「寇」字原脱，據漢書卷九六上西域傳上、太平寰宇記卷一八一四夷一〇西戎二補。

〔六一〕數遮殺漢使　「殺」字原脱，據漢書卷九六上西域傳上補。

〔六二〕恐爲所拒　「拒」，漢書卷九六上西域傳上作「殺」。

〔六三〕拜交趾公韓拔爲假節　「韓拔」原作「韓杖」，據魏書卷四下世祖紀下、卷七上高祖紀上、北史卷二太武紀、卷九七西域傳及資治通鑑卷一二五宋紀七文帝元嘉二十五年五月甲戌條改。

〔六四〕其王兄鄯來率衆内附　「兄」原作「允」，據元本、慎本、馮本及北史卷九七西域傳、周書卷五〇異域傳下及北宋本通典卷一九一邊防七改。「鄯來」，同上周書、太平寰宇記卷一八一四夷一〇西戎二作「鄯米」，北史卷五西魏文帝紀作「鄯朱那」，卷九七西域傳作「鄯善米」，太平御覽卷七九八四夷部一九西戎七作「鄯善未」。

〔六五〕去長安六千八百里　「六千八百里」，漢書卷九六上西域傳上作「六千八百二十里」。

〔六六〕西北至都護治所二千二百里　「二千二百里」，漢書卷九六上西域傳上作「二千二百五十八里」。

〔六七〕東接白提　「接」原作「與」，據太平寰宇記卷一八一四夷一〇西戎二改。

〔六八〕其王安末深盤　「深」原作「染」，據梁書卷五四諸夷傳、南史卷七九夷貊傳下改。

〔六九〕夏月有熱風　「月」，北史卷九七西域傳、太平御覽卷七九八四夷部一九西戎七作「日」。

〔七〇〕即鳴而聚立　「鳴」，北史卷九七西域傳、太平御覽卷七九八四夷部一九西戎七作「嗔」。

〔七一〕杅彌　漢書卷九六上西域傳上扜彌國條作「扜彌」，同書卷九六下西域傳下龜兹國條、通典卷一九一邊防七作「杅彌」。下同。

〔七二〕去長安九千三百里　「九千三百里」，漢書卷九六上西域傳上作「九千二百八十里」。

〔七三〕户三千三百　漢書卷九六上西域傳上作「户三千三百四十」。

〔七四〕東北至都護治所三千五百里　「三千五百里」，漢書卷九六上西域傳上作「三千五百五十三里」。

〔七五〕南與渠勒　「渠勒」原作「疏勒」，據漢書卷九六上西域傳上、太平寰宇記卷一八一四夷一〇西戎二改。

〔七六〕去長安八千一百里　「八千一百里」，漢書卷九六下西域傳下作「八千一百五十里」。

〔七七〕户千五百　漢書卷九六下西域傳下作「户七百」，後漢書卷八八西域傳作「領户千五百餘」。

〔七八〕西南至都護治所千八百里　「千八百里」，漢書卷九六下西域傳下作「千八百七里」。

〔七九〕去長安八千九百里　「八千九百里」，漢書卷九六下西域傳下作「八千九百五十里」。

〔八〇〕户六百　漢書卷九六下西域傳下作「户五百九十五」，後漢書卷八八西域傳作「領户四千餘」。

〔八一〕昭帝時匈奴復使四千騎田車師　此句原在下文「教之遮漢道」句下，據漢書卷九六下西域傳乙正。

〔八二〕校尉司馬憙將免刑罪人田渠犁　「司馬憙」原作「司馬喜」，據漢書卷九六下西域傳下、通典卷一九一邊防七改。下同。

〔八三〕間以山河　「山河」，通典卷一九一邊防七同，漢書卷九六下西域傳下作「河山」。

〔八四〕戊己校尉徐普欲開以省道里　通典卷一九一邊防七同，漢書卷九六下西域傳下「里」下有「半」字。

〔八五〕車師後王姑句音勾以道通當爲拄置　「姑句」原作「始句」，據漢書卷九六下西域傳下、通典卷一九一邊防七改。漢書卷九六下西域傳下無「通」字。

〔八六〕而西域亦瓦解　按漢書卷九六下西域傳下載：「車師後王姑句以道當爲拄置，心不便也。地又頗與匈奴南將軍地接」，戊己校尉徐普「欲分明其界然後奏之，召姑句使證之，不肯，繫之」。姑句「即馳突出高昌壁，入匈奴」。「是時，新都侯王莽秉政，遣中郎將王昌等使匈奴，告單于西域内屬，不當得受，單于謝罪」，執姑句以付使者，王莽命「會西域諸國王，陳軍斬姑句」。「至莽簒位，建國二年」，車師後王須置離欲亡入匈奴，爲戊己校尉刀護所殺，置離兄狐蘭支舉國亡降匈奴。「是時，莽易單于璽，單于恨怒，遂受狐蘭支降，遣兵與共寇擊車師，殺後城長，傷都護司馬，及狐蘭兵復還入匈奴」。「後三歲，單于死，弟烏絫單于咸立，復與莽和親」。「其後莽復欺詐單于，和親遂絶。匈奴大擊北邊，而西域亦瓦解」。由此可見姑句入匈奴與車師後部舉國降匈奴，單于怒與大擊北邊而西域瓦解，皆非一人一時之事，通典分摘數語，拼湊成文，不合史實，本書沿用通典之文，未曾改正。

〔八七〕至後漢和帝永元二年　「永元」原作「元光」，據後漢書卷八八西域傳改。

〔八八〕長史班勇擊其後王軍就大破斬之　「就」字原脱，據後文及後漢書卷八八西域傳補，「斬」字原脱，據後漢書卷八八西域傳、通典卷一九一邊防七補。

〔八九〕後部候炭遮領餘人叛阿羅多　「候」原作「侯」，據後漢書卷八八西域傳改。

〔九〇〕賜其王亦多離守魏侍中　「亦」，北宋本通典卷一九一邊防七作「壹」。

〔九一〕高車王阿伏至羅殺闞王　「高車王」原作「高車主」，據北史卷九七西域傳、太平寰宇記卷一八〇四夷九西戎一改。按同上北史云：「太和初，伯周死，子義成立，歲餘，爲從兄首歸所殺，自立爲高昌王。五年，高昌王阿至羅殺首歸兄弟。」通典未曾分叙而混稱「闞王」，一似被殺者爲闞伯周，本書沿用通典之文，亦未曾改正。

〔九二〕孟明爲國人所殺　「孟明」上原衍「太和二年」四字。按北史卷九七西域傳載，太和五年，張孟明被立爲王，後爲國人所殺，則其死在太和五年之後，此處「太和二年」顯衍，據删。

〔九三〕以聳顧禮　「聳顧禮」，北史卷九七西域傳、通典卷一九一邊防七、太平寰宇記卷一八〇四夷九西戎一同，隋書卷八三西域傳無「禮」字。

〔九四〕請王於嘉　「王」，隋書卷八三西域傳及通典卷一九一邊防七作「主」。

〔九五〕田地公　原作「田北公」，據北史卷九七西域傳、北宋本通典卷一九一邊防七、周書卷五〇異域傳下、太平寰宇記卷一八〇四夷九西戎一改。下同。

〔九六〕小事世子及二公隨狀斷　「世子」，隋書卷八三西域傳作「長子」，通典卷一九一邊防七作「太子」。

〔九七〕名爲城令　北史卷九七西域傳無「城」字。

〔九八〕而皆爲胡語　「胡語」原作「詩」，據北史卷九七西域傳、周書卷五〇異域傳下、太平御覽卷七九四四夷部一五西戎三、太平寰宇記卷一八〇四夷九西戎一改。

〔九九〕賦税則計田輸銀　北史卷九七西域傳、太平御覽卷七九四四夷部一五西戎三「銀」下有「錢」字。

〔一〇〇〕其人面貌類高麗辮髮垂之於背女子亦然　此二句乃通考襲用通典卷一九一邊防七之文，然通典亦不知所據何書，隋書卷八三西域傳、北史卷九七西域傳均無類似記載，且謂其婦人頭上作髻，與此云「辮髮垂之於背」兩相抵牾。

〔一〇一〕詔以其世子玄喜爲王　「玄喜」原作「元嘉」，據周書卷五〇異域傳下改。

〔一〇二〕能牽馬銜燭　「牽」，舊唐書卷一九八西戎傳作「曳」。

〔一〇三〕豈不快邪　唐會要卷九五、通典卷一九一邊防七、太平寰宇記卷一八〇四夷九西戎一同。「快」，北宋本通典作「理」，舊唐書卷一九八西戎傳作「活」。

〔一〇四〕拜侯君集爲交河道大總管　「總管」二字原倒，據局本及舊唐書卷一九八西戎傳、新唐書卷二二一上西域傳上乙正。

〔一〇五〕城三十二　通典卷一九一邊防七、太平寰宇記卷一八〇四夷九西戎一同。「三二」，舊唐書卷一九八西戎傳、新唐書卷二二一上西域傳上、唐會要卷九五高昌、元和郡縣志卷四〇、資治通鑑卷一九五唐紀一一貞觀十四年五月壬寅條皆作「二二」，當是。

〔一〇六〕口萬七千七百三十　通典卷一九一邊防七、太平寰宇記卷一八〇四夷九西戎一同，舊唐書卷一九八西戎傳作「口三萬七千七百」，新唐書卷二二一上西域傳上作「口三萬」，唐會要卷九五高昌作「口三萬七千七百三十八」，資治通鑑卷一九五唐紀一一貞觀十四年五月壬寅條作「口一萬七千七百」。

〔一〇七〕田地城爲柳中縣　「田地」原作「田北」，據舊唐書卷一九八西戎傳、新唐書卷二二一上西域傳上、唐會要卷九五高昌、資治通鑑卷一九五唐紀一一貞觀十四年五月壬寅條改。

〔一〇八〕遣都督麥温來獻　「麥温」，宋史卷四九〇外國傳六作「麥索温」。

〔一〇九〕次歷黄羊平　「平」字原脱，據宋史卷四九〇外國傳六、揮麈前録卷四補。

〔一一〇〕次歷第女喎子族　「第女」，宋史卷四九〇外國傳六作「茅女」，揮麈前録卷四作「茅家」。

〔一一一〕次歷茅女王子開導族　「導」，宋史卷四九〇外國傳六、揮麈前録卷四作「道」。

〔一一二〕歷卧梁劾特族地　宋史卷四九〇外國傳六同，揮麈前録卷四「卧」下有「羊」字。

〔一一三〕次歷大蟲太子族　宋史卷四九〇外國傳六同，揮麈前録卷四作「次歷太子大蟲族」。

〔一一四〕次歷屋地因族　宋史卷四九〇外國傳六同，「因」，揮麈前録卷四作「目」。

〔一一五〕有湯泉池　「池」原作「之地」，據宋史卷四九〇外國傳六、揮麈前録卷四改。

〔一一六〕嶺上石庵有李陵題字處　「嶺」「有」二字原脱，據宋史卷四九〇外國傳六、揮麈前録卷四補。「庵」，同上宋史作「龕」。

〔一一七〕有羊尾重者三斤　宋史卷四九〇外國傳六「有羊」後有「尾大而不能走」六字。

〔一一八〕用本國法設祭　「國」原作「俗」，「設祭」原作「試茶」，據宋史卷四九〇外國傳六改。

〔一一九〕出詔神禦風　「神」原作「押」，據宋史卷四九〇外國傳六改。

〔一二〇〕至澤田寺　「澤」原作「驛」，據宋史卷四九〇外國傳六、揮麈前録卷四改。

〔一二一〕又歷六鍾　「六鍾」，揮麈前録卷四同，宋史卷四九〇外國傳六作「六種」。

〔一二二〕西距西天步露涉　「涉」原作「沙」，據宋史卷四九〇外國傳六、揮麈前録卷四改。

〔一二三〕開寶三年　「三年」，揮麈前録卷四作「二年」。

〔一二四〕餘食羊及鳧鴈　「羊」，揮麈前録卷四作「牛」。

〔一二五〕有敕書樓　「樓」原作「數」，據宋史卷四九〇外國傳六、揮麈前録卷四改。

〔一二六〕緘鎖甚謹　「謹」原作「緊」，據宋史卷四九〇外國傳六、揮麈前録卷四改。

〔一二七〕大衆熨小衆熨　前一「熨」字原作「慰」，後一「熨」字原脱，據宋史卷四九〇外國傳六、揮麈前録卷四改補。

〔一二八〕黠戛司末蠻　「黠」原作「點」，「末」原作「永」，據宋史卷四九〇外國傳六、揮麈前録卷四改。

〔一二九〕嶺上有龍堂刻石　「堂」，揮麈前録卷四作「王」。

〔一三〇〕下生花　「下」，揮麈前録卷四作「不」。

〔三一〕見其王及王子侍者　「其」下原衍「主」字，據宋史卷四九〇外國傳六、揮麈前録卷四删。

〔三二〕其王九月始至　「九月」二字原脱，據元本、慎本、馮本及宋史卷四九〇外國傳六補。

〔三三〕犬戎素不順中國　「犬戎」，宋史卷四九〇外國傳六作「契丹」。

〔三四〕都白山之南二百里　「二百里」，通典卷一九一邊防七同，隋書卷八三西域傳、北史卷九七西域傳均作「一百七十里」。

〔三五〕隋西域圖記云　「記」字原脱，據通典卷一九二邊防八大宛條注補。

〔三六〕東去長安七千五百里　「七千五百里」，漢書卷九六下西域傳下作「七千四百八十里」。

〔三七〕户七千　漢書卷九六下西域傳下作「户六千九百七十」。

〔三八〕西南與杅彌　「杅彌」原作「枒彌」，據元本、慎本、馮本及漢書卷九六下西域傳下、通典卷一九一邊防七改。

〔三九〕東至都護治所烏壘城四百里　「四百里」，漢書卷九六下西域傳下作「三百五十里」。

〔四〇〕其南三百里至渠犂　漢書卷九六下西域傳下「百」下有「三十」二字。

〔四一〕東北與尉犂　通典卷一九一邊防七「東北」上有「渠犂城都尉一人户百三十」十一字。

〔四二〕并削一足　「并」原作「井」，據魏書卷一〇二西域傳、北史卷九七西域傳、周書卷五〇異域傳下改。

〔四三〕無田者則税銀　北史卷九七西域傳同，魏書卷一〇二西域傳「銀」下有「錢」字。

〔四四〕麖皮　原作「皫皮」，據魏書卷一〇二西域傳、隋書卷八三西域傳、北史卷九七西域傳改；太平御覽卷七九二四夷部一三西戎一作「麞皮」。

〔四五〕鐃沙　「鐃」字原脱，據周書卷五〇異域傳下、隋書卷八三西域傳補。

〔一四六〕號計戍水　「戍」原作「戌」，據周書卷五〇異域傳下、北史卷九七西域傳、通典卷一九一邊防七改，魏書卷一〇二西域傳作「式」。

〔一四七〕北去突厥牙六百里　「六百里」，魏書卷一〇二西域傳、北史卷九七西域傳作「六百餘里」。

〔一四八〕東南去瓜州三千一百里　「千一」二字原脱，據隋書卷八三西域傳補。

〔一四九〕其東關城屯　「關」，北史卷九七西域傳同，魏書卷一〇二西域傳爲注文「闕」，疑魏書是。「屯」，魏書卷一〇二西域傳、北史卷九七西域傳作「戍」。

〔一五〇〕度歸擊走之　「走」原作「斬」，據魏書卷一〇二西域傳、北史卷九七西域傳改。

〔一五一〕收男子錢以入官　「錢」原作「鐵」，據魏書卷一〇二西域傳改。

〔一五二〕其王白蘇尼啞遣使朝貢方物　「啞」，隋書卷八三西域傳作「咥」。

〔一五三〕徙安西都護府於其國　「府」字原脱，據舊唐書卷一九八西戎傳、新唐書卷二二一上西域傳上補。

〔一五四〕王白莫宓死子多市立　「宓」，新唐書卷二二一上西域傳上作「苾」；「市」，同書作「帀」。

〔一五五〕群羆鹿飾鈴鐶　新唐書卷二二一上西域傳上無「羆」字。

〔一五六〕西羸百里至咀邏私城　「咀」原作「呾」，據大唐西域記卷一跋禄迦國改。「咀邏私城」，新唐書卷二二一上西域傳上作「怛邏斯城」，當爲異譯。

〔一五七〕有小孤城三百餘户　「孤」「餘户」三字原脱，據大唐西域記卷一小孤城補。

〔一五八〕西南羸二百里至白水城　「白水城」原作「泉城」，據新唐書卷二二一上西域傳上改。

〔一五九〕請令於熙秦等州博買　「秦」原作「泰」，據宋史卷四九〇外國傳六改。

〔一六〇〕王治天山東於太谷 「於太」，漢書卷九六下西域傳下作「于大」。

〔一六一〕西南至都護治所千四百八十七里 「千」「七」二字原脱，據漢書卷九六下西域傳下補。

〔一六二〕西南至都護治所四百里 「至」字原脱，據漢書卷九六下西域傳下、通典卷一九二邊防八補。

〔一六三〕至和帝永元六年 「永元」原作「永光」，據後漢書卷八八西域傳改。

〔一六四〕超乃立焉耆左候元孟爲王 「候」原作「侯」，後漢書卷八八西域傳誤同，據王先謙後漢書集解説改。

〔一六五〕安夫人獪胡之女 「獪」，晉書卷九七四夷傳作「獪」。

〔一六六〕遂霸西域 「西域」，晉書卷九七四夷傳作「西胡」。

〔一六七〕婚姻同華夏 「夏」原作「夷」，據晉書卷九七四夷傳、魏書卷一〇二西域傳、通典卷一九二邊防八改。

〔一六八〕其後張駿遣沙州刺史楊宣率衆經理西域 「經」，晉書卷九七四夷傳作「疆」。

〔一六九〕其王鳩尸卑那衆大潰 「鳩尸」二字原倒，據魏書卷一〇二西域傳、北史卷九七西域傳及北宋本通典卷一九二邊防八乙正。

〔一七〇〕四鄙諸戎皆降服 「鄙」原作「部」，據魏書卷一〇二西域傳、北史卷九七西域傳、太平寰宇記卷一八一四夷一〇西戎二改。

〔一七一〕其王龍突騎支遣使貢方物 「支」字原脱，據舊唐書卷一九八西戎傳、新唐書卷二二一上西域傳上補。下同。

〔一七二〕立突騎支弟婆伽利爲王 「騎」原作「厥」，據上下文及新唐書卷二二一上西域傳上改。

〔一七三〕國人請還前王突騎支 「國人」原作「國王」，據新唐書卷二二一上西域傳上改。

〔一七四〕吐拂延立 「吐拂延」，新唐書卷二二一上西域傳上作「焉吐拂延」。

卷三百三十七　四裔考十四

于闐

于闐，漢時通焉。都葱嶺之北二百餘里，去長安九千七百里〔一〕。户三萬二千〔二〕。東北至都護治所三千九百里〔三〕。南與婼羌接，北與姑墨接。東北去龜兹千四百里〔四〕，東去鄯善千五百里，西通皮山國四百里，去朱俱波國千里〔五〕，西北至疏勒國千五百里。其國之西，水皆流注西海。其東，水東注鹽澤。即蒲昌海。國有阿耨達山，據漢書，河源出焉。名首拔河，亦名樹拔河，或云即黄河也。北流七百里〔六〕，入計戍水〔七〕，一名計首水，即葱嶺南河，同入鹽澤。或云阿耨達即崑崙山。風俗物産與龜兹略同。

後漢建武末，莎車王賢强盛，攻并于闐，徙其主俞林爲驪歸王，以莎車將軍居德爲于闐王。明帝永平中，居德死後，于闐將休莫霸自立爲王。休莫霸死，兄子廣德立後，遂滅莎車，其國轉强盛，從精絶西北至疏勒十三國皆服從。而鄯善王亦始强盛。自是南道自葱嶺以東，唯此二國爲大。順帝時遣侍子詣闕貢獻。元嘉時，漢所遣長史王敬入于闐，矯詔殺其王建，爲于闐將輸僰等所殺〔八〕。將討之，後竟不能出兵，于闐恃此遂驕。後魏真君中，太武討吐谷渾慕利延，慕利延遂西入于闐，殺其王，死者甚衆。獻文末，蠕蠕寇于闐，于闐遣使上表曰：「西方諸國，今皆已屬蠕蠕，奴世奉大國，至今無異。故遣使奉獻，遥望救援。」自後每使朝獻。梁武帝時，凡四遣使通江左，獻方物及琉璃罌、刻玉佛。周建德三年，遣使獻名馬。隋大業中，頻遣使朝貢。時其王姓王氏，錦帽，金鼠冠〔九〕，髮不令人見，俗云見王髮，年必儉。國地方亘千里，所都城方八九里，部内有大城五，小城數十。山多美玉。有好馬、駝、騾。其刑法與中國略同。風俗物業與龜兹同。俗重佛法，寺塔僧尼甚衆，王尤信尚，每設齋日，必親自灑掃饋食。于闐西五百里有比摩寺，云是老子化胡成佛之所。云老子至此白日昇天，與群胡辭訣，言我暫游天上，尋當下生。其後出天竺國，化爲胡王太子，自稱曰佛，因立此寺。俗無禮義，多盜賊，淫縱。自高昌以西，諸國人等深目高鼻，唯此一國，貌不甚胡，頗類華夏。其後并有漢戎盧、杅彌〔一〇〕、渠勒、皮山、精絶五國故地。其居曰西山城，勝兵四千人。有玉河，國人夜視月光盛處必得美玉。王居繪室。俗機巧，言迂大，喜事祆神、浮屠法，然貌恭謹，相見皆跪。以木爲筆，玉爲印，凡得問遺書，戴於首乃發之。自漢武帝以來，中國詔書符節，其王傳以相授。人喜歌舞，工紡織。西有沙磧，鼠大如蝟，色類金，出入群鼠爲從。初無桑蠶，丐鄰國，不肯出，其王即求婚，許之。將迎，乃告曰：「國無帛，可持蠶自爲衣。」女聞，置蠶帽絮中，關守不敢驗，自是始有蠶。女刻石約無殺蠶，蛾飛盡得治繭。

王姓尉遲氏，名屋密，本臣突厥，唐貞觀六年，遣使者入獻。後三年，遣子入侍。阿史那社爾之平龜兹也，其王伏闍信大懼，使子獻橐駝三百。其後隨使者入朝，請以子弟宿衛。上元初，身率子弟酋領七十人來朝。擊吐蕃有功，帝以其地爲毗沙都督府，析十州，授伏闍雄都督。死，子璥立。開元時獻馬、駝、豽。璥死，復立尉遲伏師戰爲王。死，伏闍達嗣立。死，子珪嗣。珪死，子勝嗣。至德初，以兵赴難，因留宿衛〔一一〕。乾元三年，以其弟葉護曜權知本國事。以後絕，不復至。晉天福三年，其王李聖天自稱唐之宗屬，遣使來貢。高祖遣供奉官張匡鄴、高居誨等入其國，册聖天爲大寶于闐國王。匡鄴等自靈州行二年至于闐。至七年乃還〔一二〕。頗記其往來所見山川，而不能道聖天世次也。

居誨記曰：自靈州過黄河，行三十里，始涉沙入党項界，曰細腰沙、神樹沙〔一三〕。至三公沙，宿月支都督帳。自此沙行四百餘里，至黑堡沙，沙尤廣，遂登沙嶺。沙嶺党項牙也，其酋曰捻崖天子。渡白亭河至凉州〔一四〕，凉州西行五百里至甘州。甘州，回鶻牙也。其南，山百餘里，漢小月支之故地也，有别族號鹿角山沙陀，云朱邪氏之遺族也。自甘州西，始涉磧，磧無水，載水以行。甘州人教晉使者作馬蹄木澀，木澀四竅〔一五〕，馬蹄亦作四竅而綴之〔一六〕，駝蹄則包以犛皮乃可行〔一七〕。西北五百里至肅州，渡金河，西百里出天門關，又西百里出玉門關，經吐蕃界，吐蕃男子冠中國帽〔一八〕，婦人辮髮，戴瑟瑟珠〔一九〕，云珠之好者，一珠易一良馬。西至瓜州、沙州，二州多中國人，聞晉使者來，其刺史曹元深等郊迎，問使者天子起居。瓜州南十里鳴沙山，云冬夏殷殷有聲如雷，云禹貢流沙也。又東南十里三危山，云三苗之所竄也。其西，渡都鄉河曰陽關。沙州西曰仲雲族〔二〇〕，其牙帳居胡盧磧。云仲雲者，小月支之遺種也，其人勇而好戰，瓜、沙之人皆憚之。胡盧磧，漢明帝時征匈奴，屯田於吾盧，蓋其地也。地無水而嘗寒多雪，每天暖雪銷，乃得水。匡鄴等西行入仲雲界，至大屯城，仲雲遣宰相四人、都督三十七人候晉使者，匡鄴等以詔書慰諭之，皆東向拜。自仲雲界西，始涉醶磧〔二一〕，無水，掘地得濕沙，人置之胸以止渴。又西〔二二〕，渡陷河，伐檉置水中乃渡，不然則陷。又西，至紺州，紺州，于闐所置也，在沙州西南，云去京師九千五百里矣。又行二日至安軍州，遂至于闐。聖天衣冠如中國，其殿皆東向，曰金册殿，有樓曰七鳳樓。以葡萄爲酒，又有紫酒、青酒，不知其所釀，而味尤美。其食，粳沃以蜜，粟沃以酪。其衣，布帛。有園圃花木。俗喜鬼神而好佛。聖天居處，嘗以紫衣僧五十人列侍，其年號同慶二十九年。其國東南曰銀州、盧州、湄州，其南千三百里曰玉州，云漢張騫所窮河源出于闐，而山多玉者此山也。

漢乾祐元年，復遣使入貢。

宋建隆二年十二月，聖天遣使貢圭一，以玉爲柙。使者言：國城東有白玉河，西有綠玉河，次西有烏玉河，源出崑崙山，去國城西千三百里。每歲秋，水小之後，國人取玉於河，謂之撈玉。官取之後，方許私取。以葡萄醞爲酒，味極醇美。

乾德三年五月，于闐僧善名、善法來朝，賜紫衣。其冬，又有朝使至。四年，貢方物。開寶二年，遣使來貢，且言本國有玉一塊，凡二百三十七斤，願以上進，乞遣使取之。四年其國王書來，言破疏勒國得舞象一，欲以爲獻，詔俱許之。大中祥符二年，其國黑韓王遣回鶻羅廝温等以方物來貢，跪上壽。上詢其在路幾時，去此幾里。對曰：「涉道一年，晝行暮息，不知里數。昔時道路嘗有剽劫，今自瓜、沙至于闐，道路清謐，行旅如流。願遣使安撫遠俗〔二三〕。」上曰：「路遠命使，益以勞費爾國。今降詔書，汝賫往，亦與命使無異也。」天聖三年，遣使來貢玉鞍轡、白玉帶、胡錦、獨峰槖駝、乳香、硇砂。詔給還其直，別賜襲衣、金帶、銀器。嘉祐八年八月，遣使貢方物。十一月，以其國王爲特進、歸忠保順斫鱗黑韓王〔二四〕。于闐謂金翅鳥爲「砧麟」，「黑韓」蓋可汗之訛。使言其王乞此號云。熙寧以來，遠不踰一二歲，近則歲再至。所貢珠玉、珊瑚、翡翠、象牙、乳香、木香、琥珀、花蕊布、硇砂、龍鹽、胡錦〔二五〕、玉鞦轡馬、膃肭臍、金星石、水銀、安息鷄舌香，有所持無表章者，每賜以暈錦旋襴衣、金帶、器幣，宰相則盤毬雲錦夾襴。地產乳香，來輒群負，私與商賈牟利；不售，則歸諸外府得善價，故其來益多。元豐初，始詔唯賫表及方物馬驢乃聽詣闕，乳香以無用不許貢。四年，遣部領阿辛上表稱〔二六〕「于闐國僂儸有福力知文法黑汗王〔二七〕，書與東方日出處大世界田地主漢家阿舅大官家」，大略云路遠傾心相向，前三遣使入貢未回，重復數百言。董氊使導至熙州，譯其辭以聞。詔前三輩使人皆已朝見，錫賚遣發，賜敕書諭之。神宗嘗問其使去國歲月，所經何國及有無鈔掠。對曰：「去國四年，道途居其半，歷黃頭回紇、達靼、青唐，唯懼契丹鈔掠耳。」因使之圖上諸國距漢境遠近，爲書以授李憲。八年九月，遣使入貢，使者爲神宗飯僧追福。賜錢百萬，還其所貢獅子。元祐中，以其使至無時，令熙河間歲一聽至闕。八年，請討夏國，不許。紹聖中，其王阿忽都董娥密竭篤又言，緬藥家作過，別無報效，已遣兵攻甘、沙、肅三州。詔厚答其意。知秦州游師雄言：「于闐、大食、拂菻等國貢奉，般次踵至，有司憚於供賚，抑留邊方，限二歲一進。夷狄慕義，萬里而至，此非所以來遠人也。」從之。自是訖於宣和，朝貢不絕。

疏勒

疏勒，漢時通焉。王治疏勒城，去長安九千三百里〔二八〕。户千五百〔二九〕。都白山南百餘里。東至都護治所二千二百里〔三〇〕。南有河，西帶葱嶺，亦名雪山，在國西北百餘里，河所出。東去龜兹千五百里，西去撥汗國一名判汗。千里〔三一〕，當大月氏、大宛、康居道。南去莎車五六百里，北去朱俱波八九百里〔三二〕。隋史云：「東北去突厥牙帳千餘里，東南去瓜州四千六百里。」在于闐國北千五百里。土多稻、粟、蔗、銅、鐵、綿、錦、雌黃〔三三〕。

後漢明帝永平中，龜兹王建攻殺疏勒王成，自以龜兹左候兜題爲疏勒王。漢遣班超劫縛兜題，而立成之兄子忠爲疏勒王。忠後反叛〔三四〕，超擊斬之。耿恭爲戊己校尉，屯車師後王金蒲城〔三五〕，爲匈奴所攻，恭引衆入疏勒。城中乏水，穿井十五丈不得水。恭整衣冠向井拜，拔刀刺山，飛泉涌出〔三六〕。賊遂退。安帝元初中，疏勒王安國死，舅臣盤立爲王〔三七〕，漸以强盛，户至二萬一千。順帝永建二年，遣使奉獻。至靈帝建寧初，爲季父和得所殺，自立爲王。其後連相殺害，漢不能復禁。

至後魏文成末，其王遣使送釋迦牟尼佛袈裟一，長二丈餘。帝以審是佛衣〔三八〕，當有靈異，命焚之，置猛火上，終日不燃。其王戴金獅子冠。每歲嘗供送於突厥。其都城方五里，國内有大城十二，小城數十。人手足皆六指，産子非六指者即不育。勝兵有二千人。地多沙磧，少壤土。俗尚詭詐，生子亦束頭取匾。其人文身碧瞳。王姓裴氏，自號「阿摩支」，居迦師城，突厥以女妻之。隋大業中，又遣使來。唐貞觀九年，獻名馬。又四年，與朱俱波、甘棠貢方物。儀鳳時，吐蕃破其國。開元十六年，遣大理正喬夢松等册其君安定爲疏勒王。天寶十二載，首領裴國良來朝，授折衝都尉，賜紫袍、魚袋。杜環經行記云：「拔汗那國〔三九〕，在怛邏斯南千里，東隔山，去疏勒二千餘里，西去石國千餘里〔四〇〕。城有數十，兵有數萬。唐天寶十載，嫁和義公主於此。

國土有波羅林，林下有毬場。又有野鼠，遍滿山谷〔四一〕。偏宜葡萄、𤜲羅果、香棗、桃、李。從此國至西海，盡居土室，衣羊皮、疊布，男女皆着靴。婦人不飾鉛粉，以青黛塗眼而已。」𤜲音諳。

烏孫

烏孫國，大昆彌治赤谷城，烏孫於西域中其形最異。今之胡人，青眼、赤鬚，狀類彌猴者，本其種。去長安八千九百里。戶十二萬，口六十三萬，勝兵十八萬八千八百人。相，大祿，左右大將二人，侯三人，大將、都尉各一人，大監二人，大吏一人，舍中大吏二人，騎君一人。東至都護治所千七百二十一里，西至康居蕃內地五千里。地莽平。多雨，寒。山多松樠。莽平謂有草莽而平也。樠，木名，其心似松。不田作種樹〔四二〕，隨畜逐水草，與匈奴同俗。國多馬，富人至四五千匹。民剛惡，貪狠無信〔四三〕，多寇盜，最爲强國。故服屬匈奴，後盛大，取羈屬，不肯往朝會。東與匈奴、西北與康居、西與大宛、南與城郭諸國相接。本塞地也，大月氏西破走塞王，塞王南越懸度，大月氏居其地。後烏孫昆莫擊破大月氏，大月氏徙西，臣大夏，而烏孫昆莫居之，故烏孫民有塞種、大月氏種云。

始張騫言烏孫本與大月氏共在燉煌間，今烏孫雖强大，可厚賂招，令東居故地，妻以公主，與爲昆弟，以制匈奴。乃令騫賫金幣往。昆莫見騫如單于禮，謂自比以單于。騫大慙，謂曰：「天子致賜，王不拜，則還賜。」謂將賜物還歸漢也。昆莫起拜，其他如故。初昆莫有十餘子，中子大祿强，善將，將衆萬餘騎別居。大祿兄太子，太子有子曰岑陬，子侯反。太子蚤死，謂昆莫曰：「必以岑陬爲太子。」昆莫哀許之。大祿怒，乃收其昆弟，將衆叛，謀攻岑陬。昆莫與岑陬萬餘騎，令別居。昆莫亦自有萬餘騎以自備。國分爲三，大總羈屬昆莫。騫既致賜，諭旨曰：「烏孫能東居故地，則漢遣公主爲夫人，結爲昆弟，共距匈奴，不足破也。」烏孫遠漢，未知其大小，又近匈奴，服屬日久，其大臣皆不欲徙。昆莫年老國分，不能專制，乃發使送騫，并獻馬數十匹報謝。其使見漢人衆富厚，歸言其國〔四〕，其國後乃益重漢。

匈奴聞其與漢通，怒欲擊之。又漢使烏孫，乃出其南，抵大宛、月氏，相屬不絶。烏孫於是恐，使使獻馬，願得尚漢公主，爲昆弟。天子問群臣，議許，曰：「必先納聘，然後遣女。」烏孫以馬千匹聘。漢元封中，遣江都王建女細君爲公主，以妻焉。賜乘輿服御物，爲備官屬宦官侍御數百人，贈送甚盛。烏孫昆莫以爲右夫人。匈奴亦遣女妻昆莫，昆莫以爲左夫人。其國謂王曰昆彌，亦曰昆莫。

公主至其國，別治宫室而居，歲時一再與昆莫會，置酒飲食。昆莫年老，言語不通，公主悲愁，自作歌以述意。天子聞而憐之，間歲遣使者贈遺。昆莫年老，欲使其孫岑陬尚公主。公主不聽，上書言狀，詔從其俗，岑陬遂妻公主。昆莫死，岑陬立。岑陬者，官號也，名軍須靡。公主死，漢復以楚王戊之孫解憂爲公主，妻之。岑陬死，季父子翁歸靡立，號曰肥王，復尚解憂公主。

宣帝初，公主及昆彌上言：「匈奴連歲侵擊，欲發國中精兵，自給人馬五萬騎，盡力擊匈奴。唯天子出兵以救。」本始三年，漢發十五萬騎，五將軍分道並出。遣校尉常惠持節護烏孫兵，昆彌將五萬騎從西方入，至匈奴右谷蠡王庭，獲四萬級，馬牛羊驟橐駝七十餘萬。元康二年，昆彌上書，願以漢外孫元貴靡爲嗣，解憂主子。得令復尚公主。詔下公卿議，蕭望之等以爲「烏孫絶域，變故難保，不可許」。上美烏孫新立大功，又重絶故業〔四五〕，許其婚。會翁歸靡死，國人共立岑陬子泥靡代爲昆彌，元貴靡不得立，乃不復與婚。泥靡既立，號狂王，復尚解憂，生一男鴟靡，王不與主和，又暴惡失衆。漢使衛司馬魏和意、副候任昌送侍子，公主言狂王爲烏孫所患苦，易誅也。遂謀置酒會，罷，使士拔劍，旁下，狂王傷，上馬馳去。其子細沈瘦會兵圍和意、昌及公主於赤谷城。數月，城中困急。都護鄭吉發諸國兵救之，乃解去。

初，肥王翁歸靡胡婦子烏就屠，狂王傷時驚，與諸翎音翕。侯俱去，居北山中，揚言母家匈奴兵來，故衆歸之。後遂襲殺王，自爲昆彌。宣帝詔立肥王之子元貴靡爲大昆彌，烏就屠爲小昆彌。後元貴靡孫雌栗靡立〔四六〕，國亂。段會宗立其季父伊秩靡爲大昆彌。哀帝元壽二年，伊秩靡與匈奴單于烏珠留，名囊知牙斯〔四七〕，呼韓邪之子。並入朝，漢以爲榮。自烏孫分立兩昆彌後，漢用憂勞，且無寧歲。言或鎮撫之，或威制之，故多事。其後無聞。至後魏時，亦朝貢。其國數爲蠕蠕所侵，西徙葱嶺。

姑墨

姑墨，漢時通焉。王治南城，去長安八千一百里〔四八〕。户三千五百。東至都護治所二千里〔四九〕，南至于闐馬行十五日，北界接烏孫。出銅、鐵、雌黄。東通龜兹六百里〔五〇〕。王莽時，其王丞殺温宿王，并其國。至後魏時，役屬龜兹。

温宿

温宿，漢時通焉。王治温宿城，今京兆府醴泉縣北有山名温宿嶺者，本因漢時得温宿國人，令居此地田牧〔五一〕，因以名山。去長安八千三百餘里〔五二〕。户二千二百。東至都護治所二千三百餘里〔五三〕，西至尉頭三百里，北至烏孫赤谷六百餘里〔五四〕。土地物類所有與鄯善諸國同。東通姑墨二百餘里〔五五〕。至後魏時亦役屬龜兹。

烏秅

烏秅，上一加反。下直加反。漢時通焉。王治烏秅城，去長安萬里〔五六〕。户五百〔五七〕。東北至都護治所四千九百里〔五八〕，北與子合、蒲犂，西與難兜接。山居，田石間。有白草。累石爲室。人接手飲〔五九〕。自高山下溪澗中飲水，故接連其手，如猿飲。出小步馬，小，細也。細步，言其能蹀足，所謂百步千足〔六〇〕。有驢無牛。西有懸度，石山也〔六一〕，溪谷不通，以獨索相引而度。去陽關五千九百里〔六二〕，去都護治所五千里〔六三〕。其國後魏又通，謂之於摩國。

難兜

難兜，漢時通焉，去長安萬一百里〔六四〕。户五千。東北至都護治所二千八百里〔六五〕，西南至罽賓三百里〔六六〕，南至婼羌、北與休循〔六七〕、西與大月支接。種五穀、葡萄諸果〔六八〕。有銀、鐵、銅，作兵與諸國同。屬罽賓。

大宛

大宛，漢時通焉。王治貴山城〔六九〕，去長安萬二千五百里〔七〇〕。户六萬〔七一〕。東至都護治所四千里〔七二〕，北至康居卑闐城千五百里〔七三〕，西南至大月氏七百里〔七四〕，北與康居、南與大月氏接。土地、風氣、物類、民俗與大月氏、安息同〔七五〕。大宛左右以葡萄爲酒，富人藏酒至萬餘石，久者至數十年不敗。人嗜酒，馬嗜苜蓿。多善馬，汗血，言其先天馬子。大宛國中有高山，其上有馬，不可得，因取五色母馬置其下與集，生駒，其汗血，因號爲天馬子〔七六〕。始張騫爲武帝言之，帝遣使者持千金及金馬，以請宛善馬。宛王以漢絶遠，大兵不能至，遂殺漢使。於是太初元年拜李廣利爲貳師將軍〔七七〕，期至貳師取善馬。率數萬人至其境，攻郁城不下，引還。往來二歲，至燉煌，士卒存者十不過一二。帝怒其不剋，使遮玉門不許入，貳師因留屯燉煌。又遣貳師率六萬人，負私從者不與焉，牛十萬，馬三萬匹，驢橐駝萬數，天下騷然。益發戍甲卒十八萬，置居延、休屠今武威、張掖郡界。以衛酒泉。貳師至宛，宛人斬王毋寡首〔七八〕，獻馬。漢軍取其善馬數十匹，中馬以下牝牡三千匹，而立宛貴人昧蔡爲王，約歲獻馬，遂採葡萄、苜蓿種而歸。貳師再行，往返凡四歲。

自宛以西至安息，雖頗異言，然大同，自相曉知也。其人皆深目，多髭髯。善賈。其俗貴女子，女子所言，丈夫乃决正。其地無絲漆，不知鑄鐵器〔七九〕。及漢使亡卒降，教鑄作兵器。

後漢明帝時，宛又獻汗血馬。至後魏文成帝和平六年，孝文太和三年，並遣使獻馬。隋時蘇對沙那國，即漢大宛也。宋膺異物志：「大宛馬有肉角數寸，或有解人語及知音、舞與鼓節相應者。」隋西域圖記云：「其馬，騮馬、烏馬多赤耳，黄馬、赤馬多黑耳。唯耳色别，自餘毛色與常馬不異。」又云：「王姓蘇色匿，字底失槃陀，積代承襲不絶。」按今王即底失槃陀之後也。

莎車

莎車國，王治莎車城〔八〇〕，去長安九千九百五十里。户二千三百三十九，口萬六千三百七十三，勝兵三千四十九人。輔國侯、左右將、左右騎君、備西夜君各一人，都尉二人，譯長四人。東北至都護治所四千七百四十六里，西至疏勒五百六十里，西南至蒲犁七百四十里。有鐵山，出青玉。

漢宣帝時，烏孫公主小子萬年，莎車王愛之。莎車王無子死，死時萬年在漢。莎車國人計欲自託於漢，又欲得烏孫心，即上書請萬年爲莎車王。漢許之，遣使者奚充國送萬年。萬年初立，暴惡，國人不説。莎車王弟呼屠徵殺萬年，并殺漢使者，自立爲王，約諸國背漢。會衛侯馮奉世使送大宛客，即以便宜發諸國兵擊殺之，更立他昆弟子爲莎車王，諸國悉平，威振西域。奉世至大宛，大宛聞其斬莎車王，敬之異於他使，得名馬象龍而還。馬形似龍。帝甚説，下議封奉世。少府蕭望之以奉世擅發諸國兵〔八一〕，雖有功，不可爲後法，後奉使者争發兵，要功萬里外，爲國生事於夷狄，漸不可長〔八二〕，不宜受封。帝善其議，拜奉世光禄大夫。

匈奴單于因王莽之亂，略有西域，唯莎車王延最强，不肯附屬。元帝時，嘗爲侍子，長於京師，慕樂中國，亦復參其典法。常敕諸子，當世奉漢家，不可負也。天鳳五年，延死，謚忠武王，子康代立。

光武初，康率傍國拒匈奴，擁衛故都護吏士妻子千餘口，檄書河西，問中國動静，自陳思慕漢家。建武五年，河西大將軍竇融乃承制立康爲漢莎車建功懷德王、西域大都尉，五十五國皆屬焉。

九年，康死，謚宣成王。弟賢代立，攻破拘彌、西夜國〔八三〕，皆殺其王，而立其兄康兩子爲拘彌、西夜王。十四年，賢與鄯善王安並遣使詣闕貢獻，於是西域始通。葱嶺以東諸國皆屬賢。十七年，賢復遣使奉獻，請都護。天子以問大司空竇融，以爲賢父子兄弟相約事漢，款誠又至，宜加號位以鎮安之。帝乃因其使，賜賢西域都護印綬，及車旗黄金錦繡。燉煌太守裴遵上言：「夷狄不可假以大權，又令諸國失望。」詔書收還都護印綬，更賜賢以漢大將軍印綬。其使不肯易，遵迫奪之，賢由是始恨。而猶詐稱大都護，移書諸國，諸國悉服屬焉，號賢爲單于。賢浸以驕横，重求賦税，數攻龜兹諸國，諸國恐懼〔八四〕。

二十一年冬，車師前王、鄯善、焉耆等十八國俱遣子入侍，獻其珍寶。及得見，皆流涕稽首，願得都護。天子以中國初定，北邊未服，皆還其侍子，厚賞賜之。是時賢自負兵强，欲并兼西域，攻擊益甚。諸國聞都護不出，而侍子皆還，大憂恐，乃與燉煌太守檄，願留侍子以示莎車，言侍子見留，都護尋出，冀且息其兵。裴遵以狀聞，天子許之。二十二年，賢知都護不至，遂遺鄯善王安書，令絶通漢道。安不納而殺其使。賢大怒，發兵攻鄯善。安迎戰，兵敗，亡入山中。賢殺掠千餘人而去。其冬，賢復攻殺龜兹王，遂兼其國。鄯善、焉耆諸國侍子久留燉煌，愁思，皆亡歸。鄯善王上書，願復遣子入侍，更請都護。都護不出，誠迫於匈奴。天子報曰：「今使者大兵未能得出，如諸國力不從心，東西南北自在也。」於是鄯善、車師復附匈奴，而賢益橫。

嬀塞王自以國遠，遂殺賢使者，賢擊滅之，立其國貴人駟鞬爲嬀塞王。賢又自立其子則羅爲龜兹王。賢以則羅年少，乃分龜兹爲烏壘國，徙駟鞬爲烏壘王〔八五〕，又更以貴人爲嬀塞王。數歲，龜兹國人共殺其王則羅、駟鞬，而遣使匈奴，更請立王。匈奴立龜兹貴人身毒爲龜兹王，龜兹由是屬匈奴矣。

賢以大宛貢稅減少，自將諸國兵數萬人攻大宛，大宛王延留迎降，賢因將其還國，徙拘彌王橋塞提爲大宛王。而康居數攻之，橋塞提在國歲餘，亡歸，賢復以爲拘彌王，而遣延留還大宛，使貢獻如常。賢又徙于闐王俞林爲驪歸王，立其弟位侍爲于闐王。歲餘，賢疑諸國欲叛，召位侍及拘彌、姑墨、子合王，盡殺之，不復置王，但遣將鎮守其國。

莎車將在于闐者暴虐，爲其國人所殺。賢乃引兵攻于闐，兵敗而走。于闐大人休莫霸進圍莎車，中流矢死，兵乃退。于闐立休莫霸兄子廣德爲王。匈奴與龜兹諸國共攻莎車，不能下。賢連被兵革，乃與廣德和。後廣德虜賢妻子而并其國。匈奴遣兵將賢質子不居徵立爲莎車王〔八六〕，廣德又攻殺之，更立其弟齊黎爲王。章帝元和三年，長史班超發諸國兵擊莎車，大破之，由是遂降漢矣。

班固論曰：孝武之世，圖制匈奴，患其兼從西國，結黨南羌，乃表河西，列四郡，開玉門，通西域，以斷匈奴右臂，隔絶南羌、月支。單于失援，自是遠遁，而幕南無王庭。因文、景玄默，養人五代，天下殷富，財力有餘，士馬强盛。故能睹犀布〔八七〕、瑇瑁則建珠崖七郡，感蒟醬、竹杖則開牂牁、越巂，聞天馬、葡萄則通大宛、安息〔八八〕。自是之後，萬里相奉，師旅之費，不可勝計。至於用度不足，乃榷酒酤，筦鹽鐵，鑄白金，造皮幣，算至車船，租及六畜。人力屈，財貨竭，因之以凶年，群盜並起。是以末年遂棄輪臺之地，且下哀痛之詔，豈非仁聖之所悔哉！且通西域，近有龍堆，遠則葱嶺，身熱、頭痛、懸度之阨。淮南、杜欽、揚雄之論，皆以爲此天地所以界別區域，絶外内也。書云「西戎即序」，禹就而序之，非上威服致其貢物也。

西域諸國，各有君長，兵衆分弱，無所統一，雖屬匈奴，不相親附。匈奴能得其馬畜旃罽，而不能統率與之進退。與漢隔絶，道路又遠，得之不爲益，棄之不爲損。盛德在我，無取於彼。故自建武以來，西域思漢威德〔八九〕，咸樂内屬。唯其小邑鄯善、車師，界迫匈奴，尚爲所拘。而其大國莎車、于闐之屬，數遣使請都護，置質。聖上遠覽古今，因時之宜，羈縻不絶，辭而未許。雖大禹之序西戎，周公之讓白雉，太宗之却走馬，義兼之矣，亦何以尚兹！

罽賓

罽賓國，王治循鮮城〔九〇〕，去長安萬二千二百里。不屬都護。户口勝兵多，大國也。東北至都護治所六千八百四十里，東至烏秅國二千二百五十里，東北至難兜國九日行，西北與大月氏、西南與烏弋山離接。

昔匈奴破大月氏，大月氏西君大夏，而塞王南君罽賓。塞種分散，往往爲數國。自疏勒以西北，休循、捐毒之屬，皆故塞種也。罽賓地平，温和，有苜蓿，雜草奇木，檀、櫰、即槐之類，葉大而黑〔九一〕。梓、竹、漆。種五穀、蒲萄諸果，糞治園田。地下濕，生稻，冬食生菜。其民巧，雕文刻鏤，治宫室，織罽，刺文繡，好治食。有金銀銅鐵以爲器〔九二〕。市列。市有列肆，亦如中國也。以金銀爲錢，文爲騎馬，幕爲人面。錢文面作騎馬形，幕面作人面目。幕，音漫，謂平而無文也。出犎牛、水牛、象、大狗、沐猴、孔爵，犎牛，項上隆起者也。罽賓大狗大如驢，赤色，數里摇鞉以呼之。沐猴即獮猴也。珠璣、珊瑚、琥珀、璧琉璃。孟康曰："琉璃青色如玉。"師古曰："魏略云大秦國出赤、白、黑、黄、青、緑、縹、紺、紅、紫十種琉璃，此蓋自然之物，采澤光潤，異於衆玉〔九三〕，其色不恒。今俗所用〔九四〕，皆銷治石汁，加以衆藥，灌而爲之，尤虚脆不貞，實非真物也〔九五〕。"他畜與諸國同。

自漢武帝始通罽賓，自以絶遠，漢兵不能至，其王烏頭勞數剽殺漢使〔九六〕。烏頭勞死，子代立，遣使奉獻。漢使關都尉文忠送其使。王復欲害忠，忠覺之，乃與容屈王子陰末赴共合謀，攻罽賓，殺其王，立陰末赴爲罽賓王，授印綬。後軍候趙德使罽賓，與陰末赴相失，相失意也。陰末赴鎖琅當德，琅當，長鎖也，若今之禁繫人鎖。殺副以下七十餘人，遣使者上書謝。孝元帝以絶域不録，放其使者於縣度，絶而不通。

成帝時，復遣使獻謝罪，漢欲遣使者報送其使，杜欽説大將軍王鳳曰〔九七〕："前罽賓王陰末赴本漢所立，後卒畔逆。夫德莫大於有國子民〔九八〕，罪莫大於執殺使者，所以不報恩，不懼誅者，自知絶遠，兵不至也。有求則卑辭，無欲則驕慢，終不可懷服。凡中國所爲通厚蠻夷，愜快其欲者，爲壤比而爲寇。今縣度之阸，非罽賓所能越也。其向慕，不足以定西域；雖不附，不能危城郭。城郭，總謂西域諸國。前親逆節，惡暴西域，故絶而不通；今悔過來，而無親屬貴人，奉獻者皆行賈賤人，欲通貨市買，以獻爲名，故煩使者送至懸度，恐失實見欺。凡遣使送客者，欲爲防護寇害也。起皮山南，更不屬漢之國四五，斥候士百餘人，五分夜擊刁斗自守，夜有五更，故分而持之也。尚時爲所侵盜。驢畜負糧，須諸國稟食，得以自贍。國或貧小不能食，或桀黠不肯給，擁强漢之節，餒山谷之間，乞丐無所得，離一二旬則人畜棄捐曠野而不反。又歷大頭痛、小頭痛之山，赤土、身熱之阪，令人身熱無色，頭痛嘔吐，驢畜盡然。又有三池、盤石阪，道陿者尺六七寸，長者徑三十里。臨峥嶸不測之深，行者騎步相持，繩索相引，二千餘里乃到懸度。畜墜，未半阬谷盡靡碎〔九九〕；人墮，勢不得相收視。險阻危害，不可勝言。聖王分九州，制五服，務盛内，不求外。今遣使者承至尊之命，送蠻夷之賈，勞吏士之衆，涉危難之路，罷敝所恃以事無用，非久長之計也。使者業已受節，可至皮山而還。」言已立計遣之，不能即止，可至皮山也。於是鳳白從欽言。罽賓實利賞賜賈市，其後數年而一至云。

自後無聞。至後魏始通之，都善見城。隋時謂之漕國，在葱嶺之西南〔一〇〇〕，隋史曰：「即漢罽賓國。」其王姓昭武，康國之宗族。勝兵萬餘人。國法嚴整，殺人及賊盗皆死。其俗淫祀。葱嶺山有順天神者，儀制極華，金銀爲屋〔一〇一〕，以銀爲地，祠前一魚脊骨，其孔中通，馬騎出入。國王戴金牛頭冠〔一〇二〕，坐金馬座。土多稻、粟、豆、麥；有硃砂，青黛，安息、青木等香，石蜜，黑鹽，阿魏，没藥，白附子。北去帆延七百里，東去劫國六百里，南去瓜州六千六百里〔一〇三〕。大業中，遣使貢物。

唐武德二年，遣使貢寶帶、金鎖、水精醆、玻璃狀若酸棗。貞觀中獻名馬，遣使何處羅拔等厚齎賜其國〔一〇四〕，并撫慰天竺。何處羅拔至罽賓，王再拜受命〔一〇五〕，遣使導至天竺。十六年，又入貢。國人共傳王始祖曰馨孽，至曷𧟰支傳十二世。顯慶三年，以其地爲修鮮都督府。龍朔初〔一〇六〕，拜其王修鮮等十一州諸軍事、修鮮都督。開元七年，遣使獻天文及秘方奇藥〔一〇七〕。其王請以子拂林罽婆嗣，聽之。天寶四載，册其子勃匐準襲王。乾元初，使者入貢。

吐呼羅

吐呼羅，去代一萬二千里。東至范陽國，西至悉萬斤國，中間相去二千里；南至連山，不知名，北至波斯國，中間相去一萬里。國中有薄提城〔一〇八〕，周匝六十里。城南有大水西流，名漢樓河。土宜五穀，有好馬、駞、騾。其王曾遣使入貢。

拔豆

拔豆國，去代五萬一千里。東至多勿當國，西至旃那國，中間相去七百五十里；南至罽陵伽國，北至伏那伏且國，中間相去九百里。國中出金、銀、雜寶、白象、水牛、犛牛、葡萄、五果，土宜五穀〔一〇九〕。

謝䫻 帆延　石汗那

謝䫻，居吐火羅西南，本曰漕矩吒，唐顯慶時謂訶達羅支，武后改今號。東距罽賓，東北帆延，皆四百里。南婆羅門，西波斯，北護時健。其王居鶴悉那城，地七千里〔一一〇〕。多鬱金、瞿草。瀵泉灌田〔一一一〕。

國中有突厥、罽賓、吐火羅種人雜居，罽賓取其子弟持兵以禦大食。景雲初，遣使朝貢，後遂臣罽賓。開元八年，天子册葛達羅支頡利發誓屈爾爲王。至天寶中數來朝獻。

帆延者，或曰望衍，曰梵衍那。居斯卑莫運山之旁，西北與護時健接，東南距罽賓，西南訶達羅支，與吐火羅連境。地寒，人穴居。王治羅爛城，有大城四五。水北流入烏滸河〔一二〕。貞觀初，遣使者入朝。顯慶三年，以羅爛城爲寫鳳都督府，縛時城爲悉萬州，授王葍寫鳳州都督，管内五州諸軍事，自是朝貢不絶也。

石汗那，或曰斫汗那〔一三〕。自縛野底南入雪山〔一四〕，行四百里得帆延，東臨烏滸河。多赤豹。開元、天寶中，一再朝獻。

識匿 似没、役槃、俱蜜、護蜜附。

識匿，或曰屍棄尼，曰瑟匿。東南直京師九千里，東五百里距葱嶺守捉所，南三百里屬護蜜，西北五百里抵俱蜜。初治苦汗城，後散居山谷。有大谷五，酋長自爲治，謂之五識匿。地二千里，無五穀。人喜攻剽，劫商賈。播蜜川四谷稍不用王號令。俗窟室。唐貞觀二十年，與似没、役槃二國使者偕來朝。開元十二年，授王布遮波資金吾衛大將軍。天寶六載，王跌失伽延從討勃律戰死，擢其子都督、左武衛將軍，給禄居蕃。

似没者，北接石。土俗與康同。役槃，亦與康鄰。出良馬。俱蜜者，治山中。在吐火羅東北，南臨黑河。其王突厥延陁種。貞觀十六年，遣使者入朝。開元中，獻胡旋舞女，其王那羅延頗言爲大食暴賦，天子但慰遣而已。天寶時，王伊悉爛俟斤又獻馬。

護蜜者，或曰達摩悉鐵帝，曰鑊侃，元魏所謂鉢和者，亦吐火羅故地。東南直京師九千里而贏，横千六百里〔一二五〕。王居塞迦審城，北臨烏滸河。地寒沍，堆阜曲折，沙石流漫。有豆、麥，宜木果，出善馬。人碧瞳。顯慶時以其地爲鳥飛州，王沙鉢羅頡利發爲刺史。地當四鎮入吐火羅道，故役屬吐蕃。開元八年，册其王羅旅伊陁骨咄禄多毗勒莫賀達摩薩爾爲王。十六年，與米首領米忽汗同獻方物。明年，大酋烏鶻達干復朝〔一二六〕。王死，册其從弟護真檀嗣王。二十九年〔一二七〕，身入朝，宴内殿，拜左金吾衛將軍，賜紫袍、金帶。天寶初，請絶吐蕃，賜鐵券。八載，真檀來朝，請宿衛，詔可〔一二八〕。授右武衛將軍，久乃遣。又遣首領朝貢。乾元元年，王紇設伊俱鼻施來朝，賜氏李。

烏弋山離〔一二九〕

烏弋山離，漢時通焉。去長安萬二千二百里。不屬都護。户口多，大國也。東北至都護治所六十日行，東與罽賓、北與撲桃、西與犂靬、條支接〔一三〇〕。犂靬，即大秦也。犂讀與驪同〔一三一〕。靬，巨連反。行可百餘日，乃到條支。魏時其國名排持〔一三二〕。

條支

條支，漢時通焉。去陽關二萬二千一百里，在葱嶺之西。城在山之上，周回四十餘里。臨西海，海水曲環其南及東、北〔二三〕，三面路絶，唯西北隅通陸道。土地暑濕，田宜稻。出犎牛〔二四〕、孔雀，有大鳥，卵如甕。人衆甚多。往往有小君長，安息役屬之，以爲外國。安息以條支爲外國，如言蕃國。善眩。其草木、畜産、五穀、果菜、食飲、宫室、市列、錢貨、兵器、金珠之屬皆與罽賓同〔二五〕，而有桃拔、獅子、犀牛。桃拔一名符拔，似鹿，長毛，一角者或爲天鹿，兩角者或爲辟邪〔二六〕。獅子似大蟲，正黄有髯耏，尾端茸毛大如斗。爾雅亦謂之狻猊。拔音步葛反。耏，亦頰旁毛也。髯音而占反。耏音而。其錢獨文爲人頭〔二七〕，幕爲騎馬。絶遠，漢使希至。自玉門、陽關出南道，歷鄯善而南行，至烏弋山離〔二八〕，南道極矣。轉北而東，馬行六十餘日至安息。

後漢和帝永元中，班超遣掾甘英使大秦，抵條支，臨大海欲渡，而安息西界船人謂英曰：「海水廣大，往來者逢善風，三月乃得渡，若遇惡風雨，亦有三歲者〔二九〕。故入海人皆賫三歲糧。海中善使人思土戀慕，數有死亡者。」英乃止。安息長老傳聞條支有弱水、西王母，亦未嘗見也。玄中記云「崑崙之弱水，鴻毛不能起」也。爾雅云「觚竹、北户、西王母、日下，謂之四荒」也。自條支乘水西行百餘日，近日所入云。

安息

安息，漢時通焉，王治蕃兜城，蕃音盤。去長安萬一千六百里，在葱嶺之西，大宛之西可數千里，不屬都護。北與康居、東與烏弋山離、西與條支接。土地、風氣、物類、人俗與烏弋、罽賓同。亦以銀爲錢，文獨爲王面，幕爲夫人面，王死輒更鑄錢。有大馬大爵。大爵，頸及膺身〔一三〇〕，蹄似橐駝。色蒼，舉頭高八九尺，張翅丈餘，食大麥。地方數千里，最大諸國。地臨嬀水，今謂烏滸河。商賈車船行旁國。書革〔一三一〕，旁行爲書記。今西方胡書皆横行，不直下。革謂皮不柔者。

武帝始遣使至安息，其王令騎迎於東界木鹿城，號爲小安息，去王都數千里。行比至〔一三二〕，過數十城，人户相屬。因發使隨漢使，以大鳥卵及犂靬眩人獻。至後漢章帝時，治和櫝城。遣使獻獅子、符拔。符拔形似麟而無角。

自安息西行三千四百里至阿蠻國。從阿蠻西行三千六百里至斯賓國〔一三三〕。從斯賓南行渡河，又西南至于羅國九百六十里〔一三四〕，安息西界極矣。自此南乘海，乃通大秦，其土多海西珍奇異物。

至後周武帝天和二年，其王治蔚搜城，遣使貢獻。至隋大業五年，安息國遣使朝貢〔一三五〕。王姓昭武，與康國王同族。都在那蜜水南，城有五重，環流水。宫殿皆爲平頭。王坐金駝座，高七尺〔一三六〕。風俗同於康國，唯妻其姊妹，及母子遞相禽獸，此爲異也。

校勘記

〔一〕去長安九千七百里 「九千七百里」，漢書卷九六上西域傳上作「九千六百七十里」。

〔二〕户三萬二千　後漢書卷八八西域傳同，漢書卷九六上西域傳上作「户三千三百」。

〔三〕東北至都護治所三千九百里　「三千九百里」，漢書卷九六上西域傳上作「三千九百四十七里」。

〔四〕東北去龜茲千四百里　太平寰宇記卷一八一四夷一〇西戎二同，魏書卷一〇二西域傳、北史卷九七西域傳無「東」字。

〔五〕去朱俱波國千里　「去」下原有「東」字，據太平寰宇記卷一八一四夷一〇西戎二删。

〔六〕北流七百里　「北流」原作「此海」，據太平寰宇記卷一八一四夷一〇西戎二改。

〔七〕入計戍水　「計戍水」原作「計戌水」，據通典卷一九二邊防八、太平寰宇記卷一八一四夷一〇西戎二改。

〔八〕爲于闐將輸㸚等所殺　「輸㸚」，後漢書卷八八西域傳作「輸僰」。

〔九〕金鼠冠　原作「金裝冠」，據隋書卷八三西域傳、北史卷九七西域傳、太平御覽卷七九二四夷部一三西戎一、册府元龜卷九六〇外臣部土風二改。

〔一〇〕扜彌　原作「杅彌」，據漢書卷九六下西域傳下、通典卷一九二邊防八改。

〔一一〕因留宿衛　新唐書二二一上西域傳上作「因請留宿衛」。

〔一二〕至七年乃還　「至」字原脱，據新五代史卷七四四夷附録三補。

〔一三〕神樹沙　新五代史卷七四四夷附録三作「神點沙」。

〔一四〕渡白亭河至凉州　「白」原作「日」，據新五代史卷七四四夷附録三改。

〔一五〕木㶚四竅　「木㶚」二字原脱，據新五代史卷七四四夷附録三補。

〔一六〕馬蹄亦作四竅而綴之　「作」，新五代史卷七四四夷附録三作「鑿」。

〔一七〕駝蹄則包以氂皮乃可行　「氂」原作「犛」，據新五代史卷七四四夷附録三改。

〔一八〕經吐蕃界吐蕃男子冠中國帽　「界」和後「吐蕃」三字原脱，據新五代史卷七四四夷附録三補。

〔一九〕戴瑟瑟珠　「珠」字原脱，據新五代史卷七四四夷附録三補。

〔二〇〕沙州西曰仲雲族　新五代史卷七四四夷附録三無「族」字。

〔二一〕始涉䃮磧　「䃮」，新五代史卷七四四夷附録三作「醵」，疑「䃮」爲「醵」之誤。

〔二二〕又西　原作「又復」，據新五代史卷七四四夷附録三改。

〔二三〕願遣使安撫遠俗　「使」字原脱，據宋史卷四九〇外國傳六補。

〔二四〕歸忠保順砳鱗黑韓王　「鱗」，宋史卷四九〇外國傳六作「鏻」。下同。

〔二五〕胡錦　宋史卷四九〇外國傳六作「西錦」。

〔二六〕遣部領阿辛上表稱　「部領」原作「蕃部」，據宋史卷四九〇外國傳六改。

〔二七〕于闐國僂儸有福力知文法黑汗王　宋史卷四九〇外國傳六「力」下有「量」字。

〔二八〕去長安九千三百里　「九千三百里」，漢書卷九六上西域傳上作「九千三百五十里」。

〔二九〕户千五百　漢書卷九六上西域傳上作「户千五百一十」。

〔三〇〕東至都護治所二千二百里　「護」原作「尉」，「治」字原脱，據漢書卷九六上西域傳上改補。「二千二百里」，同書作「二千二百一十里」。

〔三一〕西去撥汗國一名判汗千里　「撥」，魏書卷一〇二西域傳、隋書卷八三西域傳、北史卷九七西域傳作「鏺」。

〔三二〕南去莎車五六百里北去朱俱波八九百里　「北」字原無，據通典卷一九二邊防八補；魏書卷一〇二西域傳、隋書卷八三西域傳、北史卷九七西域傳作「南去朱俱波八九百里」，與此異。

〔三三〕土多稻粟蔗銅鐵綿錦雌黄　魏書卷一〇二西域傳作「土多稻粟麻麥銅鐵錫雌黄錦綿」，隋書卷八三西域傳作「土多稻粟麻麥銅鐵錦雌黄」，北史卷九七西域傳作「土多稻粟麻麥銅鐵錫雌黄」，太平御覽卷七九三四夷部一四西戎二作「多稻粟麻麥銅鐵銀雌黄」，太平寰宇記卷一八一四夷一〇西戎二作「土多稻粟甘蔗麥銅鐵綿纊雌黄」，通典卷一九二邊防八作「土多稻粟蔗麥銅鐵綿錦雌黄」。諸書不盡同。

〔三四〕忠後反叛　「反叛」二字原倒，據後漢書卷八八西域傳乙正。

〔三五〕屯車師後王金蒲城　「金蒲」原作「金滿」，據後漢書卷一九耿恭傳改。

〔三六〕拔刀刺山飛泉涌出　按後漢書卷一九耿恭傳，耿恭曾「聞昔貳師將軍拔佩刀刺山，飛泉涌出」，「乃整衣服向井再拜」，故「拔刀刺山，飛泉涌出」乃貳師將軍事，耿恭惟「向井拜」而已。

〔三七〕舅臣盤立爲王　「臣盤」，後漢書卷八八西域傳作「臣磐」。

〔三八〕帝以審是佛衣　「以」後原有「其」字，據魏書卷一〇二西域傳删。

〔三九〕拔汗那國　「汗」原作「汙」，據局本及通典卷一九二邊防八改。

〔四〇〕西去石國千餘里　「石國」原作「本國」，據太平寰宇記卷一八一四夷一〇西戎二改。

〔四一〕遍滿山谷　「滿」，通典卷一九二邊防八作「於」。

〔四二〕不田作種樹　「不」字原脱，據漢書卷九六下西域傳下補。

〔四三〕貪狠無信　「貪狠」，北宋景祐本、清武英殿本漢書卷九六下西域傳下、通典卷一九二邊防八作「貪狼」。

〔四四〕歸言其國　「歸」字原脱，據元本、慎本、馮本及漢書卷九六下西域傳下補。

〔四五〕又重絶故業　「又」原作「難」，據漢書卷九六下西域傳下改。

〔四六〕後元貴靡孫雌栗靡立　「後」原倒在「元貴靡」下，據太平寰宇記卷一八二四夷一一西戎三乙正。

〔四七〕名彙知牙斯　「知」原作「如」，據漢書卷九六下西域傳下、太平寰宇記卷一八二四夷一一西戎三改。

〔四八〕去長安八千一百里　「八千一百里」，漢書卷九六下西域傳下作「八千一百五十里」。

〔四九〕東至都護治所二千里　「二千里」，漢書卷九六下西域傳下作「二千二十一里」。

〔五〇〕東通龜兹六百里　「六百里」，漢書卷九六下西域傳下作「六百七十里」。

〔五一〕本因漢時得温宿國人令居此地田牧　「得」與「地田牧」四字原脱，據漢書卷九六下西域傳下師古注補。

〔五二〕去長安八千三百餘里　「八千三百餘里」，漢書卷九六下西域傳下作「八千三百五十里」。

〔五三〕東至都護治所二千三百餘里　「二千三百餘里」，漢書卷九六下西域傳下作「二千三百八十里」。

〔五四〕北至烏孫赤谷六百餘里　「六百餘里」，漢書卷九六下西域傳下作「六百一十里」。

〔五五〕東通姑墨二百餘里　「東」原在「墨」字下，據漢書卷九六下西域傳下乙正，「二百餘里」，同書作「二百七十里」。

〔五六〕去長安萬里　「萬里」，漢書卷九六上西域傳上作「九千九百五十里」。

〔五七〕户五百　漢書卷九六上西域傳上作「户四百九十」。

〔五八〕東北至都護治所四千九百里　「里」字原脱，據文例及漢書卷九六上西域傳上補；「四千九百里」，同書作「四千八百九十二里」。

〔五九〕人接手飲　「飲」字原脱，據漢書卷九六上西域傳上補。

〔六〇〕所謂百步千足　「足」，漢書卷九六上西域傳上、通典卷一九二邊防八作「迹」。

〔六一〕石山也　「石山」二字原倒，「也」字原脱，據漢書卷九六上西域傳上乙補。

〔六二〕去陽關五千九百里　「五千九百里」，漢書卷九六上西域傳上作「五千八百八十八里」。

〔六三〕去都護治所五千里　「五千里」，漢書卷九六上西域傳上作「五千二十里」。

〔六四〕去長安萬一百里　「萬一百里」，漢書卷九六上西域傳上作「萬一百五十里」。

〔六五〕東北至都護治所二千八百里　「二千八百里」，漢書卷九六上西域傳上作「二千八百五十里」。

〔六六〕西南至罽賓三百里　「三百里」，漢書卷九六上西域傳上作「三百三十里」。

〔六七〕北與休循　「休循」原作「休屠」，據漢書卷九六上西域傳上改。

〔六八〕種五穀葡萄諸果　「諸」字原脱，據漢書卷九六上西域傳上補。

〔六九〕王治貴山城　「貴」下原衍「王」字，據漢書卷九六上西域傳上、通典卷一九二邊防八删。

〔七〇〕去長安萬二千五百里　「萬二千五百里」，漢書卷九六上西域傳上作「萬二千五百五十里」。

〔七一〕户六萬　「六」字原脱，據漢書卷九六上西域傳上補。

〔七二〕東至都護治所四千里　「四千里」，漢書卷九六上西域傳上作「四千三十一里」。

〔七三〕北至康居卑闐城千五百里　「卑」原作「于」，據漢書卷九六上西域傳上、通典卷一九二邊防八改；「千五百里」，同上漢書作「千五百一十里」。

〔七四〕西南至大月氏七百里　「七百里」，漢書卷九六上西域傳上作「六百九十里」。

〔七五〕土地風氣物類民俗與大月氏安息同　「民」原作「人」，通典避唐諱改，本書沿用通典之文，未曾回改，今據漢書卷九六上西域傳上回改。

〔七六〕其汗血因號爲天馬子　漢書卷九六上西域傳上師古注，「其」作「皆」，「爲」作「曰」。

〔七七〕於是太初元年拜李廣利爲貳師將軍　「於是」二字原脱，據漢書卷九六上西域傳上、通典卷一九二邊防八補。

〔七八〕宛人斬王毋寡首　「毋寡」原作「母寡」，據漢書卷九六上西域傳上、通典卷一九二邊防八改。

〔七九〕不知鑄鐵器　「鐵」字原脱，據漢書卷九六上西域傳上、太平寰宇記卷一八二四夷一一西戎三補。

〔八〇〕王治莎車城　「王」字原脱，據漢書卷九六上西域傳上、通典卷一九二邊防八補。

〔八一〕少府蕭望之以奉世擅發諸國兵　「擅」原作「壇」，據漢書卷七九馮奉世傳、通典卷一九二邊防八改。

〔八二〕漸不可長　「漸」字原脱，據漢書卷七九馮奉世傳、通典卷一九二邊防八補。

〔八三〕西夜國　原作「西掖國」，據元本、慎本、馮本及後漢書卷八八西域傳、通典卷一九二邊防八改。下同。

〔八四〕諸國恐懼　「恐」，後漢書卷八八西域傳作「愁」。

〔八五〕乃分龜兹爲烏壘國徙駟鞬爲烏壘王　二「烏」字原皆作「鳥」，據後漢書卷八八西域傳改。

〔八六〕匈奴遣兵將賢質子不居徵立爲莎車王　「徵」原作「微」，據後漢書卷八八西域傳、通典卷一九二邊防八、太平寰宇記卷一八二四夷一一西戎三改。

〔八七〕故能睹犀布　「布」原作「象」，據漢書卷九六下西域傳下、北宋本通典卷一九二邊防八、太平寰宇記卷一八二四夷一一西戎三改。

〔八八〕聞天馬蒲萄則通大宛安息　元本、慎本、馮本無「安息」二字。

〔八九〕故自建武以來西域思漢威德　「故」字原脱，「威」原作「盛」，據漢書卷九六下西域傳下補改。

〔九〇〕王治循鮮城　「王」字原脱，據漢書卷九六上西域傳上、通典卷一九二邊防八補。

〔九一〕葉大而黑　「黑」原作「異」，據元本、慎本、馮本及漢書卷九六上西域傳上師古注、通典卷一九二邊防八改。

〔九二〕有金銀銅鐵以爲器　「鐵」，漢書卷九六上西域傳上、通典卷一九二邊防八作「錫」。

〔九三〕異於衆玉　「異」，漢書卷九六上西域傳上孟康注、通典卷一九二邊防八作「踰」。

〔九四〕今俗所用　「用」原作「謂」，據元本、慎本、馮本及漢書卷九六上西域傳上孟康注、通典卷一九二邊防八改。

〔九五〕尤虚脆不貞實非真物也　「貞」原作「真」，「真」原作「其」，據元本、慎本、馮本及漢書卷九六上西域傳上孟康注、通典卷一九二邊防八改。

〔九六〕其王烏頭勞數剽殺漢使　「殺」字原脱，據元本、慎本、馮本及漢書卷九六上西域傳上補。

〔九七〕杜欽説大將軍王鳳曰　「軍」字原脱，據漢書卷九六上西域傳上、通典卷一九二邊防八補。

〔九八〕夫德莫大於有國子民　「子民」二字原脱，據元本、慎本、馮本及漢書卷九六上西域傳上補。

〔九九〕畜墜未半阬谷盡靡碎　「半」原作「平」，據元本、慎本、馮本及漢書卷九六上西域傳上改。

〔一〇〇〕在葱嶺之西南　「西南」，通典卷一九二邊防八同，隋書卷八三西域傳、太平寰宇記卷一八二四夷一一西戎三作「北」，新唐書卷二二一上西域傳上作「南」。

〔一〇一〕金銀爲屋　隋書卷八三西域傳、北史卷九七西域傳、太平寰宇記卷一八二四夷一一西戎三、册府元龜卷九六〇外臣部五土風二「金銀」下有「鍱」字。

〔一〇二〕國王戴金牛頭冠　「牛」，隋書卷八三西域傳、太平寰宇記卷一八二四夷一一西戎三、册府元龜卷九六〇外臣部五土風二俱作「魚」。

〔一〇三〕南去瓜州六千六百里 「南」，隋書卷八三西域傳、北史卷九七西域傳作「東北」。

〔一〇四〕遣使何處羅拔等厚賚賜其國 「何處羅拔等」五字原脱，據新唐書卷二二一上西域傳上補。

〔一〇五〕何處羅拔至罽賓王再拜受命 「何」及「至罽賓」四字原脱，據新唐書卷二二一上西域傳上改補。

〔一〇六〕龍朔初 「龍朔」原作「神龍」，據舊唐書卷一九八西域傳、册府元龜卷九六六外臣部一一繼襲一、唐會要卷九九罽賓國改。

〔一〇七〕遣使獻天文及秘方奇藥 「方」原作「文」，據新唐書卷二二一上西域傳上改。

〔一〇八〕國中有薄提城 「國中有」三字原脱，據魏書卷一〇二西域傳補。

〔一〇九〕五果土宜五穀 「果土宜五」四字原脱，據魏書卷一〇二西域傳、北史卷九七西域傳補。

〔一一〇〕地七千里 「地」字原脱，據新唐書卷二二一下西域傳下補。

〔一一一〕瀵泉灌田 「瀵」原作「糞」，據新唐書卷二二一下西域傳下改。

〔一一二〕水北流入烏滸河 「烏滸河」原作「鳥滸河」，據新唐書卷二二一下西域傳下改。下同。

〔一一三〕或曰斫汗那 「汗」原作「汙」，據新唐書卷二二一下西域傳下改。

〔一一四〕自縛野底南入雪山 「縛野底」，新唐書卷二二一下西域傳下作「縛底野」。

〔一一五〕横千六百里 新唐書卷二二一下西域傳下「里」下有「縱狹纔四五里」六字。

〔一一六〕大酋烏鶻達干復朝 「烏」原作「鳥」，「干」原作「于」，據元本、慎本、馮本及新唐書卷二二一下西域傳下改。

〔一一七〕二十九年 「九」原作「六」，據元本、慎本、馮本及新唐書卷二二一下西域傳下改。

〔一一八〕詔可 「可」字原脱，據新唐書卷二二一下西域傳下補。

〔一一九〕烏弋山離　原作「烏弋山離」，據漢書卷九六上西域傳上、後漢書卷八八西域傳、通典卷一九二邊防八及總目改。下同。

〔一二〇〕西與犁靬條支接　「接」字原脱，據漢書卷九六上西域傳上、通典卷一九二邊防八補。

〔一二一〕犁讀與驪同　「讀」字原脱，據漢書卷九六上西域傳上師古注、通典卷一九二邊防八補。

〔一二二〕魏時其國名排持　後漢書卷八八西域傳云「時改名排持」，則時指後漢。

〔一二三〕海水曲環其南及東北　「海」字原脱，據後漢書卷八八西域傳補。

〔一二四〕出犎牛　後漢書卷八八西域傳「犎」字上有「師子犀牛」四字。

〔一二五〕其草木畜産五穀果菜食飲宮室市列錢貨兵器金珠之屬皆與罽賓同　「市」原作「布」，據漢書卷九六上西域傳上改。按同書「其」上有「烏戈地暑熱莽平」七字。此處自「其」至下文「馬行六十餘日至安息」所叙皆烏戈山離事，與條支無涉。漢書卷九六上西域傳上于叙烏弋山離事時夾叙條支，通典誤以之入條支條中，本書沿用通典之文，未予改正。

〔一二六〕兩角者或爲辟邪　「邪」原作「拔」，據漢書卷九六上西域傳上孟康注、太平寰宇記卷一八四四夷一三西戎五改。

〔一二七〕其錢獨文爲人頭　「頭」字原脱，據漢書卷九六上西域傳上、太平寰宇記卷一八四四夷一三西戎五補。

〔一二八〕至烏弋山離　「至」「離」二字原脱，據漢書卷九六上西域傳上補。

〔一二九〕亦有三歲者　「三」，後漢書卷八八西域傳作「二」。

〔一三〇〕頸及膺身　「及膺」原作「長鷹」，據漢書卷九六上西域傳上師古注、北宋本通典卷一九二邊防八改。

〔一三一〕書革　原作「畫革」，據漢書卷九六上西域傳上、通典卷一九二邊防八改。

〔一三二〕行比至　「比」原作「北」，「至」字原脱，據漢書卷九六上西域傳上、太平寰宇記卷一八四四夷一三西戎五改補。

〔一三三〕從阿蠻西行三千六百里至斯賓國　「斯賓」原作「厮賓」，據元本、慎本、馮本及後漢書卷八八西域傳改。下同。

〔一三四〕又西南至于羅國九百六十里　「南」字原脱，據後漢書卷八八西域傳補。

〔一三五〕安息國遣使朝貢　此事見隋書卷八三西域傳、北史卷九七西域傳安國條，二書俱謂「安國，漢時安息國也」。實則安息、安國爲二國，漢之安息爲西亞古國，領有伊朗高原及兩河流域，隋之安國爲昭武九國之一，故地在今烏兹别克斯坦布哈拉一帶。

〔一三六〕高七尺　隋書卷八三西域傳、北史卷九七西域傳、太平寰宇記卷一八四四夷一三西戎五作「高七八尺」。

卷三百三十八　四裔考十五

大夏

大夏，漢時通焉。在大宛西南二千餘里，嬀水南。其俗土著，有城屋，與大宛同俗。去漢萬二千里，居漢西南。本無大君長，城邑往往置小君長。其兵弱，畏戰。善賈市。及大月氏西徙，乃攻敗之〔一〕，皆臣畜，共稟漢使者。同受節度。大夏人多，可百餘萬〔二〕，有市販賈諸物。其東南界接身毒國，皆屬大月氏〔三〕。

大月氏

大月氏，漢時通焉。治藍氏城〔四〕，在大宛西可二三千里，居嬀水北，其南則大夏，西接安息四十九日行，北則康居，去長安萬一千六百里。不屬都護。户十萬。東去長史所居六千五百里。土地、氣候、物類、風俗、錢貨與安息同。出一封橐駝〔五〕。脊上高起。其國本行國也，隨畜移徙，與匈奴同俗。控絃十餘萬，故恃强輕匈奴。本居燉煌、祁連間，祁連在今張掖郡之西北。至冒頓單于攻月氏〔六〕，而老上單于殺月氏王，以其頭爲飲器，月氏乃遠去〔七〕，過大宛，西擊大夏而臣之，都嬀水北爲王庭。其餘小衆不能去者保南山羌，號小月氏。於大夏分其國爲五部翖翖音翕。侯。武帝聞月氏遁而怨匈奴，無與共擊之。方從事滅胡，乃使張騫使月氏。時月氏既君大夏，地肥饒，少寇，志安樂。又自以遠漢，殊無報胡之心。騫從月氏至大夏，竟不能得月氏要領而還。後百餘歲，貴霜翖侯丘就却攻滅四翖侯〔八〕，自立爲王，因號貴霜王。又滅僕達、罽賓，悉有其國。復滅天竺。月氏自此之後，最爲富盛。

至後魏代，北與蠕蠕接，數爲所侵，遂西徙都薄羅城，去弗敵沙二千一百里。弗敵沙在藍氏城東。後其王寄多羅勇武，遂興師越大山，南侵北天竺，自乾陁羅以北五國盡役屬之。國人乘四輪車，或四牛、六牛、八牛輓之，在車大小而已。太武時〔九〕，其國人商販到京師，自云能鑄石爲五色琉璃，於是採礦山中，於京師鑄之。既成，光澤美於西方來者。乃詔爲行殿，容百餘人，光色映徹，觀者驚以爲神明所作。自此琉璃遂賤，人不復珍之。玄中記：「瑪瑙出大月氏。又有牛名爲日及，今日取其肉，明日創愈。」宋膺異物志云〔一〇〕：「月氏國有羊，尾重者十斤，割之供養〔一一〕，尋生如故。」

小月氏

小月氏，治富樓沙城。其王本大月氏王寄多羅子也。寄多羅爲蠕蠕所逐，西徙，後令其子守此城，因號小月氏焉。在波路西南。後魏史云：去漢萬六千六百里〔一二〕。先居西平、張掖之間，並今郡。被服頗與羌同。其俗以金銀錢爲貨。隨畜牧移徙，亦類北狄。其城東十里有佛塔，周三百五十步，高八十丈。自佛塔初建，計至武定八年，八百四十二年，所謂「百丈浮圖」也。晉天福時，有仲雲族〔一三〕，旋居胡盧磧，即其遺種。詳見于闐考下。

康居 安者、東安附〔一四〕。

康居，漢時通焉。在大宛西北可二千里，與粟弋、伊列鄰接〔一五〕。王治樂越匿地卑闐城〔一六〕，亦居蘇薤城，去長安萬二千三百里。不屬都護。户十二萬。東至都護治所五千五百里〔一七〕。與大月氏同俗。地和暖，饒桐、柳、葡萄，多牛羊，出好馬。東羈事匈奴。宣帝時，郅支單于殺漢使者，西阻康居。依其險阻，以自保固。其後甘延壽、陳湯誅滅郅支單于。至成帝時，康居遣子侍漢，貢獻。然自以絶遠，獨驕慢。都護郭舜數上言：「康居驕黠，今遣子入侍，此其欲賈市爲好辭之詐也。宜歸其侍子，絶勿復使。不通使於其國。燉煌、酒泉小郡及南道八國〔一八〕，給使者往來人馬驢橐駝食〔一九〕，皆苦乏。空罷耗所過，送迎驕黠絶遠之國，非至計也。」漢爲其新通，重致遠人，以此聲名爲重。終羈縻而未絶。自後無聞，或名號變易，或遷徙吞併，非所詳也。晉武帝泰始中，其王那鼻遣使獻善馬。後魏太武太延中，遣使朝貢，其國又稱者舌。後魏史云：「即漢康居國。」隋時謂之康國，大業中，遣使朝貢〔二〇〕。其王姓温，月氏人也。隋史云：「即漢康居之後，自漢以來，相承不絶。」

舊居祁連山北昭武城〔二一〕，自被匈奴所破，西踰葱嶺〔二二〕，遂有此國。枝庶各分王，故康國左右諸國，米國、史國、曹國、何國、安國、小安國、那色波國、烏那曷國〔二三〕、穆國凡九國，皆其種類，並以昭武爲姓，示不忘本也。康國都於薩寶水上阿禄迪城，王索髮〔二四〕，冠七寶金花，衣綾、羅、錦、繡、白疊。其妻有髻，幪以帛巾〔二五〕。丈夫剪髮，錦袍。名爲强國，西域諸國多歸之。人皆深目高鼻，多鬚髯。善商賈，諸夷交易多輳其國。有大小鼓、琵琶、五絃箜篌、笛。婚姻喪制與突厥同。俗奉佛，爲胡書。氣候温，宜五穀，勤修園蔬，樹木滋茂。出馬、駝、騾、驢〔二六〕、犎牛、黄金、硇砂、甘松香〔二七〕、阿薩那香、瑟瑟、麖皮〔二八〕、氍毹、錦疊。多葡萄酒，富家或至千石，連年不敗。

韋節西蕃記云：「康國人並善賈，男年五歲則令學書〔二九〕，少解則遣學賈，以得利多爲善。其人好音聲。以六月一日爲歲首，至此日，王及人庶並服新衣，剪髮鬚。在國城東林下七日馬射，至欲罷日，置一金錢於帖上，射中者則得一日爲王。俗事天神，崇敬甚重。云神兒七月死，失骸骨，事神之人每至其月，俱著黑疊衣，徒跣撫胸號哭，涕淚交流。丈夫婦女三五百人散在草野，求天兒骸骨，七日便止。國城外别有二百餘户，專知喪事，别築一院，院内養狗。每有人死，即往取屍，置此院内，令狗食之，肉盡收骸骨，埋殯無棺槨。」其國大城三十，小堡三百。尚浮屠法，祠妖神，出機巧技。十一月鼓舞乞寒，以水交潑爲樂。

唐武德十年，遣使來獻〔三〇〕。貞觀五年，又獻獅子獸、金桃、銀桃〔三一〕。杜環經行記：「康國在米國西南三百餘里，土沃人富。」高宗永徽時，以其地爲康居都督府，即授其王爲都督。開元初，貢鎖子鎧、水精杯、碼碯瓶、駝鳥卵。其王與大食亟戰不勝〔三二〕，來乞師，天子不許。久之，封其子咄曷爲曹王，默啜爲米王。

安者，一曰布豁，又曰捕喝，元魏謂忸密者。東北至東安，西南至畢，皆百里所。西瀕烏滸河〔三三〕，治阿濫謐城〔三四〕，即康居小君長罽王故地。大城四十，小堡千餘。募勇健者爲柘羯。柘羯，猶中國言戰士也。武德時，遣使入朝。貞觀初，獻方物，太宗厚慰其使曰：「西突厥已降，商旅可行矣。」諸胡大説。其王訶陵迦又獻名馬，自言一姓相承二十二世云。是歲，東安國亦入獻，言子姓相承十世云〔三五〕。

東安，或曰小國〔三六〕，曰喝汗，在那密水之陽，東距何二百里許〔三七〕，西南至大安四百里。治喝汗城，亦曰籛斤。大城二十，小堡百。顯慶時，以阿濫爲安息州，即以其王昭武殺爲刺史；籛斤爲木鹿州，以其王昭武閉息爲刺史。開元十四年，其王遣使來朝〔三八〕，納馬豹。後八年，獻波斯騣二，拂菻繡氍毬一〔三九〕，鬱金香、石蜜等，其妻可敦獻柘辟大氍毬二、繡氍毬一〔四〇〕，丐賜袍帶、鎧仗及可敦袿襹裝澤。

鏺汗

鏺汗國，居葱嶺之西五百餘里，古渠搜國也。元魏時謂拔汗那，或曰破落那。有大城六，小城百。人多壽。王姓昭武，字阿利柒。都城方四里，勝兵數千人。王坐金羊床，妻戴金花。俗多朱砂、金、鐵。東去疏勒千里，西至蘇對沙那國五百里，西北去石國五百里，東北去突厥可汗牙二千餘里，東去瓜州五千五百里。其王自魏晉相承不絶。隋大業中，遣使貢方物。唐貞觀初，王契苾爲西突厥所殺，子遏波之治渴塞城〔四一〕。顯慶初，遏波之遣使朝貢，高宗厚慰諭。三年，以渴塞城爲休循州都督，就授刺史〔四二〕，自是歲朝貢。玄宗開元二十七年，其王以功拜奉化王。天寶三載，改其國號寧遠，帝以外家姓賜其王曰竇，又封宗室女爲公主降之。十三年，王忠節遣子薛裕朝，請留宿衛，習華禮，聽之，授左武衛將軍。其事唐最謹。

米國

米國，都那密水西，舊康居之地。無王，其城主姓昭武，康國王之支庶，字閉拙〔四三〕。都城方二里，勝兵數百人。西北去康國百里，東去蘇對沙那國五百里〔四四〕，西南去史國二百里，東去瓜州六千四百里。隋大業中，頻貢方物。

烏那遏國

烏那遏國，都烏滸水西，舊安息之地。王姓昭武，亦康國王種類，字佛食。都城方二里，勝兵數百人。東北至安國四百里，西北至穆國二百餘里，東去瓜州七千五百里。隋大業中，遣使貢方物。

穆國

穆國，都烏滸河之西，亦安息之故地，與烏那遏爲鄰。王姓昭武氏，亦康居王種類，字阿濫密。都城方三里，勝兵二千人。東北去安國五百里，東去烏那遏二百餘里，西去波斯國四千餘里，東去瓜州七千七百里〔四五〕。隋大業中，遣使貢方物。

曹國 東曹、西曹、中曹附。

曹國，隋時聞焉，都那密水南數里，舊是康居之地。國無主，康居王令子烏建領之。勝兵千餘人。國中有得悉神，自西海以東諸國並敬事之。其神有金人，金破羅闊丈五尺〔四六〕，高下相稱。每月以駝五頭〔四七〕、馬十匹、羊百口祭之，常有數千人食之不盡〔四八〕。東南去康國百里。西去何國百五十里，東去瓜州六千六百里。大業中，遣入貢。

東曹，或曰率都沙那〔四九〕，蘇對沙那，劫布呾那〔五〇〕，蘇都識匿，凡四名。居波悉山之陰，漢貳師城地也。東北距俱戰提二百里，北至石，西至康，東至寧遠〔五一〕，皆四百里許，南至吐火羅五百里。有野叉城，城有巨窟，嚴以關鑰，歲再祭，人向窟立，中即烟出，先觸者死。武德中，與康同遣使入朝，其使曰：「本國以臣爲健兒，聞秦王神武，欲隸麾下。」高祖大悦。

西曹者，隋時曹也，南接史及波覽〔五二〕，治瑟底痕城。東北越于底城有得悉神祠，國人事之。有金具器〔五三〕，款其左曰：「漢時天子所賜。」武德中入朝。天寶元年，王哥邏僕羅遣使者獻方物，詔封懷德王，即上言：「祖考以來，奉天可汗，願同唐人受調發，佐天子征討。」十一載，東曹王設忽阿與安王請擊黑衣大食〔五四〕，玄宗慰諭之，不聽。

中曹者，居西曹東，康之北。王治迦底真城。其人長大，工戰鬭。

何國

何國，都那密水南數里，亦舊康居地。王姓昭武，康居之族類。國城樓北壁畫華夏天子，西壁畫波斯、拂菻力甚反。諸國王〔五五〕，東壁則畫突厥、婆羅門諸國王。勝兵千人。風俗與康國同。東去曹國百五十里，西去小安國三百里，東去瓜州六千七百五十里。隋大業中遣使入貢。唐貞觀十五年，遣使入朝。永徽時上言：「聞唐出師西討，願輸糧於軍。」俄以其地爲貴霜州，授其王刺史。

史國

史國，都獨莫水南十里，亦舊康居之地。其王姓昭武，亦康國王之枝庶〔五六〕。勝兵千餘人。俗同康國。北去康國二百四十里〔五七〕，南去吐火羅五百里。西去那色波國二百里，東北去米國二百里，東去瓜州六千五百里〔五八〕。隋大業中，遣使貢方物。後漸强盛，乃創建乞史城，爲數十里，郭邑二萬家。有鐵門山，左右峭巉，石色如鐵，爲關以限二國，以金固闔。城有神祠，每祭必千羊。唐貞觀十六年，復入貢。顯慶時，以其地爲佉沙州〔五九〕，授其君刺史。開元十五年，來獻舞女。其後首領時時入朝。天寶中，詔改史爲來威國。

奄蔡

奄蔡，漢時通焉。西與大秦接，東南二千里與康居接，去陽關八千餘里。控絃十餘萬。與康居同俗，而屬康居。土氣温和，臨大澤，無涯岸。多楨松、白草及貂〔六〇〕，畜牧逐水草，蓋近北海。至後漢，改名阿蘭聊國〔六一〕。後魏時曰粟特，一曰温那沙。後魏史云〔六二〕：「初，匈奴殺其王而有其國，至文成帝初，遣使朝貢，其王忽倪已三世矣。」其國商人先多詣涼土販易，及魏克姑臧，悉見虜。文成初，粟特王遣人贖之。自後無使貢獻。周保定四年，來貢方物。

滑國 嚈、阿跋檀、周古柯、胡密丹附。

滑國，車師之别種也。後漢順帝永建初，八滑從班勇擊北虜有功，漢以八滑爲後部親漢侯。自魏晉以來，不通中國。至梁武帝普通初，其王厭帶夷栗陀始遣使獻貢黄獅子、白貂裘、波斯錦等物〔六三〕。後魏之居桑乾也，滑猶小國，屬蠕蠕。後稍强大，征其旁國波斯、渴槃陀、罽賓、焉耆、龜兹、疏勒、姑墨、于闐、句盤等國焉〔六四〕。其獸有獅子、兩脚駝、野驢有角。人皆善騎射，著小袖長袍，用金玉爲帶。女人披裘，頭上刻木爲角，長六寸，以金銀飾之。兄弟共妻。無城，氊屋爲居，東向開户。其王坐金牀，隨太歲轉。無文字，以木爲契。與旁國通，則使旁國胡爲胡書〔六五〕，羊皮爲紙。無職官。事天神、火神，每日則出户祀神而後食。跪一拜而止。死以木爲槨。父母死，其子截一耳，葬訖即吉。其言語待河南人譯而後通〔六六〕。至後魏時，謂之滑匜〔六七〕。阿跋檀〔六八〕、周古柯、胡密丹等國，並滑旁小國也，衣服容貌皆同。普通初，使使隨滑入貢。

白題

白題王姓支，名史稽毅，其先蓋匈奴之别種胡。漢灌嬰與匈奴戰，斬白題騎一人是也。在滑國東，去滑六日行，西極波斯。土地出粟、麥、瓜果，食物略與滑同。梁普通三年，遣使貢方物。

嚈噠

嚈噠國，大月氏之種類也，亦曰高車之別種。其原出於塞北。自金山而南，在于闐之西，都烏滸水南二百餘里〔六九〕，去長安一萬一百里。至後魏文成帝時已七八十年矣〔七〇〕。其王都拔底延城，蓋王舍城也。其城方十餘里，多寺塔，皆飾以金。風俗與突厥略同。其俗，兄弟共一妻，夫無兄弟者，妻戴一角帽，若有兄弟者，依其多少之數更加帽角焉。衣服類胡〔七一〕，加以纓絡，頭皆剪髮〔七二〕。其語與蠕蠕、高車及諸胡不同。衆可有十萬，無城邑，依隨水草，以氈爲屋，夏遷涼土，冬逐暖處。其諸妻各在別所〔七三〕，相去或一二百里、三百里。其王巡歷而行，每月一處。冬寒之時，三月不徙。王位不必傳子，子弟堪任者〔七四〕，死便受之。其國無車，有輿，多駝、馬。用刑嚴急，偷盜無多少皆腰斬，盜一責十〔七五〕。死者，富家累石爲藏，貧者掘地而埋，隨身諸物，皆置冢內。其人凶悍，能鬭戰，西域康居、于闐、沙勒、安息及諸小國三十許，皆役屬之，號爲大國。與蠕蠕婚姻。

自後魏太安之後，每遣使朝貢。正光末，貢獅子一，至高平，遇万俟醜奴反，因留之。醜奴平，送京師。永熙以後，朝獻遂絶。至大統十二年，遣使貢方物。廢帝二年、周明帝二年，並遣使來獻。後爲突厥所破〔七六〕，部落分散，職貢遂絶。隋大業中，又遣使朝貢方物。其國去漕國千五百里〔七七〕，東至瓜州六千五百里。初，熙平中，明帝遣賸仗子統宋雲、沙門法力等使西域，訪求佛經，時有沙門慧生者，亦與俱行。正光中，還。慧生所經諸國，不能知其本末及山川里數，蓋舉其略云〔七八〕。

鉢和

鉢和，在渴槃陀西。其土尤寒，人畜同居，穴地而處。又有大雪山，望若銀峰。其人唯食餅麨〔七九〕，飲麥酒，服氈裘。有二道，一道西行向嚈噠，一道西南趨烏萇。亦爲嚈噠所統。

波知

波知國，在鉢和西南。土狹人貧，依託山谷，其王不能總攝。有三池，傳云大池有龍王，次者有龍婦，小者有龍子，行人經之，設祭乃得過，不祭，多遇風雪之困。

賒彌

賒彌國，在波知之南。山居，不信佛法，專事諸神。亦附嚈噠。東有鉢盧勒國，路嶮，緣鐵鎖而度，下不見底。後魏熙平中，遣使宋雲等竟不能達。

烏萇

烏萇國，在賒彌南。北有葱嶺，南至天竺。婆羅門胡爲其上族。婆羅門多解天文吉凶之數，其王動則訪决焉〔八〇〕。土多林果，引水灌田，豐稻麥。事佛，多諸寺塔，極華麗。人有争訟，服之以藥，曲者發狂，直者無恙。爲法不殺，犯死罪唯徙於靈山〔八一〕。西南有檀特山，山上立寺，以驢數頭運食，山下無人控御，自知往來也。

乾陀

乾陀國，在烏萇西。本名業波，爲嚈噠所破，因改焉。其王本是敕勒，臨國已二世矣。好征戰，與罽賓鬬，三年不罷，人怨苦之。有鬬象七百頭，十人乘一象，皆執兵仗，象鼻縛刀以戰。所都城東南七里有佛塔，高七十丈，周三百步，即所謂雀離佛圖也〔八二〕。

挹怛〔八三〕

挹怛國，都烏滸水南二百餘里〔八四〕，大月氏之種也。勝兵五六萬〔八五〕。俗善戰。先時國亂，突厥遣通設字詰强領其國〔八六〕。俗同吐火羅。南去漕國千五百里〔八七〕，東去瓜州六千五百里。隋大業中，遣使來貢。按劉璠梁典，滑國姓嚈噠，後裔以姓爲國號，轉訛又謂之挹怛焉。其本原或云是車師之種，或云高車之種，或云大月氏之種〔八八〕。又韋節西蕃記云：「親問其國人，並自稱挹闐。」又按漢書，陳湯征郅支，康居副王挹闐抄其後重〔八九〕，此或康居之種類。然傳自遠國，夷語訛舛，年代綿邈，莫知根實，不可得而辨也。今考其風俗物産及諸家所説而編之。

天竺

天竺，後漢通焉，即前漢時身毒國〔九〇〕。初，張騫使大夏，見邛竹杖、蜀布。問曰：「安得此？」大夏人曰：「吾賈人往身毒國市之。」即天竺也。或云摩伽陀，或云婆羅門。在葱嶺之南〔九一〕，去月氏東南數千里，地方三萬餘里。其中分爲五天竺：一曰中天竺，二曰東天竺，三曰南天竺，四曰西天竺，五曰北天竺，地各數千里，城邑數百。南天竺際大海。北天竺距雪山，四周有山爲壁，南面一谷，通爲國門。東天竺東際大海，與扶南、林邑鄰接，但隔小海而已。西天竺與罽賓、波斯相接。中天竺據四天竺之間。國並有王。漢時又有捐毒國，去長安九千八百里〔九二〕。去都護治所二千八百里〔九三〕，南與葱嶺相連，北與烏孫接。衣服類烏孫，隨水草，故塞種也。顔師古云：捐毒即身毒，身毒則天竺。塞種即釋種也，蓋語音有輕重也。從月氏、高附國以西，南至西海，東至盤起〔九四〕，皆身毒之地。身毒有别城數百〔九五〕，城置長。有别國數十，國置王。雖各小異，而俱名身毒。扶南傳云：「舍衛國隸屬天竺。伽尸國一名波羅奈國，一名波羅奈斯國〔九六〕。」竺法維佛國記云：「波羅奈國在伽維羅越國南千四百八十里。」釋法盛歷國傳云：「其國有稍割牛，其牛黑色，角細長，可四尺餘，十日一割，否則病或致死。人服牛血皆老壽。國人皆壽五百歲，牛壽亦等於人。亦天竺屬國。」都臨恒河，一名伽毗黎河。靈鷲山，胡語曰耆闍崛山，山有青石，頭似鷲鳥。竺法維佛國記云：「在摩竭提國南，亦天竺屬國也。」其時皆屬月氏。月氏殺其王而置將，令統其人。俗修浮圖道，不殺生、飲酒，遂以成俗。地卑濕，暑熱。其國臨大水。乘象而戰。其人弱於月氏。

漢武帝遣使十餘輩出西南，指求身毒，爲昆明所閉，莫能通。和帝時，數遣使貢獻，後西域反畔，乃絕。桓帝延熹二年、四年〔九七〕，頻從日南徼外來獻。世傳明帝夢見金人，長大，頂有光明，以問群臣。或曰：「西方有神，名曰佛，其形長丈六尺而黃金色。」帝於是遣使天竺問佛道法，遂於中國圖畫形像焉。楚王英始信其術，中國因此頗有奉其道者。後桓帝好神，數祀浮圖、老子，百姓稍有奉者，後遂盛。

魏晉世，絕不復通。唯吳時扶南王范旃遣親人蘇勿使其國〔九八〕，從扶南發投拘利口，循海大灣中正西北入歷灣邊數國，可一年餘到天竺江口，逆水行七千里乃至焉。天竺王驚曰：「海濱極遠，猶有此人乎！」即令觀視國內，仍差陳、宋等二人以月支馬四疋報旃，勿積四年方至。其時吳遣中郎康泰使扶南，及見陳、宋等，具問天竺土俗，云「佛道所興國也。人敦厖〔九九〕，土饒沃，其王號茂論。所都城郭，水泉分流，繞於渠塹，下注大江。其宮殿皆雕文鏤刻，街曲市里，屋舍樓觀，鐘鼓音樂，服飾香華，水陸通流，百賈交會，器玩珍瑋，恣心所欲。左右嘉維、舍衛、葉波等十六大國，去天竺或二三千里，共尊奉之，以爲在天地之中」。

宋文帝元嘉五年，天竺伽毗黎國王月愛遣使奉表，獻金剛指環、摩勒金環寶物，赤、白鸚鵡各一。明帝泰始二年，又遣使貢獻，以其使爲建威將軍。元嘉十八年，蘇摩黎國王遣使獻方物。孝武孝建二年，斤陁利國王遣長史獻金銀寶器。後廢帝元徽元年，婆黎國遣使貢獻。此數國，皆事佛道。梁天監初，天竺王屈多遣長史竺羅達奉表獻瑠璃唾壺、雜香、吉貝等物。國臨大江新陶，源出崑崙，分爲五江，總名恒水，其水甘美，下有真鹽，色正白如水精。後魏宣武時，南天竺遣使來獻駿馬云。

其國出獅子、貂、豹、獋、胡昆反。橐駝、犀、象。有火齊如雲母而紫色，裂之則薄如蟬翼，積之則如紗縠之重沓。有金剛似紫石英，百鍊不銷，可以切玉，瑇瑁，金、銅、鐵、鉛、錫。金縷織成金罽、白疊、毾㲪。毾音塔。㲪音登。有旃檀、鬱金等香，甘蔗諸果，石蜜、胡椒、薑、黑鹽。西與大秦、安息交市海中，或至扶南、交趾貿易。多珊瑚、珠璣、琅玕。俗無簿籍。以齒貝爲貨。尤工幻化。丈夫致敬，極者舐足摩踵而致其詞。家有奇樂、倡伎〔一〇〇〕。其王與大臣多服錦罽，王爲螺髻於頂，餘髮剪之使短〔一〇一〕。丈夫剪髮，穿耳垂璫。俗皆徒跣，衣重白色。怯於鬬戰，有弓箭、甲矟，亦有飛梯、地道、木牛、流馬之法。有文字，善天文算曆之術。其人皆學悉曇章。書於貝多樹葉以記事。國中處處指曰佛故迹也。信盟誓，傳禁咒，能致龍起雨。

隋煬帝志通西域，遣裴矩應接西蕃諸國，多有至者，唯天竺不通，帝以爲恨。天竺王姓乞利咥氏，亦曰刹利，世有其國，不篡殺。稻歲四熟，禾之長者没橐駝。婦人項飾金、銀、珠纓絡。死者燔骸取灰〔一〇二〕，建窣堵，或委野中及河，餌鳥獸魚鼈，無喪紀。謀反者幽殺之；小罪贖錢；不孝者斷手足，劓耳鼻徙邊〔一〇三〕。

唐武德中，國大亂，王尸羅逸多勒兵戰無前，象不弛鞍，士不釋甲，因討四天竺，皆北面臣之。會唐浮屠玄奘至其國，尸羅逸多召見曰：「而國有聖人出，作秦王破陣樂，試爲我言其爲人。」玄奘粗言太宗神武，平禍亂，四夷賓服狀，王喜，曰：「我當東面朝之。」貞觀十五年，自稱摩伽陀王，遣使者上書，帝命雲騎尉梁懷璥持節慰撫，尸羅逸多驚問國人：「自古亦有摩訶震旦使者至吾國乎？」皆曰：「無有。」戎言中國爲摩訶震旦。乃出迎，膜拜受詔書，戴之頂，復遣使者隨入朝。詔衛尉丞李義表報之〔一〇四〕，大臣郊迎，傾都邑縱觀，道上焚香，尸羅逸多率群臣東面受詔書，復獻火珠、鬱金、菩提樹。

二十二年，遣右衛率府長史王玄策使其國，以蔣師仁爲副〔一〇五〕；未至，尸羅逸多死，國人亂，其臣那伏帝阿羅那順自立，發兵拒玄策。時從騎纔數十，戰不勝，皆没，遂剽諸國貢物。玄策挺身奔吐蕃西鄙，檄召鄰國兵。吐蕃以兵千人來，泥婆羅以七千騎來，玄策部分進戰茶鎛和羅城〔一〇六〕，三日破之，斬首三千級，溺水死萬人。阿羅那順委國走，合散兵復陣，師仁擒之，俘斬千計。餘衆奉王妻息阻乾陀衛江，師仁擊之，大潰，獲其妃、王子，虜男女萬二千人，雜畜二萬〔一〇七〕，降城邑五百八十所。東天竺國王尸鳩摩送牛馬三萬餽軍，及弓、刀、寶纓絡。迦没路國獻異物，并上地圖，請老子像〔一〇八〕。玄策執阿羅那順獻闕下。有司告宗廟，擢玄策朝散大夫。

得方士那邏邇娑婆寐，自言壽二百歲，有不死術，帝改館使治丹，命兵部尚書崔敦禮護視。使者馳天下，採怪藥異石，又使者走婆羅門諸國。所謂畔茶法水者〔一〇九〕，出石臼中，有石象人守之，水有七種色，或熱或冷，能銷草木金鐵，人手入輒爛，以槖駝髑髏轉注瓠中。有樹名咀賴羅，葉如梨〔一一〇〕，生窮山崖腹，前有巨虺守穴，不可到。欲取其葉者，以方鏃矢射枝則落，爲群鳥啣去，則又射，乃得之。其詭譎類如此。後術不驗，聽還，不能去，死長安。高宗時，盧伽逸多者，東天竺烏茶人〔一一〕，亦以術進，拜懷化大將軍。

乾封三年，五天竺皆來朝。開元時，中天竺遣使者三至；南天竺一，獻五色能言鳥，乞師討大食、吐蕃，丐名其軍，玄宗詔賜懷德軍，使者曰：「蕃夷惟以袍帶爲寵。」帝以錦袍、金革帶、魚袋并七事賜之；北天竺一來朝。乾元末，河、隴陷没，遂不復至。周廣順三年，西天竺僧薩滿多等十六族來貢名馬。

宋乾德三年，滄州僧道圓自西域還，得佛舍利一水晶器、貝葉梵經四十夾來獻。道圓天福中詣西域，在塗十二年，住五印度凡六年，五印度即天竺也；還經于闐，與其使偕至。太祖召問所歷風俗山川道里，一一能記。四年，僧行勤等一百五十七人詣闕上言，願至西域求佛書，許之。以其所歷甘、沙、伊、肅等州，焉耆、龜兹、于闐、割禄等國，又歷布路沙、加濕彌羅等國，並詔諭其國令人引導之〔一二〕。開寶後，天竺僧持梵夾來獻者不絶。八年冬，東印度王子穰結説囉來朝貢〔一三〕。天竺之法，國王死，太子襲位，餘子皆出家爲僧，不復居本國。有曼殊室利者，乃其王子，隨中國僧至焉，太祖令館於相國寺，善持律，爲都人之所傾嚮，財施盈溢。衆頗嫉之，以其不解唐言，即僞爲奏求還本國，許之。詔既下，曼殊室利始大驚恨，衆僧諭以詔旨，不得已遲留數月而後去。自言詣南海附賈人船而歸，終不知所適。

太平興國七年，益州僧光遠至自天竺〔一四〕，以其王没徙曩表來上。上令天竺僧施護譯云：「近聞支那國内有大明王，至聖至明，威力自在。每慙薄幸，朝謁無由，遥望支那起居聖躬萬福。光遠來，蒙賜金剛吉祥無畏坐釋迦聖像袈裟一事，已披掛供養。伏願支那皇帝福慧圓滿，壽命延長，常爲引導一切有情生死海中，渡諸沉溺。今以釋迦舍利附光遠上進。」又譯其國僧統表，詞意亦與没徙曩同。

施護者，烏填曩國人〔一一五〕。其國屬北印度〔一一六〕，西行十二日，至乾陁羅國，又西行二十日，至曩誐羅賀羅國，又西行十日，至嵐婆國，又西行十二日，至誐惹曩國，又西行至波斯國，得西海。自北印度行百二十日，至中印度，中印度西行三程，至呵囉尾國〔一一七〕，又西行十二日，至末曩囉國，又西行十二日，至鉢賴野迦國，又西行六十日〔一一八〕，至迦囉拏俱惹國，又西行十二日〔一一九〕，至摩羅尾國，又西行二十日，至烏然泥國，又西行二十五日至羅囉國，又西行四十日至蘇羅荼國，又西行十一日至西海。自中印度行六月程至南印度〔一二〇〕，又西行九十日，至供迦拏國，又西行一日至海〔一二一〕。自南印度南行六月程得南海。皆施護之所述云。

八年僧法遇自天竺取經回，至三佛齊，遇天竺僧彌摩羅失黎語不多令，附表願至中國譯經〔一二二〕，上優詔召之。法遇復募緣製龍寶蓋袈裟，將復往天竺，表乞給所經番國敕書，遂賜三佛齊國王遐至葛、古羅國主司馬佶芒、柯蘭國主讚怛羅、西天王子謨馱仙書以遺之。

雍熙中，衛州僧辭澣自西域還，與胡僧密怛羅奉北印度王及金剛坐王那爛陀書來〔一二三〕。又有婆羅門僧永世與波斯外道阿里烟同至京師。永世自言：「本國名利得，國王姓牙羅五得，名阿喏你噂，衣黄衣，戴金冠，以七寶爲飾，出乘象或肩輿，以音樂螺鈸前導，多遊佛寺，博施貧乏。其妃曰摩訶你，衣緋縷金紅衣，歲一出，多所賑施。人有寃抑，候王及妃出遊，即迎隨申訴。署國相有四人，庶務並委裁制。五穀、六畜、果實與中國無異。市易用銅錢，有文漫圓徑，如中國之制，但實其中心，不穿貫耳。其國東行經六月至大食國，又二月至西州，又三月至夏州。」阿里烟自云：「本國王號黑衣，姓張，名哩里没〔一二四〕，用錦綵爲衣，每遊獵，三二日一還國。署大臣九人治國事。無錢貨，以雜物貨易。其國東行經六月至婆羅門。」

至道二年八月〔二五〕，有天竺僧隨舶至海岸，持帝鐘、鈴杵、銅鈴各一，佛像一軀，貝葉梵書一夾，與之語，不能曉。天聖二年九月〔二六〕，西印度僧愛賢、智信護等來獻梵書經，各賜紫方袍、束帶。五年二月，僧法吉祥等五人以梵書來獻，賜紫方袍。景祐三年正月，僧善稱等九人貢梵經、佛骨及銅牙菩薩像，賜以束帛。

石湖范氏吴船録曰：乾德二年，詔沙門三百人入天竺求舍利及貝多葉書，有繼業三藏姓王氏，耀州人，預遣中，至開寶九年始歸，寺所藏涅槃經一函四十二卷，業於每卷後分記西域行程，雖不甚詳，然地里大略可考，世所罕見，録於此以備國史之闕。

業自階州出塞西行，由靈武、西凉、甘、肅、瓜、沙等入伊吴、元用此吴字。高昌、焉耆、于闐、疏勒、大食諸國〔二七〕，度雪嶺至布路州國，又度大葱嶺，雪山至伽濕彌羅國，西登大山，有薩埵太子投崖飼虎處，遂至健他羅國〔二八〕，謂之中印土。又西至庶流波國及左爛陁羅國〔二九〕，國有二寺。又西過四大國，至大曲女城，南臨陷牟河〔三〇〕，北背洹河，塔廟甚多而無僧尼。又西二程有寶階故基。又西至波羅奈國，兩城相距五里。南臨洹河，又西北十許里至鹿野苑，塔廟佛迹最夥。業自云别有傳記，今不傳矣。南行十里渡洹河，河南有大浮屠，自鹿野苑西至摩羯提國，館於漢寺，寺多租入，八村隸焉，僧徒往來如歸，南與杖林山相直，巍峰巋然，山北有優波掬多石室及塔廟故基。西南百里孤山名「鷄足三峰」，云是迦葉入定處。又西北百里有菩提寶座城，四門相望，金剛座其中，東向。又東至尼連禪河〔三一〕，東岸有石柱，記佛舊事。自菩提座東南五里，至佛苦行處。又西三里，至三迦葉村及牧牛女池。金剛座之北門外，有獅子國伽藍。又北五里，至伽耶城。又北十里至伽耶山，云是佛説寶雲經處。又自金剛座東北十五里，至正覺山，又東北三十里至骨磨城。業館於蝦羅寺，謂之南印土，諸國僧多居之。又東北四十里至王舍城。東南五里有降醉象塔，又東北登大山，細路盤紆，有舍利子塔，又臨澗有下馬迎風塔。度絶壑，登山頂大塔廟，云是七佛説法處，山北平地，又有舍利本生塔。其北山半曰鷲峰，云是佛説法華經處，山下即王舍城。城北山趾有温泉二十餘井。又北有大寺及伽蘭陁竹園故迹。又東有阿難半身舍利塔。温湯之西有平地，直南登山腹，有畢鉢羅窟，業止其中，誦經百日而去。窟西復有阿難證果塔，此去新王舍城八里，日往乞食，會新王舍城中有蘭若，隸漢寺，又有樹提迦故宅。城其西有輪王塔，又北十五里有那爛陁寺。寺之南北各有數十寺〔一三〕，門皆西向，其北有四佛座。又東北十五里，至烏巔頭寺，東南五里有聖觀自在像。又東北十里至伽濕彌羅寺，寺南距漢寺八里許。自漢寺東行十二里至却提希山，又東七十里有鴿寺，西北五十里有支那西寺，古漢寺也。西北百里至花氏城，育王故都也。自此渡河北至毗耶離城，有維摩方丈故迹。又至拘尸那城及多羅聚落踰大山數重，至泥波羅國，又至磨逾里，過雪嶺，至三耶寺，由故道自此入階州。

摩揭它

那揭、烏荼、大食、章求拔、悉立附。

摩揭它，一曰摩伽陁，本中天竺屬國。環五千里〔一三〕，土沃宜稼穡，有異稻巨粒，號供大人米。王居拘闍揭羅布羅城〔一三四〕，或曰俱蘇摩補羅，曰波吒釐子城，北瀕殑伽河。唐貞觀二十一年，始遣使者自通於天子，獻波羅樹，樹類白楊。太宗遣使取熬糖法，即詔揚州上諸蔗，拃瀋如其劑，色味愈西域遠甚。高宗又遣王玄策至其國摩訶菩提祠立碑焉。後德宗自製鐘銘，賜那蘭陁祠。又有那揭者，亦屬國也，貞觀二十年，遣使者貢方物。

烏茶者〔一三五〕，一曰烏萇，直天竺南。地廣五千里〔一三六〕，東距勃律六百里，西罽賓四百里。山谷相屬，産金、鐵、葡萄、鬱金。稻歲熟。人柔詐，善禁架術。國無刑殺，抵死者放之窮山。罪有疑，飲以藥，視溲清濁而決輕重。有五城，王居術瞢蘗利城，一曰瞢揭釐城，東北有達麗羅川，即烏萇舊地。貞觀十六年，其王達摩因陁訶斯遣使者獻龍腦香，璽書優答。大食與烏萇東鄙接，開元中，數誘之，其王與骨咄、俱位二王不肯臣，玄宗命使者册爲王。

章求拔國，或曰章揭拔，本西羌種，居悉立西南四山中，後徙山西，與東天竺接。衣服略相類，因附之。地袤八九百里，勝兵二千人，無城郭，好鈔暴，商旅患之。貞觀二十年，其王羅利多菩伽因悉立國遣使入朝。玄策之討中天竺，發兵來赴，有功，由是職貢不絶。

悉立當吐蕃西南，户五萬，城邑多傍澗溪。男子繒束頭，衣氈褐。婦人辮髮，短裙。婚姻不以財聘。其穀宜秔稻、麥、豆。死者葬於野，不封樹，喪制爲黑衣。滿年而除，刑有刖、劓。當羈屬吐蕃。

車離〔一三七〕

車離，後漢時通焉。居沙奇城。一名禮維特〔一三八〕，一名沛隸王。在天竺東南三千餘里，大國也。其土氣、物類與天竺同。别城數十〔一三九〕，皆稱王。其人怯弱。地東西南北方數千里。人皆長八尺〔一四〇〕，乘象、駱駝，往來鄰國。有寇，乘象以戰。

獅子國

獅子國，東晉時通焉，天竺旁國也。在西海之中，延袤二千餘里。多出奇寶。其地和適〔一四一〕，無夏冬之異。五穀隨人所種〔一四二〕，不須時節。其國舊無人，止有鬼神及龍居之〔一四三〕。諸國商賈來共市易，鬼神不見其形〔一四四〕，但出珍寶〔一四五〕，明其所堪價，商人依價取之。諸國人聞其土樂，因此競至，或有停住者，遂成大國。能馴養神獅子，遂以爲名。風俗與婆羅門同，而尤敬佛法。安帝義熙初，遣使獻玉佛像，高四尺二寸，玉色潔潤，形制殊特，殆非人工，歷晉、宋代，在建康瓦官寺。先有徵士戴安道手製佛像五軀，及顧長康畫維摩詰，并玉像時人謂三絶。至齊東昏，遂毁玉像，前截臂，次取身，爲嬖妾潘貴妃作釵釧，時咸嘆惜之。宋文帝元嘉五年，其王刹利摩訶南遣使貢獻〔一四六〕。梁武帝大通元年，後王迦葉伽羅訶黎耶亦遣使貢獻。杜環記云〔一四七〕：「獅子國亦曰新檀，又曰婆羅門，即南天竺也。國之北，人盡胡貌，秋夏災旱。國之南，人盡獠面，四時霖雨。從此始有佛法寺舍，人皆儋耳，布裹腰。」唐總章三年，遣使來貢。天寶初，尸羅迷伽再遣使獻大珠〔一四八〕、鈿、金寶纓、象齒、白氎。

高附

高附，後漢時通焉。在大月氏西南，亦大國也。其俗似天竺而弱，易服〔一四九〕。善賈販，内富於財。所屬無常，天竺、罽賓、安息三國强即得之，弱則失之。後漢史云：「先未嘗屬月氏。前漢書以爲五翖侯數，誤矣。後屬安息。及月氏破安息，始得高附。」

校勘記

〔一〕乃攻敗之　「敗」字原脱，據通典卷一九二邊防八補。

〔二〕可百餘萬　「百」字原脱，「餘萬」二字原倒，據史記卷一二三大宛傳補乙。

〔三〕皆屬大月氏　「大月氏」原作「大月氐」，據漢書卷九六上西域傳上、通典卷一九二邊防八改。下文「月氏」皆同此。

〔四〕治藍氏城　「藍氏」，漢書卷九六上西域傳上作「監氏」，史記卷一二三大宛傳作「藍市」。

〔五〕出一封槖駝　「一」與「槖」二字原脱，據漢書卷九六上西域傳上、太平寰宇記卷一八四四夷一三西戎五補。

〔六〕至冒頓單于攻月氏　漢書卷九六上西域傳上「攻」下有「破」字。

〔七〕月氏乃遠去　「月氏」二字原脱，據漢書卷九六上西域傳上補。

〔八〕貴霜翖侯丘就却攻滅四翖侯　「丘就却」原作「兵就却」，據後漢書卷八八西域傳改。

〔九〕太武時　元本、慎本、馮本此上有「後魏」二字。

〔一〇〕宋膺異物志云　「宋膺」原作「朱鷹」，據通典卷一九二邊防八改。

〔一一〕尾重者十斤割之供養　通典卷一九二邊防八無「者」字，「養」作「食」。

〔一二〕去漢萬六千六百里　「漢」，魏書卷一〇二西域傳、北史卷九七西域傳作「代」，疑是。

〔一三〕有仲雲族　「族」字原脱，據本書卷三三七四裔考一四補。

〔一四〕安者東安附　按本節所叙有安國與東安國，「安者」非國名，「者」字疑當作「國」。

〔一五〕與粟弋伊列鄰接　「列」字原脱，據晉書卷九七四夷傳補；太平寰宇記卷一八三四夷一二西戎四作「洌」。

〔一六〕王治樂越匿地卑闐城　漢書卷九六上西域傳上「治」上有「冬」字，「地」下有「到」字。

〔一七〕東至都護治所五千五百里　「五千五百里」漢書卷九六上西域傳上作「五千五百五十里」。

〔一八〕燉煌酒泉小郡及南道八國　「小」原作「二」，據元本、慎本、馮本及漢書卷九六上西域傳上改。

〔一九〕給使者往來人馬騾橐駝食　「騾」，漢書卷九六上西域傳上、通典卷一九三邊防九作「驢」。

〔二〇〕遣使朝貢　「貢」字原脱，據通典卷一九三邊防九補。

〔二一〕舊居祁連山北昭武城　「北」字原脱，據魏書卷一〇二西域傳、隋書卷八三西域傳、北史卷九七西域傳、新唐書卷二二一下西域傳下、太平御覽卷七九三四夷部一四西戎二、太平寰宇記卷一八三四夷一二西戎四補。

〔二二〕西踰葱嶺　「踰」原作「域」，據元本、慎本、馮本及隋書卷八三西域傳、北史卷九七西域傳、通典卷一九三邊防九改。

〔二三〕烏那曷國　「烏」原作「鳥」，據局本及隋書卷八三西域傳、通典卷一九三邊防九改。下同。本卷下文有烏那遏國條，當是同音異義。

〔二四〕王索髮　「索」，北史卷九七西域傳作「素」。

〔二五〕幪以帛巾　太平御覽卷七九三四夷部一四西戎二、通典卷一九三邊防九同；「帛」魏書卷一〇二西域傳、隋書卷八三西域傳、北史卷九七西域傳作「皂」，新唐書卷二二一下西域傳下作「黑」。

〔二六〕驢　原脱，據隋書卷八三西域傳、太平御覽卷七九三四夷部一四西戎二補。

〔二七〕甘松香　通典卷一九三邊防九、太平寰宇記卷一八三四夷一二西戎四同，魏書卷一〇二西域傳、隋書卷八三西域傳、北史卷九七西域傳作「甜香」。

〔二八〕瑟瑟麐皮　「瑟瑟」原作「枇杷」，據魏書卷一〇二西域傳、隋書卷八三西域傳、北史卷九七西域傳、太平御覽卷七九三四夷部一四西戎二、太平寰宇記卷一八三四夷一二西戎四改。「麐」，隋書卷八三西域傳、太平御覽卷七九三四夷部一四西戎二同，魏書卷一〇二西域傳、北史卷九七西域傳作「麞」。

〔二九〕男年五歲則令學書　「學」原作「與」，據通典卷一九三邊防九改。

〔三〇〕唐武德十年遣使來獻　新唐書卷二二一下西域傳下作「武德十年，始遣使來獻」，舊唐書卷一九八西戎傳作「武德十年，屈術支遣使獻名馬」，然武德無十年，武德九年八月太宗即位，次年改元貞觀，册府元龜卷九七〇外臣部朝貢三武德九年十一月條載：「屈木友遣使獻名馬。」疑「十年」當爲「九年」之誤。

〔三一〕貞觀五年又獻獅子獸金桃銀桃　據舊唐書卷一九八西戎傳云：「貞觀九年，又遣使貢獅子」，「自此朝貢歲至，十一年又獻金桃銀桃」。據新唐書卷二二一下西域傳下云：「貞觀五年，遂請臣」，太宗「却不受。俄又遣使獻師子獸」，「自是歲入貢，致金桃、銀桃」。則其獻獅子獸、金桃、銀桃非貞觀五年，亦非同年之事。

〔三二〕其王與大食亟戰不勝　「王」原作「子」，新唐書卷二二一下西域傳下作「其王烏勒伽與大食亟戰不勝」，據改。

〔三三〕西瀕烏滸河　「烏滸」原作「鳥滸」，據新唐書卷二二一下西域傳下改。下同。

〔三四〕治阿濫謐城　「謐」原作「密」，據元本、慎本、馮本及新唐書卷二二一下西域傳下改。

〔三五〕言子姓相承十世云　「子」原作「丁」，據新唐書卷二二一下西域傳下改。

〔三六〕或曰小國　按上文，康國左右諸國中有小安國，魏書卷一〇二西域傳、隋書卷八三西域傳、北史卷九七西域傳皆有小安國，此稱「小國」，疑有脱誤。

〔三七〕東距何二百里許　「何」原作「河」，據新唐書卷二二一下西域傳下改。

〔三八〕其王遣使來朝　「來」字原脱，據新唐書卷二二一下西域傳下補。

〔三九〕拂菻繡氍毬一　「氍」原作「氀」，據元本、慎本、馮本及新唐書卷二二一下西域傳下改。下同。

〔四〇〕繡氍毬一　「毬」字原脱，據上文及新唐書卷二二一下西域傳下補。

〔四一〕王契苾爲西突厥所殺子遏波之治渴塞城　新唐書卷二二一下西域傳下作「王契苾爲西突厥瞰莫賀咄所殺，阿瑟那鼠匿奪其城。鼠匿死，子遏波之立契苾兄子阿了參爲王，治呼悶城；遏波之治渴塞城」。疑新唐書是，本文删節過當，句意有誤。

〔四二〕就授刺史　按通考上文删節新唐書原文過當，此處「就授刺史」者易令人誤解爲遏波之，而據新唐書卷二二一下西域傳下則作「授阿了參刺史」。

〔四三〕字閉拙　隋書卷八三西域傳、北史卷九七西域傳同，新唐書卷二二一下西域傳下米國條云：顯慶三年「授其君昭武開拙爲刺史」，疑是一人。

〔四四〕西北去康國百里東去蘇對沙那國五百里　「康國百里東去」六字原脱，據隋書卷八三西域傳補。

〔四五〕東去瓜州七千七百里　「七千」二字原脱，據隋書卷八三西域傳補。

〔四六〕金破羅闊丈五尺　「金」字原脱，據隋書卷八三西域傳、太平御覽卷七九六四夷部一七西戎五、太平寰宇記卷一八三四夷一二西戎四補。

〔四七〕每月以駝五頭　「月」，通典卷一九三邊防九、太平御覽卷七九六四夷部一七西戎五、太平寰宇記卷一八三四夷一二西戎四同，隋書卷八三西域傳、北史卷九七西域傳作「日」。

〔四八〕常有數千人食之不盡　北史卷九七西域傳同，隋書卷八三西域傳、通典卷一九三邊防九無「數」字。

〔四九〕或曰率都沙那　「率都」二字原倒，據新唐書卷二二一下西域傳下乙正。

〔五〇〕刧布呾那　「呾」原作「咀」，據大唐西域記卷一刧布呾那國改。

〔五一〕東至寧遠　「至」，新唐書卷二二一下西域傳下作「北」。

〔五二〕南接史及波覽　「史」原作「使」，據新唐書卷二二一下西域傳下改。

〔五三〕有金具器　「具」原作「貝」，據新唐書卷二二一下西域傳下改。

〔五四〕東曹王設忽阿與安王請擊黑衣大食　「忽阿」，新唐書卷二二一下西域傳下作「阿忽」。

〔五五〕西壁畫波斯拂菻力甚反諸國王　「波斯」二字及「王」字原脱，據通典卷一九三邊防九補。

〔五六〕亦康國王之枝庶　「之」下原衍「後」字，據隋書卷八三西域傳、北史卷九七西域傳、通典卷一九三邊防九刪。

〔五七〕北去康國二百四十里　「四」原作「三」，據隋書卷八三西域傳、北史卷九七西域傳、太平御覽卷七九三四夷部一四西戎二改。

〔五八〕東去瓜州六千五百里　「東」與「五百」三字原脱，據隋書卷八三西域傳、北史卷九七西域傳補。

〔五九〕以其地爲陸沙州　「陸」，新唐書卷二二一下西域傳下作「佉」。

〔六〇〕多楨松白草及貂　「貂」原作「豹」，據通典卷一九三邊防九、太平御覽卷七九三四夷部一四西戎二改。

〔六一〕改名阿蘭聊國　「聊」原作「那」，據後漢書卷八八西域傳改。

〔六二〕後魏史云　「魏」原作「漢」，據魏書卷一〇二西域傳、通典卷一九三邊防九改。

〔六三〕至梁武帝普通初其王厭帶夷栗陀始遣使獻貢黄獅子白貂裘波斯錦等物　「栗」原作「粟」，據梁書卷五四諸夷傳、南史卷七九夷貊傳下改。按同二書皆載：「至梁天監十五年，其王厭帶夷栗陀始遣使獻方物。普通元年，又遣使獻黄獅子、白貂裘、波斯錦等物。」通典節録，本書又沿用之，不盡合原意。

〔六四〕征其旁國波斯渴槃陀罽賓焉耆龜兹疏勒姑墨于闐句盤等國焉　「陀」「焉耆」「句盤」五字原脱，據南史卷七九夷貊傳下、梁書卷五四諸夷傳補。「渴槃陀」，同上梁書作「盤盤」，太平寰宇記卷一八三四夷一二西戎四作「竭陀盤」，餘同南史；「句盤」，同上南史作「句般」，餘同梁書。

〔六五〕則使旁國胡爲胡書　原作「使國中爲胡書」，據梁書卷五四諸夷傳、南史卷七九夷貊傳下、太平寰宇記卷一八三四夷一二西戎四補改。

〔六六〕其言語待河南人譯而後通　「河南人」三字原脱，據梁書卷五四諸夷傳、南史卷七九夷貊傳下、太平寰宇記卷一八三四夷一二西戎四補。

〔六七〕至後魏時謂之滑[illegible]　「滑[illegible]」，太平寰宇記卷一八三四夷一二西戎四作「嚈噠國」。

〔六八〕阿跋檀　梁書卷五四諸夷傳、南史卷七九夷貊傳下作「呵跋檀」。

〔六九〕自金山而南在于闐之西都烏滸水南二百餘里　「而南」與「都烏滸水南二百餘里」十一字原脱，據元本、慎本、馮本及魏書卷一〇二西域傳、太平御覽卷七九三四夷部一四西戎二補。

〔七〇〕至後魏文成帝時已七八十年矣　此句原在「在于闐之西」上，據太平寰宇記卷一八三四夷一二西戎四乙正。「文成帝」，北宋本通典卷一九三邊防九作「文帝」，似非，下文云「自後魏太安之後，每遣使朝貢」，「太安」即文成帝年號。

〔七一〕衣服類胡　「胡」字原脱，據通典卷一九三邊防九、通志卷一九六嚈噠傳補。

〔七二〕頭皆剪髮　「皆」字原脱，據魏書卷一〇二西域傳、北史卷九七西域傳、通典卷一九三邊防九補。

〔七三〕其諸妻各在別所　「各」原作「皆」，據元本、慎本、馮本及魏書卷一〇二西域傳、北史卷九七西域傳改，同上兩書「其」上有「分」字。

〔七四〕子弟堪任者　「任」字原脱，據魏書卷一〇二西域傳補。

〔七五〕偷盜無多少皆腰斬盜一責十　「偷」原作「賊」，「斬」下「盜」字原脱，據魏書卷一〇二西域傳、北史卷九七西域傳改補。

〔七六〕後爲突厥所破　「後」字原脱，據北史卷九七西域傳補。

〔七七〕其國去漕國千五百里　「漕」原作「曹」，據通典卷一九三邊防九，「曹國舊是康居之地」，在嚈噠北，而據隋書卷八三西域傳，挹怛，即嚈噠「南去漕國千五百里」，則漕國在嚈噠南，故據魏書卷一〇二西域傳、北史卷九七西域傳、隋書卷八三西域傳改。

〔七八〕初熙平中明帝遣賸伏子統宋雲沙門法力等使西域訪求佛經時有沙門慧生者亦與俱行正光中還慧生所經諸國不能知其本末及山川里數蓋舉其略云　此段文字乃是叙述宋雲所見下文鉢和、波知、賒彌、烏萇、乾陀概略之小引，原錯簡誤植於「朝獻遂絶」後，今爲乙正。文中「賸仗子統」，魏書卷一〇二西域傳作「王伏子統」，北史卷九七西域傳作「剩伏子統」，通典卷一九三邊防九作「伏子統」，義皆難解。

〔七九〕其人唯食餅麨　「麨」原作「麪」，據魏書卷一〇二西域傳、北史卷九七西域傳、太平御覽卷七九三四夷部一四西戎二改。

〔八〇〕其王動則訪决焉　「王」原作「主」，據魏書卷一〇二西域傳、太平御覽卷七九三四夷部一四西戎二改。

〔八一〕犯死罪唯徙於靈山　「靈山」，洛陽伽藍記卷五宋雲行紀作「空山」。

〔八二〕即所謂雀離佛圖也　「圖」原作「國」，據元本、慎本、馮本及魏書卷一〇二西域傳、北史卷九七西域傳、太平御覽卷七九三四夷部一四西戎二改。

〔八三〕挹怛　「怛」下原衍「同」字，據隋書卷八三西域傳删。按「挹怛同」非國名，通典卷一九三邊防九於嚈噠條中附叙挹怛，標題「挹怛同」，謂其同於嚈噠，本書沿用通典之文及其標題，未曾改正。

〔八四〕都烏滸水南二百餘里　「餘」字原脱，據隋書卷八三西域傳、通典卷一九三邊防九補。

〔八五〕勝兵五六萬　「萬」，隋書卷八三西域傳、太平寰宇記卷一八三四夷一二西戎四作「千」。

〔八六〕突厥遣通設字詰强領其國　「字詰」原作「宋語」，據隋書卷八三西域傳、通典卷一九三邊防九改。

〔八七〕南去漕國千五百里　「漕」原作「曹」，據隋書卷八三西域傳改。

〔八八〕或云大月氏之種　此七字原脱，據通典卷一九三邊防九補。

〔八九〕康居副王挹闐抄其後重　「重」原作「則」，據通典卷一九三邊防九改。

〔九〇〕即前漢時身毒國　「前」字原脱，據通典卷一九三邊防九補。

〔九一〕在葱嶺之南　舊唐書卷一九八西戎傳作「在葱嶺西北」。

〔九二〕去長安九千八百里　「九千八百里」，漢書卷九六上西域傳上作「九千八百六十里」。

〔九三〕去都護治所二千八百里　「二千八百里」，漢書卷九六上西域傳上作「二千八百六十里」。

〔九四〕東至盤起　「盤起」，後漢書卷八八西域傳作「磐起」，梁書卷五四諸夷傳作「槃越」，南史卷七八夷貊傳上作「盤越」。

〔九五〕身毒有別城數百　「身毒」二字原脱，據後漢書卷八八西域傳、通典卷一九三邊防九補。

〔九六〕一名波羅奈斯國　「名」下原衍「皮」字，據新唐書卷二二一上西域傳上、太平寰宇記卷一八三四夷一二西戎四删。

〔九七〕桓帝延熹二年四年　「四年」二字原脱，據後漢書卷八八西域傳、梁書卷五四諸夷傳、南史卷七八夷貊傳上補；「二」同上南史作「三」。

〔九八〕唯吴時扶南王范旃遣親人蘇勿使其國　「勿」，南史卷七八夷貊傳上同，梁書卷五四諸夷傳作「物」。下同。

〔九九〕人敦厖　「厖」原作「龎」，據梁書卷五四諸夷傳、南史卷七八夷貊傳上改。

〔一〇〇〕家有奇樂倡伎　「奇」原作「音」，據元本、慎本、馮本及新唐書卷二二一上西域傳上改。

〔一〇一〕王爲螺髻於頂餘髮剪之使短　「王」，新唐書卷二二一上西域傳上無，舊唐書卷一九八西戎傳作「上」；「餘髮剪之使短」，同上新唐書作「餘髮剪使卷」，舊唐書作「餘髮剪之使拳」。

〔一〇二〕死者燔骸取灰　「骸」原作「骨」，據元本、慎本、馮本及新唐書卷二二一上西域傳上改。

〔一〇三〕劓耳鼻徙邊　「鼻」字原脱，據新唐書卷二二一上西域傳上補；新唐書「邊」前有「于」字。

〔一〇四〕詔衛尉丞李義表報之　「衛尉」二字原倒，據新唐書卷二二一上西域傳上乙正。

〔一〇五〕以蔣師仁爲副　「蔣師仁」原作「蔣施仁」，據元本、慎本、馮本及新唐書卷二二一上西域傳上改。下同。

〔一〇六〕玄策部分進戰茶鎛和羅城　「茶鎛」原作「茶鏄」，據新唐書卷二二一上西域傳上改。

〔一〇七〕雜畜二萬　「二」，新唐書卷二二一上西域傳上作「三」。

〔一〇八〕請老子像　「請」原作「諸」，據新唐書卷二二一上西域傳上改。

〔一〇九〕所謂畔茶法水者　「茶」，新唐書卷二二一上西域傳上作「茶」。

〔一一〇〕葉如梨　「梨」原作「黎」，據新唐書卷二二一上西域傳上改。

〔一一一〕東天竺烏茶人　「烏茶」，新唐書卷二二一上西域傳上作「烏茶」。

〔一一二〕並詔諭其國令人引導之　「其國」二字原脱，據宋史卷四九〇外國傳六補。

〔一一三〕東印度王子穰結說囉來朝貢　「說」，宋會要蕃夷四之八八同，宋史卷四九〇外國傳六作「説」。

〔一一四〕益州僧光遠至自天竺　「自」字原脱，據宋史卷四九〇外國傳六補。

〔一一五〕烏填曩國人　「人」字原脱，據宋史卷四九〇外國傳六補；「填」，同書作「塡」。

〔一一六〕其國屬北印度　「其國」二字原脱，據宋史卷四九〇外國傳六補。

〔一一七〕至呵囉尾國　「呵」，宋史卷四九〇外國傳六作「阿」。

〔一一八〕至未曩囉國又西行十二日至鉢賴野迦國又西行六十日　此二十三字原脱，據宋史卷四九〇外國傳六補。

〔一一九〕又西行十二日　「十二日」，宋會要蕃夷四之八九同，宋史卷四九〇外國傳六作「二十日」。

〔一二〇〕自中印度行六月程至南印度　「自」原作「凡」，據宋史卷四九〇外國傳六改。

〔一二一〕又西行一日至海　「一日」，宋會要蕃夷四之八九同，宋史卷四九〇外國傳六作「一月」。

〔一二二〕附表願至中國譯經　「譯」原作「譚」，據宋史卷四九〇外國傳六改。

〔一二三〕與胡僧密怛羅奉北印度王及金剛坐王那爛陀書來　「怛」，宋史卷四九〇外國傳六作「坦」，宋會要蕃夷四之八九作「恒」。

〔一二四〕姓張名哩里没　「哩里没」，宋史卷四九〇外國傳六作「哩没」。

〔一二五〕至道二年八月　「八月」，宋史卷四九〇外國傳六作「九月」。

〔一二六〕天聖二年九月　「二」原作「三」，「月」原作「年」，據宋史卷四九〇外國傳六、續資治通鑑長編卷一〇二天聖二年九月癸丑條改。

〔一二七〕大食諸國　「大食」，元本、慎本、馮本及吴船録卷上作「大石」。

〔一二八〕遂至健他羅國　「至」原作「王」，據吴船録卷上改；「他」，同書作「陁」。

〔一二九〕又西至庶流波國及左爛陁羅國　「爛」原作「攔」，據吴船録卷上改。

〔一三〇〕南臨陷牟河　「陷」原作「滔」，據吴船録卷上改。

〔一三一〕又東至尼連禪河　「河」原作「州」，據吴船録卷上改。

〔一三二〕寺之南北各有數十寺　「有」字原脱，據元本、慎本、馮本及吴船録卷上補。

〔一三三〕環五千里　「千」原作「十」，據新唐書卷二二一上西域傳上、大唐西域記卷八摩揭陁國上改。

〔一三四〕王居拘闍揭羅布羅城　「布羅」二字原脱，據元本、慎本、馮本及新唐書卷二二一上西域傳上補。

〔一三五〕烏荼者　「烏荼」原作「烏茶」，然據北宋刊本、南宋思溪藏本、磧砂藏本大唐西域記卷二健馱邏國云：烏仗那國「舊云烏場或曰烏荼」，又同書卷三烏仗那國云：「堅城四五，其王多治瞢揭釐城」，正與下文所述相合，則「烏茶」當作「烏荼」。

〔一三六〕地廣五千里　「千」原作「十」，據新唐書卷二二一上西域傳上、大唐西域記卷三烏仗那國改。

〔一三七〕車離　三國志卷三〇烏丸鮮卑東夷傳注引魏略西戎傳同，後漢書卷八八西域傳作「東離」。

〔一三八〕一名禮維特　「特」原作「持」，據三國志卷三〇烏丸鮮卑東夷傳注引魏略西戎傳、通典卷一九三邊防九改。

〔一三九〕別城數十　三國志卷三〇烏丸鮮卑東夷傳注引魏略西戎傳同；「別」，後漢書卷八八西域傳作「列」。

〔一四〇〕人皆長八尺　「八尺」，後漢書卷八八西域傳同，三國志卷三〇烏丸鮮卑東夷傳注引魏略西戎傳作「一丈八尺」。

〔一四一〕其地和適　「地」原作「利」，據元本、慎本、馮本、局本及通典卷一九三邊防九改。

〔一四二〕五穀隨人所種　「穀」原作「種」，據元本、慎本、馮本、局本及通典卷一九三邊防九改。

〔一四三〕止有鬼神及龍居之　「及」原作「有」，據梁書卷五四諸夷傳、南史卷七八夷貊傳上改。

〔一四四〕諸國商賈來共市易鬼神不見其形　「來共」二字原脱，據元本、慎本、馮本及梁書卷五四諸夷傳、南史卷七八夷貊傳上補。「鬼神」二字原脱，據同上梁書、南史補。

〔一四五〕但出珍寶　「出」字原脱，據梁書卷五四諸夷傳、南史卷七八夷貊傳上、通典卷一九三邊防九、太平御覽卷七九三四夷部一四西戎二補。

〔一四六〕宋文帝元嘉五年其王剎利摩訶南遣使貢獻　宋書卷九七夷蠻傳同。梁書卷五四諸夷傳「五」作「六」，無「南」字。南史卷七八夷貊傳上亦無「南」字。

〔一四七〕杜環記云　「云」字原脱，據北宋本通典卷一九三邊防九補。

〔一四八〕尸羅迷伽再遣使獻大珠　「迷」原作「述」，據元本、慎本、馮本及新唐書卷二二一下西域傳下改。

〔一四九〕易服　二字原脱，據通典卷一九三邊防九、太平御覽卷七九七四夷部一八西戎六補。

卷三百三十九　四裔考十六

大秦

大秦，一名犂鞬，鞬，居言反。一云前漢時犂鞬國也。後漢時始通焉。其國在西海之西，亦云海西國。其王治安都城，宮室皆以水精爲柱。從條支西度海曲萬里，去長安蓋四萬里。其國平正〔一〕，人居星布。其地東西南北各數千里，有四百餘城。小國役屬者數十。西有大海。海西有遲散城。王城有官曹簿領，而文字習胡。人皆髦頭，而衣文繡，亦有白蓋小車、旌旗之屬。又十里一亭，三十里一堠，一如中州。地多師子，遮害行旅，不百餘人持兵器，輒爲所傷〔二〕。其王無常人，皆簡立賢者〔三〕，有災異及風雨不時，輒廢而更立，受放者無怨。其人長大平正，有類中國，故謂之大秦，或曰本中國人也。

土有駭鷄犀〔四〕，抱朴子云：「通天犀有一白理如綖者，以盛米，置群鷄中，欲啄米，至輒驚去，故南人名爲駭鷄也。」合會諸香，煎其汁以爲蘇合。土多金、銀、奇寶、夜光璧、明月珠、琥珀、琉璃、神龜、白馬、朱髦、瑇瑁、玄熊、赤螭〔五〕、辟毒鼠、大貝、車渠、廣雅云：「車渠，石，似玉。」瑪瑙。廣雅云：石，似玉。䝴出西海〔六〕，有養者，似狗，多力獷惡。䝴，藏宗反。北附庸小邑有羊羔，自然生於土中；候其欲萌，築墻護之，恐獸所食也。其臍與地連，割之絶則死，擊物驚之，乃驚鳴〔七〕，遂絶。逐水草，無群。又有木難，出翅鳥〔八〕，口中結沫，所成碧色珠也。土人珍之。曹子建詩云：「珊瑚間木難。」有幻人，能額上爲炎燼，手中作江湖，舉足而珠玉自墮，開口則播眊亂出。前漢武帝遣使至安息，安息獻犂靬幻人二，皆蹙眉峭鼻，亂髮拳鬢，長四尺五寸。眊，人志反。有織成細布，言用水羊毛，名曰海西布。作氍毹、毾㲪、罽帳之屬，其色又鮮於海東諸國所作也。又常利得中國縑素，解以爲胡綾紺紋〔九〕，數與安息諸胡交市於海中。西南漲海中可七八百里，行到珊瑚洲，水底有盤石，珊瑚生其上。大秦人常乘大舶，載鐵網，令水工没，先入視之，可下網乃下。初生白，而漸漸似苗坼甲。歷一歲許，出網目間，變作黄色，支格交錯，高極三四尺，大者，圍尺餘。三年色乃赤好。復視之，知可採，便以鐵鈔發其根，乃以索繫網，使人於舶上絞車舉出。還國理截，恣意所作。若失時不舉，便蠹敗。其國以金銀爲錢，銀錢十當金錢一。其人質直，市無二價。穀食常賤，國用富饒。鄰國使到其界首者，乘驛詣王都，至則給以金錢。

其王常欲通使於漢，而安息欲以漢繒綵與之交市，故遮閡不得自達。又塗經大海，商客往來皆賫三歲粮，是以至者稀。桓帝延熹初〔一〇〕，大秦王安敦遣使自日南徼外獻象牙、犀角、瑇瑁，始乃一通焉。其所表貢，並無珍異，疑傳者隱之〔一一〕。至晉武帝太康中〔一二〕，其王遣使貢獻。或云其國西有弱水、流沙，近西王母所居處〔一三〕。幾於日所入也。外國圖云：「從隅巨北〔一四〕，有國名大秦。其種長大，身丈五六尺。」杜環經行記云〔一五〕：「拂菻國在苫國西〔一六〕，隔山數千里，亦曰大秦。其人顔色紅白，男子悉着素衣，婦人皆服珠錦〔一七〕。好飲酒，尚乾餅，多工巧，善織絡。或有俘在諸國，守死不改鄉風。琉璃妙者，天下莫比。王城方八十里，四面境土各數千里。勝兵約有百萬，常與大食相禦。西枕西海，南枕南海，北接可薩、突厥。西海中有市，客主同和，我往則彼去，彼來則我歸。賣者陳之於前，買者酬之於後，皆以其直置諸物傍，待領直然後收物，名曰鬼市。又聞西有女國，感水而生。」又云：「摩鄰國，在敎薩羅國西南〔一八〕，度大磧行二千里至其國。其人黑，其俗獷，少米麥，無草木，馬食乾魚，人食鶻莽。鶻莽，即波斯棗也。瘴癘特甚。諸國陸行之所經由〔一九〕，胡則一種，法有數般。有大食法，有大秦法，有尋尋法。其尋尋蒸報，於諸夷狄中最甚，當食不語。其大食法者，以弟子親戚而作判典，縱有微過〔二〇〕，不至相累。不食豬、狗、驢、馬等肉，不拜國王、父母之尊，不信鬼神，祀天而已。其俗每七日一假，不買賣，不出納，唯飲酒放浪終日〔二一〕。其大秦善醫眼及痢，或未病先見，或開腦出蟲。」

其國東南通交趾，又水道通益州永昌郡。多出異物。大秦西海水之西有河〔二二〕，河西南流。河西有南、北山，山西有赤水，西有白玉山，玉山西有西王母山，玉爲堂室云。從安息西界循海曲，亦至大秦，迴萬餘里。於彼國觀日月星辰，無異中國，而前史云條支西行百里，日入處，失之遠矣。唐貞觀十七年，拂菻王波多力新唐書云：「拂菻即古大秦也。」遣使獻赤玻璃、綠金精，下詔答賚。大食强而伐之，遂臣屬焉。乾封至大足〔二三〕，再朝獻。開元七年，因吐火羅大酋獻師子、羚羊。

小人

小人，在大秦之南。軀纔三尺，其耕稼之時〔二四〕，懼鶴所食，大秦每衛助之，小人竭其珍貨以酬報〔二五〕。

軒渠

軒渠，其國多九色鳥，青口，綠頸，紫翼，紅膺，紺頂，丹足，碧身，緗背，玄尾。亦名九尾鳥，亦名錦鳳。其青多紅少謂之繡鸞，常從弱水西來，或云是西王母之禽也。其國幣貨同三童國。

三童

三童，在軒渠國西南千里。人皆眼有三睛珠〔二六〕，或有四舌者，能爲一種聲，亦能俱語。常貨多用蕉越犀象〔二七〕。作金幣，率效國王之面，亦效王后之面。若丈夫交易，則用國王之面者〔二八〕。王死則更鑄。已上三國與大秦鄰接，故附之。

澤散

澤散，魏時聞焉。屬大秦，其治在海中央，北至驢分，水行半歲，風疾時一月到。最與安息安谷城相近〔二九〕。西南詣大秦都，不知里數。

驢分

驢分，魏時聞焉。屬大秦，其治去大秦都二千里。從驢分城西之大秦度海，飛橋長二百三十里〔三〇〕，發海道西南，繞海道直西行至焉。

堅昆

堅昆，魏時聞焉。在康居西北，勝兵三萬人〔三〕。隨水草畜牧。多貂，有好馬。

呼得

呼得，魏時聞焉。在葱嶺北，烏孫西北，康居東北。勝兵萬餘人。隨畜牧。出好馬，亦多貂。

丁令

丁令，魏時聞焉。在康居北，勝兵六萬人。隨畜牧，出名鼠皮，白昆子、青昆子皮〔三〕。此上三國，堅昆中央，俱去匈奴單于庭安習水七千里，南至車師六國五千里，西南去康居界三千里〔三〕、西去康居王治八千里。或以爲此丁令即匈奴北丁令也，而北丁令在烏孫西〔三四〕，似其種別也。又匈奴北有屈射國，有隔昆國，有新犂國，明北海之南自復有丁令〔三五〕，非此烏孫之西丁令也〔三六〕。烏孫長老言，北丁令有馬脛國〔三七〕，其人聲音似鴈鶩，從膝以上身至頭，人也；以下生毛，馬脛馬蹄，不騎馬而走疾於馬，勇健敢戰。

短人

短人，魏時聞焉。在康居西北，男女皆長三尺，人衆甚多，去奄蔡諸國甚遠。康居長老傳聞，嘗有商旅行北方，迷惑失道而到斯，國中甚多真珠、夜光明月珠，見者不知名此國號，言以意商度，此國去康居可萬餘里。突厥本末記云：「突厥窟北馬行一月，有短人國，長者不踰三尺，亦有二尺者。頭少毛髮，若羊胞之狀，突厥呼爲羊胞頭國。其傍無他種類相侵，俗無寇盜。但有大鳥，高七八尺，常伺短人啄而食之。短人皆持弓矢，以爲之備。」案此亦在西北，即魏略云短人國是也。

波斯

波斯，後魏時通焉。在達曷水之西，都宿利城。後周史云蘇利城，隋史云蘇藺城，記録音訛，其實一也。有河經其城中南流，即條支之故地也。大月氏之别種。其先有波斯匿王，其子孫以王父字爲氏，因爲國號焉。王姓波斯〔三八〕。户十餘萬。東去中國萬餘里〔三九〕，西去海數百里，東南去穆國四千餘里〔四〇〕，西北至拂菻四千五百里。有樓觀、屋宇、佛寺。城西十五里有土山，山周迴高大，其勢連接甚遠，中有鷲鳥噉羊，土人極以爲患。

其王坐金羊座〔四一〕，戴金花冠，衣錦袍、織成帔，飾以真珠寶物。其俗：丈夫剪髮，戴白皮帽，貫頭衫，兩厢近下開之，亦有巾帔〔四二〕，緣以織成；婦人服大衫，披大帔〔四三〕，仍貫五色珠，絡之於膊。王即位以後，擇諸子内賢者，密書其名，封之於庫，諸子及大臣皆莫之知也。王死，衆乃共發書視之，其封内有名者，即立以爲王。餘子各出就邊任，兄弟更不相見也。國人號王曰醫嚗，才割反。妃曰防步率〔四四〕，王之諸子曰殺野。其刑法：重罪懸諸竿，射而殺之；次則繫獄，新王立乃釋之。賦税，准地輸銀錢。事火神、天神〔四五〕。婚合不擇尊卑，於諸夷中最爲醜穢。死者多棄尸於山，一月治服〔四六〕。城外有人别居，唯知喪葬之事，號爲不浄人，若入城市，摇鈴自别。

以六月爲歲首。氣候暑熱，家自藏冰。其地多砂磧，引水溉灌。其五穀及禽獸與中州略同，唯無稻黍〔四七〕。土出名馬及駝〔四八〕，富室至有數千頭者。出象、師子，多良犬。有大鳥，形如橐駝，有兩翼，飛而不能高，食草與肉，亦能噉火〔四九〕。有大鳥卵、真珠、玻璃、珊瑚、琉璃、瑪瑙、水精、瑟瑟、金、銀、鍮石、金剛、火齊、銅、錫、鑌鐵、朱砂、水銀、錦、疊、細布、氍毹、毾㲪〔五〇〕、護那，越諸布，金縷織成，赤麖皮，及薰陸〔五一〕、鬱金、蘇合、青木等香，胡椒、蓽撥、石蜜、千年棗、香附子、訶黎勒、無食子、鹽緑、雌黄。又有優鉢曇花，鮮華可愛。地有鹹池。俗尊右下左，祠天地日月水火。戰乘象，一象士百人，負則盡殺。叛者鐵灼其舌，瘡白爲直，黑爲曲。

魏神龜中，其國遣使上書貢物，云：「大國天子，天之所生，願日出處常爲漢中天子。波斯國王居和多千萬敬拜。」朝廷嘉納之。自此，每使朝獻。恭帝二年〔五二〕，其王又遣使獻方物。梁中大通二年，始通江左，遣使獻佛牙。隋煬帝時，遣雲騎尉李昱使通波斯，尋有使隨昱貢方物。隋末，西突厥葉護可汗討殘其國，而不能有。

唐貞觀十二年，遣使朝貢，又獻活褥蛇，狀類鼠，色正青，長八九寸，能入穴取鼠。後其王爲大酋所逐，大食復攻之，遣使告難〔五三〕，高宗以遠不可師，謝遣。龍朔初，又訴爲大食所侵，時天子遣使到西域分置州縣〔五四〕，以疾陵城爲波斯都督府，拜其王爲都督。俄爲大食所滅，雖不能國，咸亨中猶入朝，授右武衛將軍，死。始，其子泥涅師爲質，調露元年，詔裴行儉將兵護還，將復王其國，以道遠，至安西碎葉，行儉還，泥涅師因客吐火羅二十年，部落益離散。景龍初，復來朝，授左威衛將軍。病死，西部獨存。開元、天寶間，遣使者十輩獻瑪瑙牀、火毛繡舞筵。乾元初，從大食襲廣州，焚倉庫廬舍，浮海走。大曆時復來獻。

又有陀拔斯單者，或曰陀拔薩憚。其國三面阻山，北瀕小海。居婆里城〔五五〕，世爲波斯東大將。波斯滅，不肯臣大食〔五六〕。天寶五載，王忽魯汗遣使入朝，封爲歸信王。後八年，遣子自會羅來朝，拜右武衛員外中郎將，賜紫袍、金魚，留宿衛。爲黑衣大食所滅。

貞觀後，遠小國君遣使來朝獻，有司未嘗參考本末者，今附之左方。曰火辭彌，與波斯接。貞觀十八年，與摩羅游使者偕朝。二十一年，有健達王獻佛土菜，莖五葉，赤華紫須。龍朔元年，多福王難婆脩彊宜說遣使者來朝〔五七〕。總章元年，有末陀提王，開元五年，有習阿薩般王安殺，並遣使來朝貢。七年，訶毘施王捺塞〔五八〕，因吐火羅大酋羅摩獻獅子、五色鸚鵡。天寶時來朝者，曰俱爛那，曰舍摩，曰威遠，曰蘇吉利發屋闌，曰蘇利悉單，曰建成，曰新城，曰俱位，凡八國。俱位，或曰商彌。治阿賒颶師多城，在大雪山、勃律河北。地寒，有五穀、蒲萄、石榴，冬窟室。國人常助小勃律爲中國候。新城之國，在石東北嬴百里。有弩室羯城，亦曰新城，曰小石國城，後爲葛邏禄所并。

悦般

悦般國，後魏時通焉〔五九〕。在烏孫西北。其先，匈奴北單于之部落。爲漢車騎將軍竇憲所逐，北單于度金微山，西走康居，其嬴弱不能去者住龜兹北。地方數千里，衆可二十餘萬，涼州人猶謂之單于王。其風俗言語與高車同，而其人清潔於胡。俗剪髮齊眉，以䵒餬塗之〔六〇〕，昱昱然光澤。日三澡漱，然後飲食。其國南界有火山，山傍石皆焦鎔，流地數十里乃凝堅，人取以爲藥，即石流黄也。

與蠕蠕結好，其王嘗將數千人入蠕蠕國，欲與大檀相見。入其界百餘里，見其部人不浣衣，不絆髮，不洗手，婦人口舐器物〔六一〕，王謂其從臣曰：「汝曹誑我，將我入此狗國中！」乃馳還。大檀遣騎追之不及，自是相仇讐，數相征討。魏太平真君九年，遣使朝獻。并送幻人，稱能割人喉脉令斷，擊人頭令骨陷，皆血出或數升或盈斗，以草藥納其口中，令嚼咽之，須臾血止，養瘡一月復常，又無痕瘢。世祖疑其虛〔六二〕，乃取死罪囚試之，皆驗。云中國諸名山皆有此草，乃使人受其術而厚遇之。又言其國有大術者，蠕蠕來抄掠，術人能作霖雨盲風大雪及行潦〔六三〕，蠕蠕凍死漂亡者十二三。是歲再遣使朝貢，求與官軍東西齊契討蠕蠕。太武嘉其意，命中外諸軍戒嚴，以淮南王他爲前鋒，襲蠕蠕。仍詔有司以其鼓舞之節施於樂府。自是每使朝貢。

伏盧尼

伏盧尼，後魏時通焉。治伏盧尼城，在波斯國西北〔六四〕。有大河南流，中有鳥，其形似人，亦有似橐駝、馬者，皆有翼，常居水中，出水便死。城北有云尼山，出銀、珊瑚、琥珀，多師子。

朱俱波

朱俱波，後魏時通焉。亦名朱居槃國〔六五〕，漢子合國也。今并有漢西夜〔六六〕、蒲犁、依耐、得若四國之地。在于闐國西千餘里，其西至渴槃陁國〔六七〕，南至女國三千里，北至疏勒九百里，南至葱嶺二百里〔六八〕。其王本疏勒國人，魏略西戎傳曰：西夜并屬疏勒。宣武永平中，朱居槃國遣使朝貢。其人言語與于闐相似，其間小異。人貌多同華夏，亦類疏勒。唐武德以後，頻遣使朝貢。

渴槃陀

渴槃陀，後魏時通焉。亦名漢陁國，亦名渴羅陀國，治葱嶺中。在朱俱波國西，西至護密國〔六九〕，其南至懸度山，無定界，北至疏勒國界，西北至判汗國。其王本疏勒人，累代相承，以居此國。有户二千餘。懸度山在國西南四百里。懸度者，石山也，谿谷不通，以繩索相引而度。其間四百里中往往有棧道，因以爲名。今按懸度、葱嶺，迤邐相屬，郵置所絶，道阻且長，故行人由之，莫能分别，然法顯、宋雲所經即懸度山也。又有頭痛山，在國西南，鄉罽賓，歷大頭痛、小頭痛之山，赤土、身熱之阪。宋膺異物志云：「大頭痛、小頭痛山，皆在渠搜之東，疏勒之西。經之者身熱頭痛。夏不可行，行則致死，唯冬可行，尚嘔吐，山有毒藥氣之所爲也。冬乃枯歇，故可行也。」其葱嶺俗號極嶷山。今按葱嶺，周環其國。衣服、人貌、語音與于闐相似，其間多有異者。書與婆羅門同。國中咸事佛。人山居，勁健。雜人多而胡少。有音樂，兵器有甲、矟〔七〇〕、弓、刀。國法：殺人劫賊者死，餘徵罰。其稅雜輸之。服飾、婚姻同疏勒。王坐金牀〔七一〕。死者埋殯七日爲孝。太武帝太延三年朝獻〔七二〕，於後不絕。

粟弋

粟弋，後魏通焉。在葱嶺西〔七三〕，大國。一名粟特，一名特拘夢。出好馬、牛、羊、蒲萄諸果。出美蒲萄酒，其土地水美故也。出大禾，高丈餘，子如胡豆。在安息北五千里。附庸小國四百餘城。太武時，遣使朝貢。

阿鉤羌

阿鉤羌，後魏通焉，在莎車西南。國西有懸度山，其間四百里中，往往有棧道，下臨不測之深〔七四〕，人行以繩索相持而度。土有五穀、諸果。市用錢爲貨。居止立宮室。有兵器。

副貨

副貨，後魏通焉。東至阿富使且國，西至没誰國，中間相去千里。南有連山，不知名。北至奇沙國，相去千五百里。宜五穀、蒲萄，唯有馬、駝、騾〔七五〕。國王有黄金殿，殿下有金駝七頭，各高三尺。孝文帝時，其王遣使朝貢。

疊伏羅

疊伏羅，後魏通焉。去代三萬一千里。國中有勿悉城，城北有鹽奇水〔七六〕，西流。有白象。土宜五穀。宣武帝時，遣使貢方物。

石國

石國，隋時通焉。居於藥殺水，都柘折城，方十餘里〔七七〕。本漢大宛北鄙之地。東與北至西突厥界，西至波臘國界，西南至康居界，南至率都沙那國界。王姓石。國城之東南立屋，置座於中，正月六日、七月十五日以王父母燒餘之骨，金甕盛之，置於床上，巡繞而行，散以香花雜果。王率臣下設祭焉。禮終，王與夫人出就別帳，臣下以次列坐而饗宴。有粟、麥，多良馬。南去鏺音撥。汗六百里，東南去瓜州六千里。嘗貳於突厥，射匱可汗滅之，令特勤甸職攝其國事〔七八〕。隋大業五年遣使朝貢。唐武德、貞觀間，數獻方物。顯慶三年，以瞰羯城爲大宛都督府，授其王都督。開元初，封其君長爲石國王。二十八年，又册順義王。明年，其王上言：「今突厥已屬天可汗〔七九〕，惟大食爲諸國患，請討之。」天子不許。天寶初，封王子那俱車鼻施爲懷化王，賜鐵券。久之，安西節度使高仙芝劾其無蕃臣禮，請討之。王約降，仙芝遣使者護送至開遠門，斬闕下〔八〇〕，於是西域皆怨〔八一〕。王子走大食乞兵，攻怛邏斯城，敗仙芝軍，自是臣大食。寶應時，遣使朝貢。杜環經行記云：「其國城一名赭支，一名大宛。天寶中，鎮西節度使高仙芝禽其王及妻子歸京師。國中有二水，一名真珠河，一名質河，並西北流。土地平敞，多果實，出好犬良馬。」又云：「碎葉國，從安西西北千餘里有勃達嶺，嶺南是大唐北界，嶺北是突騎施南界〔八二〕。西南至葱嶺二千餘里。其水嶺南流者盡過中國，而歸東海；嶺北流者盡經胡境〔八三〕，而入北海。又北行數日，度雪海。其海在山中，春夏常雨雪，故曰雪海。中有細道〔八四〕，道傍往往有水孔，嵌空萬仞，輒墮者莫知所在〔八五〕。勃達嶺北行千餘里至碎葉川。其川東頭有熱海，茲地寒而不凍，故曰熱海。又有碎葉城，天寶七載，北庭節度使王正見薄伐，城壁摧毁，邑居零落。昔交河公主所居止之處，建大雲寺，猶存。其川西接石國，約長千餘里。川中有異姓部落〔八六〕，有異姓突厥，各有兵馬數萬。城堡間雜，日尋干戈，凡是農人皆擐甲胄，專相虜掠以爲奴婢。其川西頭有城，曰怛羅斯，石國大鎮〔八七〕，即天寶十載高仙芝軍敗之地。從此至西海以來〔八八〕，自三月至九月，天無雲雨，皆以雪水種田。宜大麥、小麥、稻禾、豌豆、畢豆。飲蒲萄酒、糜酒、醋乳。」

東女

東女，亦曰蘇伐剌拏瞿咀羅〔八九〕，羌别種也。西海亦有女自王，故稱「東」别之。東與吐蕃、党項、茂州接，西屬三波訶，北距于闐，東南屬雅州羅女蠻、白狼夷。東西行盡九日，南北行盡二十日。有八十城。以女爲君，居康延川，巖險四繚，有弱水南流，縫革爲船。户四萬，勝兵萬人。王號賓就，官曰高霸黎，猶言宰相也。官在外者，率男子爲之。凡號令，女官自内傳，男官受而行之。王侍女數百，五日一聽政。王死，國人以金錢數萬納王族〔九〇〕，求淑女立之，凡二〔九一〕，次爲小王，王死，因以爲嗣，或姑死婦繼，無篡奪。所居皆重屋，王九層，國人六層。王服青毛綾裙，被青襃，袖委於地，冬羊裘〔九二〕，飾以文錦。爲小鬟髻，耳垂璫。足曳⿰革素⿰革睪。⿰革素⿰革睪，履也〔九三〕。俗輕男子，女貴者咸有侍男，被髮，以青塗面，惟務戰與耕而已。子從母姓。地寒宜麥，畜羊馬，出黄金。風俗大抵與天竺同〔九四〕。以十一月爲正。巫者以十月詣山中，布糟麥，咒呼群鳥，俄有鳥來如鷄狀，剖視之，有穀者歲豐，否即有災，名曰鳥卜。居喪三年，不易服，不櫛沐。貴人死，剥藏其皮，内骨甕中〔九五〕，糅金屑瘞之。王之葬，殉死至數十人〔九六〕。

隋開皇六年，遣使朝貢。唐武德時，王湯滂氏始遣使入貢，高祖厚報，爲突厥所掠不得通。貞觀中，使復至，太宗璽制慰撫。顯慶初，遣使高霸黎文與王子三盧來朝〔九七〕，授右監門中郎將。其王斂臂使大臣來請官號，武后册拜斂臂左玉鈐衛員外將軍，賜瑞錦服。天授、開元間，王及子再來朝，詔與宰相宴曲江，封王曳夫爲歸昌王、左金吾衛大將軍。後乃以男子爲王。貞元九年，其王湯立悉與白狗君羅陀忽及哥鄰君董卧庭〔九八〕、逋租君鄧吉知、南水君薛尚悉曩、弱水君董避和、悉董君湯悉贊〔九九〕、清遠君蘇唐磨、咄霸君董藐蓬〔一〇〇〕，皆詣劍南韋臯求内附。其種散居西山、弱水，雖自謂王，蓋小小部落耳。自失河、隴，悉爲吐蕃羈屬，部數千户，輒置令，歲督絲絮。至是猶上天寶所賜詔書。臯處其衆於維、霸等州，賜牛、粮，治生業。立悉等入朝，差賜官禄。於是松州羌二萬口相踵入附。立悉等官刺史，皆得世襲，然陰附吐蕃，故謂之「兩面羌」。

西女

西女國，在葱嶺之西。其俗與東女略同，種皆女子。多珍貨，附拂菻君長，歲遣男子配焉。俗産男子不舉。唐貞觀八年，朝貢使至。

吐火羅

吐火羅，一名土壑宜〔一〇一〕，後魏時吐呼羅國也，隋時通焉。都葱嶺西五百里，在烏滸河南，即嬀水也。與挹怛雜居。勝兵十萬人，皆習戰。俗奉佛。多男，少婦人，故兄弟通室。婦人五夫，則首戴五角，十夫戴十角。男子無兄弟者，則與他人結爲昆季，方始得妻，不然終身無婦矣。生子屬其長兄。被服、文字與于闐略同。城北有玻璃山，南崖穴中有神馬，國人每牧馬於其側，時産名駒，皆汗血焉。其北界則漢時大宛之地，南去漕國千七百里〔一〇二〕，東去瓜州六千七百里。

大業中，遣使來貢。唐初，屬西突厥。高宗永徽初，遣使獻大鳥，高七尺，其色玄，足如駝，鼓翅而行，日三百里，能噉鐵，夷俗謂駝鳥。龍朔元年，吐火羅置州縣，使王名遠進西域圖記，并請于闐以西、波斯以東十六國分置都督府及州八十、縣一百、軍府一百二十六，仍於吐火羅立碑，以紀聖德。帝從之。開元、天寶間，數獻馬、騾〔一〇三〕、異藥、乾陀婆羅二百品、紅碧玻璃，乃册其君骨咄禄頓達度爲吐火羅葉護〔一〇四〕、挹怛王。其後，鄰胡羯師謀引吐蕃攻吐火羅，於是葉護失里忙伽羅丐安西兵助討，帝爲出師破之。乾元初，與西域九國發兵爲天子討賊，肅宗詔隸朔方行營。

劫國

劫國，隋時聞焉。在葱嶺中，西與南俱與賒彌國界接，西北至挹怛國，去長安萬二千里。有户數萬。氣候熱，有稻、麥、粟、豆、羊、馬。出洛沙、青黛。婚姻同突厥。死亡棄於山〔一〇五〕。唐武德二年，遣使貢寶帶、金鏁〔一〇六〕、玻璃、水精盃各一，玻璃四百九十枚，大者如棗，小者如酸棗。

陁羅伊羅

陁羅伊羅，隋時聞焉。在烏荼國北〔一〇七〕，大雪山坡上。緣梯登山，接七百梯，方到其國。

越底延

越底延國，隋時聞焉。治辛頭河北。南至婆羅門國三千里，西北至賒彌國千餘里，東北至瓜州五千四百里。其王婆羅門種類。户數萬。有弓矢、刀稍、皮甲。國法不殺人，重罪流，輕者杖。國無課税。其俗事佛，書同婆羅門。王及庶人翦髮，衣錦袍，不開縫。貧者衣白疊。婦人爲髻，衣裙衫，帔長巾。俗清潔。氣候温，多稻。有羊、馬，多牛。出鍮石、訶黎勒、石蜜、麖皮、細疊。

大食

大食，唐永徽中，遣使朝貢，云其國在波斯之西。或云：初有波斯胡人，若有神助，得刀殺人。因招附諸胡，有胡人十一來，據次弟摩首受化爲王。此後衆漸歸附，遂滅波斯。又破拂菻及婆羅門城，所當無敵。兵衆有四十二萬。有國以來三十四年矣。初王已死，次傳第一摩首者，今王即是第三，其王姓大食。其國男夫鼻大而長，瘦黑多須鬢，似婆羅門〔一〇八〕，婦女多端麗。亦有文字〔一〇九〕，與波斯不同。出駝、馬、驢、騾、羖羊等。土多砂石，不堪耕種，無五穀，唯食駝、馬等肉〔一一〇〕，破波斯、拂菻，始有米麵。敬事天神。又云：其王嘗遣人乘船，將衣糧入海，經涉八年，未極西岸。於海中見一方石，石上有樹，枝赤葉青，樹上總生小兒，長六七寸，見人不語而皆能笑，動其手脚，頭着樹枝，人摘取，入手即乾黑。其使得一枝還，今在大食王處。杜環經行記云：「一名亞俱羅。其大食王號暮門〔一一一〕，都此處。其士女瓌偉壯大，衣裳鮮潔，容止閑麗。女子出門，必擁蔽其面。無問貴賤，一日五時禮天。食肉作齋，以殺生爲功德〔一一二〕。繫銀帶〔一一三〕，佩銀刀。斷飲酒，禁音樂。人相争者，不至毆擊。又有禮堂，容數萬人。每七日，王出禮拜，登高爲衆説法〔一一四〕，曰：『人生甚難，天道不易。姧非劫竊，細行謾言，安己危人，欺貧虐賤，有一於此，罪莫大焉。凡有征戰，爲敵所戮，必得生天，殺其敵人，獲福無量。』率土稟化，從之如流。法唯從寬，葬唯從儉。郛郭之內，廛閈之中〔一一五〕，土地所生，無物不有。四方輻輳，萬貨豐賤，錦綉珠貝，滿於市肆。駝馬驢騾，充於街巷。刻石蜜爲廬舍〔一一六〕，有似中國寶轝。每至節日，將獻貴人琉璃器皿、鍮石瓶鉢，蓋不可算數。粳米白麵，不異中華。其果有偏桃人〔一一七〕、千年棗。其蔓菁，根大如斗而圓，味甚美。餘菜亦與諸國同。蒲萄大者如鷄子。香油貴者有二：一名耶塞蔓，一名没囯女甲反師〔一一八〕。香草貴者有二：一名査塞蓽，蒲孔反〔一一九〕。一名梨蘆茇〔一二〇〕。綾絹機杼，金銀匠、畫匠，漢匠起作畫者，京兆人樊淑、劉泚，織絡者，河東人樂隱、呂禮。又以橐駝駕車。其馬，俗云西海濱龍與馬交所産也。腹肚小，脚腕長，善者日走千里。其駝小而緊，背有孤峰，良者日馳千里。又有駝鳥，高四尺以上，脚似駝蹄，頸項勝得人騎行五六里，有卵大如三升〔一二一〕。又有薺樹，實如夏棗，堪作油，食除瘴。其氣候温，土地無冰雪。人多瘧痢〔一二二〕，一年之内，十中五死。今吞滅四五十國，皆爲所役屬，多分其兵鎮守，其境盡於西海焉。」又云：「末禄國在亞梅國西南七百餘里〔一二三〕。胡姓末者，茲土人也。其城方十五里，用鐵爲城門。城中有鹽池，又有兩所佛寺。其境東西百四十里，南北百八十里，村柵連接，樹木交映，四面合匝，總是流沙。南有大河，流入其境，分渠數百，灌溉一州〔一二四〕。其土沃饒，其人凈潔。墻宇高厚，市鄽平正。木既雕刻，土亦繪畫。又有細軟疊布，羔羊皮裘，估其上者直銀錢數百。果有紅桃、白棕、遏白、黄李。瓜大者名尋支，十餘人飡一顆輒足。越瓜長四尺以上。菜有蔓菁、蘿蔔、長葱、顆葱、芸薹、胡芹、葛藍、軍達、茴香、茇薤〔一二五〕、瓠蘆，尤多蒲萄。又有黄牛、野馬、水鴨、石鷄。其俗以五月爲歲首〔一二六〕，每歲以畫缸相獻。有打毬節、鞦韆節。其大食東道使鎮於此。從此至西海以來，大食、波斯參雜居止。其俗禮天，不食自死肉及宿肉，以香油塗髮。」又云：「苫國在大食西界〔一二七〕，周迴數千里。造屋兼瓦，壘石爲壁。米穀殊賤，有大川東流入亞俱羅，商客糴此糶彼，往來相繼。人多魁梧，衣裳寛大，有似儒服。其苫國有五節度，有兵馬一萬以上，北接可薩突厥。可薩北又有突厥。足似牛蹄，好噉人肉。」

開元初，復遣使獻馬、鈿帶，謁見不拜，有司將劾之，中書令張説謂殊俗慕義，不可寘於罪，玄宗赦之。使者又來，辭曰：「國人止拜天，見王無拜也。」有司切責，乃拜。十四年，遣使蘇黎滿獻方物，拜果毅，賜緋袍、帶。

或曰大食族中有孤列種，世酋長，號白衣大食。種有二姓，一曰盆尼末换，二曰奚深。有摩訶末者，勇而智，衆立爲主〔一二八〕。闢地三千里，克夏臘城。傳十四世，至末换，殺兄伊疾自王，下怨其忍。有呼羅珊木鹿人並波悉林將討之，徇衆曰：「助我者，皆黑衣。」俄而衆數萬，即殺末换，求奚深種孫阿蒲羅拔爲王，更號黑衣大食。蒲羅死，弟阿蒲恭拂立。至德初，遣使者朝貢。代宗取其兵平兩京。阿蒲恭拂死，子迷地立。死，子牟棲立。牟棲卒〔二九〕，弟訶論立。貞元時，與吐蕃相攻，吐蕃歲西師，故鮮盜邊。十四年，遣使者含嵯、烏鷄、沙北三人朝，皆拜中郎將，賫遣之。

宋乾德四年，僧行勤游西域，因賜王書以招懷之。開寶元年，遣使來朝貢。四年，又貢方物，以其使李訶末爲懷化將軍，特以金花五色綾紙寫官誥以賜。是年，本國及占城、闍婆又致貢物於李煜，煜不敢受，遣使來上，因詔今後勿以爲獻。六年，遣使來貢方物。七年、九年，皆遣使入貢。太平興國二年，遣使貢方物。其從者目深體黑，謂之崑崙奴。詔賜其使襲衣、器幣，從者縑帛有差。四年，復有朝貢使至。雍熙元年〔三〇〕，國人花茶復來獻花錦〔三一〕、越諾、揀香、白龍腦、白沙糖、薔薇水、琉璃器。淳化四年，又遣其副蕃長李亞勿來貢。其國舶主蒲希密至南海，以老病不能詣闕，乃以方物附亞勿來獻。希密進象牙、乳香、鑌鐵、紅絲吉貝、五色雜花蕃錦、白越諾、琉璃瓶、無名異、薔薇水等，詔賜希密敕書、錦袍、銀帶、束帛以答之〔三二〕。

至道元年，其國舶主蒲押陁黎齎蒲希密表獻白龍腦、膃肭臍、龍鹽、眼藥、白沙糖、千年棗、五味子、偏桃、薔薇水、乳香山子、蕃錦、駝毛褥面〔三三〕、白越諾。引對於崇政殿，譯者代奏云：「父蒲希密因緣射利，泛舶至廣州，逮今五稔未歸。母令臣遠來尋訪，昨至廣州見之〔三四〕。具言前歲蒙皇帝聖恩降赦書，賜以法錦袍、紫綾纏頭、間塗金銀鳳瓶一對、綾絹二十疋。今令臣奉章來謝，以方物致貢。」太宗因問其國，對云：「與大秦國相鄰，爲其統屬。今本國所管之民裁及數千，有都城界山海間。」又問其山澤所出，對云：「唯犀象香藥。」問犀象以何法可取，對云：「象用象媒誘致，漸以大繩羈縻之耳；犀則使人升大樹操弓矢，伺其至射而殺之，其小者不用弓矢可以捕獲。」上賜以襲衣、冠帶、被褥等物，令閤門宴犒訖〔一三五〕，就館，延留數月遣回；降詔答賜蒲希密黄金，準其所貢之直。三年二月，又與賓同隴國使來朝。

咸平二年，又遣判官文戌至〔一三六〕。三年，舶主陁婆離遣使穆吉鼻來貢〔一三七〕。吉鼻還，賜陁婆離詔書并器服鞍馬。六年，又遣使婆羅欽三摩尼等〔一三八〕，對於崇政殿，持真珠以進，自云離國日誠願得瞻威顔即獻此，乞不給回賜。真宗不欲違其意，俟其還，優加恩賚。景德元年，又遣使來。時與三佛齊、蒲端國使並在京師，會上元觀燈，皆賜錢縱其宴飲。其年秋，蕃客蒲加心至。四年，又遣使同占城使來，優加館餼之禮，許徧至苑囿寺觀遊覽。大中祥符元年十月〔一三九〕，車駕東封，陁婆離上言願執方物赴泰山，從之。

自國初以來數入貢，路繇沙州，涉夏國，抵秦州。乾興初，趙德明請道其國中，不許。至天聖元年來貢，恐爲西人鈔掠，乃詔自今取海路繇廣州至京師。至和、嘉祐間，四貢方物。最後以其首領蒲沙乙爲武寧司階。每入貢，朝廷視其物多寡加賜答之，以進奉蕃官爲郎將。

熙寧中，其使辛押陁羅乞統察蕃長司公事〔一四〇〕，詔廣州裁度。又進錢銀助修廣州城，不許。六年，都蕃首保順郎將蒲陁婆離慈表令男麻勿奉貢物，乞以自代，而求爲將軍，詔但授麻勿郎將。其國部屬各異名，故有勿巡〔一四一〕，有陁婆離，有俞盧和地，有麻囉拔等國，然皆冠以大食。勿巡所貢，又有龍腦、兜羅綿、毬錦襈、番花簟，陁婆有金飾壽帶、連環臂鈎〔一四二〕、數珠之屬。政和中，横州士曹蔡蒙休押伴其使入都〔一四三〕，沿道故滯留，强市其香藥不償直。事聞，詔提點刑獄置獄推治，因詔自今蕃夷入貢，並選承務郎以上清强官押伴，按程而行，無故不得過一日，乞取賈市者以自盜論。

其國在泉州西北，自泉州發船四十餘日至藍里博易，住冬。次年再發，順風六十餘日方至其國。本國所産，多運載與三佛齊貿易，商賈轉販，以至中國。其國雄壯，其地廣袤，民俗侈麗，甲於諸蕃。天氣多寒，雪厚二三尺，故貴氊毯。國據諸蕃衝要。其王錦衣玉帶，躡間金履〔一四〕，朔望則戴百寶純金冠。其居以瑪瑙爲柱，緑甘爲壁，水晶爲瓦，碌石爲磚，活石爲灰，帷幕之屬悉用百花錦。官有丞相、太尉，各領兵馬二萬餘人。馬高七尺，士卒驍勇。民居屋宇與中國同，但瓦則以薄石爲之。市肆諠嘩，金銀綾錦之屬，種種而聚。技巧咸精。

建炎三年，張浚奏大食國遣使進奉珠玉寶貝等物，已至熙州，上宣諭曰：「大觀、宣和間，茶馬之政廢，川茶不以博馬，惟市珠玉，故馬政浸缺，武備不脩，致胡虜亂華，危弱之甚。今若復損數十萬緡貿易無用珠玉，曷若惜財以養戰士？宜以禮贈賄而謝遣之。」乃詔張浚，並不得受，量度支賜以答遠人之意。紹興元年、六年，俱以船舶入貢。乾道四年，進貢方物。初遣使賫寶貝、象牙、乳香等入貢，舟至占城爲所奪，訴於福建市舶，上令以禮遣回。開禧間遣使入貢。

拂菻

拂菻國東南至滅力沙〔一四五〕，北至海，皆四十程。西至海三十程。東自西大食及于闐、回紇、達靼、青唐，乃抵中國。歷代未嘗朝貢。至宋元豐四年十月，其王滅力伊靈改撒始遣大首領你厮都令厮孟判來獻鞍馬〔一四六〕、刀劍、真珠，言其國地甚寒，土屋無瓦。產金、銀、珠、胡錦〔一四七〕、牛、羊、馬、獨峰駝、梨、杏、千年棗、巴欖〔一四八〕、粟、麥，以蒲萄釀酒。樂有箜篌、胡琴、小篳篥、偏鼓。王服紅黄衣，以金綫織絲布纏頭，歲三月則詣佛寺，坐紅床，使人舁之。貴人如王之服，或青緑、緋白、粉紅、褐紫，並纏頭跨馬。城市田野，皆有首領主之，每歲唯夏秋兩得俸，給金、錢、錦、穀、帛，以治事大小爲差。刑罰罪輕者杖數十〔一四九〕，重者至二百，大罪則盛以毛囊投諸海。不尚鬭戰，鄰國小有争，但以文字往來相詰問，事大亦出兵。鑄金銀爲錢，無穿孔，面鑿彌勒佛，背爲王名〔一五〇〕，禁民私造。元祐六年，其使兩至。詔别賜其王帛二百疋、白金餅〔一五一〕、襲衣〔一五二〕、金束帶。

按：唐史有拂菻國，以爲即古大秦也。然大秦自後漢始通中國，歷晉、唐貢獻不廢，而宋四朝史拂菻傳則以爲其國歷代未嘗朝貢，至元豐時始遣使入獻方物。今以二史兩拂菻傳參之，唐傳言其國西瀕大海，宋傳則言西至海尚三十程〔一五三〕，而餘界亦齟齬不合。土產風俗亦不同，恐是其名偶同而非大秦也。今故以唐之拂菻附入大秦，而此拂菻自爲一國云。

邈黎

邈黎國，宋元祐四年，般次冷夷〔一五四〕、四抹粟迷等齎于闐國黑汗王并本國王表章來。有司以其國未嘗入貢，請視于闐條式，從之。

校勘記

〔一〕其國平正　「國」，魏書卷一〇二西域傳、北史卷九七西域傳、通典卷一九三邊防九作「地」。

〔二〕輒爲所傷　「傷」，後漢書卷八八西域傳、通典卷一九三邊防九作「食」。

〔三〕皆簡立賢者　「簡」原作「循」，據後漢書卷八八西域傳、通典卷一九三邊防九改。

〔四〕土有駭鷄犀　「土」原作「玉」，據後漢書卷八八西域傳、通典卷一九三邊防九改。

〔五〕赤螭　原作「赤璃」，據三國志卷三〇烏丸鮮卑東夷傳注引魏略西戎傳、通典卷一九三邊防九改。

〔六〕贙出西海　「贙」原作「贇」。爾雅釋獸：「贙有力。」注：「出西海大秦國，有養者，似狗，多力，獷惡。」據改。注同。

〔七〕乃驚鳴　三字原脱，據通典卷一九三邊防九補。

〔八〕出趐鳥　「出」原作「金」，據北宋本通典卷一九三邊防九、太平寰宇記卷一八四四夷一三西戎五改。

〔九〕又常利得中國縑素解以爲胡綾紺紋　三國志卷三〇烏丸鮮卑東夷傳注引魏略西戎傳「縑素」作「絲」，且無「紺紋」二字。

〔一〇〕桓帝延熹初　「延熹」原作「元熹」，據元本、慎本、馮本及後漢書卷八八西域傳、通典卷一九三邊防九改。後漢書作延熹九年，漢桓帝延熹共九年，此處作「延熹初」，疑誤。

〔一一〕疑傳者隱之　「隱之」，後漢書卷八八西域傳作「過焉」。

〔一二〕至晉武帝太康中　「太康」原作「大康」，據晉書卷九七四夷傳、通典卷一九三邊防九改。

〔一三〕近西王母所居處　「居」字原脱，據後漢書卷八八西域傳補。
〔一四〕從喁巨北　「喁巨」，太平寰宇記卷一八四四夷一三西戎五作「隅臣」。
〔一五〕杜環經行記云　「經行」二字原倒，據元本、慎本、馮本及通典卷一九三邊防九乙正。
〔一六〕拂菻國在苫國西　「在」原作「有」，「苫」原作「苦」，據新唐書卷二二一下西域傳下改。
〔一七〕婦人皆服珠錦　「珠」，太平寰宇記卷一八四四夷一三西戎五作「朱」。
〔一八〕在敎薩羅國西南　「敎」原作「秋」，據北宋本通典卷一九三邊防九、太平寰宇記卷一八四四夷一三西戎五改。
〔一九〕諸國陸行之所經由　「由」原作「山」，據王國維經行記校録改；太平寰宇記卷一八四四夷一三西戎五作「也」。
〔二〇〕縱有微過　「微」原作「徵」，據通典卷一九三邊防九改。
〔二一〕唯飲酒放浪終日　「放」，通典卷一九三邊防九作「謔」。
〔二二〕大秦西海水之西有河　「之」原作「水」，據魏書卷一〇二西域傳、北史卷九七西域傳改。
〔二三〕乾封至大足　「大足」原作「大定」，據元本、慎本、馮本及新唐書卷二二一下西域傳下改。
〔二四〕其耕稼之時　「稼」原作「種」，據元本、慎本、馮本及通典卷一九三邊防九改。
〔二五〕小人竭其珍貨以酬報　「貨」字原脱，據太平御覽卷七九六四夷部一七西戎五補。
〔二六〕人皆眼有三睛珠　「眼」原作「服」，「睛」原作「精」，據元本、慎本、馮本及通典卷一九三邊防九改。
〔二七〕常貨多用蕉越犀象　太平御覽卷七九六四夷部一七西戎五無「蕉越」二字，太平寰宇記卷一八五四夷一四西戎六「貨」作「貿」，「蕉」作「焦」。
〔二八〕則用國王之面者　「者」字原脱，據太平御覽卷七九六四夷部一七西戎五補。

〔二九〕最與安息安谷城相近　下「安」字原脱，「谷城」二字原倒，據三國志卷三〇烏丸鮮卑東夷傳注引魏略西戎傳補乙。

〔三〇〕飛橋長二百三十里　「三」原作「四」，據三國志卷三〇烏丸鮮卑東夷傳注引魏略西戎傳、太平寰宇記卷一八五四夷一四西戎六改。

〔三一〕在康居西北勝兵三萬人　「北」字原脱，「三」原作「二」，據三國志卷三〇烏丸鮮卑東夷傳注引魏略西戎傳、太平寰宇記卷一八五四夷一四西戎六補改。

〔三二〕白昆子青昆子皮　上「昆」字原脱，據三國志卷三〇烏丸鮮卑東夷傳注引魏略西戎傳、太平寰宇記卷一八五四夷一四西戎六補。

〔三三〕西南去康居界三千里　「三」原作「二」，據三國志卷三〇烏丸鮮卑東夷傳注引魏略西戎傳、太平寰宇記卷一八五四夷一四西戎六改。

〔三四〕而北丁令在烏孫西　「北」原作「此」，據三國志卷三〇烏丸鮮卑東夷傳注引魏略西戎傳、太平寰宇記一八五四夷一四西戎六改。

〔三五〕明北海之南自復有丁令　「海」字原脱，據三國志卷三〇烏丸鮮卑東夷傳注引魏略西戎傳、太平寰宇記卷一八五四夷一四西戎六補。

〔三六〕非此烏孫之西丁令也　「此」與「之」字原脱，據三國志卷三〇烏丸鮮卑東夷傳注引魏略西戎傳、太平寰宇記卷一八五四夷一四西戎六補。

〔三七〕北丁令有馬脛國　「脛」原作「腦」，據三國志卷三〇烏丸鮮卑東夷傳注引魏略西戎傳、太平寰宇記卷一八五四夷一四西戎六改。下文「馬脛馬蹄」同。

〔三八〕王姓波斯　魏書卷一〇二西域傳、北史卷九七西域傳作「其王姓波氏名斯」，周書卷五〇異域傳下作「王姓波斯氏」。

〔三九〕東去中國萬餘里　魏書卷一〇二西域傳、北史卷九七西域傳作「去代二萬四千二百二十八里」，舊唐書卷一九八西戎傳作「在京師西一萬五千三百里」，新唐書卷二二一下西域傳下作「距京師萬五千里而贏」。

〔四〇〕東南去穆國四千餘里　隋書卷八三西域傳無「南」字。

〔四一〕其王坐金羊座　「金羊座」，魏書卷一〇二西域傳、周書卷五〇異域傳下、北史卷九七西域傳作「金羊牀」，舊唐書卷一九八西戎傳作「獅子牀」。

〔四二〕兩廂近下開之亦有巾帔　「廂」原作「肩」，「亦有巾」原作「并布布」，據魏書卷一〇二西域傳、周書卷五〇異域傳下、北史卷九七西域傳、太平寰宇記卷一八五四夷一四西戎六改。

〔四三〕披大帔　「披大」二字原脱，據魏書卷一〇二西域傳、周書卷五〇異域傳下、北史卷九七西域傳、太平寰宇記卷一八五四夷一四西戎六補。

〔四四〕妃曰防步率　「防步」原作「陟」，據魏書卷一〇二西域傳、周書卷五〇異域傳下、北史卷九七西域傳、太平寰宇記卷一八五四夷一四西戎六改。

〔四五〕事火神天神　魏書卷一〇二西域傳、北史卷九七西域傳同；周書卷五〇異域傳下作「俗事火祆神」，舊唐書卷一九八西戎傳作「俗事天地日月水火諸神，西域諸胡事火祆者，皆詣波斯受法焉」，册府元龜卷九六一外臣部六土風三作「俗事火天神」。

〔四六〕一月治服　「治」，魏書卷一〇二西域傳作「著」，北史卷九七西域傳作「着」。

〔四七〕唯無稻黍　魏書卷一〇二西域傳、北史卷九七西域傳、太平御覽卷七九四四夷部一五西戎三「黍」下有「稷」字，周書卷五〇異域傳下、册府元龜卷九六一外臣部六土風三「黍」下有「秫」字。

〔四八〕土出名馬及駝　周書卷五〇異域傳下同，魏書卷一〇二西域傳、北史卷九七西域傳、太平御覽卷七九四四夷部一五西戎三「馬」下有「大驢」二字。

〔四九〕亦能噉火　「火」原作「人」，據魏書卷一〇二西域傳、北史卷九七西域傳、北宋本通典卷一九三邊防九、太平御覽卷七九四四夷部一五西戎三、太平寰宇記卷一八五四夷一四西戎六改。

〔五〇〕毾㲪　「毾」，通典卷一九三邊防九、通志卷一九六四夷傳三西戎下作「毹」。

〔五一〕及薰陸　「及」字原無，據魏書卷一〇二西域傳、北史卷九七西域傳補。

〔五二〕恭帝二年　「恭帝」，周書卷五〇異域傳下作「廢帝」。

〔五三〕後其王爲大酋所逐大食復攻之遣使告難　新唐書卷二二一下西域傳下作：「伊嗣俟不君，爲大酋所逐，奔吐火羅，半道，大食擊殺之。子卑路斯入吐火羅以免。遣使者告難。」通考節録史文，義欠明確。

〔五四〕時天子遣使到西域分置州縣　新唐書卷二二一下西域傳「時」上有「是」，「遣」上有「方」字。

〔五五〕居婆里城　中西交通史料彙編第六編第四章之「陀拔薩憚國等之通使」一節「婆里城」注云：「『婆里城』乃誤刊，其確音應作『娑里城』。元史地理志西北地附録作『撒里牙』。」

〔五六〕不肯臣大食　「肯」原作「能」，據新唐書卷二二一下西域傳下改。

〔五七〕多福王難婆脩彊宜説遣使者來朝　「彊」，新唐書卷二二一下西域傳下作「彊」。

〔五八〕訶毘施王擦塞 「擦」，新唐書卷二二一下西域傳下作「捺」。

〔五九〕後魏時通焉 五字原脱，據通典卷一九三邊防九補。

〔六〇〕以餅餬塗之 「餅餬」，魏書卷一〇二西域傳作「醍醐」。

〔六一〕婦人口舐器物 「口」，魏書卷一〇二西域傳作「舌」。

〔六二〕世祖疑其虚 「祖」字原脱，據魏書卷一〇二西域傳補。

〔六三〕術人能作霖雨盲風大雪及行潦 「盲」，魏書卷一〇二西域傳作「狂」。

〔六四〕治伏盧尼城在波斯國西北 太平寰宇記卷一八六四夷一五西戎七同。「治」，魏書卷一〇二西域傳、北史卷九七西域傳作「都」，且二書皆無「西」字。

〔六五〕亦名朱居槃國 「居」，太平寰宇記卷一八六四夷一五西戎七同，新唐書卷二二一上西域傳上作「俱」。

〔六六〕今并有漢西夜 「有」下原衍「之」字，據太平寰宇記卷一八六四夷一五西戎七删。

〔六七〕其西至渴槃陁國 「陁」字原脱，據新唐書卷二二一上西域傳上、太平寰宇記卷一八六四夷一五西戎七補。

〔六八〕南至葱嶺二百里 新唐書卷二二一上西域傳上作「葱嶺北三百里」，方向合而道里異。

〔六九〕西至護密國 「西」字原脱，據新唐書卷二二一上西域傳上、太平御覽卷七九三四夷部一四西戎二補。

〔七〇〕稍 原作「弰」，據北宋本通典卷一九三邊防九改。

〔七一〕王坐金牀 「金」，太平寰宇記卷一八六四夷一五西戎七同，據北宋本通典卷一九三邊防九、新唐書卷二二一上西域傳上作「人」。

〔七二〕太武帝太延三年朝獻 「太延」原作「大延」，據新唐書卷二二一上西域傳上、太平寰宇記卷一八六四夷一五西戎七改。

〔七三〕在葱嶺西　「西」字原脱，據魏書卷一〇二西域傳、北史卷九七西域傳、太平御覽卷七九六四夷部一七西戎五補；魏書、北史作「之西」。

〔七四〕下臨不測之深　「深」原作「淵」，據北宋本通典卷一九三邊防九改。按通典避唐高祖「李淵」諱改，通考襲用通典史文而已回改。

〔七五〕唯有馬駝騾　「馬」字原脱，據魏書卷一〇二西域傳、北史卷九七西域傳補。

〔七六〕城北有鹽奇水　「鹽」原作「彊」，據魏書卷一〇二西域傳、北史卷九七西域傳、太平寰宇記卷一八六四夷一五西戎七改。

〔七七〕都柘折城方十餘里　「十」原作「千」，據隋書卷八三西域傳、北宋本通典卷一九三邊防九、太平御覽卷七九三四夷部一四西戎二改。

〔七八〕令特勤甸職攝其國事　「特勤」原作「特勒」，據隋書卷八三西域傳改。「職」字原脱，據同上隋書、太平御覽卷七九三四夷部一四西戎二補。「職甸」，新唐書卷二二一下西域傳下作「匐職」。

〔七九〕今突厥已屬天可汗　「汗」原作「汪」，據局本及新唐書卷二二一下西域傳下改。

〔八〇〕斬闕下　新唐書卷二二一下西域傳下「斬」字上有「俘以獻」三字。

〔八一〕於是西域皆怨　「西域」二字原脱，據元本、慎本、馮本及新唐書卷二二一下西域傳下補。

〔八二〕嶺北是突騎施南界　「突」下原衍「厥」字，據舊唐書卷一九四下突厥傳下、新唐書卷二二一下西域傳下删。

〔八三〕嶺北流者盡經胡境　「經」原作「歸」，據通典卷一九三邊防九改。

〔八四〕中有細道 「中」字原脱，據通典卷一九三邊防九補。

〔八五〕輒墮者莫知所在 「輒」原作「轉」，「所」原作「數」，據北宋本通典卷一九三邊防九、太平寰宇記卷一八六四夷一五西戎七改。

〔八六〕川中有異姓部落 「川」字原脱，據元本、慎本、馮本及通典卷一九三邊防九補。

〔八七〕石國大鎮 「大」原作「人」，據太平寰宇記卷一八六四夷一五西戎七改。新唐書卷二二一下西域傳下作「石常分兵鎮之」。

〔八八〕從此至西海以來 太平寰宇記卷一八六四夷一五西戎七同，通志卷一九六四夷傳三西戎下「來」作「東」。

〔八九〕亦曰蘇伐剌拏瞿呾羅 「呾」，雲窗叢刻慧超往五天竺傳殘卷第五頁作「怛」。

〔九〇〕國人以金錢數萬納王族 「國人」二字原脱，據元本、慎本、馮本及新唐書卷二二一上西域傳上補。

〔九一〕求淑女立之凡二 新唐書卷二二一上西域傳上作「求淑女二立之」。

〔九二〕冬羊裘 新唐書卷二二一上西域傳上作「冬羔裘」。

〔九三〕足曳𩍐𩎓𩍐𩎓履也 「𩎓𩍐𩎓」與「也」字原脱，據新唐書卷二二一上西域傳上補。

〔九四〕風俗大抵與天竺同 「抵」字原脱，據新唐書卷二二一上西域傳上補。

〔九五〕剥藏其皮内骨甕中 「藏」原作「葬」，「内」原作「肉」，「中」原作「之」，據新唐書卷二二一上西域傳上改。

〔九六〕王之葬殉死至數十人 「王之」二字原脱，「死」原作「者」，據元本、慎本、馮本及新唐書卷二二一上西域傳上補改。

〔九七〕遣使高霸黎文與王子三盧來朝 「使」字原脱，「與」原作「興」，據新唐書卷二二一上西域傳上補改。

〔九八〕其王湯立悉與白狗君羅陀忽及哥鄰君董卧庭　「湯立悉」，新唐書卷二二一上西域傳上、唐會要卷九九東女國同，資治通鑑卷二三四唐紀五〇貞元九年五月丙午條作「湯立志」；「羅陀忽」三字原無，據同上唐會要、資治通鑑補。

〔九九〕南水君薛尚悉曩弱水君董避和悉董君湯悉贊　「南水君薛尚悉曩」，新唐書卷二二一上西域傳上同，唐會要卷九九東女國作「南水國王侄薛尚悉曩」，資治通鑑卷二三四唐紀五〇貞元九年五月丙午條作「南水王薛莫庭」；「董避和」，同上新唐書同，唐會要、資治通鑑作「董辟和」；「湯悉贊」，同上唐會要、資治通鑑同，新唐書作「湯息贊」。

〔一〇〇〕咄霸君董藐蓬　「藐」原作「義」，據新唐書卷二二一上西域傳上、唐會要卷九九東女國改；資治通鑑卷二三四唐紀五〇貞元九年五月丙午條作「邈」。

〔一〇一〕一名土壑宜　「土壑宜」，通典卷一九三邊防九、太平寰宇記卷一八六四夷一五西戎七同，新唐書卷二二一下西域傳下作「土豁羅」。

〔一〇二〕南去漕國千七百里　「漕」原作「曹」，據隋書卷八三西域傳、北史卷九七西域傳改；太平寰宇記卷一八六四夷一五西戎七作「曹」。

〔一〇三〕驟　新唐書卷二二一下西域傳下作「騕」。

〔一〇四〕乃册其君骨咄禄頓達度爲吐火羅葉護　「護」字原脱，據新唐書卷二二一下西域傳下補。

〔一〇五〕死亡棄於山　太平御覽卷七九六四夷部一七西戎五「山」下有「穀」字。

〔一〇六〕金鏁　通典卷一九三邊防九同，太平寰宇記卷一八六四夷一五西戎七「鏁」下有「甲」字。

〔一〇七〕在烏荼國北　「烏荼」，新唐書卷二二一上西域傳上作「烏茶」，作「烏荼」是。

〔一〇八〕似婆羅門　「似」原作「以」，據通典卷一九三邊防九、舊唐書卷一九八西戎傳改。

〔一〇九〕亦有文字　「字」原作「學」，據舊唐書卷一九八西戎傳、太平御覽卷七九五四夷部一六西戎四改。

〔一一〇〕唯食駝馬等肉　「馬」原作「象」，據舊唐書卷一九八西戎傳、太平御覽卷七九五四夷部一六西戎四改。

〔一一一〕其大食王號暮門　「暮」，太平御覽卷七九五四夷部一六西戎四作「慕」，太平寰宇記卷一八六四夷一五西戎七作「墓」。

〔一一二〕食肉作齋以殺生爲功德　王國維經行記校録作「不食作齋，以不殺爲功德」，疑是。

〔一一三〕繫銀帶　「帶」，太平御覽卷七九五四夷部一六西戎四作「束」。

〔一一四〕登高爲衆説法　通典卷一九三邊防九「高」下有「座」字。

〔一一五〕廛閈之中　「廛」原作「里」，據太平寰宇記卷一八六四夷一五西戎七改。

〔一一六〕刻石蜜爲廬舍　「石蜜」，經行記校録作「木」，疑是。

〔一一七〕其果有偏桃人　「人」原作「又」，據太平寰宇記卷一八六四夷一五西戎七改。按「桃人」即桃仁。

〔一一八〕一名没国女甲反師　「女甲反」三字原爲正文，據經行記校録，「女甲反」爲「国」之音注。

〔一一九〕一名查塞拳蒲孔反　「蒲孔反」三字原爲正文，據經行記校録，「蒲孔反」爲「拳」之音注。

〔一二〇〕一名梨蘆茇　「梨」原作「薁」，據北宋本通典卷一九三邊防九改；「梨蘆茇」，太平寰宇記卷一八六四夷一五西戎七作「藜蘆茇」。

〔一二一〕有卵大如三升　「三」，北宋本通典卷一九三邊防九、太平寰宇記卷一八六四夷一五西戎七作「二」。

〔一二二〕人多瘖痢　「瘖」，通典卷一九三邊防九作「瘧」，疑是。

〔一二三〕末禄國在亞梅國西南七百餘里　「末」原作「米」，據北宋本通典卷一九三邊防九、太平寰宇記卷一八六四夷一五西戎七改。下同。

〔一二四〕灌溉一州　「州」原作「川」，據通典卷一九三邊防九改，然北宋本通典此字漫漶，似作「川」字。

〔一二五〕胡芹葛藍軍達茴香芨薤　「芹」原作「芪」，據元本、慎本、馮本及北宋本通典卷一九三邊防九、太平寰宇記卷一八六四夷一五西戎七改。「軍」原作「單」，「芨」原作「英」，據同上通典、新唐書卷二二一下西域傳下改。

〔一二六〕其俗以五月爲歲首　「首」字原脱，據新唐書卷二二一下西域傳下補。

〔一二七〕又云苫國在大食西界　「苫」原作「苦」，據新唐書卷二二一下西域傳下、北宋本通典卷一九三邊防九改。下同。

〔一二八〕衆立爲主　「主」，新唐書卷二二一下西域傳下作「王」。

〔一二九〕子牟棲立牟棲卒　此七字原脱，據唐會要卷一〇〇大食國、太平寰宇記卷一八六四夷一五西戎七補。

〔一三〇〕雍熙元年　「元年」原作「二年」，據元本、慎本、馮本及宋史卷四九〇外國傳六改。

〔一三一〕國人花茶復來獻花錦　「錦」原作「綿」，據宋史卷四九〇外國傳六改。

〔一三二〕銀帶束帛以答之　宋史卷四九〇外國傳六「帶」作「器」，「帛」字後有「等」字。

〔一三三〕駝毛褥面　「毛」原作「馬」，據宋史卷四九〇外國傳六改。

〔一三四〕昨至廣州見之　「昨」，宋史卷四九〇外國傳六作「昉」。

〔一三五〕令閤門宴犒訖　「閤」原作「閣」，據宋史卷四九〇外國傳六改。

〔一三六〕又遣判官文戍至　「戍」，宋史卷四九〇外國傳六作「戊」，宋會要蕃夷四之九一作「茂」。

〔一三七〕舶主陀婆離遣使穆吉鼻來貢　「婆」原作「羅」，據下文及元本、慎本、馮本及宋史卷四九〇外國傳六改。下同。

〔一三八〕又遣使婆羅欽三摩尼等　「羅欽」二字原倒，據宋史卷四九〇外國傳六、宋會要蕃夷四之九一乙正。

〔一三九〕大中祥符元年十月　「大」原作「太」，據宋史卷四九〇外國傳六改。

〔一四〇〕其使辛押陀羅乞統察蕃長司公事　「羅」字原脱，據宋史卷四九〇外國傳六、宋會要蕃夷四之九二補。

〔一四一〕故有勿巡　「勿巡」原作「勿延」，據元本、慎本、馮本及宋史卷四九〇外國傳六改。下同。

〔一四二〕連環臂鈎　「臂鈎」二字原倒，據元本、慎本、馮本及宋史卷四九〇外國傳六乙正。

〔一四三〕横州士曹蔡蒙休押伴其使入都　「横州士曹」，宋史卷四九〇外國傳六同，宋會要蕃夷四之九三作「廣州司户曹事」，疑宋會要是。

〔一四四〕躡間金履　宋史卷四九〇外國傳六無「間」字。

〔一四五〕拂菻國東南至滅力沙　「東南」原作「南東」，據宋史卷四九〇外國傳六乙。

〔一四六〕其王滅力伊靈改撒始遣大首領你厮都令厮孟判來獻鞍馬　「伊」原作「沙」，據宋史卷四九〇外國傳六、宋會要蕃夷四之一九改。

〔一四七〕胡錦　宋史卷四九〇外國傳六作「西錦」。

〔一四八〕巴欖　原作「巴攬」，據宋史卷四九〇外國傳六、宋會要蕃夷四之一九改。

〔一四九〕刑罰罪輕者杖數十　「十」原作「百」，據宋史卷四九〇外國傳六改。

〔一五〇〕背爲王名　「背」原作「皆」，據元本、慎本、馮本及宋史卷四九〇外國傳六改。

〔一五一〕白金餅　宋史卷四九〇外國傳六作「白金瓶」，宋會要蕃夷四之一九作「銀瓶」。

〔一五二〕襲衣　原作「對衣」，據宋史卷四九〇外國傳六、宋會要蕃夷四之一九改。

〔一五三〕宋傳則言西至海尚三十程　「十」原作「千」，據元本、慎本、馮本及上文改。按宋史卷四九〇外國傳六載拂菻「西至海三十程」。

〔一五四〕般次冷夷　「夷」，宋史卷四八九外國傳五、宋會要蕃夷五之四六作「移」。

卷三百四十　四裔考十七

北

杜氏通典曰：北狄白虎通云：「狄者，易也，言辟易無別。」説文云：「狄本犬種，故從犬。」以畜牧爲業，逐水草遷徙，無城郭常居耕田之業，然亦各有分地。無文書，以言語爲約束。兒能騎羊，引弓射鳥鼠，少長則射狐兔，肉食，士力能彎弓，盡爲甲騎。其俗，寬則隨畜田獵禽獸爲生業，急則人習戰攻以侵伐，其天性也。其長兵則弓矢，短兵則刀鋋，利則進，不利則退，不羞遁走。苟利所在，不知禮義。自君王以下，咸食畜肉，衣其皮革，被旃裘。壯者食肥美，老者飲食其餘，貴壯健，賤老弱。父死，妻其後母；兄弟死者，皆取其妻妻之。其俗有名不諱而無字。畜之所多則馬、牛、羊，其奇畜則橐駝、驢、驘、駃騠、騊駼、驒騱。橐駝，言其負橐囊而馱物也。驘，驢種而馬生之也。駃騠，駿馬也，生七日而超其母〔一〕。騊駼，野馬類也，生北海。驒騱，駏驉類也。駞，徒何反。駃音決。騠音提。騊音陶。駼音圖。驒音顛。又云：「驒騱，野馬也。」

唐虞則山戎，夏則獯鬻。周則獫狁，懿王時德衰，侵暴乃及涇陽〔二〕，今安定平凉郡地，並涇水之陽。人被其苦。至曾孫宣王，乃命將討伐，至太原，稱爲中興，四夷賓服。其後山戎越燕伐齊，後又伐燕，齊桓公救燕，敗走之。襄王之時，戎狄至雒邑，東至衛境，侵盗尤甚。晉文公乃興師攘却，居於西河圁、洛之間，今洛之上郡、銀川之地。圁音銀。號曰赤翟、白翟。而晉北有林胡、樓煩之戎，今郡則樓煩故地。燕北有東胡、山戎，烏桓之先也，後爲鮮卑。各分散谿谷，自有君長，往往而聚者百有餘戎，然不相統一。及晉悼公納魏絳之謀，和諸戎，戎服而晉强，晉侯賞魏子金石之樂。至安王之時，趙襄子踰句注而破之。句注山，一名西陘山，在今鴈門郡。

洎于戰國，趙武靈王變俗胡服，習騎射，北破林胡、樓煩，築長城，自代傍陰山下，至高闕爲塞，按：漢武帝元朔二年，遣衛青渡西河〔三〕，至高闕，破匈奴。河自今靈武郡之西南便北流千餘里，過九原郡乃東流。時帝都在秦，所謂西河，疑是此處。其高闕當在河之西，今九原郡之西北也。而置雲中、鴈門、代郡。其後燕將秦開襲破東胡，東胡却千餘里〔四〕。燕亦築長城，自造陽至襄平，造陽，在今嬀川郡之北。襄平，即遼東所治，今安東府。置上谷、今上谷、范陽、文安、河間、嬀川等郡。漁陽、今漁陽、密雲郡。右北平、今北平郡。遼西、遼東今安東府地。郡以距胡。匈奴之先，夏氏之後，殷伐〔五〕，奔北夷，至七國時，國漸强盛，以爲鄰敵。及秦始皇平天下，北却匈奴，築長城，渡河以陰山爲塞。陰山，今安北府北〔六〕。山海經已有匈奴。周書又云：「正北匈奴以橐駝、白玉爲獻。」當時猶微也。

及秦亂，劉項相持之際，未遑邊備，單于頭曼稍稍渡河南，復其故地。今洛交、安化郡地。至冒頓，匈奴益强盛，盡服從北夷，南與諸夏爲敵國，圍漢高帝於白登。今雲中郡東南。帝因婁敬説，後妻以宗女公主，吕后、文帝復通和親。其後復大入蕭關，今平凉郡蕭關縣。燒回中宫。今扶風郡界。於是置細柳、棘門、霸上三軍以備焉。納鼂錯説，召人實塞下，終景帝時，不爲大患。

武帝因王恢議，誘單于入塞，不克，自爾侵盗尤甚。衛青、霍去病累歲窮討，盡徙漠北矣。漢境又至于陰山，開河西，置酒泉等郡今郡。以隔絶羌胡，遂通西域。宣帝時，其國亂，賢王以下争立爲五單于，呼韓邪南移近塞，朝漢爲藩臣。郅支奔康居，爲甘延壽誅滅。元帝時，單于又來朝，賜以後宫王嬙〔七〕，單于喜甚，上書願保塞上谷今嬀川郡。以西至燉煌，請罷邊備塞吏卒，以休天子人民。郎中侯應習邊事，陳十不可。及王莽輔政，易單于璽曰章，改號「恭奴」，單于復大寇盜。莽又改號「降奴」、「服于」，發兵屯戍，議滿三十萬，十道窮追，分裂爲十五單于。嚴尤諫陳五難。

至後漢建武二十四年〔八〕，其國饑疫死耗，分爲南北單于。其南單于款塞，願永爲藩蔽，扞禦北狄，入居雲中，今榆林郡單于府地。後又移居美稷。今西河郡。臧宫等上書，請滅北匈奴，光武務欲息人，不許。和帝時，北單于爲竇憲破滅。安帝時，南單于屢被鮮卑侵掠。靈、獻之際，轉又挫傷。魏武帝遂分爲五部，置於西河、離石諸郡。今太原、西河、昌化郡之間。劉元海則左賢王之孫，而南匈奴種微矣。

初，烏桓漢武帝時霍去病擊匈奴左地，因徙於上谷、漁陽之間，爲漢偵察匈奴動静，始置護烏桓校尉監統之。至後漢，漸强盛，光武納班彪策，又置校尉。獻帝以後，寇掠轉盛，竟爲曹公所滅。自桓、靈之際，鮮卑又盛，盡有漢北匈奴故地。至光和中，其帥争立，國亂，而檀石槐之種，魏文帝時爲小種鮮卑軻比能破滅〔九〕。比能明帝以後國亂離散，諸部大人慕容、拓跋、宇文更盛，並稱大號，跨有中州焉。

蠕蠕自拓跋初徙雲中，即有種落，後魏太武神䴥中强盛。又盡有匈奴故地。其主社崘始號可汗，猶言皇帝，以後常與後魏爲敵國。明帝熙平以後，其國主争立，大亂。東、西魏之時，突厥既强，蠕蠕主奔西魏，悉被誅滅。

自蠕蠕衰弱，突厥漸盛，至西魏大統中，大破蠕蠕，又盡有匈奴故地。其主土門號可汗，猶古之單于也。北齊、後周争結婚姻，傾府藏事之。至大邏便、沙鉢略，分爲二國。大邏便之後爲西突厥焉。隋文帝開皇中，本國荒亂，其主染干朝隋，并徙種落於朔州及夏、勝二州之間。朔今馬邑郡，夏今朔方郡，勝今榆林郡。煬帝親幸其部。其後始畢可汗圍帝於鴈門，因隋亂，華人奔湊，又更强盛，控絃百萬，勢陵中夏。唐武德中，寇原州。今平涼郡。貞觀初，頡利又至渭橋。四年，李靖滅其國，靈州今靈武郡。總管張寶相擒頡利獻焉。太宗納温彦博之議，置其餘種於河南、朔方之地。其後滋繁，分爲六州。至阿史那元珍，叛還故地。開元初，本落亂，又請降，復處河南，俄又叛去。其西突厥，自隋開皇中國亂，各自爲一國。大業末，西突厥被北突厥所滅。北突厥，武太后嗣聖初，其主默啜寇定州、趙州，大殺掠而去。

自三代以還，北狄盛衰可略而紀。其小國者，時有侵擾不爲大患者，則不暇録焉。唯契丹，武太后萬歲通天初，其帥李盡忠、孫萬榮陷營州，今柳城郡。自稱可汗，司農卿麻仁節等二十八將，敗於西峽石黄麞谷，仁節死焉。賊又陷冀州，今信都郡。刺史陸寶積死之。夏官尚書平章事王孝傑率兵十八萬，又敗没於東峽石。又令御史大夫婁師德率兵二十萬拒之。萬榮爲家奴所殺，其黨遂潰。

匈奴

匈奴，先祖夏后氏之裔〔一〇〕，曰淳維。殷時奔北方。至周末，七國時，而與燕、趙、秦三國爲邊鄰。

趙孝成王使李牧備匈奴，善撫士卒，以便宜置吏，市租皆入幕府〔一一〕，爲士卒費。日殺牛享士，習騎射，謹烽火，多間諜。約曰：「匈奴有來入盜者，但急自備。敢捕虜者斬。」而匈奴每入，烽火謹，輒入收保，不敢戰。如是者數歲，亦不亡失。然匈奴以牧爲怯，雖趙兵亦以爲吾將軍怯。邊士日得賞賜而不用，皆願一戰。於是乃具選車得千三百乘，騎萬三千匹，彀者十萬，彀，工豆反。張弓弩也。悉勒習戰。大縱畜牧，人衆滿野。匈奴小入，佯北不勝，以數千人委之〔一二〕。單于聞之，率衆來入寇。李牧張左右翼擊，大破之，殺匈奴十餘萬騎，滅襜襤〔一三〕，胡也。襜，處廉反。襤，魯甘反。破東胡，降林胡，單于奔走。十餘歲匈奴不敢近趙邊城。

後秦滅六國，而始皇使蒙恬將數十萬人之衆北擊胡〔一四〕，悉逐出塞，收河南地，渡河，以陰山爲塞，築四十四縣城臨河，徙謫戍以充之。而通直道，自九原至雲陽，因邊山險，塹谿谷，可繕者繕之，起臨洮至遼東萬餘里。秦之臨洮在和政郡和政縣，即長城所起處。

匈奴單于曰頭曼，不勝秦，北徙。十餘年至秦亂，所謫徙戍邊者皆復去〔一五〕，於是復稍渡河，與中國界於故塞。今安化、延安、平涼郡之地。後爲其太子冒頓以鳴鏑射殺之，而自立爲單于，時秦二世元年。遂東襲滅東胡王，虜其民衆畜産。既歸，西擊走月氏，南并樓煩、白羊河南王，樓煩已具前。白羊未詳所在。疑今朔方、新秦等郡之地。侵燕、代〔一六〕，悉復收秦所使蒙恬所奪匈奴地者，與漢關故河南塞，至朝那、膚施。朝那今安定郡臨涇縣。膚施今延安郡膚施縣。是時漢方與項羽距，中國罷於兵革，故冒頓得自强，控弦之士三十餘萬。

自淳維以至頭曼千有餘歲，時大時小，別散分離，尚矣，其世傳不可得而次。然至冒頓，而匈奴最强大，盡服從北夷，而南與諸夏爲敵國，其世姓官號可得而記云。

單于姓攣鞮氏，按後漢史，南單于比姓虚連鞮。雖相記有異，而其音相類。其國稱之曰「撑犂孤塗單于」。匈奴謂天爲「撑犂」，謂子爲「孤塗」，單于者，廣大之貌也，言其象天單于然也。置左右賢王，左右谷蠡，左右大將，左右大都尉，左右大當户，左右骨都侯。匈奴謂賢曰「屠耆」，故常以太子爲左屠耆王。自左右賢王以下至當户，大者萬餘騎，小者數千，凡二十四長，立號曰「萬騎」。其大臣皆世官。呼衍氏，蘭氏，顔師古曰：「呼衍，即今鮮卑姓呼延者是也。蘭姓今亦有之。」其後有須卜氏，此三姓者，其貴種也。諸左王將居東方，直上谷以東，直，當也。在今嬀川郡之東。接濊貊〔一七〕、朝鮮；右王將居西方，直上郡以西，今上郡、洛交、延安、咸寧郡之西。接氐、羌，而單于庭直代、雲中。今雲中、單于、安邊郡之北。各有分地，逐水草移徙。而左右賢王、左右谷蠡最爲大國，左右骨都侯輔政。諸二十四長，亦各自置千長、百長〔一八〕、什長、裨小王〔一九〕、相、都尉、當户、且渠之屬。且，子余反。今沮渠姓，蓋本因此官也。

歲正月，諸長少會單于庭，祠。五月，大會龍城，祭其先、天地、鬼神。秋，馬肥，大會蹛林，課校人畜計。匈奴秋社八月中會祭處也。蹛者，繞也，言繞林木而祭也。鮮卑之俗，自古相傳，秋天之祭，無林木者尚豎柳枝，衆騎馳繞三周乃止〔二〇〕。此其遺法。計者，人畜之數。蹛音帶。其刑法，拔刃尺者死，坐盜者没入其家；有小罪者軋，軋者，謂輾轢其骨節，若今之厭踝者也。大者死。獄久者不滿十日，一國之囚不過數人。而單于朝出營，拜日之始生，夕拜月。其坐，長左而北向。左者，以左爲尊。日上戊己〔二一〕，其送死，有棺槨金銀衣裘，而無封樹晉張華曰：「匈奴名冢曰豆落。」喪服；近幸臣妾從死多至數十百人。舉事常隨月，盛壯以攻戰，月虧則退兵。其攻戰，斬首虜賜一巵酒，而所得鹵獲因以與之，得人以爲奴婢。故其戰，人人自爲趨利，善爲誘兵以包敵。包裹取之。故其逐利，如鳥之集；其困敗，則瓦解雲散矣。戰而扶轝死者，盡得其家財。

是時漢初定，徙韓王信於代〔二〕，都馬邑。匈奴大攻圍馬邑，韓王信降匈奴〔三〕。匈奴得信，因引兵南踰句注，攻太原，至晉陽下。今太原府。高帝將兵往擊之。於是冒頓佯敗走，誘漢兵。漢悉兵三十二萬北逐之。高帝先至平城，今雲中郡。步兵未盡到，冒頓果出精兵三十餘萬騎〔四〕，圍高帝於白登，七日，白登在平城東南十餘里。高帝乃使使間厚遺閼氏，冒頓遂引兵去，漢亦罷歸。

是時冒頓兵强，數苦北邊，帝患之，問劉敬。敬曰：「天下初定，士卒罷於兵革，未可以武服也。冒頓殺父，妻群母，以力爲威，未可以信義説也。獨可以計久遠子孫爲臣矣。陛下誠能以長公主妻單于，厚奉遺之，彼知漢女送厚，蠻夷必慕以爲閼氏，生子必爲太子，代立爲單于也。何者？貪漢重幣也。陛下以歲時漢所餘彼所鮮數問遺，使辯士諷諭以禮節。冒頓在，固爲子婿；死，則外孫爲單于。豈聞外孫敢與大父抗禮哉？可無戰以漸臣也。」高帝曰：「善。」使敬往結和親之約。敬從匈奴來，因言：「匈奴河南白羊、樓煩，去長安近者七百里，輕騎一日一夜可以至。秦中新破，少人，地肥饒，可益實之。夫諸侯初起時，非齊諸田，楚昭、屈、景莫興。今陛下雖都關中，實少人。北近胡寇，東有六國强族，一日有變，陛下未得安枕而卧也。臣願徙齊諸田，楚昭、屈、景，燕、趙、韓、魏後，及豪傑名家於關中。無事可以備胡，諸侯有變，亦足率以東伐。此强本弱末之術也。」帝曰：「善。」乃從敬議，徙十餘萬口。是後冒頓常往來侵盜代地，今安邊及馬邑郡之北境是。高帝患之，乃使劉敬奉宗室女翁主爲單于閼氏。

孝惠、高后時，冒頓寖驕，乃爲書，使使遺高后，詞甚悖慢。后大怒，召丞相陳平及樊噲、季布等議之。噲曰：「臣願得十萬衆〔二五〕，横行匈奴中。」問布，布曰：「噲可斬也！前時匈奴圍高帝於平城，漢兵三十二萬，噲爲上將軍，不能解圍。天下歌之曰：『平城之下亦誠苦！七日不食，不能彀弩。』今歌吟之聲未絶，傷痍者甫起，而噲欲摇動天下，妄言以十萬衆横行，是面謾也。且夷狄譬如禽獸，得其善言不足喜，惡言不足怒也。」高后曰：「善。」令大謁者報書，卑辭答之。冒頓得書，復使使來謝曰：「未嘗聞中國禮義，陛下幸而赦之。」因獻馬，遂和親。

至孝文即位，復修和親。其三年夏，匈奴右賢王入居河南地爲寇，往來入塞，捕殺吏卒，詔發邊吏車騎八萬詣高奴，上郡之縣也。擊右賢王，右賢王走出塞。其明年，單于遺漢書言：「漢邊吏侵侮右賢王，右賢王不請，不告單于也。聽後義盧侯難支等計，與漢吏相恨，絶二主之約，離昆弟之親。皇帝讓書再至，發使以書報，不來，漢使不至。師古曰：「謂匈奴再得漢讓書，而發使將書以報漢。漢留使不得還，而漢又更不發使至匈奴也。」漢以其故不和，鄰國不附。今以少吏之敗約，少吏猶言小吏。故罰右賢王，使至西方求月氏擊之。以天之福，吏卒良，馬力强，以滅夷月氏，盡斬殺降下定之。樓蘭、烏孫、呼揭及其旁二十六國皆以爲匈奴。諸引弓之民并爲一家，北州以定。願寢兵休士養馬，除前事，復故約，以安邊民，以應古始，使少者得成其長，老者得安其處，世世平樂。未得皇帝之志，故使郎中係虖淺奉書請，獻橐駝一，騎馬二，駕二駟。皇帝即不欲匈奴近塞，則且詔吏民遠舍。舍，居止也。使者至，即遣之。」六月中，來至新望之地。漢界上塞下之地。書至，漢議擊與和親孰便，公卿皆曰：「單于新破月氏，乘勝，不可擊也。且得匈奴地，澤鹵非可居也，和親甚便。」漢許之。

冒頓死，子稽粥立，號曰老上單于。漢乃復遣宗人女爲翁主〔二六〕，妻老上單于爲閼氏，使宦人中行説傅翁主。説不欲行，漢强使之。説曰：「必我也，爲漢患者。」中行説既至，因降單于，單于愛幸之。初單于好漢繒絮食物，中行説曰：「匈奴人衆不能當漢之一郡，然所以强之者，以衣食異〔二七〕，無仰於漢也。今單于變俗好漢物，漢物不過什二，則匈奴盡歸於漢矣。其得漢繒絮，以馳草棘中，衣袴皆裂敝，以視不如旃裘堅善也；得漢食物皆去之，以視不如湩酪之便美也。」於是説教單于左右疏記，以計識其人衆牧畜。自是之後，漢使欲辯論者，中行説必窮之。日夜教單于候利害處。

十四年，匈奴十四萬騎入朝那、蕭關，虜人民畜産甚多，遂至彭陽，今彭原郡彭原縣。燒回中宮，候騎至雍、今扶風郡縣。甘泉。漢甘泉宫，在今雲陽縣。於是文帝發車千乘，十萬騎，軍長安旁以備胡寇。而拜東陽侯張相如爲大將軍，大發車騎往擊胡。單于留塞内月餘，漢逐出塞即還，不能有所殺。匈奴日以驕，歲入邊，殺掠人民畜産甚衆，雲中、遼東最甚。帝又遺單于書，復約和親事。

時賈誼論邊事曰：「天下之勢方倒懸，凡天子者，天下之首。蠻夷者，天下之足。今蠻夷徵令，是主上之操也；天子共貢，是臣下之禮也。足反居上，首顧居下，倒懸如此，莫之能解，猶爲國有人乎？古之正義，東西南北，苟車舟之所達，人迹所至，莫不率服，而後稱皇。今稱號甚美，而實不出長城。彼非特不服也，又大不敬。邊長不寧，中長不静，譬如伏虎，見便必動。臣切料匈奴控絃大率六萬騎，五口而出介卒一人，五六三十，此三十萬口耳，未及漢千石大縣也。陛下何不立一官，置一吏〔二八〕，以主匈奴，雖以千石居之可也。今中國日治，匈奴日危，將必以匈奴之衆爲漢臣民〔二九〕，制之令千家而爲一國，處之塞外，自隴西延至遼東〔三〇〕，各有分地，以使邊備，月氏、灌窳之變皆屬之〔三一〕。窳音庾。其置郡，然後罷戍休邊民〔三二〕，帝之威德，內行外信，四荒悦服矣。不然，數十萬之衆積於北方，天下安得食而饋之！」帝不能用。

後四年，老上單于死，子軍臣單于立，漢復與匈奴和親。歲餘，匈奴復絶和親，大入上郡、雲中，雲中今單于府榆林郡之地。所殺掠甚衆。於是漢置三將軍，軍長安西細柳、渭北棘門、霸上以備胡。胡騎入代句注邊，烽火通於甘泉、長安數月。是時匈奴强，數寇邊，上發兵以禦之。太子家令鼂錯上言兵事曰：「臣聞漢興以來，胡虜數入邊地，小入則小利，大入則大利〔三三〕。竊聞戰勝之威，民氣百倍；敗兵之卒，没世不復〔三四〕。自高后以來，匈奴三入隴西，攻城屠邑，毆掠畜産，民氣破傷，無有勝意。今兹隴西之吏，賴社稷神靈，奉陛下之明詔，和輯士卒，砥礪其節，起破傷之民以當乘勝之匈奴，用少擊衆，殺一王，敗其衆而大有利〔三五〕。非隴西之民有勇怯，乃將吏之制巧拙異也。故兵法曰：『有必勝之將，無必勝之民。』由此觀之，安邊境，立功名，在於良將，不可不擇也。今匈奴地形技藝與中國異。上下山坂，出入谿澗，中國之馬弗與也；險道傾側，且馳且射，中國之騎弗與也；風雨罷勞，饑渴不困，中國之人弗與也；此匈奴之長技也。若夫平原易地，輕車突騎，則匈奴之衆易撓亂也；勁弩長戟，射疏及遠，則匈奴之弓弗能格也；堅甲利刀〔三六〕，長短相雜，遊弩往來，什伍俱前，則匈奴之兵弗能當也；材官騶發，材官騎射之官。騶發，騶謂矢之善者也。矢道同的，言其妙射。則匈奴之革笥、以木皮爲鎧〔三七〕。木薦以木板爲盾。弗能支也。下馬地鬭，劍戟交接，去就相薄，則匈奴之足弗能給也，此中國之長技也。以此觀之，匈奴之長技三，中國之長技五。陛下又興數十萬衆，以誅數萬之匈奴，衆寡之計，以一擊十之術也。雖然，兵，凶器；戰，危事也。以大爲小，以强爲弱，在俯仰之間耳。今降胡義渠蠻夷之屬來歸義者，其衆數千，飲食長技與匈奴同，可賜之堅甲絮衣，勁弓利矢，益以邊郡之良騎，令明將能知其習俗和輯其心者，以陛下之明約將之。即有險阻，以此當之；平地通道，則以輕車材官制之。兩軍相當表裏，各用其長技，衡加之以衆，衡，横。此萬全之術也。」

文帝嘉之，乃賜錯璽書寵答焉。

錯復言守邊備塞，勸農力本，當世急務二事，曰：「胡人衣食之業不著於地，其勢易以擾亂邊境。何以明之？胡人食肉飲酪，衣皮毛，非有城郭田宅之歸居，如飛鳥走獸於廣野，美草甘水則止，草盡水竭則移。以是觀之，往來轉徙，時至時去，此胡人之生業，而中國之所以離南畝也。今使胡人數處轉牧行獵於塞下，或當燕代，或當上郡、北地、隴西，北地，今彭原、安化、靈武、五原等郡之地。以候備塞之卒，卒少則入。陛下不救，則邊民絶望而有降敵之心；救之，少發則不足，多發，遠縣纔至，則胡又已去。聚而不罷，爲費甚大；罷之，則胡復入。如此連年，則中國貧苦而民不安矣。陛下幸憂邊境，遣將吏發卒以治塞，甚大惠也。然今遠方之卒守塞，一歲而更，不知胡人之能，不如選常居者，家室田作，且以備之。以便爲之高城深塹，具藺石，布渠荅，藺石，雷石也，可投人。渠荅，鐵蒺藜也〔三八〕。復爲一城其内，城間百五十步。要害之處，通川之道，調立城邑，無下千家，調，謂算度之也。總計城邑之中，令有千家以上〔三九〕。爲中周虎落。虎落，外藩也。先爲室屋，具田器，乃募罪人及免徒復作令居之〔四〇〕；募有罪人及罪人遇赦復作竟其日月者，令皆除其罪〔四一〕，令居之也。不足，募以丁奴婢贖罪及輸奴婢欲以拜爵者；不足，乃募民之欲往者。皆賜高爵，復其家。予冬夏衣，廩食，能自給而止。郡縣之民得買其爵，以自增至卿。謂其等級同列卿。其無夫若妻者，縣官買予之。人情非有匹敵，不能久安其處。塞下之民，禄利不厚，不可使久居危難之地。胡人入驅而能止其所驅者，以其半予之，言胡人入爲寇，驅掠漢人及畜産，而他人能止得其所驅者，令本主以半賞之。縣官爲贖胡得漢人，官爲備價贖之。其民。如是，則邑里相救助，赴胡不避死。非以德上也，言非以此事欲立德義於主上也。欲全親戚而利其財也。此與東方之戍卒不習地勢而心畏胡者，功相萬也。」上從其言，募民徙塞上〔四二〕。

文帝崩，景帝立，而趙王遂乃陰使於匈奴。吴楚反，欲與趙合謀入邊。漢圍破趙，匈奴亦止。自是後，景帝復與匈奴和親，通關市，給遺單于，遣翁主如故約。終景帝世，時時小入盗邊，無大寇。

武帝即位，明和親約束，厚遇關市，饒給之。匈奴自單于以下皆親漢，往來長城下。漢使馬邑人聶翁壹姓聶名壹。翁，老人之稱。間闌出物與匈奴交易，謂私出塞交易。陽爲賣馬邑城以誘單于。單于信之，而貪馬邑財物，乃以十萬騎入武州塞。漢伏兵三十餘萬馬邑旁，御史大夫韓安國爲護軍將軍，護四將軍以伏單于。伏兵而待單于也。單于既入漢塞，未至馬邑百餘里，見畜布野而無人牧者，怪之，乃攻亭。時鴈門尉史行徼，見寇，保此亭，漢律近塞郡皆置尉，百里一人，士史、尉史各二人，巡行徼塞也。單于得尉史，欲刺之。尉史知漢謀，乃具告單于。單于大驚，曰：「吾固疑之。」乃引兵還。出曰：「吾得尉史，天也。」以尉史爲天王。漢兵約單于入馬邑而縱兵，單于不至，以故無所得。將軍王恢部出代擊胡輜重，聞單于還，兵多，不敢出。漢以恢本建造兵謀而不進，誅恢。自是後，匈奴絶和親，攻當路塞，塞之當行道處者。往往入盗於邊，不可勝數。然匈奴貪，尚樂關市，嗜漢財物，漢亦通關市不絶以中之。

自馬邑軍後五歲之秋，漢使四將各萬騎擊胡關市下。將軍衛青得首虜七百人，公孫賀無所得，公孫敖、李廣俱爲胡所敗。其冬，匈奴數千人盜邊，漁陽尤甚，於是漢使將軍衛青、李息出代郡〔四三〕，擊胡，得首虜數千。其明年，衛青復出雲中以西至隴西，擊胡之樓煩、白羊王於河南，得胡首虜數千〔四四〕，羊百餘萬。於是漢遂取河南地，築朔方，復繕故秦時蒙恬所爲塞，因河而爲固。漢亦棄上谷之斗辟縣造陽地以予胡。斗，絶也。縣之斗曲入匈奴界首〔四五〕，其中造陽地也。辟讀曰僻。是歲，元朔二年。其年冬〔四六〕，軍臣單于死，其弟左谷蠡王伊穉斜自立爲單于〔四七〕，攻敗軍臣單于太子於單。於單亡降漢，漢封於單爲陟安侯，數月死。其年，匈奴數萬衆入代郡、鴈門。明年，又入代郡、定襄、上郡，各殺掠數千人。匈奴右賢王怨漢奪河南地築朔方，數寇盜邊，入河南，侵擾朔方，殺掠吏民甚衆。其明年，漢遣衛青將六將軍十餘萬人出朔方高闕，出塞七百里〔四八〕，夜圍右賢王。右賢王逃亡，漢將軍得右賢王人衆男女萬五千人，裨小王十餘人。其秋，匈奴入代郡殺掠。

明年春，漢遣大將軍衛青將六將軍，十餘萬騎，仍再出定襄塞數百里擊匈奴，得首虜前後萬九千級〔四九〕，而漢亦亡兩將軍，三千餘騎。前將軍翕侯趙信兵不利，降匈奴。趙信者，故胡小王，降漢，漢封爲翕侯。單于既得翕侯，以爲自次王，自次者，尊重次於單于。用其姊妻之，與謀漢。信教單于益北絶幕，直度曰絶。以誘罷漢兵，徼極而取之，徼，要也。誘令疲，要其困極，然後取之也。毋近塞〔五〇〕。單于從之。其明年，胡數萬騎入上谷，殺數百人。

明年春，漢使驃騎將軍去病將萬騎出隴西，過焉耆山千餘里，得胡首虜八千餘級，得休屠王祭天金人。孟康曰：「匈奴祭天處本在雲陽甘泉山下，秦擊其地〔五一〕，後徙之休屠王右地，故休屠有祭天金人象也。」師古曰：「作金人以爲天神之主而祭之，即今佛像是其遺法。」其夏，驃騎將軍復與合騎侯數萬騎出隴西、北地二千里，過居延，攻祁連山，得胡首虜三萬級〔五二〕，裨小王以下十餘人。是時，匈奴亦來入代郡、鴈門，殺掠數百人。漢使博望侯及李將軍廣出右北平，擊匈奴左賢王〔五三〕，左賢王圍李廣，廣盡亡其軍。其秋，單于怒昆邪王、休屠王居西方爲漢所殺虜數萬人，欲召誅之。昆邪、休屠王恐，謀降漢，漢使驃騎將軍迎之。昆邪王殺休屠王，并將其衆降漢，凡四萬餘人，號十萬。於是漢已得昆邪，則隴西、北地、河西益少胡寇，徙關東貧民處所奪匈奴河南地新秦中以實之，新秦，解在食貨志。而減北地以西戍卒半。明年春，匈奴入右北平、定襄各數萬騎，殺掠千餘人。

其明年春〔五四〕，漢謀以爲「翕侯信爲單于計，居幕北，以爲漢兵不能至」。乃粟馬，以粟秣馬。發十萬騎，私負從馬凡十四萬匹，私負衣裝者及私將馬從者，皆非公家發與之限。糧重不與焉。負戴糧食者。令大將軍青、驃騎將軍去病中分軍，大將軍出定襄，驃騎將軍出代，咸約絶幕擊匈奴。單于聞之，遠其輜重，以精兵待於幕北。與漢大將軍接戰一日，會暮，大風起，漢兵縱左右翼圍單于。單于自度戰不能與漢兵，與猶如也。遂獨與壯騎數百潰漢圍西北遁走。漢兵夜追之不得，行捕斬首虜凡萬九千級，且行且捕斬之。北至寘顔山趙信城而還。趙信所作，因以名城。單于之走，其兵往往與漢軍相亂而隨單于。單于久不與其大衆相得，右谷蠡王以爲單于死，乃自立爲單于。真單于復得其衆，右谷蠡乃去號，復其故位。驃騎之出代二千餘里，與左王接戰，漢兵得胡首虜凡七萬餘人，左王將皆遁走。驃騎封於狼居胥山，禪姑衍，臨翰海而還。是後匈奴遠遁，而幕南無王庭。漢度河自朔方以西至令居，往往通渠置田官，吏卒五六萬人，稍蠶食，地接匈奴以北。

初，漢兩大將出圍單于〔五五〕，所殺虜八九萬，而漢士物故亦萬數，漢馬死者十餘萬匹。匈奴雖病，遠去，而漢馬亦少，無以復往。單于用趙信計，遣使好辭請和親。天子下其議，或言和親，或言遂臣之。丞相長史任敞曰：「匈奴新困，宜使爲外臣，朝請於邊。」漢使敞使於匈奴，單于聞敞計，大怒，留之不遣。先是漢亦有所降匈奴使者，單于亦輒留漢使相當。漢方復收士馬，會驃騎將軍去病死，於是漢久不北擊胡。數歲，伊穉斜單于立十三年死，子烏維立爲單于。是歲，元鼎三年也。烏維單于立，而漢武帝始出巡狩郡縣。其後漢方南誅兩越，不擊匈奴，匈奴亦不入邊。

烏維立三年，漢已滅兩越，遣故太僕公孫賀將萬五千騎出九原二千餘里，至浮苴井，苴，井余反〔五六〕。從驃侯趙破奴萬餘騎出令居數千里〔五七〕，至匈奴河水〔五八〕，水名也。去令居千里。皆不見匈奴一人而還。是時，天子巡邊，親至朔方，勒兵十八萬騎以見武節，而使郭吉風告單于曰：「南越王頭已縣於漢北闕下。今單于即能前與漢戰，天子自將兵待邊；即不能，亟南面臣於漢。何但遠走，亡匿於幕北寒苦無水草之地爲？」單于大怒，留吉，遷辱之北海上。然終不肯爲寇於漢邊，休養士馬，習射獵，數使使好辭甘言求和親。漢使王烏等闚匈奴。匈奴法，漢使不去節，不以墨黥其面，不得入穹廬。王烏，北地人，習胡俗，去其節，黥面入廬。單于愛之，陽許曰：「吾遣太子入質求和親。」

漢使楊信使於匈奴。是時漢東拔濊貉、朝鮮以爲郡，而西置酒泉郡以隔絶胡與羌通之路。又西通月氏、大夏，以翁主妻烏孫王，以分匈奴西方之援國。又北益廣田至眩雷爲塞，眩雷，地在烏孫北。眩音縣。而匈奴終不敢以爲言。是歲，翕侯信死，漢用兵者以匈奴已弱，可臣從也。楊信爲人剛直屈强，素非貴臣也，單于不親。欲召入，不肯去節，乃坐穹廬外見信。信曰：「即欲和親，以單于太子爲質於漢。」單于曰：「非故約。故約，漢常遣翁主，給繒絮食物有品以和親，品謂等差也。而匈奴亦不復擾邊。今乃欲反古，令吾太子爲質，無幾矣。」言遣太子爲質，則匈奴國中所餘者無幾，皆當其盡也。匈奴俗，見漢使非中貴人，其儒生，以爲欲説，折其辭辯；少年，以爲欲刺，折其氣。每漢兵入匈奴，匈奴輒報償。漢留匈奴使，匈奴亦留漢使，必得當乃止。楊信既歸，漢使王烏等如匈奴。匈奴復諂以甘言，欲多得漢財物，紿王烏曰：「吾欲入漢見天子，面結爲兄弟。」王烏歸報，漢爲單于築邸于長安。諸所言者，單于特空紿王烏，殊無意入漢，於是數使奇兵犯漢邊。漢乃使郭昌及浞野侯趙破奴屯朔方以東，備胡。

烏維單于立十歲死，子詹師廬立，年少，號兒單于。是歲，元封六年也。是後，單于益西北，左方兵直雲中，右方兵直酒泉、燉煌。兒單于立，漢使兩使，一人弔單于，一人弔右賢王，欲以乖其國。單于怒而悉留漢使。是歲，漢令因杅將軍築受降城。時單于年少，好殺〔五九〕，國中不安。左大都尉欲殺單于，使人私告漢，以兵來即發。漢乃築受降城。其明年春，漢使浞野侯將二萬騎出朔方〔六〇〕，左大都尉欲發而覺，單于殺之，發兵擊浞野侯。浞野侯併軍没於匈奴。

兒單于立三歲死。子少，匈奴乃立其季父烏維單于弟右賢王句黎湖爲單于。是歲，太初三年也。

句黎湖單于立，漢使光禄徐自爲出五原塞數百里，遠者千里，築城障、列亭至盧朐山〔六一〕，而使游擊將軍韓説、長平侯衛伉屯其旁，伉，衛青子。使强弩都尉路博德築居延澤上。其秋，匈奴大入雲中、定襄、五原、朔方，殺略數千人，敗數二千石而去，行壞光禄所築亭障。又使右賢王入酒泉、張掖，略數千人。會任文擊救，任文，漢將。擊救者，擊匈奴而自救漢人。盡復失其所得而去。聞貳師將軍破大宛，斬其王還，單于欲遮之，不敢，其冬病死。

句黎湖單于立一歲死，其弟左大都尉且鞮侯立爲單于。漢既誅大宛，威振外國，天子意欲遂困胡，乃下詔曰：「高皇帝遺朕平城之憂，高后時單于書絶悖逆。昔齊襄公復九世之讎，春秋大之。」時太初四年也。且鞮侯單于初立，恐漢襲之，盡歸漢使之不降者路充國等於漢。單于乃自謂：「我兒子，何敢望漢天子！漢天子，我丈人行。」漢遣中郎將蘇武厚幣賂遺單于，單于益驕，禮甚倨，非漢所望也。明年，漢使貳師將軍將三萬騎出酒泉〔六二〕，擊右賢王於天山，得首虜萬餘級。漢兵物故什六七。漢使騎都尉李陵將步兵五千人出居延北千餘里，與單于合戰，爲匈奴所圍，陵降匈奴。後二歲，漢使貳師將軍李廣利及路博德、韓説等將兵出鴈門、朔方、五原。匈奴聞，悉遠其累重於余吾水北，而單于以十萬衆待水南，與貳師接戰。貳師引去。

明年，且鞮侯單于死，立五年，長子左賢王立爲狐鹿姑單于。是歲，太始元年也。既立六年，而匈奴入上谷、五原、酒泉，殺略吏民。於是漢遣貳師將軍及商丘成、莽通等將兵十四萬出五原、西河、酒泉。單于聞漢兵大出，急遣其輜重，徙趙信城北邸郅居水。左賢王驅其人民度余吾水六七百里，單于自將精兵度姑且水。又使李陵等將兵追漢軍，合戰，虜不利，引去。貳師將出塞，匈奴使五千騎要擊漢軍，合戰，虜兵壞散，漢軍乘勝逐北，至范夫人城，匈奴奔走，莫敢距。會貳師妻子坐蠱收，聞之憂懼。欲深入要功，遂北渡郅居水，單于知漢軍勞倦，自將五萬要遮貳師〔六三〕，貳師軍敗，降匈奴。自貳師没後，漢新失大將軍士卒數萬人，不復出兵。三歲武帝崩。前此漢兵深入窮追二十餘年，匈奴孕重墮殰，罷極苦之。孕重，懷任者也。墮，落也。殰，敗也，音讀。罷讀作疲，極，困也。苦之，心厭苦也。自單于以下，常有欲和親計。後三年，單于欲求和親〔六四〕，會病死。

初，單于有異母弟爲左大都尉，賢，國人鄉之，母閼氏恐單于不立子而立左大都尉也，乃私使殺之。左大都尉同母兄怨，遂不肯復會單于庭。又單于病且死，謂諸貴人：「我子少，不能治國，立弟右谷蠡王。」及單于死，衛律等與顓渠閼氏謀，匿單于死，詐撟單于令，撟與矯同。與貴人飲盟，更立子左谷蠡王爲壺衍鞮單于，是歲，始元二年也。

壺衍鞮單于既立，風謂漢使者〔六五〕，言欲和親。左賢王、右谷蠡王以不得立怨望，率其衆欲南歸漢。恐不能自致，即脅盧屠王，欲與西降烏孫，謀擊匈奴。盧屠王告之，單于使人驗問，右谷蠡王不服，反以其罪罪盧屠王，國人皆冤之。於是二王去居其所，未嘗肯會龍城。各居其本處，不復會龍城祭。後二年秋，匈奴入代，殺都尉。單于年少初立，母閼氏不正，國内乖離，常恐漢兵襲之。於是衛律爲單于謀：「穿井築城，治樓以藏穀，與秦人守之。秦時人有亡入匈奴者，子孫尚號秦人。漢兵至，無奈我何。」即穿井數百，伐材數千。或曰胡人不能守城，是遺漢糧也，衛律於是止，乃歸漢使不降者蘇武、馬宏等，欲以通善意。時單于立三歲矣。明年，匈奴發左右部二萬騎，爲四隊，並入邊爲寇。漢兵追之，斬首虜九千人，生得甌脱王，漢無所失亡。匈奴見甌脱王在漢，恐以爲道擊之，即西北遠去，不敢南逐水草，發人民屯甌脱。明年，復遣九千騎屯受降城以備漢，北橋余吾，令可度，於余吾水上作橋。以備奔走。時匈奴兵數困，國益貧，欲和親而恐漢不聽，故不肯先言，常使左右風漢使者。然其侵盜益希，遇漢使愈厚，欲以漸致和親，漢亦羈縻之。明年，匈奴使犁汙王窺邊，言酒泉、張掖兵益弱，出兵試擊，冀可復得其地。時漢先得降者，聞其計，天子詔邊警備。後無幾，右賢王、犁汙王四千騎無幾言不多時也。分三隊，入日勒、屋蘭、番和。皆張掖縣也。張掖太守、屬國都尉發兵擊，大破之。是後，匈奴不敢入張掖。其明年，匈奴三千騎入五原，殺略數千人。時漢邊郡烽火候望精明，匈奴爲邊寇者少利，希復犯塞。

其後以兵擊烏孫，取車延、惡師地。烏孫公主上言，會昭帝崩，宣帝即位，烏孫昆彌上書，言：「連爲匈奴所侵削，願發國半精兵盡力擊匈奴，唯天子出兵，哀救公主！」本始二年，漢大發關東輕鋭士，遣田廣明、范明友、韓增、趙充國、田順等五將軍，兵十餘萬騎，出塞各二千里。烏孫西域昆彌從西方入〔六六〕，與五將軍凡二十餘萬。衆匈奴聞漢兵大出，老弱奔走，驅畜産遠遁，是以五將軍少所得。校尉常惠與烏孫兵至右谷蠡庭，獲單于父行及嫂〔六七〕、居次、名王、犁汙都尉、千長、騎將以下三萬九千餘級，虜馬牛羊驢贏橐駝七十餘萬。漢封惠爲長羅侯。然匈奴民衆死傷而去者，及畜産遠移死亡不可勝數。於是匈奴遂衰耗，怨烏孫。其冬，單于自將數萬騎擊烏孫，頗得老弱，欲還。會天大雨雪，一日深丈餘，人畜凍死，回者不能什一。於是丁令乘弱攻其北，烏桓入其東，烏孫擊其西。凡三國所殺數萬計〔六八〕，馬數萬匹，牛羊甚衆。又重以饑死，人民死者什三，畜産什伍，匈奴大虚弱，諸國羈縻者皆瓦解，攻盗不能理。其後漢出三千餘騎，爲三道，並入匈奴。捕虜得數千人還。匈奴終不敢取當，當者，報其直。滋欲向和親，而邊境省事矣。

壺衍鞮單于立十七年死，弟左賢王立，爲虚閭權渠單于。是歲，地節二年也。時匈奴不能爲邊寇，於是漢罷外城，以休百姓。外城，塞外諸城。是歲，匈奴饑，人民畜産死十六七。又發兩屯各萬騎以備漢。其明年，西域城郭共擊匈奴，取車師國，得其王及人衆而去。單于復以車師王昆弟兜莫爲車師王，收其餘民東徙，不敢居故地。而漢益遣屯士分田車師地以實之。匈奴遣六千騎擊漢之田車師者，不能下〔六九〕。

虚閭權渠單于立九年死。是歲，神爵二年也。乃立右賢王屠耆堂爲握衍朐鞮單于。既立二歲，暴虐殺伐，國中不服〔七〇〕。其姑夕王與烏禪幕及左地貴人共立稽侯狦虚閭權渠單于之子。爲呼韓邪單于，發左地兵四五萬人，西擊握衍朐鞮單于，握衍朐鞮單于與戰，兵敗，恚而自殺〔七一〕。其民衆盡降呼韓邪單于。呼韓邪謀殺右賢王。右賢王乃與都隆奇共立日逐王薄胥堂爲屠耆單于，發兵襲呼韓邪單于，呼韓邪兵敗走。時西方呼揭王來與唯犁當户共讒右賢王〔七二〕，屠耆單于殺右賢王，後知其冤，復殺唯犁當户。於是呼揭王恐，乃畔去，自立爲呼揭單于。右奥鞬王聞之，即自立爲車犁單于。烏籍都尉亦自立爲烏籍單于。凡五單于。既而車犁、烏籍爲屠耆所擊敗，烏籍、呼揭皆去單于號，共尊輔車犁單于。屠耆擊車犁，車犁敗走。其明年，呼韓邪擊屠耆，屠耆兵敗，自殺。屠耆少子右谷蠡王姑瞀樓頭亡歸漢〔七三〕，車犁東降呼韓邪。

校勘記

〔一〕生七日而超其母　「而」下原有「即」字，據漢書卷九四上匈奴傳上師古注、通典卷一九四邊防一〇刪。

〔二〕侵暴乃及涇陽　「陽」下原有「地」字，據北宋本通典卷一九四邊防一〇刪；「乃」字通典亦無。

〔三〕遣衛青渡西河　「西河」二字原倒，據下文及通典卷一九四邊防一〇乙正。

〔四〕東胡却千餘里　「東胡」二字原脱，據史記卷一一〇匈奴傳補。

〔五〕殷伐　「伐」原作「代」，據北宋本通典卷一九四邊防一〇改。

〔六〕今安北府北　「安北府」原作「安東府」，據元本、慎本、馮本及通典卷一九四邊防一〇改。

〔七〕元帝時單于又來朝賜以後宮王嬙　「元帝」原作「成帝」，據本書卷三四一四裔考一八，漢書卷九元帝紀、卷九四下匈奴傳下改。「王嬙」，元帝紀作「王檣」，匈奴傳下作「王牆」。

〔八〕至後漢建武二十四年　「四」字原脱，據後漢書卷八九南匈奴傳、通典卷一九四邊防一〇補。

〔九〕魏文帝時爲小種鮮卑軻比能破滅　「滅」原作「之」，據通典卷一九四邊防一〇改。

〔一〇〕先祖夏后氏之裔　「夏后氏」，漢書卷九四上匈奴傳上同，通典卷一九四邊防一〇作「夏氏」。

〔一一〕市租皆入幕府　「市」字原脱，「幕府」二字原倒，據史記卷八一廉頗藺相如傳補乙。

〔一二〕以數千人委之　「千」原作「十」，據史記卷八一廉頗藺相如傳、通典卷一九四邊防一〇改。

〔一三〕滅襜襤　「襜襤」，史記卷八一廉頗藺相如傳、北宋本通典卷一九四邊防一〇作「襜襤」。

〔一四〕而始皇使蒙恬將數十萬人之衆北擊胡　史記卷一一〇匈奴傳無「數」字。

〔一五〕所謫徙戍邊者皆復去　「復」字原脱，據史記卷一一〇匈奴傳、漢書卷九四上匈奴傳上補，「謫徙」二字同上二書作「徙謫」。

〔一六〕侵燕代　史記卷一一〇匈奴傳、漢書卷九四上匈奴傳上，此三字在下文「至朝那膚施」句下。

〔一七〕接濊貊　「濊貊」，史記卷一一〇匈奴傳、漢書卷九四上匈奴傳上作「穢貉」，通典卷一九四邊防一〇作「穢貊」。

〔一八〕亦各自置千長百長　「百長」下原有「行長」二字，據史記卷一一〇匈奴傳、漢書卷九四上匈奴傳上、太平寰宇記卷一八九四夷一八北狄一刪。

〔一九〕裨小王　「裨」原作「禆」，據史記卷一一〇匈奴傳、漢書卷九四上匈奴傳上、通典卷一九四邊防一〇改。

〔二〇〕衆騎馳繞三周乃止　「衆」原作「象」，據漢書卷九四上匈奴傳上師古注、通典卷一九四邊防一〇改。

〔二一〕日上戊己　「己」原作「巳」，據史記卷一一〇匈奴傳、漢書卷九四上匈奴傳上、通典卷一九四邊防一〇改。

〔二二〕徙韓王信於代　「徙」字原脱，據史記卷一一〇匈奴傳、漢書卷九四上匈奴傳上、通典卷一九四邊防一〇補。

〔二三〕韓王信降匈奴　「王」字原脱，據史記卷一一〇匈奴傳、太平寰宇記卷一八九四夷一八北狄一補。

〔二四〕冒頓果出精兵三十餘萬騎　「騎」字原脱，據漢書卷九四上匈奴傳上、通典卷一九四邊防一〇、史記卷一一〇匈奴傳補；「三十餘萬」，同上史記作「四十萬」。

〔二五〕臣願得十萬衆　「十」原作「千」，據元本、慎本、馮本、下文及漢書卷九四上匈奴傳上、通典卷一九四邊防一〇改。

〔二六〕漢乃復遣宗人女爲翁主　「翁主」，漢書卷九四上匈奴傳上同，史記卷一一〇匈奴傳、北宋本通典卷一九四邊防一〇作「公主」。

〔二七〕以衣食異　「異」下原有「物」字，據元本、愼本、馮本及史記卷一一〇匈奴傳、漢書卷九四上匈奴傳上删。

〔二八〕置一吏　「一」字原脱，據賈誼新書卷四匈奴篇、太平寰宇記卷一八九四夷一八北狄一補。

〔二九〕將必以匈奴之衆爲漢臣民　「民」原作「人」，本書沿襲通典避諱史文未改，今據賈誼新書卷四匈奴篇改。

〔三〇〕自隴西延至遼東　「延」下原衍「安」字，據新書卷四匈奴篇删。

〔三一〕月氏灌窳之變皆屬之　上「之」字原脱，據新書卷四匈奴篇、太平寰宇記卷一八九四夷一八北狄一補。

〔三二〕然後罷戎休邊民　「戎」原作「戍」，「民」原作「人」，據元本、愼本、馮本及新書卷四匈奴篇改。

〔三三〕大入則大利　「則」字原脱，據漢書卷四九晁錯傳、通典卷一九四邊防一〇補。

〔三四〕没世不復　「世」原作「身」，據漢書卷四九晁錯傳、通典卷一九四邊防一〇改。

〔三五〕敗其衆而大有利　「而」下原有「法曰」二字，據王先謙漢書補注卷四九晁錯傳考證引宋祁説及通志卷九七晁錯傳删。

〔三六〕堅甲利刀　「刀」，漢書卷四九晁錯傳、通典卷一九四邊防一〇作「刃」。

〔三七〕以木皮爲鎧　「皮」原作「板」，據通典卷一九四邊防一〇、太平寰宇記卷一八九四夷一八北狄一改。漢書卷四九晁錯傳注引孟康曰：「革笥，以皮作如鎧者披之」，疑「木」字當作「革」字。

〔三八〕鐵蒺藜也　「蒺」字原脱，據漢書卷四九晁錯傳蘇林注、太平寰宇記卷一九〇四夷一九北狄二補；漢書卷四九晁錯傳作「疾」。

〔三九〕令有千家以上　「有」下原衍「度」字，據漢書卷四九晁錯傳師古注、太平寰宇記卷一九〇四夷一九北狄二删。

〔四〇〕乃募罪人及免徒復作令居之　「徒」原作「徙」，據漢書卷四九晁錯傳改。

〔四一〕令皆除其罪　「罪」，漢書卷四九晁錯傳臣瓚注、通典卷一九四邊防一〇作「罰」。

〔四二〕募民徙塞上　「上」，漢書卷四九晁錯傳、通典卷一九四邊防一〇作「下」。

〔四三〕於是漢使將軍衛青李息出代郡　按衛青出雁門而李息出代郡，非二人同出代郡，據史記卷一一〇匈奴傳、漢書卷九四上匈奴傳上，且此事在上文所述「匈奴數千人盜邊，漁陽尤甚」之明年秋，而非當年。

〔四四〕得胡首虜數千　「千」原作「十」，據史記卷一一〇匈奴傳、漢書卷九四上匈奴傳上改。

〔四五〕縣之斗曲入匈奴界首　「首」，漢書卷九四上匈奴傳上孟康注作「者」，疑是。

〔四六〕其年冬　史記卷一一〇匈奴傳、漢書卷九四上匈奴傳上均作「其後冬」。

〔四七〕其弟左谷蠡王伊穉斜自立爲單于　「王」字原脱，據史記卷一一〇匈奴傳、漢書卷九四上匈奴傳上補。

〔四八〕出塞七百里　「七百里」，史記卷一一〇匈奴傳、漢唐卷九四上匈奴傳上均作「六七百里」。

〔四九〕得首虜前後萬九千級　史記卷一一〇匈奴傳、漢書卷九四上匈奴傳上，「千」下有「餘」字。

〔五〇〕毋近塞　「毋」原作「母」，據漢書卷九四上匈奴傳上改。

〔五一〕秦擊其地　漢書卷九四上匈奴傳上孟康注作「秦擊奪其地」。

〔五二〕得胡首虜三萬級　史記卷一一〇匈奴傳、漢書卷九四上匈奴傳上，「萬」下有「餘」字。

〔五三〕擊匈奴左賢王　「左賢王」三字原脱，據史記卷一一〇匈奴傳、漢書卷九四上匈奴傳上補。

〔五四〕其明年春　「明」字原脱，據史記卷一一〇匈奴傳補。

〔五五〕漢兩大將出圍單于　史記卷一一〇匈奴傳作「漢兩將軍大出圍單于」，漢書卷九四上匈奴傳上作「漢兩將大出圍單于」。疑通考非。

〔五六〕苴井余反　「井」，漢書卷九四上匈奴傳上師古注作「子」。

〔五七〕從驃侯趙破奴萬餘騎出令居數千里　「侯」原作「騎」，據史記卷一一〇匈奴傳、漢書卷九四上匈奴傳上改。

〔五八〕至匈奴河水　「匈奴河水」，漢書卷九四上匈奴傳上同，史記卷一一〇匈奴傳作「匈河水」。

〔五九〕好殺　漢書卷九四上匈奴傳上作「好殺伐」。

〔六〇〕其明年春漢使浞野侯將二萬騎出朔方　「其明年春漢」五字原脱，據史記卷一一〇匈奴傳、漢書卷九四上匈奴傳上補。

〔六一〕築城障列亭至盧朐山　「築城障」三字原脱，據史記卷一一〇匈奴傳、漢書卷九四上匈奴傳上補。

〔六二〕明年漢使貳師將軍將三萬騎出酒泉　史記卷一一〇匈奴傳、漢書卷九四上匈奴傳上「明年」後均有「浞野侯破奴得亡歸漢其明年」十二字。

〔六三〕自將五萬要遮貳師　漢書卷九四上匈奴傳上作「自將五萬騎遮擊貳師」。

〔六四〕後三年單于欲求和親　此九字原脱，據漢書卷九四上匈奴傳上補。

〔六五〕風謂漢使者　「謂」字原脱，據漢書卷九四上匈奴傳上補。

〔六六〕烏孫西域昆彌從西方入　此處通考節録舊史，似有訛誤，漢書卷九四上匈奴傳上作「及校尉常惠使護發兵烏孫西域，昆彌自將翕侯以下五萬餘騎從西方入」。

〔六七〕獲單于父行及嫂　「單于」原作「匈奴」，據漢書卷九四上匈奴傳上改。

〔六八〕凡三國所殺數萬計　「計」，漢書卷九四上匈奴傳上作「級」。

〔六九〕而漢益遣屯士分田車師地以實之匈奴遣六千騎擊漢之田車師者不能下　此處通考節録舊史，似有訛誤，漢書卷九四上匈奴傳上作「而漢益遣屯士分田車師地以實之。其明年，匈奴怨諸國共擊車師，遣左右大將各萬餘騎屯田右地，欲以侵迫烏孫西域。後二歲，匈奴遣左右奥鞬各六千騎，與左大將再擊漢之田車師城者，不能下」。

〔七〇〕國中不服　「服」，漢書卷九四上匈奴傳上作「附」。

〔七一〕西擊握衍朐鞮單于握衍朐鞮單于與戰兵敗恚而自殺　此處通考節文與史有出入，漢書卷九四上匈奴傳上作：「西擊握衍朐鞮單于，至姑且水北。未戰，握衍朐鞮單于兵敗走，使人報其弟右賢王曰：『匈奴共攻我，若肯發兵助我乎？』右賢王曰：『若不愛人，殺昆弟諸貴人。各自死若處，無來汙我。』握衍朐鞮單于恚，自殺。」

〔七二〕呼韓邪兵敗走時西方呼揭王來與唯犁當户共讒右賢王　據漢書卷九四下匈奴傳下「西方呼揭王來與唯犁當户謀，共讒右賢王」爲「呼韓邪兵敗走」之「明年秋」事，而非當時之事。

〔七三〕屠耆少子右谷蠡王姑瞀樓頭亡歸漢　「王姑瞀樓頭」五字原脱，據漢書卷九四下匈奴傳下補。

卷三百四十一　四裔考十八

匈奴

呼韓邪左大將烏厲屈等見匈奴亂，率其衆數萬人南降漢，漢俱封爲侯。時李陵子立烏籍都尉爲單于，呼韓邪捕斬之，復都單于庭，然衆裁數萬人。屠耆單于從弟休旬王將所主五六百騎，擊殺左大且渠，并其兵，至右地，自立爲閏振單于，在西邊。其後，呼韓邪單于兄左賢王呼屠吾斯亦自立爲郅支骨都侯單于，在東邊。其後二年，閏振單于率其衆東擊郅支單于。郅支單于與戰，殺之，并其兵，遂進攻呼韓邪。呼韓邪破，其兵走，郅支都單于庭。

呼韓邪之敗也，左伊秩訾王爲呼韓邪計，勸令稱臣入朝事漢，從漢求助，如此匈奴乃定。呼韓邪問諸大臣，皆曰：「不可。匈奴之俗，本上氣力而下服役，以服役於人爲下。以馬上戰鬬爲國，故有威名於百蠻。戰死，壯士所有也。今兄弟争鬬〔一〕，不在兄則在弟，雖死子孫猶有威名，常長諸國〔二〕。漢雖强，猶不能兼并匈奴，奈何亂先古之制，臣事於漢，卑辱先單于，爲諸國所笑！雖如是而安，何以復長百蠻！」左伊秩訾曰：「不然。强弱有時，今漢方盛，烏孫城郭諸國皆爲臣妾。自且鞮侯單于以來，匈奴日削，不能取復，雖屈强於此，未嘗一日安也。今事漢則安存，不事則危亡，計何以過此！」諸大人相難久之。呼韓邪從其計，引衆南近塞，遣子右賢王銖婁渠堂入侍。郅支單于亦遣子右大將駒于利受入侍。是歲，甘露元年也。

明年，呼韓邪單于款五原塞，款，叩也。願朝三年正月。會正旦之朝賀也。漢遣車騎都尉韓昌迎，發過所七郡郡二千騎，爲陳道上。所過之郡，每爲發兵陳列於道，以爲寵衛也。單于正月朝天子於甘泉宮，漢寵以殊禮，位在諸侯王上，贊謁稱臣而不名。賜以冠帶衣裳，黃金璽盭綬，盭，古戾字。戾，草名也。以戾染綬，亦諸侯王之制也〔三〕。玉具劍，標首鐔衛盡用玉爲之也〔四〕。鐔，劍口旁横出者。衛，劍鼻也。佩刀，弓一張，矢四發，發，十二矢。棨戟十，棨戟，有衣之戟也。棨音啓。安車一乘，鞍勒一具，馬十五匹，黃金二十斤，錢二十萬，衣被七十七襲，一稱爲一襲，猶今人言一副衣服也。錦繡綺縠雜帛八千疋，絮六千斤。禮畢，使使者道單于先行，宿長平。長平，涇水上坂也。上自甘泉宿池陽宮。上登長平，詔單于毋謁，不令拜也。其左右當户之群臣皆得列觀，及諸蠻夷君長王侯數萬，咸迎於渭橋下，夾道陳。上登渭橋，咸稱萬歲。單于就邸，留月餘，遣歸國。單于自請願留居光禄塞下，徐自爲所築者也。有急保漢受降城。漢遣長樂衛尉高昌侯董忠、車騎都尉韓昌將騎萬六千，又發邊郡士馬以千數，送單于出朔方鷄鹿塞。詔忠等留衛單于，助誅不服，又轉邊穀米糒，前後三萬四千斛，給贍其食。是歲，郅支單于亦遣使奉獻，漢遇之甚厚。明年，兩單于俱遣使朝貢獻，漢待呼韓邪使有加。明年，呼韓邪單于復入朝，禮賜如初，加衣百一十襲，錦帛九千疋，絮八千斤。以有屯兵，故不復發騎爲送。

始郅支單于以呼韓邪降漢，兵弱不能復自還，即引其衆西，欲攻定右地。因北擊烏揭，西破堅昆，北降丁零，并三國。數遣兵擊烏孫，勝之。堅昆東去單于庭七千里，南去車師五千里，郅支留都之。元帝初即位，呼韓邪單于復上書，言民衆困乏。漢詔雲中、五原郡轉穀二萬斛給之。郅支單于自以道遠，又怨漢擁護呼韓邪，遣使上書求侍子。漢遣谷吉送之，郅支潛殺吉。其後呼韓邪歸北庭，人衆稍稍歸之，國中遂定。郅支既殺漢使者，自知負漢，又聞呼韓邪益强，恐見襲擊。會康居數爲烏孫所困，欲倚匈奴合兵取烏孫，乃遣兵迎郅支。乃結兵西詣康居〔五〕。其後，都護甘延壽與陳湯發兵即康居誅斬郅支。

郅支既誅，呼韓邪且喜且懼，上書言：「願謁見天子，以郅支在西方，恐其與烏孫偕來擊臣，故未得。今郅支已伏誅，願入朝見。」竟寧元年，復入朝，禮賜倍於黄龍時。單于自言願婿漢氏以自親。元帝以後宮良家子王嬙字昭君賜單于。單于驩喜，上書願保塞上谷以西至燉煌，保，守也。自請保守之，令無寇盗。傳之無窮，請罷邊備塞吏卒，以休天子人民。天子令下有司議，議者皆以爲便。郎中侯應習邊事，以爲不可許。上問狀，應曰：「周秦以來，匈奴暴桀，寇侵邊境，漢興，尤被其害。臣聞北邊塞至遼東，外有陰山，東西千餘里，草木茂盛，多禽獸，本冒頓單于依阻其中，治作弓矢，來出爲寇，是其苑囿也。至孝武世，出師征伐，斥奪此地，攘之於幕北。建塞徼，起亭隧，隧謂深開小道而行，避敵鈔寇也。築外城，設屯戍，以守之，然後邊境得用少安。幕北地平，少草木，多大沙，匈奴來寇，少所蔽隱，從塞以南，徑深山谷，往來差難。邊長老言匈奴失陰山之後，過之未嘗不哭也。如罷邊塞戍卒，示夷狄之大利，不可一也。今聖德廣被，天覆匈奴，匈奴得蒙全活，稽首來臣。夫夷狄之情，困則卑順，强則驕逆，天性然也。前以罷外城，省亭隧，今裁足以候望通烽火而已。古者安不忘危，不可復罷，二也。中國有禮義之教，刑罰之誅，愚民猶尚犯禁，又況單于，能必其不犯約哉！三也。自中國尚建關梁以制諸侯，所以絶臣下之覬欲也。設塞徼，置屯戍，非獨爲匈奴而已，亦爲諸屬國降民，本故匈奴之人，恐其思舊逃亡，四也。近西羌保塞，與漢人交通，吏民貪利，侵盗其畜産妻子，以此怨恨，起而背畔，世世不絶。今罷乘塞，則生嫚易分争之漸，五也。乘塞，登而守之也。往者從軍多没不還者，子孫貧困，一旦亡出，從其親戚，六也。又邊人奴婢愁苦，欲亡者多，曰『聞匈奴中樂〔六〕，無奈候望急何！』然時有亡出塞者，七也。盗賊桀黠，群輩犯法，如其窘急，亡走北出，則不可制，八也。起塞以來百有餘年，非皆以土垣也，或因山岩石，木柴僵落，谿谷水門，稍稍平之，卒徒築治，功費久遠，不可勝計。臣恐議者不深慮其終始，欲以一切省繇戍，十年之外，百歲之内，卒有他變，障塞破壞，亭隧絶滅，當更發屯繕治，累世之功不可卒復，九也。如罷戍卒，省候望，單于自以保塞守禦，必深德漢〔七〕，於漢自稱恩德也。請求無已。小失其意，則不可測。開夷狄之隙，虧中國之固，十也。非所以永持至安，威制百蠻之長策也。」對奏，天子有詔：「勿議罷邊塞事。」

呼韓邪立二十八年，建始二年死。子雕陶莫皋立，爲復株絫若鞮單于。匈奴謂孝曰「若鞮」，自呼韓邪後，見漢謚帝爲「孝」，慕之，故皆爲「若鞮」。遣子右致盧兒王醯諧屠奴侯入侍。河平元年，單于遣右皋林王伊邪莫演等奉獻朝正月。明年，單于上書願朝河平四年正月，遂入朝，加賜多於竟寧時。復株絫單于立十年，鴻嘉元年死。弟且糜胥立，爲搜諧若鞮單于。遣子左祝都韓王呴留斯侯入侍〔八〕。搜諧單于立八歲，元延元年，爲朝二年發行，未入塞，病死。弟且莫車立，爲車牙若鞮單于，遣子右於涂仇撣王烏夷當入侍。車牙單于立四年，綏和元年死。弟囊智牙斯立，爲烏珠留若鞮單于，遣子右股奴王烏鞮牙斯入侍。

哀帝建平四年，上書願朝五年。時哀帝被疾，或言匈奴從上游來厭人，游，流也。河水從西北來，故曰上游，亦總謂地名耳〔九〕，不必係於河水。自黄龍、竟寧時，單于朝中國輒有大故。謂國之大喪。上由是難之，以問公卿，亦以爲虛費府帑，可且勿許。黄門郎揚雄上書諫曰：「臣聞六經之治，貴於未亂；兵家之勝，貴於未戰。已亂而後治，戰鬬而後捷，則不足貴。二者皆微，微謂精妙。然而大事之本，不可不察也。今單于上書求朝，國家不許而辭之，臣愚以爲漢與匈奴從此隙矣。夫北地之狄，五帝所不能臣，三王所不能制，其不可使隙甚明。請引秦以明之：以始皇之强，蒙恬之威，帶甲四十餘萬，然不敢窺西河，乃築長城以界之。會漢初興，以高祖之威靈，三十萬衆困於平城，士或七日不食。時奇譎之士石畫之臣石，言堅固如石。甚衆，卒其所以脱者，世莫得而言也。莫得而言，謂自免之計，其事醜惡，故不傳〔一〇〕。又高皇后嘗忿匈奴，群臣廷議，於是大臣權書遺之，以權道爲書，順辭以荅。然後匈奴之結解，中國之憂艾〔一一〕。至孝文時，匈奴侵暴北邊，候騎至雍甘泉，京師大駭，發三將軍屯細柳、棘門、霸上以備之，數月乃罷。暨孝武即位，設馬邑之權，欲誘匈奴，使韓安國將三十萬衆徼擊，匈奴覺之而去，徒費財勞師，一虜不可見，況單于之面乎！其後乃大興師數十萬，使衛青、霍去病操兵，前後十餘年，追奔逐北。自是之後，匈奴震怖，益求和親，然而未肯稱臣也。且夫前世豈樂傾無量之費，役無罪之人，快心於狼望之北哉？以爲不壹勞者不久佚，不暫費者不永寧，是以忍百萬之師摧餓虎之喙，運府庫之財填盧山之壑而不悔也。盧山，匈奴中山名。至本始之初〔一二〕，匈奴欲掠烏孫，侵公主，乃發五將之師二十萬騎征之〔一三〕，故北狄不服，中國未得高枕安寢也。至元康、神爵之間，匈奴内亂，五單于争立，呼韓邪携國歸化，扶伏稱臣，然尚羈縻之，計不顓制。專制謂以爲臣妾也。

自此之後，欲朝者不拒，不欲者不强。何者？外國天性忿鷙，形容魁健，負力怙氣，難化以善，易隸以惡，隸謂附屬，惡謂威也。其强難詘，其和難得。故未服之時，勞師遠攻，傾國殫貨，伏尸流血，破堅拔敵，如彼之難也；既服之後，慰薦撫循，交接賂遺，威儀俯仰，如此之備也。往時嘗屠大宛之城〔一四〕，蹈烏桓之壘，探姑繒之壁，姑繒，西南夷種也，在蜀徼外。籍蕩姐之場〔一五〕，羌屬也。籍，蹈也。姐音紫。艾朝鮮之旃，拔兩越之旗，近不過旬月之役，遠不離二時之勞，固已犂其庭，掃其閭，郡縣而置之，雲徹席卷，後無餘災。唯北狄爲不然，真中國之堅敵也，三垂比之懸矣，前世重之滋甚，未易可輕也。今單于歸義，懷款誠之心，欲離其庭，陳見於前，此乃上世之遺策，神靈之所想望，國家雖費，不得已者也。奈何拒以來厭之辭，疏以無日之期〔一六〕，消往昔之恩，開將來之隙！負前言，損往辭〔一七〕，言單于因損往昔和好之辭以怨漢也。歸怨於漢，因以自絶，終無北面之心，威之不可，諭之不能，焉得不爲之大憂乎！夫明者視於無形，聰者聽於無聲，誠先於未然，即蒙恬、樊噲不復施，棘門、細柳不復備，馬邑之策安所設，衛、霍之功何得用，五將之威安所震？不然，壹有隙之後，雖智者勞心於内，辯者轂擊於外，猶不若未然之時也。且往者圖西域〔一八〕，制車師，置城郭都護三十六國，費歲以大萬計者，豈爲康居、烏孫能踰白龍堆而寇西邊哉？龍堆形如土龍身，無頭有尾，高大者二三丈，卑者丈餘，皆東北向，相似也，在西域。乃以制匈奴也。夫百年勞之，一日失之，費十而愛一，臣竊爲國家不安也。」書奏，天子悟而許之。加賜錦繡繒布各有差〔一九〕，他如河平時。

平帝時，西域車師後王句姑、去胡來王唐兜爲其去胡而來降漢，故以爲王號。皆怨恨都護校尉，將妻子亡降匈奴，單于受之。遣使上書言狀。詔遣使告單于曰：「西域内屬，不當得受。」單于曰：「孝宣、孝元皇帝哀憐，爲作約束，自長城以南天子有之，長城以北單于有之。有犯塞者，輒以狀聞；有降者，不得受。臣知父呼韓邪單于蒙無量之恩，死遺言曰：『有從中國來降者，勿受，輒送塞，以報天子厚恩。』此外國也，得受之。」使者曰：「匈奴骨肉相攻，國幾絶，蒙中國大恩，危亡復續，妻子完安，累世相繼，宜有以報厚恩。」單于叩頭謝罪，執二虜還付使者。詔使中郎將王萌待西域惡都奴界上逆受。惡都奴，西域之谷名。逆受，迎而受之。單于遣使送到國，因請其罪。使者以聞，有詔不聽，不免其罪。會西域諸國王斬以示之。乃造設四條：中國人亡入匈奴者，烏孫亡降匈奴者，西域諸國佩中國印綬降匈奴者，烏桓降匈奴者，皆不得受。遣中郎將王駿、王昌，副校尉甄阜、王尋使匈奴，班四條與函封〔二〇〕，與璽書同一函而封之。付單于，令奉行，因收故宣帝所爲約束封函還。時，王莽奏令中國不得有二名，因使使者以風單于，宜上書慕化，爲一名，漢必加厚賞。單于從之，上書言：「幸得備藩臣，竊樂太平聖制，臣故名囊知牙斯，今請更名曰知。」莽大說，白太后，遣使者答諭，厚賞賜焉。

王莽簒位，遣五威將王駿等多賫金帛，重遺單于，諭曉以受命代漢，因易單于故印。故印文曰「匈奴單于璽」，莽更曰「新匈奴單于章」。單于以去「璽」加「新」與臣下無異，願得故印。駿椎碎之，單于無可奈何，又多得遺賂，乃遣使奉馬牛入謝。單于始求稅烏桓，莽不許，漢既頒四條，匈奴以故事責烏桓稅，烏桓曰：「奉天子詔條，不當予。」匈奴怒，發兵攻烏桓，虜其人。因寇掠其人民，重以印文改易，釁由是生，故怨恨。明年，西域車師後王須置離謀降匈奴，都護但欽誅斬之〔二一〕。置離兄狐蘭支將二千餘人，驅畜產，舉國亡降匈奴，單于受之。但欽上書言匈奴寇擊諸國。莽大怒，分匈奴爲十五單于，遣中郎將藺苞將兵萬騎，多賫珍寶至雲中塞下，招誘呼韓邪諸子，欲以次拜之。單于聞之，怒曰：「先單于受漢宣帝恩，不可有負也。今天子非宣帝子孫，何以得立？」是後匈奴歷告左右部都尉，諸邊王，入塞寇盜殺掠，不可勝數，緣邊虚耗。莽新即位，怙府庫之富欲立威，乃拜十二部將率，發郡國勇士〔二二〕，武庫精兵，各有所屯守，轉委輸於邊。議滿三十萬衆，齎三百日糧，同時十道並出，窮追匈奴，因分其地，立呼韓邪十五子。

莽將嚴尤諫曰：「臣聞匈奴爲害，所從來久矣，未聞上世有必征之者也。後世三家周、秦、漢征之，然皆未得上策者也。周得中策，漢得下策，秦無策焉。當周宣王時〔二三〕，獫狁内侵，至於涇陽，命將征之，盡境而還。其視戎狄之侵，譬猶蟁蝱之螫，驅之而已。故天下稱明，是爲中策。漢武帝選將練兵，齎輕糧，深入遠戍，雖有克獲之功，胡輒報之，兵連禍結三十餘年，中國罷耗，匈奴亦創艾，而天下稱武，是爲下策。秦始皇不忍小耻而輕民力，築長城之固，延袤萬里，轉輸之行，起於負海〔二四〕，疆境既完，中國内竭，以喪社稷，是爲無策。今天下遭陽九之厄，比年饑饉，西北邊尤甚。發三十萬衆，具三百日糧，東援海岱〔二五〕，南取江淮，然後乃備。計其道里，一年尚未集合，兵先至者聚居暴露，師老械敝，勢不可用，此一難也。邊既空虚，不能奉軍糧，内調郡國，不相及屬，此二難也。計一人三百日糧，用糒十八斛，非牛力不能勝；牛又當自齎食，加二十斛，重矣。胡地沙鹵，多乏水草，以往事揆之，軍出未滿百日，牛必物故且盡，餘糧尚多，人不能負，此三難也。胡地秋冬甚寒，春夏甚風，多齎鬴鍑薪炭〔二六〕，重不可勝，鍑，釜之大口者。音富。食糒飲水，以歷四時，師有疾疫之憂，是故前世伐胡，不過百日，非不欲久，勢力不能，此四難也。輜重自隨，則輕鋭者少，不得疾行，虜徐遁逃，勢不能及〔二七〕，幸而逢虜，又累輜重，如遇險阻，銜尾相隨，銜尾，馬銜尾也。言前後單行，不得並驅。虜要遮前後，危殆不測，此五難也。今既發兵，宜縱先至者，令臣尤等深入霆擊，且以創艾胡虜。」請率見到之兵〔二八〕，且以擊虜。莽不聽，於是天下騷動。初，北邊自宣帝以來，數世不見烟火之警，人民熾盛，牛馬布野。及莽撓亂匈奴，與之構難，邊民死亡係獲，又十二部兵久屯而不出，吏士罷弊，數年之間，北邊虚空，野有暴骨矣。

天鳳初，烏累若鞮單于呼韓邪之子，烏珠留單于之弟，名咸。又請和邊，遣人造塞，告塞吏曰欲見和親侯王歙。歙，昭君兄子。莽遣歙、歙弟颯使匈奴〔二九〕，賀單于初立，賜黄金衣被繒帛〔三〇〕，罷將率屯兵，但置游擊都尉。單于貪莽賂遺，故外不失漢故事，然内利寇掠。莽復遣歙與五威將王咸等多遺單于金寶，因諭説改其號，號匈奴曰「恭奴」，單于曰「善于」，賜印綬。單于貪莽金幣，故曲聽之，然寇盜如故。莽怒，又更名曰「降奴」、「服于」。單于咸立五歲，天鳳五年死，弟左賢王輿立，爲呼都而尸道皋若鞮單于。既立，貪利賞賜，遣使奉獻至長安。莽拜云、當爲須卜單于〔三一〕，欲出大兵以輔立之。匈奴愈怒，並入北邊，北邊由是壞敗。漢兵既誅莽。更始二年，漢遣陳遵等使匈奴，授單于漢舊制璽綬，王侯以下印綬。單于輿驕，謂遵等曰：「匈奴本與漢爲兄弟，匈奴中亂，孝宣皇帝輔立呼韓邪單于，故稱臣以尊漢。今漢亦大亂，爲王莽所篡，匈奴亦出兵攻莽，空其邊境，令天下騷亂思漢，莽卒以敗而漢復興，亦我力也，當復尊我！」其明年夏，還。會赤眉入長安，更始敗。

南匈奴醢落尸逐鞮單于比者，呼韓邪之孫，烏珠留若鞮之子也。自呼韓邪後，諸子以次立，至比季父孝單于輿時，以比爲右薁鞬日逐王，部領南邊及烏桓。建武初，彭寵反叛於漁陽，單于與共連兵，因復權立盧芳，共侵北邊。六年，始遣使通匈奴，賂遺金帛，以修舊好。匈奴亦遣使來獻。而單于驕倨，自比冒頓。光武方內平諸夏，未遑外事，而匈奴數與盧芳共侵北邊。九年，遣吳漢等擊之，經歲無功，而匈奴轉盛，鈔暴日增。十三年，遂寇河東，州郡不能禁止。於是漸徙幽、并邊人於常山關、居庸關以東〔三二〕，漢常山關居代郡，今安邊、馬邑郡即漢代郡。漢居庸關在今嬀川郡懷戎縣。匈奴左部遂復轉居塞內。朝廷患之，增緣邊兵郡數千人，大築亭障〔三三〕，修烽火。匈奴入寇尤深，二十年，遂至上黨、今上黨、樂平、高平、陽城郡地。扶風、今扶風、汧陽、新平。天水。二十一年，復寇上谷、中山，今博陵郡。殺掠甚衆，北邊無復寧歲。二十二年，比從父弟蒲奴立爲單于，而匈奴中連年旱蝗，赤地數千里，草木盡枯，人畜饑疫，死耗太半。單于畏漢乘其敝，乃遣使求和親。而比密遣漢人郭衡奉匈奴地圖，詣河西太守今銀川、新秦、昌化、西河之西境地。求內附。

二十四年，八部大人共議立比爲呼韓邪單于，以其大父嘗依漢得安，故欲襲其號。於是款五原塞，今九原郡。願永爲蕃蔽，扞禦北虜。光武用五官中郎將耿國議，乃許之。東觀記曰：「十二月癸丑，匈奴始分爲南北單于。」二十五年春，遣弟左賢王莫將兵擊北單于，敗之。北單于震怖，却地千里。南單于復遣使詣闕，奉蕃稱臣，獻國珍寶，求使者監護，願遣侍子，修舊約。北單于蒲奴也，二十二年襲位〔三四〕。南單于比也，二十四年，八部大人所立。自此匈奴分爲二。二十六年，遣中郎將段郴等使南單于，立其庭，去五原西部塞八十里，單于延使者。使者曰：「單于當拜伏受詔。」單于顧望有頃，乃拜伏稱臣。令譯曉使者曰：「單于新立，誠慙左右，願使者衆中無相屈折也。」郴等反命，詔聽南單于入居雲中。遣使上書，獻駱駝、文馬。夏，南單于所獲北虜薁鞬左賢王將其衆及南部五骨都侯合三萬餘人畔歸，去北庭三百餘里〔三五〕，共立左賢王爲單于。

月餘，更相攻擊，五骨都侯皆死，左賢王遂自殺，諸骨都侯子各擁兵自守。秋，南單于遣子入侍，奉奏詣闕。詔賜單于冠帶、衣裳、璽綬、車輿馬、金帛、樂器、甲兵、飲食什器。又轉河東米糒、牛羊以贍給之。令中郎將置安集掾史將弛刑五十人，持兵弩隨單于所處，參辭訟，察動静。單于歲盡輒遣奉奏，送侍子入朝，中郎將從事一人將領詣闕。漢遣謁者送前侍子還單于庭，交會道路。元正朝賀，拜祠陵廟畢，漢乃遣單于使，令謁者將送，賜金帛、太官御食，單于子及左右賢王、谷蠡王、骨都侯有功善者，繒綵合萬疋。歲以爲常。

匈奴俗，歲有三龍祠，常以正月、五月、九月戊日祭天神。南單于既内附，兼祠漢帝，因會諸部，議國事，走馬及駱駝爲樂。其大臣貴者左賢王，次左谷蠡王，次右賢王，次右谷蠡王，謂之四角；次左右日逐王，次左右温禺鞮王，次左右漸將王，是爲六角；皆單于子弟，次第當爲單于者也。異姓大臣左右骨都侯，次左右尸逐骨都侯，其餘日逐、且渠、當户諸官號，各以權力優劣、部衆多少爲高下次第焉。單于姓虚連題。前書曰：「單于姓攣鞮氏，其國稱之曰『撑犁孤屠』。匈奴謂天爲撑犁，子爲孤屠。」與此不同。異姓有呼衍氏、須卜氏、丘林氏、蘭氏四姓，爲國中名族，常與單于婚姻。呼衍氏爲左，蘭氏、須卜氏爲右，主斷决聽訟，當决輕重，口白單于，無文書簿領焉。

冬，前畔五骨都侯子復將其衆三千人歸南部，北單于使騎追擊，悉獲其衆。南單于遣兵拒之，逆戰不利。於是復詔單于徙居西河美稷〔三六〕，因使中郎將段郴及副校尉王郁留西河擁護之，爲設官府、從事、掾史。令西河長史歲將騎二千，弛刑五百人，助中郎將衛護單于，冬屯夏罷。自後以爲常，及悉復緣邊八郡。南單于既居西河，亦置諸部王，助爲扞戍。使韓氏骨都侯屯北地，右賢王屯朔方，當于骨都侯屯五原，呼衍骨都侯屯雲中，郎氏骨都侯屯定襄，左南將軍屯鴈門，栗籍骨都侯屯代郡，皆領部衆爲郡縣偵羅耳目。猶探候也。北單于皇恐，頗還所略漢人，以示善意。鈔兵每到南部下，還過亭候，輒謝曰：「自擊亡虜薁鞬、日逐耳，非敢犯漢人也。」

二十七年，北單于遂遣使詣武威求和親，天子召公卿廷議，不決。皇太子言曰：「南單于新附，北虜懼於見伐，故傾耳而聽，争欲歸義耳。今未能出兵，而反交通北虜，臣恐南單于將有貳心，北虜降者且不復來矣。」帝然之，告武威太守勿受其使。二十八年，北匈奴復遣使詣闕，貢馬及裘，更乞和親，并請音樂，又求率西域諸國胡客與俱獻見。帝下三府議酬答之宜。司徒掾班彪奏曰：「臣聞孝宣皇帝敕邊守尉曰：『匈奴大國，多變詐。交接得其情，則却敵折衝；應對入其數，則反爲輕欺。』今北匈奴見南單于來附，懼謀其國，故數乞和親，又遠驅牛馬與漢合市，重遣名王，多所貢獻，斯皆外示富强，以相欺誕也。臣見其獻益重，知其國益虚，歸親愈數，爲懼愈多。然今既未獲助南，則亦不宜絶北，羈縻之義，禮無不答。謂可頗加賞賜，略與所獻相當，明加曉告以前世呼韓邪、郅支行事。呼韓邪稱臣受賞，郅支背德被誅，以此二者行事曉告之。報答之辭，令必有適。」帝悉納從之。臧宫、馬武上書言〔三七〕：「匈奴民畜疫死〔三八〕，旱蝗赤地，疫困之力〔三九〕，不能當中國一郡。宜臨塞厚懸賞購，喻告高句麗、烏桓、鮮卑攻其左，發河西四郡、天水、隴西羌胡擊其右。如此，北虜之滅，不過數年。」不從。三十一年，北匈奴復遣使如前，乃璽書報答，賜以綵繒，不遣使者。

南單于比立九年卒，弟左賢王莫立，遣使弔祭慰賜，後以爲常。莫立一年卒，弟汗立二年卒〔四〇〕，比之子適立。永平五年冬〔四一〕，北匈奴六七千騎入五原塞，遂寇雲中至原陽，南單于擊却之。適立四年卒，莫子蘇立，數月卒，適弟長立。時北匈奴猶盛，數寇邊，朝廷以爲憂。會北單于欲合市，遣使求和親，顯宗許之。八年，遣使報命，而南部須卜骨都侯等知漢與北虜交使，懷嫌怨欲畔，密因北使，令遣兵迎之。漢使出塞，疑有異，伺候果得須卜使人，乃上言宜更置大將，以防二虜交通。由是始置度遼營，使中郎將吴棠等將營士屯五原曼柏、美稷。其年秋，北虜果遣二千騎候望朔方，作馬革船〔四二〕，欲度迎南部畔者，以漢有備，乃引去。復數寇鈔邊郡，焚燒城邑，殺略甚衆，河西城門晝閉。帝患之。十六年，乃大發緣邊兵，遣諸將四道出塞，北征匈奴。南單于亦遣左賢王信從軍。虜聞漢兵來，悉度漠去。其年，北匈奴入雲中，遂至漁陽，太守廉范擊却之。詔遣三郡兵追之，無所得。建初元年，南部苦蝗，大飢，肅宗命廩給其貧人。八年，北匈奴三木樓訾大人稽留斯等率三萬八千人〔四三〕、馬二萬匹、牛羊十餘萬，款五原塞降。元和元年，武威太守孟雲上言北單于復願與吏人合市，詔書聽雲遣驛使迎呼慰納之。北單于乃遣大且渠伊莫訾王等，驅牛馬萬餘頭來與漢賈客交易。諸王大人或前至，所在郡縣爲設官邸，賞賜待遇之。南單于聞，乃遣輕騎出上郡，遮略生口，鈔掠牛馬，驅還入塞。二年正月，北匈奴大人車利、涿兵等亡來入塞，凡七十三輩。時北虜衰耗，黨衆離畔，南部攻其前，丁零寇其後，鮮卑擊其左，西域侵其右，不復自立，乃遠引而去。

單于長立二十三年薨，單于汗之子宣立。伊屠於閭鞮單于宣，元和二年立。其歲，匈奴遣兵千餘人獵至涿邪山，卒與北虜温禺犢王遇，因戰，獲其首級而還。冬，孟雲上書言：「北虜以前既和親，而南部復往鈔掠，北單于謂漢欺之，謀欲犯塞，謂宜還南所掠生口，以慰安其意。」肅宗從太僕袁安議，許之。章和元年，鮮卑擊北匈奴，大破之，北庭大亂，屈蘭等五十八部，口二十萬，勝兵八千人，詣雲中、五原、朔方、北地降。

單于宣卒，長之弟何立。時北虜大亂，加以飢蝗，降者前後而至。南單于將併北庭，會肅宗崩，竇太后臨朝。單于上言：「宜及北虜分争，出兵討伐，破北成南，并爲一國。令漢家長無北念。又新降右須日逐鮮堂輕從虜庭來詣臣，言北虜諸部多欲内顧，但恥自發。若出兵奮擊，必有響應。臣伏念先父歸漢以來，蒙被覆載，大兵擁護，積四十年。臣生長漢地，開口仰食，四時賞賜，動輒億萬，雖垂拱安枕，慙無報效之地〔四四〕。願發國中及諸部故胡新降精兵，出朔方、居延，同會虜地。又恐兵衆單少，不足以防内外。乞遣執金吾耿秉等將兵併力而北，冀因聖威，一舉平定〔四五〕。」太后以示耿秉，秉請從之。永元元年，以秉及竇憲等率騎八千，與度遼兵及南單于衆三萬騎，出朔方擊北虜，大破之。北單于奔走，首虜二十餘萬人。二年，南單于復上求滅北庭，引兵與漢兵兩道襲之。北單于遁走，獲閼氏及男女虜口而還。是時南部連剋獲降納，黨衆最盛，領户三萬四千，口二十三萬七千三百，勝兵五萬一百七十。三年，北單于復爲右校尉耿夔所破〔四六〕，逃亡。其弟於除鞬自立爲單于，遣使款塞。大將軍竇憲奏請立於除鞬爲北單于，司徒袁安等以爲「光武招懷南虜，非謂可永安内地，正以權時之算，可得扞禦北狄故也。今朔漠既定，宜令南單于反其北庭，并領降衆，今若復立於除鞬，是失信於南單于，百蠻不敢復保誓矣。且漢故事，供給南單于費直，歲一億九十餘萬，西域歲七千四百八十餘萬。今北庭彌遠，其費過倍，是乃空盡天下，而非建策之要也」。朝廷不從，乃遣耿夔即授璽綬、劍具、羽蓋，使中郎將任尚持節護衛屯伊吾，如南單于故事。方欲輔歸北庭，會竇憲誅。五年，於除鞬自畔還北，討斬之，破滅其衆。

單于屯屠何立六年卒，宣弟安國立。安國立一年，爲其下所殺，適之子師子立。新降胡襲師子，擊破之。於是新降胡遂相驚動，十五部二十餘萬人皆反畔，脅立前單于子日逐王逢侯爲單于，殺略吏人，燔燒亭帳，將車重向朔方，欲度漠北。於是遣行車騎將軍鄧鴻等合四萬人討之。擊逢侯於滿夷谷，大破之，逢侯率衆出塞，漢兵不能追。

師子立四年卒，單于長之子檀立。南單于比歲擊逢侯，多所虜獲，逢侯轉困迫。十六年，北單于遣使詣闕貢獻，願和親，修呼韓邪故約。和帝以其舊禮不備，未許之，而厚加賞賜。元興元年，重遣使詣燉煌貢獻，辭以國貧未能備禮，願請大使，當遣子入侍。天子降大使至國，即遣侍子隨大使入侍。時鄧太后臨朝，亦不答其使，但加賜而已。永初三年夏〔四七〕，漢人韓琮隨南單于入朝，既還，說南單于云：「關東水潦，人民饑餓死盡，可擊也。」單于信其言，遂起兵反畔。及遣行車騎將軍何熙、副中郎將龐雄等擊之〔四八〕。單于見騎軍並進〔四九〕，大恐怖，讓韓琮曰：「汝言漢人死盡，今是何等人也？」乃遣使乞降，許之。單于脫帽徒跣，對龐雄等拜陳，道死罪。詔赦之，待遇如初，乃還所鈔漢民及羌所略轉賣入匈奴中者合萬餘人。元初四年，逢侯爲鮮卑所破，部衆分散，皆歸北虜。五年春，逢侯將百餘騎亡還，詣朔方塞降，詔徙之於潁川郡。

檀立二十七年卒，弟拔立。先是朔方以西障塞多不修復，鮮卑因此數寇南部，殺漸將王。匈奴有左右漸將王〔五〇〕。單于憂恐，上言求復障塞，順帝從之。乃遣黎陽營兵出屯中山北界，增置沿邊諸郡兵，列屯塞下，教習戰射。

拔立四年卒，弟休利立。永和五年夏，南匈奴左部句龍王吾斯、車紐等背叛，寇西河，殺朔方、代郡長史。發沿邊兵討破之。天子遣使責讓單于，單于不預謀，乃脱帽謝罪，既而恐懼自殺。句龍吾斯等立句龍王車紐爲單于。東引烏桓，西收羌戎及諸胡等數萬人，攻破京兆虎牙營，殺上郡都尉，遂寇掠并、涼、幽、冀四州。冬，遣中郎將張耽等擊破之，斬首三千級，獲生口甚衆。呼蘭若尸逐就單于兜樓儲先在京師，漢安二年立之。天子臨軒，大鴻臚持節拜授璽綬，引上殿。賜車蓋、刀劍、什物，給綵布二千疋。遣行中郎將持節護送單于歸南庭。中郎將馬寔募刺殺句龍吾斯，送首洛陽。建康元年〔五一〕，進擊餘黨，皆平之。

兜樓儲立五年薨，居車兒立。永壽元年，匈奴左薁鞬臺耆等畔〔五二〕，寇鈔美稷，張奐擊降之。延熹元年，南單于諸部並叛，遂與烏桓、鮮卑寇緣邊九郡，張奐討之，諸部悉降。奐以單于不能統理國事，乃拘之，上立左谷蠡王。桓帝以居車兒一心向化，無罪，乃遣還庭。

居車兒立二十五年卒，子某立，史失其名。熹平六年卒，子呼徵立。光和二年，中郎將張修與單于不相能，修擅斬之，更立右賢王羌渠爲單于。修以不先請而擅誅，檻車徵詣廷尉抵罪。中平五年，匈奴右部醢落十餘萬人反，攻殺單于。子右賢王於扶羅立，於扶羅即劉淵之祖。而國人殺其父者遂畔，共立須卜骨都侯爲單于，於扶羅詣闕自訟。會帝崩，天下大亂，單于將數百騎與白波賊合兵寇河内諸郡。今河内、鄴、汲等郡。時民皆保聚，鈔掠無利，而兵遂挫傷。欲歸，國人不受，乃止河東。須卜骨都侯爲單于一年而死，南庭遂虚其位，以老王行國事〔五三〕。

獻帝興平二年，單于於扶羅死，其弟呼厨泉立爲單于。以兄被逐，不得歸國，數爲鮮卑所鈔。帝自長安東歸，右賢王去卑與白波賊帥韓暹等侍衛天子，拒擊李傕、郭汜。及帝還洛陽，又從遷許，然後歸國。建安二十一年，單于來朝，魏武因留於鄴，而遣去卑監其國焉。以其既在内地，人衆猥多，懼必爲寇，始分其衆爲五部，立其中貴者爲帥，選漢人爲司馬以監督之。未幾，復改帥爲都尉。其左部居於太原故兹氏縣〔五四〕，今西河郡隰城縣。右部居祁縣，中部居大陵縣〔五五〕，今文水。多者一萬落，少猶四五千落。

晉武初，塞外匈奴大水〔五六〕，塞泥〔五七〕、黑難等二萬餘落歸化，帝復納之，使居河西故宜陽城下。後復與晉人雜居，由是平陽、西河、太原、新興、今定襄、雲中郡。上黨、樂平諸郡，靡不有焉。泰始七年〔五八〕，單于劉猛背叛，帝遣婁侯何楨討平之。其後稍因忿恨，漸爲邊患。侍御史西河郭欽上疏曰：「戎狄强獷，歷古爲患。魏初人寡，西北諸郡皆爲戎居。今雖服從，若後有風塵之警〔五九〕，胡騎自平陽、上黨不三日至孟津，北地、今彭原郡地。西河、太原、馮翊、安定、上郡盡狄庭矣。宜及吴平之威，謀臣猛將之略，出北地、西河、安定，復上郡，實馮翊，於平陽以北諸縣募取死罪，徙三河、三魏見士四萬家以充之。裔不亂華，漸徙平陽、弘農、魏郡、京兆、上黨雜胡，峻四夷出入之防，明先王荒服之制，萬世之長策也。」帝不納。太康五年，復有匈奴胡太阿厚率其部落三萬人歸化〔六〇〕。七年，又有匈奴胡都大傅及萎莎胡等各率種類大小凡十萬餘口〔六一〕，明年〔六二〕，匈奴都督大豆得一育鞠等復率其種落大小萬一千五百口，並來降，帝並撫納之。按晉史云：「北狄以部落爲類，其入居塞者，有屠各種、鮮支種、寇頭種、烏譚種、赤勒種、捍蛭種、黑狼種、赤沙種、鬱鞞種、萎莎種、禿童種、勃蔑種、羌渠種、賀賴種、鍾跂種、大樓種、雍屈種、真樹種、力羯種〔六三〕，皆有部落，不相雜錯。屠各最豪貴，故得爲單于。統領諸種。其國號有左右賢王〔六四〕、左右奕蠡王、左右於陸王、左右漸尚王、左右朔方王、左右獨鹿王、左右顯禄王、左右安樂王，凡十六等，王皆用單于親子弟也。其左賢王最貴，惟太子得居之。其四姓，有呼延氏、卜氏、蘭氏、喬氏〔六五〕，而呼延氏最貴，則有左右日逐，世爲輔相〔六六〕；卜氏則有左右沮渠；蘭氏則有左右當户；喬氏則有左右都侯〔六七〕，又有車陽、沮渠、餘地諸雜號，猶中國百官也。其國人有綦毋氏、勒氏〔六八〕，皆勇健，好反叛。蛭，呼丁反。惠帝元康末，魏武所分左部都尉左賢王劉元海漢初高帝以宮女妻冒頓，約爲兄弟，故其子孫冒姓劉氏。爲首叛亂，竊大號，據神器，自是戎狄迭有中夏矣。元海父豹，即單于於扶羅之子左賢王也〔六九〕。

范曄論曰：自漢興，匈奴强熾爲患，窮力殫財，寇雖頗折，而漢之疲耗略相當矣。宣帝值虜庭分爭，呼韓邪來臣，乃權納懷柔，因爲邊衛〔七〇〕，單于保塞稱蕃，故曰邊衛。罷關徼之警，息兵民之勞，六十餘年矣。後王莽陵篡，擾動戎夷，續以更始之亂，方夏幅裂〔七一〕。自是匈奴得志，内暴滋深。光武以用事諸華，未遑沙塞之外，因徙幽、并之民，增屯戍之卒而已。其後匈奴争立，日逐來奔，願修呼韓之好，以禦北狄之衝，奉藩稱臣，永爲扞禦。天子乃詔有司開北鄙，擇肥美之地，量水草以處之。於是匈奴分破，始有南北二庭焉。後讐釁既深，互伺便隙，至於陷潰創傷者，靡歲或寧〔七二〕，而漢之塞地晏然矣。後亦頗爲出師，令竇憲、耿夔之徒，前後掩其窟穴，躡北追奔三千餘里。單于震慴，遁走於烏孫之地，而漠北空矣。若因其時勢，及其虛曠，還南虜於陰山，歸西河於內地〔七三〕，上申光武權宜之略，下防戎羯亂華之變，使耿國之算不謬於當世，袁安之議見從於後王，平易正直，若此其弘也。而竇憲矜三捷之效，忽經世之規〔七四〕，狼戾不端，專行威惠。遂復更立北虜，返其故庭，並恩兩護，以私己福，棄蔑天公，坐樹大鯁。永言前載，何憤恨之深乎！自後經綸失方，叛服不一，其爲疢毒，胡可殫言！降及後世，翫爲常俗，終於吞噬神鄉，丘墟帝宅。謂劉元海等及托跋氏並都中國〔七五〕。嗚呼！千里之差，興自毫端，失得之源，百世不磨矣。既勤燕然之後，若復南虜於漠北，引侍子於京師，混并匈奴之區，使得專爲一部，則荒服無忿爭之迹，邊境息征伐之勤〔七六〕。此之不行，遂爲巨蠹。自單于比入居西河美稷之後，種類繁昌，難以驅逼。魏武雖分其衆爲五部，然大率皆居平陽〔七七〕。暨乎左賢王豹之子劉淵，假稱大號〔七八〕，縱盜中原，吞噬神鄉，丘墟帝宅。遂至二帝沉没虜庭，誠可痛心也。

劉淵

劉淵，新興匈奴人，冒頓之後。初，漢高祖以宗女爲公主，妻冒頓，約爲兄弟，故其子孫遂冒姓劉氏。建武初，日逐王比自立爲南單于，入居西河美稷，今離石左國城即單于所徙庭也。中平中，單于羌渠爲國人所殺，其子於扶羅以其衆留漢，自立爲單于。屬董卓之亂，寇掠太原、河東，屯於河內。於扶羅死，弟呼廚泉立，以於扶羅子豹爲左賢王，即淵之父也。魏武分其衆爲五部，以豹爲左部帥，其餘部帥皆以劉氏爲之。太康中，改置都尉，左部居太原茲氏，右部居祁，南部居蒲子，北部居新興，中部居大陵。劉氏分五部，然皆家於晉陽汾澗之濱。

豹生淵，淵幼而英惠，居母喪盡孝，好學，經史諸子無不綜覽。武藝復精絕。咸熙中，爲任子在洛陽，會豹卒，以淵代爲左部帥。太康末，拜北部都尉。明法禁，輕財好施，推誠接物，五部儁傑無不至者。後爲建威將軍、五部大都督。惠帝失馭，寇盜蜂起，淵從祖故北部都尉劉宣等竊議曰〔七九〕：「昔我先人與漢約爲兄弟，憂泰同之。自漢亡以來，魏晉代興，我單于雖有虚號，無復尺土之業，自諸王侯，降同編户。今司馬氏骨肉相殘，四海鼎沸，興邦復業，此其時矣。」於是密推淵爲大單于。淵至左國城〔八〇〕，宣等上大單于之號，二旬之間，衆已五萬，都於離石。

永興元年，淵乃僭即漢王位，尊劉禪爲孝懷皇帝，立漢高祖以下三祖五宗神主而祭之。進據河東，攻寇蒲阪、平陽，皆陷之，遂入都蒲子。永嘉二年，僭稱皇帝，遷都平陽。寇洛陽，王師屢敗。淵以永嘉四年死，在位六年，子和立，其弟聰殺之而自立。遂陷洛陽，繼陷長安，二帝蒙塵。聰以太興元年死，在位九年，子粲嗣，爲靳準所殺。曜討準殺之，僭立，改國號趙。曜在位十年，石勒伐之，兵敗見執，爲勒所殺。自淵至曜凡三世，二十七年而亡。

石勒

石勒字世龍，初名匐〔八一〕，音背〔八二〕。上黨武鄉羯人也。其先匈奴别部羌渠之胄。祖耶弈于，父周曷朱，並爲部落小帥。勒壯健有膽力，雄武好騎射。曷朱性兇粗，不爲群胡所附，每使勒代己督攝，部胡愛信之。太安中〔八三〕，并州飢亂，勒與群胡俱爲人所掠賣，勒遭賣與茌平人師懽爲奴〔八四〕。後遂爲群盜。陽平人公師藩起兵趙、魏，自稱將軍。勒與汲桑率數百騎赴之。藩拜勒爲前隊督。藩既誅，桑自號成都王，以勒爲前驅，屢有戰功，署爲掃虜將軍，封侯。後兵敗，收餘衆奔劉淵。淵以爲輔漢將軍、平晉王。後以功加督山東諸軍征討事〔八五〕。淵死，事聰。聰死，劉曜立，勒叛曜，伐而滅之。僭即趙王位。以咸和七年死，在位十五年，子弘嗣。勒弟虎廢而殺之自立。虎立十五年死，子世立，其兄遵廢之而自立。冉閔復廢遵而立鑒，鑒謀討閔不克，爲閔所殺，盡誅石氏。勒至鑒凡五傳，二十三年而亡〔八六〕。

沮渠

沮渠蒙遜，臨松盧水胡人。其先世爲匈奴左沮渠，遂以官爲氏。蒙遜博涉經史，曉天文，雄傑有英略。梁熙、吕光皆憚之，故常游宴自晦。會其伯羅仇等爲光所殺〔八七〕，乃屯據金山，推光建康太守段業爲使持節、大都督、龍驤大將軍、凉州牧、建康公。業以蒙遜爲張掖太守，攻西郡，取之。晉昌、燉煌俱降，業稱凉王，蒙遜後襲業殺之。取其地，自爲凉州牧，張掖公，伐禿髮傉檀，敗之。取姑臧，稱河西王。又敗李士業，取酒泉。蒙遜以宋元嘉十年死，在位三十三年，子茂虔立六年而爲魏所滅〔八八〕，凡二世，三十九年。

赫連

赫連勃勃字屈孑〔八九〕，屈列反。匈奴右賢王去卑之後，劉元海之族也。曾祖武〔九〇〕，劉聰世以宗室封樓煩公，拜安北將軍、監鮮卑諸軍事、丁零中郎將，雄據肆盧川。爲代王猗盧所敗〔九一〕，遂出塞表。祖豹子招集種落，復爲諸部之雄，石虎遣使就拜平北將軍、左賢王、丁零單于。父衛辰入居塞内，苻堅以爲西單于，督攝河西諸虜，屯於代來城。及堅國亂，遂有朔方之地，控絃之士三萬八千。魏伐之，辰師敗，爲魏所殺。勃勃乃奔於叱干部〔九二〕。後奔姚興高平公没奕于，奕于以女妻之，言於興，興深加禮敬，拜驍騎將軍，常參軍國大議。後封陽川侯〔九三〕。使助没奕于鎮高平，以三城、朔方雜夷及衛辰部衆三萬配之，使爲伐魏偵候〔九四〕。後勃勃襲殺没奕于而并其衆，兵至數萬。義熙三年〔九五〕，僭稱天王、大單于，自以匈奴夏后氏之苗裔，國稱大夏。其年，討鮮卑薛干等三部〔九六〕，破之。侵嶺北諸城，破禿髮傉檀之師，遂於朔方水北、黑水之南，營起都城，名爲統萬，改姓赫連氏。又攻姚泓，取安定。會晉師伐秦滅之，劉裕還建康，勃勃遂取長安，僭即皇帝位。在位十四年而宋受禪〔九七〕，以宋元嘉二年死，子昌嗣，尋爲魏所禽。弟定僭號於平凉，爲魏所滅。自勃勃至定傳三世，凡二十五年而亡〔九八〕。

校勘記

〔一〕今兄弟争闘　「闘」，漢書卷九四下匈奴傳下作「國」。

〔二〕雖死子孫猶有威名常長諸國　「常長諸國」原脱，據漢書卷九四下匈奴傳下補；同上漢書「猶有威名」在「子孫」上。

〔三〕亦諸侯王之制也　「亦」原作「以」，據漢書卷九四下匈奴傳下師古注改。

〔四〕標首鐔衛盡用玉爲之也　「標」，漢書卷九四下匈奴傳下作「摽」。

〔五〕乃結兵西詣康居　按漢書卷七〇陳湯傳，郅支單于殺谷吉後，「自知負漢，又聞呼韓邪益强，遂西奔康居」；漢書卷九四下匈奴傳下，郅支單于「聞康居計，大悦，遂與相結，引兵而西」。疑「乃」上有脱文。

〔六〕曰聞匈奴中樂　「曰」原作「日」，據漢書卷九四下匈奴傳下、通典卷一九五邊防一一改。

〔七〕必深德漢　「深」原作「稱」，據元本、慎本、馮本及漢書卷九四下匈奴傳下、通典卷一九五邊防一一改。

〔八〕遣子左祝都韓王昫留斯侯入侍　「昫」，漢書卷九四下匈奴傳下作「朐」。

〔九〕亦總謂地名耳　「名」，漢書卷九四下匈奴傳下師古注作「形」。

〔一〇〕故不傳　「傳」原作「得」，據漢書卷九四下匈奴傳下、通典卷一九五邊防一一改。

〔一一〕中國之憂艾　「艾」，通典卷一九五邊防一一同，漢書卷九四下匈奴傳下作「平」。

〔一二〕至本始之初　「本始」原作「太始」，據漢書卷九四下匈奴傳下、通典卷一九五邊防一一改。按「本始」爲漢宣帝年號，「太始」爲漢武帝年號。

〔一三〕乃發五將之師二十萬騎征之　漢書卷九四下匈奴傳下作「乃發五將之師十五萬騎獵其南，而長羅侯以烏孫五萬騎震其西」。

〔一四〕往時嘗屠大宛之城　「嘗」原作「常」，據漢書卷九四下匈奴傳下改。

〔一五〕籍蕩姐之場　「蕩姐」原作「湯姐」，據漢書卷九四下匈奴傳下、通典卷一九五邊防一一改。

〔一六〕疏以無日之期　「期」原作「情」，據漢書卷九四下匈奴傳下、通典卷一九五邊防一一改。

〔一七〕捐往辭　「捐」，漢書卷九四下匈奴傳下、太平寰宇記卷一九一四夷二〇北狄三作「緣」。注同。

〔一八〕且往者圖西域　「西域」原作「西城」，據局本及漢書卷九四下匈奴傳下、通典卷一九五邊防一一改。

〔一九〕加賜錦綉繒布各有差　「各有差」原作「各各有差」，據通典卷一九五邊防一一删。

〔二〇〕班四條與函封　本句漢書卷九四下匈奴傳下作「班四條與單于雜函封」。

〔二一〕都護但欽誅斬之　「但欽」原作「桓欽」，據元本、慎本、馮本及漢書卷九四下匈奴傳下、通典卷一九五邊防一一改。下同。

〔二二〕發郡國勇士　「郡」原作「都」，據漢書卷九四下匈奴傳下、通典卷一九五邊防一一改。

〔二三〕當周宣王時　「時」字原脱，據漢書卷九四下匈奴傳下、通典卷一九五邊防一一補。

〔二四〕起於負海　「起」原作「處」，據漢書卷九四下匈奴傳下、通典卷一九五邊防一一改。

〔二五〕東援海岱　「岱」，漢書卷九四下匈奴傳下作「代」。

〔二六〕多齎鬴鍑薪炭　「鍑」原作「鑊」，據元本、慎本、馮本及漢書卷九四下匈奴傳下、通典卷一九五邊防一一改。注同。

〔二七〕勢不能及　「及」原作「久」，據漢書卷九四下匈奴傳下、通典卷一九五邊防一一改。

〔二八〕請率見到之兵　「請」原作「諸」，據漢書卷九四下匈奴傳下、通典卷一九五邊防一一改。

〔二九〕莽遣歙歙弟颯使匈奴　原缺一「歙」字，據漢書卷九四下匈奴傳下補。

〔三〇〕賜黄金衣被繒帛　「衣」字原脱，據漢書卷九四下匈奴傳下補。

〔三一〕莽拜云當爲須卜單于　按漢書卷九四下匈奴傳下云，「匈奴用事大臣右骨都侯須卜當，即王昭君女伊墨居次云之婿也」。「當至長安，莽拜爲須卜單于」。是王莽拜爲須卜單于者乃須卜當，伊墨居次云不預，並非同時拜二人爲單于也。此處叙事不確，且史文於云、當初見，宜出全名，不當簡稱。

〔三二〕於是漸徙幽并邊人於常山關居庸關以東　「徙」原作「徒」，「居庸關」原作「居庸山」，據後漢書卷八九南匈奴傳、通典卷一九五邊防一一改。

〔三三〕大築亭障　「障」，通典卷一九五邊防一一作「候」。

〔三四〕二十二年襲位　「二十二」原作「二十一」，據元本、慎本、馮本及後漢書卷八九南匈奴傳改。

〔三五〕去北庭三百餘里　「去」字與「餘」字原脱，據後漢書卷八九南匈奴傳補。

〔三六〕於是復詔單于徙居西河美稷　「西河」原作「西河」，據後文及後漢書卷八九南匈奴傳、通典卷一九五邊防一一改。

〔三七〕臧宫馬武上書言　據後漢書卷一八臧宫傳載，本次上書在建武二十七年，此處載於二十八年，疑誤。

〔三八〕匈奴民畜疫死　「民」，後漢書卷一八臧宫傳、通典卷一九五邊防一一作「人」。

〔三九〕疫困之力　「疫」原作「疲」，據後漢書卷一八臧宫傳、北宋本通典卷一九五邊防一一改。

〔四〇〕弟汗立二年卒　「汗」原作「汙」，據元本、慎本、馮本、局本及後漢書卷八九南匈奴傳改。下同。

〔四一〕永平五年冬　「永平」二字原脱，據後漢書卷八九南匈奴傳補。

〔四二〕作馬革船　「馬」原作「爲」，據元本、慎本、馮本及後漢書卷八九南匈奴傳、通典卷一九五邊防一一改。

〔四三〕北匈奴三木樓訾大人稽留斯等率三萬八千人　「三萬」原作「二萬」，據後漢書卷八九南匈奴傳、資治通鑑卷四六漢紀三八建初八年夏六月條改。

〔四四〕塹無報效之地　「地」原作「義」，據通志卷一九九四夷六匈奴改。

〔四五〕一舉平定　「平」原作「兵」，據後漢書卷八九南匈奴傳改。

〔四六〕北單于復爲右校尉耿夔所破　「尉」字原脱，據後漢書卷八九南匈奴傳、通典卷一九五邊防一一補。

〔四七〕永初三年夏　「三年」原作「元年」，據後漢書卷八九南匈奴傳、資治通鑑卷四九漢紀四一永初三年六月條改。

〔四八〕及遣行車騎將軍何熙副中郎將龐雄等擊之　「副中郎將」四字原脱，據後漢書卷八九南匈奴傳及劉攽東漢書刊誤補。

〔四九〕單于見騎軍並進　「騎軍」，後漢書卷八九南匈奴傳作「諸軍」。

〔五〇〕匈奴有左右漸將王　「左右」二字原倒，據後漢書卷八九南匈奴傳李賢注乙正。

〔五一〕建康元年　原在上文「遣行中郎將持節護送單于歸南庭」句下，據後漢書卷八九南匈奴傳乙正。

〔五二〕匈奴左薁鞮臺耆等畔　「鞮」原作「韃」，據元本、慎本、馮本及後漢書卷八九南匈奴傳改。「耆」字原脱，據後漢書卷八九南匈奴傳補。

〔五三〕以老王行國事　「國」字原脱，據後漢書卷八九南匈奴傳、通典卷一九五邊防一一補。

〔五四〕其左部居於太原故茲氏縣　「茲氏」原作「慈氏」，據晉書卷九七四夷傳、卷一〇一劉元海載記、通典卷一九五邊防一一改。

〔五五〕中部居大陵縣　「大陵」原作「太陵」，據晉書卷一〇一劉元海載記、通典卷一九五邊防一一改。下同。按晉書卷一四地理志上，并州有大陵縣。又晉書卷一〇一劉元海載記本句上有「南部居蒲子，北部居新興」二句。

〔五六〕塞外匈奴大水　「水」原作「木」，據晉書卷九七四夷傳改。

〔五七〕塞泥　原作「寒泥」，據晉書卷九七四夷傳改。

〔五八〕泰始七年　「泰始」原作「太始」，據晉書卷九七四夷傳、通典卷一九五邊防一一改。

〔五九〕若後有風塵之警　「警」原作「驚」，據晉書卷九七四夷傳、太平寰宇記卷一九二四夷二一北狄四改。

〔六〇〕復有匈奴胡太阿厚率其部落三萬人歸化　「太」原作「大」，「歸化」二字原脱，據晉書卷九七四夷傳改補。「三萬人」，晉書作「二萬九千三百人」，通典約舉成數，本書沿用之。

〔六一〕又有匈奴胡都大傅及萎莎胡等各率種類大小凡十萬餘口　前一「大」字原作「太」，據晉書卷九七四夷傳、太平寰宇記卷一九二四夷二一北狄四改。

〔六二〕明年　此二字原脱，據晉書卷九七四夷傳補。

〔六三〕烏譚種赤勒種捍蛭種黑狼種赤沙種鬱鞞種萎莎種禿童種勃蔑種羌渠種賀賴種鍾跂種大樓種雍屈種真樹種力羯種　「烏譚種」原作「焉譚種」，據晉書卷九七四夷傳、太平寰宇記卷一九二四夷二一北狄四改。「蛭」，通典卷一九五邊防一一同，同上晉書、太平御覽卷八〇〇四夷部二一總叙北狄下作「蛭」。「黑狼種」原脱，「萎莎種」原作「萎莎種」，「禿童種」原作「香童種」，據同上晉書、通典補改。「鍾跂種」原作「跋」，據同上晉書改，同上通典作「鍾跋種」。「真樹種」原作「真掛種」，據同上晉書改。

〔六四〕其國號有左右賢王　「國」原作「官」，據晉書卷九七四夷傳、北宋本通典卷一九五邊防一一、太平御覽卷八〇〇四夷部二一總叙北狄下改。

〔六五〕其四姓有呼延氏卜氏蘭氏喬氏　「四」原作「三」，「卜」下「氏」字原脱，據晉書卷九七四夷傳改補。

〔六六〕而呼延氏最貴則有左右日逐世爲輔相　「則」原作「又」，「右」字原脱，「世」原作「出」，據晉書卷九七四夷傳改補。

〔六七〕卜氏則有左右沮渠蘭氏則有左右當户喬氏則有左右都侯　「卜氏」與「蘭氏則有左右當户喬氏則有」十四字原脱，據晉書卷九七四夷傳補。

〔六八〕其國人有綦毋氏勒氏　「綦毋」原作「慕」，「勒」原作「勃」，據晉書卷九七四夷傳、太平寰宇記卷一九二四夷二一北狄四改。

〔六九〕即單于於扶羅之子左賢王也　「於扶」二字原脱，據上文及晉書卷一〇一劉元海載記補。

〔七〇〕因爲邊衛　「衛」原作「備」，據後漢書卷八九南匈奴傳、通典卷一九五邊防一一改。

〔七一〕方夏幅裂　「夏」原作「憂」，據後漢書卷八九南匈奴傳、通典卷一九五邊防一一改。

〔七二〕靡歲或寧　「或」原作「咸」，據後漢書卷八九南匈奴傳、通典卷一九五邊防一一改。

〔七三〕歸西河於内地　「西河」二字原倒，據後漢書集解引陳景雲説乙正。

〔七四〕而寶憲矜三捷之效忽經世之規　「矜」原作「務」，「經」原作「輕」，據後漢書卷八九南匈奴傳、通典卷一九五邊防一一改。

〔七五〕謂劉元海等及托跋氏並都中國　「等」字原脱，據通典卷一九五邊防一一補。

〔七六〕邊境息征伐之勤　「伐」，後漢書卷八九南匈奴傳李賢注作「戍」。

〔七七〕然大率皆居平陽　「平陽」，後漢書卷八九南匈奴傳李賢注作「晉陽」。

〔七八〕假稱大號　「大」，後漢書卷八九南匈奴傳李賢注作「天」。

〔七九〕淵從祖故北部都尉劉宣等竊議曰　「故」字原脱，據晉書卷一〇一劉元海載記補。

〔八〇〕淵至左國城　「左國城」原作「右國城」，據晉書卷一〇一劉元海載記改。

〔八一〕初名匐　「匐」原作「訇」，據晉書卷一〇四石勒載記上改。

〔八二〕音背　「背」原作「昔」，據元本、慎本、馮本及晉書音義改。

〔八三〕太安中　「太安」原作「大安」，據晉書卷一〇四石勒載記上改。

〔八四〕勒遭賣與茌平人師懽爲奴　「師懽」原作「師權」，據晉書卷一〇四石勒載記上、資治通鑑卷八六晉紀八永興二年七月條改。

〔八五〕後以功加督山東諸軍征討事　「諸軍征討」，晉書卷一〇四石勒載記上作「征討諸軍」。

〔八六〕二十三年而亡　考晉書卷一〇四、一〇五石勒載記上、下及卷一〇六、一〇七石季龍載記上、下，勒、季龍在位皆十五年，冉閔滅石鑒又在季龍卒後一年，此云「二十三年而亡」，顯有舛誤，或當作「三十一年而亡」。

〔八七〕會其伯羅仇等爲光所殺　「伯」原作「兄」。按晉書卷一二九沮渠蒙遜載記載沮渠蒙遜「伯父羅仇、麴粥從呂光征河南」，「俄而皆爲光所殺」，則羅仇乃沮渠蒙遜伯父而非兄也，據改。

〔八八〕子茂虔立六年而爲魏所滅　據魏書卷四上世祖紀上、卷九九沮渠蒙遜傳此事爲太延五年，即宋元嘉十六年，茂虔以元嘉十年即位，至十六年應爲七年，此作「六年」誤。

〔八九〕赫連勃勃字屈孑　「屈孑」原作「屈子」，據晉書斠注卷一三〇赫連勃勃載記改。

〔九〇〕曾祖武　魏書卷九五有劉虎傳，太平御覽卷一二七偏霸部一一夏赫連勃勃引十六國春秋云「曾祖父劉虎」，此作「武」乃採晉書而避唐諱未改之故。

〔九一〕爲代王猗盧所敗　「猗盧」原作「倚盧」，據晉書卷一三〇赫連勃勃載記改。

〔九二〕勃勃乃奔於叱干部　「叱干」原作「叱于」，據晉書卷一三〇赫連勃勃載記改。

〔九三〕後封陽川侯　「川」字原脱，據晉書卷一三〇赫連勃勃載記補。

〔九四〕使爲伐魏偵候　「伐」原作「代」，據晉書卷一三〇赫連勃勃載記改。

〔九五〕義熙三年　「三」原作「二」，據册府元龜卷二一九僭僞部姓系改。按魏書卷二太祖紀，天賜四年，「赫連屈丐自稱大單于、大夏天王」。天賜四年即晉義熙三年，與此相合。

〔九六〕討鮮卑薛干等三部　「薛干」二字原脱，據晉書卷一三〇赫連勃勃載記補。

〔九七〕在位十四年而宋受禪　「四」原作「三」。按赫連勃勃於義熙三年稱天王，劉裕代晉稱宋在元熙二年，應爲十四年，據改。

〔九八〕凡二十五年而亡　「五」原作「六」。按太平御覽卷一二七偏霸部一一夏赫連勃勃：「勃勃初號龍昇，元年歲在丁未，至是歲在辛未，二十五載也。」魏滅赫連定在太武帝神䴥四年，見魏書卷四上世祖紀上，神䴥四年即宋元嘉八年，上距義熙三年凡二十五年，據改。

卷三百四十二　四裔考十九

烏桓

烏桓者，本東胡也。漢初，匈奴冒頓滅其國，餘類保烏桓山，因以爲號。俗與匈奴多同，其異者，怒則殺父兄，而終不害其母，以母有族類，父兄無相仇報故也。以己爲種，無復報者故也。其有勇健能理決鬭訟者，推爲大人，無世業相繼〔一〕。邑落各有小帥，數百千落自爲一部。大人有所召呼，則刻木爲信。氏姓無常，以大人健者名字爲姓。其嫁娶先私通，掠將女去〔二〕，或半歲或百日，然後遣媒人送馬牛羊〔三〕，以爲聘幣。婿隨妻至家，無尊卑，朝朝拜之〔四〕，而不拜其父母。爲妻家僕役一二年間，妻家乃更厚遣送女，居處財物，一皆爲辦〔五〕。計謀從用婦人，唯鬬戰之事乃自決之。父子男女，相對踞蹲〔六〕，髡頭爲輕便。婦人至嫁時乃養髮〔七〕，分爲髻，著句決，飾以金碧，猶中國有簂步摇也。簂字或爲幗，婦人首飾。釋名云：「皇后首飾上有垂珠，步則摇也。」簂，古陌反。婦人能刺韋作文繡，織氀毼。氀毼，罽也。氀，力於反。毼，胡達反。男子能作弓矢鞍勒，勒，馬銜也。鍛金鐵爲兵器。其土地宜穄及東墻，東墻似蓬草，實如穄子，至十月而熟。能作白酒，而不知作麴，麴米常仰中國。有病，以艾灸，或燒石自熨，燒地卧上，或隨痛病處，以刀決脉出血，及祝天地山川之神，無鍼藥。俗貴兵死，有哭泣之哀，至葬則歌舞相送。肥養一犬，以綵繩嬰牽〔八〕，并取死者所乘馬、衣物，皆燒而送之，言以屬累犬，屬累猶付託也。屬，之欲反。累，力瑞反。使護死者神靈歸赤山。赤山在遼東西北數千里，如中國人死者魂神歸岱山也。博物志曰：「泰山，天帝孫也，主召人魂。東方萬物始，故知人生命也。」敬鬼神，祠天地日月星辰山川及先大人有健名者，祠用牛羊，畢皆燒之。飲食必先祭。若相賊殺者，令部落自相報，不止，詣大人告之〔九〕，聽出牛馬羊以贖死命，乃止。

烏桓自爲冒頓所破，衆遂孤弱，常臣服匈奴。漢武帝遣霍去病擊破匈奴左地，因徙烏桓於上谷、漁陽、右北平、遼西、遼東五郡塞外〔一〇〕，今嬀川、范陽以東至安東，是漢五郡也。爲漢伺察匈奴動静。其大人歲一朝見，於是始置護烏桓校尉監領之，使不得與匈奴交通。後漸强盛，乃發匈奴單于冢，以報冒頓之怨。匈奴怒，東擊烏桓。漢遣度遼將軍范明友等邀擊匈奴，而虜已引去。明友乘烏桓新敗，進擊之，斬首六千餘級，誅其三王。由是烏桓寇幽州，明友輒破之。宣帝時，乃稍保塞降附。王莽簒位，發烏桓兵擊匈奴，屯代郡。烏桓畔之，匈奴因誘其豪帥羈縻之。

光武初，烏桓與匈奴連兵爲寇，代郡以東尤被其害。居止近塞，朝發穹廬，暮至城郭，五郡民庶，皆受其害，百姓流亡。二十二年，匈奴國亂，烏桓乘其弱擊破之，匈奴轉北徙數千里，漠南地空，帝乃以幣帛賂烏桓。二十五年，遼西烏桓大人郝旦等率衆向化，詣闕朝貢，獻奴婢及牛馬等。或願留宿衛，於是封其渠帥爲侯王君長者八十一人，皆居塞内，布於緣邊諸郡，令招來種人，給其衣食，爲漢偵候，助擊匈奴、鮮卑。時司徒掾班彪上言：「烏桓天性輕黠，好爲寇賊，若久放縱而無總領者，必復侵掠居人，但委主降掾史〔一一〕，蓋當時權置也。下兵馬掾亦同也。恐非所能制。臣愚以爲宜復置烏桓校尉，誠有益於附集，省國家之邊慮。」帝從之，於是始復置校尉於上谷甯城，甯城，縣名。前書甯縣作「寧」，史記甯城亦作「寧」，寧甯兩字通也〔一二〕。開營府，并領鮮卑，賞賜質子，歲時互市焉。

及明、章、和三世，皆保塞無事。安帝永初三年夏，漁陽烏桓與右北平胡千餘寇代郡、上谷。秋，鴈門烏桓率衆王無何〔一三〕，與鮮卑大人邱倫等，及南匈奴骨都侯，合七千騎寇五原，與太守戰於九原高渠谷，九原，縣名，屬五原郡。漢兵大敗，殺郡長吏。乃遣車騎將軍何熙、度遼將軍梁慬等擊，大破之。無何乞降，鮮卑走還塞外。是後烏桓稍復親附，拜其大人戎朱廆爲親漢都尉。順帝至桓帝末，屢叛屢降。

靈帝初，烏桓漸盛，上谷有難樓者，衆九千餘落，遼西今柳城郡。有丘力居者，衆五千餘落，皆自稱王；又遼東蘇僕延，衆千餘落，自稱峭七笑反。王；右北平今北平郡。烏延，衆八百餘落，自稱汗魯王〔一四〕；並勇健而多計策。中平四年，前中山太守張純中山，今博陵郡。叛，入邱力居衆中，自稱彌天安定王，遂爲諸郡烏桓元帥，寇掠青、今北海、濟南、平原、樂安郡地。徐、今彭城、瑯琊郡地。幽、冀四州。五年，劉虞爲幽州牧，虞購募斬純首，北州乃定。

自匈奴衰弱，而烏桓轉盛。獻帝初平中，丘力居死，從子蹋頓有武略，代立，總攝三王部，衆皆從其號令，邊長老皆比之冒頓，以雄北方。建安初，冀州牧袁紹與前將軍公孫瓚相持不決，蹋頓遣使詣紹求和親，遂遣兵助紹擊瓚，破之。紹矯制賜蹋頓、難樓、蘇僕延、烏延等，皆授以單于印綬。建安十二年，曹公自征烏桓，大破蹋頓於柳城，獲首虜二十餘萬人。其餘衆萬餘落，悉徙居中國爲齊人。西晉王浚爲幽州牧，有烏桓單于審登，前燕慕容儁時，有烏桓單于薛雲，後燕慕容盛時，有烏桓渠帥莫賀咄科勃，並其別種〔一五〕，然而微弱不足云矣。

鮮卑

鮮卑，亦東胡之支也。別依鮮卑山，因號焉。今在柳城郡界。其言語習俗與烏桓同，唯婚姻先髡頭，以季春月大會饒樂水上，今在柳城郡界。然後配合。其獸異於中國者，有野馬、原羊、角端牛，以角爲弓，世謂角端弓者也〔一六〕。郭璞註爾雅曰：「原羊似吴羊而角大，出西方。」前漢書音義曰：「角端似牛，角可爲弓。」又有貂、豽、鼲子，皮毛柔軟〔一七〕，豽音女滑反。鼲音胡昆反。貂、鼲並鼠屬。豽，蜼屬〔一八〕。故天下以爲名裘。

漢初，亦爲冒頓所破，遠竄遼東塞外，與烏桓接，未嘗通中國。至後漢光武建武二十一年，鮮卑與匈奴入遼東，遼東太守祭肜擊破之〔一九〕，斬獲殆盡。三十年，鮮卑大人於仇賁等率種人朝賀，帝封於仇賁爲王。於是鮮卑燉煌、酒泉以東邑落大人，皆詣遼東受賞賜〔二〇〕，青徐二州給錢，歲二億七千萬以爲常〔二一〕。和帝永元中，大將軍竇憲遣右校尉耿夔擊匈奴，北單于遁走，留者尚十餘萬落，鮮卑因此徙據其地而有其人，由此漸盛。安帝永初中，鮮卑大人燕荔陽朝賀，鄧太后令止烏桓校尉所居甯城下，因築南北兩部質館。築館以受降質也。鮮卑邑落百二十部，各遣入質。是後或降或叛，邊人歲苦其害。漢雖時有剋獲，而不補所費。又與烏桓、匈奴更相攻擊。

桓帝時，鮮卑檀石槐者，部落畏服，遂推爲大人。檀石槐乃立庭於彈汗山歠仇水，歠，昌悦反。去高柳北三百餘里，今馬邑郡界。兵馬甚盛，東西部大人皆歸焉。因南抄緣邊，北掠丁零，東却夫餘，西擊烏孫，盡據匈奴故地，東西萬四千餘里，南北七千餘里，網羅山川水澤鹽池。分其地爲三部，東接夫餘、濊貊二十餘邑爲東部，從右北平以西至上谷十餘邑爲中部，從上谷以西至燉煌接烏孫二十餘邑爲西部，各置大人主之。靈帝初，幽并涼三州緣邊諸郡無歲不被寇掠。熹平六年，鮮卑寇三邊〔二三〕。烏桓校尉夏育上言：「鮮卑寇邊，自春已來，三十餘發。請徵幽州諸郡兵出塞擊之，一冬二春，必能擒滅。」召百官議。中郎蔡邕上議曰：「自匈奴北遁，鮮卑强盛，據其故地，稱兵十萬，加以關塞不嚴，禁網多漏，精金良鐵，皆爲賊有，漢人逋逃，爲之謀主。夫邊垂之患，手足之蚧搔，中國之困，胸背之瘭疽也。蚧音介〔二三〕。搔，新到反。埤蒼曰：「瘭音必燒反〔二四〕。」杜氏註左傳曰：「疽，惡瘡也。」方今郡縣盜賊尚不能禁，況醜虜而可服乎！昔高祖忍平城之恥，吕后棄慢書之詬〔二五〕，方之於今，何者爲甚？天設沙漠，秦築長城，漢起塞垣，所以别内外，異殊俗也。苟無蹙國内侮之患則可矣，豈與蟲蟻狡寇計争往來哉〔二六〕！雖或破之，豈可殄盡，而方令本朝爲之旰食乎〔二七〕？夫恤人救急，雖成郡列縣，尚猶棄之，況障塞之外，未嘗爲人居者乎！備邊之術，李牧善其宜，保塞之論，嚴尤申其要，遺業猶在，文章尚存，循二子之策〔二八〕，守先帝之規，臣曰可矣。」帝不從。遂遣育等三萬騎，三道並出其塞二千餘里。檀石槐命三部大人各率衆逆戰，育等大敗奔走，死者十七八。

後種衆日多，田畜射獵不足給食，檀石槐乃自徇行，見烏侯秦水廣從子容反。數百里，停不流，其中有魚，不能得之。聞倭人善網捕〔二九〕，於是擊倭國得千餘家，徙置秦水上〔三〇〕，令捕魚以助糧食〔三一〕。至晉猶有數百户。光和中〔三二〕，檀石槐死，子和連代立。貪淫不平，衆叛者半。和連死，兄子魁頭與從父弟騫曼俱檀石槐之孫。争國，衆遂離散。自檀石槐後，諸大人遂代相傳襲〔三三〕。魁頭死，弟步度根代立〔三四〕，中兄扶羅韓亦別擁衆數萬人。魏文帝初，步度根遣使獻馬，帝拜爲王。後數與軻比能更相攻擊，步度根部衆稍弱，將其衆萬餘落保太原、鴈門郡〔三五〕，後一心守邊，不爲寇害，而軻比能衆遂强盛。至明帝務欲綏和戎狄，以息征伐，羈縻兩部而已。其後步度根竟爲比能所殺也。

軻比能

軻比能本小種鮮卑，以勇健，斷法平端，不貪財物，衆推以爲大人。部落近塞，自袁紹據河北，中國人多亡叛歸之，教作兵器鎧楯，頗學文字。故其勒御部落，擬則中國，出入弋獵，建旌麾，以鼓節爲進退。建安中，入貢。後與烏桓寇邊，鄢陵侯彰北征，大破之。比能走出塞，後復通貢。魏文帝立比能爲附義王。其後衆遂强盛，控絃十餘萬。每鈔略得財物，均平分付，終無所私，故得衆死力，餘部大人皆敬憚之，然猶未能及檀石槐也。青龍元年，比能誘説步度根，使叛并州。其後幽州刺史王雄遣勇士韓龍刺殺比能，更立其弟素利、彌加、厥機皆爲大人，在遼西、右北平、漁陽塞外，道遠初不爲邊患，其種衆多於比能也。其後諸子争立，衆離散，諸部大人慕容、托跋更盛焉。

乞伏

乞伏國仁，隴西鮮卑也〔三六〕。在昔有如弗與斯引、出連、叱盧三部〔三七〕，自漠北南出大陰山，遇一巨蟲於路，狀若神龜，大如陵阜，俄而不見，乃有一小兒在焉。時有乞伏部有老父無子者，請養爲子，衆咸許之。字曰「紇干」。紇干者，夏言依倚也。年十歲，驍勇善騎射，四部伏其雄武，推爲統主，號之曰「乞伏可汗託鐸莫何」〔三八〕。託鐸，言非神非人之稱也。其後有祐鄰者，即國仁五世祖也。泰始初，率户五千遷於夏緣，部衆稍盛。又併鹿結部七萬餘落。祐鄰孫利那擊鮮卑吐賴及尉遲渴權，收衆三萬餘落。傳至其孫傉大寒，會石勒滅劉曜，懼而遷於麥田無孤山。大寒死，子司繁立，爲苻堅所破，率部衆悉降於堅，堅署爲南單于、都督討西胡諸軍事、鎮勇士川。司繁卒，國仁代鎮。堅南伐敗於壽春，國仁乃招集諸部〔三九〕，有不附者，討而并之，衆至十餘萬〔四〇〕。以晉孝武太元十年，自稱大都督、大將軍、大單于、領秦河二州牧，置武城、武陽、安固、武始、漢陽、天水、略陽、湿川、甘松、匡朋、白馬、苑川十二郡。國仁卒，弟乾歸嗣爲大都督〔四一〕、大將軍、大單于、河南王，遷於金城。乾歸聲震邊服。吐谷渾大人及鮮卑皆率衆歸之，盡有隴西、巴西之地。以義熙五年〔四二〕，僭稱秦王。後爲兄子公府所殺，子熾磐襲位十七年卒〔四三〕，子慕末襲位四年〔四四〕，爲赫連定所殺。自國仁至慕末四世，凡四十六年而滅。

秃髮

秃髮烏孤，河西鮮卑也〔四五〕。其先與後魏同出〔四六〕。八世祖匹孤率其部自塞北遷於河西，其地東至麥田、牽屯〔四七〕，西至濕羅，南至澆河，北接大漠。匹孤卒，子壽闐立。初，壽闐之在孕，母因寢而産於被中，鮮卑謂被爲「秃髮」，因而氏焉。壽闐卒，孫樹機能立，壯果多謀略。泰始中，入寇，殺秦州刺史胡烈，又敗凉州之師，盡有凉州之地。武帝遣馬隆擊破之〔四八〕，爲部下所殺。從弟務丸立，傳至其曾孫思復鞬〔四九〕，部衆稍盛。烏孤即思復鞬子也。及嗣位〔五〇〕，務農桑，修鄰好。呂光遣使署爲假節、冠軍大將軍，河西鮮卑大都督〔五一〕、廣武縣侯，烏孤受之。其後擊討諸部，大破之。隆安元年，自稱大都督、大將軍、大單于、西平王，以兵伐呂光，攻剋金城。又破光兵，降樂都、湟河、澆河三郡，嶺南羌胡數萬落皆附之。烏孤死，弟利鹿孤立，徙居西平。隆安五年，稱河南王。三年卒，弟傉檀嗣，遂據姑臧。後爲沮渠蒙遜所伐，兵敗，奔乞伏熾磐。後爲熾磐所鴆。自烏孤至傉檀三世，凡十八年而亡〔五二〕。

宇文莫槐

宇文莫槐，出於遼東塞外，世爲東部大人〔五三〕。晉史謂之鮮卑。後魏史云：「其先匈奴南單于之遠屬。」又按後周書云：「出自炎帝，爲黄帝所滅〔五四〕，子孫逃漠北，鮮卑奉以爲主。」今考諸家之説，其鮮卑之别部。其語與鮮卑頗異。人皆剪髮而留其頂上，以爲首飾，長過數寸則截短之。婦人被長襦及足，而無裳。莫槐虐用其民〔五五〕，爲部下所殺，立其弟普撥爲大人。普撥死，子丘不勤立，尚魏平帝女〔五六〕。丘不勤死，子莫廆立。部衆强盛，自稱單于。莫廆死，子遜昵延立，率衆攻慕容廆，爲廆子翰所敗，悉俘其衆。遜昵延死，子乞得龜立。復攻慕容廆，爲廆所敗，别部人逸豆歸殺乞得龜而自立〔五七〕，又爲慕容皝所敗，遁歸漠北，遂奔高麗。其部衆五千餘落〔五八〕，皝徙之於昌黎，自是散滅。後周宇文氏源出於此。

徒河段

徒河段日陸眷出於遼西，因亂被賣爲漁陽烏桓大人庫辱官家奴。諸大人集會幽州，皆持唾壺，唯庫辱官獨無，乃唾日陸眷口中。日陸眷含出因咽之，西向拜天曰：「願使主君之智慧祿相盡移入我腹中。」其後漁陽大飢，庫辱官以日陸眷爲健，使將人衆詣遼西逐食，遂招誘亡叛，以至强盛。日陸眷死，後至侄務勿塵〔五九〕，有遼西之地，而臣於晉。其所統三萬餘家，控絃四五萬騎。封務勿塵爲遼西公，假大單于印綬。後就陸眷立，勿塵之子。與弟匹磾、都里反。從弟末波等率騎圍石勒於襄國，爲勒所破，擒末波而捨之。就陸眷遂攝軍而還，不復報，歸於遼西。就陸眷死，末波自稱幽州刺史。末波死，國人立日陸眷弟護遼爲主，後爲慕容皝所殺〔六〇〕。其弟鬱蘭奔石季龍，以所從鮮卑五千人配之〔六一〕，使屯令支。今北平郡盧龍縣即其地。及冉閔之亂，段龕鬱蘭之子。龕音堪。率衆南移，遂據齊地。慕容儁使弟恪帥衆伐龕於廣固，今北海郡城。執龕，殺之，坑其徒三千餘人。

慕容氏

慕容氏，亦東胡之後，別部鮮卑也。晉史云：「有熊氏之苗裔，因山爲號。」魏初，渠帥有莫護跋，率諸部入居遼西，後從司馬宣王討公孫淵有功，拜率義王，始建國於棘城之北。今柳城郡之地〔六二〕。時燕代多冠步搖冠，護跋見而好之，乃斂髮襲冠，諸部因呼之爲步搖，其後音譌，遂爲慕容焉。或云慕二儀之德，繼三光之容，遂以慕容爲氏。至孫涉歸，魏封爲鮮卑單于，遷居遼東，於是漸慕華夏之風矣。涉歸有子二人，長曰吐谷渾，西遷河湟之間，今安鄉郡西平縣地。次曰廆，有命世才略。晉太康十年，又遷於徒河之青山。今柳城郡界。廆以大棘城即帝顓頊之墟，元康四年乃移居之，教以農桑，法制同於中國。永嘉初，廆自稱鮮卑大單于。因晉亂，招撫華夷，刑政修明，流亡歸之甚衆，乃立郡統之，冀州人爲冀陽郡，豫州人爲成周郡〔六三〕，青州人爲營丘郡，并州人爲唐國郡。徵辟儒生，以爲參佐，而奉晉室朝貢，臣禮不闕。至皝嗣，廆之子。雄毅多權略，日以强盛，遂自稱燕王，遣使於東晉，請受朝命，許之。後遷都於柳城，儁、暐即其子孫也。其後國號燕，具晉史載記。

托跋氏

托跋氏亦東胡之後，別部鮮卑。後魏史云：「出自黄帝子昌意之少子，受封北土，亦因鮮卑山以爲號〔六四〕。」宋齊二史又云：「漢降將李陵之後。」或云黄帝之苗胤，以黄帝土德，謂土爲托，后爲拔，故以爲氏。其裔始均仕堯時，逐女魃於弱水北，民賴其勳，舜命爲田祖〔六五〕。歷三代至秦，不交南夏，是以載籍無聞。六十七代裔孫屯〔六六〕，統國三十六，大姓九十九。其後至詰汾，嘗田於山澤，欻見輜軿自天而下，見美婦人，自稱天女，曰：「天命相偶。」明日請還，期明年復會此。及期，至先田處，果見天女，以所生男授詰汾曰「此是君之子」。即力微也。力微立，諸部大人悉服〔六七〕，控絃之士二十餘萬，遷於定襄之盛樂。子禄官立，分國爲三部：一居上谷北，濡源西，東接宇文部，自統之；一居代郡之參合陂北，在今馬邑郡。兄子猗㐌統之；一居定襄之盛樂故城，亦在今馬邑郡。使猗㐌弟猗盧統之。後晉封爲代王，置官屬，始出并州，遷雜胡北徙雲中、五原、朔方，又西度河，擊匈奴、烏桓諸部。自杏城以北八十里今中部郡之西。迄長城原，夾道立碣，與晉分界。長城原，在今洛交郡三川縣。姪孫什翼犍始建年號〔六八〕，分置百官。至其孫珪〔六九〕，即後魏道武皇帝也。

蠕蠕

蠕蠕而兖反。姓郁久閭。托跋在北荒，部落主力微末，掠騎有得一奴，髮始齊眉，忘本名，其主字之曰木骨閭。「木骨閭」者〔七〇〕，首秃也。木骨閭與郁久閭聲相近〔七一〕，故其後子孫因以爲氏焉。木骨閭既壯，免奴爲騎卒。代王猗盧時，坐後期當斬，亡匿廣漠谿谷之間，收合逋逃，得百餘人。至其子車鹿會，雄健，始有部衆，自號柔然。後魏太武以其無知，狀類如蟲，故改其號曰蠕蠕。宋齊謂之芮芮，隋史亦曰芮芮。

又六代孫社崙，凶狡，甚有權略。度漠北，侵高車，深入其地，遂并諸部，凶勢以振〔七二〕。北徙弱落水，始立軍法：千人爲一軍，軍置將一人；百人爲幢，幢置帥一人。其西北有匈奴餘種，國尤富强，盡爲社崙所并，號爲强盛。其西則焉耆之北。東則朝鮮故地之西，北則渡沙漠，窮瀚海，南則臨大磧。其常所會庭，則燉煌、張掖之北。於是自號丘豆伐可汗〔七三〕。可汗之號始於此。「邱豆伐」猶言駕馭開張也，「可汗」猶言皇帝也。蠕蠕之俗，君及大臣因其行能，即爲稱號，若中國立謚。既死之後，不復追稱。

後又頻擾北邊，後魏神麍二年夏四月，太武率兵十餘萬襲之。其主大檀社崙從父之弟。震怖，將其族黨，焚燒廬舍，絶迹西走。於是國落四散，竄伏山谷，畜産布野〔七四〕，無人收視。太武帝緣栗水西行，過漢將竇憲故壘。六月，次於兔園水，去平城三千七百餘里。分軍搜討，東至瀚海，西接張掖水，北渡燕然山，東西五千餘里，南北三千里。高車諸部又殺大檀種類〔七五〕，前後歸降三十餘萬，俘獲首虜及戎馬百餘萬。至孫吐賀真，太武又征破之，盡收其户畜産百餘萬，自是邊疆息警矣。

宋昇明中〔七六〕，遣王洪範使焉〔七七〕，引之共謀魏。齊建元三年，洪範始至。通使求并力攻魏。梁天監、普通、大同間，三遣使求貢。

獻文帝皇興中，其主予成吐賀真之子。犯塞〔七八〕，征南將軍刁雍上表曰：「臣聞北狄悍愚，同於禽獸。所長者野戰，所短者攻城。若以所短，奪其所長，則雖衆不能成患，雖來不能内逼。又狄散居野澤，隨水逐草，戰則與家産並至，奔則與畜牧俱逃，不齎資糧而飲食足，是以古人伐北方，攘其侵掠而已。歷代爲邊患者，良由倏忽無常故也。六鎮勢分，倍衆不鬬，互相圍逼〔七九〕，難以制之。昔周命南仲，城彼朔方，趙靈、秦始，長城是築，漢之孝武，又踵其事。此四代之君，皆帝王之雄傑，所以皆同此役者，非智術之不長，兵衆之不足，乃防狄之要事，其理宜然故也。易稱『天險，不可昇；地險，山川丘陵。王公設險，以守其國』。長城之謂歟！今宜依故於六鎮之北築長城，以禦北虜。雖有暫勞之勤，乃有永逸之益。即於要害，往往開門，造小城於其側，因地却敵，多置弓弩。狄來有城可守〔八〇〕，有兵可捍。既不攻城，野掠無獲，草盡則走，終必懲艾。宜發近州武勇四萬人，及京師二萬人，合六萬人，爲武士。於苑内立征北大將軍府，選忠勇有志幹者以充其選，下置官屬。分爲三軍，二萬人專習弓射，二萬人專習刀楯，二萬人專習騎矟。修立戰場〔八一〕，十日一習。採諸葛亮八陣之法，爲平地禦寇之方。使其解兵家之宜，識旌旗之節，器械精堅，必堪禦寇。使將有定兵，兵有常主，上下相信，晝夜如一。七月發六部兵萬人〔八二〕，各備戎作之具。敕臺北諸屯，隨近作米供送六鎮。至八月，征北部率所鎮與六鎮之兵，直至磧南，揚威漠北。狄若來拒，與之決戰。若其不來，然後分散其地，以築長城。計六鎮東西不過千里，六鎮並在今馬邑、雲中、單于界。後魏宣帝正始中，尚書源思禮撫巡北番，以跋野置鎮，居南，與六鎮不齊，更立三戍，亦在馬邑等郡界。若一夫一月之功當三步之地，三百人三里，三千人三十里，三萬人三百里。千里之地，强弱相兼，計十萬人一月必就。運糧一月，不足爲多，人懷永逸，勞而無怨。計築長城其利有五：罷遊防之苦，其利一也；北部放牧，無抄掠之患，其利二也；登城觀敵，以逸待勞〔八三〕，其利三也；省境防之虞，息無時之備，其利四也；歲常遞運，永得不匱，其利五也。」帝從之，邊境獲其利。後帝又北討，大敗之，斬首五萬級，降者萬餘，戎馬器械不可稱計，追奔逐北，旬有九日，往返六千餘里。改女水曰武川。

孝明帝熙平初，其主醜奴予成弟之子。善用兵〔八四〕，西征高車，大破之，擒其主彌俄突，殺之，盡并叛者〔八五〕，國遂强盛。醜奴死，弟阿那瓌立。經十日，其族兄俟力發示發率衆伐之〔八六〕，阿那瓌輕騎南走，歸後魏，封朔方郡公、蠕蠕王，帝給騎二千，援出塞。初，阿那瓌來奔之後，從父兄婆羅門率衆討示發〔八七〕，破之，衆推婆羅門爲主，會婆羅門爲高車所逐，率部落詣涼州降，今武威郡。於是蠕蠕數萬，相率迎阿那瓌。錄尚書事高陽王雍、尚書令李崇奏曰：「蠕蠕代跨絶域，感化來歸，阿那瓌委質於前，婆羅門歸誠於後。何一呼韓，得同今美。竊聞漢立南北單于，晉有東西之稱，皆所以相維禦難，爲國藩籬。今臣等參議，以爲懷朔鎮北，土名無結山吐若奚泉，燉煌北西海郡，即漢晉舊障〔八八〕，二處寬平，原野彌沃。阿那瓌宜置吐若奚泉，婆羅門宜置西海郡，各令總率部落，收離聚散。彼臣下之官，任其舊俗。」

時朝廷問安置之宜於涼州刺史袁翻，翻表曰：「高車、蠕蠕迭相吞噬，始則蠕蠕衰微，高車强盛，及蠕蠕復振，反破高車，主喪人離，不絶如綖。而今高車能終雪其耻〔八九〕，復摧蠕蠕者〔九〇〕，正由種類繁多，不可頓滅故也。然鬭此兩敵〔九一〕，即卞莊之算，得使境上無塵〔九二〕。今蠕蠕内爲高車所討滅，外憑大國之威靈，兩主投身，一期而至〔九三〕，若棄而不受，則虧我大德；若納而禮待，損我資儲，來者既多，全徙内地，非直其情不願，轉送艱難。然夷不亂華，前鑒無遠，覆車在於劉、石，毁轍固不可尋。蠕蠕尚存，則高車猶有内顧之憂，未暇窺窬上國。蠕蠕全滅，則高車跋扈之計，豈易可知。今蠕蠕雖主奔於上，人散於下，而餘黨實繁，部落猶衆，處處棋布，以望今主耳〔九四〕。高車亦未能一時并兼，盡令歸附。又高車士馬雖衆，主甚懦弱〔九五〕，唯以掠盗爲資〔九六〕，凌奪爲業。而河西捍禦强敵，唯涼州、燉煌而已。涼州土廣人稀，糧仗素闕，燉煌、酒泉，空虛尤甚。蠕蠕無復竪立，令高車獨擅北垂〔九七〕，則四顧之憂〔九八〕，匪朝伊夕。愚謂蠕蠕二主，宜並存之，居阿那瓌於東偏，處婆羅門於西裔。其婆羅門，請修西海故城以安處。西海故郡，本屬涼州，今在酒泉直北、張掖西北千二百里，去高車所住金山千餘里〔九九〕，正是北虜往來之要衝，漢家行軍之舊道，土地沃衍，大宜耕殖。非但今處婆羅門於事爲便，即可永爲重戍〔一〇〇〕，鎮防西北。宜遣一良將監護婆羅門，雖外爲署蠕蠕之聲〔一〇一〕，内實防高車之策。一二年後，足食足兵，斯固安邊保塞之長計也〔一〇二〕。若婆羅門能自克勵，使餘燼歸心，收離聚散，復興其國者，乃漸令北徙，轉渡流沙〔一〇三〕。即是我之外蕃，高車勍敵〔一〇四〕。西北之虜，可無過慮。如其姦回反覆，孤恩背德者，此不過爲逋逃之寇〔一〇五〕，於我何損。今不早圖，戎心一啓，脱先據西海，奪其嶮要，則酒泉、張掖，自然孤危，長河以西，終非國有。且西海北垂，即是大磧，野獸所聚〔一〇六〕，千百爲群，正是蠕蠕射獵之處。殖田以自供，籍獸以自給，彼此相資，足以自固。今料度似如小損，歲終大計，其利實多。高車豺狼之心，何可專信？假令稱臣，止可外加優納〔一〇七〕，而須内備彌深。」時朝議是之。詔安西將軍、廷尉卿元洪超詣燉煌安置婆羅門。婆羅門尋與部衆謀叛投嚈噠，嚈噠三妻皆婆羅門姊妹也。仍爲州軍討擒之。五年，婆羅門死於洛南之館。

阿那瓌部落既和，士馬稍盛，乃號可汗，遣爲長子請尚魏公主〔一〇八〕，文帝又自納阿那瓌女爲后〔一〇九〕。阿那瓌請以其孫女妻齊獻武王子長廣公湛〔一一〇〕，阿那瓌有愛女，又請配齊獻武王〔一一一〕，自此塞外無塵矣。始阿那瓌初復其國，盡禮朝廷。明帝之後，中原喪亂，阿那瓌統率北方，頗爲强盛，不復稱臣。魏汝陽王暹之爲秦州，遣其典籤齊人淳于覃使於阿那瓌，阿那瓌遂留之〔一一二〕，親寵任事。阿那瓌又嘗因到洛陽，心慕中國，乃立官號，擬於王者，遂有侍中、黄門之屬。以覃爲祕書監黄門郎〔一一三〕，掌其文墨。覃教阿那瓌，轉自驕大，每與魏書，鄰敵亢禮。及齊受東魏禪，後阿那瓌爲突厥所破，自殺，太子庵羅辰庵，烏含反。奔齊。文宣帝乃北討突厥，而立庵羅辰爲主，置之馬邑川〔一一四〕。後背叛，文宣帝親征，皆大破之。國人立阿那瓌叔父鄧叔子爲主。是時又累爲突厥所破，以西魏恭帝二年，率部落千餘家奔關中。突厥既恃兵强，又藉西魏和好，忌其連類依憑大國〔一一五〕，使驛相係，請盡殺以甘心。周文帝遂收縛蠕蠕主以下三千餘人付突厥使，於青門外斬之。中男以下免死，配王公家爲奴隸。

高車

高車，蓋古赤狄之餘種也〔二一六〕。初號爲狄歷〔二一七〕，北方以爲敕勒，諸夏以爲高車、丁零焉。其語略與匈奴同而時有小異。或云其先匈奴之甥也〔二一八〕。其種有狄氏、袁紇氏、斛律氏、解批氏、護骨氏、異奇斤氏〔二一九〕。其俗云：匈奴單于生二女，姿容甚美，單于曰：「此女安可配人，將以與天。」乃於國北無人之地築高臺，置二女於其上，曰：「請天自迎之。」乃有一老狼，晝夜守臺嘷呼，因穿臺下爲穴，經時不去。其小女曰：「吾父以我與天，而今狼來，或是天處我。」乃下爲狼妻而産子，後遂滋繁成國。故其人好引聲長歌，有似狼嘷。

本無都統大帥〔二二〇〕，當種各有君長。爲性麤猛，黨類同心，至於寇難，翕然相依。鬭無行陣，頭别衝突，乍出乍入，不能堅戰。其俗，蹲踞褻黷，褻音泄。黷音瀆。無所忌避。婚姻用牛馬納聘，以多爲榮。俗無穀，不作酒。迎娶之日，男女相將，持馬酪熟肉節解〔二二一〕。主人延賓，亦無行位，穹廬前叢坐，飲宴終日，復留其宿。明日，將婦歸，既而將夫黨還入其家馬群，極取良馬〔二二二〕。俗不潔净。喜致震霆，每震則叫呼射天而棄之移去。至於來歲秋〔二二三〕，馬肥，復相率集於震所，埋羖羊，然火，拔刀〔二二四〕，女巫祝説，似如中國祓除，而群隊馳馬旋繞〔二二五〕，百帀乃止。人持一束柳枝回，曲竪之〔二二六〕，以乳酪灌焉。婦人以皮裹羊骸〔二二七〕，戴之首上，縈屈髮鬢所交反。而綴之〔二二八〕，有似軒冕。其死亡葬送，掘地作坎，坐屍於中，張臂引弓，佩刀挾矟，無異於生，而露坎不掩，走馬遶旋，多者數百帀。男女無小大，皆集會之。其遷徙隨水草。衣皮食肉，牛羊畜産盡與蠕蠕同。唯車輪高大，輻數至多。

後徙於鹿渾海西北百餘里，部落强大，常與蠕蠕爲敵，亦每侵盜後魏〔二九〕，魏道武度弱洛水〔三〇〕，西行至鹿渾海〔三一〕，襲破之。復討其餘種於狼山，又大破之。又自駮髯水西北〔三二〕，徇略其部，破其雜種三十餘部，虜男女五萬餘口，馬牛羊百餘萬，高車二十餘萬乘而還。其後太武帝征蠕蠕，還至漠南，聞高車東部在巳尼陂，相去千餘里，遣騎襲破之，降數十萬〔三三〕，皆徙置漠南千里之地，後又相率北叛。高車之族又有十二姓：一曰泣伏利氏，二曰吐盧氏〔三四〕，三曰乙旃氏，四曰大連氏，五曰窟賀伏氏〔三五〕，六曰達薄干氏〔三六〕，七曰阿崙氏，八曰莫允氏，九曰俟斤氏〔三七〕，十曰副伏羅氏，十一曰乞表氏〔三八〕，十二曰右外沛氏〔三九〕。先是，副伏羅部爲蠕蠕所役屬。

魏孝文帝太和十一年，蠕蠕主豆崙犯塞，其酋阿伏至羅率所部之衆西叛。阿伏至羅死，弟子彌俄突立，遣使朝貢。宣武詔曰：「蠕蠕、嚈噠與吐谷渾所以交通者，皆路由高昌國，今交河郡。犄角相接。今高昌内附，遣使迎引。蠕蠕既與吐谷渾往來路絶，姦勢亦沮，使命行途經由，宜相供俟，不得妄令群小擁塞王人。」彌俄突尋與蠕蠕主伏圖戰於蒲類海北，大敗。明帝初，彌俄突又被蠕蠕主醜奴大敗，殺之。弟越居，静帝時爲兄子比適所殺，越居子去賓自蠕蠕奔後魏，封爲高車王、肆州刺史，死於鄴。至隋，有突越失國，即後魏之高車國矣。

稽胡

稽胡，一曰步落稽，蓋匈奴別種，劉元海五部之苗裔也。或云山戎赤狄之後。自離石以西，離石，今昌化郡。安定以東，今安定郡是。方七八百里，居山谷間，種落繁熾。其俗土著，亦知種田，地少桑蠶，多衣麻布。其丈夫衣服及死亡殯葬〔一四〇〕，與中夏略同；婦人多貫蜃貝以爲耳頸飾。又與華人錯居，其渠帥頗識文字。其言語類夷狄，因譯乃通。踞蹲無禮〔一四一〕，貪而忍害。俗好淫穢。雖分統郡縣，列於編户，然輕其徭賦，有異齊民〔一四二〕。山谷阻深者，未盡役屬，而凶悍恃險，數爲寇亂。

後魏明帝孝昌中，有劉蠡升者，居雲陽谷，今縣界。自稱天子，立年號，署百官。後爲齊神武所滅。居河西者，恃險不賓。後周明帝武成初，延州稽胡郝阿保、郝狼皮延州，今延安郡。率其種人，附於齊氏，并與其部劉素德共爲影響〔一四三〕。周柱國豆盧寧督諸軍，與延州刺史高琳擊破之。建德五年，武帝敗齊師於晉州，今平陽郡。乘勝逐北，齊人所棄甲仗未暇收斂，稽胡乘閒竊出，盜而有之。乃立蠡升孫没鐸爲主，號聖武皇帝。後齊王憲爲行軍元帥討破之。自是寇盜頗息。

校勘記

〔一〕無世業相繼　「世」原作「代」，據後漢書卷九〇烏桓鮮卑傳改。按「代」，通典避唐諱改，本書沿用未改。

〔二〕掠將女去　「去」字原脱，據三國志卷三〇烏丸鮮卑東夷傳注引魏書補。

〔三〕然後遣媒人送馬牛羊　「媒人」二字原脱，據元本、慎本、馮本及三國志卷三〇烏丸鮮卑東夷傳注引魏書補。

〔四〕朝朝拜之　「朝朝」，後漢書卷九〇烏桓鮮卑傳作「旦旦」。按「朝朝」，通典乃避唐諱，本書沿用未改。

〔五〕一皆爲辦　「爲」原作「分」，據後漢書卷九〇烏桓鮮卑傳、通典卷一九六邊防一二改。

〔六〕相對踞蹲　「踞蹲」，三國志卷三〇烏丸鮮卑東夷傳注引魏書、太平寰宇記卷一九二四夷二一北狄四作「蹲踞」。

〔七〕婦人至嫁時乃養髮　「嫁」原作「家」，據後漢書卷九〇烏桓鮮卑傳、三國志卷三〇烏丸鮮卑東夷傳注引魏書、太平寰宇記卷一九二四夷二一北狄四改。

〔八〕以綵繩嬰牽　「嬰」原作「纓」，據三國志卷三〇烏丸鮮卑東夷傳注引魏書改。按「嬰」，繞也。

〔九〕詣大人告之　「告」，後漢書卷九〇烏桓鮮卑傳同，三國志卷三〇烏丸鮮卑東夷傳注引魏書作「平」。

〔一〇〕因徙烏桓於上谷漁陽右北平遼西遼東五郡塞外　「於」原作「爲」，「遼西」二字原脱，據後漢書卷九〇烏桓鮮卑傳、太平寰宇記卷一九二四夷二一北狄四改補。

〔一一〕但委主降掾史　「主」原作「乞」，據元本、慎本、馮本及後漢書卷九〇烏桓鮮卑傳改。

〔一二〕寧甯兩字通也　「寧」字原脱，據後漢書卷九〇烏桓鮮卑傳注補。

〔一三〕鴈門烏桓率衆王無何　「何」下原衍「允」字，據下文及三國志卷三〇烏丸鮮卑東夷傳注引魏書删。

〔一四〕自稱汗魯王　「汗魯」原作「汙魯」，據局本及後漢書卷九〇烏桓鮮卑傳、通典卷一九六邊防一二改。

〔一五〕並其別種　「別」字原脱，據通典卷一九六邊防一二補。

〔一六〕世謂角端弓者也 「世」原作「代」，當是通考襲用通典避諱之文而未回改，據三國志卷三〇烏丸鮮卑東夷傳注引魏書改。

〔一七〕皮毛柔軟 「軟」，後漢書卷九〇烏桓鮮卑傳作「蝡」。

〔一八〕豽雌屬 「雌」，通典卷一九六邊防一二同，後漢書卷九〇烏桓鮮卑傳李賢注、太平寰宇記卷一九三四夷二二北狄五作「猴」。

〔一九〕遼東太守祭肜擊破之 「祭肜」原作「祭彤」，據後漢書卷二〇祭肜傳、卷九〇烏桓鮮卑傳，通典卷一九六邊防一二改。

〔二〇〕於是鮮卑燉煌酒泉以東邑落大人皆詣遼東受賞賜 據後漢書卷九〇烏桓鮮卑傳「鮮卑燉煌、酒泉以東邑落大人皆詣遼東受賞賜」乃明帝永平二年事，與上文所云光武帝建武三十年「封於仇賁爲王」相去五年，不當混言「於是」。

〔二一〕歲二億七千萬以爲常 「歲」原作「穀」，據三國志卷三〇烏丸鮮卑東夷傳注引魏書、通典卷一九六邊防一二改。

〔二二〕鮮卑寇三邊 「寇」字原脱，據後漢書卷九〇烏桓鮮卑傳、通典卷一九六邊防一二補。

〔二三〕蚧音介 「介」字原脱，據後漢書卷九〇烏桓鮮卑傳李賢注、通典卷一九六邊防一二補。

〔二四〕瘭音必燒反 「音」字原脱，據後漢書卷九〇烏桓鮮卑傳李賢注、通典卷一九六邊防一二補。

〔二五〕呂后棄慢書之詬 「后」原作「氏」，據後漢書卷九〇烏桓鮮卑傳、通典卷一九六邊防一二改。

〔二六〕豈與蟲蟻狡寇計争往來哉 「狡」原作「狄」，據黄山後漢書校補、太平寰宇記卷一九三四夷二二北狄五補。

「争」字原脱，據後漢書卷九〇烏桓鮮卑傳、同上太平寰宇記補。「蟻」，同上後漢書、資治通鑑卷五七漢紀四九靈帝熹平六年七月條作「螘」。

〔二七〕而方令本朝爲之旰食乎　「令」原作「今」，據群書治要卷二四引後漢書、通典卷一九六邊防一二改。

〔二八〕循二子之策　「之」字原脱，據後漢書卷九〇烏桓鮮卑傳、通典卷一九六邊防一二補。

〔二九〕聞倭人善網捕　「聞」字原脱，據後漢書卷九〇烏桓鮮卑傳、通典卷一九六邊防一二、太平寰宇記卷一九三四夷二二北狄五補。「倭」，以上諸書同，三國志卷三〇烏丸鮮卑東夷傳注引魏書作「汗」。下同。

〔三〇〕徙置秦水上　「置」原作「至」，據後漢書卷九〇烏桓鮮卑傳、三國志卷三〇烏丸鮮卑東夷傳注引魏書、通典卷一九六邊防一二改。

〔三一〕令捕魚以助糧食　「魚」字原脱，「食」原作「石」，據後漢書卷九〇烏桓鮮卑傳、三國志卷三〇烏丸鮮卑東夷傳注引魏書、通典卷一九六邊防一二補改。

〔三二〕光和中　「光和」原作「和平」，據後漢書卷九〇烏桓鮮卑傳、資治通鑑卷五八漢紀五〇光和四年冬十月條、太平寰宇記卷一九三四夷二二北狄五改。

〔三三〕自檀石槐後諸大人遂代相傳襲　「後」字原脱，據後漢書卷九〇烏桓鮮卑傳、三國志卷三〇烏丸鮮卑東夷傳注引魏書、太平寰宇記卷一九三四夷二二北狄五補。「代」，同上諸書作「世」，乃通典避唐諱改，本書沿用而未曾回改。

〔三四〕弟步度根代立　「弟」字原脱，據後漢書卷九〇烏桓鮮卑傳、三國志卷三〇烏丸鮮卑東夷傳注引魏書補。

〔三五〕將其衆萬餘落保太原鴈門郡　「將」字原脱，據三國志卷三〇烏丸鮮卑東夷傳、太平寰宇記卷一九三四夷二二北狄五補。

〔三六〕乞伏國仁隴西鮮卑也　晉書卷一二五乞伏國仁載記「鮮卑」後有「人」字。

〔三七〕在昔有如弗與斯引出連叱盧三部　「與」「引」二字原脱，據通志氏族略引西秦録補。

〔三八〕號之曰乞伏可汗託鐸莫何　「莫何」二字原脱，據晉書卷一二五乞伏國仁載記補。

〔三九〕國仁乃招集諸部　「部」原作「郡」，據晉書卷一二五乞伏國仁載記改。

〔四〇〕衆至十餘萬　「餘萬」二字原倒，據晉書卷一二五乞伏國仁載記乙正。

〔四一〕弟乾歸嗣爲大都督　「弟」原作「子」，據晉書卷一二五乞伏國仁載記改。

〔四二〕以義熙五年　「五」原作「三」。按魏書卷三太宗紀，永興元年「乞伏乾歸據金城自稱秦王」，永興元年即晉義熙五年；資治通鑑卷一〇五晉紀三七義熙五年七月：「乞伏乾歸即秦王位，大赦，改元更始。」此處「三」爲「五」之誤，據改。

〔四三〕子熾磐襲位十七年卒　「十」字原脱。按資治通鑑卷一一六晉紀三八，義熙八年八月，「乞伏熾磐自稱大將軍、河南王，大赦，改元永康」；卷一二一宋紀三，元嘉五年，「五月，秦文昭王熾磐卒」。義熙八年至元嘉五年，前後共十七年，據補。

〔四四〕子慕末襲位四年　「四」原作「三」。按資治通鑑卷一二二宋紀四，元嘉八年六月「夏主殺乞伏慕末及其宗族五百人」，熾磐元嘉五年襲位，元嘉八年被殺，前後四年；册府元龜卷二一九僭僞部姓系亦云，「慕末在位四年，爲赫連定所殺」，據改。

〔四五〕秃髮烏孤河西鮮卑也　晉書卷一二六秃髮烏孤載記「鮮卑」後有「人」字。

〔四六〕其先與後魏同出　「與」字原脱，據晉書卷一二六禿髮烏孤載記補。

〔四七〕其地東至麥田牽屯　「牽屯」原作「率屯」，據晉書卷一二六禿髮烏孤載記改。

〔四八〕武帝遣馬隆擊破之　「之」字原脱，據文義補。

〔四九〕從弟務丸立傳至其曾孫思復鞬　「曾」字與「思」字原脱。按晉書卷一二六禿髮烏孤載記、册府元龜卷二一九僭僞部姓系作「從弟務丸立。死，孫推斤立。死，子思復鞬立」。此處顯有脱文，據補。

〔五〇〕及嗣位　「及」字原脱，據晉書卷一二六禿髮烏孤載記補。

〔五一〕河西鮮卑大都督　「督」，晉書卷一二六禿髮烏孤載記作「統」。

〔五二〕凡十八年而亡　「八」原作「九」。太平御覽卷一二六偏霸部一〇禿髮傉檀引崔鴻十六國春秋南涼録：「自烏孤太初元年歲在丁酉至檀薨之歲甲寅，十有八歲。」按南涼禿髮烏孤太初元年爲晉安帝隆安元年，甲寅爲晉安帝義熙十年，前後十八年，據改。

〔五三〕世爲東部大人　「世」原作「代」，通典乃避唐諱，本書沿用，今據魏書卷一〇三宇文莫槐傳、北史卷九八宇文莫槐傳改。

〔五四〕爲黄帝所滅　此五字原脱，據周書卷一文帝紀上、太平寰宇記卷一九四四夷二三北狄六補。

〔五五〕莫槐虐用其民　「民」原作「人」，通典爲避唐諱，本書沿用未改，今據魏書卷一〇三宇文莫槐傳改。

〔五六〕尚魏平帝女　「平帝」原作「文帝」，據魏書卷一序紀改。

〔五七〕别部人逸豆歸殺乞得龜而自立　「别」字原脱，據魏書卷一〇三宇文莫槐傳、北史卷九八宇文莫槐傳補。

〔五八〕其部衆五千餘落　「千」原作「萬」，據魏書卷一〇三宇文莫槐傳、北史卷九八宇文莫槐傳、太平寰宇記卷一九四四夷二三北狄六改。

〔五九〕後至侄務勿塵　「勿」，魏書卷一〇三徒何段就六眷傳、北史卷九八徒何段就六眷傳作「目」。

〔六〇〕後爲慕容皝所殺　「所殺」原作「所破殺之」，據太平寰宇記卷一九四四夷二三北狄六刪。按魏書卷一〇三徒何段就六眷傳、北史卷九八徒何段就六眷傳均作：「建國元年，石虎征護遼於遼西，護遼奔平岡山，遂投慕容皝，皝殺之。」

〔六一〕以所從鮮卑五千人配之　「從」，魏書卷一〇三徒何段就六眷傳、北史卷九八徒何段就六眷傳、太平寰宇記卷一九四四夷二三北狄六皆作「徙」。

〔六二〕今柳城郡之地　「地」原作「北」，據通典卷一九六邊防一二改。

〔六三〕豫州人爲成周郡　「豫州」原作「荆河州」，乃通典避唐諱，本書沿用未改，今據晉書卷一〇八慕容廆載記改。

〔六四〕亦因鮮卑山以爲號　「因」原作「國」，據通典卷一九六邊防一二改。

〔六五〕民賴其勳舜命爲田祖　「民」原作「人」，「舜」字原脱，據魏書卷一序紀、太平御覽卷一〇一皇王部二六後魏諸帝、册府元龜卷一帝王部帝系改補。

〔六六〕六十七代裔孫屯　「屯」，太平御覽卷一〇一皇王部二六後魏諸帝、太平寰宇記卷一九三四夷二二北狄五、册府元龜卷一帝王部帝系同，魏書卷一序紀、北史卷一魏本紀一作「毛」；「六十七代」，同上北史作「六七十代」。

〔六七〕諸部大人悉服　「部」原作「郡」，據元本、慎本、馮本及魏書卷一序紀、北史卷一魏本紀一、通典卷一九六邊防一二改。

〔六八〕侄孫什翼犍始建年號　按魏書卷一序紀載魏帝世系，什翼犍父爲平文帝郁律，祖爲思帝弗，曾祖爲文帝沙漠汗，沙漠汗爲昭帝禄官弟，據此，則什翼犍爲禄官之侄曾孫而非侄孫。

〔六九〕至其孫珪　「珪」原作「涉珪」，據魏書卷二太祖紀、北史卷一魏本紀一删。然南齊書卷五七魏虜傳云托跋珪「字涉珪」。

〔七〇〕木骨閭者　「木骨閭」三字原脱，據魏書卷一〇三蠕蠕傳、北史卷九八蠕蠕傳、通典卷一九六邊防一二補。

〔七一〕木骨閭與郁久閭聲相近　上「閭」字原脱，據魏書卷一〇三蠕蠕傳、北史卷九八蠕蠕傳、通典卷一九六邊防一二補。

〔七二〕凶勢以振　「以」，魏書卷一〇三蠕蠕傳、北史卷九八蠕蠕傳、通典卷一九六邊防一二作「益」。

〔七三〕於是自號丘豆伐可汗　「丘豆伐」，魏書卷一〇三蠕蠕傳同，北史卷九八蠕蠕傳作「豆代」，下句中「丘豆伐」同此。

〔七四〕畜産布野　「布野」二字原倒，據魏書卷一〇三蠕蠕傳、資治通鑑卷一二一宋紀三元嘉六年五月丁未條乙正。

〔七五〕高車諸部又殺大檀種類　「諸」原作「都」，據魏書卷一〇三蠕蠕傳、北史卷九八蠕蠕傳、資治通鑑卷一二一宋紀三元嘉六年五月丁未條改。

〔七六〕宋昇明中　「昇明」原作「昇平」，據南史卷七九蠕蠕傳改。

〔七七〕遣王洪範使焉　「王洪範」原作「王洪軌」，據南史卷七九蠕蠕傳改。下同。

〔七八〕其主予成吐賀真之子犯塞　「予成」原作「子成」，據魏書卷一〇三蠕蠕傳、北史卷九八蠕蠕傳、太平寰宇記卷一九三四夷二二北狄五改。

〔七九〕互相圍逼　「圍」原作「違」，據通典卷一九六邊防一二、太平寰宇記卷一九三四夷二二北狄五改。

〔八〇〕狄來有城可守　「狄」，太平寰宇記卷一九三四夷二二北狄五作「敵」。

〔八一〕修立戰場　「立」原作「元」，據通典卷一九六邊防一二改。

〔八二〕七月發六部兵萬人　「部」原作「郡」，據通典卷一九六邊防一二改。

〔八三〕登城觀敵以逸待勞　「城」原作「成」，「待」原作「其」，據通典卷一九六邊防一二改。

〔八四〕其主醜奴予成弟之子善用兵　「醜奴」原作「配奴」，據魏書卷一〇三蠕蠕傳、北史卷九八蠕蠕傳、太平寰宇記卷一九三四夷二二北狄五改。下同。「予」字原脱，據通典卷一九六邊防一二補。

〔八五〕盡并叛者　「并」原作「誅」，據魏書卷一〇三蠕蠕傳、北史卷九八蠕蠕傳、通典卷一九六邊防一二改。

〔八六〕其族兄俟力發示發率衆伐之　「兄」下原衍「俟」字，「示發」二字原脱，據魏書卷一〇三蠕蠕傳、北史卷九八蠕蠕傳、太平寰宇記卷一九三四夷二二北狄五刪補。

〔八七〕從父兄婆羅門率衆討示發　「示發」原作「力發」，據魏書卷一〇三蠕蠕傳、北史卷九八蠕蠕傳、資治通鑑卷一四九梁紀五梁武帝普通二年正月條、太平寰宇記卷一九三四夷二二北狄五改。

〔八八〕即漢晉舊障　「晉」字原脱，據魏書卷一〇三蠕蠕傳、北史卷九八蠕蠕傳補。

〔八九〕而今高車能終雪其耻　「今」原作「令」，據魏書卷六九袁翻傳、太平寰宇記卷一九三四夷二二北狄五改；「今」，同上魏書在「車」字下。

〔九〇〕復摧蠕蠕者　「摧」原作「推」，據魏書卷六九袁翻傳、通典卷一九六邊防一二改。

〔九一〕然闕此兩敵　「闕」原作「闞」，據魏書卷六九袁翻傳、通典卷一九六邊防一二改。

〔九二〕得使境上無塵　「上」，魏書卷六九袁翻傳同，太平寰宇記卷一九三四夷二二北狄五作「土」。

〔九三〕一期而至　「期」原作「周」，據魏書卷六九袁翻傳、北史卷四七袁翻傳、通典卷一九六邊防一二改。

〔九四〕以望今主耳　「望」原作「係」，據魏書卷六九袁翻傳改。按「望」，通典杜氏避家諱改，本書沿用而未曾回改。

〔九五〕主甚懦弱　「懦」，魏書卷六九袁翻傳、北史卷四七袁翻傳作「愚」。

〔九六〕唯以掠盜爲資　「資」原作「質」，據魏書卷六九袁翻傳、通典卷一九六邊防一二改。

〔九七〕蠕蠕無復竪立令高車獨擅北垂　「竪」原作「堅」，「令」原作「今」，據魏書卷六九袁翻傳、北史卷四七袁翻傳、太平寰宇記卷一九三四夷二二北狄五改。

〔九八〕則四顧之憂　「四」，太平寰宇記卷一九三四夷二二北狄五同，魏書卷六九袁翻傳、北史卷四七袁翻傳作「西」。

〔九九〕去高車所住金山千餘里　「去」字原脱，據魏書卷六九袁翻傳、北史卷四七袁翻傳、太平寰宇記卷一九三四夷二二北狄五補。

〔一〇〇〕即可永爲重戍　「戍」原作「戌」，據魏書卷六九袁翻傳、北史卷四七袁翻傳、通典卷一九六邊防一二改。

〔一〇一〕雖外爲署蠕蠕之聲　北史卷四七袁翻傳、太平寰宇記卷一九三四夷二二北狄五同，魏書卷六九袁翻傳作「雖外爲置蠕蠕之舉」。

〔一〇二〕斯固安邊保塞之長計也　「長計」，通典卷一九六邊防一二作「良計」。

〔一〇三〕乃漸令北徙轉渡流沙　魏書卷六九袁翻傳、北史卷四七袁翻傳皆作：「乃漸令北轉，徙渡流沙。」

〔一〇四〕高車勍敵　「勍」原作「就」，據魏書卷六九袁翻傳、北史卷四七袁翻傳、太平寰宇記卷一九三四夷二二北狄五改。

〔一〇五〕此不過爲逋逃之寇　「爲」字原脱，據魏書卷六九袁翻傳、北史卷四七袁翻傳補。

〔一〇六〕野獸所聚 「獸」原作「戰」，據魏書卷六九袁翻傳、北史卷四七袁翻傳、太平寰宇記卷一九三四夷二二北狄五改。

〔一〇七〕止可外加優納 「止」，魏書卷六九袁翻傳、北史卷四七袁翻傳作「正」。

〔一〇八〕遣爲長子請尚魏公主 「爲」原作「其」，據朝鮮本通典卷一九六邊防一二改。

〔一〇九〕文帝又自納阿那瓌女爲后 「文帝」原作「出帝」，據北史卷九八蠕蠕傳改。

〔一一〇〕阿那瓌請以其孫女妻齊獻武王子長廣公湛 「武王」二字原倒，據北宋本通典卷一九六邊防一二乙正。「獻武」，北史卷九八蠕蠕傳作「神武」。按高歡死後，北齊天保初追崇爲獻武帝，天統元年改謚神武皇帝，見北齊書卷二神武帝紀下。

〔一一一〕又請配齊獻武王 「武」字原脱，據魏書卷一〇三蠕蠕傳補。

〔一一二〕阿那瓌遂留之 「阿那瓌」三字原脱，據通典卷一九六邊防一二補。

〔一一三〕遂有侍中黄門之屬以覃爲祕書監黄門郎 「黄門之屬以覃爲祕書監」十字原脱，據北史卷九八蠕蠕傳、太平寰宇記卷一九三四夷二二北狄五補。

〔一一四〕置之馬邑川 「置」，北史卷九八蠕蠕傳作「致」。

〔一一五〕忌其連類依憑大國 「忌其連類」，北史卷九八蠕蠕傳作「恐其遺類」，太平寰宇記卷一九三四夷二二北狄五作「忌其遺類」。

〔一一六〕蓋古赤狄之餘種也 「餘」字原脱，據魏書卷一〇三高車傳、北史卷九八高車傳補。

〔一一七〕初號爲狄歷 「初」下原衍「因」字，據魏書卷一〇三高車傳、北史卷九八高車傳、太平寰宇記卷一九四四夷二三北狄六删。

〔一一八〕或云其先匈奴之甥也　「甥」原作「人」，據魏書卷一〇三高車傳、北史卷九八高車傳、太平御覽卷八〇一四夷部二二高車、太平寰宇記卷一九四四夷二三北狄六改。

〔一一九〕解批氏護骨氏異奇斤氏　「批」原作「枇」，「護骨氏」三字原脱，「異」下原有「氏」字，據魏書卷一〇三高車傳、北史卷九八高車傳、太平御覽卷八〇一四夷部二二高車、太平寰宇記卷一九四四夷二三北狄六改補删。

〔一二〇〕本無都統大帥　「帥」原作「師督」，據魏書卷一〇三高車傳、太平御覽卷八〇一四夷部二二高車改；通典卷一九七邊防一三「帥」下有「督」字。

〔一二一〕持馬酪熟肉節解　「節解」原作「即」，據魏書卷一〇三高車傳、北史卷九八高車傳、太平御覽卷八〇一四夷部二二高車、太平寰宇記卷一九四四夷二三北狄六改。

〔一二二〕既而將夫黨還入其家馬群極取良馬　「極」原作「揀」，據魏書卷一〇三高車傳、北史卷九八高車傳、太平寰宇記卷一九四四夷二三北狄六，參酌上文「婚姻用牛馬納聘以多爲榮」改；「將」，同上北史、太平寰宇記無，魏書有。

〔一二三〕至於來歲秋　「秋」字原脱，據魏書卷一〇三高車傳、北史卷九八高車傳、通典卷一九七邊防一三、太平御覽卷八〇一四夷部二二高車補。

〔一二四〕拔刀　「刀」原作「刃」，據魏書卷一〇三高車傳、北史卷九八高車傳、通典卷一九七邊防一三改。

〔一二五〕而群隊馳馬旋繞　「繞」字原脱，據魏書卷一〇三高車傳、北史卷九八高車傳、通典卷一九七邊防一三、太平御覽卷八〇一四夷部二二高車補。

〔一二六〕人持一束柳枝回曲竪之　「人」字原脱，據魏書卷一〇三高車傳、北史卷九八高車傳、太平御覽卷八〇一四夷部二二高車、太平寰宇記卷一九四四夷二三北狄六補。同上魏書、北史、太平寰宇記「枝」作「梜」，無「曲」字，太平御覽「回」作「因」。

〔一二七〕婦人以皮裹羊骸　「骸」，魏書卷一〇三高車傳、北史卷九八高車傳、太平御覽卷八〇一四夷部二二高車、太平寰宇記卷一九四四夷二三北狄六作「骸」，太平御覽雖作「骸」而下注「苦交切」，疑「骸」字爲是。

〔一二八〕縈屈髮鬠所交反而綴之　「鬠」，太平御覽卷八〇一四夷部二二高車、太平寰宇記卷一九四四夷二三北狄六同，魏書卷一〇三高車傳、北史卷九八高車傳作「鬢」。

〔一二九〕亦每侵盜後魏　「後」原作「於」，據明抄本、明刻本、朝鮮本通典卷一九七邊防一三改。

〔一三〇〕魏道武度弱洛水　「洛」字原脱，據魏書卷一〇三高車傳、北史卷九八高車傳、太平御覽卷八〇一四夷部二二高車、太平寰宇記卷一九四四夷二三北狄六補。

〔一三一〕西行至鹿渾海　「渾」字原脱，據魏書卷一〇三高車傳、北史卷九八高車傳、太平御覽卷八〇一四夷部二二高車補。

〔一三二〕又自駮髯水西北　「駮髯水」原作「骸髯水」，據魏書卷一〇三高車傳、北史卷九八高車傳改。

〔一三三〕降數十萬　魏書卷一〇三高車傳、北史卷九八高車傳「萬」下有「落」字。

〔一三四〕二曰叱盧氏　「叱」，通典卷一九七邊防一三同，魏書卷一〇三高車傳、北史卷九八高車傳、太平御覽卷八〇一四夷部二二高車、册府元龜卷九五六外臣部種族、太平寰宇記卷一九四四夷二三北狄六作「吐」。

〔一三五〕五曰窟賀伏氏　册府元龜卷九五六外臣部種族、通典卷一九七邊防一三同，魏書卷一〇三高車傳、北史卷九八高車傳、太平御覽卷八〇一四夷部二二高車、太平寰宇記卷一九四四夷二三北狄六「賀」下無「伏」字。

〔一三六〕六曰達薄干氏 「達薄干氏」，魏書卷一〇三高車傳、太平寰宇記卷一九四四夷二三北狄六同，周書卷一二齊王憲傳云「憲所生母達步干氏」，北史卷九八高車傳、太平御覽卷八〇一四夷部二二高車作「達薄氏」。

〔一三七〕九曰俟斤氏 「斤」，通典卷一九七邊防一三同，魏書卷一〇三高車傳、北史卷九八高車傳、太平御覽卷八〇一四夷部二二高車、册府元龜卷九五六外臣部種族、太平寰宇記卷一九四四夷二三北狄六作「分」。

〔一三八〕十一曰乞表氏 「表」，通典卷一九七邊防一三同，魏書卷一〇三高車傳、北史卷九八高車傳、太平御覽卷八〇一四夷部二二高車、册府元龜卷九五六外臣部種族、太平寰宇記卷一九四四夷二三北狄六作「袁」。

〔一三九〕十二曰右外沛氏 「外」，通典卷一九七邊防一三同，魏書卷一〇三高車傳、北史卷九八高車傳、太平御覽卷八〇一四夷部二二高車、太平寰宇記卷一九四四夷二三北狄六作「叔」，册府元龜卷九五六外臣部種族作「升」。疑「叔」是。

〔一四〇〕其丈夫衣服及死亡殯葬 「衣」字原脱，據周書卷四九異域傳上、北史卷九六稽胡傳補。

〔一四一〕踞蹲無禮 「踞蹲」，通典卷一九七邊防一三作「蹲踞」。

〔一四二〕有異齊民 「民」原作「人」，通典避唐諱改，本書沿用而未回改，今據周書卷四九異域傳上改。「齊民」，北史卷九六稽胡傳作「華人」。

〔一四三〕并與其部劉素德共爲影響 「劉素德」，太平寰宇記卷一九四四夷二三同，周書卷四九異域傳上、北史卷九六稽胡傳作「劉桑德」。

卷三百四十三　四裔考二十

突厥上

突厥之先，平涼今平涼郡。雜胡也，蓋匈奴之別種，姓阿史那氏。後魏太武滅沮渠氏〔一〕，沮渠牧犍都姑臧〔二〕，謂之北涼，爲魏所滅〔三〕。阿史那以五百家奔蠕蠕，世居金山〔四〕，狀如兜鍪，俗呼兜鍪爲「突厥」，因以爲號。或云，其先國於西海之上〔五〕，爲鄰國所滅，男女無少長，盡殺之。有一兒，年且十歲，以其小不忍殺之，乃刖足斷臂，棄於大澤中。有牝狼每銜肉至其所，此兒因食之，得以不死。其後遂與狼交，狼有孕焉。負至於西海之東，止於山上。其山在高昌西北，有洞穴，狼入其中，遇得平壤茂草，地方二百餘里。後狼生十男，長大外託妻孕，其後各爲一姓，阿史那即其一也。子孫蕃育，漸至數百家。經數代，相與穴處而臣於蠕蠕〔六〕。又云，先出於索國，在匈奴之北。其部落大人曰阿謗步〔七〕，兄弟十七人〔八〕，其一曰伊質泥師都〔九〕，狼所生也。謗步等性並愚癡，國遂被滅。泥師都既別感異氣，能徵召風雨。娶二妻，云是夏神、冬神之女，一孕而生四男。其大兒名訥都陸設，衆奉爲主，號爲突厥。都陸所生子，皆以母族爲姓，阿史那是其一也，號阿賢設。此説雖殊，然俱狼種也。

後魏末，其酋帥土門，部落稍盛，始至塞上通中國。至西魏大統十二年，乃求婚於蠕蠕，蠕蠕主阿那瓌大怒，使人罵辱之曰：「爾是我鍛奴，何敢發是言也！」土門發兵擊蠕蠕，大破之於懷荒北，阿那瓌自殺。土門遂自號伊利可汗，後魏太武帝時，蠕蠕王社崙已自號可汗〔一〇〕，突厥因之。猶古之單于也。號其妻爲可賀敦，亦猶古之閼氏也。其子弟謂之特勤〔一一〕，別部領兵者謂之設，其大官屈律啜，次阿波，次頡利發，次吐屯〔一二〕，次俟斤。其初，國貴賤官號凡有十等，或以形體，或以老少，或以顏色、鬚髮〔一三〕，或以酒肉，或以獸名。其勇健者謂之始波羅，亦呼爲英賀弗〔一四〕。肥麤者謂之大羅便〔一五〕。大羅便，酒器也，似角而麄短，體貌似之，故以爲號。此官特貴，唯其子弟爲之。又謂老爲哥利，故有哥利達官。謂馬爲賀蘭，故有賀蘭蘇尼闕〔一六〕，蘇尼，掌兵之官也。謂黑色者爲珂羅便，故有珂羅啜，官甚高，耆年者爲之。謂髮爲索葛，故有索葛吐屯〔一七〕，此如州郡官也。謂酒爲匐你熱汗，熱汗掌監察非違，釐整班次。謂肉爲安禪，故有安禪具泥，掌家事如國官也。有時置附鄰可汗，附鄰，狼名也〔一八〕，取其貪殺爲稱。亦有可汗位在葉護下者。或有居家大姓相呼爲遺可汗者，突厥呼屋爲遺，言屋可汗也。

木杆可汗〔一九〕，土門之子，名俟斤，一名燕尹〔二〇〕。狀貌奇異，面廣尺餘，其色甚赤，眼若琉璃，性剛暴而多智。西破蠕蠕、嚈噠，東走契丹，北并契骨〔二一〕，威服塞外諸國。其地東自遼海以西，西至西海萬餘里，南自沙漠，北至北海五六千里，皆屬焉。其俗如古之匈奴。其異者，其主初立，近侍重臣者舁之以氈，隨日轉九迴，每一迴，臣下皆拜，訖，乃扶令乘馬，以帛絞其頸，使纔不至絕，然後釋而急問之曰：「你能作幾年可汗？」其主既神情瞀亂，不能詳定多少。臣下等隨其所言，以驗修短之數。其後大官有葉護，次設，次特勤〔二二〕，次俟利發，次吐屯發，及餘小官凡二十八等，皆世襲焉〔二三〕。兵器有角弓、鳴鏑、甲、矟〔二四〕、刀、劍，其佩飾則兼有伏突。旗纛之上，施金狼頭。侍衛之士，謂之附離，夏言亦狼也。蓋本狼生，志不忘舊。其徵發兵馬及科稅雜畜，輒刻木爲數〔二五〕，並一金鏃箭，臘封印之，以爲信契。候月將滿，輒爲寇鈔。其刑法：反叛、殺人者皆死，淫者割勢而腰斬之，鬬傷人目者償之以女，無女則輸婦，損折支體者輸馬，盗者則償贓十倍。有死者，停屍於帳，子孫及諸親屬男女，各殺羊馬，陳於帳前，以刀剺面且哭，剺，理之反。血淚俱流，如此者七度，乃止。春夏死者候草木落，秋冬死者候華葉榮茂，然後坎而瘞之。於墓所立石建標，其石多少，依平生所殺人數。是日，男女咸盛服飾，會於葬所。男有悦愛於女者，歸即遣人聘問，父母多不違也。雖遷徙無常，而各有地分。可汗處於都斤山，每歲率諸貴人，祭其先窟。又以五月中旬，集他人水，拜祭天神。又於都斤西五百里〔二六〕，有高山迥出，上無草樹，謂爲勃登疑梨〔二七〕，夏言地神也。其書字類胡，而不知年曆，唯以草青爲記。男子好樗蒲，女踏鞠，飲馬酪取醉，歌呼相對。敬鬼神。

俟斤既盛，使於西魏，請誅蠕蠕主。事具蠕蠕篇。後周武帝納其女爲后。至他鉢可汗，木杆之弟。以攝圖爲爾伏可汗〔二八〕，乙息記可汗之子也，乙息記且死，舍其子攝圖而立俟斤〔二九〕，俟斤即木杆可汗也。統其東面；又以其弟但耨可汗子爲步離可汗〔三〇〕，居西方。爾伏與步離皆小可汗。耨，内沃反。控絃數十萬，中國憚之，周、齊爭結婚姻，傾府藏事之，仍歲給繒綵十萬段〔三一〕。突厥在京師者待以優禮，衣錦食肉者常以千數。他鉢益驕，曰：「使我在南兩兒孝順，何憂貧也！」齊有沙門惠琳，掠入突厥中〔三二〕，因謂他鉢曰：「齊國富强，皆爲有佛法。」遂説以因緣果報之理。他鉢聞而信之，建一伽藍，遣使聘齊，求净名、涅槃、華嚴等經，他鉢亦躬自齋戒，遶塔行道，恨不生内地。及齊滅，齊定州刺史、范陽王高紹義自馬邑奔之。他鉢立紹義爲齊帝，召集所部，云欲爲之復讐，入寇幽州。周以趙王招女爲千金公主嫁之，始執送紹義。他鉢病卒，攝圖立爲大可汗，號沙鉢略可汗，治都斤山〔三三〕。以他鉢之子庵羅降居獨洛水，稱第二可汗。木杆之子大邏便〔三四〕，乃謂沙鉢略曰：「我與你俱可汗子，各承父業。爾今極尊，我獨無位，何也？」沙鉢略患之〔三五〕，以爲阿波可汗，還鎮所部。沙鉢略勇而得衆，北狄皆歸附之。

周武帝之婚於木杆也，突厥錦衣肉食在長安者以萬數。隋初，並罷遣之，突厥大怨〔三六〕。千金公主聞周滅，故悉衆爲寇，縱兵自木硤、石門兩道入武威、天水、安定、金城、上郡、弘化、延安，六畜咸盡。文帝下詔曰：「往者周齊抗衡，分割諸夏，突厥之虜，俱通二國。周人東慮，恐齊好之深；齊氏西虞，懼周交之厚。各謂虜意輕重〔三七〕，國遂安危。蓋並有大敵之憂〔三八〕，思減一邊之防也。朕以爲厚斂兆庶，多惠豺狼，未嘗感恩，資而爲賊。節之以禮，不爲虚費，省徭薄賦，國用有餘。因入賊之物，加賜將士，息道路之民，務爲耕織〔三九〕。清邊制勝，成策在心。凶醜愚闇，未知深旨，將大定之日，比戰國之時，乘昔世之驕，結今時之恨。近者盡其巢穴，俱犯北邊。蓋上天所忿，驅就齊斧。諸將今行〔四〇〕，義兼含育，有降者納，有違者死。使其不敢南望〔四一〕，永服威刑〔四二〕。何用侍子之朝，寧勞渭橋之拜。」乃以河間王弘、高熲、虞慶則出塞擊之。沙鉢略敗走。時虜飢甚，不得食，於是粉骨爲糧，又多災疫〔四三〕，死者極衆。

而沙鉢略襲擊阿波，大破之。阿波西奔達頭可汗。達頭者，名玷厥，沙鉢略之從父也，舊爲西面可汗。達頭，即西突厥步迦可汗。既而大怒，遣阿波率兵而東，與沙鉢略相攻。於是分爲東西部，自此分爲二國焉。

迭相侵掠。沙鉢略因擊阿波，爲阿拔國部落乘虛掠妻子。隋遣軍爲擊阿拔，敗之，所獲悉與沙鉢略。沙鉢略大喜，乃立約，以磧爲界，因上表曰：「大突厥伊利俱盧設始波羅莫何可汗臣攝圖言〔四四〕：突厥自天置以來，五十餘載，地過萬里，士馬億數，常力兼戎夷，抗禮華夏，在於北狄〔四五〕，莫之與大。今被霑德義，仁化所及，禮讓之風，自朝滿野。竊以天無二日，土無二主，豈敢阻兵，偷竊名號，今便歸心有道，永爲藩附。謹遣男臣窟舍真奉表以聞〔四六〕。」後卒，帝爲廢朝三日。後葉護可汗沙鉢略之弟。西征阿波，生擒之〔四七〕。既而上書，請阿波死生之命。高熲進曰：「骨肉相殘，教之蠹也，宜存養以示寬大。」帝曰：「善。」

頡伽施多那都藍可汗沙鉢略之子〔四八〕，名雍虞閭。後與西面泥利可汗連結。阿波可汗既爲處羅侯可汗所擒，其國乃立鞅素特勤之子。時突利可汗居北方，沙鉢略弟處羅候之子，名染干。遣使求婚，開皇中，帝妻以宗女安義公主。帝欲離間北狄，故特厚禮，遣牛弘、蘇威、斛律孝卿相繼爲使，突厥前後使入朝三百七十輩。突利本居北方，以尚主之故，南徙度斤舊鎮，錫賚優厚。雍虞閭怒曰：「我，大可汗也，反不如染干！」朝貢遂絶，數爲邊患。雍虞閭與玷厥舉兵攻染干，盡殺其兄弟子侄，遂入蔚州。今安邊郡〔四九〕。染干夜以五騎與隋使長孫晟歸朝，拜爲意利珍豆啓民可汗〔五〇〕，華言意智健也〔五一〕，於朔州今馬邑郡。築大利城以居之。安義公主死，又以宗女義成公主妻之，部落歸之甚衆。雍虞閭又擊之，帝復令入塞，遂遷於河南〔五二〕，在夏、勝二州之間，今朔方、榆林郡。發役掘塹數百里，東西距河，盡爲啓民畜牧之地。詔楊素、史萬歲等擊雍虞閭，頻破之。雍虞閭旋爲部下所殺。是歲〔五三〕，泥利可汗及葉護俱被鐵勒所敗，并奚、霫五部内徙，霫，先立反。啟民遂有其衆。

煬帝大業三年，幸榆林，啓民來朝，帝大悦〔五四〕，詔贊拜不名，位在諸侯王上，享其部落酋長三千五百人〔五五〕，賜物二十萬段。帝親巡雲中，泝金河在今榆林郡。而東〔五六〕，北幸啓民所居。在今馬邑郡。啟民奉觴上壽，跪伏甚恭。明年，朝於東都，禮賜益厚。啓民卒，其子咄吉立〔五七〕，是爲始畢可汗。裴矩以突厥始畢可汗部衆漸盛，獻策分其勢，欲以宗女嫁其弟叱吉設，拜爲南面可汗〔五八〕，叱吉不敢受。又詐誘其謀臣史蜀胡悉殺之〔五九〕，始畢怨恨不朝。十一年，煬帝避暑於汾陽宫，八月，始畢率其種落入寇〔六〇〕，圍帝於鴈門，詔諸郡發兵赴援，始畢引去。隋末亂離，中國人歸之者無數，遂大强盛，勢陵中夏。迎蕭皇后，置於定襄〔六一〕。薛舉、竇建德、王世充、劉武周、梁師都、李軌、高開道之徒〔六二〕，雖僭尊號，俱北面稱臣，受其可汗之號。東自契丹，西盡吐谷渾、高昌諸國，皆臣之。控絃百萬，戎狄之盛，近代未之有也。

唐起義太原，劉文静聘其國，引以爲援。始畢遣特勤康稍利獻馬千匹〔六三〕，會於絳郡，又遣二千騎助軍，從平京城。及高祖受隋禪，以後賞賜不可勝紀。始畢使骨咄禄特勤來朝，賜宴於太極殿，奏九部樂，錫賚甚厚。二年春，始畢帥兵渡河，至夏州，賊帥梁師都出兵會之，謀入抄掠。四月，授馬邑賊帥劉武周兵五百餘騎，遣入句注，又追兵大集〔六四〕，欲侵太原。

是月，始畢卒，其子什鉢苾毗質反。以年幼不堪嗣位，立爲泥步設，使居東偏，直幽州之北。立其弟俟利弗設，是爲處羅可汗。又以隋義成公主爲妻，使人入朝告喪。高祖爲之舉哀，廢朝三日，詔百官就館弔其使者，遣内史舍人鄭德挺往弔處羅，賻物三萬段。先是，隋煬帝蕭后及齊王暕之子政道陷於竇建德〔六五〕，三年春，處羅迎之，至於牙所，立政道爲王〔六六〕，凡中國人在虜庭者悉隸之，行隋正朔，置百官，居於定襄城，有徒萬餘。時太宗奉詔討劉武周，師次太原，處羅遣其弟步利設率二千騎與官軍會。六月，處羅至并州，總管李仲文出迎勞之，留三日，城中美婦人多爲所掠，仲文不能制。

俄而處羅死，義成公主以其子奧射設醜弱，廢不立之，遂立處羅之弟咄苾，是爲頡利可汗，啓民第三子。又納隋義成公主爲妻，以始畢之子什鉢苾爲突利可汗。按：始畢父啓民可汗染干本突利可汗，今更稱突利，蓋襲其先號〔六七〕。遣使入朝，告處羅死，高祖爲之罷朝一日〔六八〕，遣百官就館弔其使。咄苾初爲莫賀咄設〔六九〕，牙直五原之北。時薛舉猶據隴右，遣其將宗羅睺攻陷平涼郡，北與頡利結連。高祖遣光禄卿宇文歆齎金帛以賂頡利，歆説之，令與薛舉絶。初，隋五原太守張長遜因亂以其所部五城隸於突厥〔七〇〕，歆又説頡利遣長遜入朝，以五原地歸於我。頡利並從之，因發突厥兵及長遜之衆，並會於太宗軍所。

頡利承父兄之資，兵馬强盛，有憑陵中夏之志。高祖以中原初定，未遑外略，每優容之，賜予不可勝計。頡利言辭悖傲，求請無厭。四年四月〔七一〕，頡利自率萬餘騎，與馬邑賊苑君璋將兵六千人共攻鴈門，定襄王李大恩擊走之，於是大懼，更請和好，獻魚膠數十斤，令二國同於此膠。高祖五年春，大恩奏言突厥饑荒，馬邑可圖。詔大恩與殿内少監獨孤晟帥兵討苑君璋，期以二月會於馬邑，晟後期不至，大恩不能獨進，頓兵新城以待之。頡利遣數萬騎與劉黑闥合軍進圍之，大恩敗績，没於陣。六月，劉黑闥又引突厥萬餘騎入抄河北，頡利復自率五萬騎南侵，至於并州〔七二〕，太宗帥師出蒲州道以討之。時頡利攻圍并州，又分兵入汾、潞等州，掠男女五千餘口，聞太宗兵至蒲州，乃引兵出塞。

七年八月，頡利、突利二可汗又入寇原州，連營南上。太宗北討，頓兵於豳州。頡利率萬餘騎奄至城西，乘高而陣，將士大駭。太宗乃親率百騎馳詣虜陣，告之曰：「國家與可汗誓不相負，何爲背約深入吾地？我秦王也，故來一決。可汗若自來，我當與可汗兩人獨戰；若欲兵馬總來，我唯百騎相禦耳。」頡利弗之測，笑而不對。太宗又前，令騎告突利曰：「爾往與我盟，急難相救。爾今將兵來，何無香火之情也？亦宜早出，一決勝負。」突利亦不對。太宗因縱反間於突利，突利悅而歸心焉。其叔侄内離，頡利因遣使請和，許之。八年七月，頡利領十餘萬騎，大掠朔州，又襲將軍張瑾於太原〔七三〕，瑾全軍没，脱身奔於李靖。靖出師拒戰，頡利不得進，屯於并州。太宗率師討之，次蒲州，頡利引去。

九年七月，頡利又率十餘萬騎進寇武功，京師戒嚴。己卯〔七四〕，進寇高陵，行軍總管、左武侯大將軍尉遲敬德與之戰於涇陽，大破之，獲俟斤阿史德烏没啜，斬首千餘級。癸未〔七五〕，頡利遣其腹心執失思力來朝，自張形勢，云「兵百萬今至矣」。太宗謂之曰〔七六〕：「我與突厥面自和親，汝則背之，我實無愧。又義軍入京之初，爾父子並親從我，賜爾玉帛，前後極多，何故全忘大恩，自誇强盛，我當先戮爾矣。」思力懼而請命〔七七〕，太宗縶之於門下省。太宗與侍中高士廉、中書令房玄齡、將軍周範馳六騎，幸渭水之上，與頡利隔津而語，責以負約。其酋帥大驚，皆下馬羅拜，而衆軍徑至。頡利見軍容大盛，又知思力就拘，由是大懼。太宗獨與頡利臨水交言，麾諸軍却而陣焉。蕭瑀以輕敵固諫於馬前，上曰：「吾已籌之矣，突厥所以掃其境内，直入渭濱，應是聞我國家初有内難，我新登九五，將謂不敢拒之。今若閉門，虜必大掠，强弱之勢，在今一舉〔七八〕。我故獨出，一以示輕之，又耀軍容，使之必戰，事出不意，乘其不圖〔七九〕，虜入既深，理當自懼。與戰則必剋，與和則必固，制服北狄，自兹始矣。」是日，頡利請和，詔許之。乙酉，又幸城西，刑白馬，與頡利同盟於便橋之上〔八〇〕，頡利引兵而退。蕭瑀進曰：「初頡利之未和，謀臣猛將各欲戰，而陛下不納，臣以爲疑〔八一〕，既而虜自退，其策安在？」上曰：「我觀突厥之兵，雖衆而不整。可汗獨在水西，酋帥皆來謁我，因而襲擊其衆，勢同拉朽。然我所以不戰者，即位日淺，爲國之道，安静爲務，一與虜戰，必有死傷；又兇虜一敗〔八二〕，或當懼而修德，結怨於我，爲患不細。我今卷甲韜戈，啗以玉帛，頑虜驕恣，必自此始，破亡之漸，其在兹乎？」九月，頡利獻馬三千匹，羊萬口，上不受，詔頡利所掠中國户口者令歸之。

貞觀元年，陰山以北薛延陁、迴紇、拔也古等十餘部皆相率叛之，擊走其欲谷設。頡利遣突利討之，師又敗績，輕騎奔還。頡利怒，拘之十餘日，突利由是怨憾，内欲背之。二年，突利遣使奏言與頡利有隙，奏請擊之。詔秦武通以并州兵馬隨便應接。三年，薛延陁自稱可汗於漠北，遣使來貢方物。頡利稱臣，求尚公主。頡利每委任諸胡，疏遠族類，胡人貪冒，性多翻覆，以故法令滋章，兵革歲動，國人患之，諸部携貳。頻年大雪，六畜多死，國中大餒。頡利用度不給，復重斂諸部，由是下不堪命，内外多叛之。上以其請和，後復援梁師都，令兵部尚書李靖、代州都督張公謹出定襄道〔八三〕，并州都督李勣、右武衛將軍丘行恭出通漢道，左衛大將軍柴紹出金河道，衛孝節出恒安道，薛萬徹出暢武道〔八四〕，並受靖節度以討之。十二月，突利可汗及郁射設〔八五〕、蔭奈特勤等並率所部來奔。

四年正月，李靖進屯惡陽嶺，夜襲定襄，頡利驚擾，因徙牙於磧口，胡酋康蘇密等遂以隋蕭后及楊政道來降。二月，頡利計窘，竄於鐵山，兵尚數萬，使執失思力入朝謝罪，請舉國内附。太宗遣鴻臚卿唐儉、將軍安修仁持節安撫之，頡利稍自安。靖乘間襲擊，大破之，遂滅其國，復定襄、恒安之地，斥土界至於大漠。頡利乘千里馬，獨騎奔於從侄沙鉢羅部落。三月，行軍副總管張寶相率衆掩至沙鉢羅營，生擒頡利，送於京師。太宗赦之，令還其家口，館於太僕〔八六〕，廪食之。頡利鬱鬱不得志，與其家人或相對悲歌而泣。上見其羸憊，授虢州刺史，以彼土多麞鹿，縱其畋獵，庶不失物性。頡利辭不願往，遂授右衛大將軍，賜以田宅。八年卒，令其國人葬之，從其俗禮，焚屍灞水之東，贈歸義王，謚曰荒。其舊臣胡禄達官吐谷渾邪自刎以殉〔八七〕。渾邪者，頡利之母婆施氏之媵臣也，頡利初誕，以付渾邪，至是感義而死。太宗聞而異之，贈中郎將，乃葬於頡利墓側，令中書侍郎岑文本制頡利及渾邪之碑以紀之。

突利可汗什鉢苾者，始畢之嫡子。頡利之侄也。隋大業中，突利年數歲，始畢遣領其東牙之兵，號爲泥步設，隋淮南公主之入北也，遂妻之。頡利嗣立〔八八〕，以爲突利可汗，牙直幽州之北，管奚、霫等數十部，徵稅無度，諸部多怨之。貞觀初，奚等並來歸附，頡利怒其失衆，遣北征薛延陁，又喪師旅，遂囚而撻焉。突利初自武德時，深自結託，太宗亦以恩意撫之，結爲兄弟，與盟而去。後頡利政亂，驟徵兵於突利，突利拒之不與〔八九〕。尋爲頡利所攻，遣使來乞師，太宗因令將軍周範屯太原以圖進取。突利乃率其衆來奔，太宗禮之甚厚，頻賜以御膳。四年，授右衛大將軍，封北平郡王，食實封七百户，以其下兵衆置順州都督府，仍拜爲順州都督，遣率部落還番。太宗謂曰：「昔爾祖啓民亡失兵馬，一身投隋，隋家竪立，遂至强盛，荷隋之恩，未嘗報德。至爾父始畢，反爲隋家之患。自爾以後，無歲不侵擾中國。天實禍淫，大降災變，爾衆散亂，死亡略盡。既事窮後乃投我，我今所以不立爾爲可汗者〔九〇〕，正爲啓民前事故也。改變前法，欲中國久安，爾宗族永固，是以授爾都督。當須依我國法，整齊所部，如違，當獲重罪。」五年，徵入朝，至并州，道病卒，年二十九。太宗爲之舉哀，令中書侍郎岑文本爲其碑文。子賀羅鶻嗣。突利弟結社率，貞觀初入朝，歷位中郎將。十三年，從幸九成宫，陰結部落，得四十餘人，并擁賀羅鶻，相與夜犯御營，踰第四重幕，引弓亂發，殺衛士數十人。折衝孫武開率兵奮擊，乃退，北走渡渭水，欲奔其部落，尋皆捕斬之。詔原賀羅鶻，流於嶺表。

頡利之敗也，其部落或走薛延陁，或走西域，而來降者甚衆。酋豪首領至者皆拜將軍，布列朝廷，五品以上百餘人，殆與朝士相半，唯柘羯不至，詔使招慰之。時突厥降者十餘萬人，詔議所宜，咸言：「突厥擾中國久，今天喪之，非慕義自歸，請悉籍降俘，内兖、豫閑處，使習耕織，百萬人虜可化爲齊人，是中國有加户，而漠北遂空也。」中書令温彦博請：「如漢建武時置降匈奴留五原塞，全其部落，以爲扞蔽，不革其俗，因而撫之，實空虚之地，且示無所猜。若内兖、豫則乖本性，非涵育之道。」祕書監魏徵建言：「突厥世爲中國仇，今其來降，不即誅滅，當遣還河北。彼鳥獸野心，非我族類，弱則伏，强則叛，其天性也。且秦漢以鋭師猛將擊取河南地爲郡縣者，以不欲使迫近中國也。陛下奈何以河南居之？且降者十萬，若令數年，孳息略倍，而近在畿甸，心腹疾也。」彦博曰：「不然，天子於四夷，若天地養萬物，覆載安全之，今突厥破滅，餘種歸命，不加哀憐而棄之，非天地蒙覆之義，而有阻四夷之嫌。臣謂處以河南，蓋死而生之，亡而存之，彼世將懷德，何叛之爲？」徵曰：「魏時有胡落分處近郡，晉已平吴，郭欽、江統勸武帝逐出之，不能用。劉、石之亂，卒傾中夏。陛下必欲引突厥居河南，所謂養虎自遺患者也。」彦博曰：「聖人之道無不通，故曰『有教無類』。彼創殘之餘，以窮歸我，我全護之，收處内地，將教以禮法，職以耕農，又選酋良入宿衛，何患之恤？且光武置南單于，卒無叛亡〔九一〕。」於是中書侍郎顔師古、給事中杜楚客、禮部侍郎李百藥等皆勸帝不如使處河北，樹首長，俾統部落，視地多少，令不相臣，國小權分，終不得亢衡中國，長轡遠馭之道也。帝主彦博語，卒度朔方地，自幽州屬靈州，建順、祐、化、長四州爲都督府，剖頡利故地，左置定襄都督，右置雲中都督，二府統之。自結社率之反，太宗始患之。上書者多云處突厥於中國，殊謂非便，乃徙於河北，立右武侯大將軍、化州都督、懷化郡王思摩爲乙彌泥熟俟利苾可汗，賜姓李氏，率所部建牙於河北。

思摩者，頡利族人也。始畢、處羅以其貌似胡人，不類突厥，疑非阿史那族類，故歷處羅、頡利代，常爲夾畢特勤，終不得典兵爲設。武德初，數來朝貢，封爲和順郡王。及其國亂，諸部多歸中國，唯思摩隨逐頡利，竟與同擒。太宗嘉其忠，令統頡利舊部落〔九二〕，居於河南之地，勝兵四萬，馬萬匹，錫其土，南至於大河，北至白道川，以北接薛延陁。爲種落初集，憚薛延陁，不肯出。太宗遣司農卿郭嗣本賜延陁璽書曰：「前破突厥，止爲頡利一人，除百姓之害，所以廢而黜之，實不貪其土地，利其人馬也。自黜廢頡利以後，恒欲更立可汗，是以所降部落等並置河南，任其放牧。今户口羊馬日向滋多，元許册立，不可失信。至秋間，即欲遣突厥渡河，復其國土。我册爾延陁日月在前，今突厥理是居後，後者爲小，前者爲大。爾在磧北，突厥居磧南，各守土境。若其踰越，故相抄掠，我即將兵各問其罪。此約既定，非但有便爾身，貽厥子孫，長守富貴也。」於是命禮部尚書趙郡王孝恭齎册書就思摩部落，築壇於河上以拜之，并賜之鼓纛。突厥及胡在諸州安置者，並令渡河北，還其舊部。又以左屯衛將軍阿史那忠爲左賢王，左武衛將軍阿史那泥熟爲右賢王以貳之。薛延陁聞思摩渡河北，慮其部落翻附磧北，先畜輕騎，伺至而擊之。太宗遣使敕止之〔九三〕。時思摩下部衆渡河者凡十萬，勝兵四萬人，思摩不能撫衆，皆不愜服。至十七年，相率叛之，南渡河，請分處於勝、夏二州之間，詔許之。思摩遂輕騎入朝，尋授右武衛將軍〔九四〕，從征遼東，爲流矢所中，太宗親爲吮血，其見顧遇如此。未幾，卒於京師，贈兵部尚書、夏州都督，陪葬昭陵，立墳以象白道山，詔立碑於化州。

突厥中

突厥別部車鼻可汗，亦阿史那之族也，世爲小可汗〔九五〕，牙在金山之北。頡利可汗之敗，北荒諸部將推爲大可汗。遇薛延陁爲可汗，車鼻不能當〔九六〕，遂率所部歸於延陁。爲人勇烈，有謀略，頗爲衆所附。延陁惡而將誅之，車鼻知其謀，竄歸於舊所。其地去京師萬里，勝兵三萬人，自稱乙注車鼻可汗。西有葛邏禄，北有結骨，皆附隸之。遣其子沙鉢羅特勤來朝，請身自入朝。太宗遣徵之，竟不至，太宗大怒。貞觀二十三年，遣右驍衛郎將高侃潛引迴紇、僕骨等兵衆襲擊之〔九七〕。其酋長歌邏禄泥熟闕俟利發及拔塞匐處木昆莫賀咄俟斤等率部落背車鼻〔九八〕，相繼來降。永徽元年，侃軍次阿息山。車鼻聞之，召所部兵，皆不赴，遂携其妻子從數百騎而遁，其衆盡降。侃率精騎追車鼻，獲之，送於京師，乃獻於社廟，又獻於昭陵。高宗數其罪而赦之，拜左武衛將軍，賜宅於長安，處其餘衆於鬱督軍山，置狼山都督以統之。車鼻長子羯漫陁先統拔悉密部〔九九〕。車鼻未敗前，遣其子庵鑠入朝，太宗嘉之，拜左屯衛將軍，更置新黎州以統其衆。車鼻既敗之後，突厥盡爲封疆之臣〔一〇〇〕，於是分置單于、瀚海二都護府。單于領狼山、雲中、桑乾三都督，蘇農等十四州；瀚海領金微、新黎等七都督，仙㟧〔一〇一〕、賀蘭等八州。各以其首爲都督、刺史。高宗東封泰山，狼山都督葛邏禄吐利等首領三十餘人〔一〇二〕，並從至岳下，勒名於封禪之碑。自永徽以後二十餘年，北鄙無事。調露元年，單于管内突厥首領阿史德温傅〔一〇三〕、奉職二部落相率反叛，立泥熟匐爲可汗，二十四州並叛應之。高宗遣鴻臚卿蕭嗣業、右千牛將軍李景嘉率衆討之，反爲温傅敗，兵士死者萬餘人。又以禮部尚書裴行儉爲定襄道行軍大總管，率太僕少卿李思文、營州大都督周道務等統衆三十餘萬〔一〇四〕，討擊温傅，大破之，泥熟匐爲其下所殺，並擒奉職而還。永隆元年〔一〇五〕，突厥又迎頡利從兄之子阿史那伏念於夏州，將渡河立爲可汗，諸部落復響應從之。又令裴行儉率師討之。伏念窘急，詣行儉降〔一〇六〕，遂虜伏念詣京師，斬於東市。

永淳二年，突厥阿史那骨咄禄復反叛〔一〇七〕。骨咄禄者，頡利之疏屬，其父本是單于右厢雲中都督舍利元英下首領〔一〇八〕，世襲吐屯啜〔一〇九〕。伏念既破，骨咄禄鳩集亡散，入總材山〔一一〇〕，聚爲盗，有衆五千餘人。又抄掠九姓，得羊馬甚多，漸至强盛，乃自立爲可汗，以其弟默啜爲設〔一一一〕，咄悉匐爲葉護。因温彦博議處河南諸部落分爲六州，後漸滋繁。至阿史德元珍〔一一二〕，習中國風俗，知邊塞虚實，在單于檢校降户部落，嘗坐事爲單于長史王本立所拘縶。會骨咄禄入寇，元珍請依舊檢校部落，本立許之，因而便投骨咄禄。咄禄得之，甚喜，立爲阿波達干〔一一三〕，專統兵馬事。進寇蔚州，都督崔智辯擊之，反爲所殺。文明元年，又寇朔州，殺掠吏人。垂拱二年，骨咄禄又寇朔、代等州，左玉鈐衛中郎將淳于處平爲陽曲道總管，與副中郎將蒲英節率兵赴援〔一四〕，行至忻州，與賊戰，大敗，死者五千餘人。三年，骨咄禄又寇昌平，令左鷹揚衛大將軍黑齒常之擊却之。其年八月，寇朔州，復以常之爲燕然道大總管，擊賊於黄花堆，大破之，追奔四十餘里〔一五〕，賊衆遂散走磧北。右監門衛中郎將爨寶璧又率精兵萬三千人出塞窮追，反爲骨咄禄所敗，全軍盡没，寶璧輕騎遁歸。初，寶璧見常之破賊，遽表請窮其餘黨，武太后令常之與寶璧計議，遥爲聲援。寶璧貪功先行，又令人出塞二千餘里覘候，見元珍等部落皆不設備，遂率衆掩襲之。既至，又遣人報賊，令得設備出戰，遂爲賊所覆，寶璧坐此伏誅。武太后大怒，因改骨咄禄爲不卒禄。元珍後率兵討突騎施，臨陣戰死。骨咄禄〔一六〕，天授中卒。

默啜者，骨咄禄之弟也〔一七〕。骨咄禄死時，其子尚幼，默啜遂篡其位，自立爲可汗。長壽三年〔一八〕，率衆寇靈州，殺掠吏人。武太后遣白馬寺僧薛懷義爲代北道行軍大總管〔一九〕，領十八將軍以討之，既不遇賊，尋班師焉。默啜俄遣使來朝，武太后大悦，册授左衛大將軍，封歸國公，賜物五千段。明年，復遣使請和，又加授遷善可汗。萬歲通天元年，契丹首領李盡忠、孫萬榮反叛，攻陷營府，默啜遣使上言：「請還河西降户，即率部落兵馬爲國討擊契丹。」許之。默啜遂攻討契丹，部衆大潰，盡俘其家口，默啜自此兵衆漸盛。武太后尋遣使册立默啜爲特進、頡跌利施大單于〔二〇〕、立功報國可汗。聖曆元年，默啜表請與武太后爲子，並言有女，請和親。初，咸亨中，突厥諸部來降附者，多處之豐、勝、靈、夏、朔、代等六州，謂之降户〔二一〕。默啜至是，又索此降户及單于都護府之地，兼請農器、種子。武太后初不許，默啜大怒，言辭甚慢，拘我使人司賓卿田歸道，將害之。時朝廷懼其兵勢，納言姚璹建議請許其和親，遂盡驅六州降户數千帳，並種子四萬餘石、農器三千事以上與之，默啜寖强由此也。

其年，武太后令魏王武承嗣男淮陽王延秀就納其女爲妃，遣右豹韜衛大將軍閻知微攝春官尚書，大齎金帛，送赴虜庭。行至黑沙南庭，默啜謂知微等曰：「我女擬嫁與李家天子兒，你今將武家兒來，我突厥積代以來，降附李家，聞李家天子種末總盡〔一二二〕，唯有兩兒在，我今將兵助立。」遂收延秀等，拘之别所，僞號知微爲可汗，與之率衆十餘萬，襲我静難及平狄、清夷等軍，静難軍使左玉鈐衛將軍慕容玄崱以兵五千人降虜〔一二三〕，進寇嬀檀等州。武太后令司農卿武重規爲天兵中道大總管，右武威衛將軍沙吒忠義爲天兵西道總管〔一二四〕，幽州都督張仁亶爲天兵東道總管，率兵三十萬擊之；左羽林衛大將軍閻敬容爲天兵西道後軍總管〔一二五〕，統兵十五萬以爲後援。默啜又出恒岳道寇蔚州〔一二六〕，陷飛狐縣，俄進攻定州，殺刺史孫彦高，焚燒百姓廬舍，虜掠男女，無少長皆殺之。武太后大怒，又改默啜號爲斬啜。尋又圍逼趙州，長史唐波若翻城應之，刺史高叡抗節不從，遂遇害。武太后乃立廬陵王爲皇太子，令充河北道行軍大元帥〔一二七〕，軍未發，而默啜盡殺所掠趙、定等州男女八九萬人，從五回道而去，所過殘殺，不可勝紀。沙吒忠義及後軍總管李多祚等皆持重兵不敢戰〔一二八〕。河北道元帥納言狄仁傑總兵十萬追之，無所及。

二年，默啜立其弟咄悉匐爲左廂察，骨咄禄子默矩爲右廂察，各主兵馬二萬餘人。又立其子匐俱爲小可汗，位在兩察之上，仍主處木昆等十姓兵馬四萬餘人，又號爲拓西可汗。自是連歲寇邊，久視元年，掠隴右諸監馬萬餘匹。長安三年〔一二九〕，默啜遣使莫賀達干請以女妻皇太子之子〔一三〇〕。武太后令太子男平恩王重俊、義興王重明廷立見之〔一三一〕。默啜遣大臣移力貪汗入朝，獻馬千匹及方物以謝許親之意。武太后讌之於宿羽亭，太子、相王及朝集使三品以上並會焉，重賜以遣之。

中宗即位，默啜又寇靈州鳴沙縣，靈武軍大總管沙吒忠義拒戰，敗績〔一三二〕，死者六千餘人，賊遂進寇原、會等州，掠隴右群牧馬萬餘匹而去〔一三三〕，忠義坐免。景龍二年三月〔一三四〕，張仁愿於河北築三受降城，先是，朔方軍北與突厥以河爲界，河北岸有拂雲祠，突厥將入寇，必先詣祠祭酹求福，因牧馬料兵，候冰合渡河。時默啜盡衆西擊娑葛〔一三五〕，仁愿乘虚奪取漠南之地，築三城，首尾相應，絶其南寇之路。留年滿兵助成其功。以拂雲祠爲中城，與東西相去各四百里，皆據津濟，遥相應接。北拓三百餘里，於牛頭朝那山北，置烽堠千八百所〔一三六〕，自是突厥不得度山放牧，朔方更無寇掠，減鎮兵數萬人。初，群議不同，中宗竟用仁愿計〔一三七〕。時咸陽兵二百餘人逃歸，仁愿盡擒斬於城下，軍中股慄，役者盡力〔一三八〕，六旬而三城俱就。本不置壅門及曲敵，或問之，仁愿曰：「兵法貴在攻取，不宜退守。寇若至此，即當並力出戰，迴顧望城，猶須斬之，何用守備，生其退歸之心。」其後，常元楷爲朔方總管，始築壅門。

默啜西擊娑葛，破滅之。契丹及奚，自神功之後，常受其徵役。其地東西萬餘里，控絃四十萬，自頡利之後，最爲强盛。自恃兵威，虐用其衆。默啜既老，部落漸多逃散。開元二年，遣其子移涅可汗及同俄特勤、妹婿火拔頡利發、石阿失畢率精騎圍逼北庭〔一三九〕。右驍衛將軍郭虔瓘嬰城固守，俄而出兵擒同俄特勤於城下，斬之，虜因退縮。火拔懼不敢歸，携其妻來奔，制授左衛大將軍，封燕北郡王，封其妻爲金山公主，賜宅一區，奴婢十人，馬十匹，物千段。明年，十姓部落左廂五咄陸啜〔一四〇〕、右廂五弩失畢五俟斤及子婿高麗莫離支高文簡、𨁂跌都督思太等各率其衆，相繼來降，前後總萬餘帳。令居其河南之舊地。授高文簡左衛員外大將軍，封遼西郡王〔一四一〕；跌跌思太爲特進、右衛員外大將軍，兼跌跌都督、樓煩郡公。自餘首領封拜賜物各有差。默啜女婿阿史德胡禄俄又歸朝〔一四二〕，授以特進。其秋，默啜與九姓首領阿布思等戰於磧北〔一四三〕，九姓大潰，人畜多死，布思率衆來降。四年，默啜又北討九姓拔曳固，戰於獨樂河，拔曳固大敗。默啜負勝輕歸，而不設備，遇拔曳固迸卒頡質略於柳林中〔一四四〕，突出擊默啜，斬之，便與入蕃使郝靈佺傳默啜首至京師〔一四五〕。骨咄禄之子闕特勤鳩合舊部，殺默啜子小可汗及諸弟並親信略盡，立左賢王默棘連，是爲毗伽可汗。毗伽以開元四年即位，本蕃號爲小殺。性仁友，自以得國是闕特勤之功，固讓之，闕特勤不受，遂以爲左賢王，專掌兵馬。是時，奚、契丹相率款塞，突騎施蘇禄自立爲可汗，突厥部落頗多携貳，乃召默啜時衙官暾欲谷爲謀主〔一四六〕。初默啜下衙官盡爲闕特勤所殺，暾欲谷以女爲小殺可敦，遂免死，廢歸部落〔一四七〕，及復用，年已七十餘，蕃人盡敬伏之。俄而降户阿悉爛、跌跌思太等復自河曲叛歸〔一四八〕。初，降户之南也，左衛大將軍單于副都護張知運盡收其器仗，令渡河而南〔一四九〕，蕃人怨怒。御史中丞姜晦爲巡邊使，蕃人訴無弓矢，不得射獵，晦悉給還之，故有抗敵之具。張知運既不設備〔一五〇〕，與降户戰於青剛嶺〔一五一〕，大敗，臨陣生擒知運，擬將送與突厥，朔方總管薛訥率兵追討之。賊至大斌縣，又爲將軍郭知運所擊，賊衆大潰，散投黑山呼延谷，釋張知運而去。上以張知運喪師，斬之以徇。小殺既得降户，謀欲南入爲寇，暾欲谷曰：「唐主英武，人和年豐，未有間隙，不可動也。我衆新集，猶尚疲羸，須且息養三數年，始可觀變而舉。」小殺又欲修築城壁，造立寺觀，暾欲谷曰：「不可。突厥人户寡少，不敵中國百分之一，所以常能抗拒者，正以隨逐水草，居處無常，射獵爲業，人皆習武。强則進兵抄掠，弱則竄伏山林，唐兵雖多，無所施用。若築城而居〔一五二〕，改變舊俗，一朝失利，必將爲唐所併。且寺觀之法，教人仁弱，本非用武争强之道，不可置也。」小殺等深然其計。

八年冬，御史大夫王晙爲朔方大總管，奏請西征拔悉密，東發奚、契丹兩蕃，期以明年秋初，引朔方兵數道俱入，掩突厥衙帳於稽落河上。小殺聞之，大恐。暾欲谷曰：「拔悉密今在北庭，與兩蕃東西相去極遠，勢必不合。王晙兵馬，計亦無能至此。必若能來，候其臨到，即移衙帳向北三日，唐兵糧盡，自然去矣。且拔悉密輕而好利，聞命必是先來，王晙與張嘉貞不協，奏請有所不愜，必不敢動。若晙兵馬不來，拔悉密獨至，即擊取之，勢易爲也。」拔悉密果臨突厥衙帳，而王晙兵及兩蕃不至，拔悉密懼而引退。突厥欲擊之，暾欲谷曰：「此衆去家千里，必將死戰，未可擊也，不如以兵躡之。」去北庭二百里，暾欲谷分兵間道先掩北庭，因縱卒擊，拔悉密之衆盡爲突厥所擒，并虜其男女而還。暾欲谷迴兵，因出赤亭以掠涼州羊馬。時楊敬述爲涼州都督，遣副將盧公利及判官元澄出兵邀擊之〔一五三〕。暾欲谷曰：「敬述若守城自固，即與連和；若出兵相當，即領軍戰。我今乘勝，必有功矣。」敬述下兵至删丹〔一五四〕，遇賊，元澄令兵士揎臂持滿，仍急結其袖，會風雪凍裂，盡墮弓矢，由是官軍大敗，元澄脱身而走。敬述坐削除官爵，白衣檢校涼州事。小殺由是大振，盡有默啜之衆，俄又遣使請和，乞與玄宗爲子，許之。仍請尚公主，上但厚賜而遣之。

十三年，上將東巡，中書令張説謀欲加兵以備突厥，兵部郎中裴光庭曰：「封禪告成之事，忽此徵發，豈非名實相乖？」説曰：「突厥比雖請和，獸心難測。且小殺者，仁而愛人，衆爲之用；闕特勤驍武善戰，所向無前；暾欲谷深沉有謀，老而益壯，李靖、徐勣之流也。三虜協心，動無遺策，知我舉國東巡，萬一窺邊，何以禦之？」光庭請遣使召其大臣扈從，即突厥不敢不從，又亦難爲舉動。說然其言，乃遣中書直省袁振攝鴻臚卿，往突厥以告其意。小殺與妻及闕特勤、暾欲谷等環坐帳中設宴，謂振曰：「吐蕃狗種，唐國與之爲婚；奚及契丹舊是突厥之奴，亦尚唐家公主。突厥前後請結和親，獨不蒙許，何也？」袁振曰：「可汗既與皇帝爲子，父子豈合婚姻？」小殺等曰：「兩蕃亦蒙賜姓，猶得尚公主，但依此例，有何不可？且聞入蕃公主，皆非天子女，今之所求，豈問真假。頻請不得，亦實羞見諸蕃。」振許爲奏請，小殺乃遣大臣阿史德頡利發入朝貢獻〔一五五〕，因扈從東巡。令仗内馳射。扈封畢，厚宴賜遣之，然卒不許和親。自是比年遣大臣入朝。吐蕃以書約同寇邊，默棘連不從，封上其書，帝嘉之，詔朔方西受降城許互市，歲賜帛數十萬。

默棘連死，國人共立其子，爲伊然可汗。八年卒，其弟嗣立，爲苾伽骨咄禄可汗。明年，遣使來朝獻。登利俄爲其左殺判闕特勤所殺〔一五六〕，遂立毗加可汗子，又爲骨咄葉護所殺，立其弟，又殺之，葉護乃自爲可汗。天寶初，其大部回紇、葛邏禄、拔悉密並起攻葉護，殺之，尊拔悉密之長爲頡跌伊施可汗，於是回紇、葛邏禄自爲左右葉護，亦遣使者來告。國人奉判闕特勤子爲烏蘇米施可汗，以其子葛臘哆爲西殺。帝使使者諭令内附〔一五七〕，烏蘇不聽，其下不與〔一五八〕，拔悉密等三部共攻烏蘇米施，米施遁亡。其西葉護阿布思及葛臘哆率五千帳降，以葛臘哆爲懷恩王。三載，拔悉密等殺烏蘇米施，傳首京師，獻太廟。其弟白眉特勤鶻隴匐立，是爲白眉可汗。於是突厥大亂，國人推拔悉密酋爲可汗，詔朔方節度使王忠嗣以兵乘其亂，抵薩河内山，擊其左阿波達干十一部〔一五九〕，破之，獨其右未下，而回紇、葛邏禄殺拔悉密可汗，奉回紇骨力裴羅定其國，是爲骨咄禄毗伽闕可汗。明年，殺白眉可汗，傳首獻。毗伽可汗妻骨咄禄婆匐可敦率衆自歸，天子御花蕚樓宴群臣，賦詩美其事，封可敦爲賓國夫人，歲給粉直二十萬。

始突厥國於後魏大統時，至是滅。後或朝貢，皆舊部九姓云，其地盡入回紇。始其族分國於西者，曰西突厥。

校勘記

〔一〕後魏太武滅沮渠氏　「沮渠」原作「且渠」，據隋書卷八四北狄傳、北史卷九九突厥傳、太平寰宇記卷一九四四夷二三北狄六改。注同。

〔二〕沮渠牧犍都姑臧　「牧犍」，通典卷一九七邊防一三作「茂虔」。

〔三〕爲魏所滅　「魏」原作「晉」，據通典卷一九七邊防一三改。

〔四〕世居金山　「世」原作「代」，「山」下原衍「城」字，據隋書卷八四北狄傳、北史卷九九突厥傳、册府元龜卷九五六外臣部種族改删。按「代」，通典避唐諱改，本書沿用未改。

〔五〕其先國於西海之上　「先國」二字原倒，據隋書卷八四北狄傳、太平寰宇記卷一九四四夷二三北狄六、册府元龜卷九五六外臣部種族乙正。

〔六〕相與穴處而臣於蠕蠕　「穴處」，周書卷五〇異域傳下、太平寰宇記卷一九四四夷二三北狄六作「出穴」，疑是。隋書卷八四北狄傳、北史卷九九突厥傳作「率部落出於穴中臣於蠕蠕」。

〔七〕其部落大人曰阿謗步　「阿」原作「可」，據周書卷五〇異域傳下、北史卷九九突厥傳、太平寰宇記卷一九四四夷二三北狄六、册府元龜卷九五六外臣部種族改。

〔八〕兄弟十七人　「十七」，北史卷九九突厥傳作「七十」。

〔九〕其一曰伊質泥師都　「師」原作「帥」，據周書卷五〇異域傳下、北史卷九九突厥傳、册府元龜卷九五六外臣部種族改。下同。

〔一〇〕蠕蠕王社崙已自號可汗　「王」，通典卷一九七邊防一三作「主」。

〔一一〕其子弟謂之特勤　「特勤」原作「特勒」，據元本、慎本、馮本及大慈恩寺三藏法師傳卷二改。近人考證「特勒」皆「特勤」之譌。下同。

〔一二〕次吐屯　「次」字原脱，據舊唐書卷一九四上突厥傳上、太平寰宇記卷一九四四夷二三北狄六、册府元龜卷九六二外臣部官號補。

〔一三〕鬌髮　「鬌」，通典卷一九七邊防一三作「鬢」。

〔一四〕亦呼爲英賀弗　「英賀弗」，册府元龜卷九六二外臣部官號作「莫賀弗」，太平寰宇記卷一九四四夷二三北狄六作「英賢弗」。

〔一五〕肥麄者謂之大羅便　「之」原作「三」，「便」字原脱，據通典卷一九七邊防一三改補。

〔一六〕故有賀蘭蘇尼闕　「有」字原脱，據太平寰宇記卷一九四四夷二三北狄六補。

〔一七〕故有索葛吐屯　册府元龜卷九六二外臣部官號無「屯」字，太平寰宇記卷一九四四夷二三北狄六「吐」作「土」字。

〔一八〕附鄰狼名也　「附」字原脱，據上文及通典卷一九七邊防一三補。

〔一九〕木杆可汗　「杆」，隋書卷八四北狄傳、北史卷九九突厥傳同，周書卷五〇異域傳下作「汗」，太平寰宇記卷一九四四夷二三北狄六作「扞」。

〔二〇〕土門之子名俟斤一名燕尹　「斤」，周書卷五〇異域傳下、北史卷九九突厥傳同，隋書卷八四北狄傳作「斗」；「尹」，周書卷五〇異域傳下、北史卷九九突厥傳、太平寰宇記卷一九四四夷二三北狄六作「都」。

〔二一〕北并契骨　「并」原作「並」，據元本、慎本、馮本及周書卷五〇異域傳下、北史卷九九突厥傳、通典卷一九七邊防一三改。

〔二二〕次特勤　「次」字原脱，據周書卷五〇異域傳下、北史卷九九突厥傳補。

〔二三〕及餘小官凡二十八等皆世襲焉　「及」字原脱，「世」原作「代」，據隋書卷八四北狄傳、周書卷五〇異域傳下、北史卷九九突厥傳補改。按「代」，通典爲避唐諱，本書沿用未改。

〔二四〕稍　原作「稍」，據元本、慎本、馮本及通典卷一九七邊防一三改。

〔二五〕輒刻木爲數　「木」原作「本」，據元本、慎本、馮本、局本及周書卷五〇異域傳下、北史卷九九突厥傳、通典卷一九七邊防一三改。

〔二六〕又於都斤西五百里　「於」字原脱，據元本、慎本、馮本、上文及周書卷五〇異域傳下、北史卷九九突厥傳、通典卷一九七邊防一三、册府元龜卷九六一外臣部土風三補。

〔二七〕謂爲勃登疑梨　「疑」，周書卷五〇異域傳下、北史卷九九突厥傳、册府元龜卷九六一外臣部土風三作「凝」。

〔二八〕以攝圖爲爾伏可汗　「爾」原作「你」，據北史卷九九突厥傳、通典卷一九七邊防一三改。下同。

〔二九〕乙息記且死舍其子攝圖而立俟斤　「且死舍其子」原作「將」，「圖」原作「國」，據北史卷九九突厥傳、册府元龜卷九六七外臣部繼襲二補改。

〔三〇〕又以其弟但䎃可汗子爲步離可汗　「但䎃」，通典卷一九七邊防一三、太平寰宇記卷一九四四夷二三北狄六同，隋書卷八四北狄傳、北史卷九九突厥傳、册府元龜卷九六七外臣部繼襲二作「䎃但」。

〔三一〕仍歲給繒綵十萬段　「仍」原作「乃」，據通典卷一九七邊防一三改。

〔三二〕掠入突厥中　「入」原作「之」，據北史卷九九突厥傳改。

〔三三〕治都斤山　按上文云「可汗居於都斤山」，此無「於」字，或是省稱。

〔三四〕木杆之子大邏便　「大」原作「太」，據隋書卷八四北狄傳、北史卷九九突厥傳、通典卷一九七邊防一三改。

〔三五〕沙鉢略患之　「患之」二字原脱，據隋書卷八四北狄傳、北史卷九九突厥傳補；通典卷一九七邊防一三無「患之」二字。

〔三六〕突厥大怨　「怨」原作「怒」，據元本、慎本、馮本及通典卷一九七邊防一三改。

〔三七〕各謂虜意輕重　「各」字原脱，據北史卷九九突厥傳補。

〔三八〕蓋並有大敵之憂　「蓋」，隋書卷八四北狄傳、北史卷九九突厥傳作「非徒」。

〔三九〕務爲耕織　「爲」，隋書卷八四北狄傳、北史卷九九突厥傳作「於」。

〔四〇〕諸將今行　「今」原作「令」，據隋書卷八四北狄傳改。

〔四一〕使其不敢南望　「使」字原脱，據隋書卷八四北狄傳補。

〔四二〕永服威刑　「永」原作「求」，據隋書卷八四北狄傳改。

〔四三〕又多災疫　「疫」字原脱，據隋書卷八四北狄傳、北史卷九九突厥傳補。

〔四四〕大突厥伊利俱盧設始波羅莫何可汗臣攝圖言　「何」字原脱，據隋書卷八四北狄傳補。按北史卷九九突厥傳、太平寰宇記卷一九四四夷二三北狄六、册府元龜卷九七八和親一「莫何」在「始波羅」上。

〔四五〕在於北狄　「北狄」，北史卷九九突厥傳作「戎狄」。

〔四六〕謹遣男臣窟舍真奉表以聞　「窟舍真」，通典卷一九七邊防一三、太平寰宇記卷一九四四夷二三北狄六同，隋書卷八四北狄傳作「窟含真」，卷一高祖紀作「庫合真」，北史卷九九突厥傳作「窟合真」。

〔四七〕生擒之　「之」字原脱，據通典卷一九七邊防一三補。

〔四八〕沙鉢略之子　「略」字原脱，據上文及通典卷一九七邊防一三補。

〔四九〕今安邊郡　「今」原作「令」，據局本及通典卷一九七邊防一三改。

〔五〇〕拜爲意利珍豆啓民可汗　「民」原作「人」，據隋書卷八四北狄傳、資治通鑑卷一七八隋紀二開皇十九年十月甲午條改。按「人」，通典避唐諱改，本書沿用未改，下同。

〔五一〕華言意智健也　「意智」二字原倒，據隋書卷八四北狄傳、北史卷九九突厥傳、資治通鑑卷一七八隋紀二開皇十九年十月甲午條乙。

〔五二〕遂遷於河南　「遷」字原脱，據隋書卷八四北狄傳、北史卷九九突厥傳補。按通典卷一九七邊防一三無「遷」字。

〔五三〕是歲　據隋書卷八四北狄傳、北史卷九九突厥傳，都藍可汗被殺在開皇十九年，泥利可汗爲鐵勒所敗在仁壽元年，兩事不在同年，此言「是歲」不確。

〔五四〕帝大悦　「帝」字原脱，據隋書卷八四北狄傳、北史卷九九突厥傳、通典卷一九七邊防一三補。

〔五五〕享其部落酋長三千五百人　「享」原作「厚」，「三」原作「二」，據隋書卷八四北狄傳、北史卷九九突厥傳改。按「享」，通典卷一九七邊防一三作「厚」。

〔五六〕泝金河在今榆林郡而東　「泝」原作「沂」，據隋書卷八四北狄傳、北史卷九九突厥傳改。「今」原作「金」，據通典卷一九七邊防一三改。

〔五七〕其子咄吉立　「咄吉」，隋書卷八四北狄傳作「咄吉世」，乃通典避唐諱而省「世」字，本書沿用未改。北史卷九九突厥傳作「吐吉」，疑誤。

〔五八〕拜爲南面可汗　「南」字原脱，據隋書卷六七裴矩傳補。

〔五九〕又詐誘其謀臣史蜀胡悉殺之　「史」原作「使」，據隋書卷六七裴矩傳、北史卷三八裴矩傳改。按同上二書裴矩傳於「叱吉不敢受」下有「始畢聞而漸怨」等史文，皆爲通考删略，致令人以爲「其」指叱吉，而史蜀胡悉實爲始畢謀臣。

〔六〇〕始畢率其種落入寇　「種」原作「衆」，據隋書卷八四北狄傳、北史卷九九突厥傳、通典卷一九七邊防一三改。

〔六一〕置於定襄　「於」字原脱，據通典卷一九七邊防一三補。

〔六二〕高開道之徒　「高開道」原作「高闓道」，據元本、慎本、馮本及隋書卷八四北狄傳、北史卷九九突厥傳、通典卷一九七邊防一三改。

〔六三〕始畢遣特勤康稍利獻馬千匹　「稍」字原脱，據舊唐書卷一九四上突厥傳上、新唐書卷二一五上突厥傳上、太平寰宇記卷一九四四夷二三北狄六補。

〔六四〕授馬邑賊帥劉武周兵五百餘騎遣入句注又追兵大集　「五」字原脱，據舊唐書卷一九四上突厥傳上、新唐書卷二一五上突厥傳上、太平寰宇記卷一九四四夷二三北狄六補；「追」原作「遣」，據舊唐書卷一九四上突厥傳上改。

〔六五〕隋煬帝蕭后及齊王暕之子政道陷於竇建德　「政道」，舊唐書卷一九四上突厥傳上、太平寰宇記卷一九四四夷二三北狄六同，元本、慎本、馮本及新唐書卷二一五上突厥傳上作「正道」。下同。

〔六六〕立政道爲王　「王」，通典卷一九七邊防一三作「隋主」。

〔六七〕蓋襲其先號　「號」原作「考」，據太平寰宇記卷一九五四夷二四北狄七改。

〔六八〕高祖爲之罷朝一日　「一」原作「三」，據舊唐書卷一九四上突厥傳上、通典卷一九七邊防一三改。

〔六九〕咄苾初爲莫賀咄設　「咄」字原脱，據舊唐書卷一九四上突厥傳上、新唐書卷二一五上突厥傳上、太平寰宇記卷一九五四夷二四北狄七補。

〔七〇〕隋五原太守張長遜因亂以其所部五城隷於突厥　岑仲勉謂「太守」當作「通守」。「五城」，新唐書卷二一五上突厥傳上、通典卷一九七邊防一三同，舊唐書卷一九四上突厥傳上、太平寰宇記卷一九五四夷二四北狄七作「五原城」。

〔七一〕四年四月　「四年」二字原脱，據舊唐書卷一九四上突厥傳上、資治通鑑卷一八九唐紀五武德四年四月己亥條、太平寰宇記卷一九五四夷二四北狄七補。

〔七二〕至於并州　「并州」，通典卷一九七邊防一三同，舊唐書卷一九四上突厥傳上作「汾州」。

〔七三〕又襲將軍張瑾於太原　「軍」字原脱，據舊唐書卷一九四上突厥傳上、太平寰宇記卷一九五四夷二四北狄七補。

〔七四〕己卯　按武德九年七月丁亥朔，當月無己卯，資治通鑑卷一九一唐紀七武德九年八月「己卯，突厥進寇高陵」，此處所叙乃八月己卯事。

〔七五〕癸未　按此「癸未」亦在武德九年八月，當月無癸未。

〔七六〕太宗謂之曰　「謂」，通典卷一九七邊防一三作「誚」。

〔七七〕思力懼而請命　「思」原作「男」，據元本、慎本、馮本、局本及舊唐書卷一九四上突厥傳上、新唐書卷二一五上突厥傳上、通典卷一九七邊防一三改。

〔七八〕在今一舉　「舉」，通典卷一九七邊防一三、太平寰宇記卷一九五四夷二四北狄七作「策」。

〔七九〕乘其不圖　「不」，通典卷一九七邊防一三同，舊唐書卷一九四上突厥傳上、太平寰宇記卷一九五四夷二四北狄七作「本」。

〔八〇〕與頡利同盟於便橋之上　「與」字原脱，據舊唐書卷一九四上突厥傳上、新唐書卷二一五上突厥傳上、資治通鑑卷一九一唐紀七武德九年八月癸未條、太平寰宇記卷一九五四夷二四北狄七補。

〔八一〕而陛下不納臣以爲疑　「納臣」二字原脱，據舊唐書卷一九四上突厥傳上、太平寰宇記卷一九五四夷二四北狄七補。

〔八二〕又兇虜一敗　「敗」原作「者」，據舊唐書卷一九四上突厥傳上、通典卷一九七邊防一三改。

〔八三〕代州都督張公謹出定襄道　「張公謹」原作「張公瑾」，據舊唐書卷一九四上突厥傳上、資治通鑑卷一九三唐紀九貞觀三年八月丙子條、太平寰宇記卷一九五四夷二四北狄七改。

〔八四〕薛萬徹出暢武道　「薛萬徹」，新唐書卷二一五上突厥傳上作「薛萬淑」。

〔八五〕突利可汗及郁射設　「射」原作「討」，據舊唐書卷一九四上突厥傳上、通典卷一九七邊防一三改。

〔八六〕館於太僕　「太僕」原作「大僕」，據舊唐書卷一九四上突厥傳上、新唐書卷二一五上突厥傳上、通典卷一九七邊防一三改。

〔八七〕其舊臣胡禄達官吐谷渾邪自刎以殉　「胡」原作「故」，據舊唐書卷一九四上突厥傳上、新唐書卷二一五上突厥傳上、太平寰宇記卷一九五四夷二四北狄七改。

〔八八〕頡利嗣立　「立」，舊唐書卷一九四上突厥傳上、通典卷一九七邊防一三作「位」。

〔八九〕突利拒之不與　「突利」二字原脱，據通典卷一九七邊防一三補。

〔九〇〕我今所以不立爾爲可汗者　「我」字原脱，據通典卷一九七邊防一三補。

〔九一〕卒無叛亡　「叛亡」原作「恙」，據新唐書卷二一五上突厥傳上改。舊唐書卷一九四上突厥傳上作「終無判亡」。

〔九二〕令統頡利舊部落　「令」原作「本」，據舊唐書卷一九四上突厥傳上、太平寰宇記卷一九五四夷二四北狄七改。

〔九三〕太宗遣使敕止之　「使」字原脱，據通典卷一九七邊防一三補。

〔九四〕尋授右武衛將軍　「武」字原脱，據舊唐書卷一九四上突厥傳上、資治通鑑卷一九七唐紀一三貞觀十八年十二月甲寅條、太平寰宇記卷一九五四夷二四北狄七補。

〔九五〕世爲小可汗　「世」原作「代」，通典卷一九八邊防一四亦作「代」，乃避唐諱，通考沿用未改，今據新唐書卷二一五上突厥傳上改。

〔九六〕車鼻不能當　「能」，通典卷一九八邊防一四同，舊唐書卷一九四上突厥傳上、太平寰宇記卷一九六四夷二五北狄八作「敢」。

〔九七〕遣右驍衛郎將高偘潛引迴紇僕骨等兵衆襲擊之　「右驍」原作「左」，據舊唐書卷一九四上突厥傳上、新唐書卷二一五上突厥傳上、太平寰宇記卷一九六四夷二五北狄八改。

〔九八〕其酋長歌邏禄泥熟闕俟利發及拔塞匐處木昆莫賀咄俟斤等率部落背車鼻　「及」原作「反」，據舊唐書卷一九四上突厥傳上、太平寰宇記卷一九六四夷二五北狄八改。

〔九九〕車鼻長子羯漫陁先統拔悉密部　「子」原作「孫」，據舊唐書卷一九四上突厥傳上、新唐書卷二一五上突厥傳上改。

〔一〇〇〕突厥盡爲封疆之臣　「突厥」上原有「於是」二字，據舊唐書卷一九四上突厥傳上、通典卷一九八邊防一四删。

〔一〇一〕仙崿　舊唐書卷一九四上突厥傳上、新唐書卷二一五上突厥傳上、太平寰宇記卷一九六四夷二五北狄八作「仙蕚」。

〔一〇二〕狼山都督葛邏禄吐利等首領三十餘人　「吐」，通典卷一九八邊防一四同，舊唐書卷一九四上突厥傳上作「社」，新唐書卷二一五上突厥傳上作「叱」；「三十」原作「二十」，據以上三書改。

〔一〇三〕單于管内突厥首領阿史德温傅　「傅」字原脱，據舊唐書卷一九四上突厥傳上、新唐書卷二一五上突厥傳上、資治通鑑卷二〇二唐紀一八調露元年十月條補。下同。

〔一〇四〕營州大都督周道務等統衆三十餘萬　「周道務」原作「周道謨」，據舊唐書卷一九四上突厥傳上、新唐書卷二一五上突厥傳上資治通鑑卷二〇二唐紀一八調露元年十月壬子條太平寰宇記卷一九六四夷二五北狄八改。按新唐書卷八三有周道務傳。

〔一〇五〕永隆元年　「永隆」原作「永崇」，通典避唐玄宗諱改，本書沿用而未曾回改，今據舊唐書卷一九四上突厥傳上、新唐書卷二一五上突厥傳上改。

〔一〇六〕詣行儉降　「降」字原脱，據舊唐書卷一九四上突厥傳上、太平寰宇記卷一九六四夷二五北狄八補。

〔一〇七〕永淳二年突厥阿史那骨咄禄復反叛　舊唐書卷一九四上突厥傳上、通典卷一九八邊防一四同，新唐書卷二一五上突厥傳上、資治通鑑卷二〇三唐紀一九載此事於永淳元年。

〔一〇八〕其父本是單于右厢雲中都督舍利元英下首領　「督」下原衍「尉」字，據舊唐書卷一九四上突厥傳上、新唐書卷二一五上突厥傳上、太平寰宇記卷一九六四夷二五北狄八删。

〔一〇九〕世襲吐屯啜　「世」原作「代」，通典卷一九八邊防一四爲避唐諱改，本書沿用未改，今據舊唐書卷一九四上突厥傳上、新唐書卷二一五上突厥傳上改。

〔一一〇〕入總材山　「總材山」原作「總林山」，據舊唐書卷一九四上突厥傳上、新唐書卷二一五上突厥傳上改。

〔一一一〕以其弟默啜爲設　「設」原作「殺」，據通典卷一九八邊防一四改；舊唐書卷一九四上突厥傳上、新唐書卷二一五上突厥傳上亦作「殺」。

〔一一二〕至阿史德元珍　「德」原作「那」，據舊唐書卷一九四上突厥傳上、新唐書卷二一五上突厥傳上、資治通鑑卷二〇二唐紀一八調露元年十月條、太平寰宇記卷一九六四夷二五北狄八改。

〔一一三〕立爲阿波達干　「阿波達干」原作「阿波大達于」，據舊唐書卷一九四上突厥傳上、新唐書卷二一五上突厥傳上、太平寰宇記卷一九六四夷二五北狄八删改。

〔一一四〕左玉鈐衛中郎將淳于處平爲陽曲道總管與副中郎將蒲英節率兵赴援　「蒲英節」原作「蒲英等」，據舊唐書卷一九四上突厥傳上、太平寰宇記卷一九六四夷二五北狄八改；同上舊唐書「副」下有「將」字。

〔一一五〕追奔四十餘里　「十」原作「千」，據舊唐書卷一九四上突厥傳上、新唐書卷二一五上突厥傳上、資治通鑑卷二〇四唐紀二〇垂拱三年七月條、太平寰宇記卷一九六四夷二五北狄八改。

〔一一六〕骨咄禄　「咄」字原脱，據舊唐書卷一九四上突厥傳上、新唐書卷二一五上突厥傳上、通典卷一九八邊防一四補。

〔一一七〕骨咄禄之弟也　「禄」字原脱，據舊唐書卷一九四上突厥傳上、通典卷一九八邊防一四補。

〔一一八〕長壽三年　「三」，通典卷一九八邊防一四、太平寰宇記卷一九六四夷二五北狄八同，舊唐書卷一九四上突厥傳上作「二」。

〔一一九〕武太后遣白馬寺僧薛懷義爲代北道行軍大總管　「代北」原作「代朔」，據舊唐書卷一九四上突厥傳上、太平寰宇記卷一九六四夷二五北狄八改；「代北」，新唐書卷二一五上突厥傳上作「朔方」。

〔一二〇〕頡跌利施大單于　「利施」二字原脱，據舊唐書卷一九四上突厥傳上、新唐書卷二一五上突厥傳上、資治通鑑卷二〇五唐紀二一萬歲通天元年十月辛卯條、太平寰宇記卷一九六四夷二五北狄八補。

〔一二一〕謂之降户　「之」字原脱，據舊唐書卷一九四上突厥傳上、通典卷一九八邊防一四補。

〔一二二〕聞李家天子種未總盡　「未」，舊唐書卷一九四上突厥傳上作「末」，「未總盡」，新唐書卷二一五上突厥傳上、太平寰宇記卷一九六四夷二五北狄八作「未殆盡」。

〔一二三〕静難軍使左玉鈐衛將軍慕容玄崱以兵五千人降虜　「容」字原脱，據舊唐書卷一九四上突厥傳上、新唐書卷二一五上突厥傳上、太平寰宇記卷一九六四夷二五北狄八、册府元龜卷九八六外臣部征討五補。

〔一二四〕右武威衛將軍沙吒忠義爲天兵西道總管　「右」字原脱，據舊唐書卷一九四上突厥傳上、新唐書卷二一五上突厥傳上、資治通鑑卷二〇六唐紀二二聖曆元年八月庚子條、太平寰宇記卷一九六四夷二五北狄八、册府元龜卷九八六外臣部征討五補。

〔一二五〕左羽林衛大將軍閻敬容爲天兵西道後軍總管　「左」，新唐書卷二〇六外戚傳、册府元龜卷九八六外臣部征討五、資治通鑑卷二〇六唐紀二二聖曆元年八月庚子條同，舊唐書卷一九四上突厥傳上、新唐書卷二一五上突厥傳上、太平寰宇記卷一九六四夷二五北狄八作「右」。

〔一二六〕默啜又出恒岳道寇蔚州　「岳」原作「兵」，據舊唐書卷一九四上突厥傳上、太平寰宇記卷一九六四夷二五北狄八改。

〔一二七〕令充河北道行軍大元帥　「充」原作「統」，據舊唐書卷一九四上突厥傳上改。

〔一二八〕沙吒忠義及後軍總管李多祚等皆持重兵不敢戰　「兵」字原脱，據舊唐書卷一九四上突厥傳上、太平寰宇記卷一九六四夷二五北狄八補。

〔一二九〕長安三年　「長安」原作「長壽」，據舊唐書卷一九四上突厥傳上、新唐書卷二一五上突厥傳上、資治通鑑卷二〇七唐紀二三長安三年六月辛酉條、太平寰宇記卷一九六四夷二五北狄八改。

〔一三〇〕默啜遣使莫賀達干請以女妻皇太子之子　「干」原作「于」，據舊唐書卷一九四上突厥傳上、新唐書卷二一五上突厥傳上、太平寰宇記卷一九六四夷二五北狄八改。

〔一三一〕武太后令太子男平恩王重俊義興王重明廷立見之　「平恩」原倒，據舊唐書卷一九四上突厥傳上、新唐書卷二一五上突厥傳上、太平寰宇記卷一九六四夷二五北狄八乙。　按舊唐書卷八六中宗諸子傳、新唐書卷八一三宗諸子傳平恩王爲重福，義興王衛重俊，與此異。　當以本傳爲正。

〔一三二〕敗績　原作「敗續」，據局本及舊唐書卷一九四上突厥傳上、通典卷一九八邊防一四改。

〔一三三〕掠隴右群牧馬萬餘匹而去　「群」原作「郡」，據舊唐書卷一九四上突厥傳上改。

〔一三四〕景龍二年三月　「景龍」原作「景雲」，據資治通鑑卷二〇九唐紀二五景龍二年三月丙辰條、太平寰宇記卷一九六四夷二五北狄八改。按舊唐書卷九三張仁愿傳、新唐書卷一一一張仁愿傳皆繫此事於神龍三年。

〔一三五〕時默啜盡衆西擊娑葛　「娑」原作「婆」，據舊唐書卷一九四上突厥傳上、資治通鑑卷二〇九唐紀二五景龍二年十一月庚申條、太平寰宇記卷一九六四夷二五北狄八改。下同。

〔一三六〕於牛頭朝那山北置烽堠千八百所　「朝」原作「胡」，「置」原作「至」，「千」原作「百」，「百」原作「十」，據舊唐書卷九三張仁愿傳、新唐書卷一一一張仁愿傳、資治通鑑卷二〇九唐紀二五景龍二年三月條、太平寰宇記卷一九八四夷二七北狄一〇改。

〔一三七〕中宗竟用仁愿計　「中宗」原作「睿宗」，據舊唐書卷九三張仁愿傳、新唐書卷一一一張仁愿傳改。按兩唐書張仁愿傳謂三受降城建於神龍三年，而資治通鑑卷二〇九唐紀二五景龍二年三月丙辰條、太平寰宇記卷一九六四夷二五北狄八謂三城建於景龍二年。神龍、景龍皆中宗年號。

〔一三八〕役者盡力　「役者」二字原脱，據舊唐書卷九三張仁愿傳、新唐書卷一一一張仁愿傳補改。

〔一三九〕遣其子移涅可汗及同俄特勤妹婿火拔頡利發石阿失畢率精騎圍逼北庭　「涅」原作「沮」，「火」原作「大」，據舊唐書卷一九四上突厥傳上、新唐書卷二一五上突厥傳上、太平寰宇記卷一九六四夷二五北狄八改。下同。

〔一四〇〕十姓部落左廂五咄陸啜　「五」字原脱，據舊唐書卷一九四上突厥傳上、太平寰宇記卷一九六四夷二五北狄八、册府元龜卷九七七外臣部降附補。

〔一四一〕封遼西郡王　「王」原作「公」，據舊唐書卷一九四上突厥傳上、新唐書卷二一五上突厥傳上、太平寰宇記卷一九六四夷二五北狄八、册府元龜卷九六四外臣部封册二改。

〔一四二〕默啜女婿阿史德胡禄俄又歸朝　「德」原作「得」，據舊唐書卷一九四上突厥傳上、太平寰宇記卷一九六四夷二五北狄八改。

〔一四三〕默啜與九姓首領阿布思等戰於磧北　「布思」二字原倒，據舊唐書卷一九四上突厥傳上、太平寰宇記卷一九六四夷二五北狄八乙正。下同。

〔一四四〕遇拔曳固迸卒頡質略於柳林中　「迸卒」原作「逆率」，據舊唐書卷一九四突厥傳上、資治通鑑卷二一一唐紀二七開元四年六月癸酉條、太平寰宇記卷一九六四夷二五北狄八改。按通鑑胡三省注：「兵敗潰散，士卒迸走，故曰迸卒。」

〔一四五〕便與入蕃使郝靈佺傳默啜首至京師　「郝靈佺」，新唐書卷二一五上突厥傳上、通典卷一九八邊防一四、太平寰宇記卷一九六四夷二五北狄八同，舊唐書卷一九四上突厥傳上、資治通鑑卷二一一唐紀二七開元四年六月癸酉條作「郝靈荃」。

〔一四六〕乃召默啜時衙官暾欲谷爲謀主　「乃」原作「及」，據舊唐書卷一九四上突厥傳上、太平寰宇記卷一九六四夷二五北狄八改。

〔一四七〕廢歸部落　「部」字原脱，據舊唐書卷一九四上突厥傳上、通典卷一九八邊防一四補。

〔一四八〕俄而降户阿悉爛跌跌思太等復自河曲叛歸　「河曲」原作「河西」，據元本、慎本、馮本及舊唐書卷一九四上突厥傳上、通典卷一九八邊防一四改。

〔一四九〕令渡河而南　「南」字原脱，據舊唐書卷一九四上突厥傳上、資治通鑑卷二一一唐紀二七開元四年七月辛未條、太平寰宇記卷一九六四夷二五北狄八補。

〔一五〇〕張知運既不設備　「既」字原脱，據元本、慎本、馮本及舊唐書卷一九四上突厥傳上、太平寰宇記卷一九六四夷二五北狄八補。

〔一五一〕與降户戰於青剛嶺　「青剛嶺」原作「青岡嶺」，據舊唐書卷一九四上突厥傳上、資治通鑑卷二一一唐紀二七開元四年十月甲辰條、太平寰宇記卷一九六四夷二五北狄八改。

〔一五二〕若築城而居　「居」字原脱，據舊唐書卷一九四上突厥傳上、資治通鑑卷二一一唐紀二七開元四年十月甲辰條、太平寰宇記卷一九六四夷二五北狄八、册府元龜卷九六二外臣部才智補。

〔一五三〕遣副將盧公利及判官元澄出兵邀擊之　「盧公利」三字原脱，據舊唐書卷一九四上突厥傳上、新唐書卷二一五下突厥傳下、資治通鑑卷二一二唐紀二八開元八年十一月辛未條、太平寰宇記卷一九六四夷二五北狄八補。

〔一五四〕敬述下兵至删丹　「删丹」原作「那契丹」，據舊唐書卷一九四上突厥傳上、資治通鑑卷二一二唐紀二八開元八年十一月辛未條胡三省注、太平寰宇記卷一九六四夷二五北狄八改。

〔一五五〕小殺乃遣大臣阿史德頡利發入朝貢獻　「德」原作「得」，據舊唐書卷一九四上突厥傳上、新唐書卷二一五下突厥傳下、通典卷一九八邊防一四改。

〔一五六〕登利俄爲其左殺判闕特勤所殺　「登利」原作「登俐」，據元本、慎本、馮本及舊唐書卷一九四上突厥傳上、新唐書卷二一五下突厥傳下改。

〔一五七〕帝使使者諭令内附　下「使」字原脱，據新唐書卷二一五下突厥傳下補。

〔一五八〕其下不與　「不」字原脱，據新唐書卷二一五下突厥傳下補。

〔一五九〕擊其左阿波達干十一部　「干」原作「于」，據新唐書卷二一五下突厥傳下改。

卷三百四十四　四裔考二十一

突厥下

西突厥大邏便。木杆可汗之子。初，木杆與沙鉢略可汗有隙，因分爲二。大邏便即阿波可汗。其國居烏孫之故地，東至突厥國，西至雷翥海，南至疏勒，北至瀚海，在京師西北七千里〔一〕。自焉耆國西北七日行，至其南庭；自南庭又正北八日行，至其北庭。鐵勒、龜兹及西域諸國，皆歸附之。其人雜有都陸及弩矢畢、葛邏禄、處月、處密、伊吾等諸種。風俗大抵與突厥同，唯言語微異。其官有葉護，有設，有特勤，常以可汗子弟及宗族爲之；又有乙斤屈利啜、閻洪達、頡利發、吐屯、俟斤等官，皆代襲其位。

大邏便既爲處羅侯可汗所擒〔二〕，其國立鞅素特勤之子，是爲泥利可汗。至其子達漫，號泥撅處羅可汗〔三〕。即大邏便之種落，與北突厥處羅可汗號同，非一人也。其母向氏，本中國人，生達漫而泥利卒，而向氏又嫁其弟婆實特勤。隋開皇末，婆實與向氏詣長安。處羅可汗居無常處，然多在烏孫故地。立二小可汗〔四〕，分統所部。一在石國北，以制諸胡；一居龜兹北，其地名應娑〔五〕。每五月八日，相聚祭神，歲遣重臣向其先代所居之窟致祭焉。煬帝大業六年，帝將西討吐谷渾，遣侍御韋節召處羅會於大斗拔谷，其國人不從，處羅謝使者〔六〕。辭以故。適會其酋長射匱使求婚，裴矩因奏曰：「處羅不朝，自恃强大。

臣請以計弱之，分裂其國，則易制也。射匱者，都六之子，達頭之孫，達頭舊爲西面可汗，初與沙鉢略有隙，遂分爲別部，因東可汗雍虞閭死後，自立爲步迦可汗。達頭死後，其孫射匱微弱，不得爲可汗。代爲可汗，君臨西面。今聞其失職，附隸於處羅，故遣使來以結援耳。願厚禮其使，拜爲大可汗，突厥勢分，兩從我矣。」帝從之，遂召其使者，言處羅不順之意，稱射匱有好心，吾將立爲大可汗，令發兵誅處羅，然後當爲婚也。射匱聞而大喜，興兵襲之，處羅大敗，棄妻子，東走高昌。帝遣裴矩將向氏親要左右，往曉諭之，遂入朝。處羅可汗，隋煬帝大業中，與特勤大奈入朝，從征高麗〔七〕，遇江都之亂，從宇文化及至河北。唐初，歸京師，封歸義郡王，處羅與始畢有隙，始畢使人殺之。太宗即位，以禮改葬。

闕達設初居於會寧，有部落三千餘騎。至隋末，自稱闕達可汗〔八〕。武德初，遣使内屬，厚加撫慰。尋爲李軌所滅。

特勤大奈，隋大業中與曷薩那可汗同歸中國。及從煬帝討遼東，以功授金紫光禄大夫。後分其部落於樓煩。會高祖舉兵，大奈率其衆以從。隋將桑顯和襲義軍於飲馬泉〔九〕，諸軍多已奔退，大奈將數百騎出顯和後〔一〇〕，掩其不備，擊，大破之，諸軍復振。拜光禄大夫。及定京城，以力戰功，賞物五千段，賜姓史氏。武德初，從太宗討薛舉，又從平王世充、竇建德、劉黑闥，並有殊功。賜宫女三人，雜綵萬餘段。貞觀三年，累遷右武衛大將軍、檢校豐州都督，封竇國公，實封三百户。十二年卒，贈輔國大將軍。

初，曷薩那之朝隋也，爲煬帝所留，其國人遂立薩那之叔父射匱爲可汗，始開土宇，東至金山，西臨西海，自玉門以西諸國皆役屬之。遂與北突厥爲敵，乃建庭於龜兹北三彌山。尋卒，弟統葉護可汗代立。統葉護可汗，勇而有謀，善攻戰。遂北并鐵勒，西拒波斯，南接罽賓，悉歸之，控絃數十萬，霸有西域，據舊烏孫之地。又移庭於石國北之千泉[一一]。其西域諸國王悉授頡利發，并遣吐屯一人監統之，督其征賦，西戎之盛未有也。武德三年，遣使貢條支巨卵。時北突厥作患，高祖厚加撫結，與之并力以圖北蕃，統葉護許以五年冬。大軍當發，頡利可汗聞之大懼，復與統葉護通和[一二]，無相征伐。統葉護尋遣使來請婚，高祖謂侍臣曰：「西突厥去我懸遠，急疾不相得力，今來請婚，計將安在？」封德彝對曰：「當今之務，莫若遠交而近攻，正可權許其婚，以威北狄。待三數年後[一三]，中國全盛，徐思其宜。」高祖許之婚，令高平王道立至其國，統葉護大悅，遇頡利可汗頻歲入寇，西蕃路梗，由是未果爲婚。貞觀元年，遣真珠統俟斤與道立來獻萬釘寶鈿金帶，馬五千匹。時統葉護自負强盛，無恩於國，部落咸怨，葛邏禄種多叛之。頡利可汗不欲中國與之和親，數遣兵入寇，又遣人謂統葉護曰：「汝若迎唐家公主，要須經我國中而過。」統葉護患之，未克婚，爲其伯父所殺而自立，是爲莫賀咄侯屈利俟毗可汗[一四]。先分統突厥種類[一五]，爲小可汗，及此自稱大可汗，國人不附。弩矢畢部共推泥熟莫賀設爲可汗[一六]，泥熟不從。

時統葉護之子咥力特勤避莫賀咄之難，亡在康居，泥熟遂迎而立之，是爲乙毗鉢羅肆葉護可汗[一七]。連兵不息，俱遣使來朝，各請婚於我。太宗不許，諷令各保所部，無相征伐。其西域諸國及鐵勒先役屬於西突厥者，悉叛之，國內虛耗。肆葉護既是舊主之子，爲衆心所歸，其西面都陸可汗及莫賀咄可汗二部豪帥，多來附之。又興兵以擊莫賀咄，大敗之[一八]，莫賀咄遁於金山，尋爲咄陸可汗所害，國人乃奉肆葉護爲大可汗。肆葉護可汗立，大發兵北征鐵勒，薛延陁逆擊之[一九]，反爲所敗。肆葉護性猜狠信讒，無統馭之略。有乙利可汗者，於肆葉護功最多，由是授小可汗，以非罪族滅之。群下震駭，莫能自固。肆葉護素憚泥熟，而陰欲圖之，泥熟遂適焉耆。其後設卑達官與突厥弩矢畢二部豪帥潛謀擊之〔二〇〕，肆葉護以輕騎遁於康居，尋卒。國人迎泥熟於焉耆而立之，是爲咄陸可汗。

咄陸可汗者，亦稱大度可汗。父莫賀設，本隸統葉護。武德中，嘗至京師〔二一〕。時太宗居藩，務加懷柔，與之結盟爲兄弟。既被推爲可汗，遣使詣闕請降，太宗賜以名號及鼓纛。貞觀七年，遣鴻臚寺少卿劉善因至其國，册授爲吞阿婁拔奚利邲咄陸可汗〔二二〕。明年，泥熟卒，其弟同俄設立〔二三〕，是爲沙鉢羅咥利失可汗。

咥利失可汗咥，徒結切。以貞觀九年上表請婚，獻馬五百匹。朝廷唯厚加撫慰，未許其婚。俄而其國分爲十部，每部令一人統之，號爲十設。每設賜以一箭，故號十箭焉。又分十箭爲左右廂，一廂各置五箭〔二四〕。其左廂號爲五咄六部落，置五大啜，一啜管一箭〔二五〕；右廂號爲五弩矢畢，置五大俟斤，一俟斤管一箭〔二六〕。其後或稱一箭爲一部落，大箭頭爲大首領。五咄六部落居碎葉以東，五弩矢畢部落居於碎葉以西，自是都號爲十姓部落。咥利失既不爲衆所歸，部衆携貳，爲其統吐屯所襲，麾下亡散。咥利失以左右百餘騎拒之，戰數合，統吐屯不利而去。咥利失奔其弟步利設，與保焉耆。其阿悉吉闕俟斤與統吐屯等召國人，將立欲谷設爲大可汗，以咥利失爲小可汗。統吐屯爲人所殺，欲谷設兵又爲其俟斤所破，咥利失復得故地，弩矢畢、處月、處密等並歸咥利失。十二年，西部竟立欲谷設爲乙毗咄陸可汗，與咥利失中分，自伊列河以西屬咄陸，以東屬咥利失。咄陸可汗又建庭於鏃曷山西〔二七〕，謂之北庭。

自厥越失、拔悉彌、駁馬、結骨、火燖、觸木昆諸國皆臣之。十三年，咥利失爲吐屯俟利發與欲谷設通謀作難，咥利失窮蹙，奔於鏺汗而死〔二八〕。

弩失畢部落酋帥迎咥利失弟伽那之子薄布特勤而立之〔二九〕，是爲乙毗沙鉢羅葉護可汗〔三〇〕。乙毗可汗既立，建庭於雖合水北〔三一〕，謂之南庭。東以伊列河爲界，自龜兹、鄯善、且末、吐火羅、焉耆、石國、史國、何國、穆國、康國，皆受其節度。累遣使朝貢，太宗降璽書慰勉。貞觀十五年，令左領軍將軍張大師册授焉，賜以鼓纛。於時咄陸可汗與葉護頻相攻擊。會咄陸遣使詣闕，太宗諭以敦睦之道。咄陸兵衆漸强，西域諸國復來歸附。未幾，咄陸遣石國吐屯攻葉護〔三二〕，擒之，送於咄陸，尋爲所殺。

咄陸可汗既并其國，弩失畢諸姓不服咄陸，皆叛之。咄陸復率兵擊吐火羅，破之。遣兵寇伊州，安西都護郭孝恪率輕騎二千自烏骨邀擊〔三三〕，敗之。咄陸又遣處月、處密等圍天山縣，孝恪又擊走之。孝恪乘勝進據處月俟斤所居之城，追奔及於遏索山〔三四〕，斬首千餘級，降其處密之衆而歸。咄陸初以泥熟啜自擅取所部物〔三五〕，而斬之以徇，尋爲泥熟啜部將胡禄屋所襲〔三六〕，衆多亡逸，其國大亂。貞觀十五年，部下屈利啜等謀欲廢咄陸，各遣使詣闕，請立可汗。太宗遣使齎璽書立莫賀咄乙毗可汗之子，是爲乙毗射匱可汗。乙毗立，乃發弩失畢兵就白水擊咄陸，大敗之。咄陸自知不爲衆所附，乃西走吐火羅國。中國使人先爲咄陸所拘者，射匱悉以禮資送歸長安，復遣使貢方物，請賜婚。太宗許之，令割龜兹、于闐、疏勒、朱俱波、葱嶺等五國以充聘禮。及太宗崩，賀魯反叛，射匱部落爲其所併。

阿史那賀魯者，曳步利設射匱特勤之子也。阿史那步真既來歸國，咄陸可汗乃立賀魯爲葉護，以繼步真，居於多邏斯川，在西州直北千五百里，統處月、處密、姑蘇、葛邏禄、弩矢畢五姓之衆〔三七〕。其後，咄陸西走吐火邏國，射匱可汗遣兵迫逐，賀魯不常厥居。貞觀二十二年〔三八〕，乃率其部落内屬，詔居庭州。尋授左驍衛將軍〔三九〕、瑤池都督。永徽二年，與其子咥運率衆西遁，據咄陸可汗之地，總有西域諸部，建牙於雙河及千泉〔四〇〕，自號沙鉢羅可汗〔四一〕，統攝咄陸、弩矢畢十姓。其咄陸有五啜，弩矢畢有五俟斤，各有所部，勝兵數十萬，並羈屬賀魯。其咄陸有五啜：一曰處木昆律啜〔四二〕；二曰胡禄屋闕啜〔四三〕，賀魯以女妻之；三曰攝舍提暾啜；四曰突騎施賀羅施啜〔四四〕；五曰鼠尼施處半啜〔四五〕。弩矢畢有五俟斤：一曰阿悉結闕俟斤，最爲强盛；二曰哥舒闕俟斤；三曰拔塞幹暾沙鉢俟斤；四曰阿悉結尼熟俟斤；五曰哥舒處半俟斤。西域諸國，亦多附隸焉。賀魯尋立咥運爲莫賀咄葉護〔四六〕，數侵擾西蕃諸部，又進寇庭州。三年，詔遣左武候大將軍梁建方、右驍衛大將軍契苾何力率燕然都護所部迴紇兵五萬騎討之〔四七〕，前後斬首九千級〔四八〕，虜渠帥六十餘人。四年，咄陸可汗死，其子真珠葉護與五弩矢畢請擊賀魯，破其牙帳，斬首千餘級。顯慶二年〔四九〕，遣左屯衛將軍蘇定方〔五〇〕，燕然都護任雅相，副都護蕭嗣業，左驍衛大將軍、瀚海都督迴紇婆閏等率師討擊，仍使右武衛大將軍阿史那彌射、左屯衛大將軍阿史那步真持節爲安撫大使。定方至曳咥河西，賀魯率胡禄屋闕啜等二萬餘騎列陣而待。定方率副總管任雅相與之交戰〔五一〕，賊衆大敗，斬其大首領都搭吐答反。達官等二百餘人〔五二〕。賀魯及闕啜輕騎奔竄，渡伊麗河，兵馬溺死者甚衆。嗣業至千泉賀魯建牙之處，彌射進軍伊麗水，處密、處月部落率衆來降。彌射進次雙河，賀魯先使步失達官鳩集散卒，據栅拒戰。彌射、步真攻之，大潰；又與蘇定方攻賀魯於碎葉水〔五三〕，大破之。賀魯與咥運欲投鼠耨設，至石國之蘇咄城傍，人馬飢乏，城主伊沮達官詐將酒食出迎〔五四〕，賀魯信其言入城，遂被拘執。蕭嗣業既至石國，鼠耨設乃以賀魯屬之〔五五〕。俘至京師，令獻於昭陵及太社〔五六〕，高宗特免死。分其種落置崑陵、濛池二都護府，其所役屬諸胡國，皆分置州府，西盡於波斯，並隸安西都護府。四年，賀魯卒，詔葬于頡利墓側〔五七〕，刻石以紀其事。

阿史那彌射者，室點蜜可汗五代孫也〔五八〕。初，室點蜜從單于統領十大首領〔五九〕，有兵十萬衆，往平西域諸胡國，自立爲可汗，號十姓部落，世統其衆〔六〇〕。彌射在本蕃爲莫賀咄葉護，與族兄步真有隙，以貞觀十三年率所部處月、處密入朝，授右監門大將軍。其後步真遂自立爲咄陸葉護，其部落多不服，委之遁去。步真携家屬入朝，授左屯衛大將軍。彌射從太宗征高麗有功，封平襄縣伯。顯慶二年，轉左武衛大將軍〔六一〕。及討平賀魯〔六二〕，乃册立彌射爲興昔亡可汗兼左衛大將軍、崑陵都護，分押賀魯下五咄陸部落；步真授繼往絶可汗兼右衛大將軍、濛池都護，仍分押五弩矢畢部落，因令與盧承慶等准其部落大小〔六三〕，職位高下，節級授刺史以下官。龍朔中，又令彌射、步真俱率所部從飀于畢反。海道大總管蘇海政討龜兹。步真嘗欲并彌射部落〔六四〕，遂密告海政云：「彌射欲謀反，請以計誅之。」時海政兵纔數千，懸師在彌射境内〔六五〕，遂集軍吏而謀曰：「彌射若反，我輩即無噍類。今宜先舉事，則可克捷。」乃僞稱有敕，令大總管齎物數百萬段分賜可汗諸首領。由是彌射率其麾下，隨例請物，海政盡收斬之。其後西蕃盛言彌射非反，爲步真所誣，而海政不能審察，濫行誅戮。武太后臨朝，以十姓無主數年，部落多散，垂拱初，遂擢授彌射子左豹韜衛翊府中郎將元慶爲左玉鈐衛將軍兼崑陵都護〔六六〕，令襲興昔亡可汗，押五咄陸部落；步真子斛瑟羅爲右玉鈐衛將軍兼濛池都護，押五弩矢畢部落。尋進授元慶右衛大將軍〔六七〕。如意元年，爲來俊臣誣構謀反被害。其子獻，配流崖州。長安三年，召還，累授右驍衛大將軍，襲父興昔亡可汗，充安撫招慰十姓大使。獻本蕃漸爲默啜及烏質勒所侵，遂不敢還國。開元中，累遷右金吾大將軍。卒於長安。

阿史那步真者，在本蕃授左屯衛大將軍〔六八〕，與彌射討平賀魯，加授驃騎大將軍、行右衛大將軍、濛池都護，繼往絶可汗，押五弩矢畢部落。尋卒。其子斛瑟羅，本蕃爲步利設，垂拱初，授右玉鈐衛將軍兼濛池都護，襲繼往絶可汗，押五弩矢畢部落。天授元年，拜左衛大將軍，改封竭忠事主可汗，仍兼濛池都護。尋卒。子懷道，神龍中累授右屯衛大將軍〔六九〕、光禄卿，轉太僕兼濛池都護〔七〇〕、十姓可汗。自垂拱以後，十姓部落頻被突厥默啜侵掠，死散殆盡。乃隨斛瑟羅統六七萬人，徙居内地，西突厥阿史那氏於是遂絶。

突騎施烏質勒者〔七一〕，西突厥之别種也。初隸在斛瑟羅下，號爲莫賀達干〔七二〕。後以斛瑟羅用法嚴酷，擁衆背之，尤能撫恤其部落，由是爲遠近諸胡所歸附。其下置都督二十員，各統兵七千人〔七三〕。常屯聚碎葉西北界，後漸攻陷碎葉，徙其牙帳居之。東北與突厥爲鄰，西與諸胡國相接〔七四〕，東南至西庭州〔七五〕。斛瑟羅以部衆削弱，自武太后時入朝，不敢還蕃，其地並爲烏質勒所并。及卒，其長子娑葛代統其衆，詔使立娑葛爲金河郡王〔七六〕，仍賜以宫女四人。初，娑葛代父統兵，烏質勒下部將闕啜忠節甚忌之，以兵部尚書宗楚客當朝任勢，密遣使齎金七百兩以賂楚客，請停娑葛統兵。楚客乃遣御史中丞馮嘉賓充使至其境，陰與忠節籌其事，并自致書以申意。在路爲娑葛遊兵所獲，遂斬嘉賓，仍進兵攻陷火燒等城，遣使上表欲索楚客頭〔七七〕。景龍三年，娑葛弟遮弩恨所分部落少於其兄，遂叛入突厥默啜，請爲鄉導〔七八〕，以討娑葛。默啜乃留遮弩，遣兵二萬人與其左右來討娑葛，擒之，與娑葛俱殺之。默啜兵還，娑葛下部將蘇禄鳩集餘衆，自立爲可汗。

蘇禄者，突騎施别種也。頗善綏撫，十姓部落漸歸附之，有衆二十萬，遂雄西域之地，尋遣使來朝。開元三年，制授蘇禄爲左羽林衛大將軍、金方道經略大使，特遣侍御史解忠順齎璽書册立爲忠順可汗〔七九〕。自是每年遣使朝獻，上乃立史懷道女爲金河公主以妻之〔八〇〕。時杜暹爲安西都護，公主遣牙官齎馬千匹詣安西互市，使者宣公主教與暹，暹曰：「阿史那氏女，豈合宣教與吾節度使邪！」杖其使者，留而不遣，其馬經寒雪〔八一〕，盡死。蘇禄大怒，發兵分寇四鎮。會暹入爲相，趙頤貞代爲安西都護，城守久之〔八二〕，由是四鎮貯積及人畜並爲蘇禄所掠而去，安西僅全。俄又遣使入朝獻方物。十八年，蘇禄使至京師，上御丹鳳樓設宴。時突厥先遣使入朝，是日亦來同宴，與蘇禄使争長。突厥使曰：「突騎施國小，本是突厥之臣，不宜居上。」蘇禄使曰：「今日此宴，乃爲我設，不合居下。」中書門下及百僚議〔八三〕，遂於東西幕下兩處分坐，突厥使在東，突騎施使在西，宴訖厚賚而遣。蘇禄性尤清儉，每戰伐，有所克獲〔八四〕，盡分與將士及諸部落。其下愛之，甚爲其用。潛又遣使南通吐蕃，東附突厥。突厥及吐蕃亦嫁女與之〔八五〕。蘇禄既以三國女爲可敦，又分立數子爲葉護，費用漸廣，先既不爲積貯，晚年抄掠所得者，留不分之，又因風病，一手攣縮，其下諸部，心始携貳。

有大首領莫賀達干、都摩度兩部落，最爲强盛〔八六〕。百姓又分爲黄姓、黑姓兩種，互相猜阻。二十六年，莫賀達干勒兵夜攻蘇禄，殺之。都摩度初與莫賀達干連謀，俄又相背，立蘇禄之子吐火仙爲可汗，以輯其餘衆，與莫賀達干自相攻擊。莫賀達干遣使告安西都護蓋嘉運，嘉運率兵討之，大破都摩度之衆，臨陣擒吐火仙，并收得金河公主而還。又欲立史懷道之子昕爲可汗以鎮撫之，莫賀達干不許，曰：「討平蘇禄，本是我之元謀，若立史昕爲主，則國家何以賞於我？」乃不立史昕，便令莫賀達干統衆。二十七年，嘉運率將士詣闕獻俘，上御花萼樓以宴之，仍命將吐火仙獻於太廟。俄又黄姓、黑姓自相屠殺，各遣使降附。至德後，中國多故，不暇治也。乾元初，黑姓可汗阿多裴羅猶能遣使者入朝。大曆後，葛邏禄盛，徙居碎葉川，二姓微，至臣役於葛禄，斛瑟羅餘部附回鶻。及其破滅，有特龐勒居焉耆城，稱葉護〔八七〕，餘部保金莎領，衆至二十萬。

唐末爲諸蕃所侵，部族微弱，亦常來朝貢。後唐天成二年，其首領張慕晉等來朝貢。長興二年，其首領杜阿熟來朝。晉天福六年，其首領遣使薛同海以下十七人來朝貢。

鐵勒

鐵勒之先，匈奴之苗裔也，種類最多。自西海之東，依據山谷，往往不絶。獨洛河北有僕骨、同羅、韋紇、拔也古〔八八〕、覆羅，並號俟斤，蒙陳、吐如紇、斯結〔八九〕、渾、斛薛等諸姓，勝兵可二萬。伊吾以西，焉耆之北，傍白山，則有契弊、薄落職、乙咥、蘇婆、那曷、烏護〔九〇〕、紇骨〔九一〕、也咥、於尼護等，勝兵可二萬。金山西南有薛延陁、咥勒兒、十槃〔九二〕、達契等萬餘兵。康國北，傍阿得水，則有訶咥、曷巀〔九三〕、撥忽、比干〔九四〕、具海〔九五〕、曷比悉、阿嵯蘇〔九六〕、拔也未〔九七〕、渴達等三萬餘兵〔九八〕。傍嶷海東西〔九九〕，有蘇路羯〔一〇〇〕、三索咽〔一〇一〕、蔑促〔一〇二〕、薛忽等諸姓〔一〇三〕，咽，因結反。八千餘兵。拂菻東則有恩屈、阿蘭、北褥〔一〇四〕、九離、伏嗢昏等，嗢，烏没反。近二萬人。北海南則都波等。雖姓氏各別，總謂爲鐵勒。並無君長〔一〇五〕，屬東西兩突厥。隨水草流移。人性凶忍，善於騎射，貪婪尤甚，以寇掠爲生。近西邊者，頗爲藝植，多牛羊而少馬。自突厥有國〔一〇六〕，東西征討，皆資其用，以制北荒。十六國慕容垂時塞北、後魏末河西並云有敕勒部，鐵勒蓋言譌也。

隋大業元年，突厥處羅可汗擊鐵勒諸部，厚其稅斂，又猜忌薛延陁等，恐爲變，遂集其魁帥數百人，盡誅之。由是一時反叛，拒處羅，遂立俟利發、俟斤契弊歌楞爲易勿真莫何可汗〔一〇七〕，居貪汗山，復立薛延陁内俟斤，字也咥爲小可汗〔一〇八〕。處羅既敗，莫何始大焉，甚得衆心，爲鄰國所憚，伊吾、高昌、焉耆諸國悉附之。其俗大抵與突厥同，唯丈夫婚畢，便就妻家〔一〇九〕，待產乳男然後歸〔一一〇〕，此其異也。大業三年，遣使貢方物，自是不絶。

薛延陁

薛延陁，鐵勒之別部，前燕慕容儁時，匈奴單于賀剌頭率部三萬五千來降〔一一一〕，延陁蓋其後〔一一二〕。與薛部雜居，因號薛延陁。可汗姓壹利吐氏〔一一三〕，代爲强族。初蠕蠕之滅也，並屬於突厥，而部中分，在鬱督軍山者〔一一四〕，東屬於始畢；在貪汗山者，西屬於葉護〔一一五〕，其主夷男唐貞觀中遣使朝聘，封爲毘伽可汗〔一一六〕，居大漠之北，俱淪水南，去長安萬四千餘里。後鐵勒、僕骨、同羅共擊薛延陁，大敗之〔一一七〕。太宗以其破亡，遣江夏王道宗、左衛大將軍阿史那社爾爲瀚海道安撫使〔一一八〕。初，薛延陁真珠毗伽可汗遣使請婚，太宗許以女妻之，徵可汗備親迎之禮，詔幸靈州與之禮會。延陁先無府藏，調斂其國，且行萬里，既涉沙磧，無水草，而羊馬多死，遂後期。太宗於是停幸靈州。既而聘羊馬損耗將半，於是返其使者。群臣或云，許公主以妻延陁，邊境得以休息，納其獻聘，不可失信於蕃人，宜在速成。太宗曰：「君等知古而不知今，昔漢家匈奴强而中國弱，所以厚飾子女，嫁與單于。今中國强而北狄弱，漢兵千人堪擊其數萬。彼延陁所以伏服稽顙，恣我所爲，不敢驕慢者，以新得立爲君長，雜居非其本屬，將倚大國，用服其衆。彼同羅、僕骨等十餘部落，兵各數萬，足制延陁；所以不敢發者，以延陁爲我所立，懼中國也。若今以女妻之，大國子婿，增崇其禮，深結黨援，雜姓部落，更尊服之。夷狄之人豈知恩義，微不得意，勒兵南下，所謂養獸自噬也。今不與其女，使命頗簡，諸姓部落知吾棄之，其爭擊延陁必矣。」既而李思摩數侵掠之。延陁復使突利失寇定襄，掠百姓，太宗遣英國公李勣援之，虜已出塞而還。太宗以璽書責讓之，可汗乃遣使致謝，復請發兵助軍，太宗優詔答而止焉。會毗伽可汗卒，子拔灼立。時王師征遼，謀入寇，知有備，不果。拔灼性卞剋好殺，國人不安，其貴臣阿波設率衆與唐使者遇於靺鞨東鄙，小戰不利，還怖國人曰：「唐兵至矣！」衆大擾，諸部遂潰。拔灼遁去，俄爲回紇所殺，盡屠其宗，立毗伽毗弟子咄摩支爲可汗，上言：「願保鬱督軍山。」帝詔崔敦禮與李勣慰安之，陰詔勣等曰：「降則撫之，叛則擊之。」勣至，咄摩支大駭，陰欲拒戰，外好言乞降。勣縱兵擊斬五千餘級，係老弱三萬，遂滅其國。咄摩支匄降，拜右武衛將軍，賜田宅。後三年，餘部叛，以右領軍大將軍執失思力討平之〔二九〕。永徽時，延陁部亡散者悉還，高宗爲置嵠彈州處安之。

僕骨

僕骨者，鐵勒之別部，習俗與突厥略同。在多濫葛東境〔三〇〕，勝兵萬餘，與同羅宿敦鄰好，最居北偏。先臣於頡利，苦頡利亂政，後附薛延陁。貞觀中，遣使朝貢。及延陁之滅也，其大酋婆匐、俟利發歌藍伏延詣闕内附〔三一〕。

同羅

同羅者，鐵勒之別部也。在薛延陁之北，去長安萬七千五百里，户萬五千，俗與突厥略同。初臣突厥〔三二〕，苦頡利之政亂，太宗時，其酋俟利發時健啜遣使内附。中間無聞。洎天寶初，其酋帥阿布思以萬餘帳來降，處之朔方河南之地，給其廩食，每歲仍費繒絮數十萬段，其河曲郡縣倉廩爲之空虚。至十年背叛，劫掠諸姓部落，遂還漠北。尋爲迴紇所破，黨衆離散。阿布思後奔葛邏禄，北庭節度程千里購之以獻，戮於京師。安禄山反，劫其兵用之，號「曳落河」，曳落河，猶言健兒云。

都波

都波者，鐵勒別種。南去回紇十三日行，分爲三部，自相統攝。結草爲廬，無牛羊，不知耕稼。土多百合草，取其根以爲糧，兼捕魚射獵爲食，而衣貂、鹿之皮〔一二三〕，貧者緝鳥羽以爲服。婚姻，富者以馬，貧用鹿皮及草根爲聘禮。死亡以木櫃盛屍，置山中，或懸於樹上，送葬哭泣略與突厥類。莫知四時之候。國無刑罰，偷盜倍徵其贓。貞觀二十一年，遣使朝貢。

拔野古

拔野古，亦鐵勒之別部。在僕骨東境，勝兵萬〔一二四〕。其地豐草〔一二五〕，人皆殷富。其酋俟利發屈利失，貞觀二十一年舉其部來降。其地東北千餘里曰康干河，投松木入水〔一二六〕，二年乃化爲石〔一二七〕，其色青，有國人居住，其人謂之「康干石」〔一二八〕。其松爲石以後，仍似松文。人皆著木脚，冰上逐鹿。以耕種射獵爲業。國多好馬，又出鐵。風俗與鐵勒同，言語稍別。唐貞觀三年，與僕骨、同羅、奚、霫同入朝。二十一年，大俟利發屈利失舉部内屬。置幽陵都督府〔一二九〕，拜屈利失右武衛大將軍，即爲都督。顯慶時，與思結、僕固〔一三〇〕、同羅叛，遣鄭仁泰討斬其渠帥〔一三一〕。天寶間，能自來朝。

多濫葛

多濫葛在薛延陁東，濱同羅水，勝兵萬人。自古未嘗通中國。延陁已滅，其酋俟斤多濫葛末與迴紇皆朝〔一三二〕，以其地爲燕然都督府，就授其酋，世爲都督。

斛薛

斛薛，亦鐵勒之別部，在多濫葛北境，兩姓合居，勝兵七千〔一三三〕。既來朝，列其地爲州縣。

阿趺〔一三四〕

阿趺，亦鐵勒之別部，在多濫葛西北，勝兵千七百。隋代號訶咥部是也〔一三五〕。遷徙無常所。唐初來朝，以地爲鷄田州。開元中，跌趺思泰自突厥來〔一三六〕。其後，光顔、光進皆以戰功至大官，賜姓李氏，附屬籍。

契苾羽

契苾亦曰契苾羽，在焉耆西北鷹娑川〔一三七〕，多濫葛之南。其酋哥楞自號可汗，弟莫賀咄特勤，皆有勇。莫賀咄死，子何力紐，率其部來歸，時貞觀六年也。詔處之甘、凉間，以其地爲榆溪州。永徽四年，以其部爲賀蘭都督府，隸燕然都護。何力有戰功，忠節臣也。大和中，其種帳附於振武云。

鞠國

鞠國在拔野古東北五百里，六日行至〔一三八〕。其國有樹無草，但有地苔。無羊馬，家畜鹿如中國牛馬，使鹿牽車，可勝三四人。人衣鹿皮，食地苔。其俗聚木爲屋，尊卑共處其中。

俞杅〔一三九〕

俞杅國在鞠國東十五日行。其土地寬大，百姓衆多。風俗與拔野古同。少牛馬，多貂鼠〔一四〇〕。

大漠〔一四一〕

大漠國在鞠國北，饒羊馬。人極長大，長者至丈三四尺。問其國云，北有骨師國〔一四二〕，與大漠相接。

白霫

白霫，居鮮卑故地，直京師東北五千里，與同羅、僕骨接。避薛延陁，保奧支水、冷陘山，南契丹，北烏羅渾，東靺鞨〔一四三〕，西拔野古，地圓袤二千里，山繚其外，勝兵萬人。業射獵，以赤皮緣衣，婦貫銅釧，以子鈐綴襟。其部有三：曰居延，曰無若没，曰潢水。其君長臣突厥頡利可汗爲俟斤。唐貞觀中再來朝，後列其地爲寘顔州，以別部爲居延州，即用俟斤爲刺史。顯慶五年，授酋長李含珠爲居延都督。含珠死，弟厥都繼之。後無聞焉。

庫莫奚

庫莫奚，其先東部鮮卑宇文之別種。初爲慕容皝所破，遺落者竄匿松漠之間。其地今柳城郡之北。其俗甚不潔，而善射獵，好爲寇掠。魏登國三年，道武親自出討，至弱洛水南〔一四四〕，大破之，獲馬牛羊豕十餘萬。魏既入中原，諸種與庫莫奚滋盛。及開遼海，置戍和龍，諸夷震懼，各獻方物。文成、獻文之世，歲致名馬。孝文二十年入寇安州，擊走之〔一四五〕。後復款附，求入塞交易，許之，歲常朝獻。至武定末不絶〔一四六〕。齊時亦入貢。及突厥興而臣屬之。後稍强盛，分爲五部，一曰辱紇主，二曰莫賀弗，三曰契箇，四曰木昆，五曰室得。理饒樂水北，即鮮卑故地。一名如洛環水〔一四七〕，蓋「饒樂」之譌也。每部置俟斤一人爲其帥，隨逐水草，頗同突厥。有阿會氏，五部中爲盛，諸部皆歸之。其俗，死者以葦薄裹屍，懸之樹上。其後款附。至隋代號曰奚，突厥稱蕃之後〔一四八〕，亦遣使入朝。奚部落並在今柳城郡東北二千餘里。

唐開元五年二月，奚首領李大酺入朝，封從外甥女辛氏爲固安公主以妻之。八年，大酺戰死〔一四九〕，共立其弟魯蘇爲主，詔仍以固安公主爲妻。久之〔一五〇〕，契丹可突于反，脅奚衆附突厥，魯蘇不能制，奔榆關，趙含章討平之，衆稍自歸。明年，酋李詩部落五千帳來降，以其地爲歸義州，授其酋都督。李詩死，子延寵嗣。後與契丹叛，詔立他酋婆固爲都督、昭信王，以定其部落。玄宗世八入朝獻。至德以後朝獻不絶。元和元年，君梅落身入朝，拜檢校司空、歸誠郡王，賜姓李氏。然陰結回鶻、室韋，兵犯西城、振武。憲宗世四朝獻。太和四年，復寇邊，盧龍李載義破之。大中元年，北部諸山奚悉叛，盧龍張仲武禽酋渠，燒帳落二十萬。咸通九年，其王入朝。是後契丹方强，奚不敢亢，而舉部役屬。

當唐之末，居陰涼川，在營府之西，幽州之西南，皆數百里。有人馬二萬騎。分爲五部：一曰阿薈部，二曰啜米部，三曰粵質部，四曰奴皆部，五曰黑訖支部。後徙居琵琶川，在幽州東北數百里。地多黑羊，馬趫前蹄堅善走，其登山逐獸，下上如飛。

契丹阿保機彊盛，室韋、奚、霫皆服屬之。奚人常爲契丹守界上，而苦其苛虐，奚王去諸怨叛，以別部西徙嬀州，依北山射獵，常採北山麝香、仁參賂劉守光以自託。其族至數千帳，始分爲東、西奚。去諸之族，頗知耕種，歲借邊民荒地種穄，秋熟則來穫，窖之山下，人莫知其處。爨以平底瓦鼎，煮穄爲粥，以寒水解之而飲。去諸卒，子掃剌立。後唐莊宗滅劉守光，賜掃剌姓李，更其名紹威。紹威卒〔一五一〕，子拽剌立。同光以後，紹威父子數遣使朝貢。初，紹威娶契丹女舍利逐不魯之姊爲妻，後逐不魯叛亡入西奚，紹威納之。晉高祖入立，割幽州鴈門以入於契丹〔一五二〕，是時紹威與逐不魯皆已死，耶律德光已立晉北歸，拽剌迎謁馬前，德光曰：「非爾罪也。負我者，掃剌與逐不魯爾。」乃發其墓，粉其骨而颺之。後德光滅晉，拽剌常以兵從。其後不復見於中國。自去諸徙嬀州自别爲西奚，而東奚在琵琶川者，亦爲契丹所并，不復能自見云。

校勘記

〔一〕在京師西北七千里　舊唐書卷一九四下突厥傳下、新唐書卷二一五下突厥傳下、太平寰宇記卷一九七四夷二六北狄九、册府元龜卷九五八外臣部國邑二皆無「西」字。

〔二〕大邏便既爲處羅侯可汗所擒　「羅」原作「邏」，「侯」原作「便」，據隋書卷八四北狄傳改。此後「邏」徑改「羅」，不再出校。「處羅侯可汗」，通典卷一九九邊防一五作「處羅便可汗」。

〔三〕號泥撅處羅可汗　「撅」原作「墢」，據隋書卷八四北狄傳、北史卷九九突厥傳、通典卷一九九邊防一五改。

〔四〕立二小可汗　「二」字原脱，據隋書卷八四北狄傳、北史卷九九突厥傳補。

〔五〕其地名應娑　「應娑」原作「應婆」，據隋書卷八四北狄傳、北史卷九九突厥傳改。下同。

〔六〕處羅謝使者　「處」字原脱，據隋書卷八四北狄傳、北史卷九九突厥傳、通典卷一九九邊防一五補。

〔七〕從征高麗　隋書卷八四北狄傳、北史卷九九突厥傳、舊唐書卷一九四下突厥傳下、新唐書卷二一五下突厥傳下及通典卷一九九邊防一五，此句下皆有「賜號爲曷薩那可汗」八字。

〔八〕自稱闕達可汗　「達」字原脱，據舊唐書卷一九四下突厥傳下、太平寰宇記卷一九七四夷二六北狄九補。

〔九〕隋將桑顯和襲義軍於飲馬泉　「桑顯和」原作「桑明和」，據舊唐書卷一九四下突厥傳下改。按「明」，通典避唐諱改，本書沿用通典之文，未曾回改。下同。

〔一〇〕大奈將數百騎出顯和後　「後」原作「復」，據舊唐書卷一九四下突厥傳下、通典卷一九九邊防一五改。

〔一一〕又移庭於石國北之千泉　「之」字原脱，「千泉」原作「千里」，據舊唐書卷一九四突厥傳下、新唐書卷二一五下突厥傳下、大慈恩寺三藏法師傳卷二補改。下同。

〔一二〕復與統葉護通和　「與」原作「許」，「統」字原脱，據舊唐書卷一九四下突厥傳下改補。

〔一三〕待三數年後　「三」，舊唐書卷一九四下突厥傳下作「之」。

〔一四〕是爲莫賀咄侯屈利俟毗可汗　「侯」原作「俟」，「俟」字原脱，據舊唐書卷一九四下突厥傳下、太平寰宇記卷一九七四夷二六北狄九改補。

〔一五〕先分統突厥種類　「先」原作「令」，據舊唐書卷一九四下突厥傳下改。

〔一六〕弩矢畢部共推泥熟莫賀設爲可汗　「泥熟」，舊唐書卷一九四下突厥傳下、新唐書卷二一五下突厥傳下作「泥孰」，下同。

〔一七〕是爲乙毗鉢羅肆葉護可汗　「鉢」上原衍「沙」字，據舊唐書卷一九四下突厥傳下、新唐書卷二一五下突厥傳下、太平寰宇記卷一九七四夷二六北狄九删。

〔一八〕大敗之　「之」字原脱，據舊唐書卷一九四下突厥傳下補。

〔一九〕薛延陁逆擊之　「薛延陁」原作「薩延陀」，據元本、慎本、馮本及通典卷一九九邊防一五改。

〔二〇〕其後設卑達官與突厥弩矢畢二部豪帥潛謀擊之　「官」，通典卷一九九邊防一五、太平寰宇記卷一九七四夷二六北狄九同，舊唐書卷一九四下突厥傳下、新唐書卷二一五下突厥傳下作「干」；「設」，同上新唐書作「没」。

〔二一〕嘗至京師　「嘗」原作「常」，據舊唐書卷一九四下突厥傳下、太平寰宇記卷一九七四夷二六北狄九改。

〔二二〕册授爲吞阿婁拔奚利邲咄陸可汗　「阿」原作「河」，據舊唐書卷一九四下突厥傳下、新唐書卷二一五下突厥傳下、太平寰宇記卷一九七四夷二六北狄九改。

〔二三〕其弟同俄設立　「俄」，舊唐書卷一九四下突厥傳下、通典卷一九九邊防一五、太平寰宇記卷一九七四夷二六北狄九作「娥」。

〔二四〕一廂各置五箭　「一廂」二字原脱，據舊唐書卷一九四下突厥傳下、太平寰宇記卷一九七四夷二六北狄九補。

〔二五〕一啜管一箭　「一啜」二字原脱，據舊唐書卷一九四下突厥傳下、太平寰宇記卷一九七四夷二六北狄九補。

〔二六〕一俟斤管一箭　「一俟斤」三字原脱，據舊唐書卷一九四下突厥傳下、太平寰宇記卷一九七四夷二六北狄九補。

〔二七〕咄陸可汗又建庭於烏鏃曷山西　太平寰宇記卷一九七四夷二六北狄九同，舊唐書卷一九四下突厥傳下、新唐書卷二一五下突厥傳下無「烏」字。

〔二八〕奔於鏺汗而死　「鏺汗」原作「鏃汗」，據資治通鑑卷一九五唐紀一一貞觀十三年十一月壬辰條、太平寰宇記卷一九七四夷二六北狄九改；「鏺汗」，舊唐書卷一九四下突厥傳下、新唐書卷二一五下突厥傳下作「拔汗那」。

〔二九〕弩失畢部落酋帥迎咥利失弟伽那之子薄布特勤而立之　「畢」原作「利」，據上文及舊唐書卷一九四下突厥傳下、新唐書卷二一五下突厥傳下、通典卷一九九邊防一五改。

〔三〇〕是爲乙毗沙鉢羅葉護可汗　「毗」下原有「略」字，據舊唐書卷一九四下突厥傳下、新唐書卷二一五下突厥傳下、太平寰宇記卷一九七四夷二六北狄九删。

〔三一〕建庭於雖合水北　「雖」，舊唐書卷一九四下突厥傳下作「睢」。

〔三二〕咄陸遣石國吐屯攻葉護　「吐屯」原作「咄屯」，據舊唐書卷一九四下突厥傳下、新唐書卷二一五下突厥傳下、太平寰宇記卷一九七四夷二六北狄九改。

〔三三〕安西都護郭孝恪率輕騎二千自烏骨邀擊　「郭孝恪」，舊唐書卷一九四下突厥傳下、太平寰宇記卷一九七四夷二六北狄九作「郭恪」。然兩唐書俱有郭孝恪傳，「行安西都護」當即其人。

〔三四〕追奔及於遏索山　「遏」原作「曷」，據舊唐書卷一九四下突厥傳下、新唐書卷二一五下突厥傳下、通典卷一九九邊防一五改。

〔三五〕咄陸初以泥熟啜自擅取所部物　「所部物」原脱，據舊唐書卷一九四下突厥傳下、太平寰宇記卷一九七四夷二六北狄九補。

〔三六〕尋爲泥熟啜部將胡録屋所襲　「胡録屋」，舊唐書卷一九四下突厥傳下作「胡禄居」，新唐書卷二一五下突厥傳下、資治通鑑卷一九六唐紀一二貞觀十六年九月癸酉條作「胡禄屋」，太平寰宇記卷一九七四夷二六北狄九作「胡屋録」。

〔三七〕砮矢畢五姓之衆　「砮」字原脱，「矢畢」原作「畢失」，據上文及舊唐書卷一九四下突厥傳下、新唐書卷二一五下突厥傳下補改乙正。

〔三八〕貞觀二十二年　「二十二」原作「二十三」，據舊唐書卷一九四下突厥傳下、資治通鑑卷一九九唐紀一五貞觀二十二年四月甲子條改；通典卷一九九邊防一五作「二十三」。

〔三九〕尋授左驍衛將軍　「驍」原作「騎」，據局本及舊唐書卷一九四下突厥傳下、新唐書卷二一五下突厥傳下、資治通鑑卷一九九唐紀一五貞觀二十二年四月甲子條、太平寰宇記卷一九七四夷二六北狄九改。

〔四〇〕建牙於雙河及千泉　「千泉」原作「于泉」，據下文及舊唐書卷一九四下突厥傳下、新唐書卷二一五下突厥傳下、通典卷一九九邊防一五改。

〔四一〕自號沙鉢羅可汗　「羅」原作「邏」，據舊唐書卷一九四下突厥傳下、新唐書卷二一五下突厥傳下、通典卷一九九邊防一五改。

〔四二〕一曰處木昆律啜　「處」下原衍「月」字，據舊唐書卷一九四下突厥傳下、新唐書卷二一五下突厥傳下、太平寰宇記卷一九七四夷二六北狄九删。

〔四三〕二曰胡禄屋闕啜　「屋闕」原作「居律」，據後文及舊唐書卷一九四下突厥傳下、新唐書卷二一五下突厥傳下改。

〔四四〕四曰突騎施賀羅施啜　上「施」字原脱，下「施」字原作「陁」，據舊唐書卷一九四下突厥傳下、新唐書卷二一五下突厥傳下補改。

〔四五〕五曰鼠尼施處半啜　「施」原作「陁」，據舊唐書卷一九四下突厥傳下、新唐書卷二一五下突厥傳下、太平寰宇記卷一九七四夷二六北狄九改。

〔四六〕賀魯尋立咥運爲莫賀咄葉護　「莫」字原脱，據舊唐書卷一九四下突厥傳下、新唐書卷二一五下突厥傳下、太平寰宇記卷一九七四夷二六北狄九補。

〔四七〕右驍衛大將軍契苾何力率燕然都護所部迴紇兵五萬騎討之　「驍」原作「騎」，據舊唐書卷一九四下突厥傳下、新唐書卷二一五下突厥傳下、太平寰宇記卷一九七四夷二六北狄九改。

〔四八〕前後斬首九千級　「九」，太平寰宇記卷一九七四夷二六北狄九同，舊唐書卷一九四下突厥傳下作「五」。

〔四九〕顯慶二年　「顯慶」原作「明顯」，據舊唐書卷一九四下突厥傳下、通典卷一九九邊防一五、資治通鑑卷二〇〇唐紀一六顯慶二年閏正月庚戌條改。

〔五〇〕遣左屯衛將軍蘇定方　「左」，資治通鑑卷二〇〇唐紀一六顯慶二年閏正月庚戌條同，舊唐書卷一九四下突厥傳下、太平寰宇記卷一九七四夷二六北狄九、册府元龜卷九八六外臣部征討五作「右」。

〔五一〕定方率副總管任雅相與之交戰　「副」原作「嗣業」，據舊唐書卷一九四下突厥傳下、太平寰宇記卷一九七四夷二六北狄九改。

〔五二〕斬其大首領都搭吐答反達官等二百餘人　「搭」原作「答」，「領」下原衍「護」字，據舊唐書卷一九四下突厥傳下、新唐書卷二一五下突厥傳下改删；「達官」，同上二書作「達干」，以下「達官」同此。

〔五三〕又與蘇定方攻賀魯於碎葉水　「碎」字原脱，據舊唐書卷一九四下突厥傳下、新唐書卷二一五下突厥傳下、太平寰宇記卷一九七四夷二六北狄九補。

〔五四〕城主伊沮達官詐將酒食出迎　「沮」，資治通鑑卷二〇〇唐紀一六顯慶六年十二月乙卯條同，舊唐書卷一九四突厥傳下、新唐書卷二一五下突厥傳下作「涅」，太平寰宇記卷一九七四夷二六北狄九作「温」。

〔五五〕鼠耨設乃以賀魯屬之　「屬之」二字原倒，舊唐書卷一九四下突厥傳下乙正。

〔五六〕令獻於昭陵及太社　「太」原作「大」，據舊唐書卷一九四下突厥傳下、通典卷一九九邊防一五、太平寰宇記卷一九七四夷二六北狄九改；「社」，舊唐書卷一九四下突厥傳下、太平寰宇記卷一九七四夷二六北狄九作「廟」。

〔五七〕詔葬于頡利墓側　「于」原作「干」，據舊唐書卷一九四下突厥傳下、通典卷一九九邊防一五、太平寰宇記卷一九七四夷二六北狄九改。

〔五八〕室黠蜜可汗五代孫也　「黠」，通典卷一九九邊防一五、太平寰宇記卷一九七四夷二六北狄九同，舊唐書卷一九四下突厥傳下、新唐書卷二一五下突厥傳下作「點」。下同。

〔五九〕室點蜜從單于統領十大首領　「從單于統領」原作「爲」，據舊唐書卷一九四下突厥傳下改補。

〔六〇〕號十姓部落世統其衆　「十姓部落世統其衆」八字原脱，據舊唐書卷一九四下突厥傳下補。

〔六一〕轉左武衛大將軍　「左武衛大將軍」，舊唐書卷一九四下突厥傳下、新唐書卷二一五下突厥傳下、太平寰宇記卷一九七四夷二六北狄九作「右武衛大將軍」，資治通鑑卷二〇〇唐紀一六顯慶二年十二月乙丑條作「左衛大將軍」。

〔六二〕及討平賀魯　「平」字原脱，據舊唐書卷一九四下突厥傳下、太平寰宇記卷一九七四夷二六北狄九補。

〔六三〕因令與盧承慶等准其部落大小　「盧承慶」原作「盧永慶」，據舊唐書卷一九四下突厥傳下、資治通鑑卷二〇〇唐紀一六顯慶二年十二月乙丑條、太平寰宇記卷一九七四夷二六北狄九改。

〔六四〕步真嘗欲并彌射部落　「部」原作「步」，據舊唐書卷一九四下突厥傳下、通典卷一九九邊防一五改。

〔六五〕懸師在彌射境内　「射」字原脱，據舊唐書卷一九四下突厥傳下、通典卷一九九邊防一五補。

〔六六〕遂擢授彌射子左豹韜衛翊府中郎將元慶爲左玉鈐衛將軍兼崑陵都護　上「左」原作「右」，「將」字原脱，據舊唐書卷一九四下突厥傳下、資治通鑑卷二〇三唐紀一九垂拱元年十一月癸卯條、太平寰宇記卷一九七四夷二六北狄九改補。

〔六七〕尋進授元慶右衛大將軍　「右」，通典卷一九九邊防一五同，舊唐書卷一九四下突厥傳下、太平寰宇記卷一九七四夷二六北狄九作「左」。

〔六八〕在本蕃授左屯衛大將軍　「左」原作「右」，據上文及舊唐書卷一九四下突厥傳下、太平寰宇記卷一九七四夷二六北狄九改。通典卷一九九邊防一五作「右」。

〔六九〕神龍中累授右屯衛大將軍 「軍」原作「中」，據元本、慎本、馮本及舊唐書卷一九四下突厥傳下、通典卷一九九邊防一五改。

〔七〇〕轉太僕兼濛池都護 「都護」二字原脱，據舊唐書卷一九四下突厥傳下、新唐書卷二一五下突厥傳下、太平寰宇記卷一九七四夷二六北狄九補。

〔七一〕突騎施烏質勒者 「騎」原作「厥」，據下文及舊唐書卷一九四下突厥傳下、新唐書卷二一五下突厥傳下、通典卷一九九邊防一五改。

〔七二〕號爲莫賀達干 「干」原作「于」，據舊唐書卷一九四下突厥傳下、新唐書卷二一五下突厥傳下、太平寰宇記卷一九七四夷二六北狄九補。

〔七三〕各統兵七千人 「兵」下原有「戈」字，據舊唐書卷一九四下突厥傳下、新唐書卷二一五下突厥傳下、太平寰宇記卷一九七四夷二六北狄九删。

〔七四〕西與諸胡國相接 「西」，舊唐書卷一九四下突厥傳下作「西南」。

〔七五〕東南至西庭州 「東南」與「西」三字原脱，據舊唐書卷一九四下突厥傳下補。

〔七六〕詔使立娑葛爲金河郡王 「使」原作「便」，據通典卷一九九邊防一五改；舊唐書卷一九四下突厥傳下作「便」。

〔七七〕遣使上表欲索楚客頭 「使」字原無，據舊唐書卷一九四下突厥傳下補；「欲」，同書作「以」。

〔七八〕請爲鄉導 「鄉」字原脱，據元本、慎本、馮本及舊唐書卷一九四下突厥傳下補。

〔七九〕特遣侍御史解忠順齎璽書册立爲忠順可汗 「特」，舊唐書卷一九四下突厥傳下作「進爲特勤」。

〔八〇〕上乃立史懷道女爲金河公主以妻之 「金河公主」，舊唐書卷一九四下突厥傳下、太平寰宇記卷一九七四夷二六北狄九同，新唐書卷二一五下突厥傳下、唐會要卷六和蕃公主作「交河公主」。下同。

〔八一〕其馬經寒雪　「寒雪」，通典卷一九九邊防一五同，舊唐書卷一九四下突厥傳下作「雪寒」。

〔八二〕城守久之　原作「城中久乏」，據舊唐書卷一九四下突厥傳下、太平寰宇記卷一九七四夷二六北狄九改。

〔八三〕中書門下及百僚議　「議」字原脱，據舊唐書卷一九四下突厥傳下、太平寰宇記卷一九七四夷二六北狄九補。

〔八四〕每戰伐有所克獲　「有」下原衍「功」字，據舊唐書卷一九四下突厥傳下、太平寰宇記卷一九七四夷二六北狄九删。

〔八五〕突厥及吐蕃亦嫁女與之　「突厥」二字原脱，據舊唐書卷一九四下突厥傳下、太平寰宇記卷一九七四夷二六北狄九補。

〔八六〕有大首領莫賀達干都摩度兩部落最爲强盛　「干」原作「于」，據舊唐書卷一九四下突厥傳下、新唐書卷二一五下突厥傳下、通典卷一九九邊防一五、太平寰宇記卷一九七四夷二六北狄九改。下同。「最」字原脱，據同上舊唐書、通典補。

〔八七〕稱葉護　「稱」字原脱，據新唐書卷二一五下突厥傳下補。

〔八八〕拔也古　隋書卷八四北狄傳、北史卷九九鐵勒傳同，下文及通典卷一九九邊防一五作「拔野古」。

〔八九〕斯結　原作「期結」，據隋書卷八四北狄傳、北史卷九九鐵勒傳、太平寰宇記卷一九八四夷二七北狄一〇、册府元龜卷九五六外臣部種族改；舊唐書卷一九四下突厥傳下、唐會要卷九六鐵勒作「思結」。

〔九〇〕烏護　北史卷九九鐵勒傳、通典卷一九九邊防一五、太平寰宇記卷一九八四夷二七北狄一〇同，隋書卷八四北狄傳作「烏讙」，册府元龜卷九五六外臣部種族作「烏灌」。下文「於尼護」亦然。

〔九一〕紇骨　此二字原倒，據隋書卷八四北狄傳、北史卷九九鐵勒傳、太平寰宇記卷一九八四夷二七北狄一〇、册府元龜卷九五六外臣部種族乙正。

〔九二〕十槃　原作「十盤」，據隋書卷八四北狄傳、北史卷九九鐵勒傳、通典卷一九八邊防一五改。

〔九三〕曷截　隋書卷八四北狄傳、册府元龜卷九五六外臣部種族同，北史卷九九鐵勒傳、太平寰宇記卷一九八四夷二七北狄一〇作「曷截」。

〔九四〕比干　原作「吨千」，據隋書卷八四北狄傳、北史卷九九鐵勒傳、册府元龜卷九五六外臣部種族改。

〔九五〕具海　原作「貝海」，據元本、慎本、馮本及隋書卷八四北狄傳、北史卷九九鐵勒傳、通典卷一九八邊防一五改。

〔九六〕阿嵯蘇　太平寰宇記卷一九八四夷二七北狄一〇同，隋書卷八四北狄傳、北史卷九九鐵勒傳、册府元龜卷九五六外臣部種族作「何嵯蘇」。

〔九七〕拔也末　隋書卷八四北狄傳、册府元龜卷九五六外臣部種族同，北史卷九九鐵勒傳作「拔也未」，太平寰宇記卷一九八四夷二七北狄一〇作「拔野末」。

〔九八〕渴達等三萬餘兵　「渴」，隋書卷八四北狄傳、太平寰宇記卷一九八四夷二七北狄一〇、册府元龜卷九五六外臣部種族同，北史卷九九鐵勒傳作「謁」。

〔九九〕傍嶷海東西　「傍」，太平寰宇記卷一九八四夷二七北狄一〇同，隋書卷八四北狄傳、北史卷九九鐵勒傳、册府元龜卷九五六外臣部種族作「得」。

〔一〇〇〕有蘇路羯　「有」字原脱，據隋書卷八四北狄傳、北史卷九九鐵勒傳、太平寰宇記卷一九八四夷二七北狄一〇、册府元龜卷九五六外臣部種族補。

〔一〇一〕三索咽　隋書卷八四北狄傳、太平寰宇記卷一九八四夷二七北狄一〇、册府元龜卷九五六外臣部種族同，北史卷九九鐵勒傳作「三素咽」。

〔一〇二〕蔑促　隋書卷八四北狄傳、太平寰宇記卷一九八四夷二七北狄一〇同，北史卷九九鐵勒傳、册府元龜卷九五六外臣部種族作「篾促」。

〔一〇三〕薛忽等諸姓　「薛忽」，册府元龜卷九五六外臣部種族同，隋書卷八四北狄傳作「隆忽」，北史卷九九鐵勒傳、太平寰宇記卷一九八四夷二七北狄一〇作「薩忽」。

〔一〇四〕北褥　原作「北振」，據隋書卷八四北狄傳、北史卷九九鐵勒傳、册府元龜卷九五六外臣部種族改。按「北褥」，太平寰宇記卷一九八四夷二七北狄一〇作「北耨」。

〔一〇五〕並無君長　「無」原作「有」，據隋書卷八四北狄傳、北史卷九九鐵勒傳、太平寰宇記卷一九八四夷二七北狄一〇、册府元龜卷九五六外臣部種族改。

〔一〇六〕自突厥有國　「自」字原脱，「有國」二字原倒，據隋書卷八四北狄傳、北史卷九九鐵勒傳、太平寰宇記卷一九八四夷二七北狄一〇補乙。

〔一〇七〕遂立俟利發俟斤契弊歌楞爲易勿真莫何可汗　上「俟」字原作「侯」，「楞」原作「槾」，「勿」字原脱，「何」原作「河」，據隋書卷八四北狄傳、北史卷九九鐵勒傳、太平寰宇記卷一九八四夷二七北狄一〇改補。

〔一〇八〕復立薛延陁内俟斤字也咥爲小可汗　「咥」原作「空」，據隋書卷八四北狄傳、通典卷一九九邊防一五、太平寰宇記卷一九八四夷二七北狄一〇改；「字」，北史卷九九鐵勒傳作「子」。

〔一〇九〕便就妻家　「便就」二字原倒，據太平寰宇記卷一九八四夷二七北狄一〇乙正。

〔一一〇〕待産乳男然後歸　隋書卷八四北狄傳、北史卷九九鐵勒傳、通典卷一九九邊防一五，「男」下皆有一「女」字。

〔一一一〕匈奴單于賀剌頭率部三萬五千來降　「剌」，晉書卷一一〇慕容儁載記作「賴」，太平寰宇記卷一九八四夷二七北狄一〇作「利」。

〔一一二〕延陁蓋其後　「延」字原脱，據太平寰宇記卷一九八四夷二七北狄一〇補。

〔一一三〕可汗姓壹利吐氏　「吐」，册府元龜卷九五六外臣部種族作「咄」。

〔一一四〕在鬱督軍山者　「督」原作「都」，據元本、慎本、馮本及新唐書卷二一七下回鶻傳下、通典卷一九九邊防一五改。

〔一一五〕西屬於葉護　「西」字原脱，據新唐書卷二一七下回鶻傳下、通典卷一九九邊防一五補。

〔一一六〕封爲毘伽可汗　「封」字原脱，據太平寰宇記卷一九八四夷二七北狄一〇補。

〔一一七〕大敗之　「之」字原脱，據通典卷一九九邊防一五補。

〔一一八〕左衛大將軍阿史那社爾爲瀚海道安撫使　「社」原作「杜」，據舊唐書卷一〇九阿史那社爾傳、新唐書卷一一〇阿史那社爾傳改。

〔一一九〕以右領軍大將軍執失思力討平之　「執失思力」原作「失執力思」，據新唐書卷一一〇執失思力傳、卷二一七下回鶻傳下乙正。

〔一二〇〕在多濫葛東境　「葛」字原脱，據下文及舊唐書卷三太宗紀下、新唐書卷二一七下回鶻傳下、册府元龜卷九五八外臣部國邑二、資治通鑑卷一九八唐紀一四貞觀二十年八月庚午條補。「濫」，同上新唐書作「覽」。

〔一二一〕其大酋婆匐俟利發歌藍伏延詣闕内附　「俟」原作「使」，據新唐書卷二一七下回鶻傳下、資治通鑑卷一九八唐紀一四貞觀二十年十二月戊寅條改。「婆」，新唐書作「娑」，同上資治通鑑「藍」作「濫」，「伏」作「拔」。

〔二二〕初臣突厥　「突厥」原作「頡利」，據元本、慎本、馮本及通典卷一九九邊防一五改。

〔二三〕而衣貂鹿之皮　「鹿」，太平寰宇記卷一九八四夷二七北狄一〇作「貉」。

〔二四〕勝兵萬　通典卷一九九邊防一五作「勝兵萬餘」。

〔二五〕其地豐草　「草」下原衍「盛」字，據太平寰宇記卷一九八四夷二七北狄一〇刪。

〔二六〕投松木入水　「投」，太平寰宇記卷一九八四夷二七北狄一〇同，通典卷一九九邊防一五、唐會要卷九八拔野古國作「有」。

〔二七〕二年乃化爲石　「二年」，通典卷一九九邊防一五同，新唐書卷二一七下回鶻傳下作「三年」，唐會要卷九八拔野古國作「二三年」。

〔二八〕其人謂之康干石　「人」，通典卷一九九邊防一五、唐會要卷九八拔野古國同，太平寰宇記卷一九八四夷二七北狄一〇作「上」。

〔二九〕置幽陵都督府　「都」字原脱，據新唐書卷二一七下回鶻傳下補。

〔三〇〕僕固　原作「僕因」，據新唐書卷二一七下回鶻傳下改。

〔三一〕遣鄭仁泰討斬其渠帥　「泰」字原脱，據新唐書卷二一七下回鶻傳下補。

〔三二〕其酋俟斤多濫葛末與迴紇皆朝　通典卷一九九邊防一五無「末」字。

〔三三〕勝兵七千　新唐書卷二一七下回鶻傳下作「勝兵萬人」。

〔三四〕阿跌　原作「阿跋」，據舊唐書卷三太宗紀下、卷一九九下北狄傳、新唐書卷二一七下回鶻傳下、資治通鑑卷一九八唐紀一四貞觀二十年十二月戊寅條、唐會要卷九六鐵勒、太平寰宇記卷一九八四夷二七北狄一〇改。下同。

〔一三五〕隋代號訶咥部是也　「咥」原作「啌」，據隋書卷八四北狄傳、北史卷九九鐵勒傳改。

〔一三六〕跌跌思泰自突厥來　新唐書卷二一七下回鶻傳下作「跌跌思泰自突厥默啜來降」。

〔一三七〕在焉耆西北鷹娑川　「娑」原作「婆」，據新唐書卷二一七下回鶻傳下改。

〔一三八〕六日行至　「六日」，太平寰宇記卷一九八四夷二七北狄一〇作「五十日」，恐誤。

〔一三九〕俞析　太平寰宇記卷一九八四夷二七北狄一〇作「榆析」，下同；新唐書卷二一七下回鶻傳下、唐會要卷九八拔野古國作「俞折」。

〔一四〇〕多貂鼠　「貂鼠」，太平寰宇記卷一九八四夷二七北狄一〇下有「骨咄也」三字，唐會要卷九八拔野古國作「豹鼠」，下有「骨吐」二字。

〔一四一〕大漠　太平寰宇記卷一九八四夷二七北狄一〇同，唐會要卷九八拔野古國作「大漢」。下同。

〔一四二〕北有骨師國　「師」，太平寰宇記卷一九八四夷二七北狄一〇同，唐會要卷九八拔野古國作「帥」。

〔一四三〕東鞢鞨　「鞢鞨」原作「疏鞨」，據新唐書卷二一七下回鶻傳下改。

〔一四四〕至弱洛水南　「洛」字原脱，據魏書卷一〇〇庫莫奚傳補。

〔一四五〕孝文二十年入寇安州擊走之　魏書卷一〇〇庫莫奚傳作「二十二年，入寇安州，營燕幽三州兵數千人擊走之」。

〔一四六〕至武定末不絶　「末」原作「以來」，據魏書卷一〇〇庫莫奚傳改。

〔一四七〕一名如洛環水　「名」原作「曰」，據元本、慎本、馮本通典卷二〇〇邊防一六改。

〔一四八〕突厥稱蕃之後　「之」原作「人」，據太平寰宇記卷一九八四夷二七北狄一〇改。

〔一四九〕大酺戰死　「戰」原作「戮」，據舊唐書卷一九九下北狄傳改。

〔一五〇〕久之　原作「允之」，據新唐書卷二一九北狄傳改。

〔一五一〕紹威卒　「紹威」二字原脱，據新五代史卷七四四夷附録三補。

〔一五二〕割幽州鴈門以入於契丹　新五代史卷七四四夷附録三「以」下有「北」字。

卷三百四十五　四裔考二十二

契丹上

契丹，本東胡種，其先爲匈奴所破，保鮮卑山。與庫莫奚異種而同類，並爲慕容氏所破，俱竄於松漠之間。其俗頗與靺鞨同〔一〕。父母死而悲哭者爲不壯，但以屍置於山樹之上。經三年之後，乃收其骨而焚之，因酹酒而祝曰：「冬月時，向陽食；夏月時，向陰食。若我射獵時，使我多得猪鹿。」其無禮頑嚚，於諸夷最盛。

後魏初，大破之，遂逃迸，與庫莫奚分背。經數十年，稍滋蔓，有部落於和龍之北數百里，和龍，今柳城郡。多爲寇盜。魏太武帝真君以來，歲貢名馬，於是東北群狄悉萬丹部、阿大何部〔二〕、伏弗郁部、羽林部〔三〕、日連部、匹黎部〔四〕、比六于部各以其名馬文皮入獻〔五〕，皆得交市於和龍、密雲之間。密雲，今郡。齊受魏禪，入貢不絶。天保四年，犯塞。文宣北討，大破之，虜十餘萬口，雜畜數十萬頭。其後復爲突厥所逼，又以萬家寄於高麗。隋開皇末，有别部四千餘家，背突厥來降。文帝方與突厥和好〔六〕，重失信遠人，乃悉給糧，令還本部，敕突厥拊納之。固辭不去。部落漸衆，遂北逐水草畜牧。有征伐，則酋帥相與議之，興兵動衆，合如符契。突厥沙鉢略可汗遣吐屯潘垤統之。契丹殺吐屯而遁。隋大業七年，遣使貢方物。

唐武德中，其大酋孫敖曹等遣人來朝，而君長或小入寇邊。後二年，君長上名馬、豐貂。貞觀初，摩會相降〔七〕。突厥不欲外夷與唐合，請以梁師都易契丹。太宗曰：「契丹外夷，已降我，不可索。師都我叛臣，詎可易降者？」不許。明年，摩會復入朝，自是有常貢。二十二年，契丹帥窟哥率其部内屬〔八〕，以契丹部爲松漠都督府，拜窟哥爲持節十州諸軍事、松漠都督，封無極男，賜姓李。置都督府於營州，兼置東夷都護，以統松漠、饒樂之地。

武太后萬歲通天元年五月，窟哥曾孫松漠都督羈縻松漠都督府屬〔九〕，今柳城郡。李盡忠與其妻兄歸誠州刺史孫萬榮，殺都督趙文翽，舉兵反，陷營州，今柳城。自號可汗。命左鷹揚將軍曹仁師、右金吾將軍張玄遇、右武威大將軍李多祚、司農少卿麻仁節等二十八將討之。遇賊於西硤石、黃麞谷，官軍敗績，玄遇、仁節没於賊〔一〇〕。李盡忠死，孫萬榮代領其衆，攻陷冀州，今信都郡。刺史陸寶積死之。又陷瀛州屬縣。今河間郡。又遣夏官尚書、同鳳閣鸞臺三品王孝傑與蘇宏暉率兵十八萬，與孫萬榮戰於東硤石，官軍又大敗，孝傑没於陳，宏暉棄甲而遁。又命河内王武懿宗爲大總管，右肅政御史大夫婁師德爲副，沙吒忠義爲前軍，率兵二十萬以討破之〔一一〕。萬榮爲其家奴所殺，其黨遂潰，乃附於突厥。

開元初，盡忠從父弟都督失活以默啜政衰，率部落來降，玄宗賜丹書鐵券。五年，以宗女爲永樂公主，出降契丹松漠王李失活。失活死，以其弟娑固襲封。後爲其酋可突于所殺〔一二〕，奉娑固從父弟鬱于爲君〔一三〕，詔即拜鬱于襲封，以宗室出女慕容氏爲公主妻之。鬱于死，弟吐于嗣〔一四〕。吐于爲可突于所逼來奔。可突于奉其弟邵固統衆〔一五〕，詔許襲封。後三年，可突于殺邵固，立屈烈爲王，脅奚衆共降突厥。詔幽州長史、范陽節度使趙含章等八總管兵擊之，大破其師，可突于走。明年，復寇邊，幽州長史張守珪圍之。可突于爲其下所殺，支黨皆散。二十五年，守珪討契丹，再破之。

天寶四載，契丹大酋李懷秀降，拜松漠都督，封崇順王，以宗室出女獨孤爲靜樂公主妻之。是歲，殺公主叛去，范陽節度使安禄山討破之。更封其酋楷落爲恭仁王，代松漠都督。禄山方幸，表討契丹以向帝意。發幽州、雲中、平盧、河東兵十餘萬，以奚爲鄉導，大戰潢水南，禄山敗，死者數千。自是禄山與相侵掠未嘗解，至其反乃已。

契丹在開元、天寶間，使朝獻者無慮二十。故事，以范陽節度爲押奚、契丹使，自至德後，藩鎮擅地務自安，障戍斥候益謹，不生事於邊，奚、契丹亦鮮入寇，歲選酋豪數十入長安朝會，每引見，賜與有秩，其下率數百皆駐館幽州。至德、寶應時再朝獻。大曆中十三，貞元間三，元和中七，大和、開成間凡四，然天子惡其外附回鶻，不復官爵渠長。會昌二年，回鶻破，契丹酋屈戍始復内附，拜雲麾將軍、守右武衛將軍。於是幽州節度使張仲武爲易回鶻所與舊印，賜唐新印，曰「奉國契丹之印」。咸通中，其王習爾之再遣使者入朝，部落寖彊〔一六〕。習爾之死，族人欽德嗣。光啓時，方天下盜興，北疆多故，乃鈔奚、室韋，小小部種皆役服之。

其居曰梟羅箇没里，没里者，河也。是謂黄水之南，黄龍之北，得鮮卑之故地。當唐之末，其地北接室韋，東鄰高麗，西界奚國，而南至營州。其部族之大者曰大賀氏，後分爲八部，其一曰但利皆部〔一七〕，二曰乙室活部，三曰實活部，四曰納尾部，五曰頻没部〔一八〕，六曰内會鷄部，七曰集解部，八曰奚嗢部。部之長號大人，而常推一大人建旗鼓以統八部。至其歲久，或其國有災疾而畜牧衰，則八部聚議，以旗鼓立其次而代之。被代者以爲約本如此，不敢争。某部大人遥輦次立，時劉仁恭據有幽州，數出兵摘星嶺攻之，每歲秋霜落，則燒其野草，契丹馬多飢死，以良馬賂仁恭求市牧地，請聽盟約甚謹。八部之人以爲遥輦不任事，選於其衆，以阿保機代之。

阿保機，亦不知其何部人也，爲人多智勇而善騎射。是時，劉守光暴虐，幽、涿之人多亡入契丹。阿保機乘間入塞，攻陷城邑，俘其人民，依唐州縣置城以居之。漢人教阿保機曰：「中國之王無代立者。」由是阿保機益以威制諸部而不肯代。其立九年，諸部以久不代，共責誚之〔一九〕。阿保機不得已，傳其旗鼓，而謂諸部曰：「吾立九年，所得漢人多矣，吾欲自爲一部以治漢城，可乎？」諸部許之。漢城在炭山東南灤河上〔二〇〕，有鹽鐵之利，乃後魏滑鹽縣也。其地可植五穀，阿保機率漢人耕種，爲治城郭邑屋廛市如幽州制度，漢人安之，不復思歸。阿保機知衆可用，用其妻述律策，使人告諸部大人曰：「我有鹽池，諸部所食。然諸部知食鹽之利，而不知鹽有主人，可乎？當來犒我。」諸部以爲然，共以牛酒會鹽池〔二一〕。阿保機伏兵其旁，酒酣伏發，盡殺諸部大人，遂立，不復代。

梁將篡唐，晉王李克用使人聘於契丹，約爲兄弟，贈金帛甚厚，期共舉兵擊梁。阿保機既而背約〔二二〕，遣使聘梁稱臣，約共滅晉。後唐莊宗天祐十三年，契丹寇晉蔚州，又攻破新州。莊宗遣周德威擊之，德威兵敗，走幽州，契丹圍之。幽、薊之間，虜騎遍野，德威拒守百餘日，契丹兵敗，乃解去。

阿保機多用漢人，漢人教以隸書之半增損之，作文字數千，以代刻木之約。又制婚姻〔二三〕，置官號。乃僭稱皇帝，自號天皇王。以其所居橫帳地名爲姓，曰世里。世里，譯者謂之耶律。名年曰天贊。以其所居爲上京，起樓其間，號西樓，又於其東千里起東樓，北三百里起北樓，南木葉山起南樓，往來射獵四樓之間。契丹好鬼而貴日〔二四〕，每月朔日〔二五〕，東向而拜日，其會聚、視國事，皆以東向爲尊，四樓門屋皆東向。

莊宗討張文禮，圍鎮州。定州王處直懼鎮且亡，晉兵必併擊己，乃遣子郁說契丹入塞以牽晉兵。郁謂阿保機曰：「鎮州金帛山積，姬女羅綺盈廷。張文禮得之爲晉所攻，懼死不暇，故留以待皇帝。」阿保機大喜，乃空國入寇，攻幽州不克，又攻涿州，陷之。遂攻中山，渡沙河。莊宗自將鐵騎五千，乘虜散走，會天大雪，契丹人馬飢寒，多死，乃引兵去。契丹雖無所得而歸〔二六〕，然自此頗有窺中國之意，患女真、渤海在其後，欲擊渤海，懼中國乘其虛，乃遣使聘唐通好〔二七〕。同光間，使者再至。莊宗崩，明宗遣供奉官姚坤告哀於契丹。阿保機問坤以洛陽之變，仰天大哭曰：「晉王與我約爲兄弟，河南天子，即吾兒也。昨聞中國亂，欲以甲馬五萬往助我兒，而渤海未除，志願不遂。」又曰：「我兒既没，理當取我商量，新天子安得自立？」坤曰：「新天子將兵二十年，位至大總管，所領精兵三十萬，天時人事，豈可得違？」其子突欲在側曰：「使者無多言，蹊田奪牛，豈不爲過！」坤曰：「應天順人，豈比匹夫之事。至如天皇王得國而不代，豈彊取之邪？」阿保機即慰勞坤曰：「理正當如是爾！」又曰：「吾聞此兒有宫婢二千人，樂官千人，放鷹走狗，嗜酒好色，任用不肖，不惜人民，此其所以敗也。我自聞其禍，即舉家斷酒，解放鷹犬，罷散樂官。我亦有諸部樂官千人，非公宴不用。我若所爲類吾兒，則亦安能長久？」又謂坤曰：「吾能漢語，然絶口不道於部人，懼其效漢而怯弱也。」因戒坤曰：「爾當先歸，吾以甲馬三萬會新天子幽、鎮之間，共爲盟約，與我幽州，則不復侵汝矣。」阿保機攻渤海，取其扶餘一城，以爲東丹國，以其長子人皇王突欲爲東丹王。已而阿保機病死，述律護喪歸西樓，立其次子元帥太子耀屈之。坤從至西樓而還。耀屈之後更名德光，謚阿保機爲大聖皇帝。

德光立三年，改元天顯，遣使聘唐。明宗厚禮之，遣使報聘。會定州王都反，求援於契丹，契丹遣禿餒、荊剌將兵援都，唐遣王晏球破定州，擒禿餒等斬之，選其壯健者五十餘人爲「契丹直」〔二八〕。初阿保機死，長子東丹王突欲當立，其母述律愛德光。德光智勇，素服諸部，共希旨請立德光。突欲不得立，長興元年，自夫餘泛海奔唐。明宗賜其姓爲東丹，更名曰慕華，拜懷化軍節度使。後又更姓李，名贊華。契丹自阿保機時侵滅諸國，稱雄北方。及救王都，爲王晏球所敗，喪其萬騎，又失赫邈等，皆名將，而述律尤思念突欲，由是卑辭厚幣數遣使聘中國，因求歸赫邈、荊剌等，唐輒斬其使而不報。當此之時，中國之威幾振。

距幽州北七百里有榆關，東臨海，北有兔耳、覆舟山。山皆陡絶，並海東北，有路狹，僅通車，其旁地可耕植。唐時置東西狹石〔二九〕、淥疇、米磚〔三〇〕、長楊、黄花、紫蒙、白狼等戍，以扼契丹於此。戍兵常自耕食，惟衣絮歲給幽州，久之皆有田宅，養子孫，以堅守爲己利。自唐末幽、薊戍兵廢散，契丹因得出陷平、營，而幽、薊之人歲苦寇鈔。自涿州至幽州百里，人迹斷絶，轉餉常以兵護送，契丹多伏兵鹽溝以擊奪之。莊宗之末，趙德鈞鎮幽州，於鹽溝置良鄉縣，又於幽州東五十里築城，皆戍以兵。及破赫邈等，又於其東置三河縣。由是幽、薊之人，始得耕牧，而輸餉可通。德光乃西徙横帳居捺剌泊〔三一〕，出寇雲、朔之間。明宗患之，以石敬瑭鎮河東〔三二〕，總大同、彰國、振武、威塞等軍禦之。應順、清泰之間，調發饋餉，遠近勞敝。

德光侍其母甚謹，常侍立其側，國事必告而後行。石敬瑭反，唐遣張敬達等討之。敬瑭遣使求救於德光，稱臣以父事之，約事捷之後，割盧龍一道，及鴈門關以北諸州與之。契丹兵出鴈門，車騎連亘數十里，唐兵大敗。遂築壇晉城南，立敬瑭爲皇帝。敬瑭自太原入洛陽，德光送至潞州。先時唐廢帝遣趙德鈞并其子延壽將兵禦契丹，德鈞陰遣人聘德光求立己爲帝。德光指穹廬前巨石謂德鈞使者曰：「吾已許石郎矣。石爛，可改也。」德光至潞州，遂執德鈞父子而去。後以延壽爲幽州節度使，封燕王。

契丹當莊宗、明宗時攻陷營、平二州，及已立晉，又得鴈門以北幽州節度管内，合一十六州〔三三〕。乃以幽州爲燕京，改天顯十一年爲會同元年，更其國號大遼，置百官，皆依中國，參用中國之人。晉高祖每遣使聘問，奉表稱臣，歲輸絹三十萬疋，其餘寶玉珍異，下至中國飲食諸物，使者相屬於道，無虚日。德光約高祖不稱臣，更表爲書，稱「兒皇帝」，如家人禮。德光遣中書令韓熲奉册高祖爲英武明義皇帝〔三四〕。高祖復遣趙瑩、馮道等以太常鹵簿奉册德光及其母尊號。終其世，奉之甚謹。

高祖崩，出帝即位，德光怒其不先以告，而又不上表，不稱臣而稱孫，數遣使者責晉。晉大臣皆恐，而景延廣對契丹使者語，獨不遜。德光益怒。楊光遠反青州，招之。開運元年春，德光傾國南寇，分其衆爲三：西出鴈門，攻并、代，劉知遠擊敗之於秀容；東至於河，陷博州，以應光遠；德光與延壽南攻，陷貝州。德光屯元城，兵及黎陽。晉出帝親征，遣李守貞等東馳馬家渡〔三五〕，擊敗契丹。而德光與晉相距於河，月餘，聞馬家渡兵敗，乃引衆擊晉，戰於戚城。德光臨陣，望見晉軍旗幟光明，而士馬嚴整，有懼色，謂其左右曰：「楊光遠言晉家兵馬半已餓死，何其盛也！」兵既交，殺傷相半，陣間斷箭遺鏃，布厚寸餘。日暮，德光引去，分其兵爲二，一出滄州，一出深州以歸。

二年正月，德光復傾國入寇，圍鎮州，分兵攻下鼓城等九縣。杜重威守鎮州，閉壁不敢出。契丹南掠邢、洺、磁，至於安陽河，千里之內，焚剽殆盡。契丹見大桑木，罵曰：「吾知紫披襖出自汝身，吾豈容汝活邪！」束薪於木而焚之。是時，出帝病，不能出征，遣張從恩、安審琦、皇甫遇等禦之。遇前渡漳水〔三六〕，遇契丹，戰於榆林，幾爲所虜。審琦從後救之，契丹望見塵起，謂救兵至，引去。而從恩畏怯，不敢追，亦引兵南走黎陽。契丹已北，而出帝疾少間，乃下詔親征，軍於澶州，遣杜重威等北征。契丹歸至古北〔三七〕，聞晉軍且至，即復引而南，及重威戰於陽城、衛村。晉軍飢渴，鑿井輒壞，絞泥汁而飲。德光坐奚車中，呼其衆曰：「晉軍盡在此矣，可生擒之，然後平定天下。」會天大風，晉軍奮死擊之，契丹大敗。德光喪車，騎一白橐駝而走。至幽州，其首領大將各笞數百，獨趙延壽免焉。是時，天下旱蝗，晉人苦兵，乃遣開封府軍將張暉假供奉官聘於契丹，奉表稱臣，以修和好。德光語不遜。然契丹亦自厭兵。德光母述律嘗謂晉人曰：「南朝漢兒爭得一向卧邪？自古聞漢來和蕃，不聞蕃去和漢，若漢兒實有回心，則我亦何惜通好！」晉亦不復遣使，然數以書招趙延壽。

延壽見晉衰而天下亂，嘗有意窺中國，而德光亦嘗許延壽滅晉而立之。延壽得晉書，僞爲好辭報晉，言身陷虜思歸，約晉發兵爲應。而德光將高牟翰亦詐以瀛州降晉，晉君臣皆喜。三年七月，遣杜重威、李守貞、張彦澤等出兵，爲延壽應，兵趨瀛州，牟翰空城而去。晉軍至城下，見城門皆啓，疑有伏兵，不敢入。遣梁漢璋追牟翰及之，漢璋戰死。重威等軍屯武彊。德光聞晉出兵，乃入寇鎮州。重威西屯中渡，與德光夾水而軍。德光分兵，並西山出晉軍後，攻破欒城縣，縣有騎軍千人，皆降於虜。德光每獲晉人，刺其面，文曰「奉敕不殺」，縱以南歸。重威等被圍糧絶，遂舉軍降。德光喜，謂趙延壽曰：「所得漢兒皆與爾。」因以龍鳳赭袍賜之，使衣以撫晉軍，亦以赭袍賜重威。遣傅住兒監張彦澤將騎二千〔三八〕，先入京師。晉出帝與太后爲降表，自陳過咎。德光遣解里以手詔賜帝曰：「孫兒但勿憂，管取一喫飯處。」德光將至京師，有司請以法駕奉迎，德光曰：「吾躬擐甲冑，以定中原，太常之儀，不暇顧也。」止而不用。出帝與太后出郊奉迎，德光辭不見，曰：「豈有兩天子相見於道路邪！」

四年正月丁亥朔旦，晉文武百官，班於都城北，望帝拜辭，素服紗帽以待。德光被甲衣貂帽，立馬於高岡，百官俯伏待罪。德光入自封丘門，登城樓，遣通事宣言諭衆曰〔三九〕：「我亦人也，可無懼。我本無心至此，漢兵引我來爾。」遂入晉宮，宮中嬪妓迎謁，皆不顧，夕出宿於赤岡。封出帝負義侯，遷於黃龍府。癸巳，入居晉宮，以契丹守諸門，門廡殿廷皆磔犬掛皮，以爲厭勝。甲午，德光胡服視朝於廣政殿。乙未，被中國冠服，百官常參，起居如晉儀，而氈裘左衽，胡馬奚車，羅列階陛，晉人俛首不敢仰視。二月丁丑朔，金吾六軍、殿中省仗、太常樂舞陳於廷，德光冠通天冠，服絳紗袍，執大珪以視朝，大赦，改晉國爲大遼國，開運四年爲會同十年。

德光嘗許趙延壽滅晉而立以爲帝，故契丹擊晉，延壽常爲先鋒〔四〇〕，虜掠所得，悉以奉德光及其母述律。德光已滅晉而無立延壽意，以爲中京留守、大丞相，燕王如故。三月丙戌朔，德光服靴、袍，御崇元殿，百官入閤，德光大悅，顧左右曰：「漢家儀物，其盛如此〔四一〕。我得於此殿坐，豈非真天子邪！」德光已滅晉，遣其部族酋豪及其通事爲諸州鎮刺史、節度使，括借天下錢帛以賞軍。胡兵人馬不給糧草，遣數千騎分出四野，劫掠人民，號爲「打草穀」。東西二三千里之間，民被其毒，遠近怨嗟。漢高祖起太原，所在州鎮多殺契丹守將歸漢，德光大懼。又時已熱，乃以蕭翰爲宣武軍節度使。翰，契丹之大族，其號阿鉢，翰之妹亦嫁德光，而阿鉢本無姓氏，契丹呼翰爲國舅，及將以爲節度使，李崧爲制姓名曰蕭翰，於是始姓蕭。

德光已留翰守汴，乃北歸，以晉内諸司伎術、宫女、諸軍將卒數千人從。自黎陽渡河，行至湯陰，登愁死岡，謂其宣徽使高勳曰：「我在上國，以打圍食肉爲樂，自入中國，心常不快，若得復吾本土，死亦無恨。」勳退而謂人曰：「虜將死矣。」相州梁暉殺契丹守將，閉城距守。德光引兵破之，城中男子無少長皆屠之，婦女悉驅以北。後漢以王繼弘鎮相州，得髑髏十數萬枚，爲大冢葬之。德光至臨洺，見其井邑荒殘，笑謂晉人曰：「致中國至此，皆燕王爲罪首。」又顧張礪曰：「爾亦有力焉。」德光行至欒城，得疾，卒於殺胡林。契丹破其腹，去其腸胃，實之以鹽，載而北，晉人謂之「帝羓」。永康王兀欲立，謚德光爲嗣聖皇帝，號阿保機爲太祖，德光爲太宗。

兀欲，東丹王突欲子也。突欲奔唐，兀欲留不從，號永康王。性殘忍，然喜賓客，好飲酒，工畫知書。契丹兵助晉攻唐，唐廢帝殺突欲。晉高祖入京師，追封突欲爲燕王。德光滅晉，兀欲從至京師。德光死欒城，兀欲與趙延壽及諸大將等俱入鎮州。延壽自稱權知軍國事，遣人求鎮州管籥於兀欲，兀欲不與。延壽左右曰：「契丹大人聚而謀者詾詾，必有變，宜備之。今中國兵猶萬人，可以擊虜，不然，事必不成。」延壽猶豫不決。兀欲召延壽飲酒，誘而鎖之，籍其家，乃宣德光遺制曰：「可於中京即皇帝位。」中京，契丹謂鎮州也。遣使告哀於諸鎮。蕭翰聞德光死，棄汴州而北。

兀欲已立，先遣人報其祖母述律。述律怒曰：「我兒平晉取天下，有功業，其子在我側者當立，人皇王背我歸中國，其子豈得立邪？」乃率兵逆兀欲，將廢之〔四二〕。兀欲留其將麻答守鎮州，晉諸將相隨德光在鎮州者皆留之而去。與其祖母述律相拒於石橋，述律所將兵多亡歸兀欲。兀欲乃幽述律於祖州。祖州，阿保機墓所也。初，德光之擊晉也，述律常非之，曰：「吾國用一漢人爲主可乎？」德光曰：「不可也。」述律曰：「然則汝得中國不能有，後必有禍，悔無及矣。」德光死，載其屍歸，述律不哭而撫其屍曰：「待我國中人畜如故，然後葬汝。」已而，兀欲囚之，後死於木葉山。

兀欲更名阮，號天授皇帝，改元曰天禄。是歲八月，葬德光於木葉山，遣人至鎮州召馮道、和凝等會葬〔四三〕。使者至鎮州，鎮州軍亂，大將白再榮等逐出麻答。據定州〔四四〕，已而悉其衆以北。麻答者，德光之從弟也。德光滅晉，以爲邢州節度使，兀欲立，命守鎮州。麻答尤酷虐，多略中國人，剥面，抉目，拔髮，斷腕而殺之，出入常以鉗鑿挑割之具自隨，寢處前後掛人肝、脛、手、足，言笑自若，鎮、定之人不勝其毒。麻答已去，馮道等乃南歸。漢乾祐元年，兀欲率萬騎攻邢州，陷内丘。契丹入寇，常以馬嘶爲候。其來也，馬不嘶鳴，而矛戟夜有光，又月食，虜衆皆懼，以爲凶，雖破内丘而人馬傷死者大半。兀欲立五年，會諸部酋長，復謀入寇，諸部大人皆不欲，兀欲彊之。燕王述軋與太寧王、嘔里僧等率兵殺兀欲於火神淀〔四五〕。德光子齊王述律聞亂，走南山。契丹擊殺述軋、嘔里僧，而迎述律以立。

述律立，改元應曆，號天順皇帝，後更名璟。述律有疾，不能近婦人，左右給事，多以宦者。然畋獵好飲酒，不恤國事，每酣飲，自夜至旦，晝則常睡，國人謂之「睡王」。初，兀欲常遣使聘漢，使者至中國而周太祖入立。太祖後遣將軍朱憲報聘，憲還而兀欲死。述律立，遂不復南寇。顯德六年夏，世宗北伐，以保大軍節度使田景咸爲淤口關部署，右神武統軍李洪信爲合流口部署，前鳳翔節度使王晏爲益津關部署，侍衛親軍馬步都虞候韓通爲陸路都部署。世宗自乾寧軍御龍舟，艛船戰艦，首尾數十里，至益津關，降其守將，而河路漸狹，舟不能進，乃捨舟陸行。瓦橋淤口關、瀛、莫州守將〔四六〕，皆迎降。方下令進攻幽州，世宗遇病，乃置雄州於瓦橋關、霸州於益津關而還。周師下三關、瀛、莫，兵不血刃。述律聞之，謂其國人曰：「此本漢地，今已還漢，又何惜邪？」

歐陽氏五代史記論曰：初，蕭翰聞德光死，北歸，有同州郃陽縣令胡嶠爲翰掌書記，隨入契丹。而翰妻爭妒，告翰謀反，翰見殺，嶠無所依，居虜中七年。當廣順三年，亡歸中國，略能道其所見。云：「自幽州西北入居庸關，明日，又西北入石門關〔四七〕，關路崖狹，一夫可以當百，此中國控扼契丹之險也。又三日，至可汗州〔四八〕，南望五臺山，其一峰最高者，東臺也。又三日，至新武州〔四九〕，西北行五十里有鷄鳴山，云唐太宗北伐聞鷄鳴於此，因以名山。明日，入永定關〔五〇〕，此唐故關也。又四日，至歸化州。又三日，登天嶺，嶺東西連亘，有路北下，四顧冥然，黄雲白草，不可窮極。契丹謂嶠曰：『此辭鄉嶺也，可一南望而爲永訣。』同行者皆慟哭，往往絶而復蘇。又行三四日，至黑榆林，時七月，寒如深冬。又明日，入斜谷，谷長五十里，高崖峻谷，仰不見日，而寒尤甚。已出谷，得平地，氣稍温。又行二日，渡湟水。又明日，渡黑水。又二日，至湯城淀，地氣最温，契丹若大寒，則就温於此。其水泉清冷，草軟如茸，可藉以寢。而多異花，記其二種：一曰旱金，大如掌，金色爍人；一曰青囊，如中國金燈，而色類藍可愛。又二日，至儀坤州，渡麝香河。自幽州至此無里候，其向不知爲南北。又二日，至赤崖，翰與兀欲相及，遂及述律戰於沙河。述律兵敗而北，兀欲追至獨樹渡，遂囚述律於撲馬山〔五一〕。又行三日，遂至上京，所謂西樓也。西樓有邑屋市肆，交易無錢而用布。有綾錦諸工作、宦者〔五二〕、翰林、伎術、教坊、角觝、秀才、僧尼、道士等，皆中國人，而并、汾、幽、薊之人尤多。自上京東去四十里，至真珠寨，始食菜。明日，東行，地勢漸高，西望平地松林鬱然數十里。遂入平川，多草木，始食西瓜，云契丹破回紇得此種，以牛糞覆棚而種，大如中國東瓜而味甘。又東行，至褭潭，始有柳，而水草豐美，有息鷄草尤美，而本大，馬食不過十本而飽。自褭潭入大山，行十餘日而出，過一大林，長二三里，皆蕪荑，枝葉有芒刺如箭羽，其地皆無草。兀欲時卓帳於此，會諸部人葬德光〔五三〕。自此西南行，日六十里，行七日，至大山門，兩高山相去一里〔五四〕，有長松豐草，珍禽野卉，有屋宇碑石，曰『陵所』也。兀欲入祭，諸部大人惟執祭器者得入。入而門闔。明日開門，曰『抛醆』，禮畢。問其禮，皆秘不肯言。」嶠所目見因述律、葬德光等事，與中國所記差異。

已而，翰得罪被鏁，嶠與部曲東之福州。福州翰所治也〔五五〕。嶠等東行，過一山，名十三山，云此西南去幽州二千里。又東行，數日，過衛州，有居人三千餘家〔五六〕，蓋契丹所虜中國衛州人，築城而居之。嶠至福州而契丹多憐嶠，教其逃歸，嶠因得其諸國種類遠近。云：「距契丹國東至於海，有鐵甸，其族野居皮帳，而人剛勇。其地少草木，水鹹濁，色如血，澄之久而後可飲。又東，女真，善射，多牛、鹿、野狗。其人無定居，行以牛負物，遇雨則張革爲屋。常作鹿鳴，呼鹿而射之，食其生肉。能釀糜爲酒，醉則縛之而睡，醒而後解，不然，則殺人。又東南〔五七〕，渤海，又東，遼國，皆與契丹略同。其南海曲，有魚鹽之利。又南，奚，與契丹略同，而人好殺戮。又南，至榆關矣，西南至儒州，皆故漢地。西則突厥、回紇。西北至嫗厥律，其人長大，髦頭〔五八〕，酋長全其髮，盛以紫囊。地嚴寒，水出大魚，契丹仰食。又多黑、白、黄貂鼠皮，北方諸國皆仰足〔五九〕。其人最勇，鄰國不敢侵。又其西，轄戛，又其北，單于突厥，皆與嫗厥律略同。又北，黑車子，善作車帳，其人知孝義，地貧無所産。云契丹之先，常役回紇，後背之走黑車子，始學作車帳。又北，牛蹄突厥，人身牛足，其地尤寒，水曰瓠𤫊河，夏秋冰厚二尺，春冬冰徹底，常燒器銷冰乃得飲。東北，至韈劫子，其人髦首，被布爲衣〔六〇〕，不鞍而騎，大弓長箭，尤善射，遇人輒殺而生食其肉，契丹等國皆畏之。契丹五騎遇一韈劫子，則皆散走。其國三面皆室韋，一曰室韋，二曰黄頭室韋，三曰獸室韋。其地多銅、鐵、金、銀，其人工巧〔六一〕，銅鐵諸器皆精好，善織毛錦。地尤寒，馬溺至地成冰堆。又北，狗國，人身狗首，長毛不衣，手搏猛獸，語爲犬嗥，其妻皆人，能漢語，生男爲狗，女爲人，自相婚嫁，穴居食生，而妻女人食。云嘗有中國人至其國，其妻憐之使逃歸，與其筯十餘隻，教其每走十餘里遺一筯，狗夫追之，見其家物，必啣而歸，則不能追矣。」其説如此。又曰：「契丹嘗選百里馬二十四，遣十人齎乾𪎭北行，窮其所見。其人自黑車子，歷牛蹄國北〔六二〕，行一年，經四十三城，居人多以木皮爲屋，其語言無譯者，不知其國地山川部族名號。其地氣，遇平地則温和，山林則寒冽。至三十三城，得一人，能鐵甸語，其言頗可解，云地名頡利烏于邪堰。云：『自此以北，龍蛇猛獸，魑魅群行，不可往矣。』其人乃還。此北荒之極也。」契丹謂嶠曰：「夷狄之人豈能勝中國？然晉所以敗者，主暗而臣不忠。」因具道諸國事，曰：「子歸悉以語漢人，使漢人努力事其主，無爲夷狄所虜，吾國非人境也。」嶠歸，録以爲陷虜記云〔六三〕。

校勘記

〔一〕其俗頗與鞑鞨同　「鞑鞨」原作「鞑羯」，據隋書卷八四北狄傳、通典卷二〇〇邊防一六改。

〔二〕阿大何部　「阿」，通典卷二〇〇邊防一六、太平寰宇記卷一九九四夷二八北狄一一同，魏書卷一〇〇契丹傳、北史卷九四契丹傳作「何」。

〔三〕伏弗郁部羽林部　「林」，魏書卷一〇〇契丹傳、北史卷九四契丹傳、通典卷二〇〇邊防一六俱作「陵」。按魏書卷六顯祖紀皇興元年二月、二年四月兩見「具伏弗」、「郁羽陵」，魏書卷一〇〇勿吉傳、北史卷九四勿吉傳又各有「具弗伏國」「郁羽陵國」，疑「伏」上脱「具」字，「郁部」二字誤倒，當補乙改作「具弗伏部、郁羽陵部」。

〔四〕匹黎部　通典卷二〇〇邊防一六同，魏書卷一〇〇契丹傳、北史卷九四契丹傳、太平寰宇記卷一九四夷二八北狄一一作「匹絜部黎部」。按魏書卷六顯祖紀皇興元年二月、二年四月兩見「匹黎爾」，魏書卷一〇〇勿吉傳、北史卷九四勿吉傳均有「匹黎爾國」，疑即「匹黎部」。

〔五〕比六于部各以其名馬文皮入獻　「比六于」，魏書卷一〇〇契丹傳作「吐六于」，同書卷六顯祖紀皇興二年四月作「叱六手」，北史卷九四契丹傳作「吐六干」。

〔六〕文帝方與突厥和好　「好」字原脱，據隋書卷八四北狄傳、北史卷九四契丹傳、通典卷二〇〇邊防一六補。

〔七〕摩會相降　「相降」，新唐書卷二一九北狄傳作「來降」。

〔八〕契丹帥窟哥率其部内屬　「帥」原作「師」，據通典卷二〇〇邊防一六改。

〔九〕羈縻松漠都督府屬　「都督」，通典卷二〇〇邊防一六作「都護」。

〔一〇〕玄遇仁節没於賊　「没」，太平寰宇記卷一九四夷二八北狄一一作「投」，舊唐書卷一九九下北狄傳、新唐書卷二一九北狄傳均作「玄遇、仁節爲賊所擒」。

〔一一〕率兵二十萬以討破之　「二十萬」，新唐書卷二一九北狄傳、通典卷二〇〇邊防一六、太平寰宇記卷一九四夷二八北狄一一同，舊唐書卷一九九下北狄傳作「三十萬」。

〔一二〕後爲其酋可突于所殺　「于」，舊唐書卷一九九下北狄傳、新唐書卷二一九北狄傳同，資治通鑑卷二一二唐紀二八開元八年十一月辛未條作「干」。下同。

〔一三〕奉娑固從父弟鬱于爲君　「于」，舊唐書卷一九九下北狄傳、新唐書卷二一九北狄傳同，唐會要卷九六契丹作

「於」，資治通鑑卷二一二唐紀二八開元十年閏五月己丑條作「干」。下同。

〔一四〕弟吐于嗣　「吐于」，舊唐書卷一九九下北狄傳、新唐書卷二一九北狄傳同，唐會要卷九六契丹作「咄於」，資治通鑑卷二一二唐紀二八開元十二年十一月辛巳條作「吐干」。下同。

〔一五〕可突于奉其弟邵固統衆　此處「其」乃指吐于，據舊唐書卷一九九下北狄傳、新唐書卷二一九北狄傳，邵固乃李盡忠弟。

〔一六〕部落寖彊　「寖」下原有「又」字，據新唐書卷二一九北狄傳删。

〔一七〕其一曰但利皆部　「但利皆部」，新五代史卷七二四夷附録一作「但皆利部」，五代會要卷二九契丹作「旦利皆部」，契丹國志卷首契丹國初興本末作「祖皆利部」。

〔一八〕五曰頻没部　「頻」原作「類」，據新五代史卷七二四夷附録一、契丹國志卷首契丹國初興本末改。

〔一九〕共責誚之　「共」字原脱，據新五代史卷七二四夷附録一補。

〔二〇〕漢城在炭山東南灤河上　「灤河」原作「欒河」，據新五代史卷七二四夷附録一、契丹國志卷二三併合部落改。

〔二一〕共以牛酒會鹽池　「會」原作「食」，據新五代史卷七二四夷附録一、契丹國志卷二三併合部落改。

〔二二〕阿保機既而背約　新五代史卷七二四夷附録一「既」後有「歸」字。

〔二三〕又制婚姻　「姻」，新五代史卷七二四夷附録一、契丹國志卷二三國土風俗作「嫁」。

〔二四〕契丹好鬼而貴日　「契丹」二字原脱，據新五代史卷七二四夷附録一補。

〔二五〕每月朔日　「朔日」，新五代史卷七二四夷附録一作「朔旦」。

〔二六〕契丹雖無所得而歸　「契丹」二字原脱，據新五代史卷七二四夷附録一補。

〔二七〕乃遣使聘唐通好　「使聘」二字原倒，據新五代史卷七二四夷附録一乙正。

〔二八〕選其壯健者五十餘人爲契丹直　「選」原作「擒」，「十」原作「千」，據新五代史卷七二四夷附録一改。

〔二九〕唐時置東西狹石　「石」原作「西」，據新五代史卷七二四夷附録一改。

〔三〇〕米磚　原作「米礴」，據新五代史卷七二四夷附録一改。

〔三一〕德光乃西徙橫帳居捺剌泊　「捺」原作「揬」，據資治通鑑卷二七八後唐紀七長興三年十月丙辰條改。

〔三二〕以石敬瑭鎮河東　「石敬瑭」原作「石敬塘」，據新五代史卷七二四夷附録一、契丹國志卷二太宗嗣聖皇帝上天顯六年十一月條改。下同。

〔三三〕合一十六州　「合」字原脱，據新五代史卷七二四夷附録一補。

〔三四〕德光遣中書令韓熲奉册高祖爲英武明義皇帝　「韓熲」原作「韓頻」，據新五代史卷七二四夷附録一改。

〔三五〕遣李守貞等東馳馬家渡　「李守貞」原作「李守真」，據新五代史卷五二李守貞傳、七二四夷附録一，舊五代史卷一〇九李守貞傳改，下同。

〔三六〕遇前渡漳水　「遇」原作「過」，據上文及新五代史卷七二四夷附録一改。

〔三七〕契丹歸至古北　「古北」原作「虎北」，據新五代史卷七二四夷附録一改；契丹國志卷三太宗嗣聖皇帝下作「虎北口」。

〔三八〕遣傳住兒監張彦澤將騎二千　「傳住兒」，新五代史卷七二四夷附録一、契丹國志卷三太宗嗣聖皇帝下、資治通鑑卷二八五後晉紀六開運三年十二月甲子條同，遼史卷四太宗紀下作「傳桂兒」。

〔三九〕遣通事宣言諭衆曰　「衆」字原脱，據元本、慎本、馮本及新五代史卷七二四夷附録一補。

〔四〇〕延壽常爲先鋒　「常」原作「所」，據新五代史卷七二四夷附録一改。

〔四一〕其盛如此　「其」字原脱，據新五代史卷七二四夷附録一補。

〔四二〕將廢之　「將」字原脱，據新五代史卷七三四夷附録二補。

〔四三〕遣人至鎮州召馮道和凝等會葬　「人」字原脱，據新五代史卷七三四夷附録二補。

〔四四〕據定州　按資治通鑑卷二八七後漢紀二天福十二年七月辛巳條與八月壬午條載，白再榮等攻麻答於恒州，「契丹懼而北遁，麻答、劉晞、崔廷勳皆奔定州」。疑「據」上當有脱文。

〔四五〕嘔里僧等率兵殺兀欲於火神淀　「火」，契丹國志卷四世宗天授皇帝同，新五代史卷七三四夷附録二作「大」。

〔四六〕莫州守將　「莫」原作「漠」，據新五代史卷七三四夷附録二改。下同。

〔四七〕又西北入石門關　「門」字原脱，據新五代史卷七三四夷附録二、契丹國志卷二五胡嶠陷北記補。

〔四八〕至可汗州　「州」字原脱，據新五代史卷七三四夷附録二、契丹國志卷二五胡嶠陷北記補。

〔四九〕至新武州　「州」字原脱，據新五代史卷七三四夷附録二、契丹國志卷二五胡嶠陷北記補。

〔五〇〕入永定關　「關」下原有「北」字，據新五代史卷七三四夷附録二、契丹國志卷二五胡嶠陷北記删。

〔五一〕遂囚述律於撲馬山　「撲」原作「樸」，據新五代史卷七三四夷附録二、契丹國志卷二五胡嶠陷北記改。

〔五二〕宦者　原作「官者」，據新五代史卷七三四夷附録二改。

〔五三〕會諸部人葬德光　「諸」字原脱，據新五代史卷七三四夷附録二、契丹國志卷二五胡嶠陷北記補。

〔五四〕兩高山相去一里　「山」字原脱，據新五代史卷七三四夷附録二、契丹國志卷二五胡嶠陷北記補。

〔五五〕福州翰所治也　「福州」二字原脱，據新五代史卷七三四夷附録二、契丹國志卷二五胡嶠陷北記補。

〔五六〕有居人三千餘家　「千」，新五代史卷七三四夷附録二、契丹國志卷二五胡嶠陷北記作「十」。

〔五七〕又東南　「南」字原脱，據新五代史卷七三四夷附録二、契丹國志卷二五胡嶠陷北記補。

〔五八〕其人長大髦頭　「大」字原無，據新五代史卷七三四夷附録二、契丹国志卷二五胡嶠陷北記補。

〔五九〕北方諸國皆仰足　「足」原作「之」，據新五代史卷七三四夷附録二、契丹國志卷二五胡嶠陷北記改。

〔六〇〕被布爲衣　「布」原作「皮」，據新五代史卷七三四夷附録二、契丹國志卷二五胡嶠陷北記改。

〔六一〕其人工巧　「人」字原脱，據新五代史卷七三四夷附録二、契丹國志卷二五胡嶠陷北記補。

〔六二〕歷牛蹄國北　新五代史卷七三四夷附録二、契丹國志卷二五胡嶠陷北記「國」後有「以」字。

〔六三〕録以爲陷虜記云　「録」字原無，據新五代史卷七三四夷附録二、契丹國志卷二五胡嶠陷北記補。

卷三百四十六　四裔考二十三

契丹中

宋太祖皇帝受命，務保境息民，不欲生事夷狄。先是，五代募民盜戎人馬，給其直，籍數以補戰騎之闕。上乃令盡還所盜馬，仍禁民毋得出塞外盜者。未幾，虜衆入寇棣州，刺史何繼筠擊敗之，獲馬四百匹。乾德二年，命昭義軍節度李繼勳攻遼州。州將杜延韜以城降，虜寇平晉軍。三年、四年，俱寇易州。開寶二年，車駕征河東，虜兩道率衆來援，何繼筠、韓重贇等敗其師。是秋，涿州刺史許周瓊來降，以爲左羽林將軍〔一〕，仍領涿州。豐州刺史王重安上言，契丹日利、月利等部，凡一十六族歸款，詔官其首領。是歲，述律爲帳下所殺，國人立兀欲之子明記，號明照王子，稱天贊皇帝，改元保寧。三年六月，虜六萬騎寇定州，遣判四方館事田欽祚領兵三千人赴之。上謂欽祚曰：「彼衆我寡，但背城列陣以待之，虜至即戰，勿與追逐。」欽祚與虜戰滿城，虜騎小却，乘勝逐北至遂城，殺獲甚衆。值暮夜，入保遂城。虜圍欽祚數日，欽祚度城中糧少，整衆開南門突圍一角出。是夕至保塞軍，軍中不亡一矢。北邊傳言「三千打六萬」。太祖自是益修邊備，嘗謂左右曰：「若虜敢犯邊，我以二十疋絹購一胡人首〔二〕，其精兵不過十萬人，止費我二百萬疋絹，此虜盡矣。」

七年十一月，其涿州刺史耶律琮以書遺知雄州孫全興，言欲講和之意。太祖命全興以書答焉。八年三月，遣使來聘，太祖召見宴賜，禮遣之。詔太常丞吕端報聘，自是始交中國。八月，又遣其左衛大將軍耶律霸德等來聘，獻御衣、玉帶、名馬，太祖厚賜之。令從獵近郊，上親射走獸，矢無虚發，使者俯伏呼萬歲，私謂譯者曰：「皇帝神武無敵，射必命中，所未嘗見也。」十二月，又遣使獻御衣及馬，賀來年正旦〔三〕，詔遣宋準等報聘。九年二月，其使耶律延顨來賀長春節〔四〕。五月，命田守奇等報聘。是歲十二月，以四月遣使來修賻禮。

太平興國二年，遣使賀太宗即位。四月，又遣使奉貢，助太祖山陵。五月，令起居舍人辛仲甫等報聘。繼又遣使來賀乾明節。自此聘使不絶。四年二月，車駕征河東，次趙州，遣其臣耶律拽剌梅里奉書問起居。俄而虜騎數萬寇石嶺關，以援晉陽，爲郭進所敗。及太原還，上親征幽州。虜聞上之至，皆不敢居城中，及數萬衆屯城北〔五〕。上親率兵乘之，斬首千餘級，餘黨遁去。虜渤海兵三百餘人來降。未幾，其建雄軍節度，知順州劉延素率官屬十四人降〔六〕。以延素爲右監門衛將軍，又其知薊州劉守恩與官屬十七人降。自王師之入虜境，凡獲馬五千餘匹，師傅於城下，命諸將攻城，定國軍節度宋偓南面，河陽節度崔彦進北面，保静軍節度劉遇東面〔七〕，定武軍節度孟玄喆西面，旬有五日，以士卒疲頓，班師。十月，大寇關南，劉延翰、崔彦進、崔翰等三將會兵擊破之，斬首萬餘級，獲戎馬兵器甚衆。十一月，嵐州、忻州皆破其師。五年三月，十萬衆寇代州，爲潘美、楊業所敗，俘獲甚衆。十一月，契丹萬騎寇雄州，車駕北征，次大名，虜遁去，上乘勝欲討幽州，李昉、扈蒙等以爲大兵所聚，轉餉是資，河朔之區，連歲飛輓，近經蹂躪，尤極蕭然，恐不堪調發。乃下詔南歸。六年正月、九月，俱寇易州，擊退之。

七年，明記卒，僞謚景宗孝成皇帝，子常王隆緒立，纔十二歲，母蕭氏專國。是歲五月，虜三萬，三道來寇，一襲鴈門，潘美擊破之，遂北入其境，破其壘三十六；一攻府州，折御卿大破之於新澤，擒酋長百餘人，斬首七百級；一寇高陽關，崔彥進擊敗之，斬首二千級，獲兵器羊馬數萬。十月，詔禁民入北界擄略及竊盜，仰所屬州軍收捉，重斷所盜之物送還。十二月，日利、月利、没細、兀瑶等十一族七萬餘帳内徙歸附。豐州刺史王承美出兵迎之，與虜戰，大破之，斬首二千級。八年二月，承美又破其師，逐北至青冢，降者三千帳，獲羊馬萬計。

雍熙初，知雄州賀令圖及薛繼昭、劉文裕、侯莫陳利用等相繼上言，虜主年幼，國事決於其母蕭氏，蕭内行不正，私於大將韓德讓等，寵幸用事，國人疾之，請乘其釁以取幽薊。上以其說爲然。三年正月，大發師出塞進討，曹彬、崔彥進、米信等趨涿州，田重進等趨飛狐，潘美、楊業等出鴈門，剋期齊舉。彬等所向克捷，多所虜獲，降其招安使大鵬翼、康州刺史馬頵等，邊民有驍勇者，競團結以襲虜，或夜入城壘，斬取首級。又詔出賞格，募民應接王師，擒獲虜中首領，自是應募者衆。

初，師出之日，上謂彬等曰：「潘美等但先取雲、應，卿等以十餘萬衆，聲言取幽州，而持重緩行，虜聞之，必萃勁兵於幽州，兵既聚，不暇爲援於山後矣。」及王師入虜地，美果下寰、朔、雲、應等州，重進取飛狐、靈丘、蔚州，山後要害之地多得之，而彬等亦連收新城、固安，下涿州，兵勢甚振。每捷奏至，上頗疑彬進軍之速，且慮斷饟道。彬至涿州，留十餘日，食且盡，還軍。以援供饋。彬下諸將，聞美、重進累戰獲利，自以握重兵，虜功少於美等，競畫進取之策，彬不能制，遂裹五十日糧，復往攻涿州。虜當其前，且行且戰，歷二十日始至城下。屬盛暑，士卒疲乏，乃還師境上。大軍之退也，無復行伍，將至岐溝關，虜騎追及，與戰，王師不利。彬等收餘師，宵涉拒馬河，營於易水之南。奏至，詔以諸將所領兵分屯緣邊諸郡，召彬、彦進、信赴闕，留田重進守中山，令潘美還代州，遣使部徙雲、應、寰、朔四州民五萬户，及其吐渾、突厥三部落，安慶等族八百餘帳於河南孟、曹、汝、潞等州處之。是冬，寇易州，州遣强壯指揮使劉鈞率兵襲岐溝關，破之，斬首千餘級，焚其積聚而還。復寇代州，爲副部署盧漢贇擊破於土鐙堡，斬首二千級，生擒五百人，獲馬千匹。

四年正月，復入寇三關。自曹彬失律，諸將多坐黜免，至是上思宿將劉廷讓、宋偓〔八〕、張永德罷節制在環衛，欲令擊虜自效，遂遣廷讓屯雄州，偓屯霸州，永德屯定州。廷讓與虜戰君子館，軍敗，僅以身免，先鋒賀令圖、高陽關部署楊重進没焉。虜復入深、祁，陷易州，殺略甚衆。又寇定遠軍，城中兵少，人心甚危，知軍、著作郎曹諫慮不能守〔九〕，殺數人乃定，虜遂引去，上爲下哀痛之詔。大發兵戍鎮、定、高陽關，每遣屯守，上必授以成算。

端拱元年十一月，復寇中山，郭守文、李繼隆等與戰唐河，敗之，斬首萬五千級，獲馬萬匹。豐州王承美言〔一〇〕，契丹頻歲略州境，族帳漢民皆奔毛馳山東黑山以避之。承美皆以州兵擊退，詔書褒美。彬等師既不利，虜復取雲、應、朔等州。二年，詔緣邊作方田，頒條置量地里之遠近，列置寨栅，以限戎馬，而利我之步兵。明年，虜遣人至雄州求通好，部署劉福以聞，上令許之。既而使卒不至〔一一〕。至道元年正月，韓德威率數萬騎，誘党項勒浪嵬族十六府大首領馬尾等自振武入寇。先是虜與賊遷相結以窺邊境，上密授成算於府州折御卿爲之備，至是御卿率輕騎邀擊之，大敗其衆於子河汊。勒浪等族乘虜之亂，詐爲州兵躡其後，虜衆大驚擾，死者十六七，悉委其輜重，涉河而遁。虜將號突厥太尉、司徒、舍利死者二十餘人，生擒吐渾大將一人，德威僅以身免。勒浪等族既與虜有隙，悉款塞内附，令御卿將兵迎之，分處於河南。自府州抵平夏，帳幕連屬數百里，凡得精甲萬餘騎，以馬尾爲歸德大將軍、領恩州刺史。四月，數千騎寇雄州，爲何承矩所敗，梟其鐵林大將一人。

真宗咸平元年，契丹于越王下五寨監使馬守玉等百七十口内附〔三〕，上召見問勞，守玉等自言苦暴斂重役，遂謀向化。詔賜衣服繒綵，給近甸良田處之。是冬，虜衆萬騎來，三路先鋒逆擊於廉良路，殺二千餘人，獲馬五百匹。十二月，詔親征，上御鎧甲於中軍，命樞密使王顯押後隊，横亘數十里，督諸將進戰。虜襲冀州，州兵擊於城南，斬千餘人，奪馬萬餘匹。又府州率兵入五合川，破拔黄太尉寨，盡殺帳下，焚獲不可勝計。

三年，虜縱掠高陽關，貝、冀都部署范廷召擊於莫州東，斬首萬餘級，盡奪所掠老幼而還。四年十一月，戎人逼威虜軍，王顯等全師至，大破虜，戮二萬餘人，獲其僞署大王、統軍、鐵林、相公等十五人首級，並獲甲馬甚衆，餘奔北，號慟滿野。自此歲侵邊界，所在擊走之。

六年七月，僞供奉官李信來降，言其國中事云：「明記四子，長即隆緒，次隆慶、隆裕，幼鄭哥早亡，國中所管幽州漢兵，謂之神武、控鶴、羽林、驍武等，約萬八千餘騎，其僞署將帥，契丹、九女奚、南北皮室當直舍利及八部落舍利、山後四鎮諸軍約十萬八千餘騎，內五千六百餘常衛戎主，九萬三千九百餘即入寇兵也。其國自幽州東行五百五十里至平州，又五百五十里至古遼陽城，即號爲東京者也〔一三〕。又東北六百里至烏惹國〔一四〕，其國用漢文法，使印八角而圓。又東南接高麗。又北至女真〔一五〕，東踰鴨江，即新羅也。」以信爲供奉官，賜器幣、冠帶。上召鎮安軍節度李繼隆論邊事，且議親征。繼隆曰：「陛下向來制置邊備，分任將帥，悉合機要。至戎人入寇，蓋亦常事。上如太宗朝，亦有城堡陷，然後不能爲害。願專責將帥，不須戎輅親舉。」

景德元年閏九月，虜主與其母舉國入寇，統軍順國王撻覽引兵掠威虜、順安軍、保州三路，攻保州不利，別部寇岢嵐軍，知軍賈宗擊敗之。十月，戎主與母率衆至唐河，三路都部署王超按兵以待。既而不交鋒，緣胡盧河而東，虜遂南熾，攻圍瀛州，詔威虜、岢嵐軍、保州、莫州、北平寨部署入北境，腹背縱擊以分其勢。既而大破虜衆，捷奏連上。十一月，虜衆急攻瀛州，晝夜鼓噪，大設攻具，負板秉燭，驅奚人乘城，城上發礌石巨木擊之，皆墜。戎首與母復鼓衆四面急擊，矢發如雨，虜爲城兵所殺者三萬餘人，傷者倍之，圍遂解，獲鎧甲兵矢數百計。又以遊兵逼冀州城，知州王嶼擊走，虜衆猶二十萬。

詔諸路兵會天雄軍，車駕北巡，以山東南道節度李繼隆爲駕前東面排陣使，西上閤門使孫全照爲都鈐轄，南作坊使張旻爲鈐轄，武寧節度、駙馬都尉石保吉爲駕前西面排陣使，侍衛步軍都虞候王隱爲都鈐轄，入內副都知秦翰爲鈐轄。及令諸路將帥速赴行在，又詔滑州張秉、齊州馬應昌、濮州張晟部率丁夫鑿河冰，又出陣圖二，一行一止，付殿前都指揮使高瓊。既而虜衆過天雄，犯德清軍，抵澶州北，直犯大陣，圍合三面，王師既成列，都排陣使李繼隆等分伏勁弩，以控要害。其貴將順國王撻覽有機勇，所領皆鋭兵，方爲先鋒，異旗幟，出行陣督戰。伏弩齊發，矢中額而隕，暮夜至寨死，虜大挫衄，退却不敢動。

初，定州路副都部署王繼忠戰敗陷虜，虜授以官。繼忠嘗爲虜言和好之利，至是雖大舉深入，復遣李興等以繼忠書詣莫州部署石普，且致密奏一封達闕下，上覽奏，以手詔諭繼忠，繼忠欲朝廷先遣使，上未許。虜之攻瀛州也，繼忠復附奏乞遣使議和，乃命曹利用持書往，至大名，王欽若疑虜不誠，留之不遣。繼忠又奏，言頓兵不敢劫掠，以待王人之至。乃詔督利用前去，利用至虜營，戎母禮遇甚勤，遣飛龍使韓杞隨利用至行闕。先是繼忠上章，及杞至，皆以求關南地爲名，上以事在前朝，不許。利用至契丹帳，數沮割地之議，乃許以歲遺絹二十萬疋，銀一十萬兩，議遂定。虜主請以兄事上，遣其右監門衛大將軍姚東之來聘〔一六〕。杞與東之來，皆言國母附問起居，以其專政，自是皆致聘問，每歲别以金帛遺之，令西京左藏庫使李繼昌報聘，遺以衣服、茶藥、金器等。東之言：「收衆北歸，恐爲緣邊邀擊。」有詔諸部署及諸州軍勿出兵，縱契丹還蕃。

二年春，詔雄、霸州，安肅軍置三榷場，南北界貿易。瀛、代州部送契丹降人赴闕〔一七〕，詔以請盟後者還。是年以其母生日，遣孫僅等往使〔一八〕，戎主歲避暑於含凉淀，聞使至，即來幽州，屢召僅等宴會張樂，待遇之禮甚厚。僅等辭還，賚以器服及馬五百餘匹。自郊勞至於餞飲，所遣皆親信詞禮恭恪者，以致勤厚之意。十一月，契丹母及其主各遣使來賀承天節，又遣使來賀來年正旦〔一九〕，遣使報聘如之，自是歲以爲常。四年，户部員外郎李維使還，言虜主見漢使强服衣冠，事已，即幅巾雜蕃騎出射獵，官屬隨帳，自辦器械糗糧。自是遇漢使益厚。大凡蕃法極嚴，罪死者必屠割慘毒，虜主嘗云：「契丹乃禽獸，非同漢人可以文法治也。」大中祥符元年，契丹置館於拒馬河北，以候朝使。二月，户部副使宋摶使還〔二〇〕，言：「契丹所居中京，在幽州東北，城壘庳小，鮮居人，夾道多蔽以垣墻。宫中有武功殿，其主居之，文化殿，母居之。又有東掖、西掖門。然蕃夷性不檢，每宴集有不拜而懈惰者。」

二年十二月，蕭氏卒，遣使弔奠致賻。是年，其相韓德讓死〔二一〕，德讓專政有智略，契丹推服。自蕭氏卒，德讓繼死，虜主闇弱，隆慶尤桀黠，衆心附焉。其年〔二二〕，契丹將伐高麗，命所部南北大王、皮室、乙室、頻畢、太師、奚、室韋、黑水女真等，賦車二千乘，凡調發先下令，使自辦兵器駝馬糧糗，故其抄略所得，不補所失。又索境内漢口有罪者，配軍爲驍，民皆嗟怨。十月，遣使來告征高麗。十一月，虜主自遼陽親伐高麗，大爲高麗敗覆，帳族卒乘罕有還者，官屬戰没大半，乃令幽、薊選士人以補其乏。

初，奉使者止達幽州，後至中京，又至上京〔二三〕，或西凉淀、北安州、炭山、長泊。自雄州白溝驛度河，四十里至新城縣，古督亢亭之地〔二四〕，又七十里至涿州。北度涿水、范水、劉李河，六十里至良鄉縣。度盧溝河〔二五〕，六十里至幽州，僞號燕京。子城就羅郭西南爲之。正南曰啟夏門，内有元和殿、洪政殿，東門曰宣和。城中坊門皆有樓。有閔忠寺，本唐太宗爲征遼陣亡將士所造；又有開泰寺，魏王耶律漢寧造。皆邀朝使遊觀。城南門内有于越王廨〔二六〕，爲宴集之所。門外永平館，舊名碣石館，請和後易之。南即桑乾河〔二七〕。

出北門，過古長城、延芳淀，四十里至孫侯館，後改爲望京館，稍移故處。望楮谷山、五龍池，過温餘河、大夏坡，坡西北即凉淀，避暑之地。五十里至順州。東北過白嶼河，北望銀冶山，又有黄羅、螺盤、牛闌山，七十里至檀州。自北漸入山，五十里至金溝館。將至館〔二八〕，川原平廣，謂之金溝淀，國主嘗於此過冬。自此入山，屈曲登陟，無復里堠〔二九〕，但以馬行記日景而約其里數。過朝鯉河，亦名七渡河，九十里至古北口。兩旁峻崖，中有路，僅容車軌；口北有鋪，彀弓連繩，本范陽防扼奚、契丹之所〔三〇〕，最爲隘束。然幽州東趣營、平州，路甚平坦，自頃犯邊，多由斯出。

又度德勝嶺，盤道數層，俗名思鄉嶺〔三一〕，八十里至新館。過雕窠嶺、偏槍嶺，四十里至卧如來館，蓋山中有卧佛像故也。過烏灤河，東有灤州，因河爲名。又過墨斗嶺，亦名度雲嶺〔三二〕，長二十里許。又過芹菜嶺，七十里至柳河館。河在館旁，西北有鐵冶，多渤海人所居，就河漉沙石鍊得鐵。渤海俗，每歲時聚會作樂，先命善歌舞者數輩前行，士女相隨，更相唱和，回旋宛轉，號曰「踏鎚」〔三三〕；所居屋，皆就山墻開門。過松亭嶺，甚險峻〔三四〕，七十里至打造部落館。有蕃户百餘，編荆爲籬，鍛鐵爲兵器。東南行五十里至牛山館。八十里至鹿兒峽館。過蝦蟆嶺，九十里至鐵漿館。過石子嶺，自此漸出山〔三五〕，七十里至富谷館。居民多造車者，云渤海人。東望馬雲山，山多鳥獸、林木，國主多於此打圍。八十里至通天館。二十里至中京大定府。城垣庳小，方圓纔四里許。門但重屋，無築閣之制。南門曰朱夏，門内夾道步廊，多坊門。又有市樓四，曰天方、大衢、通闤、望闕〔三六〕。次至大同館，其北正門曰陽德、閶闔。城内西南隅岡上有寺〔三七〕。城南有園圃，宴射之所。

自過古北口即蕃境〔三八〕。居人草庵板屋〔三九〕，亦務耕種，但無桑柘〔四〇〕；所種皆從壠上，蓋虞吹沙所壅。山中長松鬱然。深谷中多燒炭爲業，時見畜牧牛馬橐駝，尤多青羊黄豕。亦有挈車帳，逐水草射獵。食止麋粥、粆糒。

自中京正北八十里至臨都館〔四一〕，又四十里至官窑館〔四二〕，又七十里至松山館，又七十里至崇信館，又九十里至廣寧館，又五十里至姚家寨館〔四三〕，又五十里至咸寧館，又三十里度潢水石橋，旁有饒州，蓋唐朝嘗於契丹置饒樂州也，渤海人居之〔四四〕。又五十里至保和館，度黑河，七十里至宣化館，又五十里至長泰館〔四五〕，館西二十里許有佛寺、民舍，云即祖州，亦有祖山，山中有阿保機廟，所服韡尚在，長四五尺許。又四十里至上京臨潢府。自過崇信館，即契丹舊境〔四六〕，蓋其南皆奚地也。入西門，門曰金德，内有臨潢館。子城東門曰順陽，入門北行至景福門，又至承天門，内有昭德、宣政二殿，皆東向，其氈廬亦皆東向。臨潢西北二百餘里號凉淀，在漫頭山南，避暑之處，多豐草，掘丈餘即有堅冰。

天禧四年，工部員外郎、知制誥宋綬充使〔四七〕，始至木葉山，山在中京東微北。自中京過小河〔四八〕，唱叫山道北奚王避暑莊，有亭臺。由古北口至中京北皆奚境〔四九〕。奚本與契丹等，後爲契丹所併，所在分奚、契丹、漢人、渤海雜處之。奚有六節度都省統領，言語風俗，與契丹不同，善耕種、步射，入山采獵，其行如飛。凡六十里至𣪍㶁河館〔五〇〕，過惠州，城二重，至低小，外城無人居，内城有瓦舍倉廪，人多漢服。七十里至榆林館，館前有小河，屈曲北流。自此入山〔五一〕，少人居。七十里至訥都烏館〔五二〕，蕃語謂山爲「訥都」，水爲「烏」〔五三〕。七十里至香子山館〔五四〕，前倚土山，臨小河，其東北三十里即長泊也。

涉沙磧，過白馬淀，九十里至水泊館。度土河，亦云撞撞水，聚沙成墩，少人烟，多林木，其河邊平處，國主曾於此過冬〔五五〕。凡八十里至張司空館，七十里至木葉館。離中京皆無館舍，但宿穹帳，欲至木葉三十里許，始有居人瓦屋及僧舍。又歷荆榛荒草〔五六〕，復度土河，至木葉山〔五七〕，本阿保機葬處。

又云祭天地之所，東向設氊屋，署曰省方殿，無階，以氊藉地，後有二大帳。次北，又設氊屋，署曰慶壽殿，去山尚遠。國主帳在氊屋西北，望之不見。嘗出三豹，甚馴，馬上附胡人而坐〔五八〕，獵則以捕獸。蕃俗喜罩魚〔五九〕，設氊廬於河冰之上〔六〇〕，密掩其門，鑿冰爲竅，舉火照之，魚盡來湊，即垂釣竿，罕有失者。迴至張司空館，聞國主在土河上罩魚，以魚來饋。是歲，隆慶卒〔六一〕，隆慶初封常王，及請盟，改梁王，後封秦國王又加秦晉國王。隆裕有子宗業，封廣平王，爲中京留守，改幽州幽都縣爲宛平縣。其衣服之制，國母與蕃官皆胡服，國主與漢官即漢服。蕃官戴氊冠，上以金華爲飾，或加珠玉翠毛，蓋漢、魏時遼人步摇冠之遺象也。額後垂金花織成夾帶，中貯髮一總。服紫窄袍〔六二〕，加義襴，繫鞊韘帶，以黄紅色條裹革爲之〔六三〕，用金玉、水晶、碧石綴飾。又有紗冠，制如烏紗帽，無簷〔六四〕，不擫雙耳，額前綴金花，上結紫帶，帶末綴珠。或紫皂幅巾，紫窄袍，束帶。丈夫或緑巾〔六五〕，緑花窄袍，中單多紅緑色。貴者被貂裘，貂以紫黑色爲貴，青色爲次。又有銀鼠，尤潔白。賤者被貂毛、羊、鼠、沙狐裘〔六六〕。弓以皮爲絃，箭削樺爲簳，韉勒輕簡，便於馳走〔六七〕。以貂鼠或鵝項、鴨頭爲扞腰。

按三朝契丹傳所言，自幽州迤北至遼主所都中京、上京道里，與五代史四夷附録所載胡嶠所述小異，故並録之，以俟參考。

契丹下

乾興元年，真宗崩，遣使告哀，并贈以遺留物。虜主隆緒聞訃，發哀甚慟，遣使來弔祭。隆緒又謂其國后：「汝可致書大宋皇太后，汝得名通中國，并以珠珂等物獻太后。」又設真宗靈御於范陽閔忠寺，建道場百日，下令國中，諸犯真宗諱易之，又遣使來賀登極。隆緒卒，立四十九年〔六八〕，年六十一，謚天輔皇帝，廟號聖宗，遣使告哀，帝及太后各北向舉哭，詔爲罷朝七日，京師及邊州禁樂七日，遣使祭奠弔慰。隆緒歲獻方物，皆親閱，必使美好中意，守約甚堅，未嘗稍啓邊隙。既卒，其第八子宗真立，小名木不孤，爲皇太子，及即位，軍國事專制於其母順聖元妃，加號曰法天皇太后。

慶曆二年，元昊未平，宗真知中國厭兵，用劉六符議，聚兵幽、涿，聲言入寇，遣使蕭英、劉六符來致書曰：「大契丹皇帝致書兄大宋皇帝，惟瓦橋關南，本石晉所割，而柴氏狂謀，掠我十縣。自太祖創業，始通鄰好，及太宗繼位，才定并、汾，而無名興師，直抵燕、薊，羽召精鋭〔六九〕，禦之獲退。自是移鎮國强兵〔七〇〕，南北王府，歲有戍境之勞，備渝盟之事，竊審專命將臣，薄伐河右，且李元昊稱藩尚主，北朝甥舅之親，設罪合致討，曷不以一介爲報？況營築長隄，堵塞隘路，開決塘水，添置邊軍。既稔猜嫌，慮隳信睦。儻思久好，共遣疑懷，願以晉陽舊附之區〔七一〕，關南元割之縣，見歸敝國〔七二〕，共康黎元。」使者至，雖以請地求婚爲言，而其指頗欲邀歲賂。

仁宗重用兵，遣富弼、符惟忠報以書，曰：「昔我烈考章聖皇帝惠養天下，與大契丹弭兵講好，通聘著盟，迨於纘承，共循謨訓，邊氓安堵垂四十年。茲者專致使臣，貽及緘問，言瓦橋内地，晉陽故封，石氏所割，周朝所復，皆事繫累代，安及本朝。況太宗皇帝親征劉繼元，而北兵來援，以至交鋒石嶺，是以有幽、薊之役。元昊我之叛臣，忌議討除，已嘗遣杜防、郭稹傳道，復云營築堤埭，開決陂澤，蓋霖潦衍溢，當致繕防。至於備塞隘路，閱集兵夫，邊臣常職。彼此何疑，遽興請地之言，殊匪載書之約，宜遵先志，共保鄰懽。」

初，虜在捺鉢没打河，弼、惟忠見行帳，弼曰：「兩朝人主父子，繼好垂四十年，一旦求割地，何也？」宗真曰：「南朝違約，塞鴈門，增塘水，治城隍，籍民兵，意將何爲？群臣請舉兵，吾止之，故遣使求地而已。」弼曰：「北朝忘章聖皇帝之大德乎？澶淵之役，若從諸將言，北兵無得脱者。且與中國通好，則主專所利而臣下無所獲，若用兵，則利歸於臣下而主受其禍。故欲用兵者，皆爲身謀，非國計也。」宗真驚曰：「何也？」弼曰：「晉末帝時，中國狹小，上下離叛，故契丹全師獨克，雖虜獲金幣，充牣大臣之家，而壯士健馬斃者大半，此誰任其禍者？今中國提封萬里，精兵百萬，法令修明，中外一心，北朝欲用兵，能保其必勝乎？」曰：「不能。」弼曰：「勝負未可知，借使必勝，所亡士馬，群臣當之歟，抑人主當之歟？若通好不絶，歲幣盡歸人主，臣下所得止奉使者歲一二人耳，群臣何利焉？」宗真大悟，首肯者久之。

弼又曰：「塞鴈門，備元昊也。塘水始於何承矩，事在通好前，地卑水聚，勢不得不增。城隍皆修舊，民兵亦補其闕耳，非違約也。晉高祖以盧龍一道賂契丹，周世宗復伐取關南，皆異代事。宋興已九十年，若欲各求異代故地，豈北朝利哉！今主上命使臣則有詞矣，曰：『朕爲祖宗守國，必不敢以其地與人，北朝所欲，不過利其租賦耳。朕不欲因争地多殺兩朝赤子，故屈己增幣，以代賦入。若必欲得地，是志在敗盟，假此爲詞耳，朕亦安得獨避用兵乎？澶淵之盟，天地鬼神豈可欺哉！』」宗真感悟，遂欲求婚。弼對：「婚姻易以生隙，不若歲幣之久也。本朝長公主齎送不過十萬緡，豈若歲幣無窮之利。」宗真曰：「而且歸矣，再來當擇一事爲報，宜遂以誓書來。」

弼既歸，復命再同張茂實往聘。詔弼草答詔及誓書。弼請增誓書三事：毋廣開塘淀，增屯兵騎，容受叛士。録副以行，中使持誓書，追至武彊授之。時宰相吕夷簡害之。弼私念三事，前與虜約，萬一書詞同異，則無以反命。乃密啓觀之，果如所料，即奏列其事，先遣屬官蔡挺馳白執政。上亟召對，弼以禮物屬茂實，疾馳至京師，以晡入見，一夕易書而行。既至契丹，宗真求誓書用獻納二字，弼力折之，宗真知不可，乃罷。且約令元昊復來臣。自此遂增銀絹爲五十萬。時契丹實惜盟好，特爲虚聲以動中國，中國方困西師，而宰相吕夷簡持之不堅，許之過厚。其後遂爲無窮之敝，虜既得增幣，因勒石紀功，擢劉六符爲貴官。

四年，元昊納契丹降人，契丹問罪，遣使來告出師。皇祐元年，遣使來言師還，告捷。四年，以契丹賀乾元節書嘗去國號，而稱南北朝，詔兩制、臺諫官議。以爲講和以來，國書有定式，不可輒許，乃詔答書復稱大宋、大契丹。至和元年，使來言通好五十年，宗真思南朝皇帝，無由一會，欲交馳畫像庶瞻覿，以紓兄弟之情。二年，遣以馴象。二年四月，遣使賀乾元節〔七三〕，因持宗真畫像來。其年八月，宗真卒，立二十五年，年四十一，謚文成皇帝，廟號興宗。詔輟朝發哀禁樂，遣使慰奠皆如故事。宗真性輕佻，嘗與教坊使王税輕等數十人約爲兄弟，出入其家，至拜其父母，數變服入酒肆、佛寺、道觀，尤重浮圖法，僧有正拜三公、三師，兼政事令者凡二十人。

子洪朞立。嘉祐元年來聘，再求聖容，又以洪朞像來，詔許之。六年五月，詔河北緣邊安撫，禁北人捕魚於界河。初界河屬我境，而北人潛入河中捕魚採葦，雄州移文涿州，禁詰之，契丹驅所犯人榜境上，及隆緒統和二十四年，亦下令禁約。其後北人或自海口載鹽入界河，涉雄、霸入涿、易，邊吏因循不能止。至趙滋守雄州，遣人射殺其人，破其舟，遂嚴捕魚之禁。自慶曆增歲賂，契丹寖驕，而貴臣杜防將死，又教契丹以辯争小事，無輒置使，中國常爲我所撓，則金帛時至，持久之術也。自此使者之來，多頡頏争禮，被邊數侵禁地。又爲石墻於銀坊城，以動真定之北寨，越耕蕹子，平夜遣人拔我容城柳，朝廷待以異類，雖加鐫諭，亦不鬭直取，必而塘水益廣，兵備甚飭矣。

契丹每歲正月上旬〔七四〕，出行射獵，凡六十日，然後並撻魯河鑿冰釣魚，冰泮，即縱鷹鶻以捕鵝鴈。夏居炭山，或上京避暑〔七五〕，七月上旬，復入山射鹿，夜半，令獵人吹角，效鹿鳴，既集而射之。

賤他姓，貴耶律、蕭氏。其官有契丹樞密院，及行宫都總管司，謂之北面，以其在牙帳之北，以主蕃事；又有漢人樞密院〔七六〕、中書省、行宫都總管司，謂之南面，以其在牙帳之南，以主漢事。其惕隱，宗室也；夷離畢，參知政事也；林牙，翰林學士也；夷離巾，刺史也。内外官多倣中國者。其下佐吏則有敞史、木古、思奴古、都奴古、徒奴古〔七七〕。分領兵馬則有統軍、侍衛、控鶴司、南王、北王、奚王府五帳分提失哥、東西都省太師兵。又有國舅、鈐轄、遥輦、裳衮諸司，南北皮室、二十部族節度，頻必里、九克、漢人、渤海、女真五節度，五冶太師〔七八〕，一百、六百、九百家奚。凡民年十五以上，五十以下，皆籍爲兵。將舉兵，必殺灰牛、白馬，祠天地日及木葉山神。鑄金魚符，調發兵馬。其捉馬及傳命有銀牌二百。軍所舍，有遠探攔子馬〔七九〕，以夜聽人馬之聲。每其主立，聚所剽人户、馬牛、金帛，及其下所獻生口，或犯罪没入者，别爲行宫領之。建州縣，置官屬。既死則設大穹廬，鑄金爲像。朔望節辰忌日，輒致祭。築臺高丈餘，以盆焚酒食〔八〇〕，謂之燒飰。

十宫各有民户，出兵馬，阿保機曰洪義宫，德光曰永興宫〔八一〕，兀欲曰積慶宫，述律曰延昌宫，明記曰章敏宫，突欲曰長寧宫〔八二〕，燕燕曰崇德宫，隆緒曰興聖宫，隆慶曰敦睦宫，隆運曰文忠王府。又有四樓，在上京者曰西樓，木葉山曰南樓，龍化州曰東樓，唐州曰北樓。凡受册，積柴升其上，大會蕃夷其下，已，乃燔柴告天，而漢人不得預。有譯子部百人，夜以五十人番直。四鼓將盡，歌於帳前，號曰「聒帳」。每謁拜木葉山，即射柳枝，譯子唱番歌，前導彈胡瑟和之，已事而罷。

三歲一試進士，貢院以二寸紙書及第者姓名給之，號「喜帖」。明日，舉案而出，樂作；及門，擊鼓十二面，云以法雷震。

自阿保機相承二百餘年，盡有契丹、奚、渤海及幽、燕、雲、朔故地，四面與高麗、安定女真、黑水、灰國、屋惹國、破古魯、阿里眉、鐵離、靺鞨、党項、突厥、土渾、于厥、哲不古、室韋、越離喜等諸國相鄰，高昌、龜兹、于闐、大小食、甘州人，時以物貨至其國，交易而去。土宜羊馬，馬庳而善走。人能寒苦而衆。故諸國憚之。

每正兵一名，自備馬三匹〔八三〕，鞴鞍、馬甲皮鐵視其力。人鐵甲九事〔八四〕，打草穀、守營鋪家丁各一，弓四，箭四百，長短鎗、錙錛、鉞斧、小旗、鎚錐、火刀石、馬盂、粆袋、搭鉤、氊傘各一，縻馬繩二百尺，粆一㪷，以九月末南來，十二月，退散，伐桑柘園圃，焚燒室屋，虜掠老幼婦女。所過城邑，不可擊者，聲言治攻具〔八五〕，脅使自守不出。每城門輒以百餘人刺候，或城中突出，力不敵則走還，集衆兵往鬬，號簇門兵。津濟徑路，皆巡視絞絡，若攻城，驅所掠老幼運薪土，塞池壕，引滿以居其後。置陣必預度山水地闊狹。馬五百或七百爲隊，每十隊次第更進，以一隊奔突哮噉，擾我軍疲困，則退而飲食休息，新羈者進，回環不已。又以草穀家丁揚塵助聲勢於其旁。官軍多步兵裹糧負甲，退而食息，又爲所乘，若累日不解，則困於賊，戎主則以精兵自隨，命曰護駕兵馬，其大略如此。

自隆緒改元統和，至二十九年改開泰，訖九年，明年改太平，至十一年，宗真立，改景福，明年又改重熙。重熙二十三年，洪朞立，改清寧，清寧九年，即嘉祐八年也〔八六〕。仁宗崩〔八七〕，遣使弔祭，英宗登極〔八八〕，遣使來賀。既而修涿、易二州城，增兵馬，葺器械，積芻糧，而燕民數漁我界河，至遣兵遮護，官軍相與鬬射，或追焚其舟，又創遣邏騎越拒馬河，入歸信、容城兩屬地內。緣邊安撫王臨，請於保州塘濼西，築隄植木，引水種稻，爲方田作溝，以限戎馬。

熙寧初，王師取熙河，置河北三十七將，籍保甲，廣武備，洪朞疑焉，數欲辯争小事，以嘗試中國。七年，遂遣蕭禧來致書，謂：「蔚、應、朔三州土田，昨安鋪舍，南北永標於定限〔八九〕，往來悉絶於姦徒。洎覽舉申，輒爲侵擾，或營修戍壘，或存止居民〔九〇〕，皆是守邊之冗員，不顧睦鄰之大體，妄圖勳賞，深越封陲。今屬省巡，遂令按視，備詳端實〔九一〕，盡合拆移。爰遣介軺，特垂緘報，據侵入當界地里，所起鋪形之處，早令毀撤，却於久來元定界至，再行安頓，豈惟疆埸之内〔九二〕，不見侵踰，兼於信誓之間，且無違爽。」禧自雄州來，知州王慶民以誓書不許泛使入境，拒不得進。慶民卒，後守周永清遂納之。

二月，禧到闕，以河東地界爲言，且及雄州修城、白溝驛創箭窗，及趙用越境事。帝面諭以三州地界，當遣官會北朝官檢視定奪，雄州外城，自嘉祐年中因舊繕修，固非創築，有違誓書，今當罷止。其役白溝館舍，如果有修營，並令拆去，固嘗累飭邊臣，不令生事。昨趙用擅入北境，即已降停，今郭庠侵入本界，仍復射傷戍人，理須應敵如北朝。近差巡馬，乃是創興事端，此無可施行者。禧奉詔而退，又命韓縝報聘，遣太常少卿劉忱等會其臣蕭素於代州境上，往復累月，議不決。

八年三月，禧再來致書言，上命縝等乘驛往河東計議，禧必欲以分水嶺爲界，帝患之，詔詢故相文彦博、富弼、韓琦、曾公亮以可與不可許之狀。故事，使者留京師不過十日，禧過期不肯行，帝遣内侍李憲許以長連城、六蕃嶺爲界，禧猶不從，帝不得已，議先遣沈括報聘。樞密院言，本朝邊臣照用長連城爲界，有公牒六十，初無指古長城〔九三〕、分水嶺之文。是時，彦博等四人皆上章，以爲不可與地，而王安石言於帝曰：「將欲取之，必固與之。」於是詔不論有無照驗，令於分水嶺擗撥，遣使持示禧，禧乃辭去。往時界於黄嵬山麓，我可以下瞰其應、朔、武三州，既以嶺與之，虜遂反瞰忻、代州，東西失地七百里。七月命韓縝等往交新疆。

元豐初，又以索覘人李福壽之故，妄占瓶形寨地，縱騎入塞踐稼，河東安撫劉舜卿以爲言，尋捕得逃民王善及妻子，皆蒙塞其耳目，械以還之。然猶時有亡命者若于惟孝、程全官、程岀、武備、翟公僅輩，皆嘗刺其陰事以報我，及告捕姦邏，懼而來歸，朝廷悉命以班行處之江南。

洪朞能守成，柔惠愛民，安靜不撓，然嬖幸其臣耶律英弼〔九四〕，英弼與太子濬有隙，潛畜甲士謀殺之。其母與琵琶工通，英弼又引洪朞視之，母自縊死。濬有遺腹子延禧，時未生，故免於難。英弼益專恣，累封魏王，北人諺云：「寧違敕旨，無違魏王白帖子。」其後國相梁益介殺英弼，坐死者千餘人，乃立延禧爲太孫。元符二年，遣泛使蕭德崇等至，時方討夏國，故爲其游説，帝亦遣使報之，而不從其請。三年，哲宗崩，徽宗即位，遣使來弔祭，聘賀如故事。明年正月，洪朞死，在位四十七年。其紀元自清寧改咸雍〔九五〕，改太康，又改大安，皆盡十年，然後爲壽隆〔九六〕，至七年終，廟號道宗，詔輟朝禁樂，遣使弔祭如故事。

建中靖國元年，延禧即位，號天祚皇帝，改元乾統。崇寧中，朝廷討西夏，夏人求救於遼，遼遣使來。蔡京爲相，喻度所以來之意，議先遣使往乞師，以塞其請。延禧得乞師之書，怒曰：「我本遣人往南朝和解，今番來借兵，用相玩爾。」五年，又遣使來議夏國疆界。後乾統十一年，改元天慶，是歲，政和元年也。

自延禧在位，貪縱不道，諸國附從者皆有離心。四年八月，女真首領阿骨打遂叛，集所部甲馬二千，犯東境寧江州。延禧方射鹿秋山，聞亂小之，不以介意，遣海州刺史高仙壽帥渤海兵千人討之，敗焉，遂陷寧江。始時，州有榷易場，女真以金珠、蜜蠟爲市，率爲州人賤直彊買，且拘辱之，謂之「打女真」。至是，逞憾殺城民無噍類，獲遼甲三千，退長白山之阿朮火〔九七〕。延禧自秋山將之顯州冬山射虎，聞警不行。十月，遣樞密使蕭奉先之弟，殿前都點檢嗣先爲東北路都統，静江軍節度使蕭撻勃副之〔九八〕，帥契丹、奚兵五千，屯出河店，臨白江〔九九〕，與女真對壘。時北方久無事，奚、契丹聞軍興，皆願奮行希賞，至挈其孥以從，而不設備。女真潛度混同江掩擊之，嗣先軍張皇未及陣而兵交，遂奔潰，子女輜重牛羊金帛，悉爲所得，又追襲百里，殺都押管、安州防禦使崔公議、商州刺史邢穎。

遼人故事，漢人不預軍國大議，自兩戰之敗，始召宰相張琳、吴庸付以東征事。琳、庸皆書生，無將略，奏言：「前日之敗，失於輕舉，若用漢兵二十萬分路進討，無不克矣。」延禧與之十萬，命中京、上京〔一〇〇〕、長春、遼西四路課民家貲，每及三十萬者調一卒，富家至調一二百人，以十二月爲期，民多鬻産。琳、庸統御無法，器仗聽從便，但持刀矛氊甲備數，而弓弩鐵甲百無一二。於是分四道並進，雜以蕃軍，樞密副使耶律斡離朶出淶河路，黄龍尹耶律寧出黄龍路，復州節度使蕭涅曷出咸州路〔一〇一〕，左祇候郎君蕭阿古出好早谷路〔一〇二〕，獨淶河一軍深入遇敵，才交鋒稍却退，斡離朶以爲漢軍遁，即領奚、契丹兵棄營而奔。翌日，所留漢衆三萬，自推將作少監武朝彦爲將，再戰，再敗。餘三道軍聞之，各退保其疆。不數月，盡爲女真攻陷。

蕭嗣先之敗也，士卒多逃歸，奉先懼其弟獲罪，妄云：「潰兵畏誅，所至剽掠，若不一赦，將爲腹心患。」延禧從之，詔一切勿問，自是出征者皆曰：「戰則有死而無功，退則有生而無罪。」故士無鬬志，遇敵輒奔。五年，延禧下詔親征，其臣耶律章奴以延禧不道，謀廢之，而立其叔父秦晉國王耶律淳。謀泄，延禧殺章奴，待淳如初。延禧兵至鴨緑江〔一〇三〕，女真縱擊之，延禧督戰三合，俱不利，衆相隨而潰。是歲，朝廷遣賀生辰正旦使，至虜庭留兩月，不見而還。

延禧募渤海武勇軍高永昌等二千人，屯白草谷。契丹昔滅渤海，建爲東京，時留守蕭保先爲政苛酷。六年，渤海十數人殺保先，於是武勇軍因之作亂〔一〇四〕，還據東京，推永昌爲渤海皇帝。遼東五十餘州盡没，獨瀋州未下〔一〇五〕，張琳州人也，請討之。募兵二萬人，自顯州進軍攻渤海，永昌兵敗，遁入海，追斬之。

緣邊奏虜亂，帝屢詔邊臣，毋得輒有所陳，邀功生事，貽禍邊鄙。而童貫已啓北伐之議，會奉使陶説及前通判保州張翯等言：「遼雖爲女真所挫，而上下未叛，其國尚立，邊臣迎合，撰爲事端，以誤朝聽，不可不察。」乃止。

先是，延禧命叔淳爲元帥，宰相蕭德恭副之，募遼東飢民得二萬人，謂之怨軍。淳嘗守遼陽，得人心，欲倚之復遼東，未出境而兵亂，乃强率衆度遼水，欲下瀋州，急攻未能拔。或報女真至，乃引還。是年夏，再命淳會兵防秋，至陰凉川，聞怨軍兩營以無衣叛。十一月，留大軍於衛州蒺藜山就糧，自領輕騎二千赴顯州討叛者。次懿州，忽報女真前軍已過，乃號召大軍會徽州。八年正月，與女真遇，陣未合而潰。淳以麾下五百騎保長泊，女真入新州〔一〇六〕，節度使王從輔開門降，大掠而去。又破乾、顯等州，以馬疲而歸。

延禧在中京，初聞敗，震懼，潛令内庫裒珠玉珍玩五百囊，擇駿馬二千匹，私謂左右：「若女真必來，吾有日行五百里馬，又與南宋爲兄弟，夏國爲舅甥，何憂哉？所憂者，兵民被害耳。」及女真歸，邊備小寬，延禧復自肆，女真遂陷黄龍府、咸、信、蘇、復五十餘州，據遼東、長春兩路。阿骨打自號大金國，遣人議和，約十事，邀求封册爲皇帝。延禧付南北大臣議，蕭奉先等喜自此無患，請許之，遣静江軍節度使蕭習泥烈〔一〇七〕、歸州觀察使張孝偉爲封册慶問使，備儀物輅冕，册爲東懷皇帝。阿骨打大怒，叱出習泥烈等腰斬之，諸酋爲謝，乃解，酋人笞百餘。十一年，改元保大，是歲，宣和三年也。金人破上京，凡祖、懷、慶州，乾、顯州境内木葉山，遼國上世冢塋所在，皆焚劫發掘無遺。

延禧有子四人，長曰趙王，母趙昭容；次曰晉王，母文妃；次秦王、許王，母元妃。晉王賢而有人望，蕭奉先，元妃兄也，欲立其甥秦王，文妃姊適耶律撻曷里〔一〇八〕，妹適耶律余睹。奉先疑二人欲立晉王，譖殺文妃及撻曷里并其妻，余睹懼，擁千餘騎叛歸金國。時金人悉師度遼而西，用余睹爲先鋒。二年正月，陷中京，延禧懼，即日出居庸關，入鴛鴦泊。尋聞余睹至〔一〇九〕，奉先謂延禧曰：「余睹宗支也，豈欲遼亡哉！不過來立其甥晉王耳，何惜一子伐其姦謀。」延禧惑之，乃賜晉王死，王賢，死不以罪，聞者無不揮涕，自此衆心益攜。

延禧畏逼，率禁衛五千奔雲中，中道稍引去，能從者趙王、梁王與三百餘騎，幾爲敵所及，過雲中，囑留守蕭查剌曰：「賊至矣，善守城。」亟入天德，趨漁陽嶺，入陰夾山，謂奉先曰：「誤我至此，皆汝之由。汝亟去，恐人不汝容，并及我。」奉先痛哭辭去，行未十里，左右追殺之。金人至雲中，查剌迎降。陰夾山者，在沙漠之北，有陷淖六十里，他虜不能至。金人駐兵鴛鴦泊，經營之，涉歷時月，遼人無主，命令不通。

初，延禧留張琳、李處温與叔淳守燕，至是處温與蕭幹挾怨軍郭藥師等謀立淳。三月，率燕京民數萬人入府勸進，琳有難色，曰：「居攝可矣，何必爲真。」處温不可，淳出，遽被以赭袍，淳慟哭力辭，不得已，遂僭即位，稱天錫皇帝，下詔廢延禧爲湘陰王，燕、雲、平、中、上京、遼西六路，淳主之，沙漠以北，西南、西北兩都招討，諸蕃部族，延禧主之。遼國自此分矣。舊有馬數千群，群以千計，皆良馬也，上世常擇三萬匹，歲牧於雄、滄兩境之間，謂之南征馬，意夸示中國。及金人入寇，民馬衰，每匹價至三十萬，無鬻者，官馬雖多，未嘗以頒將士。延禧入夾山之後，有司悉以群牧獻於金人，唯松漠以北者爲大石林牙所有。

淳既立，遣知宣徽院蕭撻勃也、樞密副承旨王琚來告謝〔一二〇〕，帝以延禧尚在，淳安得擅立，却而不受。初，易州淶水人董才，沉雄果敢，爲鄉軍隸官，與女真戰敗，主將欲斬之，才亡命山谷，集衆至千人，剽掠郡縣，飛狐、靈丘入雲、朔〔一二一〕，至岢嵐三界谷來歸，知軍解潛以聞，詔賜姓名曰趙詡，以爲閤門宣贊舍人，從者皆拜官，使詣童貫。詡見貫，屢言淳可取，於是貫决計出師，駐於雄州，以劉延慶爲東西兩路都統制，种師道總東路兵，屯白溝，王稟、楊惟忠、种師中、王玶、趙明、王志爲偏裨〔一二二〕，辛興宗總西路兵，屯范村，楊可世、王淵、焦安節、劉光國、光世、冀景、曲奇、王育、吴子厚爲偏裨，貫張榜招諭燕民來歸，又使歸朝官張憲等入燕諭淳以禍福，使之舉國内附。淳執而斬之，遣王子班、耶律大石林牙、蕭曷魯爲西南面都統，領千五百人，屯涿州新城，使王介儒語貫曰：「欲和即還作善鄰，不欲和請以兵相見，大暑中無徒苦諸軍也。」楊可世將輕騎進戰，師不利。辛興宗等戰於范村，復北。乃議班師。虜以敗盟責我，追至雄州，北風大雨雹，我軍不能視，薄暮始解。

未幾淳卒，知中山府詹度言契丹無主，燕人願歸國，王黼力主再舉之議，於是悉諸道兵二十萬，期九月會三關。淳既死，私謚曰宣宗。蕭幹立其妃蕭氏爲皇太后。后既立，幹專政，國人遂貳，其易州守將王琮、涿州留守郭藥師舉二州來降。蕭后聞之，與其臣議曰：「事至於此，苟可以託國，吾即從之。」或言：「女真兵盛，勢不可遏，可以休附。」或言：「大宋百年歡好，信誓可倚。」后曰：「二説皆可行。」乃遣使二國，令蕭容、韓昉等使於我，又令章言中使於金，皆奉表稱臣妾。昉至，童貫、蔡攸以其止納款，麾去之，曰：「非納土不可。」昉笑曰：「納款即納土也。」乃以表聞。

初，李處温謂中國可仗説蕭后，且密約貫、攸欲以后及燕山來歸，貫、攸不能周旋其間，事寖泄，或詣后告之，后殺處温而拒王師。貫、攸乃令劉延慶、郭藥師等自雄趨新城，劉光世、楊可世自安肅軍出易州，遂會於涿州。時兵衆五十萬，進駐盧溝河，契丹四軍，蕭幹亦於燕城十里外築壘與我師相拒，日遣騎渡河擊我，嘗縱兵犯中軍。藥師言四軍者，既以全師抗我，則燕必虚，宜遣輕騎襲之。延慶即用其策，選常勝兵并西兵五千騎，間道襲燕，夜半渡河，銜枚而進。質明，常勝軍五千騎雜鄉人奪迎春門以入，大軍繼至，下令曰：「燕人盡降，契丹盡殺。」不意契丹兵尚多，而我師已驕，所至紛然肆掠，藥師遣人諭蕭氏使降，不從，我師與虜合戰，至晚不解。

蕭幹知我師入燕，亟來救，或告藥師城外塵起，必有救兵至，諸將皆謂延慶遣兵來助，登高望之，則燕王冢上立四軍旗矣。四軍兵自南門入，人皆死鬬，藥師屢敗，奔門不得出，盡棄馬，縋城而下，死傷過半，還者數百騎而已。時大軍屯盧溝河者未動，蕭幹兵纔數千，得漢兩人留帳中，夜半僞相語曰：「聞漢兵十萬，吾師三倍，當分左右翼，以精兵衝其中，舉火爲應，殲之無遺。」陰逸其一人歸報，既夕而遁，衆軍遂潰，自相蹂踐而死。幹遣騎來追，至涿水北，乃回。自熙寧以來，所積軍實，掃地盡矣。

十二月，金人陷居庸關，蕭后率蕭幹等遁，左企弓等迎降。后東走至松亭關，議所向，大石林牙欲歸延禧，蕭幹奚人也，欲往其國，淳之婿蕭勃迭曰：「今日固合歸天祚，然見之有何面目？」林牙命牽出斬之，於是契丹軍從林牙，奚軍從幹，林牙挾后見延禧，延禧先已下詔追削淳官爵，貶后爲庶人，改姓虺氏矣。至是殺后而赦林牙。幹僭號大奚國神聖皇帝，領衆出盧龍嶺，攻陷景、薊，燕山安撫使王安中遣郭藥師討斬之。

延禧鳩集散亡，勢少振，帝間使胡僧與之約，許迎至京師，待以皇兄之禮，位燕、越二王上，築第千間，實以女樂三百。延禧大喜，會阿骨打死，弟吴乞買立。其將粘罕自雲中東歸，以兀室代主兵，延禧謂其去，又得大石林牙兵，陰山以三萬騎助之，謂天且中興，欲擣山後之虚，復燕雲地。林牙諫曰：「自金虜入長春、遼陽，車駕跳奔〔一三〕，當兵力全盛時，不能一戰。今舉國爲所有，乃欲嬰其鋒，非計也。不如蓄鋭待時，毋輕舉以取辱。」不聽，林牙稱病不行。四年冬，延禧携后妃、二子及宗屬出夾山，南下武州，兀室盛兵遮其歸路，戰於奄遏下水〔一四〕，兀室伏千騎山間〔一五〕，出後，顧之驚潰。延禧奔山，金人盡得其妻子，延禧計窮，欲投夏國，夏人不敢納，乃之小鞠䩮〔一六〕。五年正月，與金國將婁宿遇，時從騎尚千餘，有金鑄佛像，長丈有六尺，他寶貨稱是，皆委之而遁，竟爲所及。婁宿下馬跪於前，捧觴而進，遂俘以還，吳乞買封爲海濱王，處之長白山東。凡在位二十五年，踰歲而死，契丹由是遂亡。自阿保機至天祚凡九代。

校勘記

〔一〕以爲左羽林將軍　「左」，續資治通鑑長編卷一〇開寶二年九月庚申條作「右」。

〔二〕我以二十疋絹購一胡人首　「十」下原衍「四」字，據續資治通鑑長編卷一一開寶三年十一月甲寅條删。

〔三〕賀來年正旦　「旦」原作「月」，據宋史卷三太祖紀三、續資治通鑑長編卷一六開寶八年十二月甲子條改；宋會要蕃夷一之三作「月」。

〔四〕其使耶律延顆來賀長春節　「顆」原作「顒」，據宋史卷三太祖紀三、宋會要蕃夷一之三改；續資治通鑑長編卷一七開寶九年二月辛亥條作「寧」。

〔五〕及數萬衆屯城北　「及數萬衆」，宋會要蕃夷一之五作「凡萬餘衆」。

〔六〕知順州劉延素率官屬十四人降　「劉延素」，宋會要蕃夷一之五作「劉廷素」。

〔七〕保静軍節度劉遇東面　「保静軍」，續資治通鑑長編卷二〇太平興國四年六月壬申條作「彰信」。

〔八〕宋偓　原作「宋握」，據上文及宋史卷二五五宋偓傳改。下同。

〔九〕著作郎曹諫慮不能守　「郎」原作「都」，據宋會要蕃夷一之一三改。

〔一〇〕豐州王承美言　「州」字原脱，據宋史卷二五三王承美傳、宋會要蕃夷一之一三補。

〔一一〕既而使卒不至　「而」字原脱，據宋會要蕃夷一之二二補。

〔一二〕契丹于越王下五寨監使馬守玉等百七十口内附　「于」原作「於」，「下」字原脱，據宋會要蕃夷一之二三改補。

〔一三〕即號爲東京者也　「爲」下原有「界」字，據續資治通鑑長編卷五五咸平六年七月己酉條、宋會要蕃夷一之二七删。

〔一四〕又東北六百里至烏惹國　「東」原作「京」，據續資治通鑑長編卷五五咸平六年七月己酉條改。

〔一五〕又北至女真　「女真」原作「女貞」，據續資治通鑑長編卷五五咸平六年七月己酉改。下同。

〔一六〕遣其右監門衛大將軍姚東之來聘　「姚東之」原作「姚東之」，據續資治通鑑長編卷五八景德元年十二月癸未條、遼史卷一四聖宗紀五改。下同。

〔一七〕瀛代州部送契丹降人赴闕　「赴闕」二字原脱，據宋會要蕃夷一之三三補。

〔一八〕遣孫僅等往使　「孫僅」原作「孫瑾」，據元本、慎本、馮本及續資治通鑑長編卷五九景德二年二月癸卯條、宋會要蕃夷一之三四改。下同。

〔一九〕又遣使來賀來年正旦　「旦」原作「月」，據宋史卷七真宗紀二、續資治通鑑長編卷六一景德二年十二月庚子條改。

〔二〇〕户部副使宋摶使還　「宋摶」原作「宋搏」，據續資治通鑑長編卷六八大中祥符元年二月丁卯、宋會要蕃夷二之一改。

〔二一〕是年其相韓德讓死　此句承上文「二年十二月蕭氏卒」，則是年亦指大中祥符二年，但據遼史卷一五聖宗紀六，韓德讓死於遼統和二十九年，即宋大中祥符四年，而宋會要蕃夷一之三，繫其死於大中祥符三年記事中。

〔二二〕其年　按「其年」承上文「二年十二月蕭氏卒」及「是年其相韓德讓死」而來，似爲大中祥符二年事，但據續資治通鑑長編卷七四記載，當爲大中祥符三年事，與遼史卷一五聖宗紀六統和二十八年記事相合，則「其年」當爲「三年」。

〔二三〕後至中京又至上京　上「至」字原作「署」，下「至」字原作「置」，據續資治通鑑長編卷七九大中祥符五年十月己酉條、契丹國志卷二四王沂公行程録改。

〔二四〕古督亢亭之地　「古」原作「右」，據續資治通鑑長編卷七九大中祥符五年十月己酉條、契丹國志卷二四王沂公行程録改。

〔二五〕度盧溝河　「盧溝河」原作「盧孤河」，據續資治通鑑長編卷七九大中祥符五年十月己酉條、契丹國志卷二四王沂公行程録改。

〔二六〕城南門内有于越王廨　「内」，續資治通鑑長編卷七九大中祥符五年十月己酉條同，遼史卷四〇地理志四、契丹國志卷二四王沂公行程録、宋會要蕃夷二之七皆作「外」。

〔二七〕南即桑乾河　「南」字原脱，據續資治通鑑長編卷七九大中祥符五年十月己酉條、契丹國志卷二四王沂公行程録、宋會要蕃夷二之七補。

〔二八〕將至館　此三字原脱，據遼史卷三九地理志三、續資治通鑑長編卷七九大中祥符五年十月己酉條、契丹國志卷二四王沂公行程録、宋會要蕃夷二之七補。

〔二九〕自此入山屈曲登陟無復里堠　「此」字原脱，「堠」原作「候」，據遼史卷三九地理志三、續資治通鑑長編卷七九大中祥符五年十月己酉條、契丹國志卷二四王沂公行程録、宋會要蕃夷二之七補改。

〔三〇〕本范陽防扼奚契丹之所　「丹」字原脱，據續資治通鑑長編卷七九大中祥符五年十月己酉條、契丹國志卷二四王沂公行程録、宋會要蕃夷二之七補。

〔三一〕俗名思鄉嶺　「思鄉」原作「思卿」，據遼史卷三九地理志三、續資治通鑑長編卷七九大中祥符五年十月己酉條、契丹國志卷二四王沂公行程録、宋會要蕃夷二之七改。

〔三二〕又過墨斗嶺亦名度雲嶺　「墨」，契丹國志卷二四王沂公行程録同，陳襄使遼語録、沈括使遼圖抄、蘇頌使北詩並作「摸」；「度」，同上契丹國志作「渡」。

〔三三〕號曰踏鎚　「鎚」原作「追」，據續資治通鑑長編卷七九大中祥符五年十月己酉條、契丹國志卷二四王沂公行程録、宋會要蕃夷二之七改。

〔三四〕甚險峻　「峻」原作「嶮」，據遼史卷三九地理志三、續資治通鑑長編卷七九大中祥符五年十月己酉條、契丹國志卷二四王沂公行程録、宋會要蕃夷二之七改。

〔三五〕自此漸出山　「此」原作「北」，據遼史卷三九地理志三、宋會要蕃夷二之八、契丹國志卷二四王沂公行程録改。

〔三六〕又有市樓四曰天方大衢通闤望闕　「四」原作「門」，「方大」二字原脱，據遼史卷三九地理志三、續資治通鑑長編卷七九大中祥符五年十月己酉條、宋會要蕃夷二之八、契丹國志卷二四王沂公行程録改補。

〔三七〕城内西南隅岡上有寺　「上」原作「山」，據遼史卷三九地理志三、續資治通鑑長編卷七九大中祥符五年十月己酉條、契丹國志卷二四王沂公行程録、宋會要蕃夷二之八改。

〔三八〕自過古北口即蕃境　「北」字原脱，據續資治通鑑長編卷七九大中祥符五年十月己酉條、契丹國志卷二四王沂公行程録、宋會要蕃夷二之八補。

〔三九〕居人草庵板屋　「屋」原作「壁」，據遼史卷三九地理志三、續資治通鑑長編卷七九大中祥符五年十月己酉條、契丹國志卷二四王沂公行程録、宋會要蕃夷二之八改。

〔四〇〕但無桑柘　「無」原作「有」，據遼史卷三九地理志三、續資治通鑑長編卷七九大中祥符五年十月己酉條、契丹國志卷二四王沂公行程録、宋會要蕃夷二之八改。

〔四一〕自中京正北八十里至臨都館　「正」原作「至」，據續資治通鑑長編卷八八大中祥符九年九月己酉條、契丹國志卷二四富鄭公行程録、宋會要蕃夷二之八改。

〔四二〕又四十里至官窑館　「官」字原脱，據續資治通鑑長編卷八八大中祥符九年九月己酉條、契丹國志卷二四富鄭公行程録、宋會要蕃夷二之九補。

〔四三〕又五十里至姚家寨館　「寨」字原脱，據宋會要蕃夷二之九、契丹國志卷二四富鄭公行程録補。

〔四四〕渤海人居之　「之」字原無，據續資治通鑑長編卷八八大中祥符九年九月己酉條、契丹國志卷二四富鄭公行程録、宋會要蕃夷二之九補。同上諸書「渤海」上有「今」字。

〔四五〕又五十里至長泰館　「泰」字原脱，據續資治通鑑長編卷八八大中祥符九年九月己酉條、契丹國志卷二四富鄭公行程録、宋會要蕃夷二之九補。

〔四六〕即契丹舊境　「即」字原脱，據續資治通鑑長編卷八八大中祥符九年九月己酉條、宋會要蕃夷二之九、契丹國志卷二四富鄭公行程録補。

〔四七〕知制誥宋綬充使　「宋綬」原作「宋緩」，據續資治通鑑長編卷九六天禧四年九月辛酉條、宋會要蕃夷二之九改。

〔四八〕自中京過小河　宋會要蕃夷二之九同，續資治通鑑長編卷九七天禧五年九月甲申條「河」下有「東」字。

〔四九〕由古北口至中京北皆奚境　「口」字原脱，據續資治通鑑長編卷九七天禧五年九月甲申條、宋會要蕃夷二之九補；同上宋會要「口」下有「北」字。

〔五〇〕凡六十里至羖攊河館　「至」字原脱，據續資治通鑑長編卷九七天禧五年九月甲申條、宋會要蕃夷二之九補。

〔五一〕自此入山　「此」原作「北」，據續資治通鑑長編卷九七天禧五年九月甲申條、宋會要蕃夷二之九改。

〔五二〕七十里至訥都烏館　「訥」原作「内」，據續資治通鑑長編卷九七天禧五年九月甲申條、宋會要蕃夷二之一〇改。

〔五三〕蕃語謂山爲訥都水爲烏　「都」字原脱，據續資治通鑑長編卷九七天禧五年九月甲申條、宋會要蕃夷二之一〇補。

〔五四〕七十里至香子山館　「香子山」，宋會要蕃夷二之一〇同，續資治通鑑長編卷九七天禧五年九月甲申條作「香山子」。

〔五五〕國主曾於此過冬　「於」字原脱，據續資治通鑑長編卷九七天禧五年九月甲申條補。

〔五六〕又歷荆榛荒草　「又」原作「及」，據續資治通鑑長編卷九七天禧五年九月甲申條、宋會要蕃夷二之一〇改。

〔五七〕至木葉山　「至」字原脱，據續資治通鑑長編卷九七天禧五年九月甲申條補。

〔五八〕馬上附胡人而坐　「馬」原作「焉」，據續資治通鑑長編卷九七天禧五年九月甲申條、宋會要蕃夷二之一〇改。

〔五九〕蕃俗喜罩魚　「喜」字原脱，據續資治通鑑長編卷九七天禧五年九月甲申條、宋會要蕃夷二之一〇補。

〔六〇〕設氊廬於河冰之上 「冰」字原脱，據宋會要蕃夷二之一〇補。

〔六一〕隆慶卒 此三字原脱，據續資治通鑑長編卷九七天禧五年九月甲申條補。

〔六二〕服紫窄袍 「窄袍」原作「穿袍」，據續資治通鑑長編卷九七天禧五年九月甲申條、宋會要蕃夷二之一〇、契丹國志卷二三衣服制度改。下同。

〔六三〕以黄紅色條裹革爲之 「裹」原作「裹」，據續資治通鑑長編卷九七天禧五年九月甲申條、宋會要蕃夷二之一〇、契丹國志卷二三衣服制度改。

〔六四〕無簷 「無」字原脱，據續資治通鑑長編卷九七天禧五年九月甲申條、宋會要蕃夷二之一〇、契丹國志卷二三衣服制度補。

〔六五〕丈夫或緑巾 「巾」，續資治通鑑長編卷九七天禧五年九月甲申條、宋會要蕃夷二之一〇、契丹國志卷二三衣服制度作「中單」。

〔六六〕沙狐裘 「狐」字原脱，據續資治通鑑長編卷九七天禧五年九月甲申條、宋會要蕃夷二之一一、契丹國志卷二三衣服制度補。

〔六七〕鞴勒輕簡便於馳走 「簡」原作「缺」，據續資治通鑑長編卷九七天禧五年九月甲申條改。「便」字原脱，據同書及宋會要蕃夷二之一一、契丹國志卷二三衣服制度補。

〔六八〕立四十九年 「四十九」原作「二十四」，據遼史卷一七聖宗紀八、契丹國志卷七聖宗天輔皇帝改。

〔六九〕羽召精鋭 「羽召」，契丹國志卷二〇關南誓書作「羽石」。

〔七〇〕自是移鎮國强兵 「移」原作「穆」，據續資治通鑑長編卷一三五慶曆二年三月己巳條、宋會要蕃夷二之一三改。

〔七一〕願以晉陽舊附之區　「願」，續資治通鑑長編卷一三五慶曆二年三月己巳條、宋會要蕃夷二之一三作「曷若」。

〔七二〕見歸敝國　「見」，續資治通鑑長編卷一三五慶曆二年三月己巳條、宋會要蕃夷二之一三作「具」。

〔七三〕遣使賀乾元節　「元」原作「天」，據局本及續資治通鑑長編卷一七九至和二年四月己亥條、宋會要蕃夷二之一七改。

〔七四〕契丹每歲正月上旬　「正月」二字原脱，據續資治通鑑長編卷一一〇天聖九年六月己卯條、契丹國志卷二三漁獵時候補。

〔七五〕或上京避暑　「上京」原作「上徑」，據續資治通鑑長編卷一一〇天聖九年六月己卯條改。

〔七六〕及行宫都總管司謂之北面以其在牙帳之北以主蕃事又有漢人樞密院　此二十九字原脱，據續資治通鑑長編卷一一〇天聖九年六月己卯條、契丹國志卷二三建官制度補。

〔七七〕徒奴古　「古」字原無，據續資治通鑑長編卷一一〇天聖九年六月己卯條、契丹國志卷二三建官制度補。

〔七八〕五冶太師　契丹國志卷二三建官制度作「五治大師」。

〔七九〕有遠探攔子馬　「攔」，續資治通鑑長編卷一一〇天聖九年六月己卯條、契丹國志卷二三建官制度作「欄」。

〔八〇〕以盆焚酒食　契丹國志卷二三建官制度同，續資治通鑑長編卷一一〇天聖九年六月己卯條無「酒」字。

〔八一〕德光曰永興宫　「永興」原作「永輿」，據續資治通鑑長編卷一一〇天聖九年六月己卯條、契丹國志卷二三宫室制度改。

〔八二〕突欲曰長寧宫　「突欲」原作「突厥」，據續資治通鑑長編卷一一〇天聖九年六月己卯條、契丹國志卷二三宫室制度改。

〔八三〕自備馬二匹　「二匹」，遼史卷三四兵衛志上作「三匹」。

〔八四〕人鐵甲九事　「甲」原作「中」，據馮本及遼史卷三四兵衛志上改。

〔八五〕聲言治攻具　「具」原作「其」，據局本改。

〔八六〕即嘉祐八年也　「嘉祐」原作「治平」，「八」原作「四」，據遼史卷二二道宗紀、契丹國志卷九道宗天福皇帝改。

〔八七〕仁宗崩　「仁宗」原作「英宗」，據遼史卷二二道宗紀、契丹國志卷九道宗天福皇帝改。

〔八八〕英宗登極　「英宗」原作「神宗」，據遼史卷二二道宗紀、契丹國志卷九道宗天福皇帝改。

〔八九〕南北永標於定限　「限」原作「舍」，據續資治通鑑長編卷二五一熙寧七年三月丙辰條、宋會要蕃夷二之二一、契丹國志卷二〇大遼求地界書改。

〔九〇〕或存止居民　「存」字原脱，據續資治通鑑長編卷二五一熙寧七年三月丙辰條、宋會要蕃夷二之二一補；契丹國志卷二〇大遼求地界書作「或存止居舍」。

〔九一〕備詳端實　「實」原作「貫」，據續資治通鑑長編卷二五一熙寧七年三月丙辰條、宋會要蕃夷二之二一改。

〔九二〕豈惟疆場之内　「疆場」，續資治通鑑長編卷二五一熙寧七年三月丙辰條、契丹國志卷二〇大遼求地界書作「疆埸」。

〔九三〕初無指古長城　「古」原作「石」，據宋史卷三三一沈括傳、契丹國志卷九道宗天福皇帝改。

〔九四〕然孌幸其臣耶律英弼　按據此下所述史事，耶律英弼當即耶律乙辛，遼史卷一一〇有傳，「乙辛」或作「伊遜」，此作「英弼」，不知史源所據。

〔九五〕其紀元自清寧改咸雍　「清寧改」三字原脱，「咸雍」原作「咸熙」。按洪朞於遼興宗重熙二十四年即位後改元清寧，見遼史卷二一道宗紀一，十年後改元咸雍，見遼史卷二二道宗紀二，據以補改。

〔九六〕然後爲壽隆　「壽隆」原作「壽昌」。按遼道宗大安十年後改元壽隆，見遼史卷二六道宗紀六，據改。

〔九七〕退長白山之阿朮火　「阿朮火」原作「阿水河」，據席世臣校刻契丹國志卷一〇天祚皇帝上引一本改。按阿朮火即阿朮滸，或作按出虎。

〔九八〕静江軍節度使蕭撥勃副之　「蕭撥勃」，契丹國志卷一〇天祚皇帝上作「蕭撻勃也」，即下文及遼史「蕭撻不也」之異譯。

〔九九〕臨白江　據金史卷二四地理志上，上京會寧府下有曲江縣，「白江」疑爲「曲江」之誤。

〔一〇〇〕上京　原作「土」，據遼史卷一〇二張琳傳改。

〔一〇一〕復州節度使蕭湼曷出咸州路　「蕭湼曷」，契丹國志卷一〇天祚皇帝上作「蕭湜曷」。

〔一〇二〕左祇候郎君蕭阿古出好早谷路　「好早谷路」，契丹國志卷一〇天祚皇帝上作「好草峪路」。

〔一〇三〕延禧兵至鴨緑江　「鴨緑江」疑爲鴨子河之誤。鴨子河爲北流松花江與東流松花江曲折之處，鴨緑江則遠在遼陽之南，與此戰地望不符。

〔一〇四〕於是武勇軍因之作亂　「武勇軍」原作「武永軍」，據上文及元本、慎本、馮本、局本改。

〔一〇五〕獨瀋州未下　「瀋州」原作「藩州」，據契丹國志卷一〇天祚皇帝上改。下同。

〔一〇六〕女真入新州　「新」下原衍「川」字，據契丹國志卷一〇天祚皇帝上删。

〔一〇七〕遣静江軍節度使蕭習泥烈　「泥」字原無，據三朝北盟會編卷三、遼史卷二八天祚皇帝紀二、卷七〇屬國表補。

下同。

〔一〇八〕文妃姊適耶律撻曷里　「姊」原作「妹」，據遼史卷二九天祚皇帝紀三改；「里」原作「皇」，據下文、同上遼史及契丹國志卷一一天祚皇帝中改。

〔一〇九〕尋聞余睹至　「聞」原作「問」，據局本及遼史卷二九天祚皇帝紀三、契丹國志卷一一天祚皇帝中改。

〔一一〇〕遣知宣徽院蕭撻勃也樞密副承旨王琚來告謝　「也」字原脱，據契丹國志卷一一天祚皇帝中補；「王琚」，同書作「王居元」。

〔一一一〕飛狐靈丘入雲朔　「飛」上疑有脱文。

〔一一二〕王志爲偏裨　「王志」，契丹國志卷一一天祚皇帝中作「楊志」。

〔一一三〕車駕跳奔　據遼史卷二九天祚皇帝紀三、契丹國志卷一二天祚皇帝下及上下文意，「跳」當爲「逃」字之訛。

〔一一四〕戰於奄遏下水　「水」字原脱，據遼史卷二九天祚皇帝紀三、契丹國志卷一二天祚皇帝下補。

〔一一五〕兀室伏千騎山間　「伏」原作「復」，據契丹國志卷一二天祚皇帝下改。

〔一一六〕乃之小鞠䩭　「小鞠䩭」，遼史卷三〇天祚皇帝紀四作「小斛禄」，契丹國志卷一二天祚皇帝下作「小胡魯」。

卷三百四十七　四裔考二十四

室韋

室韋有五部，後魏末通焉，並在靺鞨之北〔一〕，路出柳城。諸部不相總一，所謂南室韋、北室韋、鉢室韋、深末怛室韋、大室韋，並無君長，人衆貧弱。突厥沙鉢略可汗嘗以吐屯潘垤統領之〔二〕，蓋契丹之類也。其南者爲契丹〔三〕，在北者號室韋。南室韋在契丹北三千里，後魏書云：「自契丹路經啜水、蓋水、犢了山〔四〕，其山周迴三百里，又經屈利水，始到其國。土地卑濕，至夏則移向西貸勃、欠對二山〔五〕，多草木，饒禽獸，又多蚊蚋，人皆巢居，以避其患。後漸分爲二十五部，有餘莫不滿咄〔六〕，猶酋長也。死則子弟代立〔七〕，嗣絶則擇賢豪而立之。盤髮衣服與契丹同。乘牛車，蘧篨爲室，如突厥氈車之狀。渡水則束薪爲栰，或有以皮爲舟者。馬則織草爲韉，結繩爲轡。寢則屈木爲室，以蘧篨覆上，移則載行。以猪皮爲席，編木籍之。氣候多寒，田收甚薄。無羊，少馬，多猪、牛。造酒、食噉、言語與靺鞨同。婚嫁之法，二家相許，婿輒盜婦去，然後送牛馬爲聘。婦人不再嫁，以爲死人妻，難以共居。部落共爲大柵，人死則置屍其上。居喪三年〔八〕。其國無鐵，取給於高麗。自南室韋北行十一日至北室韋，分爲九部落。其部落渠帥，號乞引莫賀咄。氣候最寒，冬則入山，居穴中，牛畜多凍死。饒麞鹿，射獵爲務。鑿冰，没水中而網射魚鼈。地多積雪，懼陷坑阱，騎木而行。俗皆捕貂爲業，冠以狐貉，衣以魚皮。北行千里至鉢室韋，依胡布山而住。人衆多於北室韋，不知爲幾部落。用樺皮蓋屋，其餘同北室韋。從鉢室韋西四日行〔九〕，至深末怛室韋，因水爲號也。冬月穴居，以避太陰之氣。又西北數千里，至大室韋，徑路險阻，言語不通，尤多貂及青鼠。

北室韋，後魏武定，隋開皇、大業中，並遣使朝獻，餘無至者。唐所聞有九部：曰嶺西室韋、山北室韋〔一〇〕、黄頭室韋、大如者室韋、小如者室韋、訥北室韋〔一一〕、婆萵室韋〔一二〕、達木室韋〔一三〕、駱駝室韋，並在柳城郡之東〔一四〕，近者三千五百里，遠者六千二百里。貞觀五年，始來貢豐貂。後再入朝。長壽二年叛，將軍李多祚擊定之。景龍初復朝獻，請助討突厥。開元、天寶間凡十朝獻，大曆中十一。貞元四年，與奚共寇振武，殺掠而去。大和中三朝獻，大中中一來，咸通時大酋坦烈與奚皆遣使至京師〔一五〕，然非顯夷，後史官失傳。

地豆于〔一六〕

地豆于國在室韋西千餘里，多牛羊，出名馬。皮爲衣服，無五穀，惟食肉酪。魏延興三年〔一七〕，遣使朝貢，至太和六年，貢使不絶。十四年，頻犯塞，孝文詔征西大將軍、陽平王頤擊走之。自後時朝京師，迄武定末不絶。齊時亦入貢。

烏洛侯

烏洛侯亦曰烏羅渾國，後魏通焉。在地豆于之北，其土下濕，多霧氣而寒，冬則穿地爲室，夏則隨原阜畜牧〔一八〕。多豕，有穀麥。無大君長，部落莫弗皆世爲之〔一九〕。其俗繩髮，皮服，以珠爲飾。人尚勇，不爲姦竊，故慢藏野積而無寇盜。好獵射。樂有胡空侯，木槽革面而九絃。其國西北有完水〔二〇〕，東流合於難水，東入於海。又西北二十日行有于巳尼大水〔二一〕，所謂北海也。太武帝真君四年來朝，稱其國西北有魏先帝舊墟石室，南北九十步，東西四十步〔二二〕，高七十尺，室有神靈，人多祈請。太武帝遣中書侍郎李敞祭告焉，刻祝文於石室之壁而還〔二三〕。唐貞觀六年，遣使朝貢云。烏羅渾國亦謂之烏護，乃言譌也。東與靺鞨，西與突厥〔二四〕，南與契丹，北與烏丸爲鄰，風俗與靺鞨同。

驅度寐

驅度寐，隋時聞焉，在室韋之北。其人甚長而衣短，不束髮，皆裹頭。居土窟中。惟有猪，更無諸畜。人輕捷，一跳三丈餘，又能立浮，卧浮，履水没腰〔二五〕，與陸走不異。數乘大船，至北室韋鈔掠。無甲胄，以石爲矢鏃。

霫

霫，匈奴之别種，隋時通焉。與靺鞨爲鄰，居潢水北〔二六〕，亦鮮卑故地。勝兵萬餘人。習俗與突厥略同。亦臣于頡利，其渠帥號爲俟斤。唐貞觀中，遣渠帥内附。

拔悉彌

拔悉彌一名弊剌國，隋時聞焉。在北庭北海南，結骨東南，依山散居。去燉煌九千餘里。有渠帥，無王號。户二千餘。其人雄健，皆射獵〔二七〕。國多雪，恒以木爲馬，雪上逐鹿。其狀似楯而頭高，其下以馬皮順毛衣之，令毛著雪而滑，如著屧屐，縛之足下。屧，先叶反。屐，巨戟反。若下阪，走過奔鹿；若平地履雪，即以杖刺地而走，如船焉；上阪即手持之而登。每獵得鹿，將家室就而食之，盡更移處。其所居即以樺皮爲舍。丈夫翦髪，樺皮爲帽。唐貞觀二十三年，始來朝。天寶初，與回紇葉護殺突厥可汗〔二八〕，立拔悉密大酋阿史那施爲賀臘毗伽可汗，遣使者入謝，玄宗賜袍帶。不三年爲葛邏禄、回紇所破，奔北庭〔二九〕。後朝京師，拜左武衛將軍，地與衆歸回紇。

流鬼

流鬼在北海之北〔三〇〕，北至夜叉國，餘三面皆抵大海，南去莫設靺鞨船行十五日〔三一〕。無城郭，依海島散居，掘地數尺深，兩邊斜豎木，構爲屋。人皆皮服，又狗毛雜麻爲布而衣之，婦人冬衣豕鹿皮，夏衣魚皮，制與獠同。多沮澤，有鹽魚之利。地氣沍寒，早霜雪，每堅冰之後，以木廣六寸，長七尺，施繫其上，以踐層冰，逐及奔獸。俗多狗。勝兵萬餘人。無相敬之禮、官僚之法。不識四時節序。有他盜入境，乃相呼召。弓長四尺餘，箭與中國同，以骨石爲鏃。樂有歌舞。死解封樹，哭之三年，無餘服制。靺鞨有乘海至其國貨易，陳國家之盛業，於是其君長孟蜯遣其子可也余志〔三二〕，以唐貞觀十四年，三譯而來朝貢。初至靺鞨，不解乘馬，上即顛墜。其長老人傳，言其國北一月行有夜叉人，皆豕牙翹出，噉人。莫有涉其界，未嘗通聘。

回紇

回紇，其先匈奴也，俗多乘高輪車。元魏時亦號高車部，或曰敕勒，訛爲鐵勒。其部落曰袁紇、薛延陀、契苾羽、都播、骨利幹〔三三〕、多覽葛、僕骨、拔野古、同羅、渾、思結、斛薛、奚結、阿跌、白霫，凡十有五種，皆散處磧北。袁紇者，亦曰烏護，曰烏紇，至隋曰韋紇。其人驍彊，初無酋長，逐水草轉徙，善騎射，喜盜鈔，臣于突厥，突厥資其財力雄北荒。大業中，處羅可汗攻脅鐵勒部，裒責其財，既又恐其怨，則集渠豪數百悉阬之，韋紇乃并僕骨、同羅、拔野古叛去，自爲俟斤，稱回紇。

回紇姓藥羅葛氏，居薛延陀北娑陵水上，距京師七千里。衆十萬，勝兵半之。地磧鹵，畜多大足羊。有時健俟斤者，衆始推爲君長。子曰菩薩，材勇有謀，嗜獵射，戰必身先，所向輒摧破，故下皆畏附，爲時健所逐。時健死，部人賢菩薩，立之。母曰烏羅渾，性嚴明，能決平部事。回紇繇是寖盛。與薛延陀共攻突厥北邊，頡利遣欲谷設領騎十萬討之〔三四〕，菩薩身將五千騎破之馬鬛山，追北至天山，大俘其部人，聲震北方。繇是附薛延陀，相唇齒，號活頡利發，樹牙獨樂水上。

唐貞觀三年，始來朝，獻方物。突厥已亡，惟回紇與薛延陀爲最雄彊。菩薩死，其酋胡祿俟利發吐迷度與諸部攻薛延陀，殘之，并有其地，遂南踰賀蘭山，境諸河。遣使者獻款，太宗爲幸靈州，次涇陽，受其功。於是鐵勒十一部皆來言：「延陀不事大國，以自取亡，其下麕駭鳥散，不知所之。今各有分地，願歸命天子，請置唐官。」有詔張飲高會，引見渠長等，以唐官官之，凡數千人。

明年復入朝。乃以回紇部爲瀚海，多覽葛部爲燕然，僕骨部爲金微，拔野古部爲幽陵，同羅部爲龜林，思結部爲盧山，皆號都督府；以渾爲皋蘭州，斛薛爲高闕州，阿跌爲鷄田州，契苾羽爲榆溪州，奚結爲鷄鹿州〔三五〕，思結別部爲蹛林州〔三六〕，白霫爲寘顔州；其西北結骨部爲堅昆府，北骨利幹爲玄闕州，東北俱羅勃爲燭龍州〔三七〕；皆以首領爲都督、刺史、長史、司馬，即故單于臺置燕然都護府統之，六都督、七州皆隸屬，以李素立爲燕然都護。其都督、刺史給玄金魚符，黄金爲文，天子方招寵遠夷，作絳黄瑞錦文袍、寶刀、珍器賜之。帝坐秘殿，陳十部樂，殿前設高坫，置朱提瓶其上，潛泉浮酒，自左閤通坫趾注之瓶〔三八〕，轉受百斛鐐盎，回紇數千人飲畢，尚不能半。又詔文武五品官以上祖飲尚書省中。渠領共言：「生荒陋地，歸身聖化，天至尊賜官爵，與爲百姓，依唐若父母然。請於回紇、突厥部治大涂，號『參天至尊道』，世爲唐臣。」乃詔磧南鸊鵜泉之陽置過郵六十八所，具群馬、湩、肉待使客，歲内貂皮爲賦。

乃拜吐迷度爲懷化大將軍、瀚海都督；然私自號可汗，署官吏，壹似突厥〔三九〕，有外宰相六、內宰相三，又有都督、將軍、司馬之號〔四〇〕。吐迷度後爲烏紇所殺，子婆閏襲父所領。

婆閏死，子比栗嗣〔四一〕。龍朔中，以燕然都護府領回紇，更號瀚海都護府，以磧爲限，大抵北諸蕃悉隸之。比栗死，子獨解支嗣。武后時，突厥默啜方彊，取鐵勒故地，故回紇與契苾、思結、渾三部度磧，徙甘、涼間，然唐常取其壯騎佐赤水軍云。獨解支死，子伏帝匐立。明年，助唐攻殺默啜，於是別部移健頡利發與同羅、霫等皆來，詔置其部於大武軍北。伏帝匐死，子承宗立，涼州都督王君㚟誣暴其罪，流死瀼州。當此時，回紇稍不循，族子瀚海府司馬護輸乘衆怨，共殺君㚟，梗絶安西諸國朝貢道。久之，奔突厥，死。

子骨力裴羅立。會突厥亂，天寶初，裴羅與葛邏祿自稱左右葉護，助拔悉蜜擊走烏蘇可汗。後三年，襲破拔悉蜜，斬頡跌伊施可汗，遣使上狀，自稱骨咄祿毗伽可汗，天子以爲奉義王，南居突厥故地，徙牙烏德鞬山、昆河之間〔四二〕，南距西城千七百里。西城，漢高闕塞也，北盡磧口三百里，悉有九姓地。九姓者，曰藥羅葛，曰胡咄葛，曰啒羅勿〔四三〕，曰貊歌息訖，曰阿勿嘀，曰葛薩，曰斛嗢素，曰藥勿葛，曰奚邪勿。藥羅葛，回紇姓也，與僕骨、渾、拔野古、同羅、思結、契苾六種相等夷，不列於數，後破有拔悉蜜、葛邏祿，總十一姓，並置都督，號十一部落。自是，戰常以二客部爲先鋒。有詔拜爲骨咄祿毗伽闕懷仁可汗，前殿列仗，中書令內案授册使者，使者出門升輅，至皇城門，降乘馬，幡節導以行。凡册可汗，率用此禮。明年，裴羅又攻殺突厥白眉可汗〔四四〕，遣頓啜羅達干來上功，拜裴羅左驍衛員外大將軍，斥地愈廣，東極室韋，西金山，南控大漠，盡得古匈奴地。裴羅死，子磨延啜立，號葛勒可汗，剽悍善用兵，歲遣使者入朝。

肅宗即位，使者來請助討禄山，帝詔燉煌郡王承寀與約，而令僕固懷恩送王，因召其兵。於是可汗自將，與朔方節度使郭子儀合討同羅諸蕃〔四五〕，破之。又令其太子葉護將四千騎來，帝命廣平王見葉護，約爲兄弟，從王進戰破賊，收長安，進復東京。回紇大掠東都，廣平王令耆老以繒錦萬疋賂回紇，乃止不剽。葉護還京師，帝宴賜甚厚，詔進司空，爵忠義王，歲給絹二萬疋，使至朔方軍受賜。乾元元年，回紇使者多彦阿波與黑衣大食酋閤之等俱朝，争長，有司使異門並進。又使請婚，許之。帝以幼女寧國公主下嫁，册磨延啜爲英武威遠毗伽可汗，詔漢中郡王瑀攝御史大夫爲册命使，送公主之其國。既至，可汗驕倨不拜，瑀折之，可汗慙，乃起奉詔，拜受册。翼日，尊主爲可敦。瑀還，獻馬五百匹，貂裘、白氎等，乃遣王子骨啜特勤〔四六〕、宰相帝德等率騎三千助討賊。明年，骨啜與九節度戰相州，王師潰，帝德等奔京師，帝厚賜慰其意，乃還。俄而可汗死。葉護太子前得罪死，故次子移地健立，號牟羽可汗。明年，使使入朝。

代宗即位，以史朝義未滅，遣中人劉清潭往結好，且發其兵。使者至，回紇已爲朝義所詠，曰：「唐荐有喪，國無主，且亂，請回紇入收府庫，其富不貲。」可汗即引兵南。回紇已踰三城，見州縣榛萊，烽障無守，有輕唐色。乃遣使北收單于府兵、倉庫〔四七〕，數以語凌折清潭。清潭密白帝：「回紇兵十萬向塞。」朝廷震驚，遣殿中監藥子昂迎勞，且視軍，遇於太原，密識其兵裁四千，儒弱萬餘，馬四萬〔四八〕，與可敦偕來。可敦，僕固懷恩女。帝令懷恩與回紇會。因遣使上書，請助天子討賊。詔以雍王爲天下兵馬元帥，進子昂與魏琚爲左右廂兵馬使，中書舍人韋少華爲判官，東會回紇於陝州。王往見之，可汗責王不舞蹈，庭詰至再，子昂等固拒之，回紇君臣度不能屈，即引子昂、少華、琚榜之一百，少華、琚一夕死，王還營。官軍以王見辱，將合誅回紇，王以賊未滅止之。於是，懷恩與回紇及諸將同擊賊，戰橫水，走之，進收東都。可汗遣使賀天子，其兵留河陽，屯三月，屯旁人困於剽辱〔四九〕。僕固瑒率回紇與朝義拏戰，蹀血二千里〔五〇〕，梟其首，河北悉平。初，回紇至東京，放兵攘剽，至是益横，詬折官吏，至以兵夜抄含光門〔五一〕，入鴻臚寺。詔加可汗、可敦册命，遣王翊就其牙册之。自可汗至宰相，共賜實封二萬户，以其左殺、右殺爲王，其酋長、十都督皆封國公。

永泰初，懷恩反，誘回紇、吐蕃入寇。俄而懷恩死，二虜争長，回紇首領潛詣涇陽見郭子儀，請改事。子儀詣其營，遺以纏頭綵三千，且讓之。酋長讋服曰：「懷恩詭我，曰『唐天子南走，公見廢』，是以來。今天可汗在，公無恙，吾等願還擊吐蕃以報厚恩。然懷恩子，可敦弟也，願赦死。」於是子儀持酒，與盟而飲，與唐兵擊退吐蕃，俘獲甚衆。合胡禄都督等二百人皆來朝〔五二〕，賜與不可計。大曆三年，可敦卒，遣使弔祠。明年，以懷恩幼女爲崇徽公主繼室，遣使册爲可敦，賜繒綵二萬。時財用屈，税公卿贏槖庀給行。回紇之留京師者〔五三〕，掠女子於市，引騎犯含光門，詔劉清潭慰諭。復出暴市物，有司不敢詰。自乾元後，益負功，每納一馬，取直四十縑，歲以數萬求售，使者相躡，留舍鴻臚，駘弱不可用，帝厚賜欲以愧之，不知也。復以萬馬來，帝不忍重煩民，爲償六千。十年，回紇殺人横道，京兆尹黎幹捕之，詔貸勿劾。又刺人東市，縛送萬年獄〔五四〕，首領劫取囚，殘獄吏去，都人厭苦。十三年，回紇襲振武，攻東陘，入寇太原。河東節度使鮑防與戰陽曲，防敗績，殘殺萬人。代州都督張光晟又戰羊虎谷，破之，虜乃去。

德宗立，使中人告喪，且修好。時九姓胡勸可汗入寇，可汗欲悉師向塞，見使者不爲禮。宰相頓莫賀達干曰〔五五〕：「唐，大國，無負於我。前日入太原，取羊馬數萬，比及國，亡耗略盡。今舉國遠鬬，有如不捷，將安歸？」可汗不聽，頓莫賀怒，因擊殺之，并屠其支黨及九姓胡幾二千人，即自立爲合骨咄禄毗伽可汗，使長建達干從使者入朝。建中元年，詔京兆少尹源休持節册頓莫賀爲武義成功可汗。

始，回紇至中國，常參以九姓胡，往往留京師，至千人，居貲殖産甚厚。會酋長突董、翳密施、大小梅録等還國，裝橐係道，留振武三月，供擬珍豐，費不貲。軍使張光晟陰伺之，皆盛女子以橐，光晟使驛吏刺以長錐，然後知之。已而聞頓莫賀新立，多殺九姓胡人，懼不敢歸，往往亡去，突董察視嚴亟。群胡獻計於光晟，請悉斬回紇，光晟許之，即上言：「回紇非素彊，助之者九胡爾。今其國亂，兵方相加，而虜利則往，財則合，無財與利，一亂不振。不以此時乘之，復歸人與幣，是謂借賊兵，資盗糧也。」使裨校陽不禮，突董果怒，鞭之。光晟因勒兵盡殺回紇群胡，收橐駝、馬數千，繒錦十萬，且告曰：「回紇抶大將，謀取振武，謹先誅之。」部送女子還長安。帝召光晟還，以彭令方代之，遣中人與回紇使聿達干往言其端，因欲與虜絶。敕源休俟命太原。明年，乃行，因歸突董等四喪。突董，可汗諸父也。源休至，可汗令大臣具車馬出迎，其大相頡干迦斯踞坐責休等殺突董事〔五六〕，休言：「彼自與張光晟鬬死，非天子命。」又曰：「使者皆負罪死，唐不自戮，何假手於我邪？」良久罷去，休等幾死。留五旬，卒不見可汗。可汗傳謂休曰：「國人皆欲爾死，我獨不然。突董等已亡，今又殺爾，猶以血濯血，徒益汙〔五七〕。吾以水濯血，不亦善乎？爲我言有司，所負馬直一百八十萬，可速償我。」遣散支將軍康赤心等隨休來朝〔五八〕。帝隱忍，賜以金繒。

後三年，使使者獻方物，請和親。帝畜前恚未平，謂宰相李泌曰：「和親待子孫圖之，朕不能已。」泌曰：「陛下豈以陝州故憾乎？」帝曰：「然。朕方天下多難，未能報，且毋議和。」泌曰：「辱少華等乃牟羽可汗也，知陛下即位必償怨，乃謀先寇邊，然兵未出，爲今可汗所殺矣。今可汗新立，遣使者告，垂髮不翦，待天子命。而張光晟殺突董等，雖幽止使人，然卒完歸，則爲無罪矣。今其請和，必舉部南望，陛下不答，怨益深。願聽昏而用開元故事，如突厥可汗稱臣，使來者不過二百，市馬不過千，不以唐人出塞，亦無不可者。」帝從之，乃許降公主，回紇亦請如約。詔咸安公主下嫁。明年，可汗遣其宰相等來迎。時可汗上書恭甚，言：「昔爲兄弟，今婿，半子也。陛下若患西戎，子請以兵除之。」又請易回紇爲回鶻，言捷鷙如鶻然。詔以嗣滕王湛然爲昏禮使，且將册書拜可汗加號，并册公主爲可敦。

貞元五年，可汗死，子多邏斯立，詔遣使册爲可汗。初，安西、北庭自天寶末失關、隴，朝貢道隔。伊西北庭節度使李元忠、四鎮節度留後郭昕數遣使奉表，皆不至。貞元二年，元忠等所遣假道回鶻，乃得至長安。帝進元忠、昕等皆爲大都護。自是，道雖通，而虜求取無厭。沙陀別部六千帳，與北庭相依，亦厭虜裒索，皆密附吐蕃，故吐蕃因沙陀共寇北庭，頡干迦斯與戰，不勝，北庭陷。葛禄又取深圖川〔五九〕，回鶻大恐，稍南其部落以避之。是歲，可汗死，其弟自立，爲國人所殺，以可汗幼子阿啜嗣。詔遣使册爲可汗。是歲，回鶻擊吐蕃、葛禄於北庭，勝之，來獻俘。十一年，可汗死，無子，國人立其相骨咄禄爲可汗，遣使來，詔册命如故事。永貞元年，死，遣使弔祭，册所嗣爲可汗。元和初，再朝獻。三年，死，詔册其嗣爲可汗，遣使者來請昏。禮部尚書李絳言：「北狄、西戎，素相攻討，故邊無虞。今回鶻不市馬，若與吐蕃結約解仇，則將臣閉壁憚戰，邊人拱手受禍。又淮西吴少陽垂死，若無北顧憂，可乘其變，發諸道討平之。或曰降主費多，臣謂不然。我三分天下賦，以一事邊。又東南大縣賦歲二十萬緡，以一縣賦爲婚貲，非損寡得大乎？」帝不聽。

穆宗立，回鶻又固請昏，許之。俄而可汗死，遣使册所嗣爲可汗。可汗乃遣使來逆女，部渠二千人，納馬二萬、橐駝千。四夷之使中國，其衆未嘗多此。詔許五百人至長安，餘留太原。以太和公主下降〔六〇〕。主，憲宗女，册爲可敦。時裴度方伐幽、鎮，回鶻以兵三千佐天子平河北賊，議者懲創前患，不聽，兵已及豐州，使者厚賜乃去。敬宗即位之年，可汗死，其弟立，遣使册爲可汗。文宗太和六年，可汗爲其下所殺，從子胡特勤立，遣使册爲可汗。開成四年，其相掘羅勿作難，引沙陀共攻可汗，可汗自殺，國人立𢈔馺特勤爲可汗〔六一〕。方歲飢，遂疫，又大雪，羊、馬多死，未及命。

武宗即位，乃知其國亂。俄而渠長句録莫賀與黠戛斯合騎十萬攻回鶻城，殺可汗，誅掘羅勿，焚其牙，諸部潰，其相馺職、厖特勤十五部奔葛邏禄，殘衆入吐蕃、安西，於是，可汗牙部十三姓奉烏介特勤爲可汗，南保錯子山。黠戛斯已破回鶻，得太和公主〔六二〕；又自以李陵後，與唐同宗，故遣使者達干奉主來歸。烏介怒，追擊達干殺之，劫主南度磧，邊人大恐。進攻天德城，振武節度使劉沔屯雲伽關拒却之。

宰相李德裕建言：「回鶻曩有功，今飢且亂，可汗無歸，不可擊，宜遣使者贍安之。」帝用兵部郎中李拭行邊刺狀。於是，其相赤心與王子嗢没斯、特勤那頡啜將其部欲自歸，而公主亦遣使者來言烏介已立，因請命。又大臣頡干伽思等表假振武居公主、可汗。帝乃詔右金吾衛大將軍王會持節慰撫其衆，輸糧二萬斛，不許借振武，令中人好語開諭；又詔使者持册往，潛稽其行，須變。

明年，回鶻奉主至漠南，入雲、朔，剽橫水，殺掠甚衆，轉側天德、振武間，盜畜牧自如。乃召諸道兵合討。嗢没斯以赤心姦桀，難得要領，即密約天德戍將田牟，誘赤心斬帳下。那頡啜收赤心衆七千帳，東走振武、大同，因室韋、黑沙南闕幽州，節度使張仲武破之，悉得其衆。那頡啜走，烏介執而殺之。然烏介兵尚彊，號十萬，駐牙大同北閭門山。而特勤厖俱遮、阿敦寧等凡四部，及將軍曹磨你衆三萬，因仲武降，嗢没斯亦附使者送款。帝欲使助可汗復國，而可汗已攻雲州，劉沔與戰，敗績。嗢没斯率三部及特勤、大酋二千騎詣振武降。詔拜嗢没斯爲右金吾衛上將軍〔六三〕，爵懷化郡王，其酋阿歷支等皆拜郡公〔六四〕。嗢没斯請留族太原，率昆弟爲天子扞邊，帝命劉沔爲列舍雲、朔間處其家。可汗遣使者籍兵欲還故廷，且假天德城，帝不許。可汗恚，進略大同川，轉戰攻雲州。詔發諸鎮兵屯太原以北。

嗢没斯等既朝，俱賜姓李，名嗢没斯曰思忠。於是詔劉沔爲回鶻南面招撫使，思忠爲西南面招討使，沔營鴈門。又詔銀州刺史何清朝等以兵出振武，與沔等合，稍逼回鶻。思忠數深入諭降其下。沔、思忠等與回鶻戰，屢破之。烏介方薄振武，石雄馳入〔六五〕，夜穴壘出鏖兵，烏介驚，引去，雄遇公主，奉主還。降特勤以下衆數萬。可汗收所餘往依黑車子，詔窮躡其後。仍啗黑車子以利，募殺烏介。初，從可汗亡者既不能軍，往往詣幽州降，留者皆飢寒，裁數千。黑車子幸其殘，即殺烏介，其下又奉其弟遏捻特勤爲可汗。思忠等以國亡，皆願入朝，見聽，擢爲左監門衛上將軍〔六六〕，稟奉賜第，分其兵隸諸節度。

遏捻可汗哀殘部五千，仰食於奚大酋碩舍朗。大中初，張仲武討奚，破之，回鶻寖耗滅，所存名王貴臣五百餘〔六七〕，轉依室韋。仲武諭令羈致可汗，遏捻懼，挾妻葛禄、子特勤毒斯馳九騎夜委衆西走，部人皆慟哭。室韋七姓析回鶻隸之。黠戛斯怒，與其相阿播將兵七萬擊室韋，悉收回鶻還磧北。遺帳伏山林間，狙盜諸蕃自給，稍歸厖特勤。是時，特勤已自稱可汗，居甘州，有磧西諸城。宣宗務綏柔荒遠，遣使者抵靈州省其酋長，回鶻因遣人隨使者來京師〔六八〕，帝即册拜嗢禄登里邏汨没蜜施合俱録毗伽懷建可汗。後十餘年，一再獻方物。

懿宗時，大酋僕固俊自北庭擊吐蕃，斬論尚熱，盡取西州、輪臺等城，使達干米懷玉朝，且獻俘，因請命，詔可。其後王室亂，貢會不常，史亡其傳。昭宗幸鳳翔，靈州節度使韓遜表回鶻請率兵赴難，翰林學士韓偓曰：「虜爲國仇舊矣。自會昌時伺邊，羽翼未成，不得逞。今乘我危以冀幸，不可開也。」遂格不報。然其國卒不振，時時以玉、馬與邊州相市云。

五代之際，有居甘州、西州者，嘗見中國，而甘州回鶻數至。自唐以女妻之，後代猶呼中國爲舅，中國答以詔書，亦呼爲甥。梁乾化元年，都督周易言等來，史不見其君長名號。梁拜易言等官爵，遣還。唐莊宗時王仁美遣使者來貢玉、馬，自稱「權知可汗」，莊宗遣使册爲英義可汗。是歲，仁美卒，弟狄銀立。同光四年，狄銀卒，阿咄欲立。天成二年，權知國事王仁裕遣使來朝，明宗册爲順化可汗。晉高祖時又加册命。阿咄欲，不知其爲狄銀親疏，亦不知其立卒；而仁裕訖五代常來朝貢，史亦失其紀。

其地出玉、犛牛、緑野馬、獨峰駝、白貂鼠、羚羊角、硇砂、膃肭臍、金剛鑽、紅鹽、罽㲪、駒駼之革。其地宜白麥、青麲麥、黄麻、葱韭、胡荽，以橐駝耕而種。其可汗常樓居，妻號天公主，其國相號媚禄都督。見可汗，則去帽被髮而入以爲禮。婦人總髮爲髻，高五六寸，以紅絹囊之；既嫁，則加氈帽。又有別族號龍家，其俗與回紇小異。

長興四年，回鶻來獻白鶻一聯，明宗命解緤放之。自明宗時，嘗以馬市中國〔六九〕，其所賫寶玉皆鬻縣官〔七〇〕，而民犯禁爲市者輒罪之。周太祖時除其禁，民得與回鶻私市，玉價由此倍賤。顯德中，來獻玉，世宗曰：「玉雖寶而無益。」却之。仁裕卒，子景瓊立。

宋建隆二年，景瓊遣使朝獻。三年，阿都督等四十二人以方物來貢。乾德二年，遣使貢玉百團、琥珀四十斤，犛牛尾、貂鼠等。三年，又遣使貢方物。開寶中累入貢，其宰相亦來貢馬。太平興國二年〔七一〕，遣使詔諭甘、沙州回鶻可汗外甥，賜以器幣，招致名馬美玉，以備車騎琮璜之用。五年及雍熙元年俱入貢。端拱元年九月〔七二〕，回鶻都督石仁政、磨囉王子等四族並居賀蘭山下，無所統屬，蕃部入貢多由其地。磨囉王子自云，向爲靈州馮暉阻絶，由是不通貢奉，今有内附意。各以錦袍、錦帶賜之。至道二年，甘州可汗附達怛國來貢方物〔七三〕，因上言：欲同率兵助討李繼遷。賜詔優奬之。

咸平四年，可汗遣使來貢，自言：「本國東至黄河，西至雪山，有小郡數百，甲馬甚精，皆願朝廷命使統領，得縛繼遷以獻。」降詔嘉諭之。景德元年入貢。四年入貢。又遣僧來奏，欲於京城建佛寺祝聖壽，求錫名額，不許。大中祥符元年，遣使入貢。四年，其使者請從祀汾陰。其年，秦州回鶻安密獻玉帶於道左。既而夜落紇遣使言：「敗趙德明蕃兵立功，皆首領，請加恩賞。」詔給司戈、司階、郎將告敕十道，使得承制補署。先是，甘州數與夏州接戰，夜落紇貢奉多爲夏州鈔奪。及宗哥族感悦朝廷恩化，乃遣人援送其使，故頻年得至京師。既而唃廝囉欲娶可汗女而無聘財，可汗不許，因爲仇敵，復阻貢路。八年，可汗遣使乞慰諭宗哥，使開朝貢之路，從之。天禧二年，都督安信等來朝。四年，又遣使同龜茲國可汗使來獻大尾羊。初，回鶻西奔，族種散處。故甘州有可汗王，西州有克韓王〔一四〕，新複州有黑韓王，皆其後焉。

天聖元年，甘州遣使來貢方物。六月，詔封甘州回鶻外甥可汗王夜落隔通順特封歸忠保順可汗王。二年、三年、五年、六年各遣使入貢〔一五〕。熙寧元年入貢，求買金字大般若經，以墨本賜之。六年復來，補其首領五人爲軍主，歲給綵二十疋。神宗問其國種落生齒幾何，曰三十餘萬；壯可用者幾何，曰二十萬。明年，敕李憲擇使聘阿里骨，使諭回鶻令發兵深入夏境。憲以命殿直皇甫旦。旦入蕃，不得前而妄奏功狀。詔逮旦赴御史獄抵罪。然回鶻使不常來，宣和中，間因入貢散而之陝西諸州，公爲貿易，至留久不歸。朝廷慮其習知邊事，且往來皆經夏國，於播傳非便，乃立法禁之。

校勘記

〔一〕並在韎鞨之北　「韎鞨」原作「韎羯」，據隋書卷八四北狄傳、新唐書卷二一九北狄傳、通典卷二〇〇邊防一六改。下同。

〔二〕突厥沙鉢略可汗嘗以吐屯潘垤統領之　「略」原作「畧」，據通典卷二〇〇邊防一六改。「嘗」原作「常」，據太平寰宇記卷一九九四夷二八北狄一一改。

〔三〕其南者爲契丹　通典卷二〇〇邊防一六「其」下有「在」字。

〔四〕蓋水犢了山　「水」字原脱，「了」原作「子」，據魏書卷一〇〇失韋傳、北史卷九四室韋傳、太平寰宇記卷一九九四夷二八北狄一一補改；「蓋」，同上北史作「善」。

〔五〕至夏則移向西貸勃欠對二山　隋書卷八四北狄傳「西」下有「北」字，北史卷九四室韋傳「西」作「北」，新唐書卷二一九北狄傳「貸」作「貣」，「欠」作「次」。

〔六〕有餘莫不滿咄　「不滿」，隋書卷八四北狄傳、北史卷九四室韋傳作「弗瞞」。

〔七〕死則子弟代立　「立」下原衍「之」字，據隋書卷八四北狄傳删。

〔八〕居喪三年　「喪」下原有「而」字，據通典卷二〇〇邊防一六删。

〔九〕從鉢室韋西四日行　唐會要卷九六室韋、太平寰宇記卷一九九四夷二八北狄一一同，隋書卷八四北狄傳、北史卷九四室韋傳「西」下有「南」字。

〔一〇〕山北室韋　「山」字原脱，據舊唐書卷一九九下北狄傳、新唐書卷二一九北狄傳、唐會要卷九六室韋、册府元龜卷九五六外臣部種族補。

〔一一〕訥北室韋　「北室韋」三字原脱，據舊唐書卷一九九下北狄傳、新唐書卷二一九北狄傳、太平寰宇記卷一九九四夷二八北狄一一、册府元龜卷九五六外臣部種族補。

〔一二〕婆萵室韋　「婆」，舊唐書卷一九九下北狄傳、新唐書卷二一九北狄傳、通典卷二〇〇邊防一六、册府元龜卷九五六外臣部種族同，唐會要卷九六室韋、太平寰宇記卷一九九四夷二八北狄一一作「娑」。同上册府元龜「萵」作「芭」，下注「烏戈切」。

〔一三〕達木室韋　「木」，通典卷二〇〇邊防一六作「末」。

〔一四〕並在柳城郡之東　通典卷二〇〇邊防一六、舊唐書卷一九九下北狄傳「東」下有「北」字。

〔一五〕咸通時大酋坦烈與奚皆遣使至京師　「坦」，新唐書卷二二〇東夷傳作「怛」。

〔一六〕地豆于　魏書卷一〇〇地豆于傳、太平寰宇記卷一九九四夷二八北狄一一同，北史卷九四地豆干傳作「地豆干」。下同。

〔一七〕魏延興三年　「三年」，魏書卷一〇〇地豆于傳、通典卷二〇〇邊防一六作「二年」。

〔一八〕夏則隨原阜畜牧　「畜牧」二字原脱，據魏書卷一〇〇烏洛侯傳、北史卷九四烏洛侯傳、太平寰宇記卷一九九四夷二八北狄一一補。

〔一九〕部落莫弗皆世爲之　「世」原作「代」，通典因避唐諱，本書沿用未改，今據魏書卷一〇〇烏洛侯傳、北史卷九四烏洛侯傳改。

〔二〇〕其國西北有完水　「完水」原作「貌水」，據魏書卷一〇〇烏洛侯傳、北史卷九四烏洛侯傳、太平寰宇記卷一九九四夷二八北狄一一改。

〔二一〕又西北二十日行有于已尼大水　「又」原作「入」，據魏書卷一〇〇烏洛侯傳、北史卷九四烏洛侯傳、通典卷二〇〇邊防一六改。

〔二二〕東西四十步　「四十」二字原倒，據魏書卷一〇〇烏洛侯傳、北史卷九四烏洛侯傳、太平寰宇記卷一九九四夷二八北狄一一乙正。

〔二三〕刻祝文於石室之壁而還　「壁」原作「北」，據魏書卷一〇〇烏洛侯傳、北史卷九四烏洛侯傳、太平寰宇記卷一九九四夷二八北狄一一改。

〔二四〕西與突厥　此四字原脱，據舊唐書卷一九九下北狄傳補。

〔二五〕履水没腰　「没」原作「浸」，據通典卷二〇〇邊防一六改。

〔二六〕居潢水北　「居」原作「理」，「潢水」原作「黄水」，據舊唐書卷一九九下北狄傳改。

〔二七〕户二千餘其人雄健皆射獵　「二」，明刻本、朝鮮本通典卷二〇〇邊防一六作「三」，「射獵」二字原倒，據通典卷二〇〇邊防一六乙正。

〔二八〕與回紇葉護殺突厥可汗　「回」字原脱，據新唐書卷二一七下回鶻傳下補。

〔二九〕奔北庭　「北庭」原作「北廷」，據新唐書卷二一七下回鶻傳下改。下同。

〔三〇〕流鬼在北海之北　太平寰宇記卷一九九四夷二八北狄一一同，唐會要卷九九流鬼國、新唐書卷二二〇東夷傳「北海」作「少海」。

〔三一〕南去莫設靺鞨船行十五日　「莫設」，唐會要卷九九流鬼國、新唐書卷二二〇東夷傳作「莫曳」。

〔三二〕於是其君長孟蜂遣其子可也余志　「蜂」，太平寰宇記卷一九九四夷二八北狄一一作「唪」；「可也余志」，新唐書卷二二〇東夷傳作「可也余莫貂皮」。

〔三三〕骨利幹　原作「骨利斡」，據局本及新唐書卷二一七上回鶻傳上改。下同。

〔三四〕頡利遺欲谷設領騎十萬討之 「遺欲」二字原倒，據舊唐書卷一九五迴紇傳、新唐書卷二一七上回鶻傳上乙正。

〔三五〕奚結爲鷄鹿州 「奚」，新唐書卷二一七上回鶻傳上同，舊唐書卷一九五迴紇傳作「趺」。按上文十五部名稱有「奚結」無「趺結」。

〔三六〕思結別部爲蹛林州 「別部」二字原脱，據唐會要卷七三安北都護府、資治通鑑卷一九八唐紀一四貞觀二十一年正月丙申條補；「思結」，舊唐書卷一九五迴紇傳作「阿布思」。

〔三七〕東北俱羅勃爲燭龍州 「爲」字原脱，「燭」原作「獨」，據舊唐書卷一九五迴紇傳、新唐書卷二一七上回鶻傳上、唐會要卷七三安北都護府補改。

〔三八〕自左閤通坫趾注之瓶 「閤」，新唐書卷二一七上回鶻傳上作「閣」。

〔三九〕壹似突厥 「壹」原作「臺」，據新唐書卷二一七上回鶻傳上改。

〔四〇〕又有都督將軍司馬之號 「將」字原脱，據新唐書卷二一七上回鶻傳上補。

〔四一〕子比粟嗣 「子比粟」，新唐書卷二一七上回鶻傳上同，唐會要卷九八迴紇作「子比來粟」，資治通鑑卷二〇〇唐紀一六龍朔元年十月丁卯條作「侄比粟毒」。

〔四二〕徙牙烏德韃山昆河之間 「昆河」，新唐書卷四三下地理志七下作「嗢昆河」，突厥集史卷一四新唐書回鶻傳校註謂「昆」上脱「嗢」字。

〔四三〕曰崛羅勿 「勿」下原有「葛」字，據舊唐書卷一九五迴紇傳、新唐書卷二一七上回鶻傳上删。

〔四四〕裴羅又攻殺突厥白眉可汗 「白」原作「曰」，據新唐書卷二一七上回鶻傳上改。

〔四五〕與朔方節度使郭子儀合討同羅諸蕃　「諸」字原無，據新唐書卷二一七上回鶻傳上補。

〔四六〕乃遣王子骨啜特勤　「特勤」原作「特勒」，據舊唐書卷一九五迴紇傳改。據近人考證，「特勒」皆「特勤」之譌，今據改正，下同。

〔四七〕乃遣使北收單于府兵倉庫　「倉庫」二字原脱，據新唐書卷二一七上回鶻傳上補。「兵倉庫」，舊唐書卷一九五迴紇傳作「兵馬倉糧」。

〔四八〕馬四萬　「四萬」二字原脱，據新唐書卷二一七上回鶻傳上補。

〔四九〕屯旁人困於剽辱　「屯」字原無，據新唐書卷二一七上回鶻傳上補。

〔五〇〕蹀血二千里　「千」原作「十」，據元本、慎本、馮本及新唐書卷二一七上回鶻傳上改。

〔五一〕至以兵夜抄含光門　「抄」，新唐書卷二一七上回鶻傳上作「斫」。

〔五二〕合胡禄都督等二百人皆來朝　「合」原作「令」，據新唐書卷二一七上回鶻傳上改。

〔五三〕稅公卿贏橐庀給行回紇之留京師者　「贏橐庀」，新唐書卷二一七上回鶻傳上作「騾橐它」，「者」字原脱，據同書補。

〔五四〕縛送萬年獄　「獄」字原脱，據新唐書卷二一七上回鶻傳上補；舊唐書卷一九五迴紇傳此句作「拘於萬年縣」。

〔五五〕宰相頓莫賀達干曰　「干」原作「于」，據舊唐書卷一九五迴紇傳、新唐書卷二一七上回鶻傳上改。「達干」一作「達千」，據近人考證乃突厥音譯，爲突厥、回鶻官號，意爲貴人。凡「達于」皆「達干」之譌，下同。

〔五六〕其大相頡干迦斯踞坐責休等殺突董事　「干」原作「于」，「斯」字原脱，據舊唐書卷一九五迴紇傳、新唐書卷二一七上回鶻傳上改補。下同。

〔五七〕徒益汙　「汙」原作「汗」，據元本、慎本、馮本、局本及新唐書卷二一七上回鶻傳上改。

〔五八〕遣散支將軍康赤心等隨休來朝　「赤」原作「亦」，據元本、慎本、馮本、局本及新唐書卷二一七上回鶻傳上改。

〔五九〕葛禄又取深圖川　「深」，新唐書卷二一七上回鶻傳上同，舊唐書卷一九五迴紇傳、資治通鑑卷二三三唐紀四九貞元六年五月條作「浮」。

〔六〇〕以太和公主下降　「太和」原作「太原」，據舊唐書卷一九五迴紇傳、新唐書卷二一七下回鶻傳下、唐會要卷九八迴紇改。

〔六一〕國人立盧駁特勤爲可汗　「駁」原作「馭」，據舊唐書卷一九五迴紇傳、新唐書卷二一七下回鶻傳下改。

〔六二〕得太和公主　「太和」原作「大和」，據上文及舊唐書卷一九五迴紇傳、新唐書卷二一七下回鶻傳下改。

〔六三〕詔拜嗢没斯爲右金吾衛上將軍　「上」，新唐書卷二一七下回鶻傳下作「大」。

〔六四〕其酋阿麽支等皆拜郡公　「麽」，舊唐書卷一九五迴紇傳、新唐書卷二一七下回鶻傳下作「歷」。

〔六五〕烏介方薄振武石雄馳入　「振」字原脱，據新唐書卷二一七下回鶻傳下補；據同書，石雄爲天德軍行營副使。

〔六六〕擢爲左監門衛上將軍　「門」字原無，據新唐書卷二一七下回鶻傳下補。

〔六七〕所存名王貴臣五百餘　「五」原作「三」，據舊唐書卷一九五迴紇傳、新唐書卷二一七下回鶻傳下改。舊唐書「五百餘」作「五百人以下」。

〔六八〕回鶻因遣人隨使者來京師　「來」字原脱，據新唐書卷二一七下回鶻傳下補。

〔六九〕嘗以馬市中國　「嘗」，新五代史卷七四四夷附録第三作「常」。

〔七〇〕其所賫寶玉皆鬻縣官　「鬻」，新五代史卷七四四夷附録第三作「屬」。

〔七一〕太平興國二年　「二年」，宋史卷四九〇外國傳六同，宋會要蕃夷四之二作「元年冬」。

〔七二〕端拱元年九月　「元年」，宋會要蕃夷四之三同，宋史卷四九〇外國傳六作「二年」。

〔七三〕甘州可汗附達怛國來貢方物　「達怛」二字原脱，據宋會要蕃夷四之二補。

〔七四〕西州有克韓王　「王」原作「國」，據宋史卷四九〇外國傳六、宋會要蕃夷四之八改。

〔七五〕二年三年五年六年各遣使入貢　「五」上原衍「四年」二字，據宋史卷四九〇外國傳六、宋會要蕃夷四之八、九删。

卷三百四十八　四裔考二十五

沙陀

沙陀，西突厥别部處月種也。始，突厥東西部分治烏孫故地，與處月、處蜜雜居。唐貞觀七年，太宗以鼓纛立利邲咄陸可汗，而族人步真觖望，謀并其弟彌射乃自立。彌射懼，率處月等入朝。而步真勢窮亦歸國。其留者，咄陸以射匱特勤劫越之子賀魯統之。西突厥寖彊，内相攻，其大酋乙毗咄陸可汗建廷鏃曷山之西，號「北庭」〔一〕，而處月等又隸屬之。處月居金娑山之陽〔二〕，蒲類之東，有大磧，名沙陀，故號沙陀突厥云。咄陸寇伊州，引二部兵圍天山，安西都護郭孝恪擊走之〔三〕，拔處月俟斤之城。後乙毗可汗敗，奔吐火羅。賀魯來降，詔拜瑶池都督，徙其部庭州之莫賀城〔四〕。處月朱邪闕俟斤阿厥亦請内屬。

永徽初，賀魯反，而朱邪孤注亦殺招慰使連和，引兵據牢山。於是射脾俟斤沙陀那速不肯從，高宗以賀魯所領授之。明年，弓月道總管梁建方、契苾何力引兵斬孤注，俘九千人。又明年，廢瑶池都督府，即處月地置金滿〔五〕、沙陀二州，皆領都督。賀魯亡，安撫大使阿史那彌射次伊麗水，而處月來歸。乃置崑陵都護府，統咄陸部，以彌射爲都護。龍朔初，以處月酋沙陀金山從武衛將軍薛仁貴討鐵勒，授墨離軍討擊使〔六〕。長安二年，進爲金滿州都督，累封張掖郡公。金山死，子輔國嗣。先天初避吐蕃，徙部北庭，率其下入朝。開元二年，復領金滿州都督，封其母鼠尼施爲鄯國夫人〔七〕。輔國累爵永壽郡王。死，子骨咄支嗣。

天寶初，回紇内附，以骨咄支兼回紇副都護。從肅宗平安禄山，拜特進、驍衛上將軍。死，子盡忠嗣，累遷金吾衛大將軍、酒泉縣公。至德、寶應間，中國多故，北庭、西州閉不通，朝奏使皆道出回紇，而虜多漁擷〔八〕，尤苦之，雖沙陀之倚北庭者，亦困其暴斂。貞元中，沙陀部七千帳附吐蕃，與共寇北庭，陷之。吐蕃徙其部甘州，以盡忠爲軍大論。吐蕃寇邊，常以沙陀爲前鋒。

久之，回鶻取涼州，吐蕃疑盡忠持兩端，議徙沙陀於河外，舉部愁恐。盡忠與朱邪執宜謀，曰：「我世爲唐臣，不幸陷汙，今若走蕭關自歸，不愈於絶種乎？」盡忠曰：「善。」元和三年，悉衆三萬落循烏德鞬山而東，吐蕃追之，行且戰，旁洮水，奏石門，轉鬬不解，部衆略盡，盡忠死之。執宜哀瘢傷，士裁二千，騎七百，雜畜橐駝千計，款靈州塞，節度使范希朝以聞。詔處其部鹽州，置陰山府，以執宜爲府兵馬使。沙陀素健鬬，希朝欲籍以捍虜，爲市牛羊，廣畜牧，休養之。其童耄自鳳翔、興元、太原道歸者，皆還其部。盡忠弟葛勒阿波率殘部七百叩振武降，授左武衛大將軍，兼陰山府都督。

執宜朝長安，賜金幣袍馬萬計，授特進、金吾衛將軍。然議者以靈武迫吐蕃，恐後反覆生變，又濱邊益口則食翔價。頃之，希朝鎮太原，因詔沙陀舉軍從之。希朝乃料其勁騎千二百，號沙陀軍，置軍使，而處餘衆於定襄州〔九〕。執宜乃保神武川之黄花堆，更號陰山北沙陀。執宜以軍從討王承宗有功，進蔚州刺史。王鍔節度太原，建言：「朱邪族孳熾，散居北川，恐啓野心，願析其族隸諸州，勢分易弱也。」遂建十府以處沙陀。討吴元濟，詔執宜隸李光顔軍〔一〇〕，有功，授檢校刑部尚書。入朝，留宿衛。後授陰山府都督、代北行營招撫使，隸河東節度。

執宜死，子赤心立。節度使劉沔以沙陀擊回鶻於殺胡山。久之，伐潞，誅劉稹〔一一〕，俱從軍有功，遷朔州刺史，仍爲代北軍使。大中初，吐蕃合党項、回鶻殘衆寇河西，詔諸軍進討，沙陀常深入，赤心所向，虜輒披靡。始，沙陀臣吐蕃，其馳射趫悍過之，虜倚其兵，常苦邊。及歸國，吐蕃由此衰。宣宗已復三州、七關，征西戍皆罷，乃遷赤心蔚州刺史、雲州守捉使。龐勛亂，以突騎從軍討平之。進大同節度使，賜姓李，名國昌，賜第京師。後徙節振武，進檢校司徒。王仙芝陷荆、襄，以突騎逐賊，數有功。

乾符三年，段文楚爲代北水陸發運、雲州防禦使。時歲歉，文楚朘損用度，下皆怨，邊校程懷信等與國昌子克用謀，執文楚殺之，據州以聞，共丐以克用爲大同防禦留後〔一二〕，不許。發諸道兵進捕，諸道不甚力，而黄巢方渡江，朝廷度未能制，乃赦之。以國昌爲大同軍防禦使。國昌不受命，詔河東節度使崔彦昭等討，無功。國昌與党項戰，未決，大同川吐渾赫連鐸襲振武，盡取其貲械，國昌窮，挈騎五百還雲州，州不納，鐸遂取之。克用轉側蔚、朔間，裒兵纔三千〔一三〕，屯新城，鐸引萬人圍之，隧而攻，三日不拔，鐸兵殺傷甚。國昌自蔚州來，鐸引去。僖宗以鐸領大同節度，俾討國昌。

六年，詔昭義李鈞爲北面招討使，督潞、太原兵屯代州；幽州李可舉會鐸攻蔚州，國昌以一隊當之。克用分兵抵遮虜城拒鈞，天大雪，士瘃仆，鈞衆潰，還代州，軍遂亂，鈞死於兵。廣明元年，以李琢爲蔚、朔招討都統，率兵數萬屯代州。克用使傅文達調蔚、朔兵，朔州刺史高文集縛以送琢。琢進攻蔚州〔一四〕，國昌敗，與克用舉宗奔北。鐸密圖之，克用得其計，因豪傑大會馳射，百步外針芒木葉無不中，部人大驚，即倡言：「今黄巢北寇，爲中原患，一日天子赦我，願與公等南向定天下，庸能終老沙磧哉！」

巢攻潼關，入京師，詔河東監軍陳景思發代北軍。時沙陀都督李友金屯興唐軍，薩葛首領米海萬〔一五〕、安慶都督史敬存屯感義軍，克用客塞下，衆數千無所屬。景思聞天子西，乃與友金料騎五千入居絳〔一六〕，兵擅劫帑自私。還代州，益募士三萬，屯崞西〔一七〕，士囂縱，友金不能制，謀曰：「今合大衆，不得威名宿將，且無功〔一八〕。吾兄司徒父子，材而雄，衆所推畏，比得罪於朝〔一九〕，僑戍北部不敢還〔二〇〕。今若召之使將兵，代北豪英，一呼可集，整行伍，鼓而南，賊不足平也。」景思曰：「善。」乃丐赦國昌，使討賊贖罪。有詔拜克用代州刺史、忻代兵馬留後，促本軍討賊。克用募萬人，趨代州。詔克用還軍朔州。義武節度使王處存、河中節度使王重榮傳詔招克用同討巢。克用喜，即以衆三萬、騎五千而南。於是國昌守代州，克用破巢賊，收復京師，功第一，進同中書門下平章事、隴西郡公。國昌爲代北節度使。未幾，以克用領河東節度使。光啓三年，國昌卒。昭宗即位，封克用晉王，後卒。子存勖嗣，討滅朱友貞，復唐祚，是爲唐莊宗。

骨利幹

骨利幹處瀚海北，勝兵五千〔二一〕。草多百合。産良馬，首似橐駝，筋骼壯大，日中馳數百里。其地北距海，去京師最遠，又北度海則晝長夜短，日入烹羊胛，熟，東方已明。蓋近日出處也〔二二〕。唐貞觀二十一年入朝，詔以其地爲玄闕州。其大酋俟斤因使者獻馬，帝取其異者，號十驥，皆爲美名，厚禮其使。龍朔中，以玄闕州更爲余吾州〔二三〕，隸瀚海都督府。延載初，亦來朝。

黠戛斯

黠戛斯，古堅昆國也。地當伊吾之西，焉耆北，白山之旁。或曰居勿，曰結骨。其種雜丁零，乃匈奴西鄙也。匈奴封漢降將李陵爲右賢王，衛律爲丁零王。後郅支單于破堅昆，於時東距單于庭七千里，南車師五千里，郅支留都之。故後世得其地者譌爲結骨，稍號紇骨，亦曰紇扢斯云。衆數十萬，勝兵八萬，直回紇西北三千里，南依貪漫山。地夏沮洳，冬積雪。人皆長大，赤髮、皙面、緑瞳，以黑髮爲不祥。黑瞳者，必曰陵苗裔也。男少女多，以環貫耳，俗趫伉，男子有勇黥其手，女已嫁黥項。雜居多淫佚。

謂歲首爲茂師，謂月爲哀〔二四〕，以三哀爲一時，以十二物紀年，如歲在寅則曰虎年。氣多寒，雖大河亦半冰。稼有禾、粟、大小麥、青稞，步磑以爲麪糜。穄以三月種，九月穫，以飯，以釀酒，而無果蔬。畜，馬至壯大，以善鬬者爲頭馬，有橐駝、牛、羊，牛爲多〔二五〕，富農至數千。其獸有野馬、骨咄、黄羊、羱羝、鹿、黑尾，黑尾者似麞〔二六〕，尾大而黑。魚，有蔑者長七八尺，莫痕者無骨，口出頤下。鳥：鴈、鶩、烏鵲、鷹、隼。木：松、樺、榆、柳、蒲。松高者仰射不能及顛，而樺尤多。有金、鐵、錫，每雨後必得鐵，號迦沙，爲兵絶犀利，常以輸突厥。其戰有弓矢、旗幟，其騎士析木爲盾，蔽股足，又以圓盾傅肩，可捍矢刃〔二七〕。

其君曰「阿熱」，遂姓阿熱氏〔二八〕，建一纛，下皆尚赤，餘以部落爲之號。服貴貂、豽，阿熱冬帽貂，夏帽金釦，鋭頂而卷末，諸下皆帽白氈，喜佩刀礪，賤者衣皮不帽，女衣毳毲、錦、罽〔二九〕、綾，蓋安西、北庭、大食所貿售也。阿熱駐牙青山，周栅代垣，聯氈爲帳，號「密的支」，它首領居小帳。凡調兵，諸部役屬者悉行〔三〇〕。內貂鼠、青鼠爲賦。其官，宰相、都督、職使、長史、將軍、達干六等。宰相七，都督三，職使十，皆典兵；長史十五，將軍、達干無員。諸部食肉及馬酪，惟阿熱設餅餌。

樂有笛、鼓、笙、觱篥、盤鈴。戲有弄駝、師子、馬伎、繩伎。祠神惟主水草，祭無時。呼巫爲「甘」。昏嫁納羊馬以聘，富者或百千計。喪不剺面，三環尸哭，乃火之，收其骨，踰歲而爲墓，然後哭泣有節。冬處室，木皮爲覆。其文字言語，與回鶻正同。法最嚴，臨陣橈、奉使不稱、妄議國若盜者，皆斷首；子爲盜，以首著父頸，非死不脱。

阿熱牙至回鶻牙所，橐駝四十日行。使者道出天德右二百里許抵西受降城，北三百里許至鸊鵜泉，泉西北至回鶻牙千五百里許，而有東西二道，泉之北，東道也。回鶻牙北六百里得仙娥河，河東北曰雪山，地多水泉。青山之東，有水曰劍河，偶艇以度，水悉東北流，經其國，合而北入於海。東至木馬突厥三部落，曰都播、彌列、哥餓支，其酋長皆爲頡斤。樺皮覆室，多善馬，俗乘木馬馳冰上，以板藉足，屈木支腋〔三一〕，蹴輒百步，勢迅激。夜鈔盜，晝伏匿，堅昆之人得以役屬之。

堅昆，本彊國也，地與突厥等，突厥以女妻其酋豪，東至骨利幹，南吐蕃，西南葛邏禄。始隸薛延陀，延陀以頡利發一人監國。其酋長三人，曰訖悉輩，曰居沙波輩，曰阿米輩，共治其國，未嘗與中國通。唐貞觀二十二年，聞鐵勒等已入臣，即遣使者獻方物，其酋長俟利發失鉢屈阿棧身入朝，以其地爲堅昆府，拜俟利發左屯衛大將軍，即爲都督，隸燕然都護。高宗世，再來朝。景龍中，獻方物。玄宗世，四朝獻。乾元中，爲回紇所破，自是不能通中國。後狄語譌爲黠戛斯，蓋回鶻言若曰黄赤面云。常與大食、吐蕃、葛禄相依仗，吐蕃之往來者畏回鶻剽鈔，必住葛禄，以待黠戛斯護送〔三二〕。回鶻授其君長阿熱官。

回鶻稍衰，阿熱即自稱可汗。回鶻遣師伐之，不勝。阿熱恃勝，訴之。回鶻不能討，其將句録莫賀導阿熱破殺回鶻可汗，諸特勤皆潰。阿熱身自將，焚其牙，悉收寶貲，并得太和公主，遂徙牙牢山之南〔三三〕，距回鶻舊牙度馬行十五日〔三四〕。阿熱以公主唐貴女，遣使送衛還朝，爲回鶻烏介可汗邀取之，并殺使者。會昌中，復遣使上書言狀。行三歲至京師，武宗大悦，以其窮遠，能修職貢，班渤海使者上，遣使持節臨慰其國，詔宰相即鴻臚寺見使者，使譯官考山川國風。宰相李德裕上言：「今黠戛斯大通中國，宜如貞觀時爲王會圖以示後世。」從之。又詔阿熱著宗正屬籍。

是時，烏介可汗餘衆託黑車子，阿熱願乘秋馬肥擊取之，表天子請師。帝令給事中劉濛爲巡邊使，朝廷亦以河、隴四鎮十八州久淪戎狄，幸回鶻破弱，吐蕃亂，相殘齧，可乘其衰。乃以右散騎常侍李拭使黠戛斯，册君長爲宗英雄武誠明可汗。未行，而武宗崩。宣宗嗣位，欲如先帝意，或謂黠戛斯小種，不足與唐抗，詔宰相與臺省四品以上官議，皆曰：「回鶻盛時有册號，今幸衰亡，又加黠戛斯，後且生患。」乃止。至大中元年，卒詔鴻臚卿李業持節册黠戛斯爲英武誠明可汗。逮咸通間，三來朝。然卒不能取回鶻。後之朝聘册命，史臣失傳。

僕骨

僕骨亦曰僕固，在多覽葛之東。帳户三萬，兵萬人。地最北，俗梗驁，難召率。始臣突厥，後附薛延陀。延陀滅〔三五〕，其酋娑匐、俟利發歌濫拔延始内屬〔三六〕，以其地爲金微州，拜歌濫拔延爲右武衛大將軍、州都督。唐開元初，爲首領僕固所殺，詣朔方降，有司誅之。子曰懷恩，至德時以功至朔方節度使。

葛邏禄

葛邏禄本突厥諸族，在北庭西北、金山之西，跨僕固振水，包多怛嶺，與車鼻部接。有三族：一謀落，或爲謀剌；二熾俟，或爲婆匐；三踏實力。唐永徽初，高偘之伐車鼻可汗，三族皆内屬。顯慶二年，以謀落部爲陰山都督府，熾俟部爲大漠都督府，踏實力部爲玄池都督府，即用酋長爲都督。後分熾俟部置金附州。三族當東、西突厥間，常視其興衰，附叛不常也。後稍南徙，自號「三姓葉護」，兵彊，甘於鬬，廷州以西諸突厥皆畏之。

開元初，再來朝。天寶時，與回紇、拔悉密共攻殺烏蘇米施可汗，又與回紇擊拔悉密，走其可汗阿史那施於北庭，奔京師。葛禄與九姓復立回紇葉護，所謂懷仁可汗者也。於是葛禄之處烏德犍山者臣回紇，在金山、北庭者自立葉護，歲來朝。久之，葉護頓毗伽縛突厥叛酋阿布思，進封金山郡王。天寶間，凡五朝。

至德後，葛邏祿寖盛，與回紇争彊，徙十姓可汗故地，盡有碎葉、怛邏斯諸城。然限回紇，故朝會不能自達於朝。

駮馬

駮馬，其地近北海，去京萬四千里，經突厥大部落五所乃至焉。有兵三萬人，馬三十萬匹〔三七〕。其國以俟斤統領，與突厥不殊。有弓箭刀矟傍排，無宿衛隊仗。不行賞賜。其土境，東西一月行，南北五十日行。土地嚴寒，每冬積雪，樹木不没者纔一二尺，至暖消，逐陽坡，浦波反。以馬及人挽犁種五穀。好漁獵，取魚、鹿、獺、貂、鼠等肉充食，以其皮爲衣。少鐵器，用陶瓦釜及樺皮根爲盤盌。隨水草居止，累木爲井欄，樺皮蓋以爲屋，土牀草蓐，加氈而寢處之〔三八〕。草盡即移，居無定所。馬色並駮，故以名云。其馬不乘，但取其乳酪充飡而已。與結骨數相侵伐。貌類結骨，而言語不相通。唐永徽中，遣使朝賀。突厥謂駮馬爲曷剌，亦名曷剌國。

鬼國

鬼國在駮馬國西，六十日行。其國人夜遊晝隱，身著渾剥鹿皮衣。眼鼻耳與中國人相同，口在頂上。食用瓦器。土無米粟，噉鹿豕及蛇。

鹽漠念〔三九〕

駮馬國南三十日行至突騎施，二十日行至鹽漠念咄六闕俟斤部落〔四〇〕，又北八日行至可史檐部落〔四一〕。其駮馬、鹽漠並無牛羊雜畜。其婚姻嫁娶與突厥同。土多松、樺樹，每年稅貂、獺、青白二鼠皮以奉酋長〔四二〕。

杜氏通典傳奕曰：「西晉時，匈奴諸部在太原離石，其酋劉元海覆兩都，執天子。自是戎夷赫連氏、沮渠氏、李氏、石氏、慕容氏、佛氏、禿髮氏、拓跋氏、宇文氏、高氏、苻氏、吕氏、姚氏、翟氏，被髮左衽，遞據中壤，衣冠殄盡。周、齊每以騎戰，驅夏人爲肉籬，詫丑亞反。曰『當剉漢狗飼馬，刀刈漢狗頭，不可刈草也』。羌胡異類，寓居中夏，禍福相恤，中原之人衆心不齊，故夷狄少而强，華人衆而弱也。石季龍死，羯胡大亂。冉閔令胡人不願留者聽去，或有留者，乃誅之，死者二十餘萬。氐、羌分散，各還本部，部至數萬，故苻、姚代興。鮮卑既入中國，而蠕蠕據其土。後魏時，蠕蠕主阿那瓌大餧，求糧於魏，魏帝使元孚賑恤之，既飽，遂寇暴。及蠕蠕衰而突厥興，自劉、石至後周，皆北狄種類，相與婚姻，高氏娉蠕蠕女爲妻，宇文氏以突厥女爲后。北齊供突厥歲十萬匹，周氏傾國事之，錦衣玉食長安者，恒數千人。可汗驕曰：『但使我在南二兒無患貧，何憂哉〔四三〕！』周齊使於突厥遇其喪，剺面如其國臣，其爲夷狄所屈辱也如是。」

天册萬歲二年，補闕薛謙光上疏曰：「臣聞戎夏不雜，自古所誡，夷狄無信，易動難安，故斥居塞外，不還中國。前史所稱，其來久矣。然而帝德廣被，時有朝謁〔四四〕，受向化之誠請，納梯山之禮貢，事畢則歸其父母之國，導以指南之車，此三王之盛典也。自漢魏以來，遂革其風，務飾虚名，徵求侍子，喻其解辮，使襲衣冠，居室京師，不令歸國，此又中葉之故事也。較其利害，則三王是而漢魏非；論其得失，則備邊長而徵質短。殷鑒在乎往代，豈可不懷經遠之慮哉！昔郭欽獻策於武皇，江統納諫於惠主，咸以爲夷狄處中夏必爲變，晉武不納二臣之遠策，徒好慕化之虚名，縱其習史、漢等書，官之以五部都尉，此皆計之失也。前事之不忘，則後代之龜鏡，此臣所以極言而不隱者也。

竊惟突厥、吐蕃、契丹等往因入貢，並叨殊獎，或執戟丹墀，册名戎秩，或曳裾庠序，高步學門，服胡氈裘〔四五〕，語兼中夏，明習漢法，睹衣冠之儀，目覩朝章〔四六〕，知經國之要，窺成敗於圖史，察安危於古今，識邊塞之盈虚，知山川之險易。或委以經略之功，令其展效；或矜其首丘之志，放使歸蕃。於國家雖有冠帶之名，在夷狄廣其縱横之智。雖則慕化之美，苟悦於當時；狼子孤恩，旋生於過後。乃歸部落，鮮不稱兵。邊鄙罹災，實由於此。故老子云『國之利器，不可以示人』。在於齊人，猶不可以示之，况於夷狄乎！

謹按：楚申公巫臣奔晉而使於吴，使其子狐庸爲吴行人，教吴戰陣，使之叛楚，吴於是伐楚，取巢駕克棘，入州來，子反一歲七奔命〔四七〕。其所以能謀楚，良以此也。按漢桓帝遷五部匈奴於汾晉，其後卒有劉、石之難。向使五部不徙，則晉祚猶未可量也。鮮卑不遷，則慕容無中原之僭也。又按漢史書陳湯云：『夫胡兵五而當漢兵一〔四八〕，何者？兵刃朴鈍，弓弩不利。今聞頗得漢工，然猶三而當一。』由是言之，利兵尚不可使胡人得法，況處之中國而使習見哉！　昔漢東平王請太史公書，朝臣以爲太史公書有戰國縱横之説，不可以與諸侯。　此則内地諸王尚不可與，況外國乎！　臣竊計秦并天下及劉項之際，累載用兵，人户凋散。　以晉惠方之，當八王之喪師，則輕於楚漢之塗地，匈奴冒頓之全實，過於五部之微弱。　當曩時冒頓之强盛，乘中國虚弊，高帝餒厄平城，而冒頓不能入中國者何也？非兵不足以侵諸夏，力不足以破汾晉，其所以解圍而縱高祖者，爲不習中土之風，不安中國之美，生長磧漠之北，以穹廬堅於城邑，以氈罽美於章紱〔四九〕。　既安其所習，而樂其所生，是以無窺中國之心者，爲生不在漢故也。　豈有心不樂漢而欲深入者乎？　劉元海，五部離散之餘，而卒能自振於中國者，爲少居内地，明習漢法，非元海悦漢，而漢亦悦之，一朝背叛〔五〇〕，四方響應，遂鄙單于之號，竊帝王之寶，賤沙漠而不居，擁平陽而鼎峙者，爲居漢故也。　向使元海不内徙，止當劫邊人繒綵麴糵，以歸陰山之北，安能使王彌、崔懿爲其用邪？

當今皇風遐覃，含識革面，凡在虺性，莫不懷馴，方使由余效忠，日磾盡節，以臣愚見〔五一〕，國家方傳無窮之祚於後。　脱備防不謹，邊臣失圖，則夷狄稱兵不在方外，非所以肥中國，削四夷，經營萬乘之規〔五二〕，貽厥孫謀之道也。　臣愚以爲，願充侍子者，一皆禁絶，必若先在中國者，亦不可更使歸蕃〔五三〕，則夷人保疆，邊邑無事矣。」

劉起居貺武指曰：「自昔議邊者，推高於嚴尤、班固。　嚴尤議曰：『御匈奴自古無得上策者。　周時獫狁内侵，命將征之，盡境而還，譬蚊虻螫人，驅之而已，是爲中策。　漢武輕賫深入〔五四〕，連兵三十年，中國罷耗，匈奴亦𠜂，是爲下策。秦築長城，勤於轉輸，疆境完而中國竭，是爲無策。自古無得其上策者也〔五五〕。』其班固曰：『言匈奴者，大要歸於兩科：搢紳則守和親，介冑則言征伐。漢興以來，有修文以和之，有用武以剋之，有卑下而承事之，有威服而臣畜之。和親之論，發於劉敬。天下新定，故從其言，賂遺以救安邊境。孝惠、高后，遵而不違，匈奴加驕，寇盜不止，與通關市，妻以漢女，歲賂千金，無益之明驗也。仲舒欲復守舊文，厚結以財，質愛子，邊城不選武略之臣，修障隧備塞之具，厲長戟勁弩，恃吾所以待寇，而務賦斂於人，遠行貨賂，割剥百姓，以奉寇讎，信甘言，守空約，而冀胡馬不窺，不亦過乎？王莽時，單于棄其愛子，昧利不顧，侵掠所獲，歲巨萬計〔五六〕，而和親賂遺，不過千金，安在其不棄質而失重利也？夷狄之人，貪而好利，人面獸心，聖王禽獸畜之，不與約誓，不就攻伐。約之則費賂而見欺，攻之則勞師而招寇。外而不內，疏而不親〔五七〕，政教不及其人，正朔不加其國。來則懲而禦之，去則備而守之。慕義則接之以禮讓，使曲在彼。蓋聖主禦蠻夷之常道也。』

貺以爲嚴尤之議辯而未詳，班固之論詳而未盡。推而爲言，周得上策，秦得其中，漢無策焉。何以言之？荒服之外，聲教所遠，其叛也不爲之勞師，其降也不爲之釋備，嚴其守禦，險其走集，犯塞則有執訊之捷，深入則有殪戎之勳，俾其欲爲寇而不能，願臣妾而不得。斯御戎之上策，禁暴之良算。惠此中夏，以綏四方，周人之道也。貺故曰周得上策。

易稱『王公設險，以守其國』〔五八〕。築長城，修障塞，易之設險也。今朔塞之上〔五九〕，多古長城，未知起自何代。七國分争，國有長城，趙簡子起長城以備胡，燕秦亦築長城，以限中外，則長城之作其來遠矣。秦兼天下，益理城塹，城全國滅，人歸咎焉。自漢至隋，因其成業，或修或築，無代無之。後魏時，築長城議曰：『虜騎輕捷，風來電往，塢壁未遑閉，牛羊不暇收，雷擊至於近郊，雲飛出於塞表，不得不立長城以備之。人築一步，千里之地役三十萬人〔六〇〕，不有旬朔之勞，安獲久長之逸。始皇斥中國之戎，出諸塞表，匈奴不敢南下而牧馬，戰士不敢彎弓而報怨。』既故曰秦得中策。

史稱劉敬說高祖以魯元公主嫁匈奴，嗣王則漢之外孫〔六一〕，豈敢與大父爭哉！假立宗女，匈奴不信，無益也。帝欲遣魯元，后泣諫曰：『帝惟一女，奈何棄之匈奴乎！』由是遣宗女行。又按：魯元公主，則趙王張敖之后也。人告趙王反〔六二〕，吕后言趙王以公主故，不宜有此。高祖曰：『使張敖有天下，豈少乃女乎！』高祖審魯元不能止趙王之謀，而謂能息匈奴之叛邪？假有欲遣之辭，固戲言耳。且冒頓手刃頭曼，躬射其母，而冀其不與外祖爭强，豈不惑哉！然則高祖知和親不能久安而爲之者〔六三〕，以天下初定，苟紓歲月之禍，以息兆人之勤耳！而天姿豁達，不矜智能，沉謀内斷，衆莫之識。武帝時，中國康寧，胡寇益鮮，疏而絶之，此其時也。方更糜耗華夏，連兵積年，嚴尤以爲下策，可矣。而漢之失策，非止用兵。至於昭宣，武士練習，斥候精審，胡入則覆亡，居又畏逼，收迹遠徙，窮竄海陰。朝廷不遵宗周之故事，乃襲奉春之過舉，啓寵納侮，傾竭府藏，給西北方，無慮歲二億七十萬，賞賜之費，傳送之勞，尚不計焉。皇室淑女，嬪於穹廬；掖庭良人，降於沙漠。夫貢子女方物，臣僕之職也。詩曰『莫敢不來享，莫敢不來王』〔六四〕，傳稱『荒服者來王』，此皆稱其來，不言當往也。杞用夷禮，經貶其爵；公及吴盟，諱而不書。奈何以天子之尊與匈奴約爲兄弟，帝女之號與胡媪並爲戎妻，媪，烏老反。烝母報子，從其污俗。中國之異於蠻夷者，以有父子、男女之别也。若乃位配天地，職調陰陽，不能革聾昧之性，使漸習華風，反令婉冶之姿，毁節異類，其爲垢辱，可勝道哉！漢之君臣，常莫之耻〔六五〕。東漢至曹馬，招來羌狄，内之塞垣，資奉所費，有踰於昔。百人之酋，千口之長，金印紫綬，食王侯之俸者，相半於朝；牧馬之童，乘羊之隷，齎毳罽之資，邀綾紈之利者，相錯於路。九州五服，耒耨之所利，絲枲之所生，方三千里。植於三千里之中，散於數萬里之外，人焉得不勞，國焉得不貧。胡夷歲驕〔六六〕，華夏日蹙。當其强也，又竭人力以征之；其服也，又如是以養之。病則受養，强則内攻。嗚呼！中國爲羌胡服役且千載而莫之恤，可不大悲哉！爲政者誠能移其財以賞戍卒，則我人富矣；移其爵以餌守臣，則我將良矣。富利歸於我，危亡移於彼，無納女之辱，無傳送之勞，此之不爲，而棄同即異，與頑用嚚，以夷亂華，以裔謀夏，變上國之風俗，汨中和之正氣，貺故曰漢無策焉。

嚴尤深以古無上策者，爲不能臣妾也。聖王誠能之，而不用耳。稱秦氏無策者，謂其攘狄而亡國也。秦亡之咎，非攘狄也。稱漢代得下策者，謂伐胡而人病。人既病矣，又役人而奉之，是無策也。貺故曰嚴尤之議辯而未詳者也。

班固之論，頗究其情；而曰『其來慕義，接以禮讓，使曲在彼』，是未盡也。何者？禮讓以交君子，不以接小人，况於禽獸夷狄乎！夫奇貨内來，則華夏之情蕩〔六七〕；纖麗外散，則戎羯之心生。華夏情蕩，出兵之源也；戎羯心生，侵盗之本也。聖人唯此之慎，不貴奇貨，不寶遠物，禽獸非其土性不育，器服非其所産不御，豈惟贄幣不通哉！至於飲食聲樂，不與共之，故夷狄來朝，坐之門外，使舌人體委以食之，若禽獸然，不使知馨香嘉味也。獲其聲，不列於庭廟。受其貢，不過楛矢獸皮，不爲贄幣，不爲財貨。利既小矣，酬亦宜然。漢氏習玩驕虜，使悦燕、趙之名倡雅質，甘太官之八珍六齊，便五都之文綺羅紈〔六八〕，供之則長欲而增求，絶之則滅德而招怨。加以斥候不明，士卒不習，是猶飽豺狼以食肉〔六九〕，而縱其獵噬疲人。求其禍源，接以禮讓之所致也。故通貢獻則去錦繢而得毛革，討負約則獲犬馬而喪士人，許和親則毁禮義而順戎俗。張騫使西域〔七〇〕，得摩訶兜勒曲，漢武採之以爲鼓吹。東漢、魏、晉，樂則胡笛箜篌，御則胡牀，食則羌炙、貊炙，器則蠻盤，祠則胡天。晉末五胡遞居中夏，豈無天道，亦人事使之然也！華人，步卒也，利險阻；虜人，騎兵也，利平地。彼利馳突，我則堅守，無與追奔，無與競逐。來則杜險使無進，去則閉險使無還。衝以長戟，臨以强弩，非求勝之也，創之而已。措彼頑凶，寘之度外，譬諸蟲豸，方乎虺蜴，如是，何禮讓之接，何曲直之争哉！貺故曰班固之論，詳而未盡者也。」

四夷之猾夏，尚矣。明達之士論備邊之要，無代無之。國朝有房司空上書諫伐高麗云：「比來犯罪死囚，每令三覆，重惜人命至此，而億萬吏卒，無一罪戾，委之鋒刃，實爲冤酷。」薛補闕上書諫：「諸蕃侍子久在京師，恐其知邊塞盈虚險易，悦華夏服翫聲色，或窺圖籍，兼達古今，如有劉元海之徒，終成大憝。」劉起居武指云：「秦逐戎狄出塞，限隔華夷，是爲中策。」三賢所陳，可謂篤論，言詳理切，度越前古，斯仰嘆不暇，豈敢繁述耳。

校勘記

〔一〕其大酋乙毗咄陸可汗建廷鏃曷山之西號北庭　「鏃」原作「鏇」，據新唐書卷二一八沙陀傳、資治通鑑卷一九五唐紀一一貞觀十三年十二月癸巳條改。「北庭」原作「北廷」，據同上新唐書改，下同。

〔二〕處月居金娑山之陽　「娑」原作「婆」，據新唐書卷二一八沙陀傳改。

〔三〕安西都護郭孝恪擊走之　「護」原作「督」，據新唐書卷二一八沙陀傳改。

〔四〕徙其部庭州之莫賀城　「庭州」原作「廷州」，據新唐書卷二一八沙陀傳、唐會要卷九四西突厥改。

〔五〕即處月地置金滿　「金滿」原作「金蒲」，據新唐書卷二一八沙陀傳、資治通鑑卷一九九唐紀一五永徽五年閏四月丙子條改。下同。

〔六〕授墨離軍討擊使　「墨離」原作「黑離」，據新唐書卷二一八沙陀傳改。

〔七〕封其母鼠尼施爲鄯國夫人　「封」原作「府」，據元本、慎本、馮本及新唐書卷二一八沙陀傳改。

〔八〕而虜多漁撷　「漁」原作「魚」，據新唐書卷二一八沙陀傳改。

〔九〕而處餘衆於定襄州　「州」，新唐書卷二一八沙陀傳作「川」。

〔一〇〕詔執宜隸李光顔軍　「李」字原脱，據新唐書卷二一八沙陀傳補。

〔一一〕誅劉稹　「劉稹」原作「劉槙」，據新唐書卷二一八沙陀傳改。

〔一二〕共丐以克用爲大同防禦留後　「大同」原作「大用」，據新唐書卷二一八沙陀傳改。

〔一三〕裒兵纔三千　「裒」原作「東」，據新唐書卷二一八沙陀傳改。

〔一四〕琢進攻蔚州 「州」字原脱，據新唐書卷二一八沙陀傳補。

〔一五〕薩葛首領米海萬 「米海萬」原作「朱海萬」，據新唐書卷二一八沙陀傳改。

〔一六〕乃與友金料騎五千入居絳 「入」原作「人」，據新唐書卷二一八沙陀傳改。

〔一七〕屯崞西 「崞西」原作「隴西」，據新唐書卷二一八沙陀傳改。

〔一八〕且無功 「且」原作「具」，據新唐書卷二一八沙陀傳改。

〔一九〕比得罪於朝 「比」原作「北」，據局本及新唐書卷二一八沙陀傳改。

〔二〇〕僑戍北部不敢還 「戍」原作「代」，據新唐書卷二一八沙陀傳改。

〔二一〕勝兵五千 「五千」，新唐書卷二一七下回鶻傳下同，通典卷二〇〇邊防一六、太平寰宇記卷二〇〇四夷二九北狄一二、册府元龜卷九五八外臣部國邑二作「四千五百人」。

〔二二〕蓋近日出處也 「出」原作「入」，據新唐書卷二一七下回鶻傳下、唐會要卷一〇〇骨利幹國改；通典卷二〇〇邊防一六本句作「蓋近日入出之所」。

〔二三〕以玄闕州更爲余吾州 「爲」原作「初」，據新唐書卷二一七下回鶻傳下改。

〔二四〕謂月爲哀 「謂月爲」三字原脱，據太平寰宇記卷一九九四夷二八北狄一一補；新唐書卷二一七下回鶻傳下與原文同。

〔二五〕牛爲多 「牛」字原脱，據元本、慎本、馮本及新唐書卷二一七下回鶻傳下補。

〔二六〕黑尾者似麞 「黑尾」二字原脱，據馮本及新唐書卷二一七下回鶻傳下補。

〔二七〕可捍矢刃 「可」，新唐書卷二一七下回鶻傳下作「而」。

〔二八〕遂姓阿熱氏　「遂」原作「逐」，據新唐書卷二一七下回鶻傳下改。

〔二九〕闕　原作「蜀」，據新唐書卷二一七下回鶻傳下改。

〔三〇〕諸部役屬者悉行　「諸」字原脱，據新唐書卷二一七下回鶻傳下補。

〔三一〕屈木支腋　「屈」原作「屋」，據新唐書卷二一七下回鶻傳下改。

〔三二〕以待黠戛斯護送　「斯」字原脱，據新唐書卷二一七下回鶻傳下補。

〔三三〕遂徙牙牢山之南　「山」上原有「之」字，據新唐書卷二一七下回鶻傳下删。

〔三四〕距回鶻舊牙度馬行十五日　「日」原作「里」，據新唐書卷二一七下回鶻傳下改。

〔三五〕延陀滅　「延陀」二字原脱，據元本、慎本、馮本及新唐書卷二一七下回鶻傳下補。

〔三六〕其酋娑匐俟利發歌濫拔延始内屬　「娑」，通典卷一九九邊防一五作「婆」；「歌濫拔延」，資治通鑑卷一九八唐紀一四貞觀二十年十二月戊寅條同，通典卷一九九邊防一五作「歌藍伏延」。

〔三七〕馬三十萬匹　太平寰宇記卷二〇〇四夷二九北狄一二同，唐會要卷一〇〇駮馬國作「馬萬匹」。

〔三八〕加氈而寢處之　「加」原作「如」，據明刻本、明抄本、朝鮮本通典卷二〇〇邊防一六改。

〔三九〕鹽漠念　下文有「其駮馬鹽漠並無牛羊雜畜」，以「鹽漠」下並無「念」字，疑本題次句「二十日行至鹽漠念咄六闕俟斤部落」之「念」當屬下讀，乃「鹽漠」之「念咄六闕俟斤部落」。

〔四〇〕駮馬國南三十日行至突騎施二十日行至鹽漠念咄六闕俟斤部落　「駮馬國南三十日行至突騎施二十日行至」十七字原在上文鬼國條「噉鹿豕及蛇」句後，但據上下文義則與鬼國無涉而與鹽漠念條首句緊相承接，故移於鹽漠念條之首。鬼國與此段鹽漠念文字，本書全襲通典卷二〇〇邊防一六之文，疑通典原稿本無鹽漠念標題，太平寰宇記卷二〇〇四夷二九北狄一二即於鬼國「噉鹿豕及蛇」下附記之，不另立標題可證。

〔四一〕又北八日行至可史檐部落　「檐」，册府元龜卷九六一外臣部土風三同，通典卷二〇〇邊防一六作「擔」。

〔四二〕每年税貂獭青白二鼠皮以奉酋長　「二」，太平寰宇記卷二〇〇四夷二九北狄一二同，册府元龜卷九六一外臣部土風三作「三」。

〔四三〕但使我在南二兒無患貧何憂哉　通典卷二〇〇邊防一六同，太平寰宇記卷二〇〇四夷二九北狄一二作「但使我在南二兒孝順何憂貧哉」。

〔四四〕時有朝謁　「朝」字原脱，據通典卷二〇〇邊防一六補。

〔四五〕服胡氈裘　此四字新唐書卷一一二薛登傳作「服改氊罽」，「胡」疑作「改」字。

〔四六〕目覿朝章　「目」原作「申」，據明刻本、朝鮮本通典卷二〇〇邊防一六改；太平寰宇記卷二〇〇四夷二九北狄一二作「日」。

〔四七〕吴於是伐楚取巢駕克棘入州來子反一歲七奔命　左傳成公七年云：「吴始伐楚，伐巢，伐徐，子重奔命。馬陵之會，吴入州來，子重自鄭奔命。子重、子反於是乎一歲七奔命。」昭公四年云：「冬，吴伐楚，入棘、櫟、麻。」據此知「駕」字衍，且取巢入州來在西元前五八四年，克棘在西元前五三八年，相距近半世紀，不得牽合爲文。

〔四八〕夫胡兵五而當漢兵一　「漢」下「兵」字原脱，據漢書卷七〇陳湯傳、太平寰宇記卷二〇〇四夷二九北狄一二補。

〔四九〕以氈罽美於章紱　「章紱」，太平寰宇記卷二〇〇四夷二九北狄一二作「章服」。

〔五〇〕一朝背叛　「叛」原作「誕」，據太平寰宇記卷二〇〇四夷二九北狄一二改。

〔五一〕以臣愚見 「見」原作「者」，據通典卷二〇〇邊防一六改。

〔五二〕經營萬乘之規 「乘」原作「葉」，據太平寰宇記卷二〇〇四夷二九北狄一二、全唐文卷二八一請止四夷入侍疏改。

〔五三〕亦不可更使歸蕃 「不」字原脱，據通典卷二〇〇邊防一六、新唐書卷一一二薛登傳、全唐文卷二八一請止四夷入侍疏補。

〔五四〕漢武輕賫深入 「輕」原作「經」，據通典卷二〇〇邊防一六改。

〔五五〕自古無得其上策者也 「者」字原脱，據通典卷二〇〇邊防一六補。

〔五六〕歲巨萬計 「計」字原脱，據漢書卷九四下匈奴傳下補。

〔五七〕疏而不親 「親」，漢書卷九四下匈奴傳下作「戚」。

〔五八〕易稱王公設險以守其國 「公」原作「侯」，「守」原作「固」，據通典卷二〇〇邊防一六、周易集解上經坎改；「國」，同上周易集解作「邦」。

〔五九〕今朔塞之上 「之」字原脱，據通典卷二〇〇邊防一六補。

〔六〇〕千里之地役三十萬人 「十」字原脱，據通典卷二〇〇邊防一六、全唐文卷三七八武指補；「地」，同上全唐文作「城」。

〔六一〕嗣王則漢之外孫 「王」，太平寰宇記卷二〇〇四夷二九北狄一二作「主」。

〔六二〕人告趙王反 「人」字原脱，據通典卷二〇〇邊防一六、全唐文卷三七八武指補。

〔六三〕然則高祖知和親不能久安而爲之者 「知」原作「之」，據通典卷二〇〇邊防一六改。

〔六四〕莫敢不來王　「敢」字原脱，據通典卷二〇〇邊防一六補。

〔六五〕常莫之耻　「常」，太平寰宇記卷二〇〇四夷二九北狄一二作「曾」。

〔六六〕胡夷歲驕　明刻本、朝鮮本通典卷二〇〇邊防一六，全唐文卷三七八武指作「故狄夷歲驕」。

〔六七〕則華夏之情蕩　「則」原作「即」，據通典卷二〇〇邊防一六改。

〔六八〕便五都之文綺羅紈　「便」，通典卷二〇〇邊防一六、全唐文卷三七八武指作「使」。

〔六九〕是猶餉豺狼以食肉　「食肉」，明刻本、朝鮮本通典卷二〇〇邊防一六、全唐文卷三七八武指作「良肉」；太平寰宇記卷二〇〇四夷二九北狄一二作「粱肉」，疑是。

〔七〇〕張騫使西域　「張騫」原作「張賽」，據元本、慎本、馮本及通典卷二〇〇邊防一六改。

附録　文獻通考四庫全書總目提要

元馬端臨撰。端臨字貴與，江西樂平人。宋宰相廷鸞之子也。咸淳中，漕試第一。會廷鸞忤賈似道去國，端臨因留侍養，不與計偕。元初起爲柯山書院山長。後終於台州儒學教授。是書凡田賦考七卷，錢幣考二卷，户口考二卷，職役考二卷，征榷考六卷，市糴考二卷，土貢考一卷，國用考五卷，選舉考十二卷，學校考七卷，職官考二十一卷，郊社考二十三卷〔一〕，宗廟考十五卷，王禮考二十二卷，樂考二十一卷〔二〕，兵考十三卷，刑考十二卷，經籍考七十六卷，帝系考十卷，封建考十八卷，象緯考十七卷，物異考二十卷，輿地考九卷，四裔考二十五卷。其書以杜佑通典爲藍本。田賦等十九門，皆因通典而離析之。經籍、帝系、封建、象緯、物異五門，則廣通典所未及也。自序謂引古經史謂之文，參以唐宋以來諸臣之奏疏、諸儒之議論，謂之獻。故名曰文獻通考。中如田賦考載唐租庸調之制，而據唐會要，則自開元十六年以後，其法屢改。載五代田賦之制，而據五代會要，尚有天成四年户部奏定三京諸府夏秋税法一事，乃一概略之。楊炎定兩税法奏疏，最關沿革，亦佚不載。職役考載口算之制，而漢書永建四年除三輔三年逋租過更口算芻稾詔書不載。征榷考詳載鹽鐵，而五代會要後唐長興四年諸道鹽鐵轉運使奏定鹽鐵條例不載。又雜税載果菜之税，而漢書永元六年流民販賣勿出租税詔不載。國用門載漕運興廢，而後漢書建武七年罷護漕都尉，建初三年罷常山諸處河漕不載。其載唐代東都及鄭州諸處漕運措置，亦不及唐會要之詳。歷代賑恤，於漢既載本始四年之詔，而略三年郡國傷旱甚者民毋出租賦之詔。選舉考詳載兩漢之選舉，而漢書元封四年詔舉茂才異等，始元元年遣廷尉持節行郡國舉賢良，永光元年詔舉樸質敦厚遜讓有行者，光禄歲以此科第郎從官，俱不載。學校考辨先聖先師之分，而唐會要貞觀二十一年詔以孔子爲先聖，顔回等爲先師之制不載。至職官考則全録杜佑通典，五代建置尤叙述寥寥。核以王溥五代會要、孫逢吉職官分紀，僅得其十之一二。郊社考多引經典，而尚書之肆類于上帝不載。逸周書、白虎通、三輔黄圖所載周明堂之制最詳，亦不及徵引。又載歷代明堂之制，而梁武帝改作明堂，詳於隋書禮儀志者不載。地祇之祭，祇引周官及禮記郊特牲，而禮運祭地瘞繒，及考工記玉人兩圭五寸祀地之文不載。漢祀后土之制，祇載漢舊儀祭地河東，而漢官儀北郊壇在城西北諸制不載。又雩祭引左傳、周禮註疏，而禮記祭法雩宗祭水旱也，爾雅舞號雩也，皆不載。祭日月，祇引禮記、周禮，而大戴禮天子春朝朝日，秋暮夕月及尚書大傳古者帝王以正月朝迎日于東郊，皆不載。於漢制既載宣帝時成山祠日、萊山祠月，而建始時罷此祠，復立於長安城事又不載。社稷門引各經註疏所論社制，而周書作雒篇建社之制，及蔡邕獨斷所載天子大社之制，皆不載。祀山川亦引經傳，而儀禮覲禮祭山丘陵升，祭川沈，爾雅祭山曰庪縣，祭川曰浮沈，皆不載。又分代詳載，而獨略北齊天保元年分遣使人致祭於五嶽四瀆。宗廟考載後魏七廟之制，祇引禮志改七廟之詔，不知興建沿革詳於孫惠蔚本傳。又唐初建七廟，新唐書禮樂志多略，而不參用舊唐書禮儀志。王禮考載周之朝儀，而不引周書王會解。又詳載歷代朝儀，而不載史記秦本紀始皇三十五年營作朝宫。載漢代朝儀，而不載續漢書禮儀志所載常朝之制。又輿服之載於史志者，必詳叙卿士大夫，如漢制二千石車朱兩轓之類，所以明差等也，而一概從略。樂考載五代廟樂不如五代會要之詳。兵考載晉兵制至悼公四年而止，其後治兵邾南，甲車四十乘不載。載魯兵制自昭公蒐紅始，而成公元年作丘甲，襄公十一年作三軍，昭公五年舍中軍，俱不載。經籍考卷帙雖繁，然但據晁、陳二家之目，參以諸家著録，遺漏宏多。輿地考亦本歐陽忞輿地廣記，罕所訂補。大抵門類既多，卷繁帙重，未免取彼失此。然其條分縷析，使稽古者可以案類而考。又其所載宋制最詳，多宋史各志所未備。案語亦多能貫穿古今，折衷至當。雖稍遜通典之簡嚴，而詳贍實爲過之。非鄭樵通志所及也。

校勘記

〔一〕郊社考　「社」原作「祀」，據原書正文改。

〔二〕二十一卷　原作「十五卷」，據原書正文改。

後　記

當第三次啓動文獻通考點校工作之際，同志們讓我説説過程，談談感想，如今看到校樣，却是百感叢生，不知從何説起了。

從第一次點校到第三次完成，歷時三十餘年，中經兩换底本，兩變體例，繁體直排與簡體横排互易，責任編輯三次易人，三次更换版式，點校和編輯工作都很繁難。試想多達八百萬字的工作量，點校、審讀一過已非易事，何况三易其稿，審讀至再呢！　想到此，我萬分感激點校者和責任編輯們，這是我們集體努力的成果。

爲什麽如此多變而又最終能够出版呢？三十年前，我到中華書局向趙守儼先生提出整理通考的意向，他認真而又熱情地説：　這書早在整理規劃之中，應該整理，只是書大費時，最好校勘簡單點，主要是標點。我向同志們轉達此意後，得到認可，並着手查閲版本，制訂體例，開始工作。大約在上世紀八十年代中期，點校稿基本完成，而此時的古籍整理出版業却步入艱難時期。王文錦先生接替崔文印編審出任責編，曾親臨上海與我們磋商，提出加强校勘，查對通考引書出處，體例可和通典一致等等。這就是説我們要重新點校一遍。考慮到當時的出版環境諸因素，我們照王先生的意見變更了體例，再次點校。到九十年代初，我們第二次完成點校之後，古籍出版仍在低谷之中，編輯同志雖已批好了版式、字體型號，却不知猴年馬月可以出版。鑒於當時的情况和我們交稿有年的實際，老友傅璇琮先生介紹傳世藏書的張先生與我聯繫，我在徵得原點校同志們同意後，改由傳世藏書出版。由於傳世藏書是横排、簡體，不標人名、地名專名綫，書名號改波紋爲尖頭等等，我們又作了一次改動。最緊要的是，傳世藏書全套出售，印數不多，又不拆零，學界不能購到通考，而根據版權法，需十年之後方可再投出版，造成極大不便。正當中華書局的領導沈錫麟先生、李解民先生和點校者王鐵教授等百般關心此稿之際，李岩總編輯在我寫給崔文印編審的信函中作了批示：此書重要，中華應該出版。這使我們又看到了希望。在我們進退維谷之際，徐俊副總編於二〇〇六年元旦假日中到滬，與原點校者座談調查，當他看到我們的點校長編及它反映出的細緻工作後，充分肯定原有的工作，極度尊重我們的勞動，表示返京後立即研究，協調工作，妥善處理，迅速作答。果然很快便和我們簽訂協議合同。這個過程表明，古籍整理與出版都離不開國家的大環境。出版者的眼光、魄力固然重要，對作者勞動的關心與尊重同樣重要。此時此地我們更加深切地感念中華書局歷任領導同志的支持、眼光和魄力。

使我久久不能忘懷的一件事，是上世紀七十年代後期，第一次點校時，徐光烈先生和我到原北京圖書館查閱有關通考版本，經中華書局介紹，我們住在前門珠市口大街一所小樓的樓上，每天早出晚歸到文津街北圖善本室比勘版本，每天由書庫調出一種版本，難以做到版本比勘，全靠摘抄又很費時。凑巧的是我又偶染感冒，發燒咳嗽，年過花甲的徐光烈先生既要照顧我，又要到北圖查書，勞碌奔波，真是難爲老人了。原中華書局的老友吴樹平先生知道後，一面給我送來羚羊感冒片，一面親到北圖與有關同志聯繫，最後得到善本書庫的楊老先生大力幫助，破例讓我們入庫看書，同時爲我們提供幾種不同的版本，極大地方便了我們的工作。我們遇有疑惑，還可以隨時向楊老請教，譬如同一版本，爲何字迹漫漶之處不同，挖補的版面和字體筆劃不盡一致？楊老説：木版容易受損，每次印刷都要先檢查、刻字修補。但人有仔細和馬虎之分，製版者有寬裕與拮据不同，所以版本就有了印製差別。我們接觸到元明時期的公私製版如此，清刻也不例外。二〇〇六年第三次整理通考時，戴建國、嚴文儒同志組織點校班子，並申請到全國高校古委會項目資助。嚴文儒同志在華東師大圖書館吴平同志幫助下解決底本。我們第一次整理通考，用的是乾隆十三年武英殿三通合刻本通考，第三次的底本換成了乾隆十二年武英殿校刊本。按常識説，這兩個本子應是一個版子，然而兩個版子不僅多處文字不同，如「汅」與「沔」，「北」與「此」等，且有一本文從字順，完整無缺，另本却挖版未補，缺字十餘，不能卒讀，如卷二八五象緯考八，月暈項下載宋高宗紹興「五年正月戊午，月暈於東井。占：『有胡兵。』一曰『夷狄求和』」。這是乾隆十二年校刊本，即第三次點校稿之底本的文字；而第一稿底本的文字，即乾隆十三年三通合刻本通考却作「……月戊午月……和」，其餘皆爲挖版未補的空白。經對校元刻本和宋史天文志，確知三通合刻本脱誤，乾隆十二年校刊本是。校勘實踐告訴我們，版本對校是校勘的首要環節，對於版本可以知其然，而原北圖楊老的提示，則從一個方面教人懂得了所以然。我們感謝多年來爲我們提供諸多方便的圖書館，也感謝爲我們解惑答疑的師友同志們。

裴汝誠

二〇一〇年十一月